酉招 劉庚辰 著

사주용신 및 통변론

四柱用神 및 通變論

辛卯年 立春 易林關

유경진(劉庚辰)

경북 청송군 진보면 출생(1953년)
부산시·대구시 공무원 12년간 역임
원광대학교동양학대학원 졸업(문학석사)
석사학위논문: 「實定法 違反에 관한 命理學的 硏究」
동방대학원대학교 졸업{미래예측(명리)학 박사}
박사학위논문: 「命理學 用神 導出의 方法論에 관한 硏究」
그 외 연구논문:
. 「명리학 질병론의 비교연구(명리원전을 중심으로)」,동방대학원대학교 백악론총(제1집, 2008)
. 「여씨 명리학의 특성과 내용」,공주대학교정신과학연구소의 『사주명리학의 개설적 이해』
연구원: 2008, 동방대학원대학교 미래예측학 연구소
출제위원: 2008년도 명리분야 민간자격검정 시험
수상: 2009, 동방대학원대학교 미래예측학과 명리인상학전공 박사과정 학업성적 우수상
강의 경력: 2009학년도 1학기와 2학기, 동방대학원대학교 미래예측학과 박사과정, [명리해석실습]

도계(박재완)학파

저서:

1. 四柱用神定法論(2002, 연해명원)
2. 命理學 用神論(2009, 연해명원)

사주용신 및 통변론

四柱用神 및 通變論

酉招 劉庚辰 著

易　林　關

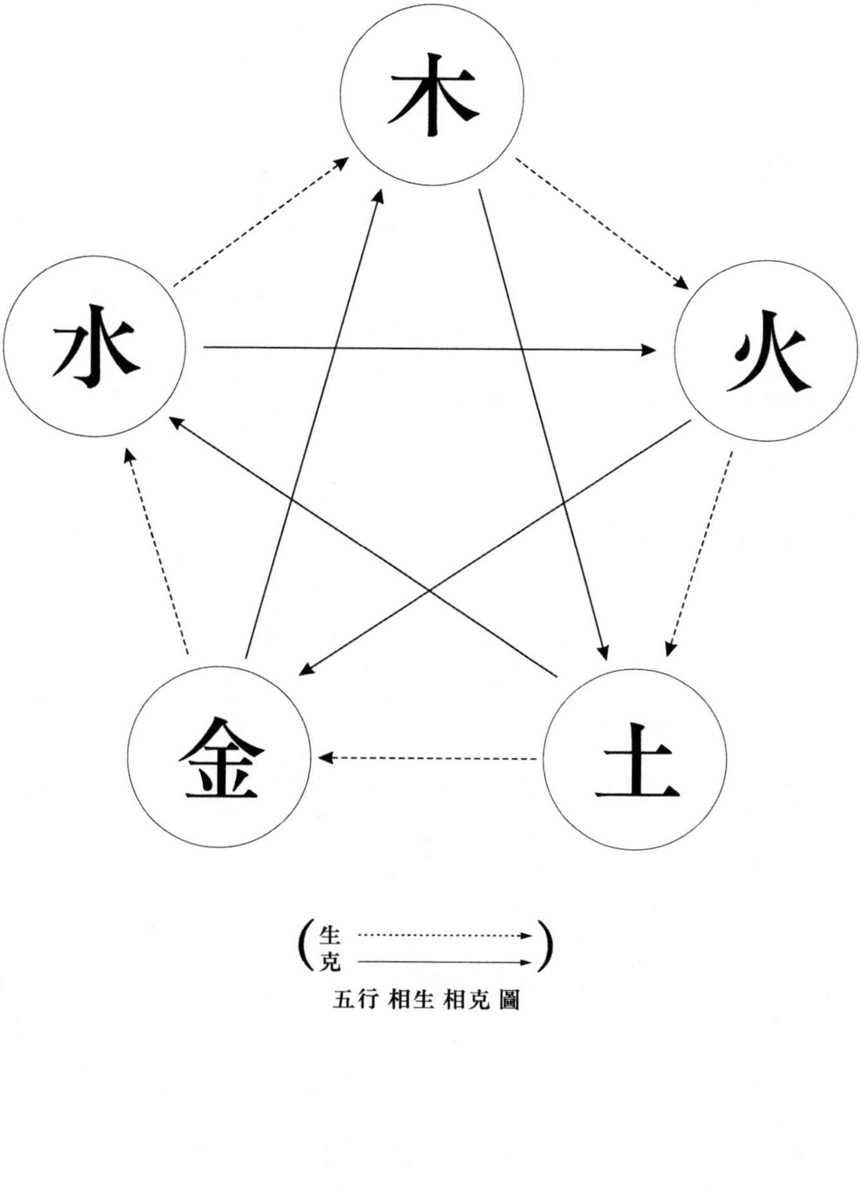

五行 相生 相克 圖

自序(자서)

프랑스의 化學者(화학자) Lavoisier가 發見(발견)한 質量保存(질량보존)의 法則(법칙)에 의하면

$$2H_2+O_2 \underset{\text{逆反應}}{\overset{\text{可反應}}{\rightleftarrows}} 2H_2O$$

물(H_2O)의 生成消滅(생성소멸)의 反應式(반응식)에서 보는 바와 같이 宇宙(우주)의 總體的(총체적)인 質量(질량)에는 變(변)함이 없는데, 그 總體的(총체적)인 質量範圍(질량범위) 以內(이내)에서 萬物(만물)의 生成消滅(생성소멸)의 過程(과정)은 끊임없이 進行(진행)되고 있다.

끊임없이 進行(진행)되는 變化過程(변화과정)이 바로 東洋思想(동양사상)의 하나인 易(역)의 原理(원리)고, 佛敎哲學(불교철학)에서 말하는 色卽是空(색즉시공) 空卽是色(공즉시색) 則(즉) 無常(무상)의 原理(원리)이며, 前生(전생) 現生(현생) 來生(래생)의 三生(삼생)도 宇宙萬物(우주만물)의 生成消滅(생성소멸)의 過程(과정)을 時間(시간)의 經過過程(경과과정)에 따라서 分類(분류)해 놓은 것이다.

그렇다면 命理學(명리학)이란 무엇인가.

'命理學(명리학)이란, 宇宙萬物(우주만물)이 生成消滅過程(생성소멸과정)의 變化(변화)에서 例外(례외)일 수 없

는, 人間(인간)의 生成(생성)에서 消滅(소멸)에 이르기까지 則(즉) 出生(출생)에서 죽음에 이르는 동안, 宇宙(우주) 中(중)에서도 五星(오성)에 의하기도 하지만 特(특)히 태양과 달과 지구가 公·自轉(공자전)함으로서 일어나는 氣(기)의 變化(변화)에 따라서, 特定人(특정인)이 特定時點(특정시점)에서 어떠한 影響(영향)을 받아가면서 一生(일생)동안을 살아가게 되는 가' 를 糾明(규명)하는 學問(학문)이다.

拙者(졸자)는 淺學菲才(천학비재)임에도 불구하고 斯學(사학)을 研究·實觀(연구실관)하면서 多年間(다년간) 經驗的(경험적) 깨달음과 命理學(명리학)에서 가장 難解(난해)하고 核心(핵심)이 되는 用神定法(용신정법)에 대하여 解剖學的(해부학적) 次元(차원)에서 이미『四柱用神定法論(사주용신정법론)』을 編述(편술)한바 있다.

그 以後(이후) 研鑽(연찬)을 거듭한 결과 碩士學位(석사학위)를 받고 斯學界(사학계)에서는 國內(국내) 처음으로 博士學位(박사학위)도 받았다. 『李虛中命書(이허중명서)』를 비롯하여『淵海子平(연해자평)』『命理正宗(명리정종)』『三命通會(삼명통회)』『子平眞詮(자평진전)』『窮通寶鑑(궁통보감)』『命理約言(명리약언)』『滴天髓闡微(적천수천미)』의 古典命理書(고전명리서)와 現代命理理論書(현대명리이론서)까지 대부분을 접해보는 동안 가장 난해하고 힘들었던 책은 陶溪(도계) 朴在玩(박재완)선생님의 『陶溪實觀(도계실관)』이었다. 사실은 『陶溪實觀(도계실관)』을 두 번이나 이해해보려고 시도했으나 너무 難解(난해)하여 포기할 수밖에 없었다. 그래서 일단은 덮어두고 『四柱用神定法論(사주용신정법론)』을 집필한 然後(연후)에 세 번째 시도했을 때는 '왜 그 나이에 그와 같은 狀況(상황)이 오리라고 豫言(예언)했는지' 를 이해할 수 있었다. 그때서야 등에서 『陶溪實觀(도계실관)』을 征服(정복)했다는 快感(쾌감)의 전율을 느낄 수 있었다.

이와 같은 과정을 거치는 동안 講壇學派(강단학파)를 위한 『命理學 用神論(명리학 용신론)』은 이미 내놓았다. 그리고 이번에 『四柱用神定法論(사주용신정법론)』에서 더할 것은 더하고 덜어낼 것은 덜어내어 江湖學派(강호학파)를 위한 『四柱用神(사주용신) 및 通變論(통변론)』을 編述(편술)하는바 正統命理學(정통명리학)을 硏鑽(연찬)함에 一助(일조)가 있기를 바란다.

諸賢(제현)의 많은 叱正(질정)을 바라면서......

辛卯年(신묘년) 立春(입춘)

西招(유초) 劉庚辰(유경진) 序(서)

目　次
목　차

일러두기

Ⅰ. 用神定法, 吉神凶殺, 職種, 健康 等을 硏究함에 第三編에 收錄한 酉招實觀을 並行하면 더욱 效果的임

Ⅱ. 本 實觀은 特定人이 特定時點에서 일어난 事實(出生, 適性, 就業, 結婚 得男·女, 健康, 父·母亡, 本人亡 등)을 參考文獻에 나오는 命理學用語 및 內容(紙面 關係上 일일이 引用한 著書名, page, 著者名을 밝히지는 못하였다.)에 따라서 糾明해 본 것이며 未來를 豫測해 보았음을 밝혀둔다.

第一編
제 일 편

命理學의 定義
명 리 학 정 의

第一章 太陽系와 地球變化(제일장 태양계와 지구변화)

第一節 太陽系(제일절 태양계)

太陽과 9個의 行星

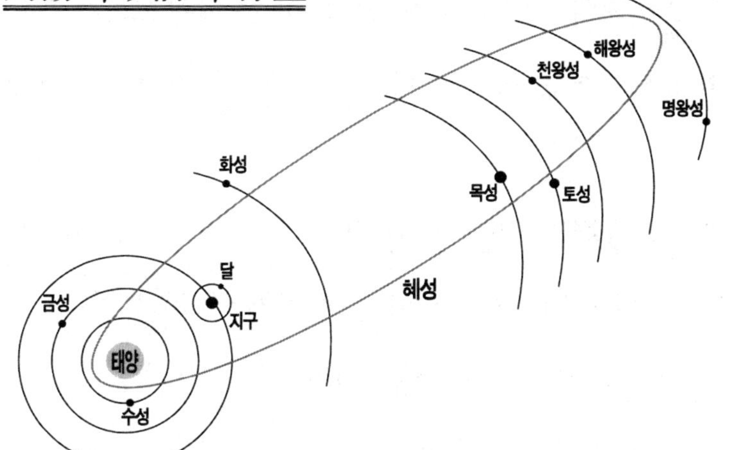

※ 크기, 거리는 정확한 축소가 아니며, 다른 행성의 위성은 생략

1. 地球(지구)의 太陽(태양)에 대한 公轉週期(공전주기)는 365.256日(일)이며, 公轉軌道面(공전궤도면)에 地球(지구)의 自轉軸(자전축)은 수직에서 약 23.5° 기울어진 상태로 公轉(공전)하기 때문에 季節(계절)의 變化(변화)가 생긴다.

2. 地球(지구)의 自轉週期(자전주기)는 23時間(시간) 56分(분) 4.091秒(초)이며 밤과 낮이 생기고 하루가 된다.

3. 달은 지구의 둘레를 한 바퀴 도는 동안 스스로도 한번 돌고 있

다. 달의 公·自轉週期(공자전주기)는 27日(일) 7時間(시간) 43分(분) 11.5秒(초)이며 地球上(지구상)에 미치는 달의 힘은 바닷물의 밀물·썰물을 일으킨다.

4. 木星(목성)의 太陽(태양)에 대한 公轉週期(공전주기)는 11.862年(년)이며, 自轉週期(자전주기)는 9時間(시간) 55分(분)이다.

5. 水星(수성)의 公轉週期(공전주기)는 88日(일)이며, 自轉週期(자전주기)는 58.65日(일)이다.

6. 金星(금성)의 公轉週期(공전주기)는 225日(일)이며, 自轉速度(자전속도)는 매우 느리다.

7. 火星(화성)의 公轉週期(공전주기)는 687日(일)이며, 自轉週期(자전주기)는 24時間(시간) 37分(분) 23秒(초)이다.

8. 土星(토성)의 公轉週期(공전주기)는 29年(년) 167日(일)이다.

9. 天王星(천왕성)의 公轉週期(공전주기)는 84年(년)이며 自轉週期(자전주기)는 0.451日(일)이다.

10. 海王星(해왕성)의 公轉週期(공전주기)는 164.8年(년)이다.

11. 冥王星(명왕성)의 公轉週期(공전주기)는 248年(년)이다.

12. 彗星(혜성)의 公轉週期(공전주기)는 74.7年(년)이다.

第二節 地球變化(제이절 지구변화)

o 다른 行星(행성)들의 變化要因(변화요인)들은 省略(생략)한다고 하더라도 우리가 살아가고 있는 地球上(지구상)의 變化(변화)는 太陽(태양)에너지를 中心(중심)으로 1年(년) 단위로 계속 반복하고 1年(년)은 4季節(계절) 12個月(개월) 24節期(절기)로 變化(변화)한다. 달 에너지와

관련하여 1個月(개월)은 약 30日(일)을 갖게 되며 地球自轉(지구자전)에 의하여 1日(일)은 12地支(지지) 時(시)로 變化(변화)한다.

第二章 命理學의 定義

o 우리 人間은 宇宙에서 太陽系에 속해있는 地球에 便乘하여 살아가고 있는 以上

太陽과 行星들과 그들의 衛星들이 相互作用에 의하여 公·自轉함으로서 끊임없이 氣(10干, 12地支로 標記)의 變化가 일어나게 되는데,

o 命理學은 그 氣들이 끊임없이 變化하여 相生·相剋 등 相互作用과 造化하는 環境아래서, 特定人이 어떤 影響을 받아 出生(四柱八字)하여, 어떤 影響(吉凶·禍福, 富貴·貧賤 등)을 받아가면서 살아가다가, 어떤 影響을 받아 消滅(壽夭)하게 되는지를 糾明하는 學問이다.

第二編
제 이 편

四柱 用神定法의 大概
사 주 용신정법 대개

第一章 六神의 定義

1965年生(女命). 身弱印星爲用

癸 己 庚 乙

酉 酉 辰 巳

74 64 54 44 34 24 14 04

戊 丁 丙 乙 甲 癸 壬 辛

子 亥 戌 酉 申 未 午 巳

此命을 例示하여 六神에 대하여 解說하면 다음과 같다.

辰月의 己土가 旺地에 태어났으나 雙酉에 庚金이 透干하고 乙·癸가 透干하였으니 剋泄이 太甚하여 旺이 反弱이라, 年支의 巳火로써 旺한 食傷을 剋하고 弱한 日主를 生하여야 된다. 巳火가 用神에 乙木은 用神을 生하는 喜神이고, 癸水가 巳火를 傷害하는 病神에 辰土가 制水하는 藥神이 된다.

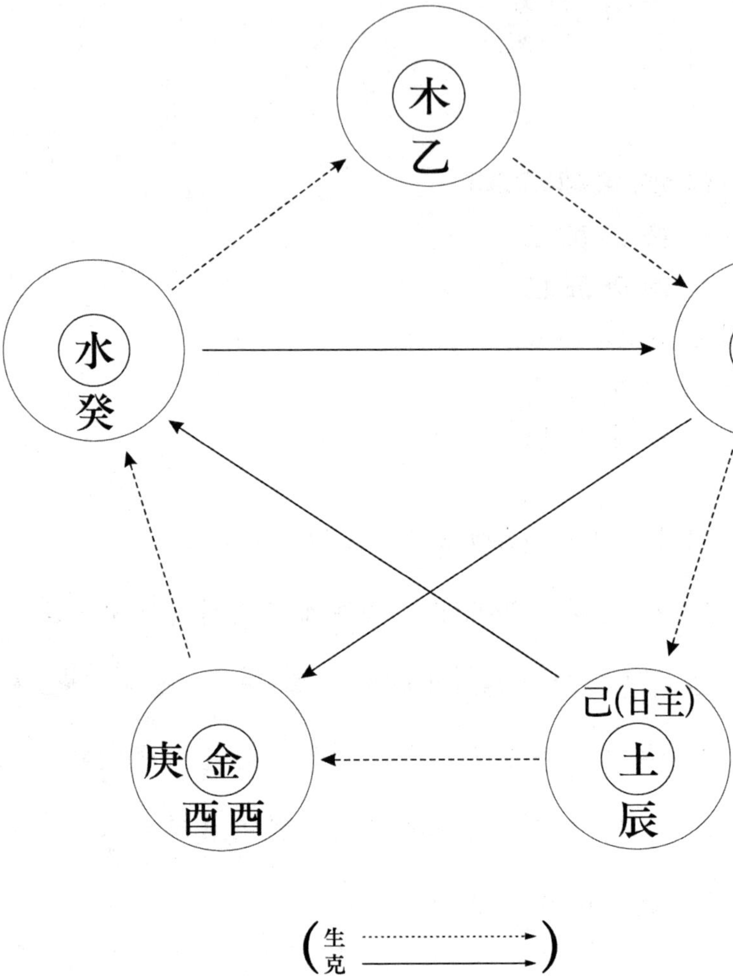

五行 相生 相克 圖

* 六神의 定義
욕 신 정 의

1. 用神
용 신

*. 命理(명리)의 解法(해법)은 旺弱寒熱(왕약한열)의 調和(조화)에 있는데, 旺弱寒熱(왕약한열)을 調和(조화)하는데 가장 核心(핵심)이 되는 五行(오행)을 말한다. 例(예)를 들면 사람에게 있어서는 心臟(심장)에 比(비)喩될 수도 있다. 此命(차명)에서는 巳火(사화)를 말한다.

2. 喜神(희신)

*. 用神(용신)을 生(생)하는 五行(오행)을 말한다. 此命(차명)에서는 乙木(을목)을 말한다.

3. 病神(병신)

*. 用神(용신)을 克傷(극상)하는 五行(오행)을 말한다. 此命(차명)에서는 癸水(계수)를 말한다.

4. 藥神(약신)

*. 病神(병신)을 除去(제거)하는 五行(오행)을 말한다. 此命(차명)에서는 辰土(진토)를 말한다.

5. 吉神(길신)

*. 用神(용신), 喜神(희신), 藥神(약신)을 말한다. 此命(차명)에서는 巳火(사화), 乙木(을목), 辰土(진토)를 말한다.

6. 凶神(흉신)(忌神(기신))

*. 病神(병신)과 그 病神(병신)을 生(생)하는 五行(오행)을 말한다. 此命(차명)에서는 癸水(계수)와 金(금)을 말한다.

第二章 四柱格局(제이장 사주격국)

第一節 十正格(제일절 십정격)

*. 四柱命理學(사주명리학)의 格局論(격국론)에서 正格(정격)은 月支(월지)가 日干(일간)에 대하여 어느 六神(육신)에 속하는가에 따라서만 定(정)하는 것으로 統一(통일)을 期(기)한바 있다.[1)]

1. 正官格(정관격)
2. 偏官格(편관격)
3. 正印格(정인격)
4. 偏印格(편인격)
5. 正財格(정재격)
6. 偏財格(편재격)
7. 傷官格(상관격)
8. 食神格(식신격)
9. 刦財格(겁재격)
10. 比肩格(비견격)

---

1) 유경진, 『명리학 용신론』(연해명원), 2009, pp.72~92.

第二節 變(從旺)格
제 이 절 변 종 왕 격

1. 一行得氣(專旺)格
일 행 득 기 전 왕 격

가. 木曰曲直格
목 왈 곡 직 격

나. 火曰炎上格
화 왈 염 상 격

다. 土曰稼穡格
토 왈 가 색 격

라. 金曰從革格
금 왈 종 혁 격

마. 水曰潤下格
수 왈 윤 하 격

2. 從格
종 격

가. 棄命從殺格
기 명 종 살 격

나. 從印格
종 인 격

다. 棄命從財格
기 명 종 재 격

라. 棄命從兒格
기 명 종 아 격

3. 從化格
종 화 격

가. 丁壬合化木格
정 임 합 화 목 격

나. 戊癸合化火格
무 계 합 화 화 격

다. 甲己合化土格
갑 기 합 화 토 격

라. 乙庚合化金格
을경합화금격

마. 丙辛合化水格
병신합화수격

第三節 其他諸格
제삼절 기타제격

1. 財官雙美格
재관쌍미격
2. 魁罡格
괴강격
3. 兩干不雜格
양간부잡격
4. 兩支不雜格
양지부잡격
5. 天元一氣格
천원일기격
6. 地元一氣格
지원일기격
7. 四位純全格
사위순전격
   가. 四正格
   사정격
   나. 四長生格
   사장생격
   다. 四庫藏格
   사고장격

8. 兩象格
양상격
9. 三象格
삼상격
10. 從强格
종강격
11. 從氣格
종기격
12. 從勢格
종세격
13. 母慈滅子格
모자멸자격

第三章(제삼장) 四柱格局別(사주격국별) 用神定法(용신정법)의 大概(대개)

第一節(제일절) 十正格(십정격)

1. 正官格(정관격)

日干(일간)의 正官月(정관월)에 태어난 命造(명조)를 말한다.

가. 身弱(신약)한 경우

o 印星(인성)이 있어 官印相生(관인상생)이 될 때에는 印星(인성)이 用神(용신)이다.

o 印星(인성)이 없을 때에는 比劫(비겁)이 用神(용신)이다.

o 食傷制官(식상제관)을 하여야 될 경우에는 食傷(식상)이 用神(용신)이다.

o 日主(일주)가 太弱(태약)하고 滿局(만국)이 官星(관성)이면 棄命從殺格(기명종살격)이 되는데 이때는 官星(관성)이 用神(용신)이고, 財星(재성)은 用神(용신)을 生(생)하는 喜神(희신)이다. 食傷運(식상운)은 從神(종신)을 克傷(극상)하는 病神(병신)이 되고, 이때 印星運(인성운)은 太旺(태왕)한 官星(관성)을 泄氣(설기)하는 면과 食傷(식상)을 制克(제극)하는 藥神(약신)이 되는 면에서는 吉(길)하다. 그러나 印星(인성)이 이미 버린 日干(일간)을 生(생)하는 측면에서 본다면 吉(길)한 것만은 아니다.

* 뿌리가 없는 食傷(식상) 즉 病神(병신)이 있을 때에는 假棄命從殺格(가기명종살격)이 된다.

나. 身强(신강)한 경우

o 印星(인성)이 많아서 身强(신강)하면 財星(재성)이 用神(용신)이다.

o 比劫(비겁)이 많아서 身旺(신왕)하면 官星(관성)이 用神(용신)이다.

* 正官用神(정관용신)에 偏官運(편관운)을 만나면 凶(흉)하다.

2. 偏官(편관)(七殺(칠살))格(격)

日干(일간)의 偏官月(편관월)에 태어난 命造(명조)를 말한다.

가. 身弱(신약)할 경우

o 印星(인성)이 있어서 殺印相生(살인상생)이 될 경우에는 印星(인성)이 用神(용신)이다.

o 印星(인성)이 없을 경우에는 比劫(비겁)이 用神(용신)이다.

o 食傷(식상)으로 殺(살)을 除去(제거)하여야 할 경우에는 食傷(식상)이 用神(용신)이다.

o 日主(일주)가 太弱(태약)하고 滿局(만국)이 官殺(관살)이면 棄命從殺格(기명종살격)이 되는데, 官殺(관살)이 用神(용신)이고 財星(재성)은 用神(용신)을 生(생)하는 喜神(희신)이다. 이 경우 食傷運(식상운)은 從神(종신)을 克傷(극상)하는 病神(병신)이 되고, 印星運(인성운)은 太旺(태왕)한 從神(종신)을 泄氣(설기)하여 吉(길)하고 病神(병신)인 食傷(식상)을 除去(제거)하므로 또한 吉(길)하다. 그러나 印星運(인성운)은 이미 버린 日干(일간)을 生(생)하는 측면에서 본다면 吉(길)한 것만은 아니다.

* 뿌리 없는 食傷(식상) 즉 病神(병신)이 있을 경우에는 假棄命從殺格(가기명종살격)이 된다.

나. 身强(신강)할 경우

o 印星(인성)이 많아서 身强(신강)할 경우에는 財星(재성)이 用神(용신)이다.

o 比刦(비겁)이 많아서 身旺(신왕)할 경우에는 官星(관성)이 用神(용신)이다.

* 偏官用神(편관용신)에 正官運(정관운)을 만나면 凶(흉)하다.

3. 正印格(정인격)

日干(일간)의 正印月(정인월)에 태어난 命造(명조)를 말한다.

가. 滿局(만국)이 印星(인성)이며 財星(재성)과 食傷(식상)이 없고 比刦(비겁)도 없을 경우에는 從印格(종인격)이 되는데, 이때는 印星(인성)이 用神(용신)이며 官星(관성)은 用神(용신)을 生(생)하는 喜神(희신)이다. 혹 뿌리 없는 財星(재성)이 있어서 從神(종신)인 印星(인성)을 傷(상)하는 病神(병신)이 될 경우에는 假從印格(가종인격)이 되는데 이때 比刦運(비겁운)은 病神(병신)을 除去(제거)하는 藥神(약신)이 된다. 眞從印格(진종인격)이 될 경우에는 比刦運(비겁운)은 太强(태강)한 印星(인성)을 泄氣(설기)하는 측면에서는 吉(길)하지만 이미 버린 日干(일간)을 生(생)하는 측면에서는 吉(길)한 것만은 아니다.

나. 印星(인성)이 보통으로 過多(과다)하여 凶(흉)함이 될 경우에는 財星(재성)이 印星(인성)을 除去(제거)하는 用神(용신)이다. 이때 食傷(식상)은 用神(용신)을 生(생)하는 喜神(희신)이며 比刦(비겁)이 病神(병신)에 官殺(관살)은 그 病(병)을 除去(제거)하는 藥神(약신)이 된다.

* 正印(정인)이 用神(용신)인 경우에 偏印運(편인운)을 만나면 凶(흉)하고, 偏印(편인)이 用神(용신)인

경우에 正印(정인)을 만나면 吉(길)하다.

다. 印星(인성)이 太多(태다)하여 太强(태강)한 命造(명조)는 泄氣(설기)하는 食傷(식상)이 用神(용신)이고 比劫(비겁)은 用神(용신)을 生(생)하는 喜神(희신)이다. 이때 印星(인성)은 用神(용신)을 克傷(극상)하는 病神(병신)이 되고 財星(재성)은 그 病神(병신)을 除去(제거)하는 藥神(약신)이다.

4. 偏印格(편인격)

日干(일간)의 偏印月(편인월)에 태어난 命造(명조)를 말한다.

가. 滿局(만국)이 印星(인성)이며 財星(재성)과 食傷(식상)이 없고 比劫(비겁)도 없을 경우에는 從印格(종인격)이 되는데, 이때는 印星(인성)이 用神(용신)이며 官星(관성)은 用神(용신)을 生(생)하는 喜神(희신)이다. 혹 뿌리 없는 財星(재성)이 있어서 從神(종신)인 印星(인성)을 傷(상)하는 病神(병신)이 될 경우에는 假從印格(가종인격)이 되는데 이때 比劫運(비겁운)은 病神(병신)을 除去(제거)하는 藥神(약신)이 된다. 眞從印格(진종인격)이 될 경우에는 比劫運(비겁운)은 太强(태강)한 印星(인성)을 泄氣(설기)하는 측면에서는 吉(길)하지만 이미 버린 日干(일간)을 生(생)하는 측면에서는 吉(길)한 것만은 아니다.

나. 印星(인성)이 보통으로 過多(과다)하여 凶(흉)함이 될 경우에는 財星(재성)이 印星(인성)을 除去(제거)하는 用神(용신)이다. 이때 食傷(식상)은 用神(용신)을 生(생)하는 喜神(희신)이며 比劫(비겁)이

病神(병신)에 官殺(관살)은 그 病(병)을 除去(제거)하는 藥神(약신)이 된다.

* 正印(정인)이 用神(용신)인 경우에 偏印運(편인운)을 만나면 凶(흉)하고, 偏印(편인)이 用神(용신)인 경우에 正印(정인)을 만나면 吉(길)하다.

다. 比劫(비겁)이 太多(태다)하여 太旺(태왕)한 命造(명조)는 泄氣(설기)하는 食傷(식상)이 用神(용신)이고 太多(태다)한 比劫(비겁)은 오히려 病神(병신)이 되며 官星(관성)은 그 病(병)을 除去(제거)하는 藥神(약신)이다. 印星(인성)은 用神(용신)을 克傷(극상)하는 또 하나의 病神(병신)에 財星(재성)은 그 病神(병신)을 除去(제거)하는 또 하나의 藥神(약신)이 된다.

5. 正財格(정재격)

日干(일간)의 正財月(정재월)에 태어난 命造(명조)를 말한다.

가. 身强(신강)한 경우

o 印星(인성)이 過多(과다)할 경우에는 財星(재성)이 用神(용신)이다.

o 比劫(비겁)이 過多(과다)할 경우에는 官星(관성)이 用神(용신)이다.

나. 身弱(신약)한 경우

o 財星(재성)이 過多(과다)하면 比劫(비겁)이 用神(용신)이다. 이때 比劫(비겁)이 없으면 印星(인성)이 用神(용신)이다.

o 日主(일주)는 太弱(태약)하고 滿局(만국)이 財星(재성)이면 棄命從財格(기명종재격)이 되는데 이 경우에는 從神(종신)인 財星(재성)이 用神(용신)이고 食傷(식상)은 用神(용신)을 生(생)하는 喜神(희신)이다. 이때 比劫運(비겁운)은 從神(종신)을 克傷(극상)하는 病神(병신)에 官星(관성)은 病(병)을 除去(제거)하는 藥神(약신)이다.

* 棄命從財格(기명종재격)에서 뿌리 없는 比劫(비겁) 즉 病神(병신)이 있을 경우에는 假棄命從財格(가기명종재격)이 된다.

6. 偏財格(편재격)

日干(일간)의 偏財月(편재월)에 태어난 命造(명조)를 말한다.

가. 身強(신강)한 경우

o 印星(인성)이 過多(과다)할 경우에는 財星(재성)이 用神(용신)이다.

o 比劫(비겁)이 過多(과다)할 경우에는 官星(관성)이 用神(용신)이다.

나. 身弱(신약)할 경우

o 財星(재성)이 過多(과다)하면 比劫(비겁)이 用神(용신)이다. 이때 比劫(비겁)이 없으면 印星(인성)이 用神(용신)이다.

o 日主(일주)는 太弱(태약)하고 滿局(만국)이 財星(재성)이면 棄命從財格(기명종재격)이 되는데 이 경우에는 從神(종신)인 財星(재성)이 用神(용신)이고 食傷(식상)은 用神(용신)을 生(생)하는 喜神(희신)이고,

比刦運은 從神을 克傷하는 病神에 官星은 病을 除去하는 藥神이 된다.

* 棄命從財格에서 뿌리 없는 比刦 즉 病神이 있을 경우에는 假棄命從財格이 된다.

7. 傷官格

日干의 傷官月에 태어난 命造를 말한다.

가. 木火傷官格

(1) 身弱한 木火傷官格

o 旺한 火를 制하고 弱한 木을 生하는 水가 用神이며 金은 水를 生하는 喜神이다. 이때 土는 水를 克傷하므로 病神이고 木은 그 病을 除去하는 藥神이 된다.

o 水가 없는 경우는 木이 用神이고 水運은 喜神이 된다.

(2) 身強한 木火傷官格

o 木이 過多하여 身強한 木火傷官格은 木을 制하는 金이 用神이고 土는 用神을 生하는 喜神이다. 이때 火는 用神을 克傷하는 病神

이고 水는 그 病을 除去하는 藥神이다.

o 水가 過多하여 身强한 木火傷官格은 水를 制하는 土가 用神에 火는 土를 生하는 喜神이다. 이때 木은 土를 克傷하므로 病神이 되고 金은 그 病을 除去하는 藥神이 된다.

나. 火土傷官格

(1) 身弱한 火土傷官格

o 旺한 土를 制하고 弱한 火를 生하는 木이 用神이며 水는 木을 生하는 喜神이다. 이때 金은 木을 克傷하므로 病神이고 火는 그 病을 除去하는 藥神이 된다.

o 木이 없는 경우는 火가 用神이고 木運은 喜神이다.

(2) 身强한 火土傷官格

o 火가 過多하여 身强한 火土傷官格은 火를 制하는 水가 用神이고 金은 用神을 生하는 喜神이다. 이때 土는 用神을 克傷하는 病神이고 木은 그 病을 除去하는 藥神이다.

o 木이 過多하여 身强한 火土傷官格은 木을 制하는 金이 用神에 土는 金을 生하는 喜神이다. 이때 火는 金을 克傷하므로 病神이 되

고 水는 그 病을 除去하는 藥神이 된다.

다. 土金傷官格

(1) 身弱한 土金傷官格

o 旺한 金을 制하고 弱한 土를 生하는 火가 用神이며 木은 火를 生하는 喜神이다. 이때 水는 火를 克傷하므로 病神이고 土는 그 病을 除去하는 藥神이 된다.

o 火가 없는 경우는 土가 用神이고 火運은 喜神이 된다.

(2) 身强한 土金傷官格

o 土가 過多하여 身强한 土金傷官格은 土를 制하는 木이 用神이고 水는 用神을 生하는 喜神이다. 이때 金은 用神을 克傷하는 病神이고 火는 그 病을 除去하는 藥神이다.

o 火가 過多하여 身强한 土金傷官格은 火를 制하는 水가 用神에 金은 水를 生하는 喜神이다. 이때 土는 水를 克傷하므로 病神이 되고 木은 그 病을 除去하는 藥神이 된다.

라. 金水傷官格

(1) 身弱한 金水傷官格

o 旺한 水를 制하고 弱한 金을 生하는 土가 用神이며 火는 土를 生하는 喜神이다. 이때 木은 土를 克傷하므로 病神이고 金은 그 病을 除去하는 藥神이 된다.

o 土가 없는 경우는 金이 用神이고 土運은 喜神이 된다.

*. 金水傷官格에는 官星을 기뻐하는 例外가 있는데 이것은 調候上 必要에 의해서다. 그러나 이 경우에도 金日主가 太弱하면 印星과 比刦으로 生扶함을 優先한다.

(2) 身强한 金水傷官格

o 金이 過多하여 身强한 金水傷官格은 金을 制하는 火가 用神이고 木은 用神을 生하는 喜神이다. 이때 水는 用神을 克傷하는 病神이고 土는 그 病을 除去하는 藥神이다.

o 土가 過多하여 身强한 金水傷官格은 土를 制하는 木이 用神에 水는 木을 生하는 喜神이다. 이때 金은 木을 克傷하므로 病神이 되고 火는 그 病을 除去하는 藥神이 된다.

마. 水木傷官格

(1) 身弱한 水木傷官格

o 旺한 木을 制하고 弱한 水를 生하는 金이 用神이며 土는 金을 生하는 喜神이다. 이때 火는 金을 克傷하므로 病神이고 水는 그 病을 除去하는 藥神이 된다.

o 金이 없는 경우는 水가 用神이고 金運은 喜神이 된다.

(2) 身强한 水木傷官格

o 水가 過多하여 身强한 水木傷官格은 水를 制하는 土가 用神이고 火는 用神을 生하는 喜神이다. 이때 木은 用神을 克傷하는 病神이고 金은 그 病을 除去하는 藥神이다.

o 金이 過多하여 身强한 水木傷官格은 金을 制하는 火가 用神에 木은 火를 生하는 喜神이다. 이때 水는 火를 克傷하므로 病神이 되고 土는 그 病을 除去하는 藥神이 된다.

8. 食神格

日干의 食神月에 태어난 命造를 말한다.

가. 木火食神格

(1) 身弱(신약)한 木火食神格(목화식신격)

o 旺(왕)한 火(화)를 制(제)하고 弱(약)한 木(목)을 生(생)하는 水(수)가 用神(용신)이며 金(금)은 水(수)를 生(생)하는 喜神(희신)이다. 이때 土(토)는 水(수)를 克傷(극상)하므로 病神(병신)이고 木(목)은 그 病(병)을 除去(제거)하는 藥神(약신)이 된다.

o 水(수)가 없는 경우는 木(목)이 用神(용신)이고 水運(수운)은 喜神(희신)이 된다.

(2) 身强(신강)한 木火食神格(목화식신격)

o 木(목)이 過多(과다)하여 身强(신강)한 木火食神格(목화식신격)은 木(목)을 制(제)하는 金(금)이 用神(용신)이고 土(토)는 用神(용신)을 生(생)하는 喜神(희신)이다. 이때 火(화)는 用神(용신)을 克傷(극상)하는 病神(병신)이고 水(수)는 그 病(병)을 除去(제거)하는 藥神(약신)이다.

o 水(수)가 過多(과다)하여 身强(신강)한 木火食神格(목화식신격)은 水(수)를 制(제)하는 土(토)가 用神(용신)에 火(화)는 土(토)를 生(생)하는 喜神(희신)이다. 이때 木(목)은 土(토)를 克傷(극상)하므로 病神(병신)이 되고 金(금)은 그 病(병)을 除去(제거)하는 藥神(약신)이 된다.

나. 火土食神格(화토식신격)

(1) 身弱(신약)한 火土食神格(화토식신격)

o 旺(왕)한 土(토)를 制(제)하고 弱(약)한 火(화)를 生(생)하는 木(목)이 用神(용신)이며 水(수)는 木(목)을

生(생)하는 喜神(희신)이다. 이때 金(금)은 木(목)을 克傷(극상)하므로 病神(병신)이고 火(화)는 그 病(병)을 除去(제거)하는 藥神(약신)이 된다.

o 木(목)이 없는 경우는 火(화)가 用神(용신)이고 木運(목운)은 喜神(희신)이다.

(2) 身强(신강)한 火土食神格(화토식신격)

o 火(화)가 過多(과다)하여 身强(신강)한 火土食神格(화토식신격)은 火(화)를 制(제)하는 水(수)가 用神(용신)이고 金(금)은 用神(용신)을 生(생)하는 喜神(희신)이다. 이때 土(토)는 用神(용신)을 克傷(극상)하는 病神(병신)이고 木(목)은 그 病(병)을 除去(제거)하는 藥神(약신)이다.

o 木(목)이 過多(과다)하여 身强(신강)한 火土食神格(화토식신격)은 木(목)을 制(제)하는 金(금)이 用神(용신)에 土(토)는 金(금)을 生(생)하는 喜神(희신)이다. 이때 火(화)는 金(금)을 克傷(극상)하므로 病神(병신)이 되고 水(수)는 그 病(병)을 除去(제거)하는 藥神(약신)이 된다.

다. 土金食神格(토금식신격)

(1) 身弱(신약)한 土金食神格(토금식신격)

o 旺(왕)한 金(금)을 制(제)하고 弱(약)한 土(토)를 生(생)하는 火(화)가 用神(용신)이며 木(목)은 火(화)를 生(생)하는 喜神(희신)이다. 이때 水(수)는 火(화)를 克傷(극상)하므로 病神(병신)이고 土(토)는 그 病(병)을 除去(제거)하는 藥神(약신)이 된다.

o 火(화)가 없는 경우는 土(토)가 用神(용신)이고 火運(화운)은 喜神(희신)이 된다.

(2) 身强한 土金食神格

o 土가 過多하여 身强한 土金食神格은 土를 制하는 木이 用神이고 水는 用神을 生하는 喜神이다. 이때 金은 用神을 克傷하는 病神이고 火는 그 病을 除去하는 藥神이다.

o 火가 過多하여 身强한 土金食神格은 火를 制하는 水가 用神에 金은 水를 生하는 喜神이다. 이때 土는 水를 克傷하므로 病神이 되고 木은 그 病을 除去하는 藥神이 된다.

라. 金水食神格

(1) 身弱한 金水食神格

o 旺한 水를 制하고 弱한 金을 生하는 土가 用神이며 火는 土를 生하는 喜神이다. 이때 木은 土를 克傷하므로 病神이고 金은 그 病을 除去하는 藥神이 된다.

o 土가 없는 경우는 金이 用神이고 土運은 喜神이 된다.

*. 金水食神格에는 官星을 기뻐하는 例外가 있는데 이것은 調候上 必要에 의해서다. 그러나 이 경우에도 金日主가 太弱하면 印星과 比刦으로 生扶함을 優先한다.

(2) 身强한 金水食神格

o 金이 過多하여 身强한 金水食神格은 金을 制하는 火가 用神이고 木은 用神을 生하는 喜神이다. 이때 水는 用神을 克傷하는 病神이고 土는 그 病을 除去하는 藥神이다.

o 土가 過多하여 身强한 金水食神格은 土를 制하는 木이 用神에 水는 木을 生하는 喜神이다. 이때 金은 木을 克傷하므로 病神이 되고 火는 그 病을 除去하는 藥神이 된다.

마. 水木食神格

(1) 身弱한 水木食神格

o 旺한 木을 制하고 弱한 水를 生하는 金이 用神이며 土는 金을 生하는 喜神이다. 이때 火는 金을 克傷하므로 病神이고 水는 그 病을 除去하는 藥神이 된다.

o 金이 없는 경우는 水가 用神이고 金運은 喜神이 된다.

(2) 身强한 水木食神格

o 水가 過多하여 身强한 水木食神格은 水를 制하는 土가 用神이

고 火는 用神을 生하는 喜神이다. 이때 木은 用神을 克傷하는 病神이고 金은 그 病을 除去하는 藥神이다.

o 金이 過多하여 身强한 水木食神格은 金을 制하는 火가 用神에 木은 火를 生하는 喜神이다. 이때 水는 火를 克傷하므로 病神이 되고 土는 그 病을 除去하는 藥神이 된다.

9. 刦財格

*. 日干의 刦財月에 태어난 命造를 말한다.

가. 身强

(1). 一行得氣(專旺)格인 경우

o 從神이 用神이며 印星은 用神을 生하는 喜神이다. 眞從일 경우에는 食傷은 太强한 從神을 泄氣하므로 吉하며, 虛路無根한 官星이 있어 假從일 경우에는 官星이 用神을 克傷하는 病神에 食傷은 그 病을 除去하는 藥神이다.

(2). 身이 太强한 경우

o 印星이 過多하여 太强한 命造는 泄氣하는 食傷이 用神이고 比

刦(겁)은 用神(용신)을 生(생)하는 喜神(희신)이다. 이때 印星(인성)은 用神(용신)을 克傷(극상)하므로 病神(병신)이 되고 財星(재성)이 藥神(약신)이다.

o 比刦(비겁)이 過多(과다)하여 太强(태강)한 命造(명조)는 泄氣(설기)하는 食傷(식상)이 用神(용신)이고 過不及(과불급)이 皆病(개병)이니 比刦(비겁)이 病神(병신)에 官星(관성)은 比劫(비겁)을 除去(제거)하는 藥神(약신)이다. 그리고 用神(용신)을 克傷(극상)하는 印星(인성)은 또 하나의 病神(병신)이 되고 財星(재성)은 그 病(병)을 除去(제거)하는 또 하나의 藥神(약신)이 된다.

(3). 身强(신강)한 경우

o 印星(인성)이 많아서 身强(신강)한 경우는 財星(재성)이 用神(용신)에 食傷(식상)이 喜神(희신)이다. 比刦(비겁)은 用神(용신)을 克傷(극상)하므로 病神(병신)이 되고 官星(관성)은 그 病(병)을 除去(제거)하는 藥神(약신)이다.

o 比刦(비겁)이 많아서 身强(신강)한 命造(명조)는 官星(관성)이 用神(용신)이고 財星(재성)은 喜神(희신)이 된다. 食傷(식상)은 用神(용신)을 克傷(극상)하는 病神(병신)에 印星(인성)은 그 病(병)을 除去(제거)하는 藥神(약신)이 된다.

나. 身弱(신약)

(1). 官星(관성)이 過多(과다)한 경우

o 官印相生(관인상생)이 되는 경우는 印星(인성)이 用神(용신)이다.

o 印星(인성)이 없으면 比刦(비겁)이 用神(용신)이다.

o 食傷制殺(식상제살)하는 경우는 食傷(식상)이 用神(용신)이다.

(2). 財星(재성)이 過多(과다)한 경우

o 比刦(비겁)이 用神(용신)이다

o 比刦(비겁)을 쓸 수 없으면 印星(인성)이 用神(용신)이다.

(3). 食傷(식상)이 過多(과다)한 경우

o 印星(인성)이 用神(용신)이다.

o 印星(인성)이 없으면 比刦(비겁)이 用神(용신)이다.

10. 比肩格(비견격)

*. 日干(일간)의 比肩月(비견월)에 태어난 命造(명조)를 말한다.

가. 身强(신강)

(1). 一行得氣(專旺)格(일행득기 전왕 격)인 경우

o 從神(종신)이 用神(용신)이며 印星(인성)은 用神(용신)을 生(생)하는 喜神(희신)이다. 眞從(진종)일 경우에는 食傷(식상)은 太强(태강)한 從神(종신)을 泄氣(설기)함으로 吉(길)하며, 虛路無根(허로무근)한 官星(관성)이

있어 假從(가종)일 경우에는 官星(관성)이 用神(용신)을 克傷(극상)하는 病神(병신)에 食傷(식상)은 그 病(병)을 除去(제거)하는 藥神(약신)이다.

(2). 身(신)이 太强(태강)한 경우

o 印星(인성)이 過多(과다)하여 太强(태강)한 命造(명조)는 泄氣(설기)하는 食傷(식상)이 用神(용신)이고 比刦(비겁)은 用神(용신)을 生(생)하는 喜神(희신)이다. 이때 印星(인성)은 用神(용신)을 克傷(극상)하므로 病神(병신)이 되고 財星(재성)이 藥神(약신)이다.

o 比刦(비겁)이 過多(과다)하여 太强(태강)한 命造(명조)는 泄氣(설기)하는 食傷(식상)이 用神(용신)이고 過不及(과불급)이 皆病(개병)이니 比刦(비겁)이 病神(병신)에 官星(관성)은 그 病(병)을 除去(제거)하는 藥神(약신)이다. 그리고 用神(용신)을 克傷(극상)하는 印星(인성)은 또 하나의 病神(병신)에 財星(재성)은 그 病(병)을 除去(제거)하는 또 하나의 藥神(약신)이 된다.

(3). 身强(신강)한 경우

o 印星(인성)이 많아서 身强(신강)한 경우는 財星(재성)이 用神(용신)에 食傷(식상)이 喜神(희신)이다. 比刦(비겁)은 用神(용신)을 克傷(극상)하는 病神(병신)이 되고 官星(관성)은 그 病(병)을 除去(제거)하는 藥神(약신)이다.

o 比刦(비겁)이 많아서 身强(신강)한 命造(명조)는 官星(관성)이 用神(용신)이고 財星(재성)은 喜神(희신)이 된다. 食傷(식상)은 用神(용신)을 克傷(극상)하는 病神(병신)에 印星(인성)은 그 病(병)을 除去(제거)하는 藥神(약신)이 된다.

나. 身弱(신약)

(1). 官星(관성)이 過多(과다)한 경우

o 官印相生(관인상생)이 되는 경우는 印星(인성)이 用神(용신)이다.

o 印星(인성)이 없으면 比刦(비겁)이 用神(용신)이다.

o 食傷制殺(식상제살)하는 경우는 食傷(식상)이 用神(용신)이다.

(2). 財星(재성)이 過多(과다)한 경우

o 比刦(비겁)이 用神(용신)이다

o 比刦(비겁)을 쓸 수 없으면 印星(인성)이 用神(용신)이다.

(3). 食傷(식상)이 過多(과다)한 경우

o 印星(인성)이 用神(용신)이다.

o 印星(인성)이 없으면 比刦(비겁)이 用神(용신)이다.

第二節 變(從旺)格

1. 一行得氣(專旺)格

가. 木曰曲直格

o 從神인 木이 用神이고 木을 生하는 水는 喜神이다. 木을 克傷하는 金運은 病神이고 그 病을 除去하는 火는 藥神이다.

나. 火曰炎上格

o 從神인 火가 用神에 火를 生하는 木은 喜神이다. 火를 克傷하는 水運은 病神이고 그 病을 除去하는 土는 藥神이 된다.

다. 土曰稼穡格

o 從神인 土가 用神에 土를 生하는 火는 喜神이다. 土를 克傷하는 木運은 病神에 그 病을 除去하는 金은 藥神이다.

라. 金曰從革格

o 從神인 金이 用神에 金을 生하는 土는 喜神이다. 金을 傷害하는 火運은 病神이고 그 病을 除去하는 水는 藥神이다.

마. 水曰潤下格

o 從神인 水가 用神에 水를 生하는 金이 喜神이다. 水를 克傷하는 土運은 病神이고 그 病을 除去하는 木이 藥神이다.

2. 從格(종격)

가. 棄命從殺格(기명종살격)

o 從神(종신)인 官星(관성)이 用神(용신)이고 財星(재성)이 喜神(희신)이다. 官星(관성)을 克傷(극상)하는 食傷運(식상운)은 病神(병신)이고 그 病(병)을 除去(제거)하는 印星(인성)이 藥神(약신)이다. 그러나 印星(인성)은 이미 버린 日主(일주)를 다시 生(생)하기 때문에 吉(길)한 것만은 아니다.

나. 從印格(종인격)

o 從神(종신)인 印星(인성)이 用神(용신)이고 印星(인성)을 生(생)하는 官星(관성)은 喜神(희신)이다. 印星(인성)을 傷害(상해)하는 財星運(재성운)은 病神(병신)이고 그 病(병)을 除去(제거)하는 比刦(비겁)이 藥神(약신)이다.

다. 棄命從財格(기명종재격)

o 從神(종신)인 財星(재성)이 用神(용신)이고 財星(재성)을 生(생)하는 食傷(식상)은 喜神(희신)이다. 財星(재성)을 克傷(극상)하는 比刦運(비겁운)은 病神(병신)에 그 病(병)을 除去(제거)하는 官星(관성)이 藥神(약신)이다.

라. 棄命從兒格(기명종아격)

o 從神(종신)인 食傷(식상)이 用神(용신)에 食傷(식상)을 生(생)하는 比刦運(비겁운)은 喜神(희신)이다. 食傷(식상)을 傷害(상해)하는 印星運(인성운)은 病神(병신)이고 그 病(병)을 除去(제거)하는 財星(재성)은 藥神(약신)이다. 그러나 比刦運(비겁운)은 이미 버린 日主(일주)를 도우므로 吉(길)한 것만은 아니다.

3. 從化格(종화격)

가. 丁壬合化木格(정임합화목격)

o 從神(종신)인 木(목)이 用神(용신)이고 木(목)을 生(생)하는 水(수)는 喜神(희신)이다. 木(목)을 克傷(극상)하는 金運(금운)은 病神(병신)이고 火(화)는 그 病(병)을 除去(제거)하는 藥神(약신)이다.

나. 戊癸合化火格(무계합화화격)

o 從神(종신)인 火(화)가 用神(용신)이고 火(화)를 生(생)하는 木(목)은 喜神(희신)이다. 火(화)를 克傷(극상)하는 水運(수운)은 病神(병신)이고 土(토)는 그 病(병)을 除去(제거)하는 藥神(약신)이다.

다. 甲己合化土格(갑기합화토격)

o 從神(종신)인 土(토)가 用神(용신)이고 土(토)를 生(생)하는 火(화)는 喜神(희신)이다. 土(토)를 克傷(극상)하는 木運(목운)은 病神(병신)이고 그 病(병)을 除去(제거)하는 金(금)은 藥神(약신)이다.

라. 乙庚合化金格(을경합화금격)

o 從神(종신)인 金(금)이 用神(용신)이고 金(금)을 生(생)하는 土(토)는 喜神(희신)이다. 金(금)을 傷害(상해)하는 火運(화운)은 病神(병신)이 되고 水(수)는 그 病(병)을 除去(제거)하는 藥神(약신)이다.

마. 丙辛合化水格(병신합화수격)

o 從神(종신)인 水(수)가 用神(용신)에 水(수)를 生(생)하는 金(금)은 喜神(희신)이다. 水(수)를 克傷(극상)하는 土運(토운)은 病神(병신)이고 木(목)은 그 病(병)을 除去(제거)하는 藥神(약신)이다.

第三節(제삼절) 其他諸格(기타제격)

1. 財官雙美格(재관쌍미격)

o 癸巳日柱(계사일주)를 말하는데 坐下(좌하)에 巳中(사중)의 戊土(무토)는 癸日主(계일주)의 正官(정관)이 되고, 坐下(좌하)에 巳中(사중)의 丙火(병화)는 癸日主(계일주)의 正財(정재)가 되니 아름답다는 것이다.

o 이格(격) 역시 正格(정격)으로서 旺弱寒熱(왕약한열)의 調和(조화)를 이루는데 가장 필요한 五行(오행)이 用神(용신)이 된다.

2. 魁罡格(괴강격)

가. 身强(신강)한 魁罡格(괴강격)

o 官星(관성)이나 財星(재성) 혹은 食傷(식상)이 用神(용신)이 된다.

나. 身弱(신약)한 魁罡格(괴강격)

o 印星(인성)이나 比劫(비겁) 혹은 食傷(식상)이 用神(용신)이 된다.

다. 魁罡(괴강)으로 從(종)하는 경우

庚庚庚庚
辰辰辰辰

이 命造(명조)는 土金兩象格(토금양상격)에 太强(태강)함을 泄氣(설기)하는 金(금)이 用神(용신)에 土(토)는 金(금)을 生(생)하는 喜神(희신)이며, 火(화)는 用神(용신)을 克傷(극상)하는 病神(병신)이 되고 水運(수운)은 그 病(병)을 除去(제거)하는 藥神(약신)이다.

라. 從化格(종화격)이 되는 경우

庚庚庚乙

辰辰辰巳

이 命造는 乙庚合化金格에 準한다. 즉 從神인 金이 用神이고 金을 生하는 土가 喜神이며, 金을 克傷하는 火는 病神이고 水는 그 病을 除去하는 藥神이다.

3. 兩干不雜格

o 旺弱寒熱의 調和를 이루는데 가장 필요한 五行이 用神이다.

4. 兩支不雜格

o 旺弱寒熱의 調和를 이루는데 가장 필요한 五行이 用神이다.

5. 天元一氣格

o 旺弱寒熱의 調和를 이루는데 가장 필요한 五行이 用神이다.

6. 地元一氣格

o 旺弱寒熱의 調和를 이루는데 가장 필요한 五行이 用神이다.

7. 四位純全格

o 旺弱寒熱의 調和를 이루는데 가장 필요한 五行이 用神이다.

8. 兩象格

o 通關하는 五行이 用神이다.

o 相生하는 五行이 吉神이며 相克하는 五行이 凶神이다.

9. 三象格

o 相生(상생)하는 五行(오행)이 吉神(길신)이며 相克(상극)하는 五行(오행)이 凶神(흉신)이다.

10. 從强格(종강격)[2]

o 比劫運(비겁운)과 印星運(인성운)은 吉(길)하고 食傷(식상)과 財星(재성)과 官星(관성)은 凶(흉)하다.

11. 從氣格(종기격)[3]

o 四柱原局(사주원국)이 木火(목화)로 응집되어 있으면 木火(목화)만 吉(길)하고, 金水(금수)로 응집되어 있으면 金水(금수)만 吉(길)하다.

12. 從勢格(종세격)[4]

o 財星(재성)이 用神(용신)이고 食傷(식상)이 喜神(희신)에 比劫(비겁)이 病神(병신)에 官星(관성)이 藥神(약신)이다.

13. 母慈滅子格(모자멸자격)[5]

o 用神(용신)인 比劫(비겁)만 吉(길)하다.

2) 유경진, 『명리학 용신론』, (연해명원), 2009년, pp.612~613.
3) 유경진, 『명리학 용신론』, (연해명원), 2009년, pp.614~615.
4) 유경진, 『명리학 용신론』, (연해명원), 2009년, pp.615~616.
5) 유경진, 『명리학 용신론』, (연해명원), 2009년, pp.616~617.

第三編
제 삼 편

酉招實觀
유 초 실 관

◎ 甲木

1958年生(女命). 兩象格. 身財兩停格. 通關用神

戊 甲 甲 戊

辰 戌 寅 戌

78 68 58 48 38 28 18 08

丙 丁 戊 己 庚 辛 壬 癸

午 未 申 酉 戌 亥 子 丑

寅月(인월)이니 時支辰(시지진)은 木(목)에 속하여 木(목)이 넷이요, 土(토)가 넷이니 木土兩(목토양)象格(상격)이 된다. 木(목)과 土(토)사이를 通關(통관)하는 寅戌戌火(인술술화)가 用神(용신)이고 木(목)이 喜神(희신)이며 辰中(진중)의 癸水(계수)가 病神(병신)에 土(토)가 藥神(약신)이 된다. 初年(초년) 水運(수운)은 病(병)神(신)이 되어 吉運(길운)이 아니요, 辛運(신운)은 官星(관성)이 되고 木火通明(목화통명)에 金(금)을 만나 旺木(왕목)을 斫破(작파)하여 불을 잘 타게 하는 이치 즉 '傷官(상관)이 見官(견관)이면 爲禍百端(위화백단)의 例外(예외)'가 되어 成婚(성혼)하였다. 亥運(해운)에 寅亥木(인해목)이 喜神(희신)이 되는데 庚午年(경오년)에 火(화)가 用神(용신)에 劈甲引火(벽갑인화)하고 寅午戌戌合(인오술술합)이 用神(용신)을 도와 7층 빌딩을 新築(신축)하였다.

庚運(경운)은 劈甲引火(벽갑인화)요, 戌運(술운)은 寅戌(인술)이 1:3로 合(합)하여 用神(용신)을 도우니 大吉(대길)하겠다.

己運(기운)은 藥神(약신)을 도와 吉(길)하겠으나 酉運(유운)은 用神(용신)의 死地(사지)가 되고 官逢(관봉)官運(관운)이니 凶(흉)하겠다. 이때 夫婦(부부)관계가 염려된다. 日時支(일시지)가 相沖(상충)하니 더욱 그러하다. 이때를 지나면 戊運은 藥神을 도와 吉하겠으나 申運에 官逢官運이고 月建을 冲刑하면 凶이요, 申辰水가 病神이 되어 凶하겠다. 丁運은 用神을 도와 吉하겠으나 未運은 旺木이 入墓하고 戌未刑이 되니 凶하겠다.

*. 時上偏財星에 兩干不雜이니 富局이다.

1954年生. 兩干支不雜格. 木火通明格. 兩八通

丙 甲 丙 甲

寅 午 寅 午

79 69 59 49 39 29 19 09

甲 癸 壬 辛 庚 己 戊 丁

戌 酉 申 未 午 巳 辰 卯

立春節에 生한 甲木이 四木과 四火이나 木旺節이라 身强하고 餘寒이 있으니 火를 보고 旺木을 泄氣生火하여 生財하여야 되겠다. 즉 火가 用神에 木이 喜神이며 水運은 病神이 되고 土는 藥神이 된다. 初年 丁運에 富家에 生長하였으나 卯運에 木多火熄하여 中學校 進學을 포기하고 年老하신 부모님을 도와 농업에 投身하였다. 戊運乙卯年에 成婚하였으나 原局에 無財요, 原局의 旺木과 乙卯年의 木이

運의 戊土(財=妻)를 克하여 失敗하고 辰運 丁巳年에 再婚하여 二男을 得하였다.

辰運에 先代로부터 물려받은 野山에 果園을 조성하여 己巳運에 吉神과 用神을 도와 興하고 庚午運이 되어 劈甲引火와 寅午合이 되어 大財를 得하였다. 辛運에는 用神을 合去하여 吉함이 적었고 未運에 旺木이 入墓하여 凶한데 戊子年에 子午冲하니 母喪을 당하였다.

向後 農業을 경영하기에는 年老한 편이니 지역발전을 위하여 농촌 지도자로서의 역할을 해주었으면 한다.

*. 木이 吉神이니 農業이다.

*. 四柱八字는 大格이나 농촌에서 태어나 배움이 부족한 것이 千秋에 恨이 된다고 했다. 새삼 幻魂動覺說이 생각난다.

*. 木日主가 身强하니 키가 훤칠하다.

1963年生. 身强用財格.

癸 甲 甲 癸

酉 辰 寅 卯

79 69 59 49 39 29 19 09

丙 丁 戊 己 庚 辛 壬 癸

午 未 申 酉 戌 亥 子 丑

*. 身强者(신강자)는 用財官(용재관)이니 財官運(재관운)에 發福(발복)하며

*. 身(신)이 太强者(태강자)는 好泄精英(호설정영)이니 食傷(식상)과 財星運(재성운)에 財物(재물)이 旺發(왕발)하며

*. 比肩格(비견격)에 遺業(유업)이 적다고 함은 群比爭財(군비쟁재)되는 緣故(연고)이며

*. 比肩格(비견격)에 官星(관성)도 없고 食傷(식상)도 없고 財星(재성)만 있는데 財星運(재성운)을 만나면 群比爭財(군비쟁재)되어 大禍(대화)가 發生(발생)한다.

이 命造(명조)는 月建(월건)에 甲木(갑목)이 得祿(득록)하여 身旺用財(신왕용재)하니 坐下辰土(좌하진토)가 用神(용신)에 寅中(인중)의 丙火(병화)가 喜神(희신)이며 比刦(비겁)이 克土(극토)하는 病神(병신)에 酉金(유금)이 制木(제목)하는 藥神(약신)이다.

初年水運(초년수운)은 旺木(왕목)을 生(생)하니 寒微家(한미가)에서 生長(생장)하여 大學進學(대학진학)을 포기하고 子運丙寅年(자운병인년)에 喜神(희신)이되어 青果會社(청과회사)에 身强財弱(신강재약)이라 경리과에 취직하였다. 子運己巳年(자운기사년)에 財星年(재성년)이 되어 成婚(성혼)하고 庚午生男(경오생남)과 辛未生(신미생) 女息(여식)을 두었다. 辛運(신운)에 藥神(약신)이 되어 得宅(득택)하고 昇進(승진)하였다.

亥運은 亥卯木이 克土하니 群比爭財와 子息의 得病으로 辛苦하였다.

向後 土金運은 用神을 도우고 藥神을 도와 吉하리라. 特히 庚戌運은 劈甲引火하고 寅戌火가 喜神이 되어 吉하리라. 그러나 戌運에 坐下冲이 되는데 이때 부인의 건강이 염려된다. 坐下가 空(亡)이니 더욱 그러하다. 用神이 空(亡)이고, 時支酉金에 被合되니 아들이 언어 장애자이다. 申運은 月建을 冲이고, 未運은 旺木이 入墓함으로 凶하겠다.

1972年生. 食神生財格

丙 甲 壬 壬

寅 申 寅 子

74 64 54 44 34 24 14 04

庚 己 戊 丁 丙 乙 甲 癸

戌 酉 申 未 午 巳 辰 卯

寅月은 甲木의 祿地요, 寅時와 申子水局에 雙壬이 透干하여 生扶木하니 身이 太旺하다. 太旺者 好泄精英하니 丙火食神을 보고 泄氣함이 당연하다. 즉 丙火가 用神에 燥木이 喜神이며 水가 病神에 土運이 藥神이다. 初年 甲運에 火가 用神이라 南方인 부산에서 工

高를 졸업하고 辰運에 申子辰水局하여 用神인 丙火가 傷하니 대학교에 진학하지 못하고 군역을 필하였다. 乙運부터 자동차 부품 등 경공업품 제조 공장에 입사하여 열심히 기술을 배우고 있다. 巳運 辛巳年은 用神인 丙火를 合去하며 寅巳申 三刑을 成局하니 凶하겠다. 이때 특히 자동차 사고 등 건강에 유의해야 되겠다.

向後 南方火運은 吉하겠으나 原局에 財(土)가 없어 格이 한층 낮다. 未運에 旺木이 入墓하면 凶하겠고 戊運은 藥神이 되어 吉하겠으나 申運에 四冲이 全備하면 위험하리라.

*. 火가 吉神인 命造 輕工業에 從事하는 경우가 많다.

*. 傷官이 用神에 財가 없으니 技術者다.

1968年生. 身旺用財格

乙 甲 甲 戊

亥 子 寅 申

74 64 54 44 34 24 14 04

壬 辛 庚 己 戊 丁 丙 乙

戌 酉 申 未 午 巳 辰 卯

寅月에 甲木이 得祿하고 申子水가 生木하며 時地亥水에 甲木이

長生되며 甲乙木이 透干하여 도우니 身이 太旺하다. 太旺者는 食傷을 보고 泄氣하여야 되겠다. 寅中에 丙火가 있으나 寅木은 어디까지나 木이다. 故로 身旺用財하여 戊土가 用神이며 火運이 喜神이다. 旺木이 用神을 克하는 病神에 金運은 藥神이다. 初年 乙運은 病神이 得勢하여 寒微家에 生長하고, 卯運에 亥卯木이 되니 太旺한 木이 더욱 旺하여 用神인 戊土를 克하니 藥土가 傾陷되어 手足에 欠(小兒痲痺)이 생겼다. 이는 戊逢甲克이면 手足有欠이요, 手足은 胃經에 屬함으로 弱土가 旺木에 의하여 傷한 緣故다. 丙運에 旺木을 泄氣하여 用神을 生하니 吉하였다. 辰運에 申子辰이 旺木을 生하니 凶하였다. 이때 집이 대단히 어려웠다. 丁運 이후 旺木을 泄氣하여 土를 生하니 家産이 興旺하여 有足한 生活을 하고 있다. 巳運 戊寅年에 吉神과 用神을 도와 成婚하였다.

向後 己運까지는 大吉하겠으나 未運에 旺木이 入墓하고 亥未木이 用神을 克하면 凶하겠다. 이때를 지나면 庚運에는 劈甲引火하여 大吉하겠다. 申運에는 用神인 戊土의 長生地이며 喜神을 內在한 寅木을 冲하면 大凶하리라.

1948年生(女命). 身旺用財格

甲 甲 乙 戊

戌 辰 卯 子

75 65 55 45 35 25 15 05

丁 戊 己 庚 辛 壬 癸 甲

未 申 酉 戌 亥 子 丑 寅

羊刃(刦財)은 七殺과 合함을 기뻐한다. 七살이 없으면 正官으로 旺神을 制止해 주어야 한다. 正·偏官이 없으면 旺神을 泄氣하는 食傷運에 發興하나, 이 命造에서는 戌中의 丁火가 있지만 辰戌冲이 되어 不用한다. 그러므로 身旺用財하여 戊土가 用神에 火運이 喜神이며, 木이 病神에 金運이 藥神이다. 丑運에 用神을 도우니 成婚하여 二子를 두었다. 壬子運은 旺木을 生하여 吉運이 아니요, 辛運은 藥神이 되어 得財는 하였으나 官逢官運이 되어 彷徨期었다. 亥運은 身旺에 刦財를 合하니 群比爭財가 되어 吉運이 아니었다. 庚運은 甲木을 斫破하여 生火하니 吉하였다. 戌運은 用神의 뿌리를 爭冲하고 丁丑年 未月에 丑戌未三刑이 되어 損財와 차사고가 났다. 己運은 吉運이나 乙酉年에 官逢官運에 四冲이 되니 夫喪을 당하였다. 酉運은 四冲이 되어 吉運이 아니고 申運은 申子辰水局이 旺木을 生하면 凶하다.

*. 庚戌運에 長男이 醫師가 되었다. 이는 喜神인 食傷(子星)이 得勢한 緣故다. 女命에 傷官而不見官星이면 猶爲淸潔이라고 하나 官運이면 不吉하다.(辛·酉·申運이 此命에서는 不吉)

*. 戌運에 原局에 辰戌冲이 되어 戌中의 丁火(心臟)가 傷해있는데 爭冲이 되니 心臟病을 얻었다.

*. 未運은 旺木이 入墓하고, 身强한데 劫財를 合하여 用神인 土를 克하면 危險하다.

*. 職業은 火가 喜神이라 飮食物業이다.

1956年生(女命). 身弱比劫爲用

己 甲 辛 丙
巳 戌 卯 申

71 61 51 41 31 21 11 01
癸 甲 乙 丙 丁 戊 己 庚
未 申 酉 戌 亥 子 丑 寅

卯月은 甲木의 劫財月이지만 食傷이 둘이고 財星이 둘이며 官星이 둘이니 旺而反弱하여 月建劫財에 의지할 수밖에 없다. 즉 卯木이 用神에 水運이 喜神이며, 金이 病神에 火가 藥神이다. 戊運에 官星

을 生하여 成婚하고 二男兒를 두었다. 子運에 申子水가 喜神이 되니 夫君이 出身하여 다복한 가정이었다. 丁運은 上下吉運에 地支가 重함으로 無欠하였다. 亥運에 身弱하여 刦財에 의지하는데 刦財(羊刃)를 合하니 用神이 得勢하여 吉하였다. 이때 金融業을 하여 得宅하고 가장 有餘한 생활을 하였다고 한다. 丙運은 藥神이 되지만 用神을 泄氣하니 平吉한 中에 己卯年에 用神을 도와 민속주점을 자영하고 있다. 이는 水가 喜神인 緣故다. 丙運에 官을 克하니 夫君이 당료환자가 되었다. 坐下食傷과 巳申이 空亡에 戌運은 病神을 生하고 坐下返吟이 되니 夫君의 건강이 염려되는 中 甲申年에 病神을 도우니 夫喪을 당하였다.

向後 乙運은 用神을 도와 吉하겠으나 酉運은 用神을 冲하니 不測之變故가 염려된다.

*. 甲己合化土格이 아닌 것은 甲木이 卯에 着根하여 土에게로 從하지 아니하기 때문이다.

*. 合多不爲奇이다.

*. 月建羊刃桃花에 一步三腰라, 對人關係가 염려된다.

*. 濕氣가 부족하니 戌運初부터 腎臟弱으로 자고나면 손발과 얼굴이 붓는다고 한다.

*. 戊運 辛巳年 子月에 旺火가 克官星(夫)하고 用神인 卯와 刑이 되니 夫君이 膀胱癌 수술을 하였다.

1975年生(女命) 身旺用財格

戊 甲 己 乙

辰 戌 卯 卯

73 63 53 43 33 23 13 03

丁 丙 乙 甲 癸 壬 辛 庚

亥 戌 酉 申 未 午 巳 辰

卯月은 甲木의 帝旺地인데 雙卯에 乙木이 透干하고 辰中의 乙木이 日主를 도우니 身旺하다. 身旺用財하여야 되겠는데 月上의 己土는 卯木上에 있어서 능력이 부족하여 不用하고 時上의 偏財가 用神이고 火運이 喜神이 된다. 木이 土를 傷害하는 病神에 金運은 藥神이 되겠으나 女命에 官逢官運이면 鏡破釵粉이니 가정이 항상 화목한 것만은 아니라고 할 수 있다. 壬運 己卯年 丁丑月에 桃花年에 日柱를 合하니 成婚하였다. 향후 午運은 午戌火가 用神을 生하고 時上偏財가 用神이니 財興할 것이다. 癸運은 戊癸火가 되겠으나 根은 그대로 있으니 無欠하겠고 未運은 旺木이 入墓하고 身旺에 刼財를 合하여 用神을 克하고 坐下와 戌未刑이 되니 吉運이 아니다. 이때

夫君의 건강이 염려된다. 이는 坐下에 戌中의 辛金이 夫星인데 辰戌冲하고 刑이 되는 緣故다. 甲運은 甲己合土가 用神을 도와서 吉할 것이다. 金運은 藥神이 되어 得財하겠으나 官逢官運이 되어 가정화목은 遙遠할 것이다.

*. 壬運 辛巳年 丁酉月에 得女息.

*. 午運에는 喜神이 되니 得男하리라.

1961年生(女命). 身旺用殺格

壬 甲 辛 辛

申 子 卯 丑

72 62 52 42 32 22 12 02

己 戊 丁 丙 乙 甲 癸 壬

亥 戌 酉 申 未 午 巳 辰

甲木이 劫財(羊刃)月에 태어나 申子水와 壬水가 生하니 身强하다. 女命 身强은 대체적으로 官星을 쓰니 丑土에 着根한 金이 用神에 丑土가 喜神이다. 初年 壬辰 癸巳運은 喜神과 用神을 도와 有福家에서 生長하였다. 甲運 癸亥年에 歲運을 中心으로 桃花가 되니 成婚하고 二女息을 두었다. 午運에는 用神이 傷하는데 辛은 肺요,

氣管支이니 갑상선으로 고생했다. 또 火金相爭이 되니 신경노이로제증세로 辛苦했다. 乙運은 乙辛冲 즉 金木이 交爭하니 신경쇠약증세와 편두통으로 마음 수양차 전국 유명사찰을 많이 찾아 다녔다. 未運은 用神의 根인 喜神을 冲하니 신경쇠약증의 연속이었다. 丁丑年에 此 命造와 만나게 된 것도 命理學會에서 였다. 庚辰年에는 用神을 生扶하니 모 방송사에 작가로서 활동하고 있다고 한다.

向後 西方運에는 언론인으로서 名聲을 얻으리라.

*. 職業이 언론사 작가인 것은 甲戊庚에 丑이 天乙貴人으로서 喜神이며 辛金이 用神이니 金은 곧 兌爲口인 緣故다.

*. 身强한 刦財(羊刃)格은 喜見七殺이라고 하지만 七殺이 없으면 正官을 쓰고 正官도 없으면 食傷運에 발달한다.

*. 身强한 甲子日柱 하늘 높은 줄 모르는 것은 六十甲子 中 甲子가 最先位인 까닭이다.

*. 丙運에 用神인 辛金을 爭合去하여 凶한데 甲申年에 官逢官運이 되니 夫婦別離하였다.

*. 丙運에 用神을 爭合去하여 凶한데 乙酉年에 出家하였다.

1955年生. 刦財格에 喜見七殺

庚 甲 己 乙
午 午 卯 未

70 60 50 40 30 20 10
壬 癸 甲 乙 丙 丁 戊
申 酉 戌 亥 子 丑 寅

甲木이 刦財(羊刃)月에 태어나 卯未木과 乙木이 透干하여 도우니 身强하다. 羊刃은 喜見七殺이라고 하니 庚金이 用神이고 土는 喜神이다. 初年 戊運은 燥土가 生金할 수 없고 寅과 丁運은 用神인 庚金을 傷害하니 寒微家에서 生長하였다. 卯午가 懸針星에 未土가 華蓋殺이니 미술대학을 졸업하고 丑運에는 濕土가 用神을 生하니 장래가 촉망되는 畵家였다. 丑運에 正財가 되고 癸亥年에 坐下와 暗合하니 成婚하고 二女息을 두었다. 동양화가로서 辛巳年에 작품전을 열기까지는 吉運을 만나지 못하여 성공은 없었고 가정은 늘 불안하였다. 辛巳年은 庚金이 巳에 長生하고 辛金이 用神을 도와 吉하겠으나 大運인 亥가 亥卯未合木하여 旺木에 金缺하니 吉運이 아니며 甲運은 劈甲引火로 忌神인 火가 冲發하면 凶하며 戌運은 用神의 根인 未土와 刑하며 午午戌爭合火가 用神을 克하면 吉運이 아니다. 이때를 지나면 金運에 用神을 도와 末年은 享福하리라.

*. 亥運末(해운말)에 亥卯未木(해묘미목)이 群比爭財(군비쟁재)하고 甲申年(갑신년)에 用神(용신)인 庚金(경금)을 冲(충)하니 夫婦別離(부부별리)하였다.

*. 己土(기토)는 卯木上(묘목상)에 있어서 克(극)을 당하니 午火(오화)를 泄氣(설기)하여 生金(생금)하기에는 능력이 부족하다. 그러므로 用神(용신)인 庚金(경금)이 午火(오화)에 의하여 傷(상)하니 즉 火金相爭(화금상쟁)이 되니 狂症(광증)이 있기 쉬운데 주변 사람들은 천재화가의 狂氣(광기)라고 들 알고 있다고 한다.

*. 火金相爭(화금상쟁)인 命造(명조) 狂症(광증)이나 精神異常(정신이상), 血壓(혈압), 痔疾(치질)이 있기 쉽다. 甲逢庚(갑봉경) 즉 中風(중풍)이 있기 쉽다. 肺弱(폐약)이 또한 염려된다.

1937年生. 身弱印星爲用

己 甲 甲 丁
巳 申 辰 丑

78 68 58 48 38 28 18 08
丙 丁 戊 己 庚 辛 壬 癸
申 酉 戌 亥 子 丑 寅 卯

辰月(진월)의 甲木(갑목)이 穀雨後(곡우후) 七日(칠일)은 戊土(무토)가 司令(사령)하는 때이니 土旺(토왕)한데 丑己土(축기토)가 土(토)를 도우고 丁巳火(정사화)가 木(목)을 泄氣(설기)하니 身弱(신약)하다. 身弱者(신약자)는 印星(인성)으로 生(생)하여야 되겠다. 즉 申辰水(신진수)가 用神(용신)에 巳丑金(사축금)이 喜神(희신)이며

土(토)가 病神(병신)에 木(목)이 그 病(병)을 除去(제거)하는 藥神(약신)이다. 坐下(좌하)의 申金(신금)이 喜神(희신)이고 時上(시상)의 正財(정재)가 日主(일주)와 有情(유정)한 合(합)을 이루고 있으니 妻福(처복)이 있는 命造(명조)라고 하겠다.

亥運(해운) 癸酉年(계유년)에 用神(용신)을 도우고 酉金(유금)이 巳酉丑(사유축) 喜神(희신) 官星(관성)이 되니 고등학교교장으로 승진하였다. 戌運(술운)에는 用神(용신)의 庫藏(고장)인 辰(진)을 冲(충)하고 病神(병신)이 得勢(득세)하여 凶(흉)한데 庚辰年(경진년)에 庚金(경금)이 藥神(약신)인 甲木(갑목)을 冲(충)하고 辰土(진토)가 辰辰戌爭冲(진진술쟁충)하니 用神(용신)인 水(수)는 泥塞(니색)되고 喜神官星(희신관성)인 金(금)은 埋金(매금)되니 退職(퇴직)하였다.

向後(향후) 戌(술)과 丁運(정운)은 吉運(길운)이 아니니 여생을 安貧樂道(안빈락도)하라고 권했다.

*. 印星(인성)이 用神(용신)이니 敎職者(교직자)다.

* 職業論(직업론)

. 數學公式(수학공식)처럼 맞아 떨어진다면 命理學(명리학)이 얼마나 쉽겠는가마는 그렇지 않기 때문에 어렵다. 특히 用神(용신)과 喜神(희신) 病神(병신)과 藥神(약신)을 모르면 더욱 推測(추측)하기 어렵다.

1. 職場勤務者(직장근무자)(六神(육신)과 기타 중심)

o 正官(정관)이 用神(용신)이나 喜神(희신) 혹은 藥神(약신)이면 文官(문관) 혹은 行政(행정)에 많다.

o 偏官(편관)이 用神(용신)이나 喜神(희신) 혹은 藥神(약신)이면 武官(무관) 혹은 法官(법관)에 많다.

o 正印(정인)이 用神(용신)이나 喜神(희신) 혹은 藥神(약신)이면 內務行政(내무행정)에 많다.

o 偏印(편인)이 用神(용신)이나 喜神(희신) 혹은 藥神(약신)이면 外務行政(외무행정)에 많다.

o 食傷(식상)이 用神(용신)이나 喜神(희신) 혹은 藥神(약신)이면 技術者(기술자)나 事業家(사업가)가 많다.

o 食傷(식상)이 用神(용신)이나 喜神(희신) 혹은 藥神(약신)이면서 財星(재성)이 吉神(길신)이면 文人大家(문인대가)가 많다.

o 印星(인성)이 用神(용신)이나 喜神(희신) 혹은 藥神(약신)인 者(자) 教育者(교육자)에 많다.

o 財多身弱者(재다신약자)와 身旺財弱者(신왕재약자) 金融界(금융계)에 많다.

o 身(신)이 太强(태강)하여 泄氣(설기)가 필요한 者(자) 社會事業家(사회사업가)에 많다.

o 天乙貴人(천을귀인)이 많은 者(자)(女命(여명)은 제외) 言論界(언론계)에 많다.

o 懸針星(현침성)과 天喜星(천희성)이 많은 者(자) 醫藥業(의약업)에 많다.

o 木(목)이 用神(용신)이면 次官格(차관격)

o 火(화)가 用神(용신)이면 外交官(외교관)(大則(대즉) 大使級(대사급), 小則(소즉) 領事級(령사급))

o 土(토)가 用神(용신)이면 內務秘書(내무비서)나 高官大爵級(고관대작급)

o 金(금)이 用神(용신)이면 法界(법계)

o 水(수)가 用神(용신)이면 地方長官(지방장관)이나 地方行政官(지방행정관)

2. 事業家(사업가)(五行中心(오행중심))

o 木(목)이 필요하여 用神(용신)이나 喜神(희신) 혹은 藥神(약신)이 되는 者(자)는 衣類(의류) 家具(가구) 花園(화원) 출판·인쇄 農産物(농산물) 의상디자인 인테리어에 많다.

o 火(화)가 필요하여 用神(용신)이나 喜神(희신) 혹은 藥神(약신)이 되는 자는 電氣(전기), 가스, 주유소, 電子(전자)·컴퓨터, 輕工業(경공업), 飮食物業(음식물업)에 많다.

o 土(토)가 필요하여 用神(용신)이나 喜神(희신) 혹은 藥神(약신)이 되는 자는 不動産業(부동산업)에 많다.

o 金(금)이 필요하여 用神(용신)이나 喜神(희신) 혹은 藥神(약신)이 되는 자는 言論界(언론계), 치과기공, 齒醫(치의), 쇠와 관련된 사업과 重工業(중공업)에 많다.

o 水(수)가 필요하여 用神(용신)이나 喜神(희신) 혹은 藥神(약신)이 되는 자는 運輸(운수), 流通(유통), 貿易(무역), 써비스, 水産業(수산업)에 많다.

3. 政治家(정치가)

o 官印相生格(관인상생격)과 從格四柱(종격사주) 政治家(정치가)에 많다.

1941年生. 身旺用財格

甲 甲 壬 辛

子 申 辰 巳

71 61 51 41 31 21 11 01

甲 乙 丙 丁 戊 己 庚 辛

申 酉 戌 亥 子 丑 寅 卯

身旺한 中에 比刦이 旺해서 身旺한지 印星이 旺해서 身旺한지 分析해 볼 필요가 있다. 印綬가 旺하여 身旺하면 財星이 用神이 되는 경우가 많고, 比刦이 旺하여 身旺하면 官星으로 用神을 쓰는 경우가 많다. 이 命造에서는 比刦보다는 印星旺에 의한 身旺임으로 즉 甲木이 浮木될 염려가 있으니 辰土를 用神하여 除濕하여야 한다. 즉 辰土가 用神이고 火는 喜神이며 木이 病神에 金은 藥神이다. 따라서 火土는 吉하다. 그러나 金에는 用不用이 있다. 庚金은 甲木을 冲해서 劈甲引火하여 用神을 生하니 吉하고, 辛과 申金은 忌神인 水를 生하여 凶하고, 酉金은 喜神인 巳火를 合去하여 生水하니 凶하다.

己運에 用神을 도우고 財星이 되니 成婚하였으나 甲辰年에 甲木이 克用神하고 辰土가 旺水의 庫藏이 되며 甲辰에 用神의 白虎殺이 되니 女息을 失하였다. 丑運에 巳丑金으로 喜神이 합거되어 旺水를 生하니 濕한 用神(財星=父星)이 散土되어 父喪을 當하였다.

*. 職業이 不動産 仲介業인데 이는 土가 用神인 緣故다.

*. 土弱에 水多하니 胃酸過多症이 염려된다.

1968年生(女命). 殺印相生格. 身弱에 印星爲用

乙 甲 丙 戊

亥 戌 辰 申

70 60 50 40 30 20 10

己 庚 辛 壬 癸 甲 乙

酉 戌 亥 子 丑 寅 卯

立夏前日은 戊土가 司令하는데 丙火가 透干하여 日主를 泄氣하고 三土가 있으니 財旺하고 身弱하다. 印綬로써 弱한 日主를 生하여야 되겠다. 즉 水가 用神에 金이 喜神이며 土가 病神에 木이 藥神이 된다. 初年 乙卯甲運은 二男五女 中에 막내로 태어나 사랑받으며 成長하고 불문학을 전공하였다. 甲運 庚午年에 午戌火가 病神인 土(財星=父星)를 生하고 庚年이 甲運을 冲하여 火가 忌神에 劈甲引火하여 旺土를 生하니 父喪을 當하였다. 寅運에 地殺驛馬가 冲하여 彷徨期었으나 甲戌년에 坐下를 冲하여 成婚하고, 乙亥年에 用神과 藥神을 도와 得男하고 癸運에 用神을 도와 吉한데 戊寅年에 雙童의

次男과 三男을 得하였다. 『적천수천미』에 의하면 用神이 子息인데 亥中의 壬水는 長男이고, 申辰半合水는 雙童이다.

向後 丑運은 坐下의 戌과 刑殺이 되니 夫婦關係를 敦篤히 하여야 되겠다. 月日支가 相冲하니 더욱 그러하다. 壬運은 丙火가 忌神에 見水顯節하니 吉運이 아니다. 이때를 지나면 金水運은 年上의 偏財에 用神과 喜神을 도와 大吉하리라.

*. 戌亥天門이 있어 五行工夫에 관심이 많다.

1944年生. 殺印相生格

庚 甲 戊 甲

午 辰 辰 申

79 69 59 49 39 29 19 09

丙 乙 甲 癸 壬 辛 庚 己

子 亥 戌 酉 申 未 午 巳

解 法

1. 殺印相生格

辰月의 甲木이 身弱한데 戊土가 透干하고 坐下 辰土에 午時가 生土하니 財(土)는 旺하고, 時上의 庚金은 午上에 있으나 戊辰辰申

이 生扶하니 官(金) 또한 旺하다. 즉 身弱에 財旺 官旺이니 申辰水를 用神으로 定하고 庚金을 喜神으로 쓴다. 戊土는 用神을 克하는 病神에 甲木은 藥神이 된다.

2. 財多身弱

辰月의 甲木이 財星이 旺한데 坐下에 辰土고 月上에 戊土가 透干하고 時支의 午火가 生土하니 財가 旺함으로 年上의 甲木으로 旺土를 疏土하고 申辰水가 生木하는 喜神이 된다. 이렇게 풀이하면 甲木用神을 克하는 庚金은 病神이 되니 病을 치료하는 午火는 藥神이 된다는 결론에 도달하지 아니할 수 없다. 此命에서는 土旺이 欠인데 土를 生해주는 午火를 藥神으로 쓴다고 함은 '命理의 解法은 旺弱寒熱의 調和에 있다' 라는 大原則에 합당하지 아니하다.

3. 결론적으로 此命은 殺印相生格으로 풀이함이 타당하다. 此命에서는 己巳運은 凶하고, 庚運은 天干庚이 地支의 申辰水를 生하는 것보다는 天干의 甲木을 冲하므로 凶하다. 辛運에는 喜神을 도와 吉하니 이때 申月의 壬子日生(水旺者) 女와 成婚하여 未運에는 조금 不進하였으나 水가 用神이기 때문에 목욕탕을 경영하여 酉運까지 財産家가 되었는데 이는 月上偏財의 작용이 컸던 때문이다. 向後 甲運

에 劈甲引火하여 病神인 旺土를 生하면 凶하겠고, 戌運에 旺土를 冲하면 庚金은 埋金되고, 用神인 水는 泥塞되며, 木은 折斫이 되니 凶함을 면하기 어렵겠다. 이때를 지나면 北方水運은 用神을 도와 吉하리라.

*. 甲庚冲이니 中風이 염려된다.

1966年生, 身弱印星爲用

丙 甲 壬 丙
寅 辰 辰 午

77 67 57 47 37 27 17 07
庚 己 戊 丁 丙 乙 甲 癸
子 亥 戌 酉 申 未 午 巳

辰月은 土旺節인데 坐下에는 辰土이고, 寅午에 根을 둔 雙丙이 透干하여 日主를 泄氣하니 身弱하다. 寅과 辰사이에 卯를 拱夾하니 太弱은 아니다. 寅木을 用神하려고하니 火를 生할 염려가 있어서 不用하고 辰中의 癸水에 着根한 壬水를 用神으로 定하고 金運은 喜神이고 土가 病神에 寅木이 藥神이다.

初年 癸巳甲午運은 吉凶이 相半인데, 午運辛未年에 辛金이 喜神

이 되고 未土가 正財가 되어 成婚하고 辛丑月에 得女食하였다. 乙運은 藥神이 되어 吉한데 乙亥年에 藥神과 用神을 도와 得男하였다.

未運은 病神을 도와 吉運이 아니고, 丙運은 三丙이 用神壬水와 相冲으로 吉運이 아니며, 申運은 喜神이 되어 吉하고, 丁運은 用神을 合去하여 吉運이 아니다. 酉運은 喜神이 되어 吉하고 戊戌運은 病神이 得勢하니 壬水는 泥塞되고 藥神은 折하여 吉運이 아니다.

*. 특히 丙運은 財가 病神인데 財를 生하고 用神을 三冲하는데 弱한 甲木이 丙火에 泄氣 當하니 건강에 조심하여야 되겠다.

*. 木日主가 熱乾이면 眼力이 不足하며 肝膽이 弱하다.

*. 水가 用神이니 流通業에 從事한다.

1947年生(女命). 身强한 木火食神格

乙 甲 乙 丁
亥 寅 巳 亥

71 61 51 41 31 21 11 01
癸 壬 辛 庚 己 戊 丁 丙
丑 子 亥 戌 酉 申 未 午

立夏節에 生하여 天地가 炎熱한 때이나 乙乙이 透干하고 寅亥合木에 年支亥宮에 壬水가 得祿하여 生木하니 木旺에 濕潤하다. 身太旺者 好泄精英이니 丁火로써 泄氣하여야 된다. 즉 丁火用神에 燥木이 喜神이며 水가 病神에 除水하는 土運이 藥神이다. 女命 傷官格에 不見官이면 猶爲淸潔이라고 하니 官運은 不吉하다. 初年 火運은 富家에 生하여 有福하였으나 未運에 母喪을 당하였다. 이는 旺木이 入墓하고, 年支의 亥와 未運이 合하여 旺木을 도우니 木多火熄으로 用神인 丁火를 傷하게 한 緣故이며, 年月支冲으로 父母德이 薄한 緣故다.

戊運에 逢男하여 成家하였으나 申運에 夫喪을 當하였다. 이는 地全冲하고 坐下와 三刑이 成局한 연고이며 女命에 地殺과 驛馬가 逢冲하면 賤格이며 異邦生活로 行止가 不定한 緣故다. 己運에 逢男하여 家庭이 정착되는가 싶었는데 酉運에 또 夫婦別離하니 이는 用

神의 根을 合去하고 官逢官運이며 女命次忌者는 坐下比劫이고 寅巳가 孤辰이며 亥가 刦殺인 緣故다. 庚運은 忌神인 乙木을 合去하여 吉하고, 戌運에는 用神이 旺하여 吉한데 이때 得宅하였다. 辛運은 用神을 冲하여 흉하고, 亥運에 巳亥三重冲이면 위험하다. 一男이 特出하다. 濕木이 喜神이 될 수 없는 것은 木多火熄으로 用神인 火가 傷하는 緣故다.

1944年生. 身弱한 木火食神格. 身弱比刦爲用

乙 甲 己 甲

丑 申 巳 申

76 66 56 46 36 26 16 06

丁 丙 乙 甲 癸 壬 辛 庚

丑 子 亥 戌 酉 申 未 午

巳月의 甲木은 病地로서 弱한데 己土가 透干하니 財旺하고 巳丑金에 兩申이 있으니 官星 또한 旺하다. 克泄이 交加하여 身弱하니 依支處는 乙甲木比刦인데 甲木은 甲己合去하여 不用하고 乙木이 用神에 水運이 喜神이다. 初年 庚辛運은 用神인 乙木을 乙庚合去하고 乙辛冲하며 午運은 弱木을 泄氣하여 凶하다. 未運에 丑未冲하니 丑中의 癸水가 印綬로서 어머니인고로 母喪을 當하였다. 壬運은

喜神으로서 用神을 生하니 成婚하고 一男一女를 두었다. 癸運까지 유통업을 하여 得財하고 가정이 安樂하였다. 酉運에 巳酉丑金은 本神이 庚金이므로 用神인 乙木을 乙庚合去하고 身弱에 官逢하니 官災가 있었다. 甲運은 用神을 도와 財를 부릴 수 있었으니 吉하였다. 戌運은 丑戌刑이 되니 妻妾과 財로 因한 口舌數가 있었다. 乙運에 진입하여 用神을 도우니 사업을 확장하고 있다. 향후 子運까지는 吉할 것이고 丙運은 地支가 重하므로 無欠하리라.

*. 金木이 交爭하니 肝膽症, 筋骨痛, 偏頭痛이 염려된다.

1957年生. 身弱한 木火食神格. 身弱比劫爲用

乙 甲 乙 丁
丑 辰 巳 酉

79 69 59 49 39 29 19 09
丁 戊 己 庚 辛 壬 癸 甲
酉 戌 亥 子 丑 寅 卯 辰

巳月은 甲木의 病地인데 丁火가 透干하고 巳酉金에 辰丑土가 있으니 克泄이 交加하여 身弱하다. 比劫에 의지하여야 된다. 辰土에 根을 둔 乙木이 用神에 水運이 喜神이며 巳酉丑金이 用神을 傷害

하는 病神이다. 이때 地支의 巳酉丑金이 用神을 傷害한다고 하여 除金하는 火를 藥神으로 쓸 수 없음은 燥熱하기 때문이다. 初年 辰運에 父喪을 當하였다. 이는 甲辰日柱에 白虎殺이고 辰中의 戊土가 偏財(父)星인데 辰土가 空(亡)이 된 緣故이며 甲辰運이 日柱伏吟이 된 때문이다. 癸運에 喜神이 되어 어머님으로부터 집을 증여 받았다. 卯運에 桃花逢冲이 되는데 甲子年에 用神을 도우고 喜神이 되니 成婚과 得男하고 寅運 壬申年에 득 女食하였다. 壬運에는 喜神이 되는데 乙丑年에 金生水, 水生木하여 공무원이 되었다. 寅運에 刑이 되니 官災口舌이 있었고 辛運에 用神을 冲하니 官災가 있었다. 丑運은 官星의 庫藏이 되어 吉運이 아닌데 庚辰年에 用神을 合去하고 官逢官運이 되어 퇴직하였다. 丑運 辛巳年에 活人方 關係業(氣治療)을 하고 있다. 이는 辰에 天醫星이 있기 때문이다. 향후 土金運은 吉運이 아니고 水運은 喜神이 되어 吉하리라.

*. 天醫星(活人星): 人命을 구해주는 醫師, 宗敎家, 看護員, 藥師 등에 從事

月支基準	寅	卯	辰	巳	午	未	申	酉	戌	亥	子	丑
天醫星	丑	寅	卯	辰	巳	午	未	申	酉	戌	亥	子

官·殺의 喜忌

(强 〉弱을 의미함)

1. 正官

• 正官 〉身: 財官運은 不吉하고 印比運과 食傷運은 吉

• 正官 〈 身: 財運은 吉하고 官運은 害가 되지 않는다.

*. 대체로 官逢官運이면 害가 많으니 男子는 변동이 있고 女子는 家庭에 근심이 많다.

2. 偏官(七殺)

• 偏官 〉身: 羊刃으로 合殺, 食傷으로 制殺, 印星으로 化殺을 要한다. 즉 印星吉, 比刦吉, 食傷吉.

• 偏官 〈 身: 財運과 官運은 吉하다. 그러나 食傷으로 制殺, 羊刃으로 合殺, 印星으로 化殺은 不要.

• 身旺하고 偏官이 旺할 때 羊刃合殺하거나 制殺 혹은 化殺하면 上格. 대개 身旺殺旺한 四柱는 偏官(七殺)이 旺하는 運에도 殺中에 印星이 藏在한 緣故로 吉하다.

3. 官星

- 官印相生格의 경우는 官運이 吉
- 官星이 둘 이상 〉食傷이 하나이거나 印星이 하나일 때는 制殺이 아니고 化殺하여야 된다.
- 羊刃이 七殺과 合하면 貴格이다.
- 正官을 쓰는데 偏官(七殺)運이면 凶하다.
- 偏官(七殺)用에 正官運이면 凶하다.
- 去官留殺과 去殺留官은 吉하다.
- 偏官 〈 身: 官運을 만나면 吉하다.
- 正官 〈 身: 偏官을 만나도 凶이 없다.
- 羊刃 〈 偏官(七殺)일 때 羊刃으로 合殺하든지 食傷으로 制殺하든지 印星으로 化殺하여야 吉하다. 왜냐하면 旺한 七殺에 의하여 弱한 日主가 傷害되지 않기 위하여 旺한 七殺과 妥協하면 有利하기 때문이다.
- 羊刃 〉偏官(七殺)일 때 合殺이나 制殺 혹은 化殺은 不要한다. 왜냐하면 旺한 日主가 弱한 七殺에 의하여 傷할리는 없으므로 타협은 필요하지 않다.

4. 女命

- 正官이나 七殺이 一個만 있으면 貴格이나 官殺混雜이면 賤格.
- 官星이 太多하면 不貞活動.
- 去官留殺에 逢正官運이면 凶하고 去殺留官에 逢七殺運이면 凶.
- 官殺이 太弱한 中에 官殺運逢이면 無妨.
- 官殺이 旺한데 官殺運逢이면 不吉.
- 傷官이 不見官星이면 猶爲淸潔이니 官運은 不吉.
- 대개 女命은 官逢官運이면 凶多吉小.

5. 官殺混雜을 꺼리지 않는 경우

- 官(殺)印相生의 경우.
- 官輕身重.
- 秋冬月의 金日主.

1961年生(女命). 身弱한 木火食神格. 官印相生格

戊 甲 癸 辛

辰 辰 巳 丑

79 69 59 49 39 29 19 09

辛 庚 己 戊 丁 丙 乙 甲

丑 子 亥 戌 酉 申 未 午

巳月은 甲木의 休地인데 戊土가 巳에 得祿하여 高透하고 辰時와 坐下에 辰土이니 財星이 太旺하다. 辛金은 巳丑金에 着根하여 透干하니 官旺하다. 財官이 旺하니 身은 자연히 弱하다. 고로 癸水가 弱한 日主를 生하는 用神이고 金은 喜神이며, 土가 制水하는 病神에 木運은 疏土하는 藥神이다. 初年에 火運은 弱한 日主를 泄氣하고 病神인 財를 生하니 凶하였다. 未運 甲子年에 用神과 日主를 도와 成婚하고 乙丑年에 得男하였다. 丙申運부터 地支가 重하므로 본인은 미용실과 미용학원을 자영하여 得財하고, 官旺運이니 夫君도 出身하여 다복한 가정이다. 향후 戊戌運에는 病神을 도우고 坐下를 冲하는데 辰巳가 空亡이니 이때 夫君의 건강에 유의하여야 되겠다. 이때를 지나면 北方水運은 吉하리라.

*. 辰巳가 龍蛇混雜이기 때문에 자기주장이 强하다.

1966年生. 身弱한 木火食神格

庚 甲 癸 丙

午 午 巳 午

71 61 51 41 31 21 11 01

辛 庚 己 戊 丁 丙 乙 甲

丑 子 亥 戌 酉 申 未 午

巳月은 火旺하고 木衰한데 地支全火에 丙火가 透干하니 泄氣가 太甚하며 燥熱하다. 癸水를 用神으로 하여 調候하고 弱한 日主를 生하고 旺한 食傷을 克하여야 되겠다. 즉 癸水用神에 金이 喜神이다. 初年 甲午乙未丙運은 吉運이 아니기 때문에 전문대학을 졸업하고 申運에 喜神이 되어 成婚하고 金이 喜神이니 언론계에서 得財하였다. 丁運은 用神을 冲하여 凶한데 丁丑年에 用神을 爭冲하고 坐下의 午와 丑午寃嗔 및 害가 되어 夫婦別離하였다. 향후 酉運은 巳酉金이 喜神을 도우고 用神을 生하여 吉하리라. 戊戌己運은 用神을 克傷하는 病神이 되어 吉運이 아니다. 이때를 지나면 金水運은 用神과 喜神을 도와 吉하리라.

*. 火金相爭이니 血壓이요, 弱木이 泄氣가 太甚하니 肝이 弱하다.

1947年生. 身弱한 木火傷官格

甲 甲 丙 丁
子 戌 午 亥

76 66 56 46 36 26 16 06
戊 己 庚 辛 壬 癸 甲 乙
戌 亥 子 丑 寅 卯 辰 巳

信仰心이 篤實한 것은 戌亥天門이 있기 때문이다. 午月의 甲木은 死地이기 때문에 身弱한데 午戌合化火에 着根한 丙丁이 透干하니 食傷이 太旺하며 燥熱하다. 泄氣가 太甚하니 印水로서 生하여야만 解熱도 되고 허약한 日主를 도우게 된다. 즉 水가 用神에 金運이 喜神이며 土는 水를 克傷하므로 病神이 되고 木이 그 病을 除去하는 藥神이다.

- 午戌會局이 子午冲을 救한다.
- 傷官이 見官이면 爲禍百端이라고 하지만 身弱한 木火傷官格에 見官은 水源이 長久한 연고로 오히려 吉하다.

初年 辰癸壬運은 吉하였으나 巳寅運은 凶하였다. 辛運은 吉하였고 丑運은 丑戌刑이 되니 吉運이 아니다. 향후 庚運은 火가 忌神에 劈甲引火하면 凶하고 子運에 月建인 午火를 冲하면 吉함이 적다. 寅運에 夫婦別離한 것은 坐下의 戌이 忌神에 寡宿殺인데 戌土財가

寅午戌合化變食神(인오술합화변식신)하여 忌神(기신)이 된 緣故(연고)다.

• 此命(차명)과 緣(연)을 맺은 것은 丑運(축운)에 정밀공업회사를 개업하는데 商號(상호)를 의뢰해와 水金(수금)이 吉神(길신)이기 때문에

「碩(석)　　井(정)

金(금)14　水(수)4」로 지어 주었는데 그 이후 某處(모처)에서 興(흥)하고 있다고 한다.

*. 그해 丑戌未(축술미) 三刑(삼형)이 成局(성국)하니 官災口舌(관재구설) 혹은 차 조심을 하라고 하였는데도 불구하고 未月(미월)에 차사고가 났다고 한다.

1949年生(女命). 身弱한 木火傷官格

丁 甲 庚 己
卯 申 午 丑

75 65 55 45 35 25 15 05
戊 丁 丙 乙 甲 癸 壬 辛
寅 丑 子 亥 戌 酉 申 未

夏至(하지) 다음날에 生(생)한 甲木(갑목)이 枯渴(고갈)한데 丁火(정화)가 透干(투간)하니 食傷(식상)이 旺(왕)하고 己丑土(기축토)는 旺火(왕화)가 生(생)하니 財旺(재왕)하다. 庚金(경금)은 土(토)가 生(생)하고 申(신)에 得祿(득록)하였으니 官(관) 또한 旺(왕)하므로 克泄(극설)이 交加(교가)하여 身弱(신약)하다. 甲木(갑목)의

依支處는 時支의 刦財뿐이다. 즉 卯木이 用神에 水運이 喜神이다. 初年에 辛運은 忌神인 丁火를 冲하여 吉하고 未運은 弱한 刦財를 合하여 用神이 得勢하니 吉하고 壬運은 喜神이 되어 吉하였다. 申運은 弱한 刦財가 爭合殺하여 혼란하였고 癸運에 喜神이 되어 成婚하고 夫君이 出身하였다. 丁巳年에 傷官이 되니 得男하였다. 酉運에 官星桃花가 되는데 依支處인 刦財를 冲하여 스캔들과 損財가 있었다. 甲運에 火가 忌神에 劈甲引火하여 官星을 傷하니 夫喪을 當하였다. 戌運은 午戌火가 弱한 日主를 泄氣하니 百事無成이었다. 乙運부터 水가 喜神이라 수산업을 자영하고 있는데 향후 水運은 地支가 重하므로 吉하리라.

*. 甲木이 冲庚하고 坐下에 殺星이 있어 관절염이 있는데, 中風 또한 염려된다.

*. 此命에서 金이 用神을 傷害하더라도 火가 藥神이 될 수 없는 것은 燥熱하기 때문이다.

1953年生. 棄命從兒格에 癸水가 病

己 甲 戊 癸
巳 午 午 巳

72 62 52 42 32 22 12 02
庚 辛 壬 癸 甲 乙 丙 丁
戌 亥 子 丑 寅 卯 辰 巳

午月은 甲木의 死地인데 地支全火이고, 戊癸火가 있으니 아무리 陽干이라고 하더라도 一點의 依支處가 없으니 從하지 아니할 수 없다. 즉 棄命從兒格에 從神인 火가 用神에 木이 喜神이며 癸水가 病神에 土가 藥神이다. 初年의 火運은 用神을 도와 有餘家에서 生長하였다. 兄弟가 五男三女다. 辰運에 病神이 得勢하여 凶한데 火가 用神이라 南方 도시에서 공업고등학교를 졸업하고 대학진학을 하지 못했다. 癸丑年에 病神이 得勢하니 손을 크게 다쳤다. 乙卯運은 喜神이 되어 조선회사에서 근무하고 地支에 全空亡이기 때문에 卯運 壬戌年에 藥神과 財星이 되어 晩婚을 하였다. 甲運에 희신이 되는데 甲子년에 得男하고 寅運 己巳年에 女息을 得하였다. 寅運에 寅戌火가 用神을 도와 吉한데 甲戌年 癸運入前에 妻家에서 垈地를 증여해 주었다. 癸運에 病神이 得勢하여 凶한데 戊寅年에 퇴직하고 사업을 하다가 실패하고 丑運에 病神이 得勢하는데 庚辰年에 病神을 生하니 규모는 작지만 사업을 또 실패하였다. 향후 金水運은 病神을 生하고 도와 吉運이 아니다. 특히 子運에 旺火를 冲하면 危險하리라.

1951年生(女命). 身强한 木火傷官格

甲 甲 甲 辛

辰 戌 午 卯

72 62 52 42 32 22 12 02

壬 辛 庚 己 戊 丁 丙 乙

寅 丑 子 亥 戌 酉 申 未

旺弱定法

1. 天干四字로 日主의 强弱을 定하고
2. 日主와 月令과의 旺衰를 보고
3. 日主와 坐下와의 旺衰를 보고
4. 時支를 본 다음 年支는 부속으로 利害點을 살핀다.
5. 地支를 基準으로 强弱을 보면 月支〉時支〉日支〉年支〉順이다.(月建의 重要性 참조)

此命은 天干四字 中 三甲에 年支에 羊刃인 卯가 劫財이고 坐下 辰에 根을 내려 身旺하다. 즉 身旺用正官하여 辛金이 用神에 辰土

가 喜神이며 火가 病神에 水運이 藥神이 된다. 初年 乙運은 旺神을 도와 凶하고, 未運은 身旺에 劫財를 合하여 群比爭財하니 凶하며, 丙運은 用神을 合하여 凶하였다. 申運에 申辰水가 藥神이 되니 用神이 生氣를 얻어 南道地方에서 商高를 수석으로 졸업하였으나 丁運에 用神을 冲하여 대학진학을 하지 못하였다. 財가 父星인데 癸丑년에 丑戌刑이 되니 父喪을 當하였다. 丁運末 丙辰年에 坐下를 爭冲하니 成婚하여 酉運은 官運이고 用神을 도우는 데 丁巳年에 生男하고 庚申年에 女息을 得하였다. 戊運은 喜神이 되어 본인도 경제활동으로 得財하고, 夫君도 직장생활로 得財하여 多福하였다. 戌運에 午戌火가 用神을 傷害하고 坐下를 爭冲하니 夫君이 無能力者가 되고 戊辰年에 雙戌과 雙辰이 冲하니 辰中의 癸水가 正印으로서 어머니인데 이를 傷하니 母傷을 當하였다. 그러나 戊辰年은 喜神인 財星을 도우니 得宅은 하였다. 己運은 用神을 生하니 금융업으로 財를 得하였다. 亥運은 劫財를 合하여 身이 太旺해지니 群比爭財하여 敗하고, 己卯年에 또 劫財年이 되니 집까지 잃어버렸다. 庚辰年에 坐下가 冲하는데 또 爭冲이 되고 正官用神에 偏官年이 되니 夫婦別離하였다. 향후 庚運에 劈甲引火로 吉運이 아니나 이때를 지나면 丑運까지는 末年이 享福하리라. 그러나 子運은 月建冲에 四冲이 되니 吉

한 것만은 아니다.

*. 女命身旺劫財에 男便宮이 不吉함은 群比爭官함이며, 男命身旺劫財는 群比爭財하므로 妻宮이 不吉하다.

1953年生. 身弱한 木火傷官格. 官印相生格

癸 甲 戊 癸

酉 寅 午 巳

79 69 59 49 39 29 19 09

庚 辛 壬 癸 甲 乙 丙 丁

戌 亥 子 丑 寅 卯 辰 巳

午月은 火旺當令인데 寅午合火에 巳火가 加勢하며 戊癸火가 있으니 食傷이 太旺하다. 즉 身弱한 木火傷官格에 水로써 生木하고 調候하여야 되겠다. 年上의 癸水는 戊癸合化火하여 不用하고 時上의 癸水를 用神으로 하고 酉金이 喜神이며 戊土가 病神에 寅木이 藥神이다. 初年 丁巳丙運은 旺한 食傷을 도와 凶하고 辰運에 用神이 通根하니 內務行政公務員이 되었다. 이는 酉金이 正官으로서 喜神이며 正官은 내무행정에 속하기 때문이다. 辰運에 財星이 되어 成婚하고 一男一女를 두었다. 乙卯運은 藥神이 되어 病神을 除去하니

用神이 生氣를 얻어 吉하였다. 甲運 乙亥年에 甲木은 藥神이 되고 亥水는 用神을 도와 吉한 가운데 巳亥沖 즉 地殺과 驛馬가 逢沖하여 金水가 吉神이라 北쪽으로 전근을 오게 되었다. 寅運에 藥神이 되고 庚辰年에 喜神을 도우고 用神의 根이 되니 副面長級이 되었으나 正官이 喜神인데 偏官年이 되니 左遷되었다. 向後 癸運은 三癸가 病神을 合去하니 吉할 것이고, 丑運에 巳酉丑의 庚金이 되어 正官喜神에 偏官運이 되고 官星이 會局入墓하면 職場에 변동이 있으리라. 壬運은 正印用神에 偏印이고, 子運은 月建午를 冲하여 衰者冲之拔根하면 吉運이 아니다. 이때를 지나면 辛亥運은 吉하리라.

*. 身弱한 木火傷官格에 喜見官이 되는데 이는 水源이 長久하여 吉하므로 傷官이 見官이면 爲禍百端의 例外가 된다.

*. 午月의 甲木이 燥熱한데다가 泄氣가 太甚하므로 體格이 矮小하다.

*. 印星의 喜忌(正印은 生母이고 偏印은 庶母다)

- 正印用에 偏印逢이면 凶.
- 偏印用에 正印逢이면 吉

1941年生(女命). 調候用神

庚 甲 乙 辛
午 子 未 巳

78 68 58 48 38 28 18 08
癸 壬 辛 庚 己 戊 丁 丙
卯 寅 丑 子 亥 戌 酉 申

貴命造다. 官殺混雜이나 乙辛冲으로 去官留殺하고, 官이 喜神이니 夫君이 한때 內閣構成要員이었다. 此命을 臨床할 때 당황했던 것은 日時支가 子午冲인데도 夫婦가 아무 문제없이 잘 살고 있다는 말을 듣고서였다. 왜일까? 언뜻 보기에는 會局救冲을 하는 것도 아닌데, 그러나 자세히 보면 地支에 巳午未南方合이 되어 있기 때문에 즉 方合으로 인하여 救冲되고 있기 때문이다. 地支에 巳午未이니 燥熱함은 不言可知라, 甲木日主가 身弱하고 調候上 子水가 用神이고 金이 喜神이다. 戊戌運에 用神이 泥塞되니 母喪을 당하였다. 子運 丙子年에 夫君이 內務部長官이 되었으니 이는 用神인 子水를 도우는 子運이고, 原局에 官殺混雜에서 去官留殺하여 格이 한층 높아진데다가 丙辛合水가 用神을 또 도운 緣故다. 向後 丑運 戌年에 丑戌未 三刑成局하면 財官으로 인한 官災口舌이고, 寅運 申年에 寅巳申 三刑成局때 無欠하면 卯運에 用神이 死地에 들면 危險하리라.

*. 臨床時 고급 커피전문점을 경영하고 있었는데 이는 水가 用神이고, 水가 必要한 命造이기 때문이다.

1944年生(女命). 殺印相生格

乙 甲 辛 甲

亥 申 未 申

74 64 54 44 34 24 14 04

癸 甲 乙 丙 丁 戊 己 庚

亥 子 丑 寅 卯 辰 巳 午

未月은 土旺木弱한데 地支에 雙申과 辛金이 高透하니 財官이 旺하다. 天干에 三木이 있으나 申金上의 甲木은 능력이 부족하다. 時支의 亥水로써 旺한 官을 泄氣生木하여야 되겠다. 즉 殺印相生格에 亥水가 用神이고 金이 喜神이며 未土가 病神에 乙木이 藥神이다. 初年 火土運에는 病神을 生扶하여 寒微家에서 生長하였다. 巳運에 用神인 印星(母星)을 冲하여 母喪을 당하였다. 戊運에 官星을 生하는데 丁未年은 傷官(子息)年에 官星을 冲動하니 成婚하고 戊申年에 官星喜神을 도우니 長男을 得하고 己酉年에 官星喜神이 도우니 次男을 得하고 辛亥年에 喜神官星과 用神을 도와 三男을 得하였다.

辰運에 申辰水가 되어 吉한데 이때 경제활동을 하여 得財하고 乙卯年에 女息을 득하였다. 丁(子星)運은 病神을 生하고 喜神辛을 冲하여 吉運이 아닌데 이때 長男이 小兒痲痺 患者가 되어 辛苦하였다. 卯運은 藥神이 되어 垈地를 구입하였다. 丙運은 正官을 合去하니 夫君의 外道로 辛苦하였다. 寅運은 藥神을 도우니 卯運에 구입해둔 垈地에 건물을 新築하고 乙運 또한 藥神을 도와 有餘한 생활을 하고 있다. 丑運은 官星이 入墓하고 月建을 冲하니 病神이 得勢하여 用神이 泥塞되므로 凶하였다.

향후 北方水運은 用神을 도와 吉하리라.

*. 金木이 交爭하여 偏頭痛과 筋骨痛이 있다. 丑運부터 무릎관절에 이상이 왔는데 己丑年에 관절수술을 하였다. 이는 乙己丑에 曲脚殺이 있는 緣故다.

*. 甲運들어 群比爭官이 되니 夫君의 外情이 발동하여 心亂하다.

1959年生(女命). 財多身弱에 比刦爲用

戊 甲 辛 己
辰 辰 未 亥

76 66 56 46 36 26 16 06
己 戊 丁 丙 乙 甲 癸 壬
卯 寅 丑 子 亥 戌 酉 申

未月은 土旺節인데 土가 다섯이니 土가 太旺하다. 亥未木으로 旺土를 疏土하여야 되겠다. 즉 木이 用神에 水가 喜神이다. 財多身弱에 印綬로 用神하면 旺財에 의하여 用神이 傷하므로 比刦으로 用神함이 타당하다. 初年 壬申癸酉運에 국어국문학을 전공하였다. 酉運에 官星桃花가 되어 逢男하였으나 坐下의 辰과 時支의 辰이 酉金과 爭合이 되니 三角關係가 되어 그들을 포기하고 수녀가 되었다. 이는 坐下와 時支가 空(亡)이고, 辛金이 官星(夫)인데 未土上에는 虛路無根이고, 旺土에 埋金되어 官이 出顯하지 못하므로 夫·子宮이 不吉한 緣故다. 향후 丙子運은 丙火가 蓋頭되어 있으나 水運은 吉하겠고 丑運에 丑未冲으로 旺土가 冲發하면 弱木은 折하고 水는 泥塞되어 凶하리라.

*. 旺土이니 胃弱에 子宮弱이다.

*. 辰辰未가 忌神華蓋殺이니 수녀(僧道)다.

*. 甲辰에 偏財(父星) 白虎殺이 있어 戊運에 父喪을 當하였다.

1953年生. 身弱比刦爲用

乙 甲 己 癸
亥 申 未 巳

79 69 59 49 39 29 19 09
辛 壬 癸 甲 乙 丙 丁 戊
亥 子 丑 寅 卯 辰 巳 午

未月은 土旺節인데 己土가 透干하고 巳와 未사이에 午를 拱夾하여 日主를 泄氣하고 坐下申金의 克을 받으니 身弱하다. 癸水를 用神으로 하려고 하니 癸己冲하므로 不用하는데, 巳未上의 癸水는 濁水이므로 더욱 그러하다. 時支亥水는 隔合이나 亥未合木으로 不用하고 亥未에 着根한 乙木이 用神에 水가 喜神이다. 初年 戊午丁運은 農村에서 태어나 巳運에 坐下를 合하는데 庚申年에 官星(子息)年이 되니 成婚하여 辛酉년에 官星年이 되니 得女하고 丙運 癸亥年에 用神을 生하니 得男하였다. 丙運은 忌神이 되어 彷徨期였고, 辰運은 申辰水가 喜神이 되니 農事에 풍년이 들어 得財하였다. 木이 用神이니 農業이다. 乙運에 用神을 도와 吉한데 水가 喜神이라 北

方도시에 와 인테리어 業을 하여 乙運末 乙亥年에 得宅하였다. 인테리어는 木手에 해당하며 木이 用神인 緣故다.

*. 卯運은 羊刃(刦財)運이다.

- 身旺한 命造에 羊刃(刦財)의 合을 꺼리는 것은 群比爭財되기 때문이다.
- 身弱한 命造가 羊刃에게 依支하는 경우에 羊刃(刦財)을 冲하면 不吉한데 이는 依支處가 傷하는 緣故다.

此命에서는 卯羊刃運에 亥卯未合木하니 未土 즉 財星의 根이 變하여 比刦이 되고 그 比刦은 弱해진 己土(財)를 克하니 즉 群比爭財에 損財되며 妻를 克하는데, 戊寅年에 喜神인 癸水를 合하여 忌神이 되고 坐下의 申과 寅巳申 三刑成局하니 妻의 病患으로 辛苦한 나날을 보내고 있다. 향후 甲運은 忌神인 己土를 合去하여 無欠하겠으나 寅運에 坐下의 申을 冲하고 寅巳申 三刑을 成局하면 官災口舌이 있겠는데 특히 妻의 健康을 留意하여야 되겠다. 癸運은 喜神이 되어 吉하나 丑運에 月建인 未를 冲하면 吉運이 아니다. 이때를 지나면 北方水運은 喜神이 되어 末年은 享福하리라.

1955年生(女命). 調候用神

辛 甲 癸 乙

未 戌 未 未

79 69 59 49 39 29 19 09

辛 庚 己 戊 丁 丙 乙 甲

卯 寅 丑 子 亥 戌 酉 申

未月(미월)은 土旺節(토왕절)인데 地支(지지)에 全土(전토)이니 財(재)가 太旺(태왕)하며 燥熱(조열)하다. 즉 財多身弱(재다신약)에 印綬(인수)로써 生身(생신)하고 調候(조후)하여야 되겠다. 즉 癸水(계수)가 用神(용신)에 辛金(신금)이 喜神(희신)이며 土(토)가 用神(용신)을 克(극)하는 病神(병신)에 乙木(을목)이 疏土(소토)하는 藥神(약신)이다. 初年(초년) 甲申運(갑신운)은 藥神(약신)과 喜神(희신)을 도와 有餘家(유여가)에 生長(생장)하였고, 木(목)이 吉神(길신)이니 농업고등학교를 졸업하였다. 乙運(을운)에 藥神(약신)을 도와 旺土(왕토)를 疏土(소토)하니 用神(용신)인 癸水(계수)가 生氣(생기)를 얻어 세무사 사무실에서 근무하게 되었다. 이는 財多身弱者(재다신약자) 金融界(금융계)에 從事者(종사자) 많음과 관련이 있다. 丙辰年(병진년)에 用神(용신)이 通根(통근)하고 坐下(좌하)를 冲動(충동)하니 成婚(성혼)하고 酉運(유운)에 喜神(희신)인 官星(관성)(夫星(부성))이 得勢(득세)하니 夫君(부군)이 出身(출신)하고 두 女息(여식)을 두었다. 乙木(을목)이 藥神(약신)으로서 시아버지가 되니 시아버지의 도움으로 有餘(유여)한 생활을 하였다. 丙運(병운)에 官星(관성)을 合去(합거)하니 夫君(부군)의 外道(외도)로 辛苦(신고)한 나날을 보내던 중 戌運(술운)에 病神(병신)이 得勢(득세)하니 夫夫別離(부부별리)하였다. 丁運(정운)까지 친정에서 더부살이로 마음고생이 많았다고 한다. 亥運(해운)에 亥未未未(해미미미) 合(합)

木(목)하여 藥神(약신)을 도와 旺土(왕토)를 疏土(소토)하니 水(수)가 生氣(생기)를 얻는데 庚辰年(경진년)에 偏官年(편관년)이 되니 再婚(재혼)하였다. 向後(향후) 戊己運(무기운)은 用神(용신)을 合去(합거)하고 冲去(충거)하여 吉運(길운)이 아니고 子運(자운)은 用神(용신)을 도우고 調候(조후)하여 吉(길)하리라. 丑運(축운)은 三刑(삼형)이 되는데 財星(재성)으로 인하여 用神(용신)이 傷害(상해)되니 不測之變故(불측지변고)가 있겠다.

*. 木日主(목일주)에 丑戌未(축술미) 三刑(삼형)이 있는 者(자) 피부질환이 염려된다.

*. 財多身弱者(재다신약자) 富屋貧人(부옥빈인)이다.

*. 女命(여명)에 天乙貴人(천을귀인)이 셋씩이나 되니 未語先笑(미어선소)요, 日時支(일시지)에 刑(형)이고 燥熱(조열)하니 아들이 없다.

*. 男命(남명) 正財運(정재운)과 女命(여명) 正官運(정관운)은 初婚(초혼)이고, 男命(남명) 偏財運(편재운)과 女命(여명) 偏官運(편관운)은 再婚(재혼)이다.

1969年生. 身旺用財

乙 甲 壬 己
丑 子 申 酉

73 63 53 43 33 23 13 03
甲 乙 丙 丁 戊 己 庚 辛
子 丑 寅 卯 辰 巳 午 未

申月은 甲木의 絶地이나 申子水局에 壬水가 透干하고 酉丑金이 生水하니 浮木이 염려된다. 丑土에 根을 둔 己土로 除濕하여야 되겠다. 즉 己土用神에 火運이 喜神이고 乙木이 病神에 金運이 藥神이다. 午運에 用神을 生하니 전문대를 졸업하고 巳運 戊寅年에 巳酉丑이 藥神官星이 되고 寅에 長生한 戊土가 用神을 도와 고향 면사무소에 근무하게 되었다. 巳運 庚辰年 丙戌月에 病神인 乙木을 合去하니 財星이 살아나는데 또 財星年이 되고 坐下를 合하니 成婚하였다. 향후 戊運은 用神을 도와 吉하겠고 辰運에 申子辰水局이 되면 浮木이 되고 用神인 己土는 散土되어 凶하겠다. 이때 부모님과 처의 건강 및 손재가 염려된다. 이는 財가 傷하고 忌神인 印星이 太旺해지는 緣故다. 卯寅運은 用神을 克하고 卯酉冲 寅申冲하면 凶하다.

1958年生. 殺印相生格

辛 甲 庚 戊
未 子 申 戌

78 68 58 48 38 28 18 08
戊 丁 丙 乙 甲 癸 壬 辛
辰 卯 寅 丑 子 亥 戌 酉

申月은 甲木이 絶地가 되어 金旺木弱한데 時上에 辛金이 透干하고 月上에 庚金이 透干하니 官殺이 旺하다. 그리고 三土가 있으니 財旺하여 日主는 자연히 弱하다. 申子水로써 旺盛한 官殺을 泄氣生木하여야 되겠다. 즉 殺印相生格에 水가 用神에 金이 喜神이며 土가 病神에 木이 藥神이다. 初年 辛酉運에 喜神이 되어 有餘家에서 生長하고 壬運에 父母님은 法大를 희망했으나, 官殺混雜으로 貴가 부족하니 名門商大를 졸업하고 戌運에 病神을 도와 吉운이 아닌데 이때 軍役을 畢하였다. 癸運에 財星과 合하고 用神을 도와 成婚하였다. 亥運부터 水가 用神이기 때문에 貿易業을 하여 甲運까지 亥水는 用神을 도우고 甲木은 藥神이 되어 得財하였다. 子運에 들어 用神을 도와 吉하나 土가 戌未刑이니 糖尿病에 辛苦하다. 향후 乙運은 藥神이 되어 吉하겠으나 丑運에 三刑成局하면 妻·財로 因한 凶함이 있겠고 건강 또한 염려된다. 이때를 지나면 木運은 藥神이 되어

吉(길)하리라.

*. 甲運(갑운)에 劈甲引火(벽갑인화)가 되지 아니한 것은 戌中(술중)의 丁火(정화)는 申戌準方(신술준방)合(합)이 되어 金(금)으로 變(변)하고 未中(미중)의 丁火(정화)는 옆에 子水(자수)가 있어 불 씨앗의 역할을 하지 못한 緣故(연고)다.

*. 木日主(목일주)에 戌未刑(술미형)이 있어 피부질환이 있다.

*. 甲子日主(갑자일주)는 六十甲子(육십갑자) 中(중) 最先順位(최선순위)가 되며 魁罡殺(괴강살)이 있어 owner 기질이 있다.

1953年生. 身弱喜見印星

己 甲 庚 癸
巳 寅 申 巳

78 68 58 48 38 28 18 08
壬 癸 甲 乙 丙 丁 戊 己
子 丑 寅 卯 辰 巳 午 未

申月(신월)은 官旺節(관왕절)인데 庚金(경금)이 透干(투간)하고 己土(기토)가 雙巳(쌍사)에 着根(착근)하여 透干(투간)하니 財·官(재관)이 旺(왕)하다. 그리고 雙巳(쌍사)가 泄氣(설기)하니 克泄(극설)이 交加(교가)하여 자연히 日主(일주)는 弱(약)하다. 故(고)로 癸水(계수)는 弱身(약신)을 生(생)하는 用神(용신)이고 金(금)은 喜神(희신)이며 己土(기토)는 用神(용신)을 克(극)하는 病神(병신)에 坐下(좌하)의 寅木(인목)은 病神(병신)을 除(제)

去하는 藥神이 된다.

o 坐下의 寅木은 寅巳申三刑을 成局하므로 用神으로서는 부적합하다. 初年 火土運은 百事無成하였고, 丁運 庚申年에 喜神을 돕고 坐下를 冲動하니 成婚하고 辛酉年에 官星年이 되니 得男하였다. 辰運에 들어 申辰水局이 用神을 도와 流通業을 시작하여 得財하고 있다. 向後 乙卯運은 藥神을 도와 吉하겠으나 甲運에 火가 忌神인데 劈甲引火하면 凶하겠고 寅運은 爭冲에 三刑을 成局하므로 吉運이 아니다.

*. 水가 用神에 地殺과 驛馬가 相冲하니 유통업이다.

1972年生. 身旺用財

戊 甲 戊 壬
辰 申 申 子

76 66 56 46 36 26 16 06
丙 乙 甲 癸 壬 辛 庚 己
辰 卯 寅 丑 子 亥 戌 酉

申月은 甲木의 絶地이지만 地支에 申子辰水局이고 壬水가 透干하여 日元을 生하니 身旺 中 日主弱에 印綬가 旺한 身旺이다. 고로

印綬(인수)가 旺(왕)하여 浮木(부목)될 염려가 있으니 戊土(무토)로서 除濕(제습)하여야 되겠다. 즉 戊土(무토)가 用神(용신)에 火運(화운)이 喜神(희신)이지만 原局(원국)에 火(화)가 없어 格(격)이 낮다. 初年(초년) 金運(금운)은 旺水(왕수)를 生(생)하여 吉運(길운)이 아니고 戌運(술운)은 旺水(왕수)의 庫藏(고장)을 冲(충)하여 吉運(길운)이 아니다. 辛運(신운) 庚辰年(경진년)에 官星(관성)(子星)이 되고 坐下(좌하)를 合(합)함과 財星(재성)을 도우니 成婚(성혼)하고 이용업을 自營(자영)하고 있다. 向後(향후) 水木運(수목운) 동안은 吉運(길운)이 아니니 哀惜(애석)한 마음 금할 길이 없다. 水運(수운)은 用神(용신)인 戊土(무토)를 散土(산토)하고 木運(목운)은 戊土(무토)를 克(극)하는 緣故(연고)다.

*. 有病得藥者(유병득약자)는 旺相之命(왕상지명)이고, 無病無藥者(무병무약자)는 庸劣之命(용렬지명)이며, 有病無藥者(유병무약자)는 平生(평생)이 空虛也(공허야)라 했던가.

1954年生(女命). 調候用神

壬 甲 壬 甲
申 子 申 午

70 60 50 40 30 20 10
乙 丙 丁 戊 己 庚 辛
丑 寅 卯 辰 巳 午 未

申月(신월)의 甲木(갑목)은 金旺木弱(금왕목약)한데 申申子爭合水(신신자쟁합수)에 雙壬(쌍임)이 透干(투간)하니 水多木浮(수다목부)다. 申金(신금)(官星=夫星)(관성 부성)은 水多金沈(수다금침)이 된다. 水多木浮(수다목부)하니 午(오)

中의 己土로서 除濕하고 午中의 丁火로서 調候하여야 되겠다. 즉 午火가 用神에 甲木이 喜神이고 水가 病神에 土運은 藥神이 된다. 初年에 辛運은 病神을 生하여 吉運이 아니고 未運은 藥神이 되니 吉하다. 未運末 癸丑年에 藥神이 되어 成婚하고 庚運에 劈甲引火하여 吉한데 甲寅年에 喜神이 되어 長男을 得하고 乙卯年에 喜神이 되어 次男을 得하고 丁巳年에 刑이 되어 女食을 得하였으나 同年 즉 庚運 丁巳年 丙午月에 旺火가 申金을 克함과 申金(夫星)을 포함하여 刑이 되며 坐下를 冲하니 夫君이 알콜중독으로 去世하였다. 이는 申金이 夫星인데 水多金沈하니 이는 마치 男便이 술독에 빠져 있는 形局과 같은 緣故다. 午運以後 戊運까지 用神을 도우고 藥神이 되니 家勢가 번창하고 자녀들도 잘 자라 주었다. 辰運은 旺水가 入墓하여 吉運이 아니다. 이때를 지나면 木火運은 喜神과 用神을 도와 吉하리라.

1934年生(女命). 身弱比劫爲用

戊 甲 癸 甲
辰 辰 酉 戌

78 68 58 48 38 28 18 08
乙 丙 丁 戊 己 庚 辛 壬
丑 寅 卯 辰 巳 午 未 申

*. 財旺官旺하여 身弱할 때, 官星이 財星보다 旺盛할 때는 印星을 用神으로 하여 殺印相生格으로 쓸 수 있으나, 財星이 官星보다 旺할 때 印星을 用神으로 쓸 수 없는 것은 印星이 財星에 의해서 傷害되기 때문이다. 따라서 此命에서는 財星(土)가 旺하므로 甲木을 用神으로 하여 旺土를 疏土하여야 한다. 즉 甲木이 用神에 癸水가 喜神이며 酉金이 病神에 除金하는 戌中의 丁火가 藥神이다. 此命은 어느 庵子에서 공양주생활을 하는 분으로서 길림성에서 왔다. 初年부터 戊運까지는 吉凶이 相反이었다. 辰運에 三辰과 一戌이 冲하여 旺土가 太旺해지니 官(金)이 埋沒되고 用神인 木이 折하니 夫君과 死別하고 丁運에 길림성에서 東南方으로 온 것이 대구에 모 사찰이다.

*. 時上偏財에 身旺한 命造는 말할 것도 없지만 身弱하더라도 吉運을 만나면 橫財數한다. 한 달 급여가 100여萬원도 안 되는데 무슨

橫財란 말인가! 라고할지 모르지만 향후 丙寅 乙運에 길림성으로 돌아가서는 부자소리 들으면서 살지 않겠는가.

1942年生(女命). 官印相生格

丙 甲 己 壬
寅 戌 酉 午

74 64 54 44 34 24 14 04
辛 壬 癸 甲 乙 丙 丁 戊
丑 寅 卯 辰 巳 午 未 申

酉月은 金强木弱한데 寅午戌火局에 丙火가 透干하여 弱한 日主를 泄氣하고 己土가 透干하여 火의 生을 받으니 財旺에 克泄이 交加하여 身이 弱하다. 年上의 壬水로서 生木해주어야 되겠다. 즉 身弱에 印星爲用하여 壬水가 用神에 金이 喜神이며 己土가 病神에 寅木이 藥神이다. 未運 癸卯年에 桃花가 逢冲하여 逢男하고 甲辰年에 藥神을 도우고 辰酉金이 喜神官星이 되어 成婚하고 乙巳年에 藥神을 도우고 巳酉가 喜神이 되니 生男하였다. 午運에 喜神인 官星이 傷害되니 男便이 美國에 移住하여 現地妻와 살림을 차렸다. 따라서 巳運에 巳酉金으로 官逢官運이 되니 夫婦別離하였다. 이는 坐下가 食傷이고 酉金官星이 互換(空)亡인 緣故다. 甲運은 藥神이 되어 吉(길)하고, 辰運(진운)은 印綬(인수)의 庫藏(고장)에 辰酉金(진유금)으로 喜神(희신)이 되어 吉(길)하며, 癸運(계운)은 用神(용신)을 도와 吉하지만 卯運(묘운)은 用神壬水(용신임수)의 死地(사지)가 되고 月建(월건)을 冲(충)하여 吉運(길운)이 아니다.

*. 甲己合化土(갑기합화토)는 中正之合(중정지합)이기 때문인지 觀相(관상)이 佛像(불상) 같았다. 水(수)가 필요하니 愛酒家(애주가)였다.

*. 干合(간합)

甲己合土(갑기합토): 中正之合(중정지합)

乙庚合金(을경합금): 仁義之合(인의지합)

丙辛合水(병신합수): 威嚴之合(위엄지합)

戊癸合火(무계합화): 無情之合(무정지합)

1979年生. 身弱比刦爲用

乙 甲 癸 己
丑 辰 酉 未

79 69 59 49 39 29 10 09
乙 丙 丁 戊 己 庚 辛 壬
丑 寅 卯 辰 巳 午 未 申

酉月의 甲木은 金旺木弱한데 四土가 있으니 土 또한 旺하다. 乙木으로 旺土를 疏土하여야 된다. 則 乙木이 用神이고 水는 喜神이며 金이 病神에 火運이 藥神이다.

未運에 忌神인 財星(夫星)을 도우니 父親이 糖尿와 中風으로 辛苦하다. 火가 吉神이기 때문에 컴퓨터공학을 전공하고 未運 丙戌年에 藥神年이 되니 就職하였다. 庚運에 官星(子星)이 되는데 己丑年에 財星(妻)年이 되니 成婚하였다. 그러나 忌神인 己丑이 財星을 도우니 父親은 癡呆까지 겹쳤다.

向後 木火運은 用神을 도우고 藥神이 되어 吉하겠으나 土運은 病神을 生하여 吉運이 아니다.

1963年生(女命). 官印相生格

戊 甲 辛 癸
辰 子 酉 卯

77 67 57 47 37 27 17 07
己 戊 丁 丙 乙 甲 癸 壬
巳 辰 卯 寅 丑 子 亥 戌

酉月은 金旺木弱한데 辛金이 透干하고 戊辰時가 되니 財官이 旺하다. 故로 水로서 弱한 日元을 生하여야 되겠다. 즉 水가 用神에 金이 喜神이며 土가 病神에 木이 藥神이다. 壬戌運은 白虎殺인데 戌運에 病神의 根인 辰(偏財=父星)을 冲하여 土가 冲發하니 水가 泥塞되어 父先亡하였다. 癸亥 甲子運에 用神과 藥神을 도와 吉하였다. 이때 golf계에서 印星이 用神이므로 유명강사가 되었다. 乙運 己卯년에 藥神을 도우고 原局에 卯酉冲은 곧 東西가 冲인데 己卯年에 爭冲이 되어 미국에 golf유학을 떠났다. 아직 未婚인데 四柱에 沐浴殺이 많으면 酒色放蕩할 우려가 있고 一生에 數多한 異性을 接待하지 않으면 안 될 것이니 娼妓가 아니면 男女關係를 媒介하는 사람이 되거나 孤獨한 寡婦가 되기도 한다. 때문에 此命은 수많은 사람에게 golf를 지도하는 강사이며 40이 다 되도록 獨身으로 살고 있다. 향후 丑運에 酉丑 喜神官星이면 成婚하겠고 寅卯運間은 地支가 重하므로 吉하리라. 土運은 病神이 得勢하여 吉運이 아니다.

*. 原局에 火氣가 없으므로 格이 낮다.

*. 年支의 卯木은 羊刃이 되지만 衰者冲之 拔根이 되므로 能力이 不足하다.

1954年生. 食傷制殺格

辛 甲 癸 甲
未 戌 酉 午

78 68 58 48 38 28 18 08
辛 庚 己 戊 丁 丙 乙 甲
巳 辰 卯 寅 丑 子 亥 戌

酉月은 金旺木弱한데 辛金이 透干하고 酉戌西方이니 官旺하고, 甲木은 癸甲에 生扶되지만 未中의 乙木 外에는 着根할 수 없어 虛弱하다. 午火로서 旺官을 制止하여 弱한 日主를 救하여야 된다. 즉 午火用神에 木이 喜神이며 癸水가 病神에 土가 藥神이다. 初年 甲乙運은 吉하였고 戌運 戊申年에 申酉戌 西方의 金이 旺해지니 火가 虛弱해지므로 土는 胃인데 戌未刑이 되니 장티프스를 앓았다. 癸水(印星=어머니)가 戊年과 合하여 用神을 도우니 즉 어머니의 지극한 정성으로 완치되었다. 亥運에 亥未木이 되나 濕木이 되어 吉凶이 相反으로 이때 軍役을 畢하였다. 亥運 戊午年에 亥未木이 喜神을 도우고 坐下가 合이 되니 成婚하고 己未年에 藥神을 도와 長男을 得하고, 戌未刑이 있는 緣故로 矯導官이 되었다. 亥運 辛酉年에 得女食하였으나 癸亥年에 病神이 得勢하니 失女食하였다. 甲子年에 轉轉相生하니 次男을 득하였다. 丙運末 丙寅年에 用神을 도와 승진하였다. 子運에 用神인 午火를 冲하니 官災가 있었다. 丁運 甲戌年에 喜神과 藥神을 도와 승진하였다. 丑運에 財星(父星)이 三刑成局하는데 丙子年에 用神을 冲하니 父喪을 當하고 庚辰年 丙戌月에 大運에서 丑戌未 三刑成局하고 辰年 戌月에 辰戌冲으로 癸水가 泥塞되니 母喪을 당하였다. 戊運 癸未年에 藥神을 도우니 事務官으로 昇進하였다. 寅運 丙戌年에 肝癌判定을 받고 戊子年에 用神을 冲하니 病이 惡化되어 去世하였다.

*. 木日主가 克泄이 交加하니 肝膽이 弱하고, 戌未刑이 있으니 알레르기성 피부라서 肉味를 싫어한다.

*. 法關係公務員: ① 生日基準 逢刑者

② 囚獄殺 있는 者

③ 天羅地網殺 있는 者

• 이들은 法關係 公務員이 아니면 監禁 當하는 수도 있다.

1959年生(女命). 棄命從財格에 亥水가 病

戊 甲 甲 己

辰 戌 戌 亥

77 67 57 47 37 27 17 07

壬 辛 庚 己 戊 丁 丙 乙

午 巳 辰 卯 寅 丑 子 亥

戌月은 土旺木弱한데 辰中의 乙木에 뿌리를 내리려고 하니 辰戌沖이 되니 不可하고, 年支의 亥水에 뿌리를 내리려고 하니 天干에 甲己合土에 戊土가 月支에 있으니 近接不能하다. 따라서 從土하여 棄命從財格에 亥水가 오히려 病이 된다. 즉 土用神에 火가 喜神이며 木이 病神에 金運이 藥神이다. 初年 乙亥運에는 脫此輩而 忌見此輩하니 寒微家에서 生長하여 고등학교 진학을 포기하고 丙運에 從神을 生하니 成婚하였다. 子運에 病神을 生하여 凶한데 壬戌年에 辰과 戌이 1:3으로 沖하니 夫喪을 당하였다. 이는 坐下食傷에 日時支가 沖하고 雙戌이 寡宿이고 亥가 孤辰에 辰이 空(亡)인 緣故다. 丁運은 從神을 도와 吉하니 재혼하여 寅運에 이르기까지 火土運 동안은 得財(득재)하여 多福(다복)한 家庭(가정)이다. 寅運(인운)은 寅戌火(인술화)가 生土(생토)하고 己運(기운) 또한 從神(종신)을 도와 吉(길)하겠으나 卯運(묘운)에 亥卯木(해묘목)이 되어 從神(종신)인 土(토)를 克(극)하면 不測之變故(불측지변고)가 있겠다. 이때를 지나면 庚運(경운)은 劈甲引火(벽갑인화)로 吉(길)하겠으나 辰運(진운)은 四冲(사충)이 되어 吉運(길운)이 아니다.

*. 乙亥(을해)와 子大運(자대운)에 가장 不幸(불행)했다고 한다. 따라서 棄命從財格(기명종재격)이다.

1974年生. 木火通明格

甲 甲 甲 甲

子 申 戌 寅

70 60 50 40 30 20 10

辛 庚 己 戊 丁 丙 乙

巳 辰 卯 寅 丑 子 亥

戌月(술월)에 甲木(갑목)이 養地(양지)로서 弱(약)하나 申子水(신자수)가 生木(생목)하고 年支寅(년지인)에 得祿(득록)하고 四甲甲(사갑)이 透干(투간)하였으니 身(신)이 太旺(태왕)하다. 寅戌火(인술화)를 보고 泄氣(설기)하여야 되겠다. 寅戌火(인술화)가 用神(용신)에 燥木(조목)이 喜神(희신)이며 申子水(신자수)가 病神(병신)이고 戌土(술토)가 藥神(약신)이다.

初年(초년) 乙亥運(을해운)은 木多火熄(목다화식)되어 寒微家(한미가)에서 長生(장생)하였으나 工夫(공부)를 열심히 하여 丙運(병운)에 用神(용신)이 透干(투간)하니 法學(법학)을 專攻(전공)하고 法律事務所(법률사무소)에 근무하게 되었다.

子運(자운)은 病神(병신)을 도와 吉運(길운)이 아니지만 向後(향후) 火土運(화토운)은 用神(용신)과 藥神(약신)을 도와 吉(길)하겠다.

寅運(인운)은 喜神(희신)이 되어 吉(길)하겠으나 卯運(묘운)은 木多火熄(목다화식)하여 凶(흉)하겠다. 이때 群比爭財(군비쟁재)로 인한 損財(손재)가 염려되며 胃病(위병)과 妻(처)의 健康(건강)에도 留意(유의)하여야 되겠다.

庚運(경운)은 劈甲引火(벽갑인화)로 大吉(대길)하겠고 辰運(진운)에 申子辰水局(신자진수국)으로 病神(병신)이 得勢(득세)하고 火(화)의 庫藏(고장)인 戌(술)을 冲(충)하면 凶(흉)하리라.

1954年生. 食神生財格

丁 甲 甲 甲
卯 寅 戌 午

75 65 55 45 35 25 15 05
壬 辛 庚 己 戊 丁 丙 乙
午 巳 辰 卯 寅 丑 子 亥

戌月(술월)은 土旺(토왕) 木弱(목약)한데 寅午戌火(인오술화)에 丁火(정화)가 透干(투간)하였으나 戌月(술월)이기 때문에 寅午戌(인오술) 三合火中(삼합화중)에서도 弱(약)한 火(화)다. 三甲木(삼갑목)은 寅(인)에 得祿(득록)하고 卯(묘)에 羊刃(양인)이 되니 火(화)를 보고 泄氣(설기)하여야 되겠다. 則(즉) 火(화)가 用神(용신)

에 燥木이 喜神이며 水運이 病神에 土는 藥神이 된다.

初年 乙運에 木多火熄하고 旺木이 克土(財)하니 財星은 父星이니 父親의 外道로 家庭은 和睦하지 못했다. 亥運에 亥卯木이 되니 木多火熄하고 亥中의 壬水가 偏印이 되고 亥水가 病神이 되니 繼母밑에서 辛苦했다.

亥運末 丁未年에 亥卯未木이 克土하니 父喪을 當하였다. 丙運들어 用神을 도우니 繼母에게 빼앗겼던 財産을 되찾아 生母와 多福하게 살게 되었다. 丙運 庚戌年에 庚金이 三甲을 冲하여 劈甲引火하고 戌年이 用神의 庫藏이 되어 木焚飛灰하니 비록 母喪은 當하였으나 財産의 實所有者가 되었다.

子運은 病神運이지만 甲寅年에 燥木의 喜神이 되니 成婚하고 乙卯年에 得女息하였다. 그러나 子運이 病神이고 乙卯年에 身旺에 羊刃이 再逢羊刃하여 木多火熄하고 旺木이 克土(妻)하니 妻가 家出해버렸다. 따라서 3年間 어린 딸을 혼자 키우느라고 辛苦하였다.

丁運들어 用神을 도우니 妻는 歸家하였고 得男하였다. 丁運末에 建設會社를 設立하여 土運은 財運의 藥神이 되어 吉하고 寅運은 寅午火가 用神을 도와 大吉하였다.

己運에 得財는 하였으나 己卯年 癸酉月에 卯年에 酉가 災殺(一

名(명) 囚獄殺(수옥살))이 되는데 身旺(신왕)에 羊刃(양인)을 冲(충)하여 拘束(구속)되었다가 庚辰年(경진년)에 劈甲引火(벽갑인화)하여 用神(용신)을 도우니 出所(출소)하였다.

向後(향후) 卯運(묘운)은 再逢羊刃(재봉양인)하여 木多火熄(목다화식)하므로 吉運(길운)이 아니고 庚運(경운)은 劈甲引火(벽갑인화)하여 大吉(대길)하리라.

1959年生(女命). 身弱印星爲用. 調候用神

丁 甲 甲 己

卯 戌 戌 亥

77 67 57 47 37 27 17 07

壬 辛 庚 己 戊 丁 丙 乙

午 巳 辰 卯 寅 丑 子 亥

戌月(술월)은 土旺節(토왕절)인데 雙戌(쌍술)에 己土(기토)가 透干(투간)하니 財旺身弱(재왕신약)하다. 甲木(갑목)이 戌(술)에는 着根(착근)하지 못하니 時支卯(시지묘)와 年支亥(년지해)에 依支(의지)할 수 밖에 없는데, 時支(시지)의 羊刃(양인)은 戌卯合化(술묘합화)火하여 燥熱하니 依支處(의지처)는 年支亥水(년지해수)다. 則(즉) 亥水(해수) 用神(용신)에 金運(금운)이 喜神(희신)이며 土(토)가 病神(병신)에 卯木(묘목)이 藥神(약신)이다.

初年(초년) 乙亥運(을해운)은 藥神(약신)과 用神(용신)을 도와 富家(부가)에서 生長(생장)하고 丙運(병운)은 地支(지지)가 重(중)하고 上下吉運(상하길운)이니 國文學科(국문학과)에 入學(입학)하여 學窓時節(학창시절)을 運動圈(운동권) 生活(생활)로 보냈다. 이는 身弱(신약)이지만 時支(시지) 羊刃(양인)을 官殺(관살)의 制伏(제복)함이 없는 緣故(연고)다. 子運(자운)은 用神(용신)을 도와 吉(길)하고 丁運(정운)은 病神(병신)을 生(생)하여 吉運(길운)이 아니었다. 丑運(축운) 壬申年(임신년)에 成婚(성혼)하여 夫婦(부부)가 함께 의류상을 경영하고 있으나 吉運(길운)이 아니다. 寅運(인운)은 寅戌火(인술화)가 病神(병신)을 生(생)하니 吉運(길운)이 아니고, 己運(기운)은 土旺(토왕)에 亥水用神(해수용신)이 泥塞(니색)되니 吉運(길운)이 아니다. 이때 夫君(부군)의 健康(건강)에 留意(유의)하여야 되겠다. 이는 坐下食傷(좌하식상)에 戌(술)이 寡宿(과숙)이며 亥(해)가 孤辰(고진)인 緣故(연고)다. 卯運(묘운)은 藥神(약신)을 도와 吉(길)하겠으나 庚運(경운)은 火土(화토)가 忌神(기신)인데 劈甲引火(벽갑인화)하여 凶(흉)하고, 辰運(진운)은 旺土(왕토)를 沖(충)하여 沖發(충발)한 土(토)에 用神亥水(용신해수)는 泥塞(니색)되고 弱木(약목)은 折(절)하여 凶(흉)하리라.

1960年生. 身弱印星爲用

甲 甲 丙 庚

戌 午 戌 子

72 62 52 42 32 22 12 02

甲 癸 壬 辛 庚 己 戊 丁

午 辰 巳 卯 寅 丑 子 亥

戌月(술월) 甲木(갑목)은 財旺身弱(재왕신약)한데 午戌戌(오술술)이 爭合(쟁합)하고 丙火(병화)가 透干(투간)하니 泄氣(설기)가 太甚(태심)하다. 子水(자수)가 火(화)를 制(제)하고 生木(생목)하는 用神(용신)이며 庚金(경금)이 水源(수원)이 되는 喜神(희신)이 된다. 土(토)는 用神(용신)을 除去(제거)하는 病神(병신)이고 木(목)은 藥神(약신)이 된다.

初年 丁亥戊子運은 地支가 重하므로 父母님의 蔭德이 많았다. 이는 年柱에 用神과 喜神이 있는 緣故이기도 하다. 己運은 正財運이 되어 成婚하고 一子를 두었다. 丑運에 丑戌刑이 되어 妻財로 인한 損財가 있었다. 庚運은 火忌神에 劈甲引火하니 事業에 失敗하고, 寅運에 노래방을 經營하고 있으나 寅午戌火局이 弱身을 泄氣하니 財的 損害가 많다.

向後 辛運은 喜神을 도우고 忌神인 丙火를 合去하니 吉하겠고 卯運은 藥神이고 壬辰運은 用神을 도와 吉하겠고 癸運 역시 用神을 도와 吉하나 巳運 以後는 吉運이 아니다.

*. 노래방은 金이 吉神인 緣故다.

1958年生(女命). 身旺用財格

戊 甲 癸 戊
辰 寅 亥 戌

79 69 59 49 39 29 19 09
乙 丙 丁 戊 己 庚 辛 壬
卯 辰 巳 午 未 申 酉 戌

亥月은 甲木의 長生地인데 癸水가 透干하여 日主를 生하고 坐下

寅에 得祿하고 寅과 辰사이에 卯를 拱夾하니 身旺하고 寒濕하다. 身旺用財하여 土로서 制濕하여야 되겠다. 즉 土가 用神이고 寅戌火가 喜神이다. 辛運에 用神을 泄氣하여 忌神인 水를 生하니 凶한데 庚神年에 日柱를 天戰支擊하니 腎臟病을 얻었다. 이는 癸水는 腎臟으로 寒濕함이 欠인데 또 生水하니 過不及이 皆病인 緣故다. 酉運도 泄土生水로 凶하였고 庚申大運에 泄土生水하고 日柱를 天克支冲하니 이때부터 腎臟透析을 하고 있다. 己運은 用神을 도와 好轉되는 듯하였으나 未運에 들어 亥未木이 用神을 克하니 凶데 未運末丙戌年에 辰戌冲에 戌未刑이 되니 去世하였다.

*. 坐下比劫에 辰이 空이고 亥가 孤辰에 戊戌魁罡殺이 있으니 成家하지 못하고 親家에서 生을 마감하였다.

1959年生(女命). 身旺用財格

甲 甲 乙 己
戌 辰 亥 亥

77 67 57 47 37 27 17 07
癸 壬 辛 庚 己 戊 丁 丙
未 午 巳 辰 卯 寅 丑 子

亥月은 甲木의 長生地인데 年支의 亥와 甲乙이 生扶하니 身旺寒濕하다. 戌中丁火를 用神으로 하여 食神生財格으로 하려고하니 辰戌冲으로 傷해있으니 不用하고 辰戌에 根을 둔 己土를 用神으로 하여 身旺用財格으로 봄이 타당하다. 則 土用神에 戌中의 丁火가 喜神이다.

初年 子運에 子辰水局하여 土가 散土되니 父喪을 당하였다. 이는 財는 父星이고 甲辰이 白虎殺인 緣故이기도 하다. 丑運에 用神을 도우니 成婚하고 一男一女를 두었다. 成婚後로 夫婦가 함께 飮食物業을 경영하여 戊運까지는 用神을 도와 吉하였다. 寅運은 寅戌合化火하여 喜神이 되어 吉하고 己運은 用神을 도와 吉하였다.

이제 卯運에 와 있는데 亥亥卯爭合의 旺木이 用神인 土를 克하여 不吉하겠는데 특히 癸未年에는 癸水가 己土를 冲去하고 未는 亥亥卯未의 太旺한 木이 土를 克하므로 凶하겠고, 甲申年은 三甲이 되고 申辰水가 生木하면 土가 散土되어 凶하겠다. 이때 土는 用神으로서 財産인데 群比爭財하면 損財가 있겠고, 疾病으로는 土逢甲乙이면 損胃嘔吐요, 手足은 胃經에 屬하니 手足有欠에 留意하여야 되겠다. 그리고 日時支가 冲인데 坐下가 空(亡)이고 戌이 寡宿이니 夫君의 健康 또한 염려된다. 庚運은 劈甲引火로 吉하고, 辰運에 日時支爭冲이면 夫君과 財로 因하여 辛苦할 것이다. 辛運은 藥神이 되니 吉하겠고 巳運은 七冲이 全備하여 凶하고 壬午運은 地支가 重하므로 吉하리라.

1978年生(女命). 身旺用財格

甲 甲 癸 戊
戌 戌 亥 午

71 61 51 41 31 21 11 01
乙 丙 丁 戊 己 庚 辛 壬
卯 辰 巳 午 未 申 酉 戌

亥月은 甲木의 長生地인데 癸水와 時上의 甲木이 生扶하니 身旺한 寒木이다. 戊土가 用神에 午火가 喜神이다. 原局에 喜神懸針星이 있어 醫學專攻이 꿈이었으나 吉運을 만나지 못하여 工夫는 중도에 포기하고 庚運의 어린 나이에도 料亭從業員의 관리자로서 火喜神

에 劈甲引火하니 大財를 得하고 있다. 이는 身旺한 甲木日主는 남의 밑에서 일하기를 싫어하며 偏財星이 用神이니 그 그릇의 규모가 큰 命造이기 때문이다. 向後 申運은 用神을 泄氣하고 忌神인 水를 生하므로 凶하겠고 己運은 用神을 도우고 忌神인 癸水를 冲去하여 吉하겠는데 未運은 亥未合木하여 用神을 克하면 凶하겠고 戌未刑을 成局하니 損財와 健康中 胃弱과 胚鄕弱이 염려된다. 戊運 以後 丙運까지는 用神과 喜神을 도와서 吉하리라. 辰運에 戌土를 冲하면 凶하리라.

*. 坐下食傷(則 戌은 火의 庫藏으로서 甲木의 傷官이 된다.)에 夫德은 未洽하겠으나 身旺에 年上의 偏財가 用神이니 富命임을 알 수 있다.

1968年生(女命). 調候用神

乙 甲 癸 戊
丑 午 亥 申

75 65 55 45 35 25 15 05
乙 丙 丁 戊 己 庚 辛 壬
卯 辰 巳 午 未 申 酉 戌

亥月은 甲木의 長生地이며 丑中의 癸水가 透干하고 申金이 生水

하니 寒節(한절)에 水旺(수왕)하므로 火土(화토)가 旺盛(왕성)하면 凍木(동목)이 生氣(생기)인데 坐下(좌하)의 午火(오화)로써 溫水生木(온수생목)하여야 되겠다. 則(즉) 午火(오화)가 用神(용신)에 乙木(을목)이 喜神(희신)이며 午火(오화)를 傷害(상해)하는 水(수)가 病神(병신)에 戊土(무토)는 除濕(제습)하는 藥神(약신)이다.

四柱原局(사주원국)이 周流無滯(주류무체)하여 初年(초년) 壬戌辛酉運(임술신유운)에 年上(년상)에 藥神(약신)인 戊土(무토)가 偏財(편재)이니 부모덕으로 地方(지방) 名門大(명문대) 英文學科(영문학과)를 졸업하고 庚運(경운)에 官星運(관성운)이 되어 成婚(성혼)하고 申運(신운)부터 학원에서 영어특강을 하고 있다.

向後(향후) 己運(기운)부터 南方火運(남방화운)에 用神(용신)과 藥神(약신)을 돕는데 身旺(신왕)에 偏財星(편재성)이 藥神(약신)이니 大吉(대길)하리라. 그러나 辰運(진운)은 旺水(왕수)가 入墓(입묘)하여 凶(흉)하리라.

*. 木火通明格(목화통명격)에 學者(학자)가 많다.

1972年生(女命). 身旺用財格

乙 甲 辛 壬

丑 子 亥 子

78 68 58 48 38 28 18 08

癸 甲 乙 丙 丁 戊 己 庚

卯 辰 巳 午 未 申 酉 戌

亥月(해월)은 甲木(갑목)의 長生地(장생지)이고 地支(지지)에 亥子丑(해자축) 北方水(북방수)에 壬水(임수)가 透(투)

干(간)하니 印星(인성)이 太旺(태왕)한 身旺(신왕)이기 때문에 財星(재성)인 丑土(축토)로써 除水(제수)하여야 되겠다. 則(즉) 丑土(축토)가 用神(용신)에 火運(화운)이 喜神(희신)이며 乙木(을목)이 病神(병신)에 辛金(신금)이 藥神(약신)이다.

初年(초년) 庚運(경운)은 病神(병신)인 乙木(을목)을 合去(합거)하여 吉(길)하고 戊己運(술기운)에 用神(용신)을 도와 英語英文學(영어영문학)을 專攻(전공)하였다. 酉運(유운)에 官星(관성)이 되어 成婚(성혼)하고 戊運(무운)에 旺水(왕수)를 制水(제수)하니 甲木(갑목)이 浮木(부목)을 免(면)하여 英文學(영문학) 碩士課程(석사과정)에 있다.

향후 申運(신운)에 申子水旺(신자수왕)하면 日主(일주)는 浮木(부목)하고 用神(용신)인 丑土(축토)는 散土(산토)되며 辛金官星(신금관성)(夫(부))은 水多金沈(수다금침)이니 百事無成(백사무성)이겠다. 이때 夫君(부군)의 알콜중독이 염려되며, 散土(산토)되니 本人(본인)은 糖尿病(당뇨병)이 염려된다. 丁運(정운)은 吉(길)하지만 未運(미운)은 用神(용신)을 冲(충)하여 흉하다. 이때 胃病(위병) 子宮病(자궁병)이 염려된다. 이때를 지나면 病(병)이 깊은데 南方火運(남방화운)을 만나서 大吉(대길)하리라. 辰運(진운)은 旺水入墓(왕수입묘)하여 凶(흉)하다.

*. 身旺(신왕)한 甲子日主(갑자일주)이니 女子(여자)이지만 키가 180㎝이다.

*. 此命(차명)을 從强格(종강격)이 아닌가 싶었으나 지난 戊己運(술기운)에 父星(부성)인 財星(재성) 用神(용신)을 도우니 父親(부친)의 사업이 興旺(흥왕)하여 富裕(부유)하였고 학교 성적도 상위 그룹이어서 名門大(명문대) 英文學科(영문학과) 卒業(졸업)하였다고 하니 身旺用財格(신왕용재격)임이 틀림없다.

*. 從强格(印星으로 從): 日主가 太弱하고 印星이 三方 혹은 三合局이 되고 財星이 없으면 從强格이 된다. 이때 官運은 印星을 生하므로 吉하고, 印星運은 自旺하여 吉하며 比劫運은 太旺한 印星을 泄氣하여 吉하나 財星運은 印星을 逆勢하므로 大忌한다. 食傷運은 太旺한 印星을 克傷하므로 凶하다.

1939年生. 身弱比劫爲用

己 甲 丙 己
巳 午 子 卯

75 65 55 45 35 25 15 05
戊 己 庚 辛 壬 癸 甲 乙
辰 巳 午 未 申 酉 戌 亥

命理學의 解法은 旺弱寒熱의 調和에 있다. 子月의 甲木이 子水의 生을 받아 旺地이나 八字中 五字가 食傷과 財星이니 泄氣가 甚하여 旺而反弱이다. 따라서 卯木에 의지하고 子水의 生을 받아야 한다. 則 印比生扶하여야 한다. 子卯刑에 子午冲이니 用神으로서는 欠이 있으나 그 이외의 依支處는 없다. 따라서 卯木用神에 子水가 喜神이다.

初年 木水運에 富家에서 生하여 工夫도 잘하여 名文 法大를 卒

業(업)하고 癸運(계운)에 行政事務官(행정사무관)으로 行政部處(행정부처)에 근무할 때는 前途(전도)가 밝았다. 그러나 酉運末(유운말) 壬運前(임운전)에 교통사고로 왼쪽다리가 불구가 되니, 이는 原局(원국)에 己己巳曲脚殺(기기사곡각살)에 子午冲(자오충)하고 卯用神(묘용신)과 酉運(유운)이 相冲(상충)하는데 亥月(해월)이니 巳亥冲(사해충)으로 六冲(육충)이 全備(전비)한 緣故(연고)다. 壬運(임운)에 火(화)가 忌神(기신)에 見水顯節(견수현절)하여 凶(흉)한데 戊午年(무오년)에 坐下(좌하)와 爭冲(쟁충)이 되고 用神(용신)인 木(목)의 死地(사지)가 되니 喪妻(상처)하였다. 申運(신운)에 申子水(신자수)가 喜神(희신)을 도와 吉(길)한데 申運(신운)이 官運(관운)이고 巳(사)와 刑(형)이 되는데 辛酉年(신유년)에 用神卯(용신묘)를 冲(충)하니 退職(퇴직)하고, 申運(신운) 癸亥年(계해년) 以後(이후) 사업으로는 성공한 사람으로 기억되고 있으며 辛運(신운)은 忌神(기신)인 丙火(병화)를 合去(합거)하니 吉(길)하였다. 未運(미운)은 身弱(신약)에 羊刃(양인)을 合(합)하니 用神(용신)이 得勢(득세)하여 得財(득재)하였다. 庚運(경운)지나 午運(오운)은 子午(자오) 爭冲(쟁충)에 用神(용신)인 卯木(묘목)이 死地(사지)에 들어 凶(흉)하리라.

*. 身弱(신약)으로 羊刃(양인)에 의지하는데 羊刃(양인)을 冲(충)하면 不測之變故(불측지변고)가 일어나고, 合(합)하면 의지처가 實(실)하여 吉(길)하다.

*. 見水顯節(견수현절)

火(화)가 吉神(길신)인 때 丙火(병화) 則(즉) 太陽(태양)이 壬水(임수) 則(즉) 江湖水(강호수)를 만나면 太陽(태양)이 江湖水(강호수)에 반사되어 더욱 빛나는 것처럼 吉運(길운)이 되고, 火(화)가 凶神(흉신)일 때는 凶運(흉운)이 됨을 말한다.

1963年生(女命). 身旺用財格

甲 甲 甲 癸
子 辰 子 卯

74 64 54 44 34 24 14 04
壬 辛 庚 己 戊 丁 丙 乙
申 未 午 巳 辰 卯 寅 丑

子月의 甲木은 沐浴地이며 旺地인데 二子水와 一辰土가 爭合으로 水局을 이루고 癸水가 透干하니 水旺하고, 天干에 三甲이 卯에 羊刃이 되니 身이 太旺하다. 寒濕한데 制濕할 燥土가 있으면 格이 한층 높아졌을 텐데 燥土가 없으니 부득이 坐下의 辰土를 用神으로 定할 수밖에 없다. 火運이 喜神이다. 丑丙運은 用神을 扶生하여 裕福한 가정에서 生長하여 寅運에 用神인 土의 長生地가 되어 成婚하였다. 丁運에 用神을 生하여 得女하고 多福하였으나 卯運 甲戌年에 夫君이 非命橫死를 當하니 당시에 처참한 심정은 이루 말할 수 없었다고 한다. 이는 用神인 辰을 冲하고 卯運에 弱한 土가 傾陷되고 女命 沒官星에 坐下가 空(亡)에 日柱가 白虎殺이니 배우자의 宮이 凶함은 예견된 八字이다.

戊運에 당방 종업원으로 있으나 辰運에 二子와 二辰이 水局을 이루면 凶하겠고 己運 이후 二十年동안은 吉하겠으나 午運에 旺水를

冲하면 吉함이 적겠다. 辰運이 凶한데 雙子가 忌神桃花이니 異性關係를 조심하여야 되겠다.

*. 水木兩象格이었다면 水木火運이 吉하였을 텐데 卯運에 凶하였다고 하니 身旺用財格임이 틀림없다.

*. 寒濕한데 用神이 濕土이고 喜神인 火가 없으니 下格이다.

1949年生. 身旺用財格

甲 甲 丙 己

戌 申 子 丑

75 65 55 45 35 25 15 05

戊 己 庚 辛 壬 癸 甲 乙

辰 巳 午 未 申 酉 戌 亥

子月의 甲木은 寒濕한데 地轉西北이니 除濕이 時急하다. 戌과 丑土에 着根한 己土가 用神이며 丙火가 喜神이다. 甲戌運에 工高 建築學科를 卒業하고 戌運末에 건축회사에 취업하여 癸運 丙辰年에 成婚하고 得男하였다. 火土가 吉神이니 建築이고 財星(妻)年이 坐下를 合하니 成婚한 것이다.

酉運에 原局의 申戌과 方合하여 旺水를 生하니 用神인 土가 散

土되고 財星(父星)用神과 喜神인 丙火의 死地가 되니 父喪을 當하였다. 壬運에 見水顯節하니 고속승진을 하였다. 辛運에 丙火喜神을 合去하여 吉運이 아닌데도 불구하고 會社를 自營하여 실패하고 未運 庚辰年에 三刑成局과 申子辰水局의 忌神이 得勢하니 事業에 不渡를 當하였다.

向後 庚運에는 甲木을 冲하여 劈甲引火하니 吉하리라. 年柱에 用神財星이 있으니 父母遺産이 있다. 午運은 旺水를 冲하여 吉함이 적겠는데(實際 午運 戊子年에 心臟手術을 하였다.) 이때를 지나면 火土運은 喜神과 用神을 도와 吉하리라.

*. 水多木浮하니 愛酒家이며 이로 因하여 未運 庚辰年에 甲庚冲하고 丑未冲에 辰戌冲으로 用神의 根을 冲하니 血壓으로 苦生하였다.

1975年生. 木火通明格

庚 甲 戊 乙
午 寅 子 卯

79 69 59 49 39 29 19 09
庚 辛 壬 癸 甲 乙 丙 丁
辰 巳 午 未 申 酉 戌 亥

子月의 甲木은 沐浴地이며 濕하다. 木이 넷이며 水가 하나이니 身旺하고 寒濕하니 火로서 調候하여야 되겠다. 則 寅午火가 用神에 子水는 病神이며 戊土가 藥神이 된다. 이때 燥木은 喜神이 되나 濕木은 勿炎이니 喜神이 될 수 없다.

初年 丁運은 用神을 도와 吉하고 亥運은 亥卯木이 濕木이니 木多火熄하고 克土하니 父親의 사업실패로 辛苦하였다고 한다. 偏財는 父星인 緣故다. 丙運에 演劇映畵學科를 졸업하였다. 이는 傷官用에 印綏旺은 演藝界에 많으며 또 沐浴殺이 많으면 男女關係를 媒介하거나 일생동안 數多한 異性을 접대하지 않으면 안 되기 때문이다. 또 火가 用神인 緣故이기도 하다.

戌運은 用神이 旺하여 연예인으로서 활약 중이다.

向後 乙運은 喜神이 되어 吉하고, 酉運은 用神의 死地에 桃花逢冲이며 災殺(一名 囚獄殺)이 成立되어 吉運이 아니다. 이때를 지나

면 甲運은 火用神에 劈甲引火면 大吉하겠고, 申運은 申子水가 되어 病神이 得勢하므로 凶하겠으며, 癸運은 藥神을 合去하니 吉運이 아니다. 未運 以後 南方火運은 地支가 重하므로 吉할 것이다.

*. 災殺(一名 囚獄殺)

年支基準	巳酉丑	申子辰	亥卯未	寅午戌	作　　用
災　殺	卯	午	酉	子	訟事, 拉致, 監禁등 身上의 拘束. 경찰관, 형무관, 사법권 장악職이 적당

1953年生. 食傷生財格

乙 甲 甲 癸
亥 午 子 巳

71 61 51 41 31 21 11 01
丙 丁 戊 己 庚 辛 壬 癸
辰 巳 午 未 申 酉 戌 亥

子月은 水旺節인데 亥水에 癸水가 透干하고 雙甲이 亥에 長生하고 乙木이 도우니 印綬旺比劫旺에 의해 身이 太旺하고 寒濕하다. 太旺者는 好泄精英이니 火를 써서 太旺者를 泄氣하고 調候하여야 된다. 則 火用神에 木이 喜神이며 水가 病神에 土運이 藥神이다.

初年 金水運은 病神을 生하니 百事가 無成하였으나, 庚運에 劈甲引火하여 吉한데 乙丑年에 財星이 되니 成婚하였다. 晩婚인 것은 坐下가 子午冲하고 巳中의 戊土가 財星인데 巳亥冲된 緣故이며 巳午가 空亡인 緣故다. 庚運 丁卯年에 用神을 도우고 喜神이 되는데 午火가 用神이고 懸針星이니 의료보험 關係業에 취직하여 회계업무를 보게 된 것은 身旺財弱한 命造이기 때문이다. 申運에 申子水가 病神을 도와 凶한데 巳申이 刑이 되고 己巳年에 時支의 亥를 冲하여 즉 巳申刑에 四冲이 全備하니 失職하였다. 申運末 癸酉年에 病神이 得勢하니 믿었던 사람의 不信으로 損財를 當하였다. 己運에 들어 藥神을 도우니 兄弟의 도움으로 사업을 하고 있으며 未運에 亥未木이 喜神이 되어 吉한데 庚辰年에 劈甲引火하여 得宅하였다.

向後 火土運은 用神을 도우고 藥神이 되어 吉하겠으나 辰運에 旺水가 入墓하면 凶하리라.

*. 四冲이 全備하니 車 조심 요망.

1958年生. 身弱比刦爲用

壬 甲 乙 戊
申 午 丑 戌

78 68 58 48 38 28 18 08
癸 壬 辛 庚 己 戊 丁 丙
酉 申 未 午 巳 辰 卯 寅

丑月(축월)은 土旺(토왕)하고 寒濕(한습)한데 戊戌(무술)이 있으니 財旺(재왕)하다. 午火(오화)가 弱身(약신)을 泄氣(설기)하여 生財(생재)하고 申金(신금)이 財(재)의 生(생)함을 받으니 官旺(관왕)하다. 克泄(극설)이 交加(교가)하여 身弱(신약)하므로 乙木(을목)이 依支處(의지처)가 된다. 따라서 乙木(을목)이 用神(용신)이고 水(수)는 喜神(희신)이며 金(금)이 病神(병신)에 午火(오화)가 除金(제금)하는 藥神(약신)이 된다.

初年(초년) 木火運(목화운)에 富家(부가)에 生長(생장)하고 法學(법학)을 專攻(전공)하였으나 官星(관성)이 病神(병신)이기 때문에 司法試驗(사법시험)에 실패하였다. 戊運(무운)에 부모님의 財産(재산)을 相續(상속)받았으나 辰運(진운)에 忌神(기신)인 旺土(왕토)가 沖發(충발)하니 사업에 실패하였다. 己運(기운)에는 남은 재산으로 숙박업을 자영하였으나 巳運(사운)에 巳丑金(사축금)이 病神(병신)을 도우니 이것마저도 失敗(실패)하였다.

向後(향후) 庚運(경운)은 用神(용신)을 合去(합거)하니 吉運(길운)이 아니고 午運(오운)은 藥神(약신)이 되어 吉(길)하리라.

1941年生(女命). 殺印相生格

壬 甲 辛 辛

申 戌 丑 巳

75 65 55 45 35 25 15 05

己 戊 丁 丙 乙 甲 癸 壬

酉 申 未 午 巳 辰 卯 寅

丑月의 甲木이 巳丑金에 兩辛이 透干하고 申과 戌사이에 酉를 拱夾하니 官殺이 旺하다. 印星을 用神으로 하는 殺印相生格으로, 壬水가 用神에 金이 喜神이며 土는 病神이며 木運이 藥神이다.

解法

殺이 旺한데 食傷으로 制殺하려 하니 巳火는 巳丑으로 變하여 殺이 되고 戌中의 丁火는 申酉戌 西方으로 金에 소속된다. 따라서 旺한 殺을 壬水를 매개로하여 殺印相生格이 된다. 卯運에 藥神이 되니 成婚하고 一男一女를 두었다. 辰運에 夫喪을 當하였다. 이는 官殺이 混雜하고 坐下가 食傷(戌土는 火의 庫藏)인데 또 坐下戌을 冲한 緣故다. “巳運부터 철학공부를 배우기 시작하여 丁運까지 定着하지 못하고 行止가 不定하다.” 고 했다. 이는 南方火運은 凶運이고 申에 驛馬殺이며 巳는 地殺이 되는 緣故다.

本人曰(본인왈)

"남의 四柱(사주)는 맞는데 자기 자신의 四柱(사주)는 맞지 않다." 고 했다. "東方(동방) 木運(목운)때는 그런대로 괜찮았는데 南方火運(남방화운)에는 되는 일이 없었다." 고 했다. 아마 食神制殺格(식신제살격)으로 본 듯하다. 未運(미운)은 丑戌未(축술미) 三刑(삼형)을 成局(성국)하니 吉運(길운)이 아닌데 이때는 財(재)로 인한 官災口說(관재구설)이 염려된다.

別解(별해)로 볼 수 있는가?

1. 食神制殺格(식신제살격): 살아온 과정을 보아 이는 아니다.

2. 棄命從殺格(기명종살격): 壬水(임수) 즉 印星(인성)이 있고 甲木(갑목)은 陽干(양간)이므로 이것 또한 아니다.

*. 暗明官(암명관)이 混雜(혼잡)하니 現母良妻(현모양처)의 四柱(사주)는 아니다.

*. 地殺 驛馬殺

地支 殺	基準	巳酉丑	申子辰	亥卯未	寅午戌	作用
地殺	(年.日)支	巳	申	亥	寅	三合의 長生地支, 地變, 踏地로 遠行있게 됨
驛馬	(年.日)支	亥	寅	巳	申	地殺과 冲, 貴人權, 平人奔波, 吉神이면 비약적인 발전. 凶神이면 事事奔走, 他鄉살이 海外出入

1936年生. 身弱比刦爲用

丁 甲 辛 丙

卯 辰 丑 子

76 66 56 46 36 26 16 06

己 戊 丁 丙 乙 甲 癸 壬

酉 申 未 午 巳 辰 卯 寅

丑月土旺節의 甲木이 日支가 辰土이니 財旺하고 辛金이 旺한 財星의 生을 받으니 官旺하며 丙丁이 透干하였으니 克泄이 交加하므로 依支處는 卯木이다. 즉 卯木이 用神에 水가 喜神이며 金은 病神이고 火는 病을 除去하는 藥神이다.

卯運에 用神을 도와 國語國文學을 專攻하고 敎職에 投身하였다.

甲運에 用神을 도와 吉한데 壬寅年에 成婚하고 癸卯年에 득남하였으며 辰運 庚戌年에 忌神인 財官을 도우니 女息을 두었다. 乙運에 用神을 도와 吉하고 巳運에 巳丑金이 病神을 도우고 官逢官運이 되니 사소한 官災口說이 있었다. 丙運 以後 火運은 藥神을 도와 吉하였으며 丁運에 官을 冲하니 退職하였다. 未運에 月建을 冲하고 用神이 入墓하며 庚辰年에 病神을 扶生하여 凶한데 이때 주식에 투자하여 敗하였다.

向後 金運 以後는 吉運이 아니다.

1962年生(女命). 日主弱 印星多에 無財면 劫爲用

癸 甲 癸 壬

酉 寅 丑 寅

72 62 52 42 32 22 12 02

乙 丙 丁 戊 己 庚 辛 壬

巳 午 未 申 酉 戌 亥 子

小寒後 四日生은 丑中의 癸水가 司令하는 때이니 丑土는 北方水에 所屬된다. 丑中의 癸水에 根을 둔 세 개의 壬癸水가 透干하였으니 印星이 旺하고 日主는 弱하다. 日主弱에 印星이 많아 身旺할 때는 財星을 써서 印星을 除去하여야 되겠는데 此命에서는 財星이 變

하여 印星이 되었으니 比劫으로써 旺한 印綬를 泄氣하여야 된다. 즉 寅木이 用神에 濕局의 水는 病神이고 土는 除濕하는 藥神이며, 酉金이 病神에 寅中의 丙火가 또 하나의 藥神이 된다.

初年의 北方水運은 寒微家에서 生長하였다. 庚運은 官星運이지만 病神을 도우니 成婚하지 못하고 戊己運에 藥神이 되어 飮食物業從業員으로 從事하고 있다. 酉運 己卯年에 桃花逢冲하는 때가 되어서야 비로소 늦은 결혼을 하게 된 것은 坐下比劫에 官星이 病神인 緣故다.

向後 戊運은 旺水를 除去하여 吉하겠으나 申運에 用神인 坐下를 冲하면 不測之變故가 일어나겠는데 이때를 지나면 南方火運은 藥神이 되어 吉하리라.

*. 此命을 調候用神으로 하여, 寅中의 丙火가 用神에 木이 喜神이며 水가 病神에 土는 除濕하는 藥神으로 풀이하여도 결과는 같다.

1955年生. 身弱比刦爲用

丁 甲 己 乙
卯 午 丑 未

78	68	58	48	38	28	18	08
辛	壬	癸	甲	乙	丙	丁	戊
巳	午	未	申	酉	戌	亥	子

丑月(축월)은 寒濕(한습)하고 土旺節(토왕절)인데 年支(년지)에 未土(미토)이고 己土(기토)가 透干(투간)하였으니 財旺(재왕)하다. 丁(정)과 午(오)는 弱(약)한 日主(일주)를 泄氣(설기)하여 旺(왕)한 土(토)를 生(생)하니 自然(자연)히 日主(일주)는 弱(약)하다. 乙木(을목)을 쓰려고 하니 地支(지지)에 丑未冲上(축미충상)에 있어서 不用(불용)하고 時支(시지)의 羊刃(양인)에 의지할 수밖에 없다. 즉 卯木(묘목)이 疏土(소토)하고 弱(약)한 日主(일주)를 도우는 用神(용신)이고 水(수)는 喜神(희신)이며 丑中(축중)의 辛金(신금)은 木(목)을 傷害(상해)하는 病神(병신)에 火(화)가 除金(제금)하는 藥神(약신)이다.

초년 戊運(무운)은 길운이 아니고 子運(자운)은 子午冲之拔根(자오충지발근)하니 母先亡(모선망)하였다. 이는 丑中(축중)의 癸水(계수)가 어머니인데 年月支(년월지)에 丑未冲(축미충)이 되어 있으니 母(모)와는 緣(연)이 薄(박)한 緣故(연고)다. 丁運(정운)은 藥神(약신)이 되어 吉(길)하였고 亥運(해운)은 弱(약)한 用神(용신)을 生(생)하니 成婚(성혼)하였다. 丙運(병운)에 父親(부친)의 도움으로 인테리어 사업장을 自營(자영)하여 得財(득재)하였다. 戌運(술운)은 午戌火(오술화)가 藥神(약신)을 도와 吉(길)하고 乙運(을운)은 用神(용신)을 도와서 吉(길)하였다. 酉運(유운)에 들어 用神(용신)인 羊刃(양인)을 冲(충)하는데 己卯年(기묘년)에 爭冲(쟁충)이 되니 喪妻(상처)하였다. 이는 坐下(좌하)가 死地(사지)이며 財(재)

星이 忌神인데 그 根이 丑未冲이며 卯午破 丑午寃瞋과 害인 연고다.

向後 甲運은 己神인 己土를 合去하여 吉하고, 申運은 病神을 도와서 吉運이 아니지만 癸運은 用神을 生하여 吉運이다. 未運은 月支를 爭冲하여 吉運이 아니고 壬運은 用神을 生하여 吉하며 午運은 用神의 死地가 되어 凶하다.

*. 木日主에 丑戌未刑이 있으면 皮膚疾患이 있기 쉽다.

*. 甲己合化土格이 아닌 것은 甲이 卯에 着根하여 土에게로 從하지 아니하기 때문이다.

*. 인테리어는 卯午가 懸針星으로서 用神과 藥神이 되는 緣故다.

◎ 乙木

1944年生(女命). 木火通明格. 傷官生財格

戊 乙 丙 甲

寅 巳 寅 申

72 62 52 42 32 22 12 02

戊 己 庚 辛 壬 癸 甲 乙

午 未 申 酉 戌 亥 子 丑

立春後(입춘후) 六日(육일)에 生(생)한 乙木(을목)이 甲木(갑목)이 透干(투간)하고 寅時(인시)가 되니 身旺(신왕)한 嫩木(눈목)에 餘寒(여한)이 있다. 丙火(병화)를 보고 旺木(왕목)을 泄氣(설기)하고 調後(조후)하여야 된다.

즉 火用神(화용신)에 木(목)이 喜神(희신)이며 水運(수운)이 病神(병신)에 土(토)는 藥神(약신)이 된다. 金(금)은 火用神(화용신)에 旺木(왕목)을 斫破(작파)하여 불을 잘 타게 하는 이치로 吉神(길신)이지만 女命(여명)에는 官逢官運(관봉관운)이 되어 吉(길)한 것만은 아니다. 女命(여명) 四生格(사생격)은 行止(행지)가 不定(부정)하며 坐下(좌하)에 食傷(식상)이니 貴(귀)가 不足(부족)하다.

癸運(계운) 乙巳(을사)(子星)年(년)에 成家(성가)하여 丙午年(병오년)에 得男(득남)하고 庚戌年生(경술년생) 女息(여식)을 두었다. 亥運(해운) 辛亥年(신해년)에 夫喪(부상)을 당하였다. 이는 原局(원국)에서 官星(관성)인 申(신)을 寅申冲(인신충)하고 坐下食傷(좌하식상)에 亥運(해운) 亥年(해년)에 坐下(좌하)를 爭冲(쟁충)하고 辛年(신년)이 用神(용신)을 合去(합거)한 緣故(연고)다. 壬運(임운)에 再婚(재혼)과 함께 飮食物業(음식물업)을 自營(자영)하여 戌運(술운)끼지 得財(득재)하고 有餘(유여)한 생활을 하였다. 辛酉運(신유운)에 用神(용신)인 丙(병)

火를 合去하고 用神의 死地에 드니 大敗하였으나 庚運에 旺木을 斫破하여 불을 生하니 再起하였다.

向後 申運은 官逢官運에 四冲이 全備하여 吉運이 아니고 未運은 旺木이 入墓하여 吉運이 아니다.

*. 此命에서 地支에 寅申巳亥 中에 亥가 없지만 四生格에 準하여 판단한다.

四位純全格

1. 四正格

子午卯酉 全備: 남자는 大格이 많지만 여자는 不吉(桃花로 因하여)

2. 四生格

寅申巳亥 全備: 남자는 大格으로 富貴하게 되지만 여자는 賤格으로 行止不定(地殺, 驛馬殺이 되니)

3. 四庫格

辰戌丑未 全比: 남자는 大富貴하지만 여자는 孤獨

1948年生. 木火通明格. 傷官生財格

丙 乙 甲 戊
子 丑 寅 子

79 69 59 49 39 29 19 09
壬 辛 庚 己 戊 丁 丙 乙
戌 酉 申 未 午 巳 辰 卯

立春後(입춘후) 五日(오일)에 生(생)하였으니 餘寒(여한)이 있고 甲木(갑목)이 透干(투간)하고 雙子(쌍자)가 生木(생목)하니 身旺寒濕(신왕한습)하다. 寅木(인목)에 長生(장생)한 丙火(병화)가 用神(용신)에 木(목)이 喜神(희신)이며 水(수)가 病神(병신)에 戊土(무토)가 藥神(약신)이다. 辰運(진운)에 財星(재성)이 되어 成婚(성혼)하였다. 丁運(정운)에 用神(용신)을 도우니 부모님의 事業(사업)을 물려받아 自營(자영)하였다. 그 以後(이후) 南方火運(남방화운)에 財産(재산)도 豊足(풍족)하며 坐下(좌하)에 丑土(축토)가 藥神(약신)이니 良妻和睦(양처화목)하고 二子(이자)가 明朗(명랑)하다.

向後(향후) 未運(미운)에 旺木(왕목)이 入墓(입묘)하고 坐下(좌하)의 丑土(축토)를 冲(충)하니 妻(처)의 健康(건강)과 損財(손재)가 염려된다. 이때를 지나면 庚運(경운)은 甲木(갑목)을 斫破(작파)하여 生火(생화)하면 大發財(대발재)할 것이다. 申運(신운) 以後(이후)는 吉運(길운)이 없다. 則(즉) 申運(신운)은 月建(월건)을 冲(충)하고 辛運(신운)은 用神(용신)을 合去(합거)하며 酉運(유운)은 用神(용신)인 丙火(병화)의 死地(사지)가 되기 때문이다.

1963年生. 木火通明格. 傷官生財格

丙 乙 甲 癸

戌 酉 寅 卯

73 63 53 43 33 23 13 03

丙 丁 戊 己 庚 辛 壬 癸

午 未 申 酉 戌 亥 子 丑

立春後 七日生이니 餘寒이 있는데 四木에 癸水가 生木하니 寅戌에 着根한 丙火로써 調候하고 生財하여야 된다. 則 丙火用神에 木이 喜神이며 癸水가 病神에 土가 藥神이다. 火用神에 金은 旺木을 斫破生火하므로 吉하다.

初年 癸運은 病神을 도와서 凶하고 丑運은 酉丑金이 旺木을 斫破生火하여 吉하였다. 壬運은 見水顯節하여 吉하였으나 子亥運은 病神을 도와서 凶하였고 辛運은 用神을 合去하여 吉運이 아니었다. 庚運은 甲木을 斫破生火하여 吉한데, 이때 建設業으로 成功하였다.

向後 戊己運은 藥神이 되어 吉하고 酉運은 卯木을 斫破生火하니 吉할 것이다. 戊運은 藥神에 病神인 癸水를 合去하니 吉하겠으나 申運은 用神의 根이며 月建인 寅木을 沖하면 凶할 것이다.

*. 火가 用神이면 輕工業이고, 土가 藥神이니 不動産에 建設業이다.

*. 傷官 用神에 官星運을 만나면 爲禍百端이다. 그러나 火가 用神인 木火通明格에는 官星인 金은 旺木을 斫破生火하므로 例外가 된다.

1960年生(女命). 身旺用官格. (亡者)

甲 乙 戊 庚
申 亥 寅 子

74 64 54 44 34 24 14 04
庚 辛 壬 癸 甲 乙 丙 丁
午 未 申 酉 戌 亥 子 丑

寅月은 木旺節인데 甲木이 透干하고 寅亥合木에 申子水가 生木하니 春木이 極旺하다. 女命은 官星이 重하므로 年上의 庚金이 木을 斫木成材하는 用神이고 土가 喜神이다.

初年 北方水運은 用神을 泄氣生木하므로 吉運이 아니고 甲運부터 甲庚冲하여 血壓으로 偏頭痛症勢가 있었다. 戌運에 寅戌火가 用神을 克하여 凶한데 己卯年 丙寅月 壬寅日에 卯年이 亥卯木이 되어 喜神인 戊土를 克하고 寅과 戌이 3:1로 合한 火가 用神인 金을 克하니 去世하였다.

*. 濕한 旺木에 寅中의 丙火가 調候하는 用神이었다면 戌運에 吉하였을 텐데 去世하였으니 身旺用官格에 傷官이 病神임이 分明하다.

*. 金이 寅月에 節地이고 死地인 子水上에 있어서 虛路無根인데 病神運을 만나니 去世하였던 것이다.

1959年生. 身旺用殺格

甲 乙 丙 己

申 酉 寅 亥

80 70 60 50 40 30 20 10

戊 己 庚 辛 壬 癸 甲 乙

午 未 申 酉 戌 亥 子 丑

寅月은 木旺節인데 甲木이 透干하여 도우고 寅亥合木이 되니 身旺用殺格이 된다. 則 金이 用神에 己土가 喜神이며 火가 病神이다. 此命은 酉金이 兌爲口로서 用神이니 歌手다.

初年 木水運은 旺木을 扶生하니 百事가 無成이었으나 癸運末 亥運初 壬申 癸酉年에 用神을 도와 吉한데 이때 밤무대에서 得財하였다. 壬運은 火가 病神에 見水顯節하므로 吉運이 아니지만 庚辰年에 用神과 喜神을 도우니 財力家의 도움으로 음반을 市販단계에 와 있

다.

向後(향후) 戌運(술운)은 寅戌火(인술화)가 用神(용신)을 克(극)하면 吉運(길운)이 아니다.

*. 月上(월상)의 丙火(병화)가 月德(월덕)이고 年上(년상)의 己(기)토가 偏財(편재)로서 喜神(희신)이니 祖上(조상)의 陰德(음덕)이 있으리라.

*. 坐下(좌하)와 月支(월지)에 寃嗔殺(원진살)이 있으니 夫婦反目(부부반목)이 있다고 한다.

*. 用神(용신)인 金(금)이 寅月(인월)에 節地(절지)가 되어 弱(약)한데 戌運(술운) 丙戌年(병술년)에 寅戌(인술) 戌火(술화)가 用神(용신)을 克(극)하니 肺癌(폐암)으로 去世(거세)하였다. 이는 疾病論(질병론)에 의하면 庚大腸(경대장) 辛肺(신폐)에 해당된 緣故(연고)다.

1959年生. 身旺用財格

己 乙 丁 己
卯 未 卯 亥

73 63 53 43 33 23 13 03
己 庚 辛 壬 癸 甲 乙 丙
未 申 酉 戌 亥 子 丑 寅

卯月卯時(묘월묘시). 木旺節(목왕절)에 地支(지지)에 亥卯卯未(해묘묘미) 木局(목국)이니 木(목)이 太旺(태왕)하다. 身(신)이 太旺(태왕)하니 能任財官(능임재관)하여 坐下(좌하)의 未(미)에 根(근)을 둔 時上(시상)의 己土(기토)가 用神(용신)이고 丁火(정화)는 旺木(왕목)을 泄氣生土(설기생토)하는 喜神(희신)이다. 土(토)를 克(극)하는 木(목)은

病神이 되고 金運은 藥神이다. 丑運에 用神을 도와 名門法大에 入學하여 甲運에 年上의 己土와 合하여 用神을 도와 吉한데 壬戌年에 戌卯火가 旺木을 泄氣生土하니 司法試驗에 合格하였다. 原局에 沒官星이니 判檢事職에는 任用되지 못하고 合同辯護士 事務所를 運營하였다. 亥運에 亥亥卯卯未 木旺한데 己卯年에 木多火熄하고 群比爭財(妻)가 되니 夫婦別離하고 全財産을 慰藉料로 지불한 결과 無産者가 되었다. 壬運은 喜神을 合去하여 吉運이 아니고 戌運은 戌卯火가 用神을 生하여 吉하겠고 金運은 藥神이 되어 吉하겠다. 酉運에 月建은 亥卯未木이니 會局救冲이 되겠고 時支의 卯木을 斫破生火하면 吉하겠으나 未運은 旺木이 入墓하여 凶하다.

*. 木曰曲直格이었다면 亥運에 無産者가 되지는 아니하였을 것이고 오히려 吉하였을 것이다.

*. 別解: 身이 太旺하므로 太旺한 木을 泄氣하는 丁火가 用神에 太旺한 木은 木多火熄하므로 喜神이 아니라 오히려 病神이 되고 金運은 木을 除去하는 藥神이 된다. 그리고 丁火를 克傷하는 水는 또 하나의 病神이고 土는 또 하나의 藥神이 된다.

1968年生. 身旺用財格

丙 乙 乙 戊
子 亥 卯 申

80 70 60 50 40 30 20 10
癸 壬 辛 庚 己 戊 丁 丙
亥 戌 酉 申 未 午 巳 辰

卯月은 木旺節인데 亥卯木에 月上의 乙木이 도우고 申子水가 生木하니 木旺하고 濕하다. 除濕하는 戊土가 用神에 丙火가 喜神이며 木이 病神에 金運이 藥神이지만 金運은 用不用이 있다. 庚金은 乙庚合去하여 吉하고 辛金은 喜神인 丙火를 合去하여 吉運이 아니며 申金은 生水하여 吉運이 아니고 酉金은 月建을 冲하고 用神과 喜神의 死地가 되어 吉運이 아니다.

初年 丙運은 喜神이 되어 吉하고 辰運은 上下吉運으로 無欠하고 丁運에 喜神이 되어 電子工學을 專攻하였다. 電子工學은 火가 吉神인 緣故다. 巳運에 地殺과 驛馬殺이 逢冲하여 火가 吉神이기 때문에 南方인 대만에서 電子製品商을 自營하고 있다. 戊運에 財星인 用神을 도우고 己卯年에 財星을 도우고 坐下를 合하니 成婚하였다.

向後 己運까지는 用神과 喜神을 도와 吉하겠으나 未運은 亥卯未 旺木에 木多火熄하고 用神인 戊土는 被克되어 凶하겠다. 이때 本人

은 胃病을 조심하고 土가 妻이니 妻의 健康과 損財가 염려된다. 이때를 지나면 庚運은 藥神이 되어 吉하고 申辛酉運은 生水하고 丙辛合水와 月建을 冲하여 吉運이 아닌데 특히 酉運은 用神과 喜神의 死地가 되어 凶하다.

1964年生(女命). 木曰曲直格

癸 乙 丁 甲

未 卯 卯 辰

71 61 51 41 31 21 11 01

己 庚 辛 壬 癸 甲 乙 丙

未 申 酉 戌 亥 子 丑 寅

*. 木曰曲直格

. 甲乙日主가 寅卯辰 東方이 되든지 亥卯未 木局이 되고 金이 없으면 木曰曲直格이 되는바 적은 물과 若干의 土가 있어도 無放하다. 이는 木이 土에 뿌리를 내릴 수 있으며 나무는 물이 필요하기 때문이다. 水運은 木을 生하여 吉하고 木運은 自旺하여 吉하며 火는 旺木을 泄氣하여 吉하다. 木으로 專旺格이 된 이상에는 金運을 크게 꺼린다.

此命은 卯月에 甲乙이 透干하고 卯卯未爭合化木이 되고 辰土가

東方이고 癸水가 生木하니 木曰曲直格이다.

初年 丙寅乙丑甲運에 工夫를 잘하여 藥大를 卒業하고 甲運 丁卯年에 坐下에 懸針星이니 氣治療師와 成婚하고 子運 己巳年에 女息을 得하였다. 子運부터 藥局을 經營하고 있다.

向後 癸亥壬運은 生木하여 吉하겠으나 戌運에 戌未刑을 成局하면 財로 인한 官財口舌이 염려되고 金運은 從神을 克하여 凶하리라.

*. 甲卯卯가 喜神懸針星이니 活人方 則 醫藥이다.

1957年生. 身旺用財格

己 乙 癸 丁

卯 未 卯 酉

76 66 56 46 36 26 16 06

乙 丙 丁 戊 己 庚 辛 壬

未 申 酉 戌 亥 子 丑 寅

木日主가 春節에 木旺한데 火를 보면 木火通明이 되는데 金을 만나면 旺木을 斫破하여 불이 잘 타게 하는 理致로 官爲要라고 한다. 卯月은 木旺節인데 卯卯未爭合化木하고 癸水가 生木하니 木이 太旺하다. 이와 같은 命造는 아래와 같이 두 가지의 풀이가 가능하다.

① 太旺者好泄精英하니 丁火가 用神에 太旺한 木은 喜神이 아니라 木多火熄하므로 오히려 病神이 되고 이때 金은 藥神이 되며, 癸水는 火를 傷害하는 病神에 己土가 藥神이 된다.

② 身旺用財하여 己土가 用神에 火가 喜神이며 木이 病神에 金이 藥神이다.

此命을 ②에 따라서 해석하면 辛丑運에 藥神이 되어 名門 法大를 卒業하고 法官係 公務員이 되었다.

庚運에 旺木을 除去하니 用神인 己土(財=妻)가 生氣를 얻어 成婚하였다. 子運에 旺木을 生하여 克土하니 土는 財星(妻)이므로 妻의 健康으로 辛苦하였다. 己運에는 用神을 도와 昇進하고 妻의 經濟活動으로 裕餘한 가정이었으나 亥運에 들어 亥卯卯未木이 己土를 克하니 夫婦葛藤이 심각하였다.

向後 戊戌丁運은 用神과 喜神을 도와서 吉하리라. 酉運은 四冲이 되어 吉運이 아니다.

*. 坐下의 未土가 比劫과 爭合이 되어 있으니 妻의 外情이 염려된다.

1964年生. 三象格

丙 乙 丁 甲
戊 丑 卯 辰

77 67 57 47 37 27 17 07
乙 甲 癸 壬 辛 庚 己 戊
亥 戌 酉 申 未 午 巳 辰

卯月은 木旺節인데 甲木이 透干하니 三木이 一象이고 戌은 火의 庫藏인데 丙丁이 있으니 三火가 一象이며 辰戌丑三土가 또 一象이다. 此命에서는 丑과 卯사이에 寅을 拱夾하여 寅卯辰木에 甲木이 透干하여 日元을 도우니 火를 보고 泄氣生財하여야 되겠다. 즉 木과 土사이를 通關하는 火運이 最吉이다.

*. 土(財)運은 吉運이지만 群比爭財가 되니 吉한 것만은 아니다.

巳運부터 의료기구 輸出入業을 하여 庚運에 劈甲引火가 生財하고 午運은 午戌火가 生土하여 大財를 得하였다. 午運末 己卯年에 IMF영향도 있었으나 群比爭財로 100억원대의 不渡를 맞았다. 暴騰暴落된 例의 命造다.

向後 辛運은 用神인 火가 傷(丙辛水, 丁辛冲)하고 未運은 丑戌未三刑을 成局에 旺木이 入墓하니 吉運이 아니다. 이때를 지나면 火用神에 壬運은 見水顯節하여 吉하리라.

*. 財星인 丑戌이 寡宿에 刑이 되므로 家庭이 不安하다.

*. 辛運에 丙辛合去하는데 辛巳年에 丁辛冲하고 辛卯月에 群比爭財하여 夫婦別離하였다.

1939年生(女命). 財多身弱에 比劫爲用

丙 乙 戊 己

子 未 辰 卯

73 63 53 43 33 23 13 03

丙 乙 甲 癸 壬 辛 庚 己

子 亥 戌 酉 申 未 午 巳

亥卯未에 子가 喜神桃花이므로 美人型이다. 財多身弱에 印星(子水)은 旺土에 傷하므로 用神으로서는 不適合하고 旺土를 疏土하는 比劫이 用神이다. 木用神에 水가 喜神이다.

六親推理法(女命)

1. 親庭爲主
친정위주

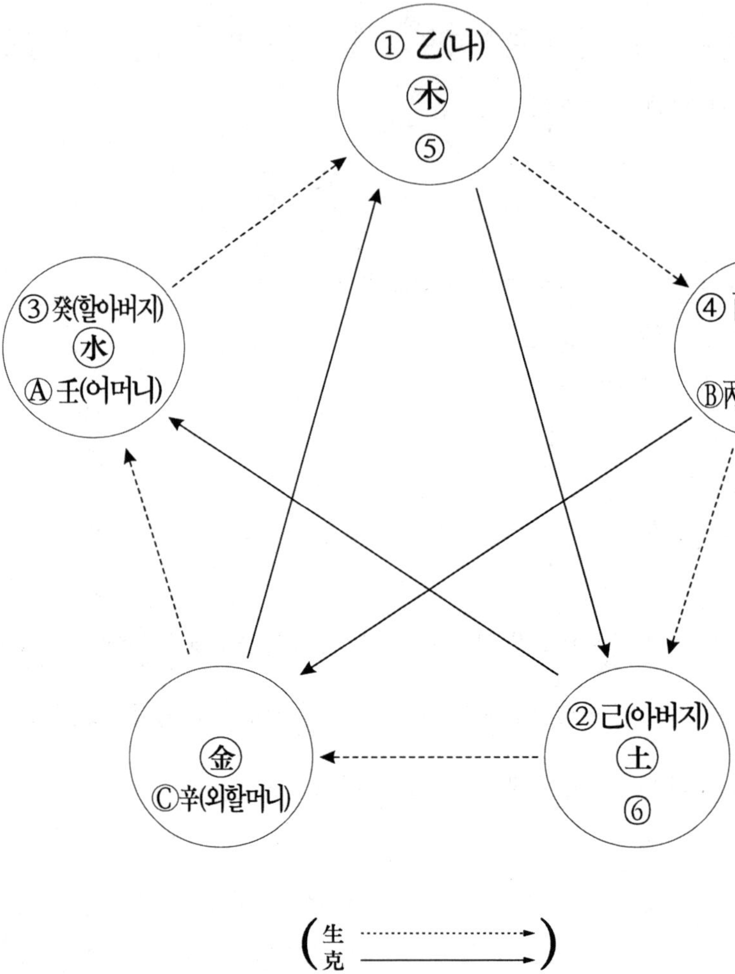

① 乙木은 本人이다.
을목 본인

② 偏財 즉 己土는 아버지이다.
편 재 기 토

③ 偏印(偏財의 偏財) 즉 癸水는 할아버지이다.
편 인 편 재 편 재 계 수

④ 傷官(偏印의 正財) 즉 丙火는 할머니이다.
상 관 편 인 정 재 병 화

⑤ 比劫은 나의 兄弟다.
비 겁 형 제

⑥ 財星은 아버지의 兄弟다.
재 성 형 제

Ⓐ 正印(壬水=偏財의 正財)은 어머니이다.
정 인 임 수 편 재 정 재

Ⓑ 傷官(丙火=正印인 壬水의 偏財)는 외할아버지이다.
상 관 병 화 정 인 임 수 편 재

Ⓒ 偏官(辛金=傷官의 正財)은 외할머니이다.
편 관 신 금 상 관 정 재

2. 媤宅爲主
시 댁 위 주

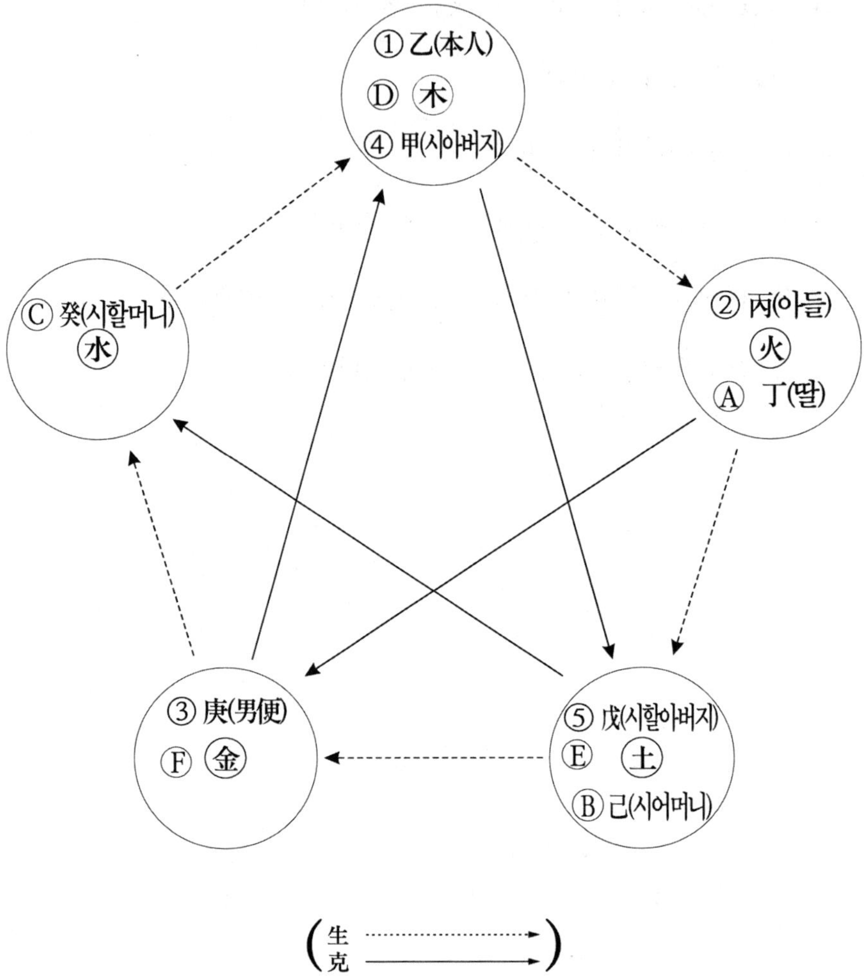

① 乙木은 本人이다.
을 목　　본 인

② 傷官인 丙火는 아들이다.

③ 正官(庚金=傷官의 偏財)은 남편이다.

④ 劫財(正官의 偏財=甲木)는 시아버지이다.

⑤ 正財(戊土=劫財의 偏財)는 시할아버지이다.

Ⓐ 食神인 丁火는 딸이다.

Ⓑ 偏財(劫財=甲木의 正財)인 己土는 시어머니이다.

Ⓒ 偏印인 癸水(正財인 戊土의 正財)는 시할머니이다.

Ⓓ 比劫은 시아버지의 兄弟다.

Ⓔ 財星은 시할아버지의 兄弟이다.

Ⓕ 官星은 남편의 兄弟이다.

*. 男命의 六親推理法은 男命造의 六親推理法 참조

此命은 女命으로서 沒官星이 欠이다. 己巳運은 凶運으로 寒微家庭이었다. 庚運은 天干金으로서 用神인 地支의 卯木을 傷害하지는 아니하고 旺土를 泄氣하여 生水하므로 吉하지만 女命에 官逢官運이면 吉함이 적다. 午運은 桃花인 子水를 冲하여 逢男하였다. 이때 六親과의 關係를 살펴보면 忌神인 午火가 喜神인 弱한 子水를 冲하였으니 子中의 壬水(正印) 즉 어머니의 傷心이 컸다. 辛運은 官星運이고 忌神인 丙火를 合去하고 喜神을 도우니 成婚하고 吉하였다. 未運은 旺土를 도우고 喜神인 水를 克制하니 兄弟間의 財産分爭으로 凶하였다. 壬運 以後 癸運까지는 大吉하였다. 酉運 庚午年에 用神인 卯를 冲하여 凶한데 午年이 喜神인 子水를 冲하니 夫君이 去世하였다. 이는 乙未日柱가 白虎殺인데 沒官星이고 官逢官運이 된 緣故다. 甲運은 忌神인 己土를 合去하여 吉하고 戌運은 旺土를 冲之益發하니 土多木折하고 弱水는 泥塞되어 凶하다. 向後 北方水運은 用神을 生하고 喜神을 도와 吉하리라.

1950年生. 身弱比刦爲用

辛 乙 庚 庚
巳 未 辰 寅

72 62 52 42 32 22 12 02
戊 丁 丙 乙 甲 癸 壬 辛
子 亥 戌 酉 申 未 午 巳

辰月生 乙木이 庚庚辛이 透干하니 官殺混雜에 官星이 太旺하다. 地支巳未사이에 午를 拱夾하여 泄氣하니 太弱일 듯하나 寅과 辰사이에 卯를 拱夾하여 日主를 도우니 太弱은 아니다. 原局에 쓸 만한 水가 있었다면 殺印相生格으로 한층 格이 높아졌을 텐데 그렇지 못

하고 克泄이 交加하니 身弱에 比劫이 用神이고 水運이 喜神이다.

癸運 甲寅年에 喜神과 用神을 도와 成婚하였다. 그러나 申運에 離婚한 것은 地支의 辰巳未가 空亡이고 用神인 寅을 冲하고 寅巳申 三刑을 成局한 緣故다. 酉運 丙子年 午月에 桃花逢冲하여 再婚하였다. 酉運은 殺星이 得勢하여 凶하고, 丙運은 丙辛合水하여 喜神이 되니 吉하며, 戌運은 月建을 冲하고 用神을 合去하니 吉運이 아니다.

1963年生(女命). 身弱印星爲用. 調候用神

戊 乙 丙 癸
寅 巳 辰 卯

72 62 52 42 32 22 12 02
甲 癸 壬 辛 庚 己 戊 丁
子 亥 戌 酉 申 未 午 巳

立夏前 四日은 戊土가 司令하는데 戊土가 透干하고 戊丙巳寅卯가 燥하니 調候가 急하다. 則 癸水가 用神이 金運이 喜神이며 土가 病神에 木이 藥神이다. 午運은 吉運이 아니지만 癸亥年에 用神을 도우고 坐下를 冲하니 成婚하고 癸亥年에 得男하였다. 己運에 用神인 癸水(印星)를 克하니 母喪을 當하였다. 未運에 卯未木이 藥神이

되니 夫君이 出身하였다. 庚運 以後 喜神이 되니 不動産業을 하여 得財하고 裕餘한 生活을 하고 있다. 申運은 申辰水가 用神을 도와 吉하겠으나 坐下食傷에 地支全空亡이고 坐下를 포함하여 三刑이 成立하니 夫君의 健康이 염려된다. 이때를 지나면 辛酉運은 喜神이 되어 吉하겠으나 壬戌運은 丙火忌神에 見水顯節하고 用神의 根이 되는 月建辰土를 冲하여 用神은 泥塞되고 藥神은 折이 되어 凶하겠다. 末年 北方水運 동안은 用神을 도와 享福하리라.

*. 地支에 寅卯辰 東方이고 癸水가 生木하니 身旺할 것 같으나 立夏 四日前은 戊土가 司令하는 때로서 그렇지 아니하니 節氣深淺을 잘 살펴서 推定해야 되겠다.

1955年生(女命). 身弱比劫爲用

庚 乙 庚 乙
辰 卯 辰 未

74 64 54 44 34 24 14 04
戊 丁 丙 乙 甲 癸 壬 辛
子 亥 戌 酉 申 未 午 巳

辰月은 土旺節인데 雙庚이 辰에 高透하니 財官이 旺하다. 木이

用神이고 水運이 喜神이다. 癸運 庚申年에 癸運이 喜神이 되고 申이 雙辰과 爭合이 되어 金生水 水生木하니 成婚하고 辛酉年에 女息을 得하였다. 未運은 忌神이 되어 百事無成하고 甲運에 用神을 도와 吉하니 이때부터 酒店을 經營하여 得財하고 申運에 雙辰과 爭合으로 喜神이 되어 사업을 확장하였다. 乙運은 用神을 도와 吉하다. 向後 酉運은 庚金의 帝旺地로서 官이 得勢하고 用神인 卯를 冲하면 不測之變이 일어나겠는데, 坐下冲이니 夫君에 관한 문제이겠고 女命에 魁罡殺이 있으니 夫君의 拉致 橫死 無責任(作妾 家出 財産蕩盡)등이 예측된다. 戌運은 魁罡逢冲하여 旺土가 冲之益發하면 用神인 木이 折되어 凶하겠다. 이때를 지나서 水運은 旺金을 泄氣生木하여 吉하리라.

*. 兩干不雜이 아름답다.

*. 忌神魁罡殺이 있어서인지 夫君의 本人에 대한 言辭가 대단히 不遜하고 常스러웠다.

*. 原局에 水가 있었다면 旺官과 弱身 사이를 通關하므로 格이 한층 높아졌을 것이다.

*. 水가 吉神이니 酒店을 經營한다.

1956年生. 殺印相生格

庚 乙 壬 丙
辰 丑 辰 申

73 63 53 43 33 23 13 03
庚 己 戊 丁 丙 乙 甲 癸
子 亥 戌 酉 申 未 午 巳

辰月은 土旺節인데 三土와 申金에 庚金이 透干하니 財官이 旺하다. 自然히 身은 弱하겠는데 申辰에 根을 둔 壬水를 用神으로 하여 殺印相生格이 된다. 즉 壬水用神에 庚金이 喜神이며 土가 病神에 木運이 藥神이 된다.

初年 火運은 寒微家에서 生長하였다. 未運이 財星(妻)을 돕는데 甲子年에 藥神이 되고 用神을 도와 成婚하고 乙丑年에 長女를 得하고 丁卯年에 次女를 得하였다. 得男을 못한 것은 時支辰이 空(亡)인 緣故다. 丙運은 吉運이 아니기 때문에 百事無成하고 申運에 用神을 生하여 得財하였다. 이때 金이 吉神이기 때문에 악세사리 생산공장을 경영하였다. 丁運은 用神을 合去하며 財가 忌神에 財를 生하여 凶한데 戊寅年에 財가 寅에 長生되며 財逢財하고 寅申沖에 刑殺이 되니 보증을 잘못서주어서 損財하였다.

向後 酉運은 喜神이 되어 吉하겠으나 戊戌運에 旺財를 沖하고 魁

罡逢冲하면 旺土가 冲發하여 金은 埋金되고 水는 泥塞되어 凶하리라. 이때 妻財로 因하여 辛苦하겠는데 坐下丑과 刑이 되니 더욱 그러하다. 이때를 지나면 北方水運은 用神을 도와 吉하리라.

*. 乙庚合化金格이 아닌 것은, 乙日主가 月上이나 時上에 庚金이 하나만 있고 干支에 甲乙壬癸寅卯亥子등이 없고 地支에 巳酉丑申字등으로 구성되어 있어야 乙庚合化金格이 되는데, 此命은 그러하지 아니하니 그러하지 아니하다.

1947年生. 身弱한 木火傷官格

丙 乙 乙 丁
戌 酉 巳 亥

71 61 51 41 31 21 11 01
丁 戊 己 庚 辛 壬 癸 甲
酉 戌 亥 子 丑 寅 卯 辰

立夏(3月 16日 18時 3分) 立節後에 生한 乙木이 弱地에 生하였는데 丙丁火가 透干하여 火旺하니 身弱한 木火傷官格에 印綬(水)로써 旺火를 除去하고 弱身을 生하여야 한다. 亥水가 巳亥冲하지만 巳酉會局이 救冲하니 亥水를 用神으로 定하고 金이 喜神이다. 燥木

은 旺火를 生하므로 藥神으로 쓰이지 아니하지만 濕木은 弱한 日主를 도와 吉하다. 辰運에 冲戌한 旺土(父星)가 用神인 亥水를 除去하니 父喪을 當하였다. 이는 原局에 年月支가 冲하였으니 父母德이 薄한 緣故다. 癸卯壬寅運은 吉凶이 相半이고 辛運 以後 수산유통사업으로 得財하고 있으며 亥運까지는 吉하리라. 戊戌運 以後는 亥水가 泥塞되어 吉運이 아니다.

*. 말을 論理整然하게 잘하는 것은 坐下의 酉金이 吉神인 緣故다. 兌爲口 즉 酉金은 입에 해당하기 때문이다.

*. 水産流通은 水가 吉神인 緣故다.

*. 印星이 用神이고 酉金이 喜神이니 산하 직원들에 대한 교육시에는 名講師로 알려져 있다.

1960年生. 身弱印星爲用. 殺印相生格

戊 乙 辛 庚

寅 卯 巳 子

74 64 54 44 34 24 14 04

己 戊 丁 丙 乙 甲 癸 壬

丑 子 亥 戌 酉 申 未 午

巳月의 乙木이 火旺土燥한데 庚辛金이 透干하니 克泄이 交加하여 身弱하다. 子水가 調候하고 生木하는 用神이고 金이 喜神이며 土는 用神을 制止하는 病神이고 木은 藥神이다.

初年 壬運은 用神을 도와 有福家에서 生長하였으나 午運에 用神인 子水(印綬)를 冲去하니 母先亡하였다. 이는 子水가 空(亡)인 緣故다. 癸未運에 用神과 藥神을 도우고 病神인 戊土를 合去하여 吉하므로 演劇 映畵科를 卒業하였다. 甲運은 火가 忌神에 劈甲引火하여 吉運이 아니니 이때 軍役을 畢하였다. 申運은 申子水가 用神을 도우고 乙運은 藥神을 도와 得財하였다. 酉運은 巳酉金이 喜神을 도와 吉하다.

向後 丙戌丁運은 病神을 生하고 喜神을 克하여 凶하겠다. 이때 弱한 金이 傷하니 大腸과 肺弱이 염려된다. 이때를 지나면 北方水運은 用神을 도우고 調候하므로 吉하리라.

*. 演劇映畵科는 子卯가 沐浴殺이 되고 桃花가 吉神이며 金이 또한 吉神인 緣故다.

1960年生. 殺印相生格. 身弱한 木火傷官格. 調候先要

乙 乙 辛 庚
酉 巳 巳 子

77 67 57 47 37 27 17 07
己 戊 丁 丙 乙 甲 癸 壬
丑 子 亥 戌 酉 申 未 午

巳月의 乙木이 泄氣가 甚한데 巳酉金에 着根한 庚辛金이 弱한 日主를 克해오니 克泄이 交加하여 身이 太弱하다. 子水로써 旺盛한 官星을 泄氣生木하고 調候하여야 되겠다. 則 水가 用神에 金은 水를 生하는 喜神이 된다.

初年 午運에 巳午가 喜神을 克하고 子午冲으로 用神을 傷하니 子水는 印星이고 어머니이니 母喪을 當하였다. 癸運에 國語國文學을 專攻하고 未運에 運動圈에서 民主化鬪爭을 하였다. 甲運에 火가 忌神인데 庚金을 冲하여 火가 益發하니 百事가 無成이었다. 申運에 水를 生하여 解熱하고 生木하니 成婚하고 衣類商을 婦人과 함께 經

營하고 있다.

向後 酉運에 原局의 酉가 殺星桃花인데 殺星桃花를 再逢하여 巳와 酉가 2:2로 合이 되고 庚辛金이 透干하여 있으니 官殺이 太旺해진다. 金多水濁이 되는데 즉 用神인 子水는 제 기능을 발휘하지 못하고 旺金이 日元을 傷하니 凶하리라. 이때 官災口舌이 염려되며, 健康으로는 干弱이고 肺弱이다. 坐下에 空(亡)이니 妻의 건강에도 유의하여야 되겠다. 丙戌大運은 喜神과 用神을 克傷하니 吉運이 아니다.

*. 官殺의 羊刃이 있어서 과격한 성격이니 운동권에서 민주화 투쟁을 한듯하다. 또한 太弱하니 리더者에게 매수당한 듯 하기도하다.

1984年生(女命). 官印相生格

乙 乙 己 甲
酉 丑 巳 子

79 69 59 49 39 29 19 09
辛 壬 癸 甲 乙 丙 丁 戊
酉 戌 亥 子 丑 寅 卯 辰

巳月은 火旺當令한데 丑土에 己土가 透干하니 財旺하고 燥熱하

다. 또 地支에 巳酉丑金局이니 官旺하다. 子水로써 調候하고 弱한 日主를 生하여야 된다. 則 子水用神에 金이 喜神이고 土가 病神에 木이 藥神이다. 印星이 用神이니 그 어머니의 정성이 지극하겠다. 辰運에 子辰水가 用神을 도와 공부를 잘하는데 庚辰年 丙戌月에 此命의 父親이 "女息이 학교를 그만 두겠다." 고 하니 걱정이 되어서 本院을 찾아와 상담을 한일이 있다. 이는 火가 忌神에 庚年에 藥神인 甲木을 冲하니 火가 益發하여 喜神을 克傷하여 凶한데, 辰年과 丙戌月이 辰戌相冲하여 病神이 益發하니 子水(印星=學文)用神이 泥塞된 緣故다. 丁亥月이면 마음을 잡고 공부를 잘하게 될 것이라고 예측해 주었는데, 丁亥月이 지나 此命의 父親이 고맙다는 인사를 하였다. 정말로 마음을 잡고 工夫를 잘하더란다.

向後 水木運은 用神과 藥神을 도와 大吉하리라.

*. 曲脚殺이 太多함이 欠이다.

1946年生. 官印相生格. 調候用神

庚 乙 癸 丙
辰 未 巳 戌

76 66 56 46 36 26 16 06
辛 庚 己 戊 丁 丙 乙 甲
丑 子 亥 戌 酉 申 未 午

巳月은 火旺當令한데 丙火가 透干하니 泄氣가 甚하고 辰戌未 三土가 있으니 財旺하다. 庚金이 巳에 長生하고 三土가 生金하니 官旺하다. 克泄이 交加하니 印星으로써 弱한 日主를 生하고 調候하여야 된다. 즉 癸水가 用神에 金은 喜神이며 土가 病神에 木運은 藥神이다.

財多身弱이니 商大를 卒業하고 丙運 壬子年에 用神을 도와 은행에 취직하였다. 乙卯年에 藥神桃花가 되니 成婚하고 申運에 官星(子星)을 도와 用神을 生하는데 丙辰年에 得男하고 戊午年에 女息을 得하였다. 丁運은 地支가 重하므로 無欠이고 酉運에 巳酉金이 喜神官星을 도우는데 庚午年에 支店長이 되었다. 戊戌運은 病神을 도와 多事多難하였다. 戌運末 庚辰年에 退職하였다. 이는 辰戌이 2:2로 冲發하여 用神이 泥塞된 緣故다.

向後 己運은 用神을 克하여 吉運이 아닌데 己土는 財星이니 妻

妾으로 인한 損財가 염려되며 腎氣不足도 염려된다. 이때를 지나면 金水運은 用神과 喜神을 도와 吉하지만 丑運은 病神인 土가 三刑이 되어 凶하리라.

*. 木日主가 丑戌未 三刑이 있으면 皮膚가 弱하다.

1937年生. 身弱한 木火傷官格. 調候用神

乙 乙 丙 丁
酉 亥 午 丑

74 64 54 44 34 24 14 04
戊 己 庚 辛 壬 癸 甲 乙
戌 亥 子 丑 寅 卯 辰 巳

夏炎이 極旺하니 乙木이 泄氣되어 弱하고 燥熱하다. 즉 身弱한 木火傷官格에 亥水가 用神에 金이 喜神이다. 土가 病神에 木은 藥神이다.

初年 巳運은 巳酉丑金이 喜神이 되어 吉하고, 亥中에는 印星인 壬水가 含有되어 있는데, 亥水를 巳亥沖 則 驛馬地殺이 相沖하니 金水가 吉神이기 때문에 西北方인 서울에 와서 공부를 하게 되었다. 辰運은 水의 庫藏이고 癸運은 用神을 도와 行政學을 專攻하고 癸

運末 甲辰年에 行政官吏가 되었다. 行政은 正官이 吉神인 緣故다. 卯運은 卯酉冲하여 奔走하였고 壬運은 忌神인 丁火를 合去하여 吉하였다. 寅運은 寅午火가 克金하니 肺가 弱하여 辛苦하였다. 辛丑庚運은 喜神官을 도와 昇進에 昇進을 거듭하였다. 子運은 月建午를 冲하니 衰者冲之拔根한 水用神이 傷하고 旺者冲之益發한 旺火가 喜神官(職業)을 克傷하니 退職하였다.

1949年生(女命). 身弱한 木火食神格

己 乙 庚 己

卯 亥 午 丑

78 68 58 48 38 28 18 08

戊 丁 丙 乙 甲 癸 壬 辛

寅 丑 子 亥 戌 酉 申 未

午月은 乙木이 弱한데 三土와 一金이 있으니 克泄이 交加하여 身弱하다. 즉 亥水用神에 金이 喜神이며 土가 病神에 木이 藥神이다.

酉運까지는 用神과 喜神을 도와서 多福하였다. 甲運에 冲庚하여 火가 益發하니 凶하였는데, 이때 夫君이 中風으로 쓰러졌다고 한다. 이는 旺火가 官星인 庚金을 克傷한 緣故다. 此命造를 만난 것은 戌運末 丙子年 癸巳月이었다. 그때 이분은 척추수술 환자였다. 이는 戌

運에 午戌火가 喜神인 庚金을 克하고 子年에 子午冲하여 用神인 水가 衰者冲之拔根하는데 原局에 乙己丑己 曲脚殺이 八字中 四字나 되니 手足에 欠이 생긴 것이다. 職業은 酒店을 經營하고 있다고 했다. 水가 必要한 命造이니 酒店이다.

*. 夫君이 中風인 것은 金火는 太白星과 熒惑星인데 金이 火의 克을 받으니 血症에 해당된다. 즉 血壓에 관한 病이다. 夫君(官星=庚金)이 午火 위에 있으니 火金相爭인데다가 劈甲引火로 太旺해진 火가 庚金을 또 克傷하니 夫君이 中風으로 쓰러진 것이다.

1948年生(女命). 身弱한 木火食神格. 財多身弱. 調候先要

戊 乙 戊 戊
寅 亥 午 子

75 65 55 45 35 25 15 05
庚 辛 壬 癸 甲 乙 丙 丁
戌 亥 子 丑 寅 卯 辰 巳

午月의 乙木이 三戊가 透干하니 財多身弱하다. 財多身弱에 印星은 旺한 財星에 의하여 被克되므로 用神으로는 不用하나 此命에서는 調候가 時急하므로 亥水가 用神에 金이 喜神이며 土가 病神에

木이 藥神이다.

初年 丁巳丙運은 寒微家에서 生長하고 巳運에는 父喪을 當하여 辛苦하였다. 이는 年月支가 冲인데 巳運에 亥水를 또 冲하니 旺火가 益發하여 病神인 旺土를 生한 緣故다. 辰運에 子辰水가 用神을 도와 成婚하고 二子를 두었다. 甲運까지 藥神을 도와 興旺하고 寅運은 上下가 吉運이고 子午冲을 寅午合이 救冲하니 子水가 生氣를 얻어 無欠이고 癸運은 病神인 戊土를 合去하여 吉하며 丑運은 旺財에 逢財運하니 妻財로 因하여 辛苦하였다.

向後 壬運은 用神을 도와 吉하고 子運은 月建을 爭冲하여 吉함이 적겠다. 辛運은 喜神이 되어 旺土를 泄氣 生水하고 水는 生木하여 吉하며 亥庚運은 用神을 도우고 喜神이 되어 吉하다. 戌運은 寅午戌旺火가 弱木을 泄氣하여 凶한데, 또 旺火가 生旺土하여 克水하면 危險하리라.

1944年生(女命). 身弱한 木火傷官格. 調候用神. 身弱用殺格

甲 乙 庚 甲
申 巳 午 申

72 62 52 42 32 22 12 02
壬 癸 甲 乙 丙 丁 戊 己
戌 亥 子 丑 寅 卯 辰 巳

芒種後 四日生이니 天乾地熱한데 坐下에 巳火가 또 도우니 燥熱한 命造다. 年上과 時上의 甲木이 도우니 從은 아니며 食傷이 旺盛하니 身弱한 木火傷官格에 水(印星)가 用神이며 金(官)이 生水하는 喜神이다. 그러나 原局에 申中壬水 以外는 水가 없다. 그러므로 喜神인 金이 調候하는 用神이 되고 濕土運이 喜神이 되며 用神인 金을 克하는 火가 病神에 水運이 藥神이 된다.

女命 最忌者는 坐下食傷이니 夫婦宮이 不吉함은 타고난 八字다. 初年 辰運까지는 有福했다. 辰運에 成婚하여 寅運까지는 運路가 不順하여 萬事가 不成이었고 신경노이로제와 大腸病으로 辛苦한데다가 雪上加霜으로 寅運壬戌年에 夫喪을 當하였다. 이는 寅午戌旺火가 夫君(官星=金)을 克하는데 坐下와 寅巳申 三刑이 된 緣故다. 丑運에 官星을 生하니 再婚하여 잠시 平和家庭인가 싶었는데 甲運 戊寅年에 火災를 當하였다. 이는 原局이 燥熱하여 火가 病神인데 三

甲과 一庚이 冲하니 火가 益發하고 寅午旺火에 燥木이 불에 타버린 이치다. 子運은 申子水局이 病神인 火를 除去하여 吉하겠으나 한편으로는 用神인 金의 死地가 되고 旺火를 冲하므로 吉한 것만은 아니다.

向後 壬運까지는 吉하겠으나 戌運은 旺火가 入墓하여 用神이 傷하므로 危險하리라.

*. 신경노이로제와 大腸病은 火金相爭이 된 緣故다.

1960年生. 身弱한 木火傷官格

辛 乙 壬 庚
巳 未 午 子

71 61 51 41 31 21 11 01
庚 己 戊 丁 丙 乙 甲 癸
寅 丑 子 亥 戌 酉 申 未

午月은 火旺當令인데 地支에 巳午未 南方火가 있으니 日主의 泄氣가 太甚하고 燥熱하다. 巳午未 方合이 救冲하니 子에 根을 둔 壬水로서 弱한 日主를 生하고 調候하여야 된다.

則 水用神에 金이 喜神이며 土가 病神에 木이 藥神이다. 甲運에

火가 忌神에 甲庚冲으로 火가 益發하여 喜神을 克傷하고 原局의 子午冲을 도와 衰者冲之拔根하므로 母喪을 當하였다. 이는 年月支에 子水(印星)가 冲이 된 緣故다.

申運에 申子水가 用神을 도와 吉하고 酉運에는 巳酉金이 喜神을 도우니 水産業으로 得財하고 成婚하였으며 得男하였다. 戌運에는 午戌火가 喜神을 克傷하고 用神은 枯渴되는데 坐下와 刑이 되니 妻財로 因한 官災口舌이 있었다. 丁運은 用神을 合去하여 吉運이 아니고 亥運 以後에는 地支가 重하며 用神을 도와 吉하리라.

*. 水가 用神이기 때문에 水産業이다.

*. 官殺混雜이니 格이 낮다.

1931年生. 棄命從財格. 老石 柳忠燁 先生님 造

乙 乙 乙 辛
酉 未 未 未

80 70 60 50 40 30 20 10
丁 戊 己 庚 辛 壬 癸 甲
亥 子 丑 寅 卯 辰 巳 午

未月은 土旺한 季節인데 年支와 日支에 未土가 더 있으니 土가

太旺하다. 月上의 乙木은 年上의 辛金에 의해 除去되고 時上의 乙木은 酉中의 辛金에 의해 被克되어 있다. 따라서 乙木 日主는 依支處가 없으므로 太旺한 土를 따를 수밖에 없다. 則 棄命從財格에 土가 用神이고 火는 喜神이며 木이 病神에 金은 藥神이 된다.

初年 未大運에 用神을 도와 裕餘한 家庭에서 生長하였다. 甲大運에 病神이 되어 用神을 克傷하니 父喪을 當하였다. 午運에 喜神이 되니 사범학교를 졸업하고 잠시 교직에 몸담았다. 癸運 辛卯年에 病神을 生扶하여 凶한데 이때 手足에 큰 負傷을 當하였다. 이는 未日酉時가 隔角殺이 되고 乙木이 曲脚殺이 된 緣故다. 辛運 癸丑年에 藥神과 用神을 도와 吉한데 이때 貴人(陶溪 朴在玩 先生님)을 만나서 奧妙한 命理學의 秘法을 傳受 받았다. 己丑戊大運까지 用神을 도우니 吉하여 斯界에서는 하나의 커다란 足跡을 남겼다. 子大運 戊子年 乙卯月 癸亥日에 病神을 生扶하여 凶하므로 '염려된다.' 라고 말한 바 있는데, 실제 癸亥日 癸亥時에 別世하였다.

*. 乙辛冲이 있어癎疾이 있다.

1934年生(女命). 財多身弱에 比劫爲用

戊 乙 辛 甲
寅 未 未 戌

75 65 55 45 35 25 15 05
癸 甲 乙 丙 丁 戊 己 庚
亥 子 丑 寅 卯 辰 巳 午

乙木이 大暑日에 生하여 燥熱한데 地支에 土가 三이고 戊土가 透干하니 財星이 太旺하다. 寅戌이 遙合化火하여 生土하니 從財格으로 볼 수도 있겠으나 時支寅에 根을 둔 甲木이 있으니 身이 太弱을 免하여 從은 아니다. 財多身弱에는 印比生扶이니 甲木이 用神에 水運이 喜神이다. 庚運 壬午年에 用神인 甲木을 沖하고 寅木은 寅午戌火로 變하니 早失父母하였다. 이는 四柱原局에 印綬(母)가 없고 財(父)는 忌神이 된 까닭이다. 辰運에 水의 庫藏이 되니 晩婚하고 乙巳年生 女息과 辛亥年生 男兒를 두었다. 原局에 用神의 根이 微弱하고 喜神이 없어서 小格에 불과하다. 辰運 以後는 丙丁이 蓋頭되기는 하였으나 地支가 重하므로 無欠이고 丑運에 丑戌未 三刑이 成局하니 損財와 健康 등에 留意하고 특히 夫君의 健康에도 留意하여야 되겠다. 왜냐하면 此命의 官星 즉 夫君은 辛金인데 丑運에 土多하면 埋金되기 때문이며 坐下의 未가 沖과 三刑이 成立되기 때문이다. 이때를 지나면 甲運 以後 二十五年間의 吉運에 壽考多福하리라.

*. 職種은 水가 吉神이기 때문에 水産業이다.

1947年生(女命). 身旺用殺格

辛 乙 丁 丁
巳 卯 未 亥

72 62 52 42 32 22 12 02
乙 甲 癸 壬 辛 庚 己 戊
卯 寅 丑 子 亥 戌 酉 申

辛金이 用神이고 濕土運이 喜神이며 火가 病神에 水가 藥神이다. 則 未月의 乙木은 財星이 旺하지만 亥卯未木局으로 變하여 比劫이 旺하게 되니 比劫을 除去하는 官星이 用神이 되는 것이다. 女命이니 더욱 그러하다. 酉運은 偏官이 되어 이때 만난 남자는 첫사랑이었으나 正男便의 運이 아니다. 庚運은 正官(正男便)運이 되어 成婚하였다. 初婚은 正官運에 이루어지고 再婚은 偏官運에 이루어지기 쉽다. 戌運 癸丑年에 財星三刑이 成局하니 損財하고 時支의 巳와 歲運의 丑이 合이 되어서 官(巳酉丑은 陽干 則 庚金이 그 代表가 됨)殺混

雜이 되는데, 官逢官運이면 鏡破釵分이라고 하여 夫婦反目이 있었다. 이는 身旺에 日柱干與支同이 되어 있는 緣故다. 辛運 以後 二十五年間 吉運을 만나 男便의 事業이 興旺하였고, 此命도 身旺하니 經濟活動에 참여하여 吉하였다. 丑運은 巳丑金이 用神을 도와서 吉하겠으나 甲運 以後는 吉運이 아니다.

*. 干與支同: 身旺에 乙卯日柱이니 天干은 乙日主本人이고 坐下(夫宮)는 甲乙이니 干支가 같다는 뜻인데 此命에서는 未中의 乙木과 亥中의 甲木이 더 있으니, 즉 다섯 명의 姊妹가 辛金과 巳中의 庚金의 두 男便을 공동으로 소유하는 격이니 항상 夫婦宮에 爭鬪의 문제가 있기 마련이다. 群比爭財, 姊妹强剛, 群比爭妻, 群比爭官도 이와 같은 개념으로 이해하고 있으면 쉽게 잊어버리지는 않으리라.

*. 干與支同과 群比爭財는 男·女 모두에게 적용된다.

*. 陽燥陰濕

. 天干陽燥와 陰濕

甲乙丙丁戊→陽燥. 己庚辛壬癸→陰濕

. 地支陽燥와 陰濕

寅卯巳午未戌→陽燥. 申酉亥子丑辰→陰濕

1966年生(女命). 身弱印星爲用. 調候用神

丙 乙 乙 丙

子 未 未 午

80 70 60 50 40 30 20 10

丁 戊 己 庚 辛 壬 癸 甲

亥 子 丑 寅 卯 辰 巳 午

小暑節은 火炎土旺한데 丙午年柱에 時上에 丙火가 透干하였으니 身弱에 調候가 時急하다. 子水가 調候用神에 金運이 喜神이며 土가 用神을 克傷하는 病神에 木은 그 病神을 除去하는 藥神이다.

未未에 華蓋殺이 있으니 音樂을 專攻하고 印星이 用神이니 음악교실을 운영했다. 午運에 時支의 桃花를 冲하여 逢男하고 癸運에 用神을 도우니 成婚하였다. 巳運은 病神을 生하여 吉運이 아니었고 壬辰大運은 用神을 도와서 吉하였다. 辛運은 喜神이 되지만 女命에는 官逢官運이 되니 吉運이 아닌데 乙酉年에 再逢官年이 되니 夫有外情이 있었고 戊子年에 桃花年이 되니 또 夫有外情이 있었다. 己丑年에 病神을 도우고 坐下를 爭冲하니 夫婦別離하였다. 이는 原局에 沒官星이고 坐下가 凶神이 된 緣故다.

*. 木日主가 己丑年에 丑未刑이 되니 皮膚가 弱하다.

*. 己丑年에 旺土가 丑未爭冲하니 子宮摘出手術을 하였다.

1946年生(女命). 身弱比劫爲用

己 乙 乙 丙
卯 巳 未 戌

78 68 58 48 38 28 18 08
丁 戊 己 庚 辛 壬 癸 甲
亥 子 丑 寅 卯 辰 巳 午

未月은 土旺節인데 己土가 透出하고 戌土가 있으니 土(財)가 旺하다. 巳와 未사이에 午를 拱夾하고 丙火가 透干하였으니 火 또한 旺하다. 卯未合木이 되고 乙木이 透干하였으나 전체적으로 비교하여 보면 身이 弱하고 燥熱하다. 則 木이 用神이고 水運이 喜神이다.

癸運에 喜神이 되니 成婚하여 一男一女를 두었다. 巳運은 天乾地熱하니 辛苦하였다. 壬辰運에 火土가 忌神인데 見水顯節하니 凶하고 辰戌冲으로 土가 益發하니 弱木이 折되어 百事가 無成이었다. 辛運은 忌神인 丙火를 合하여 喜神이 되니 夫君의 事業이 興하여 得財하고 家庭이 安樂하였다. 卯運은 用神을 도와 事業이 日新又日新하였다. 庚運에 用神인 木을 合去하니 夫君의 事業이 침체하고 得病하였다.

向後 寅運은 寅戌合化火하면 吉運이 아니고 土運도 一般이다.

*. 官은 戌中의 辛金이 있지만 戌未破하고 刑이며, 巳中의 庚金이 있으나 巳午未火에 損傷되고, 또 坐下의 食傷이니 男便의 健康이 항상 염려된다. 寅運에는 坐下의 巳와 刑이 되니 더욱 그러하다.

*. 破(破散한다는 의미.)

子酉, 卯午, 申巳, 寅亥, 辰丑, 戌未

1960年生(女命, 外國人). 身弱印星爲用. 調候用神

丁 乙 癸 庚

亥 巳 未 子

73 63 53 43 33 23 13 03

乙 丙 丁 戊 己 庚 辛 壬

亥 子 丑 寅 卯 辰 巳 午

小暑節은 火旺한데 巳와 未사이에 午를 拱夾하고 丁火가 透干하니 泄氣가 甚하여 身弱하고 燥熱하다. 調候가 時急하니 水가 用神에 金이 喜神이고 土가 病神에 木運은 藥神이다.

일본 나고야에서 태어나 午運 丁未年에 母先亡하였다. 이는 原局에서 巳亥冲하고 있는데 午運이 子午冲하고 丁未年에 丁癸冲하여

用神인 水(印星=母)가 傷한 연고다. 巳運 庚申(夫星)年에 逢男하였으나 庚運 丙寅年에 別離하였다. 이는 原局에 乙巳日主가 坐下食傷이고 巳亥冲인데 庚運에 官逢官運이면 鏡破釵分하고 庚金이 歲運 丙에 의해 被克되고 歲運의 寅이 坐下의 巳와 刑을 이룬 연고다. 이때부터 宗敎를 갖게 되었다. 이는 亥가 天門이니 신앙심을 갖게 된 것이다. 辰運末 壬申年에 申子辰水局과 壬水가 用神을 도와 吉한데 辰運이 庚金官星(夫)을 生하고 地殺인 巳火가 冲하며 申年이 또 地殺이 되는데 寅月과 相冲하니 한국인 남자와 성혼하고 入國하여 살고 있다. 이는 巳中의 庚金이 夫星(官)인데 巳가 地殺이며 巳亥相冲한 것이 外國人과 결혼하게 된 연고다. 己運은 病神을 도와 凶하였다. 이때 생활습관 부적응으로 신고했다고 한다. 卯運은 藥神이 되어 吉한데 印星이 用神이기 때문에 학원에서 일본어 강의를 하며 得財하였다.

向後 火土運은 吉運이 아니다. 이때 坐下食傷에 日時相冲이니 夫婦關係를 敦篤히 하여야 되겠다. 亥子丑運은 用神과 喜神을 도와 말년은 享福하리라.

1947年生. 身弱에 比刦爲用

戊 乙 戊 丁
寅 亥 申 亥

75 65 55 45 35 25 15 05
庚 辛 壬 癸 甲 乙 丙 丁
子 丑 寅 卯 辰 巳 午 未

*. 十二運養生圖

1. 『命理正宗』에서는 「戊土를 壬水와 같이 申에서 長生하고 (申에서 長生하려면 巳에서 起胞(絶)), 己土는 癸水와 같이 卯에서 長生(卯에서 長生하려면 午에서 起胞(絶))한다.」라고 하였고

2. 『淵海子平』에서는 「戊土는 丙火와 같이 寅에서 長生하고 (寅에서 長生하려면 亥에서 起胞(絶)), 己土는 丁火와 같이 酉에서 長生(酉에서 長生하려면 子에서 起胞(絶))한다.」라고 기록되어 있다.

그런데 우리가 注目할 것은 『淵海子平』에서는 「丙戊生寅 丁己生酉, 丙戊起亥胞(絶) 丁己起子胞(絶)」記載하고 있으면서도 실제 작용면에서는 『命理正宗』과 같이 水土(壬戊癸己)로 작용하고 있는 점이다. 『命理正宗』의 方法과『연해자평』式을 共히 早見表로 나타낸다. 但 兩書가 다른 것은 戊壬癸己『命理正宗』, 丙戊丁己『연해자평』만의 차이점이다. 여기에 대해서 『命理要綱』(朴在玩 著)에

서는 『淵海子平(연해자평)』式(식)을 따르고 있고, 『四柱捷徑(사주첩경)』(李錫暎(이석영) 著(저))에서는 『命理正宗(명리정종)』式(식)에 依(의)한다고 한다.

火土同宮長生法(화토동궁장생법)은 命理(명리)에 해당하고, 水土同宮長生法(수토동궁장생법)은 風水(풍수)에 해당하므로 本書(본서)에서는 『연해자평』式(식)에 의한다.

十二運養生圖

十二星 / 生日		絶	胎	養	生	沐浴	冠帶	臨官	帝旺	衰	病	死	葬
甲		申	酉	戌	亥	子	丑	寅	卯	辰	巳	午	未
乙		酉	申	未	午	巳	辰	卯	寅	丑	子	亥	戌
丙		亥	子	丑	寅	卯	辰	巳	午	未	申	酉	戌
丁		子	亥	戌	酉	申	未	午	巳	辰	卯	寅	丑
命理正宗	戊	巳	午	未	申	酉	戌	亥	子	丑	寅	卯	辰
	己	午	巳	辰	卯	寅	丑	子	亥	戌	酉	申	未
淵海子平	戊	亥	子	丑	寅	卯	辰	巳	午	未	申	酉	戌
	己	子	亥	戌	酉	申	未	午	巳	辰	卯	寅	丑
庚		寅	卯	辰	巳	午	未	申	酉	戌	亥	子	丑
辛		卯	寅	丑	子	亥	戌	酉	申	未	午	巳	辰
壬		巳	午	未	申	酉	戌	亥	子	丑	寅	卯	辰
癸		午	巳	辰	卯	寅	丑	子	亥	戌	酉	申	未

此命(차명)을 『淵海子平』式解法(식해법)에 따르면 다음과 같다.

乙木(을목)이 申月中(신월중) 處暑日(처서일)에 태어나 庚金(경금)이 司令(사령)하는 때이니 乙木(을목)은 弱(약)하고 金(금)은 旺(왕)한데 雙戊(쌍무)가 寅(인)에 長生(장생)하여 高透(고투)하니 財(재) 또한 旺(왕)하다. 藤蘿繫甲(등라계갑)하는 寅木(인목)에 의지하여야 되겠다. 즉 寅木(인목)이 用神(용신)에 水(수)

가 喜神이며 金이 病神에 火는 病을 除去하는 藥神이다.

初年 火運에 藥神을 도와 吉한데 財旺하고 身弱한 命造라 商大를 卒業하였다. 乙運에 用神을 도와 銀行에 入社하고 결혼도 하여 甲寅年에 生男하였다. 甲運까지는 乘勝長驅하다가 辰運에 病神을 生하여 用神이 傷하니 잠시 침체하였다. 癸運에 用神을 生하니 支店長이 되었다. 財旺身弱도 金融이고 財弱身旺도 金融이니 남의 돈을 관리하는 八字다. 壬運은 藥神인 丁火를 合去하면 病神이 得勢하여 吉運이 아니며 寅運에 官星을 冲하면 身分上에 變動이 있겠다.

1954年生. 身弱比刦爲用

己 乙 壬 甲

卯 丑 申 午

71 61 51 41 31 21 11 01

庚 己 戊 丁 丙 乙 甲 癸

辰 卯 寅 丑 子 亥 戌 酉

申月의 乙木이 金旺木弱한데 午火가 泄氣하고 己丑財星이 있으니 身弱에 比劫이 用神이다. 則 木이 用神에 水는 喜神이며 金이 病神에 火는 藥神이 된다.

初年 酉運에 用神을 冲하여 父先亡하였다. 乙運에 用神을 도우니

專門大學을 卒業하고 木이 用神이기 때문에 담배인삼공사에 취직하였다. 乙運 戊午年에 用神을 도우고 桃花藥神을 도와 成婚하였다. 亥運에 用神을 生하여 吉한데 己未年에 官星을 生하니 長女를 得하고, 辛酉年에 官星이 되니 次女를 得하였다. 丙運에 藥神을 도와 昇進하고 丙寅年에 藥神과 用神을 도우니 男兒를 得하고 得宅하였다. 이와 같은 것을 福必齊來라고 한다. 子運은 桃花를 沖하여 家庭不和가 잦았다.

*. 卯와 午가 兩枝桃花이니 두집 살림하는 命造다.

丁運에 藥神을 도우니 노동조합위원장에 선출되었다. 己卯年에 用神을 도우니 大學에 편입학한 晩學徒이며 庚辰年에 劈甲引火하니 넓은 집으로 移徙했다.

向後 東方木運은 地支가 重한데 用神을 도와 吉하며 庚運은 旺火를 生하여 病神을 除去하면 用神이 生氣를 얻어 大吉하리라.

*. 丑運에 病神을 生하여 凶한데 壬午年 己酉月에 公共器物을 破損한 罪로 罷免되었다가 訴訟을 提起하여 勝訴하고 辛亥月에 復職한 것은 午年 亥月이 藥神과 喜神을 도운 緣故다.

1952年生. 身弱比刦爲用

己 乙 戊 壬

卯 巳 申 辰

74 64 54 44 34 24 14 04

丙 乙 甲 癸 壬 辛 庚 己

辰 卯 寅 丑 子 亥 戌 酉

申月은 金旺木弱한데 日支巳火가 弱木을 泄氣生土고 戊己土가 透干하니 克泄이 交加하여 身弱하다. 依支處는 卯木이다. 則 卯木이 用神에 水가 喜神이며 金이 病神에 火가 藥神이다.

初年 己酉 庚戌 辛運은 吉運이 아니었다. 亥運에 用神을 生하니 成婚하고 부모님의 도움으로 인테리어 會社를 自營하여 得財하고 和睦家庭이다. 인테리어는 卯木이 用神으로서 懸針星인 緣故이며 壬水에 月德星이 臨하여 喜神이 되니 祖上의 蔭德이 있었다. 壬子運은 喜神이 되어 사업은 날로 번창하였다. 癸運은 正印이 喜神에 偏印運이 되어 不吉한데 戊寅年에 坐下를 포함하여 三刑이 成立하며 群比爭財하니 夫婦別離하였다.

向後 丑運은 巳丑金이 用神을 克하여 吉運이 아니다. 이때를 지나면 二十年 동안의 木運은 用神을 도와 吉하리라.

*. 時支(시지)가 (空)亡(공망)이기 때문에 女息(여식)뿐이다.

天月德星

吉神 ＼ 月支基準	寅	卯	辰	巳	午	未	申	酉	戌	亥	子	丑	作 用
天德星	丁	申	壬	辛	亥	甲	癸	寅	丙	乙	巳	庚	用神이면 尤吉, 官爵高, 小病. 二德이면 惡殺不犯, 慈善心이 있다.
月德星	丙	甲	壬	庚	丙	甲	壬	庚	丙	甲	壬	庚	

1969年生(女命). 殺印相生格

己 乙 壬 己

卯 丑 申 酉

77 67 57 47 37 27 17 07

庚 己 戊 丁 丙 乙 甲 癸

辰 卯 寅 丑 子 亥 戌 酉

申月(신월)은 金旺木弱(금왕목약)한데 酉丑金(유축금)에 兩己土(양기토)가 丑(축)에 着根(착근)하여 高透(고투)하니 財官(재관)이 太旺(태왕)하다. 故(고)로 身弱(신약)한데 壬水(임수)로써 旺(왕)한 金(금)을 泄氣生木(설기생목)하여야 되겠다.

則(즉) 壬水(임수)가 用神(용신)에 金(금)이 喜神(희신)이고 土(토)가 病神(병신)에 木(목)이 藥神(약신)이다. 初(초)

年 癸運은 正印 用神에 偏印이 되어 凶한데 己未年에 病神(土=財星=父)이 得勢하여 父先亡하였다. 甲運에 藥神이 되어 고등학교를 졸업였다. 戌運에 病神이 得勢하여 凶한데 坐下의 丑과 財星刑이 되니 約婚이 破婚되고, 用神인 印星(母)이 克을 當하니 어머님이 세 번이나 수술을 받았다. 乙運에 藥神이 되어 吉한데 水가 用神이고 暗官殺이 混雜하니 서비스 업체인 호텔에 근무하여 得財하였다. 이때 不動産도 구입하였다. 亥運에 亥卯木이 藥神을 도와 吉한데 庚辰年에 官星年이 되니 逢有婦男하여 姙娠부터한 후 小室이 되었다. 이는 坐下에 官星이 入墓하고 暗官殺이 混雜하며 申金(官星=夫星)에 亡神殺이 있는 緣故다.

月建에 亡神殺이 있고 丑中의 癸水가 印星인데 丑中의 己土財星(母=印星의 官星)이 坐下丑土에 並臨하니 어머니 역시 小室이었다. 辛巳年은 食傷年이 되니 丙申月에 출산예정일이다. 亥運이 用神을 도우고 辛巳年에 巳酉丑이 喜神을 도우니 得男하지 않겠는가.

向後 火土運은 吉運이 아니고 水木運은 用神과 藥神을 도와 吉하겠으나 卯運은 用神의 死地가 되어 吉運이 아니다.

*. 己土가 旺金에 의해 泄氣되니 子宮이 弱하다.

*. 實際 辛巳年 乙未月 丁亥日 甲辰時에 生男하였다.

1962年生. 官印相生格

戊 乙 戊 壬

寅 巳 申 寅

72 62 52 42 32 22 12 02

丙 乙 甲 癸 壬 辛 庚 己

辰 卯 寅 丑 子 亥 戌 酉

申月은 官旺하고 木弱한데 雙戊가 雙寅에 長生하고 巳에 得祿하여 高透하니 財旺하고 官旺하니 自然히 日主는 弱하다. 身弱하니 印比生扶하여야 되겠는데, 年支의 寅은 寅申冲으로 不用하고 時支의 寅은 寅巳刑으로 능력이 부족하다. 따라서 官印相生하여 壬水가 用神에 申金은 喜神이며 土가 病神에 木은 藥神이 된다. 初年 己土運에 病神인 財星(父星)이 得勢하니 父先亡 하였다. 이는 年月支가 相冲된 연고다. 酉庚運은 喜神을 도와 吉하였으나 戌運에 病神을 도와 用神인 印星(母星)을 克害하니 母喪을 當하였다. 이로 因하여 大學進學을 포기하고 辛運에 喜神인 官星을 도와서 吉한데 正官이 喜神이기 때문에 行政職 公務員이 되었다. 辛運에 喜神을 도우는데 乙丑年의 乙은 藥神을 도우고 丑은 日支巳와 合한 巳丑金이 官星

(子星)인 喜神을 도우니 成婚하였다. 丙寅年에 藥神을 도와 長男을 得하고 戊辰年에 申辰水가 用神을 도우니 次男을 得하였다. 亥壬運은 用神을 도와 昇進하고 多福한 家庭이었다. 子運에 用神을 도우고 戊寅年에 藥神을 돕는데 庚申月에 喜神官星을 도우니 行政主事로 昇進하였다. 己卯年에 桃花年이 되는데 子運이니 桃花가 子卯刑이 되고 群比爭財하니 妻가 家出하였다. 이는 坐下의 巳와 寅이 空亡인 緣故이며 日支를 포함하여 寅巳申 三刑과 財星이 病神에 坐下가 忌神인 緣故다.

向後 癸運은 病神을 合去하여 吉하고 丑運은 巳丑이 喜神官을 도와 吉하며 木運은 藥神이 되어 吉하리라. 그러나 用神이 死地가 되는 卯運은 吉運이 아니다.

1969年生(女命). 食神制殺格

壬 乙 癸 己

午 卯 酉 酉

71 61 51 41 31 21 11 01
辛 庚 己 戊 丁 丙 乙 甲
巳 辰 卯 寅 丑 子 亥 戌

酉月 酉年은 金强木衰하고 壬癸水가 透干하니 濕하다. 强殺을

除하고 調候하여야 되겠다. 則 火가 用神에 木이 喜神이며 水가 病神에 土는 藥神이다.

初年 甲乙運은 喜神을 도우고 戌運은 藥神이 되고 亥運은 亥卯木이 喜神을 도와 吉하다. 卯午가 懸針星이니 看護學을 專攻하였다. 用神이 透干되어 實하고 喜神인 卯가 冲되지 아니하였더라면 吉運에 醫學도 가능하였으리라. 丙運에 用神을 도와 吉한데 辛未年에 辛은 官星이고 未는 卯未合이 冲을 救하니 成婚하였다. 子運에 用神을 冲하여 凶한데 己卯年에 六冲이 全備하니 夫喪을 當하였다. 이는 月日支가 相冲하고 坐下의 卯가 (空)亡인 緣故다. 丁運은 用神을 도와 吉하지만 丑運은 酉酉丑金이 病神을 生하므로 吉運이 아니다. 이때를 지나면 戊寅己運은 藥神과 喜神을 도와 吉하겠으나 卯運은 四冲이 되니 吉運이 아니다.

1970年生. 食神制殺格

丁 乙 乙 庚
亥 未 酉 戌

79 69 59 49 39 29 19 09
癸 壬 辛 庚 己 戊 丁 丙
巳 辰 卯 寅 丑 子 亥 戌

未와 酉사이에 申을 拱夾하니 地轉西北에 庚金이 透干하니 官이 太旺하다. 亥水를 써서 殺印相生格으로 하려고하니 亥未合木하여 能力이 不足하다. 따라서 食神制殺格에 殺을 制하는 丁火를 用神으로 하고 乙木은 喜神이며 水가 病神에 燥土는 藥神이 된다.

丙戌丁運은 用神과 藥神을 도와 專門學校를 졸업하고 亥運에 病神을 도와 軍役을 畢하였다. 戊運은 藥神인 財星이 되니 成婚하였다. 戊運에 藥神이 되어 病神을 除去하니 用神이 生氣를 얻으니 자동차회사에 입사하여 근무하고 있다. 火가 用神이기 때문에 工業에 속하며 그래서 自動車會社에 근무하게된 것이다.

向後 子運은 病神을 도와 凶하고 己運은 生金하고 喜神인 乙을 冲去하여 吉運이 아니다. 丑運은 酉丑金에 官이 太旺해지고 丑戌未 財星三刑이 成局하면 妻財로 인한 官災口舌이 염려된다. 庚運은 喜神을 合去하여 吉運이 아니고 寅運은 用神과 喜神을 도와 吉하겠다.

辛運은 用神을 冲하고 官殺混雜이 되어 길운이 아니고 卯運은 亥卯未木이 生火하여 吉하겠으나 壬運은 用神을 合去하여 吉運이 아니다.

1969年生. 食神制殺格

丁 乙 癸 己
亥 卯 酉 酉

80 70 60 50 40 30 20 10
乙 丙 丁 戊 己 庚 辛 壬
丑 寅 卯 辰 巳 午 未 申

酉月은 金旺木弱한데 年支에 酉金이고 時支에 亥水가 있고 癸水가 透干하니 身弱하고 濕하다. 따라서 丁火로써 調候하고 制殺하여 弱한 日元을 救하여야 되겠다. 則 丁火用神에 木은 喜神이며 水가 病神에 土는 除水하는 藥神이다.

初年 壬申辛運은 忌神이 되어 吉運이 아니었으나 年上의 己土가 財星이고 藥神이 되어 祖上의 財力으로 電子公學을 專攻하였다. 火가 用神이니 電子工學 즉 輕公業이다. 未運은 亥卯未木이 喜神이 되어 반도체회사에 취업하고 財星運이니 成婚하였다. 庚運 辛巳年에 地殺驛馬가 相冲하는데 木火가 喜神과 用神이니 東南方인 싱가폴

에 있는 子會社(자회사)로 전근발령을 받았다.

向後(향후) 午運以後(오운이후) 東南方運(동남방운)은 喜神(희신)과 用神(용신)을 도와 吉(길)하겠으나 巳運(사운)은 巳酉酉爭合(사유유쟁합)이 忌神(기신)이니 吉運(길운)이 아니다. 이때 坐下(좌하)가 冲(충)이고 (空)亡(공망)이니 婦人(부인)의 健康(건강)과 夫婦關係(부부관계)가 염려되며 地支全冲(지지전충)이니 차조심해야 되겠다. 辰運(진운)은 辰酉酉爭合(진유유쟁합)이 忌神(기신)이니 吉運(길운)이 아니다. 이때를 지나면 木火運(목화운)에 末年(말년)은 享福(향복)하리라.

*. 月日支(월일지)의 卯酉冲(묘유충)을 亥卯木(해묘목)에 會局救冲(회국구충)된다고 하지만 冲(충)을 아니하는 것은 아니다.

1964年生(女命). 身旺用殺格

乙 乙 癸 甲

酉 亥 酉 辰

75 65 55 45 35 25 15 05

乙 丙 丁 戊 己 庚 辛 壬

丑 寅 卯 辰 巳 午 未 申

酉月(유월) 酉時(유시)는 金旺(금왕)하고 木弱(목약)하다. 그러나 亥癸水(해계수)가 生木(생목)하고 乙甲(을갑)이 高透(고투)하여 日主(일주)를 도우니 弱(약)이 反旺(반왕)하므로 酉金七殺(유금칠살)이 用神(용신)이 된다. 女命(여명)이기 때문에 더욱 官星(관성)이 重要(중요)하다. 則(즉) 金(금)이 用神(용신)에 土(토)가

喜神이다.

初年 申辛運에 用神을 도우니 공부를 잘하여 未運에 地方 名門大會計學科를 首席으로 졸업하고 대기업체 인사과에 취업하였다. 庚運에 官星인 用神을 도우니 공인회계사와 결혼하였다. 庚運 壬申年에 得男하고 午運은 用神을 克하여 凶한데 乙亥年에 旺木을 生하니 得女息하였다. 午運은 用神官星(夫)을 克하여 凶한데 丙子年에 桃花逢冲하고 泄金(夫)生木하니 夫婦가 別居하고, 丁丑年에 官이 入墓하고 癸卯月에 旺身을 生하여 凶한데 또 官星用神을 冲하여 別離하였다. 이는 酉金官星이 (空)亡인 緣故다. 己運부터 喜神이 되어 서점을 자영하여 得財하고 있다.

向後 巳運은 巳酉金이 用神을 도우고 戊辰運은 用神을 生하여 吉하리라. 卯運은 用神인 月建을 冲하여 危險하리라.

*. 原局에 火가 없어 視力이 弱하다.

1968年生(女命). 食神制殺格

丁 乙 辛 戊
亥 巳 酉 申

79 69 59 49 39 29 19 09
癸 甲 乙 丙 丁 戊 己 庚
丑 寅 卯 辰 巳 午 未 申

酉月의 乙木은 金旺木弱한데 巳酉金이 會局救冲하고 申金에 辛金이 透干하니 官이 旺하다. 따라서 時上의 丁火로써 制殺하여 弱한 日主를 救해야 되겠다. 則 火가 用神에 木運은 喜神이며 水가 病神에 土는 藥神이 된다.

庚申運은 旺한 官殺을 도우니 寒微家에서 生長하였다. 己運은 濕土가 되어 生金하고 用神을 泄氣하니 吉運이 아니었다. 未運에 亥未木이 喜神이 되어 成婚하고 一男一女를 두었다. 成婚 以後 夫君의 出身으로 多福家庭이다.

向後 丁運까지는 用神을 도와 吉하겠으나 巳運은 坐下가 爭冲하여 凶한데 이때 부부관계가 염려된다. 이때를 지나면 丙運은 忌神인 辛金을 合去하여 吉하겠다. 辰運은 申辰水가 病神을 도와 用神이 傷하면 旺金이 得勢하여 弱한 日主를 克하므로 凶할 것이다. 이때를 지나면 木運은 喜神이 되어 吉하리라.

*. 原局에 巳가 酉와 1:1로 合이 되어 會局救冲하고 있으나 巳運에 巳酉가 2:1이 되면 合하는 힘이 느슨해져 巳亥冲이 되는데 이때 부부관계에 문제가 발생한다. 坐下食傷을 冲하니 더욱 그러하다.

1943年生. 傷官制官格

庚 乙 壬 癸
辰 巳 戌 未

72 62 52 42 32 22 12 02
甲 乙 丙 丁 戊 己 庚 辛
寅 卯 辰 巳 午 未 申 酉

寒露後 五日은 辛金이 司令하는데 庚金이 巳에 長生하고 辰의 生을 받으니 金旺木弱하다. 壬癸水를 써서 官印相生格으로 하려고 하니 壬水는 戌土上에 앉아 能力이 不足하고 癸水는 未土上에 앉아 이 또한 능력이 부족하다. 따라서 坐下의 巳火로써 除金하여 弱한 日主를 救하여야 된다. 則 巳火用神에 木運은 喜神이며 水가 病神에 土는 藥神이다.

酉運에 用神인 巳를 合去하여 凶한데 己丑年에 財星(父星)이 四冲하고 丑戌未三刑하며 巳酉丑金局이 되니 父喪을 當하였다. 그 以

後 申運까지는 정말 신이 나게 苦生했다고 한다. 苦生도 신이 나게 하면 덜 고생스럽더라고 한다. 이는 忌神인 金이 病神을 生한 緣故다. 未運에 財星이며 藥神이 되어 吉한데 辛亥年에 亥未木이 喜神이 되고 坐下를 冲하니 成婚하였다. 戊運은 病神인 癸水를 合하여 用神을 도와 吉한데 이때 작은 집 한 채를 사두었던 것이 午運에 午戌火가 用神을 도와 吉한데 이때 都市 開發붐을 타서 집값이 폭등하여 事業밑천이 되었다고 한다. 그 以後 丙運까지 제과점을 세 곳에 支店을 두고 종업원도 30여명이 된다고 한다. 辰運은 月建인 戌을 冲하여 旺土가 益發하면 用神인 巳火는 火晦되고 弱한 乙木은 絶이 되면 吉함이 적은데 損財와 胃病과 肝病 및 부인의 건강이 염려된다. 이때를 지나면 木運二十年 동안은 喜神이 되어 吉하리라.

*. 坐下에 用神이 있으니 妻德이 많은 命造이며 木火가 吉神이기 때문에 農産物이고 제과점이다.

*. 此命을 戌中辛金이 司令하는데 壬癸水가 透干하고 庚辰에 寒濕하니 調候用神으로 推定하더라도 결론은 같다.

1979年生. 身弱印星爲用

庚 乙 甲 己
辰 亥 戌 未

79 69 59 49 39 29 19 09
丙 丁 戊 己 庚 辛 壬 癸
寅 卯 辰 巳 午 未 申 酉

戌月土旺節에 地支三土에 己土透干하니 財旺하고 庚金이 透干하니 官旺하다. 甲木을 用神으로 하여 旺土를 疏土하려고 하나 戌土上에서 甲己合去하므로 不用한다. 坐下의 亥水가 用神이고 庚金은 喜神이며 土는 除水하는 病神에 木이 藥神이다.

初年 癸酉運은 用神과 喜神을 도와 有福한 家庭이고 父母의 蔭德이 많았다. 壬運에 用神을 도와 吉한데 戊寅年에 生化學科에 合格하였으나 이를 포기하고 己卯 庚辰 兩年에 醫大에 應試하였으나 실패하고 辛巳年에 四修하고 있다. 本院에서는 큰 욕심내지 말고 印綬가 用神이니 敎職關聯科를 選擇하라고 했으나 本人이 막무가내라고 한다. 물론 戌亥天門이 있어서 醫大를 고집하는 듯한데 申辛運은 用神과 喜神을 도와 吉하겠으나 未運 以後는 吉운이 없으니 애석한 일이다.

*. 坐下에 用神이 있으니 妻福은 있을 것이다.

*. 乙庚合化金格이 아닌 것은 乙木이 辰中의 乙木과 亥水와 甲木에 依支할 수 있으니 金으로 從하지 아니하기 때문이다.

1975年生. 身旺用財格

己 乙 丙 乙

卯 卯 戌 卯

79 69 59 49 39 29 19 09

戊 己 庚 辛 壬 癸 甲 乙

寅 卯 辰 巳 午 未 申 酉

戌月은 土旺木弱하지만 木이 다섯이나 되니 弱이 反旺하다. 身旺用財하여 土가 用神에 火가 喜神이며 木이 病神이고 戌中의 辛金이 藥神이다.

戊運 丁巳年에 왜 父喪을 當했을까?

己土는 偏財로서 父星이며 卯木上에 앉아 虛弱한데 小運定法에 의하면 1세가 戊寅이고, 2세가 丁丑이며, 3세가 丙子 小運이다. 則 己土(父星)가 子에 絶地가 되고 旺木을 生하여 克土한 緣故다. 乙運은 病神이 得勢하여 辛苦하였다. 酉運에 들어 藥神이 되니 공부를 잘하여 海軍士官學校에 入學하고 甲運은 病神이 得勢하여 辛苦하였으나 申運은 藥神이 되어 昇進하고 申運 辛巳年에 藥神과 喜神

을 도와 大尉로 승진하였다. 辛巳年 秋節에 金旺한 女人과 成婚할 豫定이다.

向後 癸運은 病神을 生하여 土를 克하므로 吉運이 아니고, 未運은 旺木이 入墓하고 用神인 戌土와 刑이 되니 吉運이 아니다. 이때 本人은 肝弱과 胃病이 염려되며 妻의 健康과 損財가 또한 염려된다.

이때를 지나서 壬運은 丙火 喜神에 壬水가 見水顯節하여 吉하고 火運은 喜神을 도와 吉하며 金運은 藥神을 도와 吉하겠으나 辰運은 用神이며 月建인 戌土를 冲하면 大凶하다.

*. 戌中의 辛金이 偏官으로서 藥神이니 武官이다.

*. 小運定法: 時柱를 基準하여 陽男陰女는 順行하고 陰男陽女는 逆行한다.

1940年生. 身弱印星爲用

丁 乙 丙 庚
亥 巳 戌 辰

73 63 53 43 33 23 13 03
甲 癸 壬 辛 庚 己 戊 丁
午 巳 辰 卯 寅 丑 子 亥

戌月은 土旺節인데 辰土가 冲하니 土가 더욱 旺하다. 巳에 根을 둔 丙丁火가 透干하여 弱木을 泄氣하고 庚金이 辰戌의 生을 받아서 克身하니 乙木이 太弱하다. 依支處는 亥水밖에 없다. 則 亥水가 用神에 金이 喜神이며 土가 病神에 木運이 藥神이다. 戊運에 父母俱沒하고 中學校를 중도에 포기하였다. 이는 旺土가 亥水를 克한 緣故이며 年月에 病神인 土가 相冲한 緣故다. 戊運에 財星이 되는데 丙申年에 申辰水가 用神을 도우니 成婚하였다. 己亥年에 用神을 도우니 生男하였다. 戊運부터 농업에 종사하여 子運에 豊年이 들어 家産이 늘어났다. 己運에 용신을 克하니 平生을 농업에 종사할 것인지 말 것인지 심리적 갈등이 심하였다. 丑庚運에 巳丑·庚金이 生水하니 풍년이 들었다. 寅運에 寅戌合火가 病神인 土를 生하니 부부갈등이 심하였으나 傳統的 儒敎가 지배하는 農村에서 태어나 살아가는 농민으로서 이웃을 봐서나 커가는 자식들을 봐서도 참고 사는 것이 美德

이라고 생각하고 夫婦別離(부부별리)는 엄두도 못 내고 살았다. 만약 도시에서 태어나 成長(성장)하고 都市(도시)에서 살아가는 분이라면 日時支(일시지)가 相冲(상충)이니 凶運(흉운)일 때 離婚(이혼)을 하였으리라. 辛運(신운)은 忌神(기신)인 丙火(병화)를 合去(합거)하니 吉(길)하고 卯運(묘운)은 木(목)이 旺土(왕토)를 克(극)하니 吉(길)하여 풍년이 들고 도시에 집을 샀다. 壬運(임운)은 用神(용신)이 透干(투간)하니 吉(길)하였다. 辰運(진운)에 旺土(왕토)를 冲(충)하면 亥水(해수)가 泥塞(니색)되어 吉運(길운)이 아닌데 특히 辛巳年(신사년)에 巳亥爭冲(사해쟁충)이 되니 健康(건강)이 염려된다.

*. 辰運(진운)을 지나 癸運(계운) 癸未年(계미년)에 丁癸冲(정계충)에 癸水(계수)는 拔根(발근)되고 用神(용신)인 亥水(해수)를 亥未木(해미목)으로 合去(합거)하니 肺(폐)결핵이라는 진단을 받았으나 甲申(갑신)乙酉年(을유년)에 用神(용신)을 生(생)하니 名醫(명의)를 만나서 完快(완쾌)되었다.

*. 日時支冲(일시지충)으로 夫婦宮(부부궁)이 不吉(불길)한데도 참고 사는 것이 美德(미덕)으로만 여겨왔던 사회환경에 힘입고, 자기 노력의 결과 夫婦(부부)가 多福(다복)하게 살아가고 있으니 八字(팔자)는 자신의 노력여하에 따라서 많은 영향을 받는 것 같다.

*. 水(수)가 用神(용신)이고 木(목)이 藥神(약신)이니 물을 주어서 農作物(농작물)을 가꾸는 農民(농민)의 八字(팔자)다. 만약 도시에서 살아가는 都市民(도시민)이라면 물과 관련되는 운수 유통 무역 서비스 수산업에, 나무와 관련되는 衣類商(의류상) 가구점 화원 인테리어 등의 직종에 참여하고 있을 것이고, 印綬(인수)가 用神(용신)이니 敎(교)

職(직)이 아니면 기획부서에 從事(종사)하리라고 본다.

*. 乙木日主(을목일주)이기 때문에 근본이 인후 정직 인자하고 성실하신 분의 命造(명조)이다.

*. 一男四女(일남사녀)를 두었다. 辰中(진중)의 癸水(계수)는 沖戌(충술)되었으니 亥水(해수)가 곧 아들이다.

幻魂動覺說(환혼동각설)

問(문): 왜 四柱(사주)는 같은데 각기 다르게 살아가고 있는가?

答(답): 成長環境(성장환경)의 差異(차이) 때문이다.

아무리 같은 시각에 태어나서 四柱(사주)가 같다고 하더라도 벽돌 콘크리트 바닥에서 물장구를 치면서 자라난 사람과 시골의 큰 강에서 大自然(대자연)을 벗하면서 成長(성장)한 사람과는 차이가 있는 것이 당연하지 않겠는가. 이를 視覺化(시각화)하면 다음과 같다.

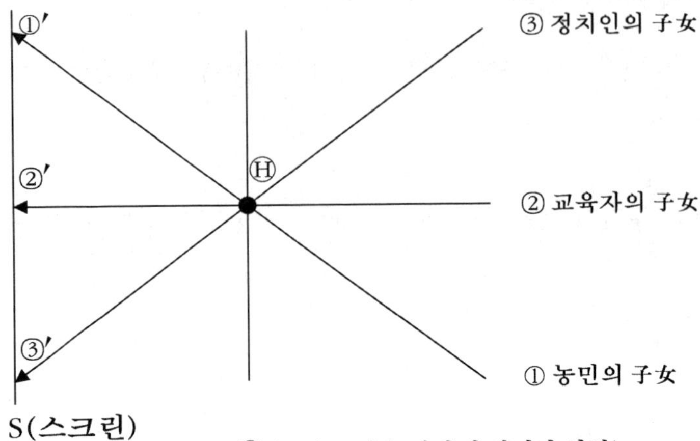

Ⓗ(Hole : 같은 시각에 태어난 사람)

*. ①②③이 같은 시각 즉 Ⓗ점에서 태어났지만(則(즉) 四柱(사주)는 같다.) 살아가는 과정은 ①은 ①′에서 ②는 ②′에서 ③은 ③′에서와 같이 각기 다르게 살아간다.

1987年生(女命). 身弱比劫爲用

乙 乙 庚 丁

酉 未 戌 卯

79 69 59 49 39 29 19 09

戊 丁 丙 乙 甲 癸 壬 辛

午 巳 辰 卯 寅 丑 子 亥

戌月은 土旺木弱한데 丁火가 泄氣하고 未土와 酉庚이 있으니 克泄이 交加하여 身弱하다. 土旺하니 疏土하는 木이 用神에 水運이 喜神이며 金이 病神에 火가 藥神이다. 辛運에 用神을 冲하여 凶한데 己卯年에 己土는 旺土를 도우고 卯木은 時支의 酉金을 冲하니 旺者冲之益發한 旺金은 木을 克하고 弱한 木은 衰者冲之拔根하니 父喪을 當하였다. 이는 忌神인 財星이 戌未刑이 된 緣故이기도 하다.

雪上加霜으로 本人은 만성적인 B형肝炎을 앓고 있다. 美國에까지 갔다가 왔으나 治療가 가능하지 아니하다고 한다.

向後 水運은 用神을 生하여 吉하겠으나 丑運에 旺土가 丑戌未三刑을 成局하면 土多木折하여 위험하다. 이때를 지나면 木運 二十年 동안은 用神을 도와 吉하리라.

*. 肝炎은 弱한 木이 傷害된 緣故다.

1937年生. 食神制殺格. 調候用神

辛 乙 辛 丁
巳 巳 亥 丑

72 62 52 42 32 22 12 02
癸 甲 乙 丙 丁 戊 己 庚
卯 辰 巳 午 未 申 酉 戌

亥月(해월)의 乙木(을목)이 寒濕(한습)하고 依支處(의지처)는 亥水(해수)와 丑中(축중)의 癸水(계수)밖에 없어 弱(약)한데 丁巳巳(정사사)가 弱(약)한 日主(일주)를 泄氣(설기)하고 雙辛(쌍신)이 巳巳丑(사사축)에 着根(착근)하여 日主(일주)를 克(극)해오니 金(금)이 欠(흠)이다.

丁火(정화)로서 旺(왕)한 金(금)을 除去(제거)하여 弱(약)한 日主(일주)를 救(구)하고 調候(조후)하여야 된다. 則(즉) 丁火(정화)가 用神(용신)에 木運(목운)이 喜神(희신)이며 水(수)가 病神(병신)에 燥土(조토)가 藥神(약신)이다. 官星(관성)이 忌神(기신)이니 貴(귀)가 不足(부족)하다.

初年(초년) 申運(신운)까지는 地支(지지)가 重(중)한데 旺金(왕금)을 生(생)하여 辛苦(신고)하였으나 丁運(정운) 以後(이후) 乙運(을운)까지는 裕餘(유여)했다. 巳運(사운)에 八冲(팔충)이 全備(전비)하니 車(차)사고로 婦人(부인)과는 死別(사별)하였다. 甲運(갑운)은 喜神(희신)이 되어 吉(길)하지만 辰運(진운)은 用神(용신)을 泄氣(설기)하여 生金(생금)하니 吉運(길운)이 아니고 癸運(계운)은 用神(용신)을 冲(충)하여 吉運(길운)이 아니다.

*. 가구점을 경영하는 것은 木(목)이 喜神(희신)이기 때문이다.

*. 月日支(월일지)가 冲(충)하니 妻宮(처궁)에 欠(흠)이 있다.

*. 乙辛冲에 曲脚殺이 있어 巳運에 차사고로 手足을 다친 일이 있다.

1942年生(女命). 身旺用財格

戊 乙 辛 壬
寅 亥 亥 午

74 64 54 44 34 24 14 04
癸 甲 乙 丙 丁 戊 己 庚
卯 辰 巳 午 未 申 酉 戌

亥月은 水旺節인데 坐下亥水에 壬水가 透干하고 寅時가 乙木을 도우니 身旺中에 印星이 旺한 身旺이다. 旺한 印星이 欠이 되니 時上의 戊土로써 印星을 除去하여야 된다. 則 寅에 長生한 戊土가 用神에 火가 喜神이며 木이 病神에 金이 藥神이 된다.

戊運에 用神을 도와 吉한데 乙巳年에 喜神을 도와 成婚하고 乙巳年生 長男을 得하고 丁未年에 忌神인 壬水를 合去하고 未土가 用神을 도우니 次男을 得하였다. 申運은 藥神이 되어 吉한데 壬子年에 三男을 得하였다. 丁運은 喜神을 도우고 忌神인 壬水를 合去하여 吉하므로 夫君이 出身하고 多福한 家庭이었다. 未運에 亥未木과 寅亥木이 用神을 克하여 凶한데 甲子年에 甲木은 用神을 또 克하고 子(자)는 喜神(희신)인 午火(오화)를 冲(충)하니 夫喪(부상)을 當(당)하였다. 이는 坐下亥(좌하해)가 忌神(기신)에 劫殺(겁살)이고 辛金(신금)이 夫星(부성)인데 虛路無根(허로무근)하며 水多金沈(수다금침)이 되니 알코올 중독자가 되어 去世(거세)하였다. 丙運(병운) 以後(이후)는 用神(용신)을 生(생)하니 세 아들이 모두 대학까지 졸업하고 裕餘(유여)하고 多福(다복)하게 살아왔다.

向後(향후) 甲運(갑운)은 用神(용신)을 克(극)하여 吉運(길운)이 아니고 辰運(진운)은 旺水(왕수)가 入墓(입묘)하여 吉運(길운)이 아니다.

*. 過於寒濕(과어한습)하고 水多木浮(수다목부)하니 糖尿病(당요병)이 염려된다.

1953年生. 食神生財格. 調候用神

丁 乙 癸 癸
丑 丑 亥 巳

71 61 51 41 31 21 11 01
乙 丙 丁 戊 己 庚 辛 壬
卯 辰 巳 午 未 申 酉 戌

亥月(해월)은 水旺節(수왕절)인데 亥(해)와 丑(축)사이에 子(자)를 拱夾(공협)하고 雙癸(쌍계)가 透干(투간)하니 身旺(신왕)하고 寒濕(한습)하다. 丁火(정화)로서 調候(조후)하여야 된다. 則(즉) 火用神(화용신)에 木(목)이 喜神(희신)이며 水(수)가 病神(병신)에 土(토)가 藥神(약신)이다.

初年(초년) 金運(금운)은 旺水(왕수)를 生(생)하여 吉運(길운)이 아니고 年支(년지)에 用神(용신)의 根(근)이 있고 亥水印星이 곧 學問인데 巳亥가 地殺驛馬의 冲이니 부모님 德으로 外國留學까지 다녀왔다. 己運에 財星(婦)藥神이 되니 成婚하고 木이 吉神이니 衣類商을 自營하고 있다. 未運은 亥未가 濕木이 되어 능력이 부족하고 戊運에 財星藥神이 되어 得財하였으나 丁丑年에 巳丑이 1:3으로 合하여 生水하고 旺金이 入墓하니 大腸癌 수술을 하고 戊寅年에 藥神과 燥木喜神이 되니 完治되었다. 평소에 浮木으로 알코올 중독 증세가 있었으나 午運에 用神을 도우니 完治되었다.

向後 丁運은 用神을 도와 吉하고 巳運은 爭冲이 되고 巳巳丑丑金이 生水하면 吉運이 아니다. 丙運은 調候하여 吉하겠으나 辰運은 旺水가 入墓하여 吉運이 아니다.

*. 愛酒家인 것은 水多木浮 則 乙木이 술독에 빠져있는 형국이 되어 그러하다.

*. 午運에 吉한 것만은 아닌 것은 午가 空(亡)이고 桃花運이며 坐下와 丑午冤嗔에 丑午害가 되어 夫婦間의 갈등을 술에 의지하는 듯하다.

1952年生(女命). 調候用神

丙 乙 辛 壬
戌 酉 亥 辰

80 70 60 50 40 30 20 10
癸 甲 乙 丙 丁 戊 己 庚
卯 辰 巳 午 未 申 酉 戌

亥月은 水旺한데 壬水가 透干하고 地轉西北하니 寒濕하여 調候가 時急하다. 則 火가 用神에 木運이 喜神이며 水가 病神에 燥土가 藥神이 된다.

初年 戌己運은 藥神이 되어 전문학교를 졸업하였다. 己運末 丙辰年에 丙火가 用神을 도우고 辰戌沖發한 旺土가 除濕하고 官星을 生하니 成婚하였다. 酉運 丁巳年에 巳酉酉가 病神을 生하니 得女息하고 己未年에 藥神을 도우니 得男하였다. 戊運은 藥神이 되니 夫君의 出身으로 和睦家庭이었다. 申運은 申辰水 則 病神이 得勢하여 百事가 無成이었다. 丁運에 用神을 도우지만 官星인 辛金을 沖하고 癸酉年에 癸水가 用神丙火를 遮光하여 凶한데 酉年에 用神의 死地가 되고 乙卯月에 坐下官星을 沖하니 夫喪을 當하였다. 未運은 藥神이 되어 吉한데, 이때 木이 喜神이니 衣類商을 自營하여 得財하고 있다.

向後 木火運 동안은 喜神과 用神을 도와 吉하겠으나 辰運은 旺水가 入墓하고 藥神을 冲하여 吉運이 아니다.

*. 女命에 魁罡殺이 있는 命造는 獨守空房하기 쉽다.

1961年生(女命). 食神制殺格. 調候用神

丁 乙 己 辛
丑 丑 亥 丑

73 63 53 43 33 23 13 03
丁 丙 乙 甲 癸 壬 辛 庚
未 午 巳 辰 卯 寅 丑 子

亥月의 乙木은 水旺節인데 亥水와 丑中癸水의 生함을 받고 있으나 三丑에 着根한 己土가 透干하고 四土의 生을 받는 辛金이 透干하니 財官이 旺하다. 自然히 日主는 弱하고 寒濕하다. 弱한 日主가 旺金의 克을 받으니 金이 欠이다. 丁火로서 調候하고 旺한 金을 除去하여 弱한 日主를 救하여야 된다. 則 丁火가 用神에 木運이 喜神이며 水가 病神에 燥土는 藥神이 된다.

初年 金水運은 吉運이 아니고 寅運에 喜神이 되어 成婚하고 一男을 得하였다. 癸運은 用神을 冲하여 凶한데 丁丑年에 官星인 旺

金(금)이 入墓(입묘)하니 夫喪(부상)을 當(당)하였다. 이는 暗明官殺(암명관살)이 混雜(혼잡)하고 坐下(좌하)의 丑(축)이 官星(관성)의 庫藏(고장)인 緣故(연고)다. 卯運(묘운)에 들어 亥卯木(해묘목)이 喜神(희신)이 되어 吉(길)한데 庚辰年(경진년)에 官星年(관성년)이 되니 再婚(재혼)하였다.

向後(향후) 甲運(갑운)은 喜神(희신)이 되어 吉(길)하겠으나 辰運(진운)은 病神(병신)의 庫藏(고장)이 되어 吉運(길운)이 아니다. 이때를 지나면 南方火運(남방화운)은 用神(용신)을 도와 吉(길)하리라. 未運(미운)은 四冲(사충)이 되니 吉運(길운)이 아니다.

*. 乙辛冲(을신충)에 曲脚殺(곡각살)이 있으니 手足(수족)에 欠(흠)이 있기 쉽다.

*. 弱(약)한 乙木(을목)이 旺(왕)한 辛金(신금)의 克(극)을 받으니 肝病(간병)이 있기 쉽다.

1903年生. 食神生財格. 木火通明格. 陶溪 朴在玩先生님의 命造

丁 乙 甲 癸

亥 亥 子 卯

92 82 72 62 52 42 32 22 12 02

甲 乙 丙 丁 戊 己 庚 辛 壬 癸

寅 卯 辰 巳 午 未 申 酉 戌 亥

韓國命理學界(한국명리학계)의 泰斗(태두)이신 陶溪(도계) 朴在玩(박재완) 선생님의 命造(명조)다. 子月(자월)은 水旺節(수왕절)인데 日時支(일시지)에 雙亥(쌍해)와 癸水(계수)가 透干(투간)하니 印星(인성)이 太旺(태왕)하다. 年支(년지)의 卯(묘)와 月上(월상)의 甲木(갑목)이 日主(일주)를 도우니 身(신)이 太旺(태왕)한 中(중) 印星(인성)이 旺(왕)

하고 比劫은 印星보다는 弱하다. 太旺者 好泄精英이니 時上의 丁火가 太旺한 氣를 泄氣하는 出口로서의 用神이고 燥木은 喜神이며 水가 病神에 土運이 藥神이다.

初年 戌運에 藥神이 되어 吉한데 亥水가 地殺이고 亥中의 壬水가 印星이 되니 中國에 건너가셔서 斯學을 工夫하시고 己運戊子年에 大田에서 定着하신 후 수십만에 이르는 命造를 實觀하셨다고 한다.

① 巳運末 甲寅年에 『命理要綱』을 펴내시고, ② 丙運末 戊午年에 『命理辭典』을 펴내시고, ③ 卯運 辛未年에 『正傳易解』를 펴내셔서 後學들이 斯學을 공부하는데 지름길을 열어 주셨다.

執筆은 吉運이 아닌 때 하신듯하다.

① 巳運은 旺水 亥를 爭冲하여 吉運이 아니고

② 丙運은 丙奪丁光하는데 戊午年은 子午冲으로 吉하지 않으며

③ 卯運은 亥亥卯卯旺木에 木多火熄하는데 辛未年에 辛이 用神을 冲하고 未에 旺木이 入墓하니 吉運이 아니다.

*. 卯運은 亥亥卯卯旺木에 木多火熄하는데 壬申年에 壬이 用神인 丁火를 合去하고 申이 申子水가 되어 病神을 도우고 己酉月에 用神의 依支處인 卯를 冲하고 戊申日에 病神을 生하고 寅時에 用

神(신)의 死地(사지)가 되어 幽明(유명)을 달리하셨다.

*. 살아 生前(생전)에 선생님을 뵙지 못한 점

千秋(천추)의 恨(한)이 되지만 책을 통하여 간접적으로나마 뵙게 된 점 참으로 福人(복인)이라고 생각되며 陶溪先生(도계선생)님의 人生觀(인생관)을 본받아 살고자 한다.

1946年生. 調候用神

戊 乙 庚 丙

寅 酉 子 戌

71 61 51 41 31 21 11 01

戊 丁 丙 乙 甲 癸 壬 辛

辛 未 午 巳 辰 卯 寅 丑

子月(자월)은 寒濕(한습)한데 戌(술)과 子(자)사이에 亥(해)를 拱夾(공협)하여 地轉西北(지전서북)하니 調候(조후)가 時急(시급)하다. 則(즉) 丙火(병화)가 用神(용신)에 木(목)이 喜神(희신)이며 水(수)가 病神(병신)에 土(토)는 藥神(약신)이 된다.

壬運(임운)에 丙火用神(병화용신)에 見水顯節(견수현절)하여 吉(길)하고 寅運(인운)에 用神(용신)을 生(생)하니 英文學科(영문학과)에 入學(입학)하고 癸運(계운)은 病神(병신)을 도우고 藥神(약신)을 合去(합거)하니 吉運(길운)이 아니다. 이때 軍役(군역)을 畢(필)하였다. 卯運(묘운)에 卒業(졸업)하고 敎職(교직)에 投身(투신)하였다. 敎職(교직)은 食傷(식상)이 吉神(길신)인 緣故(연고)다. 甲運(갑운)은 喜神(희신)이 되어 吉(길)한데 己(기)

未年에 藥神인 財星이 되니 晩婚을 하고 辛酉年에 用神을 合去하니 女息을 得하였다. 辰運은 上下吉運으로 無欠한데 甲子年에 劈甲引火하니 得男하였다. 乙運은 喜神이 되어 吉하고 巳運은 巳酉金이 喜神을 克하고 病神을 生하며 傷官이 見官(職業)하니 退職하고 丙運은 用神을 도와 吉한데 이때부터 아파트 분양사업을 하고 있다. 不動産事業은 木과 土가 吉神인 緣故다.

向後 火土運은 用神과 藥神을 도와 吉하겠으나 申運은 病神이 得勢하고 喜神寅木을 冲하여 凶하겠다.

1947年生. 身旺(日主弱 印綬旺에 의한)用財格

己 乙 壬 丁

卯 酉 子 亥

78 68 58 48 38 28 18 08

甲 乙 丙 丁 戊 己 庚 辛

辰 巳 午 未 申 酉 戌 亥

子月의 乙木이 卯와 亥壬이 扶生하니 印星인 水가 旺한 身旺에 寒濕하다. 水를 除去하는 土가 用神에 火는 喜神이며 木이 病神에 金은 藥神이 된다. 用神인 己土는 濕土로서 除濕하는 能力이 不足하고 卯木上에 있어서 虛弱한데 또 酉金에 泄氣되어 虛路無根하므로 下格(하격)이다.

初年(초년) 金水運(금수운)에 寒微家(한미가)에서 生長(생장)하고 戌運(술운)에 財星用神(재성용신)을 도우니 成婚(성혼)하였으나 酉運(유운) 辛酉年(신유년)에 夫婦別離(부부별리)하였다. 이는 原局(원국)에서 日時支(일시지)가 冲(충)으로 夫婦宮(부부궁)에 欠(흠)이 있음이 暗示(암시)되어 있는데 卯酉(묘유)가 1:3으로 冲(충)이 되고 辛金(신금)이 喜神(희신)인 丁火(정화)를 冲去(충거)한 緣故(연고)다. 戊運(무운)에 財星用神(재성용신)을 도와 再婚(재혼)하고 申運(신운)에 建築業(건축업)을 하다가 大敗(대패)하였다. 이는 火土(화토)가 吉神(길신)인 命造(명조)는 建築業(건축업)과 不動産業(부동산업)에 適性(적성)은 맞지만 申子水局(신자수국)에 喜神(희신)인 丁火(정화)는 火熄(화식)되고 用神(용신)인 己土(기토)는 散土(산토)되었기 때문이다. 丁運(정운)에 用神(용신)을 生(생)하니 再起(재기)하여 得財(득재)하였다. 未運(미운) 庚辰年(경진년)에 旺水(왕수)가 入墓(입묘)하고 亥卯未旺木(해묘미왕목)이 用神(용신)인 己土(기토)(財(재)=妻(처))를 克(극)하니 妻(처)의 病(병)으로 辛苦(신고)하였고 주식에 투자하여 大敗(대패)하였다.

向後(향후) 南方火運(남방화운)은 用神(용신)을 生(생)하여 吉(길)하리라.

*. 時上偏財(시상편재)이니 騰落(등락)이 甚(심)하다.

1961年生. 調候用神

丙 乙 庚 辛
子 亥 子 丑

71 61 51 41 31 21 11 01
壬 癸 甲 乙 丙 丁 戊 己
辰 巳 午 未 申 酉 戌 亥

乙木이 亥子丑北方寒濕節에 태어나고 庚辛金이 生水하니 寒濕이 極旺하여 調候가 時急하다. 丙火가 調候하는 用神에 木運이 喜神이며 水가 病神에 燥土運이 藥神이다.

亥運은 旺水에 弱土가 散土되니 父의 事業失敗로 辛苦하였다. 이는 財星이 夫星인데 散土된 緣故다. 戊戌丁運에 藥神과 用神을 도와 吉한데 이때 父는 事業에 成功하고 本人도 공부를 잘하여 電算學을 專攻하고 電算職公務員이 되었다. 酉運에 들어 用神인 丙火의 死地가 되어 凶한데 戊辰年에 旺水(母星)가 入墓하니 母喪을 當하였다. 丙運은 用神을 도와 吉한데 辛未年에 財星(妻)을 도우니 成婚하고 甲戌年에 喜神이 되고 藥神을 도와 昇進하였고, 過於寒濕한 緣故로 晩子를 두었다. 申運은 官逢官運이고 申子子爭合水에 病神이 得勢하니 日主는 浮木되고 用神이 克傷되니 退職하였다.

向後 乙運부터 南方火運은 用神을 도와 吉하리라.

*. 火가 用神이니 電算職이고 身旺財弱하니 會計다.

*. 대체적으로 巳午未月과 亥子丑月은 調候用神이 爲主가 되고, 寅卯辰月과 申酉戌月은 抑扶用神이 爲主가 된다.

1968年生(女命). 身旺用財格

戊 乙 甲 戊

寅 亥 子 申

78 68 58 48 38 28 18 08

丙 丁 戊 己 庚 辛 壬 癸

辰 巳 午 未 申 酉 戌 亥

子月은 水旺節인데 申子水와 坐下에 亥水가 있고 寅時에 甲木이 日主를 도우니 印星이 旺하여 身旺한 命造다. 따라서 戊土로서 旺한 水를 除去하여야 된다. 則 寅에 長生한 時上의 戊土(正財)가 用神에 寅中의 丙火가 喜神이며 木이 病神에 金運이 藥神이다.

初年 水運은 寒濕하고 旺身을 生하여 吉運이 아니고 戌運에 寅戌火가 喜神이 되니 成婚하고 二子를 두었다. 辛運 以後 金運은 藥神이 되어 吉하겠으나 官逢官運이 되니 夫君의 外道로 家庭不和는 잦다고 한다. 그러나 夫君은 貿易業으로 大財를 得하였다고 한다.

庚運은 劈甲引火로 大吉하겠으나 申運에 用神의 根인 寅을 冲하면 不測之變故가 있겠는데 이때 夫君의 健康이 염려된다. 이는 子月은 木强金弱한데 寅申冲이면 弱한 申金(夫星)은 拔根되고 坐下의 亥가 孤辰이고 寅이 孤辰과 空(亡)이고 申金(夫星)이 空(亡)인 緣故다.

이때를 지나면 火土運間은 喜神과 用神을 도와 吉하겠으나 辰運은 旺水가 入墓하여 吉運이 아니다.

*. 夫君의 貿易業은 官星(夫星)인 申金이 地殺이 되는 緣故다.

*. 辛運 丁丑年에 亥子丑水旺하니 弱한 戊土(胃, 子宮)가 崩壞되니 子宮手術을 하였다.

*. 過於寒濕하니 胃酸過多도 염려된다.

1924年生(女命). 食神制殺格

辛 乙 丁 甲

巳 巳 丑 子

75 65 55 45 35 25 15 05

己 庚 辛 壬 癸 甲 乙 丙

巳 午 未 申 酉 戌 亥 子

Ⅰ. 此命(차명)을 놓고 볼 때, 殺印相生格(살인상생격)으로 볼 것인가? 아니면 食傷(식상)制殺格(제살격)으로 볼 것인가? 하는 岐路에 서게 된다.

「命理學(명리학)은 千言萬語(천언만어)가 旺弱輕重(왕약경중)에 있고, 寒熱(한열)에 있다.」라고 함은 「命理學(명리학)의 解法(해법)은 旺弱寒熱(왕약한열)의 調和(조화)를 이루는데 있다.」고 함이다.

1. 此命(차명)의 八字(팔자)를 分析(분석)해보면

① 내편은 乙木日主(을목일주)에 比劫(비겁)인 甲木(갑목)이 있고 偏印(편인)인 子水(자수)가 있으니 八字中(팔자중) 三(삼)이니 결과적으로 身弱(신약)하다.

② 日主(일주)의 氣(기)를 빼앗아 가는 食傷(식상)에는 丁火(정화)와 巳巳(사사)이니 三(삼)이다.

③ 日主(일주)가 克(극)하는 財星(재성)은 丑土(축토)다.

④ 日主(일주)를 克(극)하는 官星(관성)은 辛金(신금)이다.

위의 ①~④를 모두 합하면 八字(팔자)가 된다.

2. 此命(차명)에서 合關係(합관계)를 살펴보면, 巳丑半合化金(사축반합화금)이고, 子丑合化土(자축합화토)

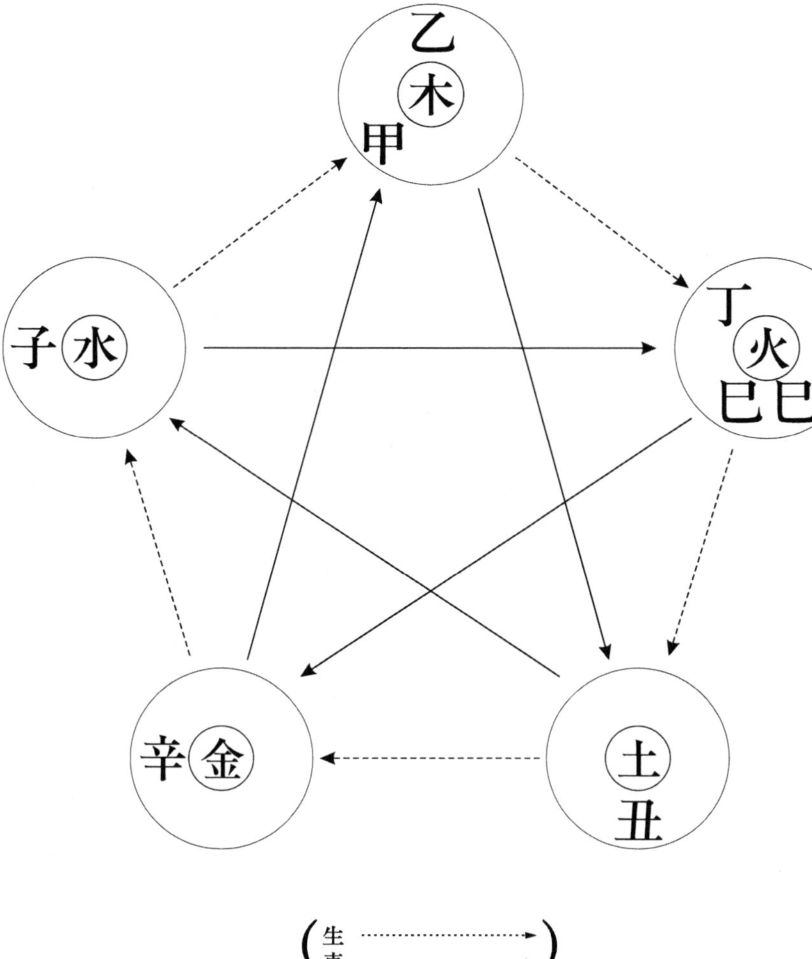

이며, 子巳(戊癸)暗合(자사무계암합)이다. 合(합)에도 順序(순서)가 있는데, 方合(방합)이 제일 먼저고 三合(삼합) 六合(육합) 暗合(암합)順(순)이다.

3. 此命(차명)에서 冲關係(충관계)를 살펴보면, 日主(일주)는 原局(원국)에 있는 他神(타신)의 中間役割(중간역할)을 하지 못하니 丁辛(정신)(隔冲(격충): 건너뛰어서 冲(충) 則(즉) 丁(정)이 乙(을)을 뛰어

넘어서 辛을 沖함)沖 뿐이다.

4. 調候關係를 살펴보면

① 丑月은 寒濕한데 子水가 더 있으니 더욱 寒濕하다.

② 巳丑合化金과 辛金이 生水하고 있다.

①과 ②에서 金水가 많으므로 酷寒과 濕함이 欠이 된다.

5. 위 1~4에서 판단할 때 身弱에 寒濕한데

① 子水를 用神으로 하여 殺印相生格으로 보려고 하나 用神은 不可損傷인데, 子水는 子丑土變되던지 子巳(戊癸)合去하여 損傷되므로 用神으로는 쓸 수 없기 때문에 不可하다.

② 따라서 食傷制殺格으로 풀이하여, 丁火를 用神으로 하여 弱身을 克해서 欠이 되는 辛金을 除去하여 身을 救하고 寒濕함도 調候하니 旺弱寒熱의 調和를 이루게 된다.

그러므로 此命은 食傷制殺格에 火가 用神이고 木이 喜神이며 水는 病神에 除水하는 土가 藥神이 된다.

Ⅱ. 此命은 初年부터 吉運을 만나지 못하여 辛運까지는 辛苦했다. 未運부터 特出한 子息의 發興으로 옛날에 고생했던 때를 옛 애기처럼 들려주면서 老後를 안락하게 살아가고 있는 분의 命造다.

向後 巳運에 巳巳巳丑合化金에 七殺이 더 旺해지면 不吉하다.

1969年生(女命). 食傷制殺格

丁 乙 丁 己
亥 巳 丑 酉

74 64 54 44 34 24 14 04
乙 甲 癸 壬 辛 庚 己 戊
酉 申 未 午 巳 辰 卯 寅

丑月의 乙木이 亥水가 있으나 巳酉丑金局이 되고 兩丁火가 透干하고 己土가 殺을 生하니 克泄이 交加하여 身이 太弱하다. 依支處라고는 亥水뿐이다. 亥水를 써서 官印相生格으로 하려고 하니 亥水는 冲巳하여 能力이 不足하다. 故로 食傷制殺格에 火를 用神으로 하여 旺殺을 除去하면 弱한 日主를 救함과 동시에 調候도 된다. 則 火用神에 木運이 喜神이며 水가 病神에 土는 藥神이 된다.

初年 寅卯運에 喜神이 되어 工夫를 잘하여 農村出身이지만 火가 用神이니 南方都市에서 土가 藥神이기 때문에 國文學科를 卒業하였다. 辰運 丁丑年에 坐下를 合하고 食神年이 되니 成家하여 戊寅年과 庚辰年에 長男과 次男을 득하였다. 寅年은 喜神이 되고 庚辰年은 藥神을 도우고 官星을 도우니 得男한 것이다.

向後 南方火運은 地支가 重하므로 吉하겠으나 原局에서 日時支가 冲되어 있는데 巳運은 爭冲이 되어 凶하겠다. 이때 弱木의 根이

傷하고 坐下가 爭冲하니 肝病과 夫婦關係가 염려된다. 印星과 食傷의 冲이니 父母님 健康이 또한 염려되며 子女의 문제가 발생할 수도 있다.

1958年生. 財多身弱에 比劫爲用

癸 乙 乙 戊
未 卯 丑 戌

71 61 51 41 31 21 11 01
癸 壬 辛 庚 己 戊 丁 丙
酉 申 未 午 巳 辰 卯 寅

丑月은 土旺節인데 土가 셋이 더 있으니 土旺하고 寒濕하다. 木으로서 旺土를 疏土하여야 된다. 則 木이 用神에 水는 喜神이며 金이 病神에 火는 藥神이 된다.

初年 丙寅丁卯運은 用神과 藥神을 도와 富家에서 生長하고 工夫도 잘하였다. 戊辰運은 旺土를 도우니 吉運이 아니기 때문에 彷徨期였다. 辰運末 丁卯年에 藥師女人을 만나 成婚하고 己運 己巳年에 旺土를 도우고 巳丑金의 病神이 得勢하니 女息을 得하였다.

坐下에 懸針桃花殺이 用神이니 美人型 藥師婦人을 만난 것이다.

本人도 戊戌魁罡에 華蓋殺인 未戌이 있어 藝體能系에 能하여 有

段者(단자)로서 氣治療師(기치료사)가 되어 人命(인명)을 구해주는 직업에 從事(종사)하고 있다. 氣治療師(기치료사)는 坐下(좌하)의 卯(묘)가 吉神懸針星(길신현침성)인 緣故(연고)다. 巳運(사운)은 火運(화운)이지만 巳丑金(사축금)에 病神(병신)이 盛(성)하니 吉凶(길흉)이 相半(상반)이다. 庚運(경운)은 乙木(을목)을 合去(합거)하여 吉運(길운)이 아니지만 午運(오운)은 藥神(약신)이 되어 病(병)을 除去(제거)하면 用神(용신)이 生氣(생기)를 얻어 吉(길)하리라. 辛運(신운)은 乙木用神(을목용신)을 冲(충)하면 官災(관재)와 健康(건강)이 염려된다. 未運(미운)에는 月建(월건)인 丑土(축토)를 冲(충)하면 凶(흉)한데, 丑(축)에(空)亡(공망)이고 丑未(축미)에 寡宿殺(과숙살)이 있으니 妻(처)의 健康(건강)과 損財(손재)가 염려된다.

*. 坐下(좌하)에 用神(용신)이니 妻福(처복)이 많다.

六甲空亡早見表

旬中	(日, 年)柱 基準										空亡	作用
甲子	甲子	乙丑	丙寅	丁卯	戊辰	己巳	庚午	辛未	壬申	癸酉	戌亥	*. 每事가 不成 *. 寡宿과 함께 있으면 孤獨한 八字
甲戌	甲戌	乙亥	丙子	丁丑	戊寅	己卯	庚辰	辛巳	壬午	癸未	申酉	
甲申	甲申	乙酉	丙戌	丁亥	戊子	己丑	庚寅	辛卯	壬辰	癸巳	午未	
甲午	甲午	乙未	丙申	丁酉	戊戌	己亥	庚子	辛丑	壬寅	癸卯	辰巳	
甲辰	甲辰	乙巳	丙午	丁未	戊申	己酉	庚戌	辛亥	壬子	癸丑	寅卯	
甲寅	甲寅	乙卯	丙辰	丁巳	戊午	己未	庚申	辛酉	壬戌	癸亥	子丑	

*. 暗記方法(암기방법) I

. 上記命造(상기명조)에서 日柱(일주)가 乙卯(을묘)이므로

① 天干(천간) 乙(을)부터 시작하여 1-乙(을), 2-丙(병), 3-丁(정), 4-戊(무), 5-己(기), 6-庚(경), 7-辛(신), 8-壬(임), 9-癸(계) 즉 9번째가 癸水(계수)(癸水(계수)는 天干(천간)의 마지막이다.)

② 地支(지지)는 卯(묘)부터 시작하여 9번째는 亥水(해수)가 된다.

③ 위 ②의 亥(해) 다음 子丑(자축)이 空亡(공망)이다.

*. 互換空亡(호환공망)

. 日柱(일주)를 基準(기준)하여서도 空亡(공망)이고, 年柱(년주)를 基準(기준)하여서도 空亡(공망)이 됨을 말한다.

*. 暗記方法(암기방법) II

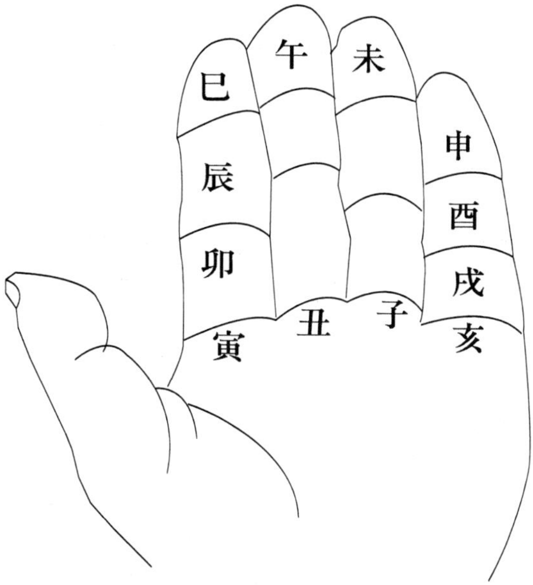

① 乙卯日柱(을묘일주)이므로 卯(묘)자리에서 乙(을)부터 시작하여 乙(을), 丙(병), 丁(정), 戊(무), 己(기), 庚(경), 辛(신), 壬(임), 癸(계)까지 즉 癸水(계수)는 亥(해)에 닿는다. 따라서 亥(해)다음 子丑(자축)이 空亡(공망)이 된다.

② 戊戌年柱(무술년주)이므로 戌(술)자리에서 戊(무)부터 시작하여 戊(무), 己(기), 庚(경), 辛(신), 壬(임), 癸(계)까지 즉 癸水(계수)가 卯(묘)에 닿는다. 따라서 卯(묘)다음 辰巳(진사)가 空亡(공망)이 된다.

1944年生. 官印相生格

庚 乙 乙 癸
辰 未 丑 未

79 69 59 49 39 29 19 09
丁 戊 己 庚 辛 壬 癸 甲
巳 午 未 申 酉 戌 亥 子

丑月(축월)은 土旺節(토왕절)인데 地支(지지)가 全土(전토)이니 財旺(재왕)하다. 財(재)와 官(관)이 旺(왕)하니 日主(일주)는 自然(자연)히 弱(약)하겠는데 癸水(계수)로서 弱(약)한 日主(일주)를 生(생)하여야 되겠다. 則(즉) 癸水(계수)가 用神(용신)에 庚金(경금)이 喜神(희신)이며 土(토)가 病神(병신)에 木(목)이 藥神(약신)이다.

壬運(임운)까지는 用神(용신)을 도우고 弱身(약신)을 生(생)하니 富家(부가)에서 生長(생장)하고 法大(법대)를 卒業(졸업)하였으나 高試(고시)에는 매번 失敗(실패)하였다. 壬運(임운)에 用神(용신)을 도와 法律關係機關(법률관계기관)에 入社(입사)하여 戌運(술운)은 病神(병신)이 得勢(득세)하여 彷徨期(방황기)였으며 妻妾(처첩)으로 因(인)한 口舌(구설)이 많았다고 한다. 이때 病神(병신)인 財(재)(父(부))星(성)이 得勢(득세)하니 父喪(부상)을 當(당)하기도 하였다. 庚運(경운)은 喜神(희신)인 官星(관성)을 도우는데 乙亥(을해)年(년)에 藥神(약신)과 用神(용신)을 도와 支部長(지부장)으로 昇進(승진)하였다.

向後(향후) 申運(신운)은 申辰水(신진수)가 用神(용신)을 도와 吉(길)하지만 火土運(화토운)은 喜神(희신)이 傷(상)하고 用神(용신)은 泥塞(니색)되므로 吉運(길운)이 아니다.

*. 此命(차명)이 官印相生格(관인상생격)이지만 大格(대격)이 아닌 이유는, 土多埋金(토다매금)(官(관))이

되어 淸官(청관)이 아니고, 用神(용신)인 癸水(계수)가 旺土(왕토)에 泥塞(니색)되어 濁水(탁수)가 되기 때문이다.

*. 丑未刑(축미형)이 있어서 法律關係(법률관계) 機關(기관)에 근무한다.

1947年生. 調候用神. 李仁濟 國會議員 造

戊 乙 癸 丁

寅 巳 丑 亥

75 65 55 45 35 25 15 05

乙 丙 丁 戊 己 庚 辛 壬

巳 午 未 申 酉 戌 亥 子

丑月(축월)은 寒濕之節(한습지절)인데 亥(해)와 丑(축)사이에 子(자)를 拱夾(공협)하고 癸水(계수)가 透干(투간)하여 酷寒(혹한)이니 調候(조후)가 時急(시급)하다. 則(즉) 丁火(정화)가 用神(용신)에 木(목)이 喜神(희신)이며 水(수)가 病神(병신)에 土(토)가 除濕(제습)하는 藥神(약신)이 된다.

乙木(을목)은 花草(화초)와 같은 어린 나무이니 甲木(갑목)이 있든지 地支(지지)에 寅(인)이 있으면 보호가 되어 四時(사시)를 勿論(물론)하고 弱(약)함을 免(면)할 수 있으니 이것을 藤蘿繫甲(등라계갑)이라고 한다.

則(즉) 路傍草(로방초)와 함께 있으면 路傍草化(로방초화)되고 巨木(거목)과 함께 있으면 그것에 依支(의지)하여 쉬어갈 그늘을 만들어 주는 등나무처럼 항상 依支處(의지처)가 필요한 性情(성정)이 있다.

初年 金水運은 病神을 生扶하여 辛苦하였다. 準四長生格이 되니 法學을 專攻하고 戌運에 寅戌火가 用神을 도와 吉한데 이때 巨木(甲己合化土格)을 만나 빛을 보기 시작하였다. 己運은 藥神을 도우고 病神인 癸水를 克하여 吉하였다. 酉運은 巳酉丑金이 病神을 生하여 침체기였다. 戊運은 藥神을 도와 吉한데 土가 妻이니 妻와 巨木(甲己合化土格의 대통령)의 도움으로 內閣構成要員이 되었다. 申運에 喜神을 冲하고 寅巳申 三刑이 되니 寅中의 丙火와 巳中의 丙火가 用神의 根이 되고 寅木은 喜神이 되는데 이들이 三刑이 되니 敗하였다.

向後 丁運은 用神을 도와 無欠하겠다.

*. 財星이 藥神이니 醫師인 良配를 만났고, 時支가 空(亡)이니 아들이 없다.

*. 官星이 忌神으로 欠이 되니 丁運 壬午年에 대선경선에서 失敗하였다. 癸未年 運勢는 다음과 같다.

*. 癸未年: 1664
계 미 년

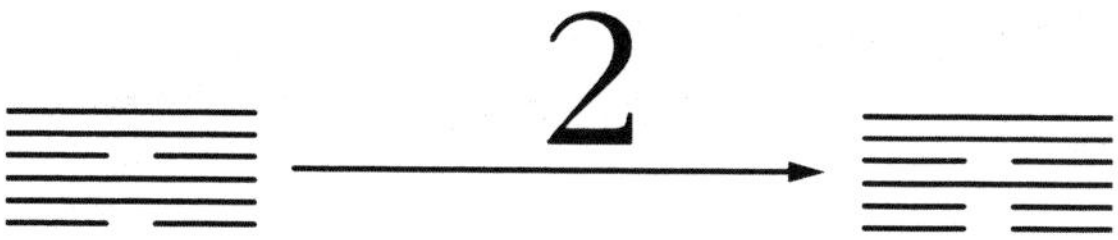

巽之漸

載盆望天不見月日 信而誠之无咎
재 분 망 천 불 견 월 일 신 이 성 지 무 구

(동이를 이고 하늘을 바라보나 일월이 보이지 않으니 성실히 진행하라.)

◎ 丙火

1929年生. 身旺用官格. 韓寶 鄭泰壽會長 造

己 丙 丙 己

亥 午 寅 巳

89 79 69 59 49 39 29 19 09

丁 戊 己 庚 辛 壬 癸 甲 乙

巳 午 未 申 酉 戌 亥 子 丑

寅月(인월)은 丙火(병화)의 長生地(장생지)가 되니 旺地(왕지)인데 三火(삼화)가 日主(일주)를 도우니 身旺(신왕)한 中(중)에 比劫(비겁)이 旺(왕)한 身旺(신왕)이다. 많은 比劫(비겁) 즉 火(화)를 除去(제거)하는 正官(정관) 則(즉) 水(수)가 用神(용신)에 金運(금운)은 喜神(희신)이 된다. 土(토)는 病神(병신)이고 木(목)은 藥神(약신)이다.

辛酉庚申大運(신유경신대운)에 喜神(희신) 財星(재성)이 되니 大財(대재)를 得(득)하였다. 己大運(기대운)에 病神(병신)을 도와 用神(용신)을 克制(극제)하니 IMF때 經濟犯(경제범)으로 拘束(구속)되는 등 힘드는 일의 連續(연속)이다.

*. 身旺(신왕)에 坐下(좌하)가 羊刃(양인)이니 夫婦宮(부부궁)이 不吉(불길)하다.

*. 金(금)이 吉神(길신)이니 鐵鋼會社(철강회사)다.

1949年生(女命). 身旺用官格

丁 丙 丙 己
酉 子 寅 丑

77 67 57 47 37 27 17 07
甲 癸 壬 辛 庚 己 戊 丁
戌 酉 申 未 午 巳 辰 卯

丙火가 長生地인 寅月에 生하여 旺한데 丙丁이 透干하여 도우니 身旺함은 不言可知라. 身旺中에 印星보다는 比劫이 旺하니 比劫을 除去할 官星인 子水가 用神이고 酉金이 喜神이다. 女命이니 더욱 官星이 用神이 된다. 土가 病神에 木은 藥神이 되겠으나 木은 旺火를 生하므로 吉한 것만은 아니다.

初年 丁卯運은 寒微家에서 長生하였고, 辰運에 子辰水가 用神을 도우고 官星이 되니 成婚하고 一男一女를 두었다. 庚運에 喜神이 되니 夫君이 出身하고 本人도 身旺한 命造이기 때문에 經濟活動을 하여 裕餘한 生活을 하였다. 午運에 寅午火가 喜神인 酉金을 克하고 用神인 子水(夫)를 冲하니 大敗하였고 夫婦反目도 있었다. 辛運以後는 喜神을 도와 事業에 再起하였다. 未運은 丑未冲의 土가 用神을 克하여 吉함이 적다. 壬申癸酉運은 用神과 喜神을 도와 吉하리라.

*. 職業은 水가 用神이니 水産關係業이다.

*. 酉金이 喜神桃花이니 美人型이다.

*. 桃花가 逢冲이면 바람나기 十中八九이다. 此命에서는 卯(運, 年, 月)이 염려된다.

1. 桃花殺

*. 驛馬와 合하면 虛浪放蕩客. 女人은 바람기운, 美態가 主. 日時가 尤重. 喜忌에 따라서 通變이 달라진다.

*. 年, 日支를 基準으로 본다.

亥卯未에 子가 桃花

寅午戌에 卯가 桃花

巳酉丑에 午가 桃花

申子辰에 酉가 桃花

*. 암기방법: 申子辰水는 壬癸水中 壬水가 대표가 되는데, 酉는 申子辰의 대표인 壬水의 沐浴殺이 된다. 즉 바람氣運前에 沐浴부터 한다. 라고 생각하면 기억에 도움이 되리라.

2. 沐浴殺(一名 咸池殺. 酒色放蕩 우려. 敗神)

*. 日干을 基準으로 보되 陰日干에는 應함이 없다.

甲日干(갑일간)에 子(자)가 沐浴(목욕)

丙日干(병일간)에 卯(묘)가 沐浴(목욕)

戊日干(무일간)에 卯(묘)가 沐浴(목욕)

庚日干(경일간)에 午(오)가 沐浴(목욕)

壬日干(임일간)에 酉(유)가 沐浴(목욕)

*. 子午卯酉(자오묘유)는 四敗局(사패국)으로서 男子(남자)가 犯(범)하면 興衰(흥쇠)가 있고, 女子(여자)가 犯(범)하면 孤獨寡婦(고독과부)가 된다.

*. 四柱(사주)에 沐浴地(목욕지)가 많으면 合(합)되고 冲(충)됨을 大忌(대기)하는바 이와 같은 女性(여성)은 一生(일생)에 數多(수다)한 異性(이성)을 접대하지 않으면 안 될 것이니 娼妓(창기)가 아니면 男女關係(남녀관계)를 媒介(매개)하는 사람이 된다.

*. 桃花殺(도화살)과 비교

亥卯未(해묘미)에 子(자)가 桃花(도화)다.

亥卯未三合(해묘미삼합)은 甲乙木中(갑을목중) 甲木(갑목)이 主(주)가 된다. 즉 亥卯未(해묘미)에 子(자)는 桃花殺(도화살)이고 亥卯未三合(해묘미삼합)의 대표는 甲木(갑목)인데 甲日主(갑일주)에 子(자)가 沐浴殺(목욕살)이 된다.

3. 紅艷殺(홍염살)(一名(일명) 簪花殺(잠화살), 虛榮奢侈(허영사치), 外情(외정)을 즐긴다. 女命(여명)은 妓生八字(기생팔자))은 日干(일간)을 基準(기준)으로 본다.

日 干	甲	乙	丙	丁	戊	己	庚	辛	壬	癸
紅艷殺	午	午	寅	未	辰	辰	戌	酉	子	申

上記 1, 2, 3이 類似하여 함께 수록하였다.

1946年生. 身旺用財格

辛 丙 庚 丙

卯 辰 寅 戌

78 68 58 48 38 28 18 08

戊 丁 丙 乙 甲 癸 壬 辛

戌 酉 申 未 午 巳 辰 卯

丙火日主가 地支에 寅卯辰 東方木이고 寅戌火에 丙火가 透干하여 도우니 身旺한 中 印星이 旺하다. 즉 印星을 除去하는 財星이 用神에 食傷이 喜神이며 比劫이 病神에 官星이 藥神이 된다.

初年 卯運은 旺身을 生하여 吉運이 아니고 壬運은 火가 忌神에 見水顯節하여 吉運이 아니기 때문에 工夫에는 별 흥미가 없었다. 辰運에 用神이며 財星인 金을 生하니 成婚하고 一男一女를 두었다. 癸運은 藥神이 되어 吉하고 巳運은 用神의 長生地가 되어 吉하였다. 甲運 以後 吉運이 없는 동안 坐下기 吉神이니 숙박업을 자영하는 妻의 事業을 보조해 주고 있다. 未運은 旺木이 入墓하여 吉運이

아니고 丁運은 天干의 用神에 四冲이 全備하여 危險하다.

*. 火金相爭에 血壓病이 염려된다.

1955年生(女命). 身旺用財格. 時上偏財格

庚 丙 戊 乙

寅 申 寅 未

80 70 60 50 40 30 20 10

丙 乙 甲 癸 壬 辛 庚 己

戌 酉 申 未 午 巳 辰 卯

寅月은 木旺節인데 乙木이 透干하고 寅時이니 身旺中 印綬가 旺한 身旺이다. 財星인 金을 用神으로 하여 印星을 除去하여야 된다. 則 金이 用神에 土는 喜神이며 寅中의 丙火가 病神에 水運은 藥神이 된다.

初年 己運은 喜神이 되어 吉하였다. 卯運은 旺身을 生하고 喜神인 土를 克하므로 旺火가 用神인 金을 克傷하니 肺弱으로 辛苦하였다. 庚運에 音樂을 專攻하고 敎育界에 投身하였다. 庚運 丁巳年에 坐下를 合하고 寅巳申 三刑을 成局하니 成婚하고 辰運에 申辰水局이 藥神이 되고 己未年에 食傷(子星)을 도우니 得男하였다. 辰運은

食傷(女命에는 子息)되는데 癸亥年에 藥神이 되니 次男을 득하였다.

辛運은 用神을 도와 吉하고 巳運은 寅巳申 三刑을 成局하여 官災口舌과 群比爭財로 因한 財的 損失이 있었다, 壬運은 官逢官運이 되니 夫有外情으로 吉한듯하였으나 그와 死別을 하였으니 결과적으로는 凶하였다.

午運은 寅寅午爭合火하여 用神金을 克하는데 辛巳年에 三刑이 成局하니 갑상선 수술을 하였다. 이는 金이 大腸과 肺(기관지)에 해당되는 緣故다.

向後 癸運은 女命官逢官運이니 吉함이 적겠고 未運은 燥土가 되어 喜神으로서는 能力이 不足하다. 甲運은 用神을 沖하여 火가 益發하면 凶하고 申運에 四沖이 全備하면 危險하리라.

*. 金이 用神인데 火를 만나면 器物(樂器)을 作成하고 未土에 華蓋가 있으니 音樂을 專攻하였고 食傷이 喜神이니 教育界이다.

1961年生. 身弱印星爲用. 官印相生格

戊 丙 庚 辛

子 申 寅 丑

80 70 60 50 40 30 20 10

壬 癸 甲 乙 丙 丁 戊 己

午 未 申 酉 戌 亥 子 丑

寅月(인월)은 木旺節(목왕절)이지만 申丑(신축)에 根(근)을 둔 庚辛(경신)이 透干(투간)하니 財旺(재왕)하고 申子水(신자수)이니 官(관)이 不弱(불약)하다. 寅(인)에 長生(장생)한 戊土(무토)가 透干(투간)하고 丑土(축토)가 있으니 食傷(식상) 또한 不弱(불약)하다. 則(즉) 克泄(극설)이 交加(교가)하여 身弱(신약)하니 寅木(인목)이 用神(용신)이고 水(수)는 喜神(희신)이며 金(금)이 病神(병신)에 火(화)는 藥神(약신)이 된다. 身弱(신약)하지만 轉轉相生(전전상생)되니 知能指數(지능지수)가 높다. 己丑戊運(기축무운)에 吉運(길운)은 아니지만 공부를 열심히 하여 英語英文學科(영어영문학과)를 卒業(졸업)하고 子運(자운)에는 官逢官運(관봉관운)이 되니 變動期(변동기)였다. 丁運(정운)은 藥神(약신)이 되어 病神인 金을 除去하니 印星인 木이 生氣를 얻으므로 學院(학원)의 英語講師(영어강사)였다. 亥運(해운)은 用神(용신)을 生(생)하니 방송국에 영어강좌를 개설하여 방송강의를 하고 있으며 사설영어학원도 自營(자영)하고 있다.

向後(향후) 丙運(병운)은 藥神(약신)이 되어 吉(길)하다. 戌運(술운)에는 寅戌火旺(인술화왕)하여 吉(길)하겠으나 丑戌刑(축술형)이 되니 妻財(처재)로 因(인)한 口舌數(구설수)가 염려된다. 坐下(좌하)가 沖(충)이니 더욱 그렇다. 乙運(을운)은 用神(용신)을 도우고 病神(병신)인 庚金(경금)을 合去(합거)하여 吉(길)

하리라. 酉運은 酉丑金하여 病神이 得勢하면 用神이 生氣를 잃는데, 더구나 日元의 死地도 되니 凶하리라. 이때를 지나서 甲運은 劈甲刃火하여 大吉하리라.

*. 用神인 寅木이 印星으로서 天乙貴人이 있으니 名講師다.

1971年生(女命). 身弱印星爲用. 殺印相生格

戊 丙 庚 辛
戌 子 寅 亥

75 65 55 45 35 25 15 05
戊 丁 丙 乙 甲 癸 壬 辛
戌 酉 申 未 午 巳 辰 卯

寅月은 木旺節에 丙火의 長生地가 되어 旺地이나 戊土가 寅에 長生하여 日元을 泄氣하고 庚辛金이 戌中의 辛金에 着根하여 高透하고 亥子가 있으니 克泄이 交加하여 旺이 反弱하다. 寅木으로 弱한 日主를 生하여야 된다. 則 寅木이 用神에 水가 喜神이며 金이 病神에 寅戌火가 藥神이다.

初年 壬運에 고등학교를 졸업하고 辰運에 子辰水가 官(夫星)運이 되는데 癸酉年에 桃花年이 되니 成婚하고 甲戌年에 甲庚冲火가 藥

神을 도우니 長男을 得하고 癸運 乙亥年에 用神과 喜神을 도와 次男을 得하였다. 戊寅年부터 用神을 도와 吉한데 木이 用神이기 때문에 衣類商을 自營하여 得財하고 있다.

向後 木火運은 用神과 藥神을 도와 吉하리라.

1944年生(女命). 身旺(印星旺에 의한)用財格

庚 丙 丁 甲

寅 申 卯 申

79 69 59 49 39 29 19 09

己 庚 辛 壬 癸 甲 乙 丙

未 申 酉 戌 亥 子 丑 寅

卯月 木旺節에 甲木이 透干하고 寅時이니 木旺함은 不言可知라. 丁火가 透干하여 日主를 도우니 身旺한데 이를 細分하면 印星旺에 의한 身旺이다. 身旺用財는 旺한 印星을 除去하기 위함이다. 則 金이 用神에 土運은 喜神이며 火가 病神에 水運은 藥神이 된다.

初年 木火運은 病神이 得勢하여 寒微家에서 生長하고 丑運에 喜神이 되니 成婚하고 子運에 藥神이 되어 得男하였다.

子運 以後 官旺地가 되니 夫君이 出身하여 壬運까지 時上偏財가 吉神이기 때문에 富貴가 昌盛하였다.

戌運(술운)은 寅戌火(인술화)가 用神(용신)을 克(극)하여 凶(흉)한데 戊寅年(무인년)은 地支(지지)에 四冲(사충)이 全備(전비)하여 凶(흉)하고 己卯年(기묘년)은 旺身(왕신)을 生(생)하여 吉運(길운)이 아니다. 庚辰年(경진년)은 火(화)가 忌神(기신)에 劈甲引火(벽갑인화)하니 吉運(길운)이 아니고 辛巳年(신사년)은 坐下(좌하)가 冲(충)인데 三刑(삼형)이 成立(성립)하니 夫君(부군)의 健康(건강)이 염려된다.

이때를 지나면 金運(금운) 二十年(이십년)동안은 用神(용신)을 도와 吉(길)하리라.

*. 金木相爭(금목상쟁)에 火金相爭(화금상쟁)이니 筋骨痛(근골통) 血壓病(혈압병)이 염려된다.

*. 晩子(만자)를 둔 것은 日時支(일시지)가 冲(충)한 緣故(연고)다.

1940年生(女命). 身旺用財格

庚丙己庚

寅子卯辰

80 70 60 50 40 30 20 10

辛壬癸甲乙丙丁戊

未申酉戌亥子丑寅

卯月은 木旺節인데 地支에 寅卯辰이며 子水가 生木하니 木이 旺하다. 木이 旺하니 丙火는 自然히 旺하다. 身旺의 原因이 木旺에 있으니 木을 除去하여야 한다. 즉 身旺用財하여 金이 用神이며 土는 喜神이고 金을 傷害하는 火가 病神에 火를 除去하는 水는 藥神이 된다.

女命이라도 身旺에 時上偏財에 庚辰魁罡殺이 있으니 事業家이고, 家庭主婦로서는 適性이 맞지 않다. 時上偏財가 吉神이니 富格이다. 戊寅丁運에 寒微家에서 生長하고 丑運에 坐下를 合하니 成婚하고 夫婦同業으로 流通業을 하여 亥運까지 地支가 重하므로 得財하였다.

甲戌運은 火忌神에 劈甲引火하고 寅戌合化火하여 用神인 財星을 克하니 敗하였다. 癸運부터 藥神을 도우니 再起하고 있으며 末年은 吉하리라.

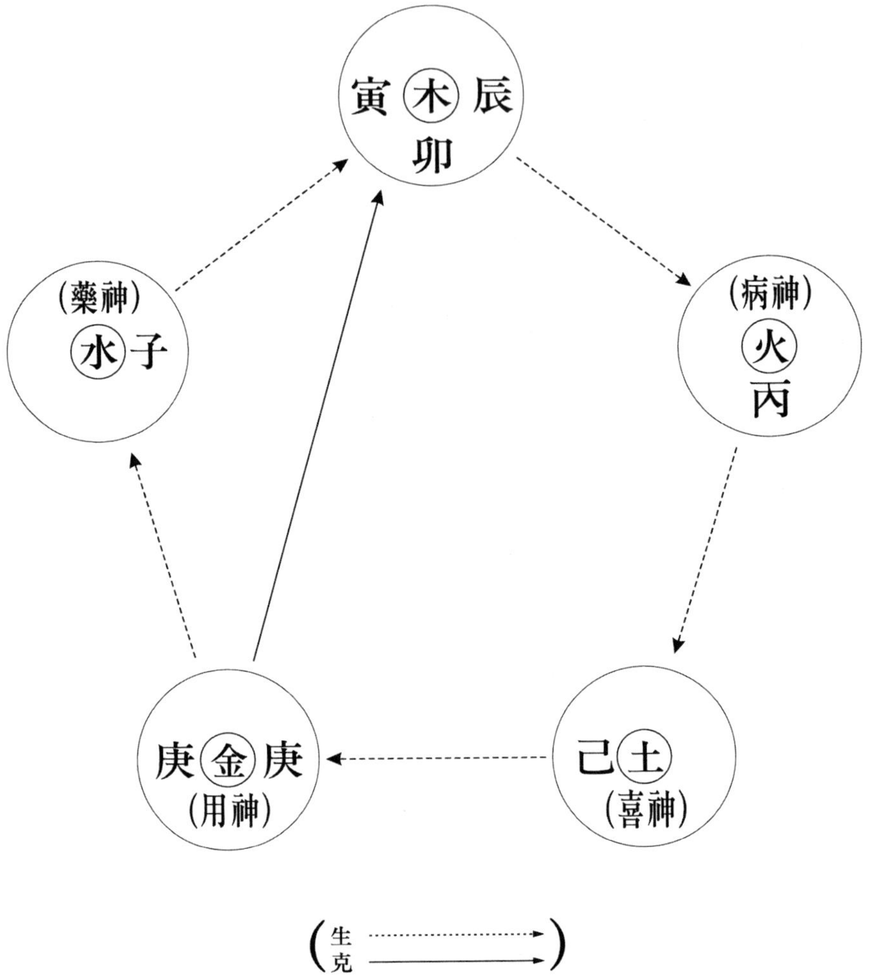

*. 二子가 特出하다.
이자 특출

1968年生. 殺印相生格

壬 丙 乙 戊
辰 申 卯 申

73 63 53 43 33 23 13 03
癸 壬 辛 庚 己 戊 丁 丙
亥 戌 酉 申 未 午 巳 辰

卯月의 丙火는 木旺하기 때문에 火旺하지만 地支에 申金과 申辰水에 壬水가 透干하고 戊土가 泄氣하니 克泄이 交加하여 旺이 反弱이다. 弱한 日主를 生하는 木이 用神에 水는 喜神이며 木을 傷害하는 金이 病神에 火運은 金을 除去하는 藥神이다.

申中의 庚金이 偏財로서 父星인데 巳運에 申巳水로 變하고 刑이 되는데 戊辰年에 戊土가 弱한 日主를 泄氣하니 父喪을 當하였다.

午運에 藥神이 되는데 印星이 用神이기 때문에 名門大學敎 企劃室에 근무하게 되었다. 戊寅年에 用神을 도와 成婚하고 己卯年에 用神을 도와 得男하였다.

向後 南方火運은 藥神이 되어 吉하지만 金運은 用神을 克傷하므로 凶하다. 特히 丙臨申位에 逢陽水면 難獲延年이라고 했으니 辛酉運에 用神인 乙卯木을 天克地冲하면 危險하리라.

1955年生. 身旺用財格. 時上偏財格

庚 丙 己 乙
寅 申 卯 未

80 70 60 50 40 30 20 10
辛 壬 癸 甲 乙 丙 丁 戊
未 申 酉 戌 亥 子 丑 寅

卯月은 木旺節인데 卯未合木에 乙木이 透干하고 寅時이니 身旺中에 印綬가 旺한 身旺이다. 欠이 되는 印星을 除去하는 財星을 써야 된다. 則 庚金이 用神에 己土는 喜神이며 寅中의 丙火가 病神에 水運은 藥神이 된다.

初年 戊運은 喜神이 되어 富家에서 生長하고 寅丁運은 忌神이 되어 工夫는 等閑視하였다. 丑運에 財星을 生하니 成婚하였다. 丙子運은 地支子水가 藥神이 되니 古物商을 經營하여 得財하였다. 古物商은 金이 用神인 緣故다. 乙亥運은 用神을 合去하고 亥卯未木이 旺身을 生하니 事業의 침체다.

向後 甲運은 旺身을 生하니 吉運이 아니고 戌運은 寅戌火가 病神을 도우니 吉運이 아니다. 이때 群比爭財로 損財와 婦人의 健康이 염려된다. 坐下가 冲이니 더욱 그러하다.

本人은 火金相爭이니 血壓과 大腸과 肺弱이 염려된다. 또 金木이

交爭이니 筋骨痛에 偏頭痛이 염려된다.

이때를 지나면 金運은 用神을 도우고 水運은 藥神이 되고 時上偏財格에 吉하리라.

*. 戌運 己丑年에 丑戌未三刑이 子星인 申中의 壬水를 克하니 아들이 5층 건물에서 떨어져 크게 다쳤다.

1952年生. 身旺用殺格

甲 丙 癸 壬
午 辰 卯 辰

79 69 59 49 39 29 19 09
辛 庚 己 戊 丁 丙 乙 甲
亥 戌 酉 申 未 午 巳 辰

卯月은 木旺節인데 甲木이 透干하여 生火하고 午時를 만났으니 身旺하다. 身이 旺하되 太旺은 아니므로 食傷으로 泄氣할 것이 아니라 官殺로서 比劫을 除去하여야 된다. 則 辰土에 根을 둔 水가 用神에 金運은 喜神이다. 土는 病神이 되고 木은 藥神이다. 官殺混雜에 水源인 金이 없으니 格이 한층 낮다.

初年에 吉運이 없어 배움도 부족하고 丙運에 去殺留官하는데 癸

亥年에 用神을 도와 成婚하고 甲子年에 甲木은 旺身을 生하고 子午冲으로 衰者冲之拔根하여 水가 枯渴되니 得女息하였다. 午運에 午中의 丁火가 丁壬合木 則 去殺留官하는데 乙丑年에 乙木이 藥神이 되고 丑中의 辛金이 用神을 生하니 得男하였다.

丁運에 去殺留官하여 吉한데 壬申年에 用神을 扶生하니 得宅하였다. 未運은 卯未木이 病神을 克制하고 旺身을 生하니 吉凶이 相半이었으나 戊運은 去官留殺하여 免賤이다.

向後 金運은 喜神이 되어 吉하리라.

*. 職業은 水가 用神이기 때문에 流通業이다.

*. 辰午에 隔角殺이고 時支에 災殺이 있으니 食傷運때 食傷이 克官星用神하면 被監이 염려된다.

*. 隔角殺: 日支와 時支가 한字를 隔한 것을 말하며 주로 刑罰을 당한다. 此命에서는 日支辰과 時支午 사이에 巳字가 隔되어 있다.

1955年生(女命). 棄命從兒格에 乙木이 病

戊 丙 庚 乙

戌 辰 辰 未

74 64 54 44 34 24 14 04

戊 丁 丙 乙 甲 癸 壬 辛

子 亥 戌 酉 申 未 午 巳

辰月은 土旺節인데 五土가 旺하고 胎元이 辛未이니 土가 太旺하다. 年上의 乙木으로 疏土하려고 하니 乙庚合去하니 能力이 不足하다. 따라서 陽干은 從氣不從勢라고 하지만 太旺한 食傷에 從하지 아니할 수 없다. 則 火運은 旺土를 生하여 吉하고 土運은 從神이 自旺하여 吉하며 金運은 旺土를 泄氣하여 吉하다. 다시 말하면 土가 用神에 火運은 喜神이며 木이 病神에 金運은 藥神이 된다. 官星인 水運은 傷官이 見官이면 爲禍百端하여 凶하고 木運은 脫此輩而忌見此輩하여 凶하다.

庚金은 偏財로서 父星인데 初年辰運은 從神이 自旺하고 財를 生하니 父의 事業이 번창하여 大吉하였다. 辛運은 病神인 乙木을 冲去하고 財星運이 되니 父의 사업이 번창하여 有餘하고 有福한 가정이었다. 巳運은 從神을 生하여 吉하다고는 하나 脫此輩而忌見此輩하고 財星을 克하니 父의 사업이 敗亡하였다. 이때 고아원에서 養育

될 정도로 어려웠다고 한다.

壬運(임운)은 傷官(상관)이 見官(견관)이면 爲禍百端(위화백단)이고 午運(오운)에 商高(상고)를 졸업하고 丙辰年(병진년)에 用神(용신)을 生扶(생부)하여 공무원이 되었다. 癸運(계운)은 傷官(상관)이 見官(견관)이면 爲禍百端(위화백단)이지만 한편은 官運(관운)이 되는데 庚申年(경신년)에 官星(관성)을 生(생)하니 成婚(성혼)하고 辛酉年(신유년)에 旺土(왕토)를 泄氣(설기)하고 病神(병신)인 乙木(을목)을 冲去(충거)하니 生男(생남)하였다. 그러나 辛酉年(신유년) 己亥月(기해월)에 亥未木(해미목)이 病神(병신)을 도와 凶(흉)한데 過不及(과불급)이 皆病(개병)이라 土多埋金(토다매금)되니 肺(폐)수술을 하였다. 未運(미운)에 從神(종신)을 도와 완치되었다. 甲運(갑운)에 病神(병신)을 도와 凶(흉)한데 己巳年(기사년)에 巳戌(사술)이 寃嗔(원진)이 되고 群比爭官(군비쟁관)하여 夫婦別離(부부별리)하였다. 이는 坐下食傷(좌하식상)이 官星(관성)을 克(극)하고 坐下(좌하)가 空(亡)(공망)이며 日時支(일시지)가 冲(충)이고 魁罡殺(괴강살)이 있는 緣故(연고)다.

申運(신운)은 申辰水(신진수) 則(즉) 傷官(상관)이 見官(견관)하여 百事(백사)가 無成(무성)하고 乙運(을운)은 病神(병신)을 도와 凶(흉)한데 己卯年(기묘년)에 또 病神(병신)을 도우니 父喪(부상)을 當(당)하였다.

向後(향후) 酉運(유운)은 旺土(왕토)를 泄氣(설기)하여 吉(길)하겠으나 戌運(술운)은 旺土(왕토)가 入墓(입묘)하고 四冲(사충)이 全備(전비)하니 危險(위험)하다.

*. 丙運(병운)에 脫此輩而忌見此輩(탈차배이기견차배)하여 凶(흉)한데 庚寅年(경인년)에 病神(병신)을 도우니 母喪(모상)을 當(당)하였다.

*. 戌(술)에 天門(천문)이 있으니 狂信徒(광신도)다.

*. 食傷(식상)에 冲(충)과 刑(형)이 있으니 不肖子息(불초자식)이 있다.

1971年生. 身弱印星爲用

戊 丙 壬 辛
子 戌 辰 亥

79 69 59 49 39 29 19 09
甲 乙 丙 丁 戊 己 庚 辛
申 酉 戌 亥 子 丑 寅 卯

辰月이지만 立夏前 5日生이니 火가 弱하지 아니하며 陽干은 從氣不從勢하는데 戌中의 丁火가 도우고 亥中의 甲木이 生하니 從은 아니다. 身弱에 戌中의 丁火를 쓰려고 하니 辰戌冲으로 能力이 不足하다. 胎元이 癸未이니 年支의 亥와 胎元의 未가 亥未木이 되니 亥未木을 用神으로 하여 旺土를 疏土하고 生火하여야 한다. 木을 傷害하는 金이 病神에 戌中의 丁火가 藥神이 된다.

初年 卯運까지는 用神을 도와 工夫를 잘하였으나 庚運에 病神을 도우니 大學進學을 포기하고 寅運에 用神을 도우니 韓醫師인 兄의 病院에서 事務長職을 맡고 있다.

그러나 己運以後 天干의 乙丙丁運은 吉하겠으나 己丑戊子亥戌運은 身弱에 克泄이 交加하여 吉運이 아니니 장래가 걱정스럽다. 亥水는 孤辰이고 坐下는 辰戌冲에 寡宿殺이 있으니 安樂한 家庭을 이룰 수 있을지가 또한 염려스럽다. 戌亥가 天門이니 信仰心을 가지는 것이 좋겠다. 戌運은 月建을 爭冲하여 冲發한 旺土에 弱火가 泄氣되어 吉運이 아니고 酉運은 弱火가 死地에 들어 위험하리라.

*. 戌亥天門이 있는 命造는 宗敎信仰心이 있고 仁戌 道術에 관심이 많다.

*. 胎元은 入胎月을 말하며 月干의 一位前과 月支의 四位前을 말한다. 此命에서는 壬辰月生이니 前年度 癸未月이 곧 入胎月이 된다.

1951年生. 身弱印星爲用

癸 丙 壬 辛

巳 申 辰 卯

77 67 57 47 37 27 17 07

甲 乙 丙 丁 戊 己 庚 辛

申 酉 戌 亥 子 丑 寅 卯

辰月은 土旺節인데 申辰半合化水에 癸壬이 透干하니 官殺이 混雜하고 旺하다. 申辰에 着根한 辛金이 透干하니 財旺하다. 財官이 旺하니 自然히 身은 弱하다. 身弱에 巳火比劫을 쓰려고 하니 巳申合水가 되어 不用하고 卯木을 用神으로 하여 弱身을 生하여야 된다. 則 木이 用神에 金이 病神이고 火는 病을 除去하는 藥神이다.

初年(초년) 辛卯(신묘) 庚寅運(경인운)은 地支(지지)가 重(중)하므로 無欠(무흠)이다. 寅運(인운)에 財旺身弱(재왕신약)하니 商大(상대)를 卒業(졸업)하고 木(목)이 用神(용신)이니 衣類生産會社(의류생산회사)에서 財多身弱(재다신약)이기 때문에 財務擔當職員(재무담당직원)으로 근무하게 되었다.

寅運(인운) 乙卯年(을묘년)에 用神(용신)을 도와 成婚(성혼)하고 丁巳年(정사년)에 藥神(약신)을 도우니 得男(득남)하고 己運(기운) 庚申年(경신년)에는 病神(병신)이 得勢(득세)하니 女息(여식)을 得(득)하였다. 己丑(기축) 戊運(무운)은 弱(약)한 日主(일주)를 泄氣(설기)하여 吉運(길운)이 아니기 때문에 회사종업원으로 만족해야만 했다. 子運(자운)에 官逢官運(관봉관운)이 되고 用神(용신)인 卯(묘)를 刑(형)하니 退職(퇴직)하였다. 丁運(정운)에 藥神(약신)인 火(화)를 도우니 음식물업을 自營(자영)하고 있다.

向後(향후) 亥運(해운)은 亥卯木(해묘목)이 되어 吉(길)하고 丙運(병운)은 藥神(약신)을 도와 吉(길)하겠으나 戌運(술운)에 旺水(왕수)의 庫藏(고장)을 冲(충)하면 위험하리라.

*. 丙臨申位(병임신위)에 逢陽水(봉양수)면 難獲延年(난획연년)이라고 했으니 戌運(술운)에 心臟病(심장병)이 염려된다.

*. 飮食物業(음식물업)은 火(화)가 吉神(길신)이기 때문이다.

*. 此命(차명)을 殺印相生格(살인상생격)으로 풀이하드라도 木(목)이 用神(용신)에 金(금)은 病神(병신)이고 火(화)는 藥神(약신)이 된다. 그러나 過不及(과불급)이 皆病(개병)이니 旺盛(왕성)한 官殺(관살) 則(즉) 旺水(왕수)는 喜神(희신)이 될 수 없다.

1942年生. 身旺用殺格

戊丙甲壬
戌午辰午

75 65 55 45 35 25 15 05
壬 辛 庚 己 戊 丁 丙 乙
子 亥 戌 酉 申 未 午 巳

辰月은 土는 旺하고 火는 弱하지만 坐下와 年支의 羊刃에 午戌火가 도우고 甲木이 生火하니 身旺하다. 身旺中 比劫이 旺하니 官星으로 比劫을 除去하여야 된다. 則 辰에 根을 둔 壬水가 用神에 金運은 喜神이며 土가 病神에 木은 藥神이 된다.

初年 乙巳丙午運은 旺身을 도우니 寒微家에서 生長하였다. 丁運은 忌神이지만 丁壬合化木이 多淫之合이 되므로 丁未年에 成婚하고 戊申年에 喜神이 되고 用神을 도와 長男을 得하고 己酉年에 喜神이 되어 次男을 得하고 未運 辛亥年에 喜神이 되고 用神을 도우니 三男을 得하였다. 乙卯年은 藥神을 도우지만 旺火를 生하니 女息을 得하였다.

戊運은 病神을 도와 百事가 無成하고 申運은 喜神이 되고 申辰水가 用神을 도와 吉한데, 이때 金이 喜神이고 水가 用神이기 때문에 그릇 流通業을 自營하여 15年間 得財하였다. 庚運은 火가 忌神

에 劈甲引火(벽갑인화)하여 吉(길)함이 적은데 이때 妻妾(처첩)으로 因(인)하여 損財(손재)하였다.

向後(향후) 戌運(술운)은 旺火(왕화)가 入墓(입묘)하고 用神(용신)의 根(근)을 冲(충)하여 凶(흉)하겠는데, 이때를 지나면 辛運(신운)은 喜神(희신)이 되어 吉(길)하고 水運(수운)은 用神(용신)을 도와 吉(길)하리라.

1972年生(女命). 身旺用殺格

戊 丙 甲 壬
戌 寅 辰 子

71 61 51 41 31 21 11 01
丙 丁 戊 己 庚 辛 壬 癸
申 酉 戌 亥 子 丑 寅 卯

辰(진)월은 土旺火弱(토왕화약)하지만 寅(인)과 辰(진)사이에 卯(묘)를 拱夾(공협)하여 甲木(갑목)이 透干(투간)하고 清明日(청명일)에 태어났으니 乙木(을목)이 司令(사령)하는데 寅戌火(인술화)가 日主(일주)를 도우니 弱(약)이 反旺(반왕)하여 身旺(신왕)하다. 女命(여명)에는 官星(관성)이 重(중)하니 더욱 身旺(신왕) 用七殺(용칠살)하여 子辰(자진)에 着根(착근)한 壬水(임수)가 用神(용신)에 金運(금운)이 喜神(희신)이며 戊土(무토)는 壬水(임수)를 克(극)하는 病神(병신)이고 木(목)은 疏土(소토)하는 藥神(약신)이 된다.

癸卯壬寅運(계묘임인운)은 用神(용신)과 藥神(약신)을 도와 富家(부가)에서 生長(생장)하였다. 辛運(신운)은 喜神(희신)이 되어 吉(길)하고 丑運(축운)은 病神(병신)을 도와 凶(흉)한데 戊寅年(무인년)에 病神(병신)인 戊土(무토)가 寅(인)에 長生(장생)하고 戊年(무년)이 病神(병신)을 도우고 戌中(술중)의 辛金(신금)과 丑中(축중)

의 辛金이 父星인데 丑戌刑이 되니 父喪을 當하였다.

丑運 辛巳年에 이르도록 未婚인 것은 寅戌이 空(亡)이고 寅이 孤辰이며 戌이 寡宿이고 戊戌魁罡이 있는 緣故다.

向後 庚運은 藥神을 冲하여 吉運이 아니고 亥子運은 用神을 도와 吉하겠으나 戊戌運은 病神이 得勢하여 不吉하다. 이때를 지나서 金運은 地支가 重하며 喜神이 되어 吉하리라.

*. 戌運에 病神이 得勢하여 水가 泥塞되는데 月建인 辰土를 冲하여 旺土가 冲發하면 不測之變故가 있겠다. 이때 官星은 夫星이니 夫君의 健康이 염려된다.

1964年生(女命). 身旺(印綬旺에 의한)用財格. 調候用神

辛 丙 己 甲
卯 寅 巳 辰

74 64 54 44 34 24 14 04
辛 壬 癸 甲 乙 丙 丁 戊
酉 戌 亥 子 丑 寅 卯 辰

巳月은 丙火의 祿地이니 旺地인데 地支에 寅卯辰 東方이고 甲木이 透干하여 生火하니 身旺하다. 身旺用財하여 財星으로 旺한 印星

을 除去하여야 되겠다. 則 辛金이 用神이고 土는 喜神이며 火가 病神에 水運은 喜神이 된다.

初年 戊辰運에 用神을 生하여 富家에서 生長하였다. 丁卯丙寅運에 病神과 忌神을 도우니 吉함이 적었고, 寅卯가 空亡이고 巳에 孤辰殺이 있으니 乙運 辛巳年에 이르도록 未婚이다.

向後 丑運에 巳丑金이 用神을 도우고 北方水運은 藥神이 되어 吉하리라. 그러나 戊運은 用神의 根을 冲하고 寅戌火가 用神을 克傷하여 凶하리라.

*. 用神인 辛金이 旺火에 被傷되어 肺機能이 弱하다.

*. 財星의 依支處가 不實하여 小富에 불과하다.

1958年生(女命). 身旺用財格. 調候用神

丙 丙 丁 戊

申 戌 巳 戌

71 61 51 41 31 21 11 01

己 庚 辛 壬 癸 甲 乙 丙

酉 戌 亥 子 丑 寅 卯 辰

巳月은 火旺當令한데 雙戌이 火의 庫藏이고 丙丁이 透干하여 日

主를 도우니 身旺하고 燥熱하다. 身旺用財하여 申金이 用神이고 濕土가 喜神이며 火가 病神에 水運은 藥神이다.

初年 木火運은 旺身을 生하여 吉運이 아니지만 甲運 壬戌年에 官星年이 되어 成婚하고 癸亥年에 藥神이 되니 長男을 得하고 寅運 乙丑年에 巳丑金이 用神을 도우니 次男을 得하였다.

癸運에 들어 藥神인 官星이 되니 夫君이 出身하고 身旺한 命造이기 때문에 本人도 경제활동으로 得財하였다. 業種은 한복을 생산하여 판매하고 있다. 丑運에 丑戌刑이 되는데 丑戌은 申(財星)의 原神이니 則 財의 原神에 刑이 되니 丙子年과 丁丑年에 損財가 있었다. 壬運은 見水顯節하여 凶한데 戊寅己卯年에 病神을 生하여 損財하고 庚辰年은 用神을 扶生하여 吉하였으나 群比爭財는 있었다. 子辛運은 藥神이 되고 用神을 도와 吉한데 土가 吉神이기 때문에 不動産業으로 得財하고 己丑年에 得宅하였다.

向後 金水運은 用神을 도우고 藥神이 되어 吉하지만 戌運은 三戌이 火의 庫藏이 되어 吉運이 아니다. 이때 旺火에 金이 被傷되니 肺弱이 염려된다.

*. 群比爭財가 欠이다.

*. 丑運의 損財는 巳丑金의 群比爭財로 因한 損財로 풀이하여도 결과는 같다.

1961年生. 身弱比劫爲用

丙 丙 癸 辛

申 辰 巳 丑

76 66 56 46 36 26 16 06

乙 丙 丁 戊 己 庚 辛 壬

酉 戌 亥 子 丑 寅 卯 辰

巳月은 丙火의 祿地가 되어 旺地이지만 巳丑金에 辛金이 透干하고 申辰水에 癸水가 透干하니 財官이 旺하므로 自然히 旺이 反弱하여 身弱하다. 依支處는 比劫이다. 則 火가 用神에 木運은 喜神이며 水가 病神에 燥土는 藥神이 된다.

初年 壬運은 火用神에 見水顯節하니 裕福家庭에서 자랐다. 辰運에 旺金(父)을 生하고 水의 庫藏이 되니 父의 사업패망으로 凶하였다. 辛運에 忌神인 財(父)를 도우고 用神인 丙火를 合去하니 父喪을 當하였다.

卯運은 喜神이 되니 의류제조회사의 종업원으로 小財를 得하였다. 木이 吉神이니 衣類다. 庚運은 吉運은 아니었으나 上下가 吉運으로

無欠하였다. 寅運은 用神인 火가 長生하고 喜神印星이 되니 丙子年에 得宅하였다. 己運은 傷官이 見官하는데 戊寅年에 用神의 根과 三刑이 되니 失職하였다.

向後 丑運은 濕土가 되어 吉運이 아니고 戊運은 藥神이 되어 吉하겠다. 則 木火運과 燥土運은 吉하지만 그 이외의 運은 그러하지 아니하다.

*. 亥運은 用神의 根을 冲하니 吉運이 아니고 戌運은 水의 庫藏을 冲하여 吉運이 아니며 酉運은 用神의 死地가 되어 凶하다.

*. 坐下의 辰과 財星의 根이 되는 巳丑이 空亡이 되니 妻의 健康이 염려된다.

*. 本人은 火旺하므로 心臟이 弱하다.

1955年生. 身旺用財格

丁 丙 辛 乙

酉 子 巳 未

73 63 53 43 33 23 13 03

癸 甲 乙 丙 丁 戊 己 庚

酉 戌 亥 子 丑 寅 卯 辰

巳月은 丙火의 祿地인데 巳와 未사이에 午를 拱夾하고 乙木이 透

干하여 生火하고 丁火가 도우니 身旺하다. 身旺用財하여 巳酉金에 根을 둔 辛金이 用神에 濕土가 喜神이며 火가 病神에 子水가 藥神이다.

初年 庚辰己運은 用神이며 父星인 財星을 扶生하니 父의 事業이 旺盛하여 富家에서 生長하였다. 卯運은 旺身을 生하여 吉運이 아닌데 乙辛冲과 卯酉冲에 旺火가 克金(父星)하니 父先亡하였다.

戊運 辛酉年에 用神인 財星(妻)을 生扶하니 成婚하고 一男一女를 두었다. 寅運과 丁運은 旺火를 生扶하여 群比爭財가 되니 百事가 無成이었다. 丑運은 巳酉丑의 用神이 實하니 得財하여 得宅하였다. 丙運은 群比爭財하여 吉運이 아니지만 子運 以後 水運은 藥神을 도와서 吉하리라. 戌運은 旺火가 入墓하여 凶하다.

*. 職業은 土가 吉神이니 不動産業이다.

1971年生(女命). 身弱比劫爲用

壬 丙 癸 辛
辰 辰 巳 亥

72 62 52 42 32 22 12 02
辛 庚 己 戊 丁 丙 乙 甲
丑 子 亥 戌 酉 申 未 午

巳月은 丙火의 祿地인데 二土가 泄氣하고 辛金과 壬癸가 透干하니 克泄이 交加하여 旺이 反弱이다. 依支處는 月支의 巳火뿐이다. 則 巳火가 用神이고 木運은 喜神이며 水가 病神에 燥土는 除水하는 藥神이다.

初年 木火運은 用神을 生扶하여 吉하니 幼兒教育學科를 卒業하고 丙運에 用神을 도우니 學院에서 講義를 하고 있다. 이는 印星이 吉神이 되는 緣故다. 申運은 病神을 生하여 吉運이 아니다. 申運에 이르도록 未婚인 것은 官殺混雜에 坐下食傷이고 壬辰魁罡殺이 있는 緣故다.

向後 丁運은 去殺留官하여 吉하다. 去殺留官이면 免賤이 되니 結婚도 가능하겠는데 봄·여름生이 吉하다.

酉運은 用神인 巳火를 合去하여 病神을 生하니 凶한데 暗明官殺이 混雜에 坐下食傷이니 夫婦關係가 염려되며 本人은 心臟弱이 염

려되며 眼力不足이 또한 염려된다.

이때를 지나면 戊戌己運은 藥神이 되어 吉하겠으나 亥運은 用神을 爭冲하여 危險하리라.

1956年生(女命). 身旺用財格

己 丙 甲 丙

亥 寅 午 申

78 68 58 48 38 28 18 08

丙 丁 戊 己 庚 辛 壬 癸

戌 亥 子 丑 寅 卯 辰 巳

午月은 丙火의 羊刃月에 帝旺地인데 寅午合化火와 年上에 丙火가 透干하고 甲木이 生火하니 身旺하다. 羊刃身旺에 喜見七殺이라고 하지만 亥中의 壬水를 쓰려고 하니 寅亥合木으로 不用하고 年支의 申金이 用神에 己土가 喜神이고 金을 傷害하는 火가 病神에 亥水가 藥神이다. 用神인 申金이 年支에 있고 申中의 庚金이 父星이니 父母德이 많았다.

壬運 丙辰年에 申辰水가 約神인 官星이 되니 成婚하였다. 壬運은 官星運이 되는데 丁巳年에 長男을 得하고 辰運에 食神運이 되는데 庚申年에 次男을 得하였다.

成家 後 壬辰辛運에 財官運으로 흐르니 夫君의 出身으로 得財하였다. 亥中의 壬水가 夫星이고 申中의 庚金이 시어머니인데 申金이 用神이 되니 시어머니의 도움을 많이 받았다. 卯運에 旺火를 生하여 凶한데 己巳年에 用神을 포함하여 三刑이 되니 시어머님이 中風으로 쓰러졌다. 庚運에 劈甲引火로 凶한데 甲戌年에 寅午戌火가 金을 克하니 시어머님의 喪을 當했다.

寅運에 用神인 申金(財星)을 沖하니 夫君이 남의 빚보증을 잘못서 주어서 40여億원의 損財를 當하였다. 向後 己丑戊運은 喜神이 되겠으나 官星을 克하니 夫君의 健康이 염려된다. 子運은 月建羊刃을 沖하면 凶하리라.

*. 亥中의 壬水가 夫星이고 寅中의 甲木이 친정어머니인데 合을 이루니 친정어머님을 모시고 산다. 亥中의 壬水와 亥中의 甲木이 同宮에 있어서이기도 하다.

*. 丑運 戊子年에 丁巳月에 六沖이 되니 本人은 車사고가 나고, 同年 癸亥月에 夫君은 喉頭癌手術을 받았다.

*. 本院에서는 土運에 見官하니 夫君의 健康을 조심하라고 助言한 바가 있으며 戊子年에 四沖이 되니 車조심을 하고 自己統制力을

기르라고 한 일이 있다.

*. 此命을 羊刃身旺에 喜見七殺이기도 하고 身旺中에서도 比劫이 많으니 그 比劫을 除하는 官星을 用神으로 하여도 결과는 같다. 女命이니 더욱 官星이 重하다. 이 경우에 土는 病神이 되는데 그 病을 除去하는 木은 旺火를 生하므로 效力이 不足하다.

*. 己運에 喜神을 도와서 吉하지만 丙戌年에 寅午戌旺火가 用神인 金(父)을 克하니 父亡하였다.

*. 丑運에 喜神을 도와서 吉하지만 庚寅(母)年에 劈甲引火하여 病神이 得勢하고 用神을 冲하니 母喪을 當하였다.

1926年生. 身旺用財格

丁 丙 甲 丙
酉 申 午 寅

71 61 51 41 31 21 11 01
壬 辛 庚 己 戊 丁 丙 乙
寅 丑 子 亥 戌 酉 申 未

午月은 丙火의 羊刃月인데 丙丁이 透干하고 寅午合火에 甲木이 生火하니 身이 旺하고 燥熱하다. 羊刃은 喜見七殺이라고 하지만 申中의 壬水뿐이니 身旺用財格이 된다.

則 金이 用神에 濕土運은 喜神이며 火가 病神에 水運은 除火하는 藥神이 된다. 原局에 食傷이 있고 七殺이 透干되어 있다면 한층 더 格이 높아졌을 것이다.

身旺用財에 食傷이 없으면 食傷運에는 發福하지만 財運에는 群比爭財로 吉運만 유지되는 것이 아니라 分金등의 凶運도 따른다.

此命은 月建羊刃에 寅申刑이 있으니 酉運에 用神을 도와 警察公務員에 投身하여 坐下가 財星用神이기 때문에 良配를 만나 二男을 두었다. 子運에 羊刃을 冲하여 退職하고 辛丑運은 用神을 扶生하여 吉한데 土가 吉神이기 때문에 不動産業등을 하였으나 群比爭財가 되어 大財는 아니었다.

壬運 以後 火가 忌神에 見水顯節하여 凶하니 便秘와 糖尿로 苦生하고 있다. 寅運은 坐下冲이고 用神인 金을 傷하니 吉運이 아니다.

*. 便秘는 金이 傷한 緣故다. 庚金은 大腸에 해당된다.

1938年生(女命). 身旺用財格. 調候用神

乙 丙 戊 戊

未 申 午 寅

79 69 59 49 39 29 19 09

庚 辛 壬 癸 甲 乙 丙 丁

戌 亥 子 丑 寅 卯 辰 巳

華麗한 婦人이었다. 丙火는 太陽之火이기 때문에 太陽처럼 華麗해 보이는 것이다. 月建羊刃에 寅午會局하고 乙木이 生하니 身旺하고 戊戊未土가 燥土이니 局勢가 燥熱하다.

解法, 旺者는 克하든지 泄氣하여야 五行의 均衡이 이루어진다. 調候上 濕地라고는 坐下의 申金뿐이다. 身旺用財하여 金이 用神에 土가 喜神이고 金을 克하는 火가 病神에 除火하는 水運은 藥神이 된다.

辰運에 用神을 生하고 申辰水가 官星이 되니 成婚하였다. 乙卯甲運은 旺火를 生하니 新婚도 한때로 끝나고 辛苦하기를 이루 말할 수 없었다고 했다.

寅運에 用神인 坐下의 財星을 冲하니 雪上加霜으로 夫君의 外道로 부처님도 돌아앉는다는데, 此命을 臨床한 것은 丁丑年 겨울이었는데, "그 당시를 생각하면 지금도 잠을 이룰 수가 없을 정도로 경제적 심리적 고통을 겪었다." 고 했다. 해서 戊寅生女에게 옛말에 "나를 알면 남을 탓하지 아니하고 나의 운명을 알면 하늘을 원망하지 아니한다." 라는 말을 인용하면서 그 고통스럽고 어려웠던 시절도, 현재 多福(다복)한 삶을 享有(향유)하고 있는 것도 모두 貴命(귀명)이 걸어가야 할 人生旅程(인생여정)이라고 설명하자, 그때서야 "夫君(부군)을 용서할 수 있다." 고 했다.

그러면 命理學的(명리학적)으로 寅運(인운)에 대하여 分析(분석)해 보자.

姉妹强剛(자매강강)이면 眞房之婦(진방지부)라고 했다. 즉 此命(차명)에서 兄弟(형제)는 몇인가. 丙火日主(병화일주)와 午中(오중)의 丙丁(병정), 寅中(인중)의 丙(병), 未中(미중)의 丁火(정화)까지 모두 다섯 명이다. 그러면 男便(남편)(官星(관성)=水(수))은 申中(신중)의 壬水(임수) 하나뿐이니 다섯 형제가 한 남자를 모시고 사는 形局(형국)이니 어찌 夫君(부군)의 外情(외정)이 없었겠는가.

寅運(인운)은 특히 用神(용신)인 坐下(좌하)(夫宮(부궁))의 申金(신금)을 冲(충)했으니, 그와 같은 일이 없었다면 本人(본인)이 죽을 수도 있지 않았겠는가.

癸運(계운) 以後(이후) 夫君(부군)의 事業(사업)이 興旺(흥왕)하여 吉(길)하며 丑運(축운)에 財(재)가 入墓(입묘)하여 조금 凶(흉)하기는 했으나 上下(상하) 吉運(길운)으로 無欠(무흠)하였다고 한다.

'向後(향후) 庚運(경운)까지는 大吉(대길)할 것이다.' 라고 말하자 마치 本院(본원) 易林關(역림관)에서 福(복)을 지워준 것처럼 고마워하면서 그 큰 눈에서 눈물을 글썽이며 感謝(감사)해 했다.

子運(자운)은 月建羊刃(월건양인)을 冲(충)하여 吉(길)함이 적고 戌運(술운)에 旺火(왕화)가 入墓(입묘)하여 火(화)가 太旺(태왕)해지면 用神(용신)인 申金(신금)이 傷(상)하므로 危險(위험)하리라.

1939年生(女命). 身旺用財格

甲 丙 庚 己

午 申 午 卯

74 64 54 44 34 24 14 04

戊 丁 丙 乙 甲 癸 壬 辛

寅 丑 子 亥 戌 酉 申 未

身旺에 偏財를 쓰는 경우는 騰落이 甚하다. 午月의 丙火는 羊刃月인데 時支의 羊刃에 甲卯가 生하니 身이 太旺하고 燥熱하다. 己土를 쓰려고 하니 卯木에 被克되어 能力이 不足하여 不用하고 申에 根을 둔 庚金이 用神에 土가 喜神이며 火가 病神에 水運이 藥神이다.

初年 金水運에 用神을 도우고 藥神이 되니 富家에서 生長하였다. 甲戌運은 旺火를 生하고 旺火가 入墓되어 凶한데 이때 夫婦가 離別하였다. 이는 坐下가 吉神이지만 空(亡)이고 沒官星이며 女命에서 身旺羊刃은 群比爭官하므로 男便宮이 不吉한 緣故다.

亥運은 藥神이 되어 旺火를 除하니 財星用神이 生氣를 얻어 得財하였다. 子運 戊寅年에는 羊刃을 冲하니 旺者冲之益發한 旺火가 財星을 克하여 凶한데 寅申冲하니 損財하였다. 子運 동안은 羊刃逢冲에 用神인 金의 死地가 되니 吉함이 적겠다. 丑運은 喜神이 되어

吉하리라.

*. 職業은 土가 喜神이니 不動産仲介業이고, 金이 用神이니 兌爲口라 말을 論理整然하게 잘 한다.

*. 火金相爭이니 血壓이 염려된다.

1946年生(女命). 身旺用財格

庚 丙 甲 丙

寅 子 午 戌

79 69 59 49 39 29 19 09

丙 丁 戊 己 庚 辛 壬 癸

戌 亥 子 丑 寅 卯 辰 巳

午月은 丙火의 羊刃月이고 寅午戌 三合에 甲丙이 透干하여 日主를 生助하니 身이 太旺하다. 庚金이 用神에 濕土運이 喜神이며 火가 病神에 子水는 藥神이다.

巳運에 旺火가 克金(財星=父)하니 父喪을 當하였다. 辰運에 子辰水가 官星이 도우니 成婚하고 一子를 두었다. 卯運은 旺火를 生하고 庚運은 劈甲引火하여 旺火를 도우니 凶하였다. 寅運은 旺火를 生하니 百事가 無成이었고 이때 신경노이로제 증세와 心臟病으로 辛

苦하였다. 이는 太過不及이 모두 病이 되는데 太旺한 火가 金을 克한 緣故다. 弱한 金이 旺火의 克을 받으면 神經에 문제가 있게 되고 心臟病은 火旺에 근거한다.

己運부터 夫婦共同으로 金이 用神이니 카인테리어사업을 시작하여 得財하고 있다.

向後 子運은 月建羊刃을 沖하여 凶하겠는데 官星(夫星)이 沖되어 있으니 夫君의 健康이 염려된다. 이때를 지나면 亥運까지는 地支가 重하므로 吉하리라.

*. 過於寒濕者도 稀孫이고 過於燥熱者도 稀孫이니 一子뿐이다.

*. 用神인 庚金이 絶地上에 있으니 格이 한층 낮다.

1979年生(女命). 身旺用官格. 調候用神

癸 丙 辛 己
巳 申 未 未

74 64 54 44 34 24 14 04
己 戊 丁 丙 乙 甲 癸 壬
卯 寅 丑 子 亥 戌 酉 申

大暑 後 五日에 태어난 丙火는 炎天地熱한데 年支에 未土와 巳

時가 熱氣를 도우니 調候가 時急하다. 身旺用官하여 癸水가 用神에 金은 喜神이 된다.

初年 壬申 癸酉運은 用神을 扶生하니 工夫를 잘하였다. 그러나 癸運에 官星(夫)運이 되는데 丙子年에 官星桃花가 되니 異性關係로 因하여 成績이 不振하였다. 酉大運에 用神을 生하여 吉한데 正官이 用神이니 行政學을 專攻하였다. 甲大運은 旺火를 生하여 凶하니 每 公務員試驗에 失敗하고 더구나 丙戌年은 旺火가 入墓하고 食神이 克官하니 結婚에도 失敗하여 그 衝擊이 컸다. 戌大運은 旺火가 入墓하고 戌未刑으로 凶한데 丁亥年은 旺火를 冲하니 비염수술을 하고 戊子年에는 用神을 合去하니 자궁근종수술을 하고 己丑年은 月建을 冲하고 曲脚殺이 되니 발목을 다치는 등 되는 일이 없다. 또 戌運은 官星(職場)을 克하는데 庚寅年은 喜神까지 冲하니 학원의 講師職을 그만두었다. 그러나 印星을 도우니 대학원석사과정에 進學하였다.

向後 北方水運은 用神을 도와서 吉하리라.

1949年生(女命). 身旺用財格

辛 丙 辛 己

卯 午 未 丑

78 68 58 48 38 28 18 08

己 戊 丁 丙 乙 甲 癸 壬

卯 寅 丑 子 亥 戌 酉 申

小暑(소서) 八日後(팔일후)에 生(생)하여 丁火(정화)가 司令(사령)하는 때로 天乾地熱(천건지열)하다. 坐下(좌하)의 羊刃(양인)이 未(미)와 合(합)하여 旺火(왕화)를 도우고 卯木(묘목)이 生火(생화)하니 身旺(신왕)하다.

辛金(신금)이 用神(용신)에 濕土(습토)는 喜神(희신)이며 火(화)는 用神(용신)을 傷害(상해)하는 病神(병신)에 水運(수운)응 藥神(약신)이 된다.

初年(초년) 金水運(금수운)에 多福(다복)하였고 癸運(계운)에 官星(관성)이 되니 成婚(성혼)하여 二子(이자)를 두었다. 甲運(갑운)에 旺火(왕화)를 生(생)하여 凶(흉)하고 戌運(술운)에 旺火(왕화)가 入墓(입묘)하여 凶(흉)한데 午戌合化火(오술합화화)가 用神(용신)을 克傷(극상)하고 喜神(희신)이 丑戌未(축술미) 三刑(삼형)을 成局(성국)하니 夫婦別離(부부별리)하였다. 이는 坐下比劫(좌하비겁)에 丑中(축중)의 癸水(계수)가 男便(남편)인데 丑未(축미) 冲(충)되어 있으며 坐下(좌하)가 空(亡)(공망)인 緣故(연고)다.

乙運(을운)부터 七歲(칠세) 年下(년하)의 男子(남자)를 알아 金錢的(금전적) 損失(손실)이 많았다. 이는 乙木(을목)이 旺火(왕화)를 生(생)하여 群比爭財(군비쟁재)한 緣故(연고)이며, 亥運(해운)은 亥卯未合化木(해묘미합화목)하여 旺火(왕화)를 生(생)하여 凶(흉)한 가운데 忌神桃花卯午(기신도화묘오)가 作用(작용)한 탓이다.

忌神桃花(기신도화)가 있는 命造(명조)는 異性交際(이성교제) 조심하소. 보탬이 아니 됩니다.

丙運(병운) 丙子年(병자년)에 坐下(좌하)의 午(오)를 冲(충)하니 年下(년하)의 男(남)과 離別(이별)하고, 떠난 사람이 그리워 눈물을 지으면서 本院(본원)에 상담을 의뢰해왔던 기억이 난다.

子運(자운)이 藥神(약신)이 되어 吉(길)할 것 같으나 四冲(사충)이 되어 凶(흉)한데 酉年(유년)을 만나면 六冲(육충)이 全備(전비)하여 危險(위험)하리라. 丑運(축운)은 月建(월건)을 冲(충)하여 凶(흉)하다.

*. 職業(직업)은 水(수)가 吉神(길신)이기 때문에 커피전문점을 經營(경영)한다.

*. 入墓運(입묘운)의 吉凶(길흉)

1. 旺者入墓(왕자입묘)는 凶(흉)하다.

2. 衰者入墓(쇠자입묘)

① 吉神(길신)이 弱(약)한데 會局(회국)으로 入墓(입묘)하면 吉(길)함이 많다.

② 天干用神(천간용신)이 弱(약)한데 入墓運(입묘운)에 不吉(불길)함이 많다.

1968年生(女命). 身弱比劫爲用

癸 丙 己 戊
巳 申 未 申

76 66 56 46 36 26 16 06
辛 壬 癸 甲 乙 丙 丁 戊
亥 子 丑 寅 卯 辰 巳 午

大暑後(대서후) 二日(이일)에 生(생)하여 燥熱(조열)하지만 三土(삼토)가 泄氣(설기)하고 雙申(쌍신)에 根(근)을 둔 癸水(계수)가 透干(투간)하니 克泄(극설)이 交加(교가)하여 自然(자연)히 日元(일원)은 弱(약)하다. 依支處(의지처)는 巳火(사화)다. 巳火(사화)가 用神(용신)이고 木運(목운)은 旺土(왕토)를 疏土(소토)하고 生火(생화)하는 喜神(희신)이 된다.

初年(초년) 火運(화운)에 商高(상고)를 卒業(졸업)하고 丁運(정운) 丁卯年(정묘년)에 用神(용신)을 扶生(부생)하니 銀行(은행)에 入社(입사)하였다. 丙運(병운) 乙亥年(을해년)에 用神(용신)을 扶生(부생)하고 官星年(관성년)이 되니 成婚(성혼)하였다. 辰運(진운) 庚辰年(경진년)에 忌神(기신)이 得勢(득세)하니 銀行(은행)의 구조조정 여파로 名退(명퇴)하였다.

向後(향후) 木運(목운) 二十年干(이십년간)은 喜神(희신)이 되어 吉(길)하리라. 丑運(축운)은 月建未(월건미)를 冲(충)하여 旺土(왕토)가 冲發(충발)하면 用神(용신)은 泄氣(설기) 當(당)하고 官星(관성)을 克(극)하여 凶(흉)하리라. 이때 夫君(부군)의 健康(건강)이 염려되고, 本人(본인)은 膀胱(방광)·腎臟病(신장병)과 胃病(위병)이 염려된다. 水(수)는 膀胱(방광)과 腎臟(신장)이고 土(토)는 胃(위)에 속한다.

*. 日時支에 刑이 있는 命造는 晩子를 두거나 得男하지 못하는 경우도 있다. 時支가 (空)亡이면 더욱 그러하다.

*. 女命에 食傷이 太旺한 命造는 子宮外 姙娠을 하기 쉽다. 이는 食傷은 子息인데 食傷이 太旺하면 子宮밖으로 아기가 넘쳐나기 때문이다.

1965年生(女命). 身旺用殺格. 調候用神

壬 丙 癸 乙
辰 寅 未 巳

80 70 60 50 40 30 20 10
辛 庚 己 戊 丁 丙 乙 甲
卯 寅 丑 子 亥 戌 酉 申

小暑節은 炎天地熱한데 巳와 未사이에 午를 拱夾하고 寅과 辰사이에 卯를 拱夾하고 寅木과 乙木이 生火하니 身이 旺하고 燥熱하다. 女命官殺混雜이 賤格인데, 此命에서는 未土가 癸水를 克하여 去官留殺하니 格이 한층 맑아졌다. 癸水는 未土上에 있어 不用하고 辰土에 着根한 壬水가 用神이 된다. 金運이 喜神이 되지만 原局에 金이 없으니 格이 한층 낮다.

初年 甲申乙酉運은 地支가 重하므로 吉하다. 酉運에 官星을 生

하니 成婚(성혼)하고 一男一女(일남일녀)를 두고 寶石商(보석상)을 自營(자영)하고 있다. 酉運(유운)동안은 得財(득재)하였으나 丙運(병운)부터 群比爭財(군비쟁재)가 되고 用神(용신)을 冲去(충거)하니 現狀(현상) 維持(유지)도 어렵다고 한다.

向後(향후) 丁運(정운)은 用神(용신)을 合去(합거)하여 吉運(길운)이 아니지만 北方水運(북방수운)은 用神(용신)을 도와 吉(길)하리라.

*. 寶石商(보석상)은 金(금)이 吉神(길신)인 緣故(연고)다.

1964年生(女命). 身弱印星爲用

丁 丙 辛 甲
酉 子 未 辰

77 67 57 47 37 27 17 07
癸 甲 乙 丙 丁 戊 己 庚
亥 子 丑 寅 卯 辰 巳 午

大暑後(대서후) 三日(삼일)은 己土(기토)가 司令(사령)하는데 甲木(갑목)과 丁火(정화)가 透干(투간)하여 日主(일주)를 生扶(생부)하니 身旺(신왕)할 것 같지만, 未土(미토)는 옆의 子辰(자진)으로부터 濕氣(습기)를 供給(공급)받게 되고 子辰水(자진수)와 酉時(유시)에 辛金(신금)이 透干(투간)하였으니 克泄(극설)이 交加(교가)하여 旺(왕)이 反弱(반약)이다. 未辰(미진)에 着根(착근)한 甲木(갑목)이 用神(용신)에 水(수)가 喜神(희신)이며 金(금)이 病神(병신)에 丁火(정화)가 病(병)을 치료하는 藥神(약신)이다.

初年(초년) 庚運(경운)은 甲木用神(갑목용신)이 庚金(경금)을 만나 材木(재목)을 作成(작성)하는데 劈甲引火(벽갑인화)된 火(화)가 藥神(약신)이 되니 富家(부가)에서 生長(생장)하였다. 午運(오운)은 甲木用神(갑목용신)의 死地(사지)가 되어 凶(흉)한데 戊午年(무오년)에 再逢死地(재봉사지)가 되며 羊刃(양인)이 再逢冲(재봉충)하니 癎疾患(간질환)이 發生(발생)하였다.

*. 癎疾患(간질환)은 頭(두)에 해당되는데 甲木(갑목)은 病原論(병원론)에서 頭(두)에 해당하기 때문이다.

己運末(기운말) 甲子年(갑자년)에 官星(관성)을 도우니 逢男(봉남)하고 巳運(사운)은 藥神(약신)을 도우는데 丙寅年(병인년)에 得女息(득여식)하고 丁卯年(정묘년)에 藥神(약신)과 用神(용신)을 도와 成婚式(성혼식)을 가졌다.

戊運(무운)에 官(관)을 克(극)하는데 庚午年(경오년)에 坐下(좌하)의 官星(관성)(夫星(부성))을 冲(충)하니 夫婦別離(부부별리)하였다. 辰運(진운)까지는 親庭(친정)의 도움으로 살아왔으나 한때 알코올 중독자이기도 했다. 이는 辰辰自刑(진진자형)이 忌神(기신)의 作用(작용)을 한 緣故(연고)다. 丁運(정운)에 들어 藥神(약신)이 되는데 庚辰年(경진년) 戊子月(무자월)에 官星(관성)을 生(생)하여 再婚(재혼)하였다.

向後(향후) 木火運(목화운)은 用神(용신)과 藥神(약신)을 도와 吉(길)하리라.

*. 印星(인성)이 用神(용신)인데 天月德(천월덕)이 있으니 祖上(조상)의 蔭德(음덕)이 컸으리라.

*. 時支(시지)가 (空(공))亡(망)이니 子息(자식)과 緣(연)이 薄(박)하다.

*. 此命(차명)의 경우를 두고 三伏(삼복)에 生寒(생한)이라고 한다.

*. 處女(처녀)가 姙娠(임신)하다.

. 女命(여명)에서 食傷(식상)과 官星(관성)이 日支(일지)에서 合(합)하는 命造(명조)가 여기에 해당된다.

1965年生. 身旺用財格

庚 丙 癸 乙

寅 子 未 巳

75 65 55 45 35 25 15 05

乙 丙 丁 戊 己 庚 辛 壬

亥 子 丑 寅 卯 辰 巳 午

小暑節(소서절)은 火旺當令(화왕당령)인데 巳(사)와 未(미)사이에 午(오)를 拱夾(공협)하고 寅(인)과 乙(을)이 生火(생화)하니 身旺(신왕)하고 燥熱(조열)하다. 身旺用財(신왕용재)하여 時上(시상)의 偏財(편재)가 用神(용신)에 濕土運(습토운)이 喜神(희신)이며 火(화)가 病神(병신)에 水(수)는 藥神(약신)이 된다.

初年(초년) 巳午運(사오운)은 辛壬(신임)이 蓋頭(개두)되어 無欠(무흠)하였고 庚辰運(경진운)에 用神(용신)을 扶生(부생)하니 得財(득재)하였다. 己運(기운)은 藥神(약신)을 冲去(충거)하여 吉運(길운)이 아닌데도 불구하고 自動車整備會社(자동차정비회사)를 무리하게 設立中(설립중)에 있다고 한다.

向後(향후) 卯運(묘운)은 旺火(왕화)를 生(생)하여 吉運(길운)이 아니고, 戊運(무운)은 燥土(조토)가 되니 金(금)을 生(생)하지는 못하고 오히려 藥神(약신)인 癸水(계수)를 合(합)하여 旺火(왕화)를 도우니 吉運(길운)이 아니며, 寅丁運(인정운)은 病神(병신)을 生扶(생부)하여 吉運(길운)이 아니다.

命莫逃於五行이라고 했던가. 吉運은 遙遠함에도 무리하게 사업을 확장하고 있으니 참으로 염려스럽다. 그러나 丑運 以後 北方水運은 藥神이 되어 吉하리라.

*. 自動車整備는 金이 用神인 까닭이다.

1930年生(女命). 殺印相生格

戊 丙 甲 庚

子 辰 申 午

79 69 59 49 39 29 19 09

丙 丁 戊 己 庚 辛 壬 癸

子 丑 寅 卯 辰 巳 午 未

申月의 丙火가 弱地에 生하여 地支에 申子辰水局이니 殺旺하고 庚金이 申에 祿地가 되니 財旺하다. 甲木으로 水를 泄氣하여 生火하여야 된다. 則 殺印相生格에 甲木이 用神이고 水가 喜神이며 金이 病神에 火가 藥神이다.

初年 南方火運은 地支가 重하므로 富家에서 生長하여 敎職에 근무하다가 庚運에 用神인 甲木을 冲하니 退職하였다. 辰運부터 命理學을 工夫하여 丁運까지 30여年間 哲學院을 운영하고 있다. 丑運은

病神을 生하여 用神을 克하면 凶하리라. 金木이 交爭하면 筋骨痛인데 關節炎으로 苦生하고 있다. 辰己食傷(子息)運은 忌神이 되는데 이때 子息으로 因하여 神經 노이로제 症勢가 甚했다고 한다. 이는 原局에서 庚金이 甲木用神을 冲함이 病인데 辰己土가 病神인 庚金을 生하여 甲木을 冲하니 甲木이 衰者冲之拔根된 緣故다.

1968年生. 身弱印星爲用

庚 丙 庚 戊

寅 子 申 申

72 62 52 42 32 22 12 02

戊 丁 丙 乙 甲 癸 壬 辛

辰 卯 寅 丑 子 亥 戌 酉

申月은 金旺火弱한데 戊土가 透干하여 泄氣하고 金이 넷에 坐下에 子水가 있으니 克泄이 交加하여 身弱하다. 依支處는 時支의 寅木뿐이다. 木이 用神이고 水는 喜神이며 金이 病神에 火運이 藥神이다.

初年 辛酉運은 病神이 得勢하여 凶한데 酉運에 病神인 旺金이 더욱 旺해지고 丙火가 死地에 드니 父先亡하였다. 이는 偏財(父)가 忌神에 過多하고 父星의 根(申)이 空(亡)인 緣故다.

壬運(임운)은 見水顯節(견수현절)하여 吉(길)하고 戌運(술운)은 用神(용신)을 合去(합거)하여 吉運(길운)이 아닌데 이때 大學進學(대학진학)을 포기하고 軍役(군역)을 畢(필)하였다.

亥運(해운)에 寅亥合木(인해합목)이 되어 吉(길)한데 이때 木(목)이 吉神(길신)이기 때문에 室內(실내) 裝飾技術(장식기술)을 익혀서 甲運(갑운)에 劈甲引火(벽갑인화)하여 藥神(약신)이 되니 身弱(신약)이지만 原局(원국)에 偏財(편재)가 作用(작용)하여 成功(성공)하고 있다.

甲運辛巳年(갑운신사년)에 이르도록 未婚(미혼)인 것은 坐下(좌하)가 忌神(기신)이고 財星(재성)(妻(처))이 忌神(기신)인데 또 그 根(근)인 申金(신금)이 空(공)(亡(망))이며 時支(시지)(子息星(자식성))의 寅木(인목)이 空(공)(亡(망))인 緣故(연고)다.

向後(향후) 子運(자운)은 官逢官運(관봉관운)이니 身上(신상)에 變動(변동)이 있겠고 乙運(을운)은 用神(용신)을 도와 吉(길)하겠으나 丑運(축운)은 旺金(왕금)이 入墓(입묘)하여 吉運(길운)이 아니다. 이때를 지나면 丙寅丁卯運(병인정묘운)은 用神(용신)을 도우고 藥神(약신)이 되어 吉(길)하리라.

1971年生. 身弱印星爲用

甲 丙 丙 辛

午 子 申 亥

74 64 54 44 34 24 14 04

戊 己 庚 辛 壬 癸 甲 乙

子 丑 寅 卯 辰 巳 午 未

丙火(병화)는 申月(신월)에 病地(병지)로서 弱(약)한데 申子水局(신자수국)에 亥水(해수)가 있으니 官旺(관왕)

하고 辛金이 申에 根을 두고 透干하니 財旺하다. 身弱에 比劫을 用神으로 하려고 하니 丙辛合水하고 子午冲하여 能力이 不足하다. 따라서 甲木이 用神에 金은 病神이고 火는 藥神이다.

初年 乙甲運은 用神을 도우고 未運은 亥未木이 用神을 도와 富家에서 生長하였다. 用神이 死地에 앉아 吉함이 적으며 弱한 日主가 時支羊刃에 도움을 받는데 原局에서 羊刃을 冲하여 凶하고 午運에 羊刃을 再逢冲하니 大禍를 當하였다. 이때 集團暴行으로 소년원에 다녀온 일이 있다. 이는 午는 災殺에 해당되기 때문이다. 癸運에 들어 用神이 浮木되니 폭력조직을 구성하여 不法行爲를 自行하고 있다.

巳運은 四冲이 全備하여 凶하고 壬運은 火藥神에 見水顯節하여 吉하다. 辰運은 旺水가 入墓하여 用神이 浮木되므로 吉運이 아니다. 辛運은 病神이 得勢하여 吉運이 아니고 卯運은 用神을 도와 吉하다. 庚寅運은 劈甲引火와 寅午火가 藥神을 도와서 吉하리라.

*. 羊刃이 逢冲한 命造에 吉運不逢者와 魁罡殺이 있는 命造에 吉運不逢者는 組織暴力에 가담하는 경우가 많다. 이들은 대체적으로 性質이 强하고 暴惡한 면도 있으나 義俠心이 强하다.

1956年生(女命). 身弱比刦爲用

己 丙 丙 丙

亥 子 申 申

80 70 60 50 40 30 20 10

戊 己 庚 辛 壬 癸 甲 乙

子 丑 寅 卯 辰 巳 午 未

申月에 丙火는 失令한데 地支가 金水이니 身弱하다. 比劫이 弱身을 도우는 用神이 된다. 木運이 喜神이며 水는 用神을 傷害하는 病神에 土는 除水하는 藥神이다.

初年 木運에 裕餘家庭에서 生長하였다. 甲運에 喜神이 되어 成婚하고 午運은 用神을 도우니 夫君이 出身하여 得財하고 多福한 家庭이었다. 癸運에 病神을 도우고 官逢官運이 되니 夫婦葛藤이 甚하였고 夫君의 사업침체로 辛苦하였다. 巳運에 用神을 도와 吉한데 本人은 의상실을 경영하여 得財하고 있다.

壬運은 見水顯節하여 吉하지만 辰運은 旺水가 入墓하여 凶한데 이때 健康에 留意하여야 되겠다. 東方木運은 地支가 重하며 喜神이 되어 吉하리라.

*. 弱火가 被克水면 眼力이 不足하고 腎氣가 不足하다. 此命에서

는 無木이니 水火旣濟不能으로 眼力不足과 腎氣不足이 염려된다.

*. 木이 吉神인 命造는 衣類商 家具店 花園 인테리어 農産物業에 從事하는 者가 많다.

1976年生(女命). 身弱比刦爲用

癸 丙 丙 丙

巳 辰 申 辰

79 69 59 49 39 29 19 09

戊 己 庚 辛 壬 癸 甲 乙

子 丑 寅 卯 辰 巳 午 未

申月은 丙火의 囚地이니 弱地인데 申辰辰이 爭合하여 癸水가 透干하니 囚地와 死地가 旺하니 自然히 身弱하다. 依支處인 火가 用神에 木運은 喜神이며 水가 病神에 土는 藥神이다. 乙大運이 들기 前 申運에 忌神인 財星이 得勢하니 父와는 離別하고 乙未甲運은 喜神과 藥神運이기 때문에 어머니의 지극한 보살핌으로 裕餘한 환경에서 자라 甲運에 음악대학에서 피아노학을 專攻하였다. 이는 辰中의 乙木이 喜神인데 辰辰에 華蓋星이고 乙木이 印星이니 음악을 가르치는 선생으로서의 소질을 타고난 緣故다.

午運에 피아노학원을 경영하여 得財하고 있다. 午運 동안은 用神

을 도우니 成婚期이며 春夏月生 혹은 寅卯年生이 緣分이다.

*. 坐下食傷이고 暗明官이 混雜에 龍蛇混雜이 女命에서는 不爲奇이다.

*. 水와 火사이를 通關해 줄 木이 없어 즉 水火既濟가 不能하니 眼力不足과 腎氣不足이 염려된다.

*. 五行의 相, 旺, 休, 囚, 死法

日干과 生月支와 서로 비교해서 身旺과 身弱을 定하는 法이다.

則 日干의 印星月이나 比劫月에 태어나면 旺地가 되고, 食傷月이나 財星月 혹은 官星月에 태어나면 弱地가 된다.

此命에서는 日干인 丙火基準

相	旺	休	囚	死
印 星	比 劫	食 傷	財 星	官 星
木	火	土	金	水

1958年生. 財多身弱에 比刦爲用

壬 丙 辛 戊

辰 申 酉 戌

78 68 58 48 38 28 18 08

己 戊 丁 丙 乙 甲 癸 壬

巳 辰 卯 寅 丑 子 亥 戌

*. 年柱에 戊戌이 있으니 丙辛合化水格이 될 수 없고, 日主가 虛路無根하고 食傷과 財星과 官星이 均等하게 旺한 것도 아니니 從勢格[6]도 아니므로 正格인 財多身弱으로 풀이 하여야 한다.

酉月은 丙火의 死地인데 地支에 申酉戌에 辛金이 透干하니 財星이 太旺하다. 財多身弱에 印比生扶하여야 되겠다. 則 戌中의 丁火가 用神에 木運은 喜神이며 水가 病神에 土는 藥神이다.

財多身弱이니 商高를 卒業하고 銀行에 入社하여 亥運 甲子年에 水生木 木生火하여 成婚하고 甲運 丙寅年에 用神을 生扶하니 得男하고 甲運 戊辰年에 得女하였다. 甲運末 庚午年 己卯月에 甲運이 用神을 生하고 甲運과 庚年이 劈甲引火하여 用神을 도우니 代理로 昇進하고 乙運 己卯年에 喜神이 되니 課長으로 昇進하고 乙運末 庚辰年 甲申月에 乙運은 喜神이 되고 庚年과 甲月이 劈甲引火하여

---

6) 유경진, 『명리학 용신론』, (연해명원), 2009년, pp.615~616.

次長으로 昇進 하였다.

*. 甲運과 乙運이 吉하였던 것으로 봐서 棄命從財格도 아니다.

*. 此命이 丙辛合化水格이었다면 北方水運에 銀行의 末端職員으로만 있었겠는가. 그렇다고 大財를 가진 것도 아니니 財多身弱이 分明하다.

向後 丑運에 旺金이 入墓하면 凶하리라.

*. 命書에 "丙臨申位에 逢陽水면 難獲延年이라. 고 했으니 健康이 염려된다. 특히 丑運 乙酉年에 火死於酉하고 丙運初 丙戌年에 旺水의 庫藏인 辰을 冲하면 危險하리라.

*. 火日主가 太弱한데 被克水면 水火旣濟不能으로 腎氣不足에 眼力이 不足하다. 原局에 通關하는 木이 없으니 水昇火降不能으로 膽石症이 또한 염려된다.

1968年生(女命). 身弱比刦爲用

癸 丙 辛 戊

巳 午 酉 申

79 69 59 49 39 29 19 09

癸 甲 乙 丙 丁 戊 己 庚

丑 寅 卯 辰 巳 午 未 申

酉月(유월)은 丙火(병화)의 死地(사지)인데 申酉(신유)에 着根(착근)한 辛金(신금)이 透干(투간)하고 癸水(계수)가 透干(투간)하니 財官(재관)이 旺(왕)하다. 따라서 자연히 身弱(신약)하다. 依支處(의지처)는 比刦(비겁)이니 火(화)가 用神(용신)에 木運(목운)은 喜神(희신)이며 水(수)가 病神(병신)에 土(토)는 藥神(약신)이다.

初年(초년) 庚申運(경신운)은 財官(재관)이 旺(왕)하여 吉運(길운)이 아니기 때문에 工夫(공부)에는 관심이 없었다. 己運(기운) 丁卯年(정묘년)에 桃花逢冲(도화봉충)하니 木火(목화)가 吉神(길신)이기 때문에 丙午年(병오년) 甲午月生(갑오월생) 男子(남자)를 만났다.

未運(미운)에 巳午未方合(사오미방합)이 되어 用神(용신)이 得勢(득세)하니 夫君(부군)의 事業(사업)이 興(흥)하고 得財(득재)하였다. 職種(직종)은 酒店(주점)인데 이는 夫君(부군)의 命造(명조)가 身旺(신왕)하고 燥熱(조열)한 緣故(연고)이고 本人(본인)은 夫君(부군)의 事業(사업)을 內助(내조)하고 있다.

向後(향후) 午丁巳丙運(오정사병운)은 用神(용신)을 도와서 吉(길)하겠으나 群比爭財(군비쟁재)가 염려된다. 辰運(진운)은 申辰水(신진수)가 病神(병신)을 도우고 官星(관성)이 入墓(입묘)하므로 凶(흉)하리라. 이때를 지나면 木運(목운) 二十年(이십년)동안은 喜神(희신)이 되어 吉(길)하리라.

1954年生(女命). 身弱印星爲用

己 丙 癸 甲
亥 申 酉 午

80 70 60 50 40 30 20 10
乙 丙 丁 戊 己 庚 辛 壬
丑 寅 卯 辰 巳 午 未 申

酉月은 丙火의 死地인데 申酉가 財星이고 癸水가 亥의 도움을 받고 金의 生을 받으니 官旺하다. 財官이 旺하니 身弱하다. 身弱에 印星인 甲木이 用神이고 水는 喜神이며 金이 病神에 火는 藥神이 된다.

初年 壬運은 火吉神에 見水顯節하여 吉하고 申辛運은 財星이 盛하니 父親의 出身으로 裕餘한 家庭이었다. 未運에 亥未合木이 用神을 도우고 庚申年에 劈甲引火하여 藥神을 도우니 成婚하고 辛酉年에 病神이 得勢하니 女息을 得하고 未運末 癸亥年에 喜神이 되니 得男하였다.

庚運에 劈甲引火하니 得財하고 午運에 藥神을 도와 得財하였다. 己運에 用神인 印星甲木(母)을 合하여 病神인 財星(父)을 生하니 親庭 父母님이 俱沒하였다. 巳運에 巳酉金이 用神인 甲木을 傷害하니 頭癌으로 辛苦하다. 頭癌은 甲木이 머리에 해당하기 때문이다.

向後(향후) 戊運(무운)은 喜神(희신)을 合去(합거)하여 吉運(길운)이 아니며 辰運(진운)은 辰酉金(진유금)이 用神(용신)을 傷害(상해)하면 凶(흉)하다.

*. 用神(용신)이 死地(사지)인 午火(오화)위에 있음이 欠(흠)이 된다.

1974年生(女命). 官印相生格

丁 丙 癸 甲

酉 子 酉 寅

78 68 58 48 38 28 18 08

乙 丙 丁 戊 己 庚 辛 壬

丑 寅 卯 辰 巳 午 未 申

酉月(유월)은 丙火(병화)의 死地(사지)인데 雙酉(쌍유)에 坐下(좌하)에 子水(자수)이고 癸水(계수)가 透干(투간)하니 財(재)와 官(관)이 旺(왕)하다. 印比(인비)를 써서 弱身(약신)을 生扶(생부)하여야 된다. 木(목)이 用神(용신)에 水(수)는 喜神(희신)이며 金(금)이 病神(병신)에 火(화)는 藥神(약신)이 된다. 壬運(임운)은 身弱(신약)에 官運(관운)이니 健康(건강)이 염려되며 申運(신운)은 用神(용신)의 根(근)을 冲(충)하니 吉運(길운)이 아니다. 辛運(신운)은 病神(병신)이 得勢(득세)하는데 癸酉年(계유년)에 藥神(약신)인 丁火(정화)를 冲去(충거)하고 財(재)(父星(부성))가 病神(병신)인데 再逢病神(재봉병신)하니 父先亡(부선망)하였다.

辛運(신운)에 商高(상고)를 卒業(졸업)하고 未運(미운)에 正常人(정상인)이면서도 按摩師(안마사) 從業員(종업원)으로 있다. 이는 寅(인)이 紅艶殺(홍염살)이고 酉酉(유유)에 雙桃花殺(쌍도화살)이며 雙酉(쌍유)에 天(천)

乙貴人이고 甲에 懸針星이며 酉酉子가 空亡인 緣故다.

官印相生格이라고 하여 모두 貴格인 것은 아니며 此命처럼 凶殺이 있는 命造는 妓生처럼 賤職에 從事하는 者도 있다.

向後 庚運은 用神인 甲木이 材木을 作成하여 吉하고 午運은 藥神을 도와서 吉하겠으나 己巳戊辰運은 病神을 生하여 吉運이 아니다. 이때를 지나면 木火運은 用神과 藥神을 도와서 末年은 吉하리라. 丑運은 旺金이 入墓하여 用神인 木이 被傷되므로 凶하다.

1967年生. 身弱劫財爲用

辛 丙 己 丁

卯 子 酉 未

71 61 51 41 31 21 11 01

辛 壬 癸 甲 乙 丙 丁 戊

丑 寅 卯 辰 巳 午 未 申

酉月은 丙火의 死地인데 辛金이 透干하고 坐下에 子水이고 己土가 透干하여 丙火를 泄氣하니 身弱하다. 卯木을 用神으로 하려고 하니 子卯刑이 되어 不用하고 旺한 財星을 除去하는 比劫이 用神에 卯木이 喜神이다. 水는 用神을 克傷하는 病神에 土는 그 病을 除去하는 藥神이다.

初年 戊運은 藥神을 도와서 無欠하였다. 申運은 申子水에 病神이 得勢하는데 忌神인 財星을 도우니 父先望하였다. 이는 酉金이 父星으로서 (空)亡이 된 緣故이기도 하다. 南方火運에 金銀房을 自營하여 得財하고 있다.

向後 巳運은 巳酉金이 喜神을 傷害하여 凶하겠는데 이때 妻妾과 財로 因하여 辛苦하리라. 忌神인 兩枝桃花가 있으니 더욱 그러하다. 辰運 또한 病神이 得勢하여 吉運이 아니다. 木運은 喜神이 되어 吉하고 癸運은 用神을 冲去하여 凶하며 壬運은 用神을 合去하여 凶하다. 辛丑運은 用神을 冲去하고 用神의 根인 未를 冲하며 旺金이 入墓하여 吉運이 아니다.

*. 此命은 子와 酉가 兩枝桃花인데 丙火가 時上의 正財辛과 有情한 合을 이루고 時支가 沐浴殺이며 日時支가 子卯刑이 되니 이를 荒淫之弊라고 하여 妻妾으로 因하여 낭패를 볼 확률이 대단히 높은 命造이다. 즉 play boy기질을 타고 났다. 따라서 性病이 염려된다.

1954年生(女命). 火曰炎上格

甲 丙 甲 甲
午 午 戌 午

73 63 53 43 33 23 13 03
丙 丁 戊 己 庚 辛 壬 癸
寅 卯 辰 巳 午 未 申 酉

*. 火曰炎上格

丙丁日主가 巳午未南方이 되든지 寅午戌火局을 이루고 干支에 水가 없으면 火曰炎上格이 되는데, 木은 火를 生하여 吉하고 火는 自旺하여 吉하며 土는 旺火를 泄氣하여 吉하다. 水는 逆勢하여 大忌한다.

初年 癸酉壬申運은 旺火를 逆勢하여 吉運이 아니다. 申運 丙辰年에 申辰水 則 官運이 되어 成婚하고 丁巳年에 從神을 도와 得男하고 未運 壬戌年에 從神을 泄氣하니 次男을 得하였다. 未運 以後 己運까지 庚運은 劈甲引火하고 火土運에 夫君이 出身하여 吉하며 多財多福한 家庭이다.

向後 戊運 까지는 旺火를 泄氣하여 吉하겠으나 辰運에 火庫를 冲하면 吉運이 아닌데 이때 夫君의 健康과 本人의 健康이 염려된다. 이때를 지나면 木火運은 大吉하리라.

*. 火(화)가 吉神(길신)이기 때문에 南方都市(남방도시)인 釜山(부산)에 가서 살고 있다.

*. 過不及(과불급)이 皆病(개병)이라 旺火(왕화)에 心臟(심장)이 弱(약)하여 잘 놀라므로 차운전을 못한다고 한다.

1963年生. 殺印相生格

癸 丙 壬 癸

巳 申 戌 卯

74	64	54	44	34	24	14	04
甲	乙	丙	丁	戊	己	庚	辛
寅	卯	辰	巳	午	未	申	酉

戌月(술월)은 土旺節(토왕절)인데 申(신)과 戌(술)사이에 酉(유)를 拱夾(공협)하니 金旺(금왕)이고 癸壬(계임)癸水(계수)가 透干(투간)하니 官殺(관살)이 旺(왕)하다. 身弱(신약)에 卯木(묘목)을 用神(용신)으로 定(정)하여 殺印相生格(살인상생격)이 된다. 則(즉) 木(목)이 用神(용신)이고 水(수)는 喜神(희신)이며 金(금)이 病神(병신)에 火(화)는 藥神(약신)이다.

初年(초년) 金運(금운)은 病神(병신)이 得勢(득세)하여 寒微家(한미가)에서 生長(생장)하여 大學進學(대학진학)을 포기하고 卯木(묘목)이 吉神懸針星(길신현침성)이니 인테리어 기술을 배웠다. 未運(미운)에 卯未木(묘미목)이 用神(용신)을 도와 成婚(성혼)하고 三男(삼남)을 두었다. 未運(미운)부터 인테리어 업을 自營(자영)하여 南方火運(남방화운)에 藥神(약신)을 도우니 得財(득재)하고 있다.

向後 火運동안은 藥神이 되어 吉하지만 辰運은 旺土를 冲하여 弱火가 泄氣되니 吉運이 아니다. 이때를 지나면 木運 二十年동안 末年이 吉하리라.

*. 殺印相生格이 貴格이지만 此命은 官殺이 混雜하여 格이 떨어진다.

1950年生(女命). 財多身弱格

辛 丙 丙 庚

卯 申 戌 寅

77 67 57 47 37 27 17 07

戊 己 庚 辛 壬 癸 甲 乙

寅 卯 辰 巳 午 未 申 酉

戌月은 西方金旺節인데 申과 戌사이에 酉를 拱夾하여 申(酉)戌에 庚辛이 透干하니 財旺하다. 財多身弱에 印星인 木을 쓰면 旺金에 木이 傷하므로 寅戌火에 根을 둔 丙火가 用神에 木이 喜神이 된다.

初年 酉運은 桃花逢冲하여 逢男하고 甲運에 用神을 生하여 成婚하였다. 申癸運은 吉運이 아니기 때문에 夫君이 職場人에 불과했다. 未運에 卯未木喜神이 用神을 生하니 夫君이 事業을 시작하여 壬運

은 火用神에 見水顯節하여 吉한데 特히 午運에 寅午戌火局이 用神을 도와 財가 興旺하였다.

辛運에 用神을 合去하여 凶한데 戊寅年에 坐下의 申金을 冲하니 夫喪을 當하였다. 이는 坐下를 포함하여 刑이 되고 冲이 되어 申中의 壬水 則 官星이 傷한 緣故다.

向後 巳運은 用神을 도와 吉하겠으나 寅巳申 三刑을 成局하니 官災口舌과 身傷이 염려된다. 土金運은 旺한 財를 生하여 喜神인 木을 傷害하므로 吉運이 아니다.

1951年生(女命). 身弱印星爲用

壬 丙 戊 辛
辰 午 戌 卯

72 62 52 42 32 22 12 02
丙 乙 甲 癸 壬 辛 庚 己
午 巳 辰 卯 寅 丑 子 亥

辰月은 土旺節인데 辰時에 戊土가 透干하니 泄氣가 甚하다. 卯木으로 疏土하고 弱한 日主를 生하여야 된다. 則 卯木이 用神에 水는 喜神이며 金이 病神에 火는 金을 除去하는 藥神이다.

喜神으로서의 水는 用不用이 있다. 亥水는 生木하여 吉하고 子水

는 坐下의 羊刃을 冲하여 凶하다. 壬水는 見水顯節하여 吉하고 癸水는 忌神인 戊土를 合去하여 吉하다.

初年 子運은 官星桃花運이 되는데 桃花逢冲하고 庚戌年에 官星을 生하니 成婚하였다. 辛丑運은 病神을 扶生하여 吉運이 아니다. 壬運은 用神을 生하니 夫君이 事業을 시작하여 寅運에 寅午戌火가 藥神이 되니 事業이 興旺하였다. 癸運은 忌神인 戊土를 合去하여 吉하고 卯運은 用神을 도와 吉하였다.

向後 甲運은 用神을 도와서 吉하겠으나 辰運은 旺土를 冲發하여 凶하리라. 이때 土多에 官星인 水는 泥塞되니 夫君의 健康이 염려된다. 戊戌과 壬辰魁罡이 있으니 더욱 그러하다. 이때를 지나면 火運은 藥神이 되어 吉하리라.

1954年生. 身旺用財格

辛 丙 甲 甲

卯 午 戌 午

78 68 58 48 38 28 18 08

壬 辛 庚 己 戊 丁 丙 乙

午 巳 辰 卯 寅 丑 子 亥

戌月은 土旺火弱하지만 午戌午爭合化火하고 三木이 生火하니 弱

而反旺하여 身旺用財格이 된다. 則 辛金이 用神이고 濕土運은 喜神이며 火가 病神에 水運은 藥神이 된다.

子運에 坐下를 冲하고 官星(子星)藥神이 되어 成婚하고 丁運은 群比爭財가 되고 辛金財星用神을 冲하니 損財하였다. 丑運은 用神을 生하는데 土가 喜神이기 때문에 不動産業으로 得財하였다. 戊運은 燥土가 되어 能力은 不足하지만 旺火를 泄氣하여 生金하니 得財하였다. 寅運에 들어와 寅午戌午火旺이 群比爭財하고 金이 傷하니 痔疾手術을 하였다.

向後 己運은 喜神이 되어 吉하겠고 卯運은 旺火를 生하여 吉運이 아니다. 庚運은 火가 病神에 劈甲引火하여 金을 克하므로 不吉하겠는데 이때 肺弱이 염려된다. 辰運은 旺火의 庫藏을 冲하여 吉運이 아니다.

1955年生(女命). 身弱印星爲用

戊 丙 丁 乙
子 申 亥 未

73 63 53 43 33 23 13 03
乙 甲 癸 壬 辛 庚 己 戊
未 午 巳 辰 卯 寅 丑 子

亥月의 丙火가 克泄이 交加하니 亥未合木에 根을 둔 乙木이 用神에 申金은 乙木을 傷害하는 病神이고 丁火는 金을 除去하는 藥神이다.

初年 戊子己丑運은 弱身을 克泄하여 凶하고 庚運 戊午年에 藥神을 도우고 桃花인 子를 冲하니 成婚하였다. 寅運은 用神을 도와 吉하므로 夫君이 出身하여 財興하였으나 坐下의 申金을 冲하므로 夫婦反目이 있었다. 辛運에 用神과 藥神을 相冲하니 夫婦別離하였다. 이는 官殺混雜에 官星이 他五行과 合을 이루고 있으며 用神의 根인 亥가 孤辰이고 未가 寡宿이며 坐下申金이 孤辰인 緣故다. 卯運에 用神을 도우니 吉하여 弟夫가 經營하는 한의원에 물리치료사로 근무하게 되었다. 壬運은 藥神인 丁火를 合去하고 辰運은 旺水가 入墓하여 吉運이 아니다. 癸運은 凶神인 戊土를 合去하여 吉하다. 巳運 以後 木火運은 用神과 藥神을 도우니 末年은 享福하리라. 一

子(자)가 特出(특출)하다.

*. 亥(해)가 天門(천문)이고 불이 吉神(길신)이기 때문에 溫氣(온기)로 데워주는 物理治療師(물리치료사)인 듯하다.

*. 申金(신금)이 忌神(기신)이지만 懸針星(현침성)이니 活人方(활인방)이다.

*. 殺印相生格(살인상생격)으로 풀이하여도 결과는 同一(동일)하다.

1953年生(女命). 身弱印星爲用

壬 丙 癸 癸

辰 寅 亥 巳

79 69 59 49 39 29 19 09

辛 庚 己 戊 丁 丙 乙 甲

未 午 巳 辰 卯 寅 丑 子

亥月(해월)은 水旺節(수왕절)인데 壬癸癸(임계계)가 透出(투출)하였으니 官殺(관살)이 太旺(태왕)하다. 그러므로 身弱(신약)한데 身弱(신약)한 者(자)는 印比(인비)으로써 生扶(생부)하여야 한다. 寅木(인목)이 用神(용신)에 巳中(사중)의 庚金(경금)은 用神(용신)을 傷害(상해)하므로 病神(병신)이 되고 巳火(사화)가 藥神(약신)이다.

此命(차명)에서 太旺(태왕)한 官殺(관살)이 日主(일주)를 傷害(상해)하니 食神制殺格(식신제살격)으로 하여則(즉) 辰土(진토)로서 旺水(왕수)를 除去(제거)하여 弱身(약신)을 救(구)하려고 하니 濕土(습토)인 辰土(진토)는

能力이 不足하다. 그리고 太旺한 水를 弱한 土로서 逆勢하는 것보다는 印星인 木을 써서 旺水를 泄氣하고 生火하여 順勢하는 것이 順理이다.

初年 亥運 乙未年(小運도 乙未年) 甲申月에 높은 마루에서 떨어져 얼굴에 큰 상처를 입어 지금도 상흔이 남아있다. 이는 原局에 寅亥木이 巳亥冲을 會局救冲하여 있던 것을 未年이 亥水를 合去해버리니 寅巳刑을 成局하고 申月에 用神인 寅을 冲하고 寅巳申 三刑을 成局한 緣故다. 甲乙運은 用神을 도와 吉하고 子運은 甲木이 蓋頭되어 無欠하였다. 乙運에 用神을 돕는데 丙辰年 庚寅月에 成婚하고 同年 己亥月에 得男하였다.

丙運 以後 木火運은 用神과 藥神을 도우니 夫君의 出身으로 得財하여 多福하다고 한다. 丁運 乙亥年에 巳亥爭冲하니 巳中의 庚金이 父星인데 衰者冲之拔根하므로 父喪을 當하였다. 卯運은 用神을 도와 吉하다.

向後 戊運은 旺水를 合去하여 吉하겠으나 辰運은 旺水가 入墓하여 凶하다. 이때를 지나면 南方火運은 吉하리라.

*. 殺印相生格은 官殺混雜을 꺼리지 않는다고 하지만 女命에서는

官殺混雜이 吉할리 없고 申만 없는 寅申巳亥(四生格)이니 行止가 不定한 때가 많다. 이는 驛馬地殺이 相沖한 緣故다.

*. 小運定法

小運法은 大運이 들기 前인 初年에만 참고한다.

小運은 時柱로부터 陽男陰女는 順行하고 陰男陽女는 逆行한다.

女命: 此命에서 例를 들면

壬丙癸癸

辰寅亥巳

79 69 59 49 39 29 19 09

辛 庚 己 戊 丁 丙 乙 甲 大

未 午 巳 辰 卯 寅 丑 子 運

8 7 6 5 4 3 2 1

庚 己 戊 丁 丙 乙 甲 癸 小

子 亥 戌 酉 申 未 午 巳 運

男命이 아래와 같다면

庚庚癸癸

辰午亥巳

73 63 53 43 33 23 13 03

乙 丙 丁 戊 己 庚 辛 壬 大

卯 辰 巳 午 未 申 酉 戌 運

2 1
戊 己 小
寅 卯 運

1921年生. 食神制殺格. (亡者)

壬 丙 己 辛
辰 申 亥 酉

77 67 57 47 37 27 17 07
辛 壬 癸 甲 乙 丙 丁 戊
卯 辰 巳 午 未 申 酉 戌

亥月은 水旺火弱한데 申辰水에 壬水가 透干하니 水가 太旺하고 申酉辰에 根을 둔 辛金이 透干하니 財 또한 旺하다.

從不從이 難解하나 胎元이 庚寅이고 陽干은 從氣不從勢하니 月上의 己土로서 旺水를 除濕하여 弱한 日主를 救해야 된다. 則 己土用神에 火運이 喜神이다.

初年 戊戌丁運은 用神을 도우고 喜神이 되어 吉하였고 酉運은 旺水를 生하여 吉運이 아니었다. 丙運은 喜神이 되어 成婚하고 二男五女를 두었다. 申運은 用神을 泄氣하여 吉運이 아니고 乙運은 用神을 克하여 吉運이 아니며 未運은 亥未木이 克用神하니 吉運이 아니고 甲運은 用神을 合去하여 吉運이 아니었기 때문에 無爲徒食하

였다. 身이 太弱하니 身旺한 婦人을 만나 오직 婦人의 經濟活動에 만 依存했다고 한다. 午運에 喜神이 되니 土가 吉神이기 때문에 不動産業으로 小財를 得하였다. 癸運은 旺水를 도와 凶하고 巳運은 用神을 生함은 吉하지만 月建을 冲하니 吉凶이 相半이었다.

壬運에 들어 旺水를 도와 凶한데 辛未年에 亥未木이 克己土하고 庚寅月에 己土가 死地에 들고 甲戌日에 旺水의 庫藏을 冲하고 甲子時에 甲己合去하고 子에 己土가 絶이 되니 去世하였다.

1976年生. 殺印相生格

癸 丙 己 丙

巳 寅 亥 辰

79 69 59 49 39 29 19 09

丁 丙 乙 甲 癸 壬 辛 庚

未 午 巳 辰 卯 寅 丑 子

亥월은 水旺火弱한데 辰土와 己土가 弱火를 泄氣하고 癸水가 透干하니 克泄이 交加하여 身弱하다. 寅木으로 旺水를 泄氣하여 生火하여야 된다. 則 寅木이 用神에 水는 喜神이며 巳中의 庚金이 克木하는 病神이고 丙火는 藥神이다.

火가 吉神이기 때문에 化工學科를 卒業하고 寅木이 用神인데 寅

은 印星으로서 학문에 해당되며 寅에 地殺驛馬가 있기 때문에 미국 워신턴주립대에 留學中이다.

向後 壬寅癸卯運은 喜神과 用神을 도와 吉하겠으나 辰運은 旺水가 入墓하여 吉運이 아니다. 이때를 지나면 火運동안은 弱한 日主를 도와서 吉하리라.

*. 殺印相生格은 貴格이며 學者가 많다.

1978年生(女命). 身弱比刦爲用

己 丙 癸 戊
亥 戌 亥 午

74 64 54 44 34 24 14 04
乙 丙 丁 戊 己 庚 辛 壬
卯 辰 巳 午 未 申 酉 戌

亥月은 丙火의 絶地로서 水旺火弱한데 亥時에 癸水가 透干하고 三土가 泄氣하니 身弱하므로 依支處는 比劫이다. 則 火가 用神에 木運은 喜神이며 水가 病神에 土는 水를 除去하는 藥神이 된다.

初年 亥運에 出生時 어머니의 사고로 8個月만에 태어나 인큐베이터에서 10個月을 채웠다. 地方名門大 數學科에 在學中이다.

向後 金運은 旺水를 生하여 吉運이 아니고 己運 以後 土火運은 藥神과 用神을 도와 吉하겠다. 辰運은 旺水가 入墓하며 坐下를 沖하여 吉運이 아니다. 이때 坐下食傷이니 夫君의 健康이 염려된다.

*. 午火가 懸針星이고 坐下의 戌과 官星의 根인 亥에 天門이 있으니 醫師婦人이 되리라.

*. 實際 印星이 喜神이니 敎職에 있으며, 申運 戊子年에 官星年이 되니 齒科醫師와 結婚하고 己丑年에 傷官年이 되니 男兒를 得하였다.

1948年生. 身弱에 印星爲用

己 丙 甲 戊
亥 子 子 子

77 67 57 47 37 27 17 07
壬 辛 庚 己 戊 丁 丙 乙
申 未 午 巳 辰 卯 寅 丑

食傷을 使用하여 食傷制殺하려고 하니 官殺이 太旺한데 子水上의 戊土와 亥水上의 己土는 散土되어 能力이 不足하기도 하고 太旺한 水를 食傷으로 逆勢하면 반발이 甚하여 不可하다. 따라서 身弱에

印星인 甲木을 用神으로 하여 生火하는 것이 定理이다. 甲木用神은 亥에 長生되지만 旺水에 浮木되므로 水가 病神에 除水하는 土는 藥神이다. 火運은 溫水生木하는 吉神이다.

初年부터 戊運까지는 財興旺하였으나 辰運에 旺水가 入墓하니 甲木은 浮木되고 藥神인 土는 崩壞되니 弱한 日主가 傷하여 大敗하였다. 己運은 用神을 合去하여 吉運이 아니고 巳運은 用神의 根인 亥水를 冲하여 吉運이 아니다.

向後 庚運은 甲木을 冲하여 劈甲引火로 大吉할 것 같으나 濕木은 勿炎하여 效力이 不足하다. 午運에 三子를 冲하여 水가 冲發하면 危險하리라.

*. 火土木이 吉神이기 때문에 建設業者다.

1969年生(女命). 殺印相生格

己 丙 丙 己

亥 寅 子 酉

77 67 57 47 37 27 17 07

甲 癸 壬 辛 庚 己 戊 丁

申 未 午 巳 辰 卯 寅 丑

子月은 水旺火弱한데 亥水가 水를 도우고 雙己가 弱火를 泄氣하며 酉金이 生水하니 克泄이 交加하여 身弱하다. 則 坐下의 寅木이 用神에 水는 喜神이며 酉金이 病神에 火는 藥神이 된다.

戊運末 庚午年은 桃花年이 되는데 子水를 冲하여 成婚하고 寅運 辛未年에 寅과 亥未木이 用神을 도와 得男하였다. 壬申癸酉年은 病神이 得勢하고 官逢官運이 되니 夫婦葛藤이 甚하였다. 甲戌年에는 寅戌火로 用神을 合하여 比劫이 되니 姉妹가 强剛이면 眞房之婦라. 則 群比爭官하여 夫婦別離하였다. 이는 寅亥 則 日時支가 空亡이고 子亥酉가 天乙貴人이며 坐下가 劫殺이 된 緣故다. 時支가 (空)亡이니 子息과도 離別하였다.

向後 木火運은 吉하겠으나 土金運은 不吉하다.

1945年生(女命). 殺印相生格

癸 丙 戊 乙
巳 寅 子 酉

75 65 55 45 35 25 15 05
丙 乙 甲 癸 壬 辛 庚 己
申 未 午 巳 辰 卯 寅 丑

子月은 丙火의 胎地이고 戊土가 透干하여 弱火를 泄氣하고 酉金에 死地가 되며 癸水가 透干하여 克해오니 身弱하다. 身弱者는 印比로써 生扶하여야 하니 木이 戊土를 疏土하고 生火하는 用神이고 金이 病神에 火는 藥神이다.

初年 己丑庚運은 忌神이 되니 寒微家에서 生長하였다. 寅運에 用神을 도우니 成婚하고 一男一女를 두었다. 辛卯運은 地支가 重하므로 夫君의 出身으로 得財하여 多福하였다. 壬運은 官殺混雜에 官逢官運이 되니 吉運이 아니었다. 辰運은 子辰水하여 凶한데 乙丑年은 巳酉丑金에 病神이 得勢하니 用神이 傷하는데 丙寅年은 丙寅日柱에 天地伏吟하니 夫婦別離하였다. 이는 官星이 辰에 入墓하고 寅巳刑하며 寅이 劫殺인 때문이기도 하다. 癸運에 再嫁하여 巳運부터 夫婦同業으로 飮食物業을 經營하여 得財하고 家庭和睦하다.

向後 木火運은 用神과 藥神을 도와 吉하리라. 그러나 申運은 用

神을 冲하여 凶하다.

*. 年運伏吟: 大運과 當年太歲가 同併이니 紆鬱反覆하여 動止가 未定. 日主에도 적용됨.

*. 年運返吟: 大運과 當年太歲가 相冲함이니 子運에 午年을 만남과 같으니 重하면 災殃, 輕하면 移動, 損財, 奔走. 日主에도 적용됨.

1964年生. 身弱印星爲用

壬 丙 丙 甲

辰 申 子 辰

78 68 58 48 38 28 18 08

甲 癸 壬 辛 庚 己 戊 丁

申 未 午 巳 辰 卯 寅 丑

子月은 丙火가 弱한데 地支에 申子辰水局이고 壬水가 透干하여 殺이 太旺하니 身이 太弱하다. 甲木이 辰에 着根하여 弱火를 生하는 用神이고 金이 病神에 火는 藥神이다. 浮木되는 太旺한 水는 病神이 되고 除水하는 土는 藥神이 된다.

寅運에 法學을 專攻하였다. 이는 病神인 申金을 冲去하고 甲木이 得祿하니 名門大學校 法學部를 마칠 수 있었다. 寅運末 辛未年에

司法試驗 一次는 合格하였으나 二次는 失敗하고 己運에 계속 應試하였으나 失敗하였다. 이는 用神을 合去한 때문이기도 하지만 官星이 凶神인 緣故다.

卯運에 用神을 도우니 法律事務所에 入社하고 丙子年에 坐下를 合하니 成婚하고 戊寅年에 除濕하고 用神을 도우니 得男하였다.

向後 庚運은 用神을 冲하여 吉함이 적고 辰運은 旺水가 入墓하여 凶하겠다. 이때를 지나면 南方火運은 藥神을 도와 吉하리라.

*. 丙臨申位에 逢陽水면 難獲延年이라고 했으니 健康이 염려된다.

*. 法學專攻은 偏官의 作用이다.

1949年生. 身弱比肩爲用

壬 丙 丙 己

辰 申 子 丑

79 69 59 49 39 29 19 09

戊 己 庚 辛 壬 癸 甲 乙

辰 巳 午 未 申 酉 戌 亥

子月은 水旺火弱한데 地支에 申子辰水局에 壬水가 透干하니 官星은 太旺한데 또 己丑土가 泄氣하니 身은 太弱하다. 棄命從殺格이

될 것 같지만 殺을 除去하는 土가 있고 胎元이 丁卯이니 不可하다. 따라서 丙火가 用神에 木運은 喜神이며 水가 病神에 土는 藥神이다.

初年 乙木運은 濕木이 되어 能力이 不足하고 亥運은 病神을 도우니 寒微家에서 生長하였다. 甲運은 丙火를 生하여 吉하였고 戌運은 藥神을 도우니 吉하다. 戌運 甲寅年에 藥神을 도우고 用神을 生하니 成婚하고 丙辰年에 女息을 得하였다. 得男하지 못한 것은 時支가 空이고 過於寒濕한 緣故다.

酉運은 病神을 生하여 百事가 無成하고 壬運은 丙火用神에 見水顯節하니 小財를 得하였다. 申運은 旺水를 生하여 凶한데 丁丑年에 群比爭財하고 財星(妻)이 入墓하니 夫婦別離하였다.

辛運은 用神을 合去하여 凶하고 未運은 藥神의 根을 冲하여 吉運이 아니며 庚運은 旺水를 生하여 吉運이 아니고 午運은 旺水를 冲하여 凶하다. 이때를 지나면 火土運은 用神과 藥神을 도와서 吉하리라.

*. 丙臨申位에 逢陽水면 難獲延年이라고 했으니 心臟疾患 조심하고 水火相爭이니 腎氣不足에 膽石症이 염려된다.

*. 胎元法: 入胎月을 말한다. 月干次位하고 月支四位이니 此命에

서는 前年度 則 戊子年 丁卯月에 入胎한 것이다.

1948年生. 殺印相生格

壬 丙 乙 戊

辰 申 丑 子

80 70 60 50 40 30 20 10

癸 壬 辛 庚 己 戊 丁 丙

酉 申 未 午 巳 辰 卯 寅

棄命從殺格같으나 戊土가 除濕하고 乙木이 透干하여 生火하니 殺印相生格이다. 乙木이 弱身을 生하는 用神이고 水가 喜神이며 金이 病神에 火運은 藥神이다.

初年부터 吉運이기 때문에 土木工學을 專攻하고 建設會社에서 戊運까지는 고속승진도하고 각광받는 직장인이었다. 辰運에 官星을 克하니 退職하고 土木會社를 설립하였으나 弱身을 泄氣하니 失敗하였다. 己運부터 再起하고 있으나 吉運不逢으로 成功은 없고 敎職生活을 하는 妻의 도움으로 살아가고 있다.

庚運은 用神을 合去하니 不測之變故가 염려되며 午運은 藥神이 되어 吉하리라. 辛運은 用神을 冲하여 凶하다.

*. 火日主가 克泄이 交加하여 太弱하니 心臟疾患이 염려된다.

*. 一點의 火가 있었더라면 格이 한층 높아졌으리라.

1948年生. 身弱한 火土傷官格에 印星爲用

戊 丙 乙 戊

戌 申 丑 子

80 70 60 50 40 30 20 10

癸 壬 辛 庚 己 戊 丁 丙

酉 申 未 午 巳 辰 卯 寅

丑月은 丙火가 弱한데 四土가 있으니 泄氣가 甚하고 申子水가 克해오니 克泄이 交加하여 身이 太弱하다. 丙火는 陽干으로 從氣不從勢하니 乙木으로 旺土를 疏土하고 生火하여야 한다. 則 乙木이 用神에 水는 喜神이며 金이 病神에 火運은 藥神이다.

初年 木火運은 用神을 도우고 藥神이 되니 富家에서 生長하였다. 木生火 火生土 土生金 金生水 水生木으로 轉轉相生하니 知能之數가 높다. 英文學을 專攻하고 卯運에 用神을 도와 吉한데 이때 印星이 用神이니 教師가 되었다. 卯運에 成婚하고 一男二女를 두었다.

戊運은 弱火가 泄氣되어 吉運이 아니고 辰運에 旺土를 沖發하여 官星을 克하니 退職하고 이때 財的인 損失도 있었다고 한다. 己運은

旺土에 用神인 乙木이 折되니 彷徨期였다.

巳運에 巳丑合金하여 凶했을 것 같으나 그래도 南方火運이니 英語專門講師로 小財를 得하였다. 庚運은 用神을 合去하여 吉運이 아니지만 午運은 病神을 克制하여 乙木用神이 生氣를 얻으니 吉하리라.

*. 丙火日主가 太弱하면 眼力이 不足하다. 이는 丙火는 太陽之火로서 人體中에는 눈에 해당되기 때문이다.

*. 一點의 火가 戌土 中에라도 있으니 다행이다.

1964年生, 身旺(印綬旺에 의한)用財格

辛 丙 丁 甲

卯 寅 丑 辰

78 68 58 48 38 28 18 08

乙 甲 癸 壬 辛 庚 己 戊

酉 申 未 午 巳 辰 卯 寅

丑月은 土旺火弱한데 地支에 丑寅卯辰으로 地轉東方하고 甲木이 透干하니 印星旺에 의한 身旺이다. 따라서 旺한 木을 제거하여야 된다. 則 丑에 根을 둔 辛金이 用神에 土는 喜神이며 火가 病神에

水運은 藥神이 된다.

初年 戊寅己卯運은 喜神인 土가 蓋頭되어 전문학교 자동차학과를 졸업하고 庚運에 자동차회사에 취직하고 辰運에 用神을 生하니 得宅하였다.

向後 辛巳運은 用神을 도와 吉하겠고 壬運은 病神인 丁火를 合去하여 吉하겠으나 午運에 寅午火가 用神辛을 克하니 群比爭財에 의한 損財와 坐下의 寅이 空(亡)이니 妻의 건강이 염려된다. 이때를 지나면 癸運은 病神인 丁火를 冲去하여 吉하겠으나 未運은 旺木이 入墓하고 月建을 冲하여 凶하다.

*. 金이 用神이기 때문에 自動車學科다.

*. 庚運 癸酉年에 財星(妻)用神을 도우니 成婚하였다.

*. 時支가 (空)亡이 되어 辰運 丁丑年에 晩子를 두었다.

1957年生(女命). 身弱比刦爲用

戊 丙 辛 丙
子 午 丑 申

80 70 60 50 40 30 20 10
癸 甲 乙 丙 丁 戊 己 庚
巳 午 未 申 酉 戌 亥 子

丙辛合化水格이 될 수 없는 것은 火土가 있어서 水로 從하지 아니하기 때문이다. 丑月은 土旺節인데 戊土가 透干하고 辛金이 透干하였으니 財旺 食傷旺이고 丑月에 申子水가 있으니 官旺하다. 則克泄이 交加하여 身弱하니 火가 用神에 木運은 喜神이며 水가 病神에 土는 藥神이다. 原局에 喜神인 木이 있다면 格이 한층 높아졌을 것이다. 用神인 火가 丙辛合水하고 子午冲하니 格이 낮다.

初年 庚子運은 病神을 生扶하여 寒微家에서 生長하였다. 子運은 官星이 되는데 乙卯년에 用神을 生하고 桃花年이 되니 成婚하고 丙辰年에 長女를 得한 후 모두 三女息을 두었다.

亥運에 水旺하여 凶한데 甲子年에 坐下의 用神을 爭冲하니 心臟瓣膜症 手術을 하였다. 이는 丙火는 小腸이고 丁火는 心臟인데 原局에서 弱한 午火用神을 冲하고 亥運이 病神을 도와서 凶한데 甲子年에 또 午火를 爭冲한 緣故다. 戊戌丁運은 除濕하고 用神을 도와서 無欠(무흠)하였으나 酉運(유운)에는 弱(약)한 日主(일주)와 用神(용신)의 死地(사지)가 되니 危險(위험)하리라.

1952年生. 身弱에 印星爲用

庚 丙 癸 壬

寅 子 丑 辰

74 64 54 44 34 24 14 04

辛 庚 己 戊 丁 丙 乙 甲

酉 申 未 午 巳 辰 卯 寅

丑月(축월)은 寒濕(한습)하고 火(화)는 弱(약)한데 子辰水局(자진수국)에 壬癸水(임계수)가 透干(투간)하고 庚金(경금)이 生水(생수)하니 丙火(병화)는 弱(약)하고 官殺(관살)은 太旺(태왕)하다. 弱(약)한 日主(일주)가 依支(의지)할 곳은 寅木(인목)뿐이다. 則(즉) 寅木(인목)이 用神(용신)에 庚金(경금)은 病神(병신)이고 火運(화운)은 除金(제금)하는 藥神(약신)이 된다.

印星(인성)이 用神(용신)이면 官星(관성)은 喜神(희신)이 되는 경우가 대부분이지만 此命(차명)에서처럼 官星(관성)이 太旺(태왕)한 경우에는 官星(관성)을 喜神(희신)이라고는 할 수 없으며 用神(용신)인 木(목)이 浮木(부목)되므로 오히려 病(병)이 된다.

初年(초년) 木火運(목화운)은 用神(용신)을 도우고 藥神(약신)이 되어 裕餘家(유여가)에서 生長(생장)하여 教育大學(교육대학)을 卒業(졸업)하고 丙運(병운)에 藥神(약신)이 되니 初等學校(초등학교) 教師(교사)가 되었다.

丙運(병운) 戊午年(무오년)에 藥神(약신)이 되고 坐下冲(좌하충)에 去官留殺(거관유살)하니 成婚(성혼)하고 一(일)

男一女를 두었다. 辰運에 旺水가 入墓하여 凶한데 庚申年에 用神인 印星(母)을 冲하니 母喪을 當하였다.

丁運以後 藥神이 되어 得財하고 和睦한 家庭이었으나 戊運 戊寅年에 年運伏吟하고 用神伏吟하니 妻가 非命橫死하였다. 이는 坐下가 忌神이고 丑中의 辛金이 妻인데 丑이 寡宿殺이고 癸丑이 白虎殺인 緣故다.

向後 火運은 藥神이 되어 吉하겠으나 金運은 病神을 도우니 吉運이 아니다.

◎ 丁火

1957年生(女命). 丁壬合化木格에 酉金이 病

壬 丁 壬 丁
寅 卯 寅 酉

74 64 54 44 34 24 14 04
庚 己 戊 丁 丙 乙 甲 癸
戌 酉 申 未 午 巳 辰 卯

*. 丁壬合化木格[7]

1. 丁火日主가 時上에나 月上에 壬水가 一個만 있고 干支에 甲乙寅亥卯未로 구성되고 庚辛申酉가 없으면 丁과 壬이 合하여 木으로 化하는 바 水木火運은 吉하고 從神을 克하는 金運은 不吉하고 癸水는 丁火를 沖克하므로 不吉하다.

2. 壬水日主가 時上이나 月上에 丁火가 一個만 있고 干支에 甲乙寅亥卯未로 구성되고 庚辛申酉가 없으면 壬水와 丁火가 合하여 木으로 化하는 바 水木火運은 吉하고 金運은 從神을 克傷하므로 大忌한다. 다시 말하면 癸字는 合하는 丁火를 沖하여 凶하고 戊字는 合하는 壬水를 克하므로 꺼린다. 水運은 從神을 生하여 吉하고 木運은 從神이 自旺하여 吉하며 火運은 從神을 泄氣하여 吉하지만 金運

7) 유경진, 『명리학 용신론』, (연해명원), 2009년, pp.597~599.

은 從神을 逆勢하므로 大忌한다.

從格은 從하는 五行이 用神이다. 따라서 이 格에서는 木이 用神이고 水는 喜神이며 金이 病神에 火는 藥神이 된다.

甲辰小運에 病神인 酉金(父)이 得勢하니 父先亡하고 癸運은 丁火를 冲하여 合을 妨害하니 不吉하였다. 卯甲運은 富家에서 工夫도 잘하였다. 辰運은 病神인 酉金을 生하여 從神을 冲克하니 混沌되어 大學進學을 포기하였다. 이때 만났던 異性과의 別離之苦로 심리적 갈등이 컸다고 했다. 이는 丁壬이 多淫之合에 辰中의 癸水가 官星이 되어 逢男하였으나 丁壬合化木格에서 大忌하는 病神인 酉金을 生한 緣故다. 辰運 己未年 寅月에 日支와 合하고 食神年이 되니 成婚하고 同年 亥月에 得男하였다. 이는 辰中의 癸水가 官星이고 己未年 寅月에 卯未木과 寅木에 自旺하니 成婚하고 亥月에 亥卯未木에 自旺하니 生男한 것이다.

乙運以後 南方火運은 病神인 金을 除去하고 旺木을 泄氣하니 夫君이 出身하여 得財하고 多福한 家庭이다. 다만 巳運은 寅巳刑과 巳酉金에 病神이 得勢하니 夫君에게 官災가 있었다.

丁運은 原局에 丁과 壬이 2:2로 合木하고 있는데 丁을 만나니 丁과 壬이 3:2로 爭合이 되므로 心理的 混沌상태가 지속되고 있다.

向後 未運은 旺木이 入墓하여 凶하다. 戊運 以後는 病神이 得勢하여 從神을 克하므로 凶하리라.

*. 此命에서 病神인 酉金이 있으니 假從格인데 假從은 眞從에 비하여 格이 낮다.

1963年生. 身旺(印綬太旺에 의한)比劫爲用. 調候用神

癸 丁 甲 癸

卯 亥 寅 卯

73 63 53 43 33 23 13 03

丙 丁 戊 己 庚 辛 壬 癸

午 未 申 酉 戌 亥 子 丑

寅月은 木旺節인데 亥卯合木과 年支의 卯와 甲木이 透干하고 雙癸가 生木하니 印綬가 太旺하여 身이 太旺하다. 이와 같은 경우는 比劫으로서 太旺한 印星을 泄氣하여야 한다. 立春後 九日生이니 餘寒이 있는데 亥水에 根을 둔 雙癸가 透干하였으니 더욱 調候가 必要하다. 則 寅中의 丙火가 用神이고 癸水가 火를 傷害하는 病神이며 土運이 除濕하는 藥神이다. 木多火熄하니 木이 또한 病神이고 金運은 旺木을 斫破生火하는 藥神이다. 만약 從强格이나 身强用殺

格(격)이었다면 初年(초년) 北方水運(북방수운)에 大吉(대길)하였을 텐데 寒微家(한미가)에서 出生(출생)하여 大學進學(대학진학)이 어려웠다고 하니 위와 같이 풀이함이 타당하다.

辛運(신운)에 旺木(왕목)을 除去(제거)하고 丁卯年(정묘년)에 丁火(정화)가 用神(용신)을 도우니 警察公務員(경찰공무원)에 任用(임용)되었다. 亥運(해운) 甲戌年(갑술년)에 藥神(약신)이 되니 成婚(성혼)하고 丁丑年(정축년)에 用神(용신)을 도우고 藥神(약신)이 되니 得男(득남)하였다. 庚運(경운)에 旺木(왕목)을 斫破(작파)하여 불을 잘 타게 하니 得財(득재)하고 得宅(득택)하였다. 戌運(술운)에 藥神(약신)이 되는데 庚辰年(경진년)에 劈甲引火(벽갑인화)하니 昇進(승진)하였다.

向後(향후) 己運(기운)은 藥神(약신)이 되지만 食神(식신)이 見官(견관)하니 職場(직장)에 變動(변동)이 있겠고, 酉運(유운)은 旺木(왕목)을 除去(제거)하여 吉(길)하겠다. 戊運(무운)은 藥神(약신)이 되지만 傷官(상관)이 見官(견관)하니 職場(직장)에 變動(변동)이 오겠고, 申運(신운)은 月建寅木(월건인목)을 冲(충)하여 寅中(인중)의 丙火用神(병화용신)이 傷(상)하여 凶(흉)하리라. 이때를 지나면 丁運(정운)은 用神(용신)을 도와 吉(길)하겠으나 未運(미운)은 旺木(왕목)이 入墓(입묘)하여 吉運(길운)이 아니다.

*. 木(목)이 太旺(태왕)하여 肝·膽病(간담병)이 염려되니 술은 禁物(금물)이다.

1959年生. 身旺用官格

丁 丁 丙 己
未 丑 寅 亥

77 67 57 47 37 27 17 07
戊 己 庚 辛 壬 癸 甲 乙
午 未 申 酉 戌 亥 子 丑

寅月은 木旺節인데 三火가 透干하고 未中에 乙木과 丁火가 있으니 身이 旺하고 燥熱하다. 比劫이 많으니 身旺用官하여 亥水가 用神에 金運이 喜神이 된다. 그리고 土가 病神에 木이 藥神이다. 原局에 財는 丑中에 辛金이 있으나 丑未冲함이 欠이다.

初年 北方水運은 用神을 도와 吉한데 子運 甲子年에 用神을 도와 成婚하고 乙丑年에 得男하였다. 子運 癸亥年에 用神을 도와 吉한데 官星인 水가 用神이 되니 消防公務員이 되었다. 癸運에 官星用神이 透干하니 昇進하고 亥運에 用神을 도와 得財하고 壬運에 忌神인 比劫을 合去하니 吉하여 婦人이 전자상을 개업하여 得財하고 있다. 戌運은 病神인 土가 丑戌未 三刑을 成局하니 凶하겠는데 이때 日時支가 冲하고 있으니 夫婦關係를 敦篤히 하여야 되겠고 土旺에 官이 被克되니 職場에 변동이 있겠다. 이때를 지나면 辛酉庚申運은 用神을 生하여 吉하리라.

*. 用神인 亥水가 寅과 合이 되니 格이 낮다.

1960年生. 身旺用財格

癸 丁 戊 庚
卯 亥 寅 子

72 62 52 42 32 22 12 02
丙 乙 甲 癸 壬 辛 庚 己
戌 酉 申 未 午 巳 辰 卯

寅月은 木旺節인데 亥卯木이 더 있으니 身旺 中에도 印綬가 旺한 身旺이다. 旺한 印綬가 欠이 되니 財星으로써 印綬를 除去하여야 된다. 따라서 庚金이 用神에 土는 喜神이며 寅中의 丙火가 病神에 水는 藥神이다.

初年 己卯運은 己土가 蓋頭되어 無欠이고 庚辰運은 用神과 喜神을 도와 吉하였고 辛運도 用神을 도와 吉하였다. 巳運은 庚金의 長生地이지만 病神을 도와서 吉한 것만은 아니었다.

此命에서 用神과 喜神에 대해서 分析해보면 庚金은 死地인 子水위에 있고 寅에 絶地가 되며, 戊土는 旺木에 克을 받아서 虛弱하기도 하지만 燥土이기 때문에 金을 生할 能力이 不足하다.

따라서 壬運(임운)에 虛弱(허약)한 庚金(경금)은 泄氣(설기)되고 木(목)을 生(생)하며, 旺木(왕목)은 火(화)를 生(생)하고 그 旺火(왕화)는 虛弱(허약)한 庚金用神(경금용신)을 克傷(극상)하니 肺病患者(폐병환자)가 되었다. 60年代(년대)에서나 볼 수 있었던 患者(환자)다.

此命(차명)을 臨床(임상)한 것은 午運(오운) 戊寅年(무인년)이었는데 당시 肺病(폐병) 三期(삼기)라고 했다. 病源論(병원론)에 의하면 庚是大腸(경시대장) 辛屬肺(신속폐)라고 했다. 본디 金(금)이 虛弱(허약)한데 泄氣(설기)를 當(당)하고 旺火(왕화)의 克(극)을 받은 緣故(연고)다. 午運(오운) 동안은 寅午火(인오화)가 또 金(금)을 克傷(극상)하니 아마도 힘이 많이 들었으리라.

向後(향후) 癸運(계운)은 喜神(희신)인 戊土(무토)를 合去(합거)하고 未運(미운)은 亥卯未木局(해묘미목국)이 되니 吉運(길운)이 아니며 甲運(갑운) 또한 旺身(왕신)을 生(생)하여 吉運(길운)이 아니다.

*. 辛運(신운)에 만났던 女人(여인)은 巳運(사운)에 坐下(좌하)를 冲(충)하니 떠나버렸다.

1963年生(女命). 身旺用七殺格

癸 丁 甲 癸

卯 未 寅 卯

71	61	51	41	31	21	11	01
壬	辛	庚	己	戊	丁	丙	乙
戌	酉	申	未	午	巳	辰	卯

寅月(인월)은 木旺節(목왕절)인데 卯未木(묘미목)과 甲卯(갑묘)가 있으니 印綬(인수)가 旺(왕)한 身旺(신왕)이

며 燥熱(조열)하다. 女命(여명)에는 특히 官星(관성)의 行方(행방)이 重要(중요)한데 身旺(신왕)하고 燥熱(조열)하므로 癸水官星(계수관성)이 用神(용신)이고 金運(금운)은 喜神(희신)이다.

四十歲(사십세)가 다 되어 가도록 未婚(미혼)에 美容室從業員(미용실종업원)으로 있는 것은 坐下(좌하)에 食傷(식상)이고 寅卯(인묘)가 空亡(공망)이며 官星(관성)의 뿌리가 없기 때문이고 吉運(길운)을 만나지 못한 緣故(연고)다.

向後(향후) 金運(금운)은 用神(용신)을 生(생)하여 吉(길)하리라.

*. 癸水(계수)는 雨露之水(우로지수)이기 때문에 不離庚辛(불리경신)인데 原局(원국)에 金(금)이 있었더라면 水源(수원)이 長久(장구)하여 格(격)이 한층 높아졌으리라.

*. 燥熱(조열)에 濕運不逢(습운불봉)으로 生理不順(생리불순)이 甚(심)하다고 한다.

1875年生. 身旺用財格. 李承晩 前 大統領 造

庚 丁 己 乙

子 亥 卯 亥

86 76 66 56 46 36 26 16 06

庚 辛 壬 癸 甲 乙 丙 丁 戊

午 未 申 酉 戌 亥 子 丑 寅

卯月(묘월)의 丁火(정화)는 木旺節(목왕절)이니 火旺(화왕)한데 亥卯亥爭合化木(해묘해쟁합화목)에 乙木(을목)이 透干(투간)하였으니 身旺(신왕)한 中(중)에 印星(인성)이 旺(왕)한 身旺(신왕)이다. 따라서 印星(인성)을

除去하는 財星이 用神이 된다. 則 時上의 庚金이 用神이고 己土는 喜神이다.

丁丙乙甲癸運은 用神의 克泄이 交加하여 뜻을 얻지 못하고 酉運은 月建을 冲하여 效力이 없었다. 申運은 用神이 得祿하여 吉한데 戊子年에 戊土가 用神을 生하니 大統領으로 當選되었다. 申運末 庚寅年에 用神의 祿地를 冲하여 凶한데 亥卯와 寅亥의 旺木이 喜神을 克傷하니 6.25事變이 일어났고 辛運은 用神을 도와 吉한데 癸巳年에 火生土 土生金으로 轉轉相生하니 停戰되었다. 未運은 旺木이 入墓하니 木强金弱하여 凶한데 庚子年에 庚金에 子에 死地가 되어 下野했다. 午運은 用神을 根을 冲하여 凶한데 乙巳年의 乙木은 用神을 合去하고 巳는 亥水를 爭冲하기도 하고 午巳가 病神이 되어 用神을 克하니 去世하였다. 用神이 時支(子息宮)의 死地에 앉았으니 後嗣가 없다.

1942年生. 殺印相生格

辛 丁 癸 壬
亥 丑 卯 午

74 64 54 44 34 24 14 04
辛 庚 己 戊 丁 丙 乙 甲
亥 戌 酉 申 未 午 巳 辰

卯月은 木旺節인데 卯木이 丁火를 生하고 午火가 丁火를 도우니 身旺할듯하지만 亥와 丑사이에 子水를 拱夾하여 壬癸가 透干하고 辛金이 透出하였으니 克泄이 交加하여 旺이 反弱이다. 卯木이 用神이고 水는 喜神이며 金이 病神에 火는 藥神이다.

初年 木火運에 用神을 도우고 藥神이 되니 富家에서 生長하였다. 卯午가 吉神桃花이고 亥卯가 天乙貴人이다. 吉神인 兩枝桃花가 있으니 美男型에다가 富家에서 生長하였으니 어릴 적부터 異性들의 關心의 對象이었다.

乙運 丁酉年에 桃花逢冲하여 첫 女人을 만난 이후 己運까지 항상 女性들 틈에서 살아왔다고 한다. 戊運까지는 정말 화려한 인생을 살아왔는데 50이 지나 나이가 드니까 下向곡선을 타고 있다고 한다.

向後 酉運은 月建用神을 冲하고 藥神인 火의 死地가 되어 不吉하다.

*. 職業은 舞蹈學院 院長이다.
직업 무도학원 원장

*. 兩枝桃花가 있는 命造는 항상 두 집 살림을 염두에 두고 있는 듯하다.
양지도화 명조

Ⅰ. 合理論
합이론

1. 天干合
천간합

丁壬合化木, 戊癸合化火, 甲己合化土, 乙庚合化金, 丙辛合化水
정임합화목, 무계합화화, 갑기합화토, 을경합화금, 병신합화수

2. 地支合
지지합

寅亥合化木, 卯戌合化火, 子丑合化土, 辰酉合化金, 巳申合化水
인해합화목, 묘술합화화, 자축합화토, 진유합화금, 사신합화수

3. 地支三合局
지지삼합국

亥卯未木局, 寅午戌火局, 巳酉丑金局, 申子辰水局
해묘미목국, 인오술화국, 사유축금국, 신자진수국

*. 三字中 一字가 빠지면 半合이라고 한다.
삼자중 일자 반합

4. 方合
방합

寅卯辰木方, 巳午未火方, 申酉戌金方, 亥子丑北方
인묘진목방, 사오미화방, 신유술금방, 해자축북방

*. 三字中 一字가 빠지면 準方合이라고 한다.
삼자중 일자 준방합

5. 同合
동합

子見子, 丑見丑, 寅見寅, 卯見卯, 辰見辰, 巳見巳, 午見午, 未
자견자, 축견축, 인견인, 묘견묘, 진견진, 사견사, 오견오, 미

見未, 申見申, 酉見酉, 戌見戌, 亥見亥
견미 신견신 유견유 술견술 해견해

6. 隅合
우합

丑寅合, 辰巳合, 未申合, 戌亥合
축인합 진사합 미신합 술해합

즉 丑中의 癸辛己와 寅中의 戊丙甲이 戊癸火, 丙辛水, 甲己
축중 계신기 인중 무병갑 무계화 병신수 갑기

土로 合한다. 辰巳, 未申, 戌亥도 一般이다.
토 합 진사 미신 술해 일반

7. 暗合
암합

巳丑相合(戊癸, 丙辛), 午亥相合(甲己, 丁壬), 子巳相合(戊
사축상합 무계 병신 오해상합 갑기 정임 자사상합 무

癸), 寅丑未(甲己), 卯申(乙庚), 辰戌子(戊癸)
계 인축미 갑기 묘신 을경 진술자 무계

Ⅱ. 冲理論
충이론

1. 天干冲
천간충

甲庚, 丙壬, 乙辛, 丁癸→ 冲七殺
갑경 병임 을신 정계 충칠살

甲戊, 丙庚, 戊壬, 乙己, 丁辛, 己癸→ 克七殺
갑무 병경 무임 을기 정신 기계 극칠살

2. 地支冲
지지충

子午, 辰戌, 寅申, 卯酉, 丑未, 巳亥
자오 진술 인신 묘유 축미 사해

1952年生(女命). 身旺用殺格

壬 丁 癸 壬

寅 丑 卯 辰

79 69 59 49 39 29 19 09

乙 丙 丁 戊 己 庚 辛 壬

未 申 酉 戌 亥 子 丑 寅

卯月은 木旺節인데 地支에 寅卯辰이니 身旺中 日主弱 印星旺에 의한 身旺이다. 日主弱 印星多에 無財 無劫이면 官殺이 用神이다. 女命에는 官星의 行方이 重要한데 身旺하므로 더욱 官星 則 水가 用神에 金運은 喜神이다. 土가 病神에 木은 藥神이다.

初年 寅運에 印星(母)旺에 印星運이 되니 母先亡하였다. 이는 印星이 忌神인데 正印 則 寅中의 甲木이 劫殺이 되는 緣故다. 辛運에 喜神이 되니 英語英文學科를 卒業하고 丑運은 喜神인 金의 庫藏이 되는데 丑中의 癸水와 辛金이 用神을 도우고 生하니 총장비서실에 勤務하게 되었다.

庚運은 用神인 官星을 生하여 吉한데 庚申年에 成婚하고 辛酉年은 陰干支年이 되어 得女息하고 甲子年에는 陽干支年이 되어 得男하였다. 子運은 用神을 도와서 吉하였다.

己運은 傷官이 見官 則 用神을 克하여 凶한데 庚午年에 桃花가

되고 寅午火(인오화)가 病神(병신)을 生(생)하여 또 克水(극수)하니 지금까지도 기억에 남을 정도로 괴로운 彷徨期(방황기)였다고 한다. 己運(기운) 辛未年(신미년) 以後(이후) 金水歲運(금수세운)에는 用神(용신)을 生扶(생부)하여 吉(길)하였고 亥運(해운)은 用神(용신)을 도와 安樂家庭(안락가정)이었다고 한다.

向後(향후) 戊戌丁運(무술정운)은 用神(용신) 則(즉) 官星(관성)을 克(극)하고 合去(합거)하며 沖去(충거)하니 吉運(길운)이 아니니 夫君(부군)의 健康(건강)이 염려된다. 이는 坐下(좌하)에 寡宿(과숙)이고 時支(시지)에 孤辰(고진)이며 坐下(좌하)에 食神(식신)이고 官殺(관살)이 混雜(혼잡)하니 더욱 그러하다. 이때를 지나면 金運(금운)은 喜神(희신)이 되어 吉(길)하리라.

*. 詩作(시작)에 관심이 많은 것은 丑(축)과 辰(진)에 華蓋星(화개성)이 있고 卯(묘)에 天乙貴人(천을귀인)이 있는 緣故(연고)다.

1968年生(女命). 身旺用財格

乙 丁 乙 戊
巳 亥 卯 申

75 65 55 45 35 25 15 05
丁 戊 己 庚 辛 壬 癸 甲
未 申 酉 戌 亥 子 丑 寅

卯月(묘월)은 木旺節(목왕절)인데 亥卯半合(해묘반합)에 雙乙(쌍을)이 透干(투간)하니 身旺中(신왕중)에 印綬(인수)

가 旺한 身强이다. 旺한 印星이 欠이 되니 財星으로써 木을 除去하여야 된다. 즉 金用神에 土가 喜神이다.

初年 木運은 旺木을 生하여 凶한데 寅運에 用神인 申을 冲하고 寅巳申三刑을 成局하니 精神疾患者가 되었다. 癸運은 喜神인 戊土를 合去하여 吉運이 아니다. 丑運은 巳丑金이 用神을 도와 完治되었다고 하여 壬運에 官運이 되니 成婚하였다. 子運은 官逢官運이 되어 凶한데 戊寅年에 用神을 冲하고 三刑을 成局하니 精神疾患이 再發하여 親庭에 와 있다고 한다.

*. 精神疾患은 申中의 庚金을 寅中의 丙火가 冲한 緣故다. 則 火金相爭이면 狂症이나 精神異常이 있기 쉬운 緣故다.

1966年生. 身旺用財格

辛 丁 辛 丙

丑 卯 卯 午

79 69 59 49 39 29 19 09

己 戊 丁 丙 乙 甲 癸 壬

亥 戌 酉 申 未 午 巳 辰

驚蟄 木旺節에 坐下의 卯가 또 生火하고 丙午가 丁火를 도우니

身强하다. 金으로써 旺木을 除去하여야 된다. 金이 用神에 土는 喜神이며 火가 病神에 水運이 藥神이다.

初年 卯壬運은 旺木을 도와 生火하고 火가 病神에 見水顯節하여 吉運이 아니었다. 辰運은 濕土로써 辛金(偏財=父星)을 生하니 父親의 事業이 번창하여 裕餘한 家庭이었다.

癸運은 藥神이 되어 吉하고 巳運은 巳丑金이 用神을 도와 成婚하고 一男을 두었다. 甲運은 旺木을 도와 凶하므로 인테리어 회사의 종업원에 불과했다. 午運은 病神이 得勢하여 吉運이 아니다.

向後 乙未運은 卯未木이 生火하고 喜神인 丑土를 冲하면 凶하겠는데 이때 損財와 婦人의 健康이 염려된다. 이때를 지나면 西方運은 用神을 도와서 吉하리라.

*. 職業은 室內裝飾이다. 이는 卯午辛이 懸針星인 緣故다.

1977年生(女命). 食傷生財格에 忌偏官

甲 丁 癸 丁
辰 亥 卯 巳

72 62 52 42 32 22 12 02
辛 庚 己 戊 丁 丙 乙 甲
亥 戌 酉 申 未 午 巳 辰

丁火日主가 卯月木旺節에 生하고 亥卯木에 甲木이 透干하고 丁巳가 도우니 身이 太旺하다. 太旺한 者는 泄氣함을 기뻐하니 辰土가 用神이고 火는 喜神이며 木이 病神에 金運은 藥神이 된다.

甲運은 用神을 克하여 吉運이 아니다. 辰運은 用神을 도와 吉運이었으나 乙運은 病神을 도와 凶하였다. 이때 부모님이 離別하여 조부모님 밑에서 자랐다. 乙木은 조부님의 星인 緣故다. 巳運에 喜神이 되니 어머님과 再會하였다. 丙運에 아랍어를 專攻하고 庚辰年에 劈甲引火하여 用神을 生하니 항공회사에 수튜어디스로 취업하였다. 이는 驛馬와 地殺이 相冲한 緣故다.

向後 午丁運은 喜神이 되어 吉하겠으나 未運은 旺木이 入墓하여 木多火熄하고 用神을 克하여 凶하리라. 이때를 지나 戊運에는 用神을 도와 吉하리라.

申運은 用神을 合去하여 吉運이 아니다. 이때를 지나면 己酉庚

運은 用神을 도우고 藥神이 되어 吉하리라. 戌運은 用神을 冲하여 危險하리라.

*. 巳運 丙子年에 官星을 冲하고 傷官이 見官이면 爲禍百端하니 學生運動에 가담한 일이 있다.

*. 女命이지만 癸水官星을 不用하는 것은 病神인 木을 生하기 때문이며 太旺者는 泄氣함을 기뻐하기 때문이다.

*. 스튜어디스인 것은 巳中의 庚金이 財星인데 驛馬地殺이 相冲則 巳亥冲한 緣故다.

*. 아랍어를 專攻한 것은 西南方이 吉方이기 때문이다.

1949年生. 身弱한 火土傷官格

乙 丁 戊 己
巳 亥 辰 丑

78 68 58 48 38 28 18 08
庚 辛 壬 癸 甲 乙 丙 丁
申 酉 戌 亥 子 丑 寅 卯

辰月은 土旺火弱한데 三土가 더 있으니 泄氣가 太甚하다. 辰中의 乙木과 亥中의 甲木에 根을 둔 乙木으로 旺土를 疏土하고 日主를

生하여야 된다. 則 木用神에 水는 喜神이며 金이 病神에 火는 藥神이다. 傷官月에 태어나 知能之數가 높다.

初年 木火運에 用神과 藥神을 도우니 工夫를 잘하여 名門大 食品工學科를 卒業하고 乙運에 用神을 도우니 食品工學博士가 되었다. 木이 用神이기 때문에 食品이고 印星이 用神이 되니 博士다.

乙運 戊午年에 用神과 藥神을 도와 成婚하고 己未年에 亥未木이 用神을 도와 女息을 얻었다. 丑運에 巳丑金病神을 生하여 凶한데 癸亥年에 坐下가 爭冲이 되니 夫婦別離하였다.

甲運에 用神을 도와 吉한데 이때 健康食品을 開發하여 會社發展에 寄與한 功이 컸다고 한다. 子運은 喜神이 되어 無欠하였다. 癸運은 官逢官運이 되어 職場에 변동이 있겠는데 己卯年에 亥卯木이 用神을 도와 吉하니 退職金으로 三億원을 수령하였다. 此命을 臨床한 것은 己卯年 初였다. 臨床時 向後 크게 吉한 運은 없으니 ① 事業은 하드라도 同業을 하되 owner는 되지 말라. ② 주식에 투자하지 말라. 라고 당부해두었는데 辛巳年 初에 찾아와서 하는 말이 “庚辰年에 주식에 투자하여 退職金 三億원을 모두 날려 버렸다.” 고 했다. 이는 庚辰年에 病神인 金이 得勢한 緣故다.

1950年生(女命). 財多身弱에 印星爲用

庚 丁 庚 庚

戌 丑 辰 寅

73 63 53 43 33 23 13 03

壬 癸 甲 乙 丙 丁 戊 己

申 酉 戌 亥 子 丑 寅 卯

辰月은 土旺節인데 三庚이 透干하고 丑戌土가 生金하니 財多身弱이다. 財多身弱에 比劫이 用神이 됨이 타당하지만 쓸만한 比劫이 없는 이 命造에서는 부득이 印星을 쓸 수밖에 없다. 則 寅木이 用神이고 水運은 喜神이며 金이 病神에 火는 藥神이다.

初年 木運은 地支가 重하므로 富家에 生長하고 丁運 乙卯年에 藥神과 用神을 도와 成婚하고 丙辰年生 長男과 己未年生 次男을 두었다. 丙運에 藥神을 도우니 用神이 生氣를 얻어 夫君이 出身하였다. 乙運에 用神을 도우니 夫君이 昇進하였다. 亥運은 喜神이 되어 吉하다.

向後 甲運은 劈甲引火하면 吉하겠으나 戌運에 月建辰土를 冲하면 冲發된 旺土에 弱한 身이 泄氣되어 凶하겠다. 이때 本人은 心臟病에 조심하여야 되겠다.

*. 典型的인 家庭主婦의 命造다.

*. 夫君은 公務員 副理事官이며 關稅士다.

1958年生(女命). 身弱比刦爲用

辛 丁 丙 戊
亥 巳 辰 戌

72 62 52 42 32 22 12 02
戊 己 庚 辛 壬 癸 甲 乙
申 酉 戌 亥 子 丑 寅 卯

辰月은 土旺節인데 年柱에 戊戌土가 더 있으니 泄氣가 甚하고 辛亥時가 財星과 官星이 되니 身弱하다. 依支處는 比劫뿐이다. 則 火가 用神이고 亥中의 甲木은 疏土生火하는 喜神이 된다.

初年 木運은 喜神이 되어 富家에서 生長하였다. 癸運에 官星이 되는데 壬戌年에 日干을 合하니 成婚하고 丑土食神(子星)運 甲子官星年에 官生印 印生身하니 得男하였다. 壬運은 火用神에 見水顯節하니 夫君이 出身하였다. 子運에 官逢官運이 되고 用神을 克傷하니 家出하였다. 이는 女命에 있어서 坐下의 比劫을 꺼리는데 日時支가 相沖하여 則 地殺驛馬가 相沖한 命造이니 行止가 不定한 緣故다. 辛運 己卯年에 亥卯가 會局救沖하여 喜神이 되니 歸家하여 家

族과 함께 살고 있으나 夫婦關係는 항상 不安하다.

向後 亥運은 坐下를 爭冲하여 凶하겠는데 坐下의 巳火는 用神의 根이고 夫婦宮이니 더욱 夫婦關係가 염려된다. 이때 原局에 四冲이 全備한데 또 冲이 되니 車조심을 해야 되겠고 精神科的 疾病이 염려되기도 하다.

1958年生(女命). 身旺한 火土傷官格

丙 丁 丙 戊
午 卯 辰 戌

75 65 55 45 35 25 15 05
戊 己 庚 辛 壬 癸 甲 乙
申 酉 戌 亥 子 丑 寅 卯

身旺한 傷官格에 破了傷官이면 損壽元이라고 했다. 此命의 예를 들면 身(火)이 太旺하여 食傷(土)으로 泄氣하여야 되겠는데 印星(木)을 만나면 食傷(土)은 被克되어 夭壽한다는 의미이다.

此命은 辰月土旺節의 弱地에 태어났지만 雙丙이 透干하고 坐下의 卯木이 生火하며 午戌이 火를 도우니 弱而反旺하다. 太旺者好泄精英이니 土는 旺火를 泄氣하는 用神이고 木이 病神에 金運이 藥神이다. 火多土燥하므로 火 또한 病神에 水運은 藥神이 된다.

初年 乙卯甲寅運은 旺火를 生하고 用神인 土를 克하여 吉運이 아니었으나 用神이 年·月支에 있으니 祖上의 蔭德으로 地方名門大學校 國語國文學科를 卒業하였다. 土가 用神이니 國語國文學科다. 寅運에 寅午戌火局이 되니 火多土燥하여 父先亡하였다. 이는 戌中의 辛金이 財星으로서 父星인데 火比劫으로 變하고, 年月支가 冲한 緣故다. 寅運末 辛酉年에 藥神이 되고 坐下의 桃花를 冲하니 成婚하였는데 土金이 많은 男性이다.

癸運以後 官運과 吉神이 되니 夫君이 出身하고 本人도 身旺한 命造이기 때문에 事業性이 强하여 서비스업(가요방)을 自營하여 得財하고 있다.

向後 辛運은 忌神을 合去하여 吉하고 亥運에 亥卯木이 克土하면 凶하겠으나 庚運은 藥神이 되어 吉하리라. 戌運은 旺火가 入墓하고 用神의 根을 爭冲하면 凶하다.

*. 傷官이 傷盡에 最爲奇란 身弱한 傷官格에 印綬로써 旺한 傷官을 除去해주면 吉하다는 의미이다.

1960年生. 身旺用財格

壬 丁 庚 庚
寅 卯 辰 子

79 69 59 49 39 29 19 09
戊 丁 丙 乙 甲 癸 壬 辛
子 亥 戌 酉 申 未 午 巳

地藏干圖表를 보면, 辰月中에도 淸明後 四日에 태어났으니 乙木이 司令할 때다. 地支에 寅卯辰 東方이 되니 木이 太旺하다. 則 身旺한 中에 印綬가 旺한 身旺이니 財星으로써 印星을 除去하여야 된다. 則 庚金이 用神에 土는 喜神이며 寅中의 丙火가 病神에 水는 藥神이 된다. 火生土 土生金 金生水 水生木 木生火하여 轉轉相生하니 中和된 四柱다.

따라서 初年 火運에도 工夫를 잘하여 名門大醫大를 卒業하고 最凶運임에도 불구하고 甲運 現在 醫大教授로 在職中에 있다. 開業醫가 아닌 것은 身旺用財 中 偏財가 아닌 正財가 用神이고 吉運不逢인 緣故다.

向後 西方金運은 用神을 도와 大吉하리라.

*. 醫學인 것은 卯에 天醫星과 懸針星이 있는 緣故다.

*. 甲運에 火가 病神에 劈甲引火하여 凶한데 戊寅己卯年의 木이 또 火를 生하니 親戚에 의하여 三拾여 億원의 損財를 當하였다.

*. 此命이 身弱이었다면 甲運에 大吉하였을 텐데 그러하지 아니하니 身旺이다.

1945年生. 財多身弱에 印星爲用

己 丁 辛 乙

酉 酉 巳 酉

87 68 58 48 38 28 18 08

癸 甲 乙 丙 丁 戊 己 庚

酉 戌 亥 子 丑 寅 卯 辰

巳月의 丁火가 旺地에 태어났지만 巳酉酉酉合化金에 辛金이 透干하고 己土가 透干하여 火를 泄氣하여 生金하니 旺이 反弱이다. 乙木用神에 水運은 旺金을 泄氣하여 生木하는 喜神이고 金이 病神에 火는 藥神이 된다.

初年은 吉運不逢으로 寒微家에서 生하여 辰運에 旺金(肺)을 生하니 肺弱으로 辛苦했다. 己運에 旺金(父)을 生하니 父喪을 當하고 叔父의 도움이 컸다. 이는 用神을 克하고 病神인 金을 生한 緣故다. 卯運에 用神을 도와 成婚하고 寅丁運은 用神과 藥神을 도와 吉하였다.

丑運은 旺金이 入墓하니 妻妾으로 인하여 損財하고 丙運은 病神인 辛金을 合去하여 吉하며 子運은 旺金을 泄氣生木하여 吉하고 乙運은 用神을 도와서 吉하다. 그러나 亥運은 弱한 日主의 根을 冲하면 衰者冲之拔根하여 危險하리라.

*. 財多身弱에 吉運不逢이면 富屋貧人이다.

*. 財多身弱한 命造이니 妻가 經營하는 宿泊業을 外助하고 있다.

1941年生. 身旺用財格

乙 丁 癸 辛

巳 卯 巳 巳

75 65 55 45 35 25 15 05

乙 丙 丁 戊 己 庚 辛 壬

酉 戌 亥 子 丑 寅 卯 辰

巳月의 丁火가 木이 둘이고 火가 넷이니 身이 太旺하다. 旺火를 泄氣하여 生財하는 食傷이 있었다면 吉運을 만났을 때 더욱 발전할 수 있었을 텐데 一點의 土가 없으니 下格이다.

則 辛金이 用神이고 濕土運은 喜神이며 用神을 傷害하는 火는

病神이 되고 水는 病을 除去하는 藥神이다.

初年 壬辰運은 藥神을 도우고 用神을 生하니 裕餘한 家庭에서 生長하였다. 用神과 藥神이 年月上에 있으니 裕餘한 집안의 子孫이다. 卯運에 旺火를 生하여 克偏財(父星)하니 父喪을 當하고 이로 因하여 大學進學을 포기하였다. 庚運에 正財星이니 成家하여 一男二女를 두었다. 寅運은 病神을 生하여 弱한 金을 克傷하니 群比爭財로 百事가 無成이었다. 己運부터 自動車 유료주차장관련업에 從事하여 致富하고 子運壬申年에 用神과 藥神을 도우니 得宅하였다. 丁運 五年間은 群比爭財하여 敗하였다.

向後 亥運은 巳亥가 3:1로 冲하는데 乙酉年에 卯酉冲하면 六冲이 全備되니 不測之變故가 염려된다.

*. 健康: 火金相爭이니 血壓이고 旺火가 弱한 金을 傷害하니 氣管支가 弱하여 丁運부터 禁煙하였다.

1953年生. 火曰炎上格

丙 丁 丁 癸
午 亥 巳 巳

80 70 60 50 40 30 20 10
己 庚 辛 壬 癸 甲 乙 丙
酉 戌 亥 子 丑 寅 卯 辰

巳月은 丁火의 帝旺地인데 火가 모두 여섯이다. 年干의 癸水는 丁癸冲하고 坐下의 亥水는 午亥(甲己合土, 丁壬合木)暗合하니 火曰炎上格이 된다. 則 火가 用神에 木運은 喜神이며 水가 病神에 土運은 藥神이 된다.

初年 巳丙運은 用神을 도우니 工夫를 잘하였다. 坐下亥中의 甲木이 印綬이고 印綬는 學問인데 亥가 地殺驛馬殺이니 初等學校부터 他鄕에서 工夫를 하였다. 辰運에 藥神이 되니 商高를 卒業하고 乙運 癸丑年에 銀行에 入社하였다. 卯運에 喜神이 되어 吉한데 庚申年에 正財星이 되니 成婚하고 一男二女를 두었다. 甲運은 喜神이 되어 吉하지만 癸亥年에 病神을 도우고 八冲이 되니 官災口舌이 있었다. 이때 上司의 金融事故 영향으로 昇進이 지연되는 등의 피해를 입었다. 癸運 甲戌年에 午戌火가 從神을 도우니 次長으로 승진하였다. 丑運은 旺火를 泄氣하여 吉하지만 한편으로는 官을 克하고 巳丑

金이 病神을 生하여 凶한데 戊寅年에 寅巳刑하니 명예퇴직을 하였다. 그 이후 火가 用神이니 南方인 울산에서 기원을 경영하고 있다.

*. 午亥暗合이 巳亥冲을 救하고 있으니 夫婦離婚은 免하였다.

*. 壬運 丁亥年에 巳亥爭冲으로 亥中의 甲木(正印=母星)이 被冲되니 母喪을 當하였다.

1958年生. 身旺用財格. 調候用神

庚 丁 丁 戊
戌 未 巳 戌

73 63 53 43 33 23 13 03
乙 甲 癸 壬 辛 庚 己 戊
丑 子 亥 戌 酉 申 未 午

巳月은 火旺當令한데 月上의 丁火에 巳와 未사이에 午火를 拱夾하고 年支와 時支가 火의 庫藏이니 身이 太旺하고 燥熱하다. 濕地를 찾아 潤濕하게 하여야 된다. 身旺用財하여 時上의 正財가 用神에 濕土運이 喜神이며 火가 病神에 水運은 藥神이 된다. 原局의 戊戌未土는 燥土가 되어 生金할 能力이 不足하다. 火가 太旺한데 戊戌이 戈殺과 魁罡이고 庚戌時가 魁罡이며 戌未刑이 되니 火旺하여

性質이 불같고, 戈殺이 있으니 몸에 傷痕이 있기 쉽고 魁罡殺이 있으니 他人制壓 殺傷 荒暴하고, 戌未刑이 있으니 官災口舌이 있다.

初年 戊午己未運은 燥土가 되어 用神인 金을 生하지 못하여 工夫에는 관심이 없었고 護身術을 익히는 등 체력단련을 하여 庚運에 吉方인 西北方 즉 서울에 와 政客과 癒着하여 他黨國會議員들을 탄압하는데 앞장서 新聞紙上에 대서특필되는 등 한때 전국을 떠들썩하게 했던 命造다. 壬運 初에 臨床했는데 庚運 以後 酉運까지 아홉번씩이나 矯導所에 드나들었다고 한다. 즉 별이 아홉 개다. 實觀결과 吉運이라고 하더라도 群比爭財되는 運은 吉하지만은 않음을 알 수 있었다. 살아온 과정에 비하여 대단히 점잖아 보였다. 오랜 風霜을 맞아온 바위처럼…

向後 戌運은 旺火가 入墓하여 凶하리라.

*. 당시 糖尿病을 앓고 있었다. 이는 庚金이 虛弱하면 大腸이 弱하고 火旺하면 小腸이 弱하게 되는데 腸에 관한 疾患인 듯하다.

*. 血壓에도 異常이 있다고 했다. 이는 原局에 燥土뿐이니 通關이 不能하여 火金相爭이 된 緣故다.

*. 比劫이 많으니 群比爭財되는 八字로 得財하면 義兄弟들과 나누어 가졌으리라. 身旺에 雙魁罡殺이 있으니 義兄弟中 맏 兄이었다.

1952年生. 身旺用官格. 調候用神

癸丁乙壬
卯巳巳辰

79 69 59 49 39 29 19 09
癸 壬 辛 庚 己 戊 丁 丙
丑 子 亥 戌 酉 申 未 午

入夏後 六日生이니 때는 庚金이 司令할 때다. 巳月의 丁火가 旺地인데 坐下에 巳이고 乙卯木이 生火하니 身旺하고 燥熱하다. 壬癸가 있어서 官殺混雜이라고는 하지만 卯木上의 癸水는 泄氣가 甚하여 不用하고 辰土上의 壬水가 用神이 되니 則 去殺留官하여 格이 한층 맑아졌다. 水가 用神에 巳中의 庚金이 喜神이다.

初年 丙午運은 旺神을 도와 水渴하고 喜神인 金은 被鎔되어 吉運이 아니었다. 丁運 壬子年에 用神을 도와 吉한데 身旺財弱하니 銀行에 勤務하게 되었다.

未運에 去殺留官하여 吉한데 丙辰年에 濕土가 生財하니 成婚하고 丁巳年에 巳中의 庚金이 喜神이 되니 得男하고 戊運에 克用神하여 吉運이 아니기 때문에 辛酉年에 得女息하였다.

申運에 用神을 生하니 昇進하고 得財하여 安樂한 家庭이었다. 己運은 去殺留官하여 吉하고 酉運에 喜神이 되어 吉하지만 戊寅年에

寅巳刑(인사형)이 되고 用神(용신)을 克(극)하니 名譽退職(명예퇴직)을 하였다. 庚運(경운)에 喜神(희신)이 되니 飮食物業(음식물업)을 自營(자영)하고 있다.

向後(향후) 戌運(술운)에 用神(용신)의 根(근)인 辰土(진토)를 冲(충)하여 拔根(발근)되면 凶(흉)하리라. 이때 妻(처)의 健康(건강)에 留意(유의)하여야 되겠다. 坐下(좌하)가 比劫(비겁)에 孤辰(고진)이고 辰(진)이 寡宿(과숙)이니 더욱 그렇다. 이때를 지나면 北方水運(북방수운)은 用神(용신)을 도와서 吉(길)하리라.

*. 暗財(암재)가 있으니 不正(부정)한 異性關係(관계)가 염려된다.

1962年生. 身旺用財格

己 丁 丙 壬

酉 酉 午 寅

73 63 53 43 33 23 13 03

甲 癸 壬 辛 庚 己 戊 丁

寅 丑 子 亥 戌 酉 申 未

午月(오월)은 火旺當令(화왕당령)한데 寅午火(인오화)에 丙火(병화)가 도우니 身旺(신왕)하다. 身旺用官(신왕용관)하여 壬水(임수)를 쓰려고 하니 壬水(임수)는 寅午上(인오상)에 있고 丙火(병화)옆에 있으니 枯渴(고갈)되어 能力(능력)이 不足(부족)하다. 따라서 身旺用財格(신왕용재격)에 金(금)이 用神(용신)이고 濕土(습토)는 喜神(희신)이며 火(화)는 用神(용신)을 傷害(상해)하는 病神(병신)에 水(수)는 그 病(병)을 除去(제거)하는 藥神이다.

初年 丁未戊運은 旺火를 도와 吉運이 아니고 燥土가 되어 生金할 能力이 不足하니 寒微家에서 生長하였다.

中運에 財星(父)用神을 도우니 父親의 事業이 興旺하여 裕餘한 家庭이었다. 本人은 身旺財弱하니 商大에 入學하고 己運에 喜神이 되어 卒業하고 銀行에 就職하였다.

酉運에 用神을 도와 吉한데 財(妻)星이 되고 辛未年에 病神인 丙火를 合去하여 吉하니 成婚하였다.

戌運에 들어 寅午戌火가 用神을 克하여 吉運이 아닌데 己卯年에 用神을 爭冲하니 名譽退職하였다.

向後 戌運 壬午·癸未年은 比劫을 도와 群比爭財하니 損財와 婦人의 健康이 염려된다. 이때를 지나면 北方水運은 病神을 除去하고 用神이 生氣를 얻으니 吉하리라.

*. 局勢가 燥熱하여 戌運 辛巳年에 이르도록 無子다. 辛運 以後 用神과 藥神을 도우면 得子하리라.

1968年生(女命). 身旺用財格. 調候用神

甲 丁 戊 戊
辰 巳 午 申

74 64 54 44 34 24 14 04
庚 辛 壬 癸 甲 乙 丙 丁
戌 亥 子 丑 寅 卯 辰 巳

午月은 天乾地熱한데 午와 申사이에 未를 拱夾하니 地聚東南하고 甲木이 透干하여 生火하니 身旺하고 燥熱하다. 身旺用財하여 金이 用神이고 土는 喜神이며 火가 病神에 水運은 藥神이다.

初年 丁巳丙運은 病神이 得勢하여 吉運이 아니다. 따라서 工夫에는 별 관심이 없었다. 辰運에 喜神이 되어 用神을 生하니 美術大學을 卒業하였다. 美術은 甲午申이 懸針星이고 辰에 華蓋殺이 있는 緣故다.

乙運 壬申年에 財官을 도우니 成婚하고 두 女息을 두었다. 卯運 庚辰年에 展示會를 가졌으나 吉運不逢으로 적은 成功에 그쳤다.

向後 甲運은 旺身을 生하여 吉運이 아니고 寅運은 坐下를 포함하여 三刑을 成局하고 用神을 沖하니 凶하다. 이때 坐下比劫이니 夫婦關係를 敦篤히 하고 損財와 本人의 健康 中 노이로제성 질환과 肝弱이 염려된다. 이때를 지나면 金水運은 用神을 도우고 藥神이 되

어 吉(길)하겠으나 庚運(경운)은 火忌神(화기신)에 劈甲引丁(벽갑인정)하고 戌運(술운)은 旺火(왕화)가 入墓(입묘)하여 凶(흉)하다.

1984年生. 身旺用財格

丙 丁 庚 甲

午 丑 午 子

79 69 59 49 39 29 19 09

戊 丁 丙 乙 甲 癸 壬 辛

寅 丑 子 亥 戌 酉 申 未

午月(오월)은 火旺當令(화왕당령)한데 丙午時(병오시)에 甲木(갑목)이 生火(생화)하니 身旺(신왕)하고 燥熱(조열)하다. 身旺用官(신왕용관)하여 子水(자수)를 쓰려고 하니 子午冲(자오충)되어 不用(불용)하고 身旺用財格(신왕용재격)에 丑土(축토)에 根(근)을 둔 庚金(경금)이 用神(용신)이 된다. 則(즉) 庚金(경금)이 用神(용신)에 丑土(축토)는 喜神(희신)이며 火(화)는 金(금)을 傷害(상해)하는 病神(병신)이고 水(수)는 그 病(병)을 除去(제거)하는 藥神(약신)이 된다.

初年(초년) 辛運(신운)은 忌神(기신)인 丙火(병화)를 合去(합거)하여 吉(길)하지만 未運(미운)은 喜神(희신)인 丑土(축토)를 冲(충)하여 吉運(길운)이 아니다.

向後(향후) 金水運(금수운)은 用神(용신)과 藥神(약신)을 도와 吉(길)하리라.

*. 未運(미운)에는 四冲(사충)이 되는데 子月(자월)은 六冲(육충)이 全備(전비)하니 부모님의 건

강이 염려되며 本人은 車조심과 自己統制力이 要求된다.

*. 此命을 實觀한 것은 未運末 辛巳年 甲午月이었다. 그동안은 成績이 優秀한 學生이었는데 辛巳年에 들어와 成績이 不進해짐이 걱정이 돼서 방문했다고 했다. 本院에서는 丙申月이 되면 用神을 도와 成績向上이 있으리라고 일러주었다.

1983年生(女命). 身旺用官格

壬 丁 戊 癸

寅 亥 午 亥

74 64 54 44 34 24 14 04

丙 乙 甲 癸 壬 辛 庚 己

寅 丑 子 亥 戌 酉 申 未

午月은 火旺當令인데 寅亥木이 旺火를 生하고 戊癸火가 火를 도우니 身旺함이 分明하다. 官殺混雜이 되겠으나 戊癸火가 去殺하니 時上의 正官이 用神에 金運은 喜神이며 戊土는 克用神하는 病神이고 木은 그 病을 除去하는 藥神이 된다.

初年 己未運은 病神을 도와 吉運이 아니지만 庚運 以後 金運은 喜神이 되어 吉하겠고 水運은 用神을 도와서 吉하리라.

*. 坐下亥中의 甲木이 印星인데 印星은 學問이다. 學問에 地殺이 있으니 他鄕에서 工夫하게 되리라.

*. 坐下亥中의 壬水가 男便이고 甲木이 어머니인데 남편과 어머니가 同宮에 있으니 親庭 어머님을 모시고 살겠다.

*. 原局에 寅亥木, 戊癸火, 午亥(甲己, 丁壬), 丁壬木이니 合多不爲奇이다.

1963年生. 身旺用財格

己 丁 戊 癸

酉 未 午 卯

79	69	59	49	39	29	19	09
庚	辛	壬	癸	甲	乙	丙	丁
戌	亥	子	丑	寅	卯	辰	巳

午月은 丁火의 祿地인데 午未火에 卯木이 生火하고 戊癸火가 火를 도우니 身旺하다. 身旺用殺하려고 하니 戊癸火가 되어 不用하고 身旺用財格에 酉金이 用神이다. 濕土는 喜神이며 火는 病神에 癸水가 除火하는 藥神이 된다.

初年 火運은 旺身을 도와 吉運이 아니고 辰運에 喜神을 도우니 偏官이 吉神이기 때문에 경찰공무원이 되었다.

乙運(을운) 壬申年(임신년)에 藥神(약신)을 도우고 財星用神(재성용신)을 도와 成婚(성혼)하고 癸酉年(계유년)에 陰干支年(음간지년)이 되니 得女息(득여식)하고 卯運(묘운) 丙子年(병자년)에 陽干支年(양간지년)이 되니 得男(득남)하였다.

向後(향후) 甲寅運(갑인운)은 旺火(왕화)를 生(생)하여 吉運(길운)이 아닌데 특히 寅運(인운)에 寅午火(인오화)에 群比爭財(군비쟁재)가 염려된다. 이때를 지나면 北方水運(북방수운)은 藥神(약신)을 도와 吉(길)하겠으나 子運(자운)은 月建(월건)을 沖(충)하여 吉運(길운)이 아니다.

*. 丑運(축운)에 生財(생재)하면 得財(득재)는 하겠으나 丑未沖(축미충)이 官星(관성)을 克(극)하면 職場(직장)에 變動(변동)이 있으리라.

1971年生(女命). 身弱印星爲用

辛 丁 乙 辛

丑 未 未 亥

76 66 56 46 36 26 16 06

癸 壬 辛 庚 己 戊 丁 丙

卯 寅 丑 子 亥 戌 酉 申

小暑節(소서절)의 丁火(정화)가 亥未木(해미목)에 乙木(을목)이 透干(투간)하여 生火(생화)하니 身旺(신왕)할 듯 하지만 地支(지지)에 三土(삼토)가 있고 亥水(해수)에 雙辛(쌍신)이 高透(고투)하였으나 克泄(극설)이 交加(교가)하여 旺(왕)이 反弱(반약)이다. 亥未木(해미목)에 着根(착근)한 乙木(을목)이 用神(용신)이고 水運(수운)은

喜神이 되며 金은 用神을 傷害하는 病神에 火運은 藥神이 된다.

丁運에 藥神이 되어 財多身弱이기 때문에 商高를 卒業하고 酉運은 病神이 得勢하여 大學進學을 하지 못하였다. 戊運에 泄氣太甚하여 吉運이 아닌데 丙子年에 官星年이 되니 逢男하여 同居는 하고 있으나 12歲年上으로 “別離할 생각을 항상 가지고 있다.” 고 했다. 이는 坐下食傷에 日時支가 冲이니 夫婦宮이 不吉한 緣故다.

戊運에 水가 吉神이기 때문에 호프집을 경영하고 있으나 吉運이 아니므로 財的인 어려움이 있다고 했다.

向後 戌運은 坐下와 함께 食傷三刑을 成局하여 官星을 克하니 이때 夫婦別離之苦가 염려되며, 食傷은 養命의 根本이 되는데 三刑이 되니 損財가 염려되며, 女命에 食傷이 太旺하니 子宮外姙娠이 염려된다.

己運은 病神을 生하고 用神을 克하여 吉運이 아니고 亥運 以後 水運은 地支가 重하며 喜神이 되어 吉하리라.

1978年生(女命). 身旺用財格. 調候用神

乙 丁 己 戊
巳 丑 未 午

73 63 53 43 33 23 13 03
辛 壬 癸 甲 乙 丙 丁 戊
亥 子 丑 寅 卯 辰 巳 午

小暑後(소서후) 七日(칠일)은 丁火(정화)가 司令(사령)하는 때이니 天乾地熱(천건지열)한데 地支(지지)에 巳(사)午未(오미)가 日主(일주)를 도우고 乙木(을목)이 生火(생화)하니 身旺(신왕)하고 燥熱(조열)하다. 巳丑金(사축금)으로 解熱(해열)하여야 된다. 則(즉) 巳丑金(사축금)이 用神(용신)이고 濕土(습토)는 喜神(희신)이며 火(화)가 病神(병신)에 水運(수운)은 藥神(약신)이 된다.

初年(초년) 火運(화운)은 旺火(왕화)를 도와서 吉運(길운)이 아닌데 이때 用神(용신)인 金(금)을 傷害(상해)하니 기관지가 弱(약)하다고 한다. 巳運(사운)에 전문학교 物理治療學科(물리치료학과)를 졸업하고 病院(병원) 物理治療室(물리치료실)에 근무하고 있다.

向後(향후) 辰運(진운)은 財星用神(재성용신)을 生(생)하니 成婚(성혼)도 하고 吉(길)할 것이다. 그러나 木運(목운)은 旺火(왕화)를 生(생)하여 吉運(길운)이 아닌데 이때 坐下(좌하)가 食神(식신)이고 日月(일월)이 相冲(상충)하니 夫婦關係(부부관계)가 염려된다. 癸運(계운) 以後(이후) 水運(수운)은 藥神(약신)이 되어 吉(길)하리라.

*. 物理治療學(물리치료학)은 丑中(축중)의 辛金(신금)이 懸針星(현침성)인 緣故(연고)다.

1968年生. 身弱印星爲用

甲 丁 己 戊

辰 亥 未 申

78 68 58 48 38 28 18 08

丁 丙 乙 甲 癸 壬 辛 庚

卯 寅 丑 子 亥 戌 酉 申

丁火日主가 小暑節에 태어나 熱氣가 甚한데 亥未合木에 甲木이 透干하여 生하니 身旺할듯하지만 土多火晦하고 克泄이 交加하여 旺而反弱이다. 木으로써 旺土를 疏土하고 火를 生하여야 된다. 則 木이 用神에 水는 喜神이며 金이 病神에 火는 藥神이다.

酉運에 財星이 되는데 乙亥年에 用神과 喜神官星(子星)을 도우니 成婚하고 壬運 乙亥年에 用神을 生扶하니 女息을 得하였다.

丙子年에 藥神이 되고 官星喜神을 돕는데 水가 吉神이기 때문에 택시운수조합에 취직하였다. 壬運 己卯年에 喜神을 도우고 印星(文書)인 用神을 도우니 得宅하였다. 戌運은 刑이 成立하고 病神을 生하여 凶한데다가 辛巳年에 官星地殺과 驛馬가 相冲하니 地方으로 轉勤되었다.

向後 水木運은 用神을 生扶하여 吉하리라.

1996年生(女命). 身旺用殺格. 調候用神

丙 丁 乙 丙

午 未 未 子

71 61 51 41 31 21 11 01

丁 戊 己 庚 辛 壬 癸 甲

亥 子 丑 寅 卯 辰 巳 午

小暑節은 火旺土燥한데 午未火에 雙丙이 透干하여 도우고 乙木이 生火하니 身이 太旺하고 燥熱하다. 調候 및 身旺用官하여 子水가 用神에 金運은 喜神이다. 土가 病神에 木은 藥神이 되겠으나 旺火를 生할 염려가 있으니 吉한 것만은 아니다.

甲運은 旺火를 生하여 吉運이 아닌데 庚辰年에 庚金이 甲木을 冲하여 火가 忌神에 劈甲引火하니 驚氣가 甚했다고 한다. 이는 丁火日主가 太旺하고 燥熱하니 心臟이 弱한 緣故다.

向後 木火運은 旺火를 生扶하여 凶하고 金水運과 辰土運은 解熱하고 用神을 生扶하여 吉하리라.

1981年生(女命). 身弱印星爲用

己 丁 乙 辛
酉 未 未 酉

74 64 54 44 34 24 14 04
癸 壬 辛 庚 己 戊 丁 丙
卯 寅 丑 子 亥 戌 酉 申

大暑後(대서후) 五日生(오일생)이지만 三土(삼토)가 泄氣(설기)하고 三金(삼금)이 있으니 身弱(신약)하다. 印星(인성)인 乙木(을목)으로 旺土(왕토)를 疏土(소토)하고 弱(약)한 日主(일주)를 生(생)하여야 된다. 則(즉) 乙木(을목)이 用神(용신)이고 水運(수운)은 喜神(희신)이며 金(금)이 病神(병신)에 火運(화운)은 藥神(약신)이 된다.

酉運(유운)에 印綬(인수)가 用神(용신)이기 때문에 教育學(교육학)을 專攻(전공)하고 있다.

向後(향후) 土金運(토금운)은 弱(약)한 日主(일주)를 泄氣(설기)하고 病神(병신)을 生扶(생부)하여 吉運(길운)이 아니다. 그러나 水木運(수목운)은 喜神(희신)이 되고 用神(용신)을 도와 吉(길)하리라.

*. 沒官星(몰관성)에 坐下(좌하)에 食傷(식상)이고 雙未(쌍미)에 寡宿(과숙)이며 雙酉(쌍유)에 天乙貴人(천을귀인)이 있으니 이는 夫婦宮(부부궁)에 欠(흠)이 된다.

1956年生(女命). 身弱印星爲用. (亡者)

壬 丁 丙 丙
寅 丑 申 申

80 70 60 50 40 30 20 10
戊 己 庚 辛 壬 癸 甲 乙
子 丑 寅 卯 辰 巳 午 未

申月은 丁火의 囚地인데 雙申에 壬水가 高透하니 財星과 官星이 旺하고 丑土가 泄氣하니 身弱하다. 雙丙은 雙申에 病地가 되어 能力이 不足하니 時支의 寅木에게 依存할 수밖에 없다.

則 寅木이 用神이고 水는 喜神이며 金이 病神에 火는 藥神이다.

初年 甲乙午未運은 用神과 藥神을 도와 富家에 生長하였다. 午運에 藥神을 도와 成婚하고 得男하였다. 癸運은 官殺混雜에 官逢官運이 되니 夫婦葛藤이 甚하였다. 巳運은 群比爭官하고 寅巳申三刑을 成局하여 凶한데 壬申年에 用神인 寅木을 三冲하니 夫婦別離하였다.

壬運은 火吉神에 見水顯節하니 別離하면서 받은 위자료로 得宅하고 裕餘한 생활을 해왔다. 그러나 辰運에 들어 病神인 財星을 生하는데 庚辰年에 또 病神을 生하니 凶한 中에 株式投資로 財産을 모두 날려버렸다.

辰運 辛巳年 壬辰月 癸亥日에 心臟病으로 쓰러져 癸巳月 辛未

日에 결국 일어나지 못하였다. 이는 辰運에 病神을 生하고 辛巳年에 丙辛爭合去하며 巳丑金이 病神을 도우고 寅巳申三刑을 成局하며 癸亥日에 弱한 丁火를 冲하니 쓰러진 것이다.

亡日은 辰運 辛巳年 癸巳月 辛未日이니 辛年辛日의 兩辛이 兩丙을 合去하고 未日에 丑未冲하니 原局에서 寅申隔冲이던 것이 直冲이 되어 用神과 藥神이 傷하였던 결과이다.

*. 丁火日主에 克泄이 交加하면 心臟이 弱하다.

1975年生. 身弱印星爲用

戊 丁 甲 乙
申 亥 申 卯

71 61 51 41 31 21 11 01
丙 丁 戊 己 庚 辛 壬 癸
子 丑 寅 卯 辰 巳 午 未

申月의 丁火는 財旺하고 身의 弱地인데 坐下에 亥水와 申時에 戊土가 透干하니 泄氣가 太甚하다. 弱한 日主를 印綬를 써서 生하여야 한다. 則 木이 用神에 水는 喜神이며 金이 病神에 火運은 藥神이다.

初年 午運에 火藥神이 되므로 工大電子工學科에 二年間 다니다가 辛運에 病神이 得勢하니 軍役을 畢하고 復學을 하지 못하였다. 巳運은 藥神이 되어 吉하겠고 庚運은 原局에 火(불씨)가 없으니 劈甲引火될 能力이 不足하다. 辰運은 病神을 生하여 吉運이 아니지만 寅卯丁運은 用神과 藥神을 도와서 吉하리라. 己戊丑運은 病神을 生하여 吉運이 아니다.

*. 電子工學科는 火가 吉神에 卯木이 懸針星인 緣故다.

1956年生. 身弱比劫爲用

戊 丁 丙 丙

申 巳 申 申

77 67 57 47 37 27 17 07

甲 癸 壬 辛 庚 己 戊 丁

辰 卯 寅 丑 子 亥 戌 酉

申月은 金旺火弱한데 三申과 戊土가 泄氣하니 身弱하다. 身弱者는 印比로서 生扶하여야 된다. 火가 用神에 木運이 喜神이며 申巳水가 病神에 土는 除濕하는 藥神이다.

初年 酉運에 用神의 根인 巳火를 合去하여 忌神金(父星)이 되고

用神의 死地가 되니 父先亡하였다. 戊戌土運은 燥土가 되어 除濕하니 平吉인데 戌運은 火의 庫藏이 되니 吉하여 成婚하고 一女息을 두었다.

己運은 濕土가 되어 金을 生하니 吉運이 아니고 亥運은 病神을 도우고 用神의 根인 巳火를 冲하여 凶한데 壬申年에 病神이 得勢하고 巳申刑이 되니 喪妻하였다. 이는 坐下比劫에 巳가 (空)亡이고 申이 孤辰이며 巳申刑이 된 緣故다.

庚運 甲戌年에 運庚과 歲運甲이 劈甲引火하고 戌이 藥神이 되니 再婚하고 丙子年에 官星(子星)年이 되니 得男하였다. 子運은 病神을 도와 吉運이 아니지만 戊寅己卯年에 喜神이 되니 小財를 得하였다. 이때부터 火가 用神이니 飮食物業을 自營하고 있다.

向後 辛運은 用神을 合去하여 吉運이 아니고 丑運은 用神의 根인 巳를 合去하여 吉運이 아니다. 이때를 지나 木運은 地支가 重하며 喜神이 되어 吉하리라.

*. 日時支가 刑이 되어 아들이 늦다.

1968年生. 財多身弱格

丙 丁 庚 戊

午 丑 申 申

71 61 51 41 31 21 11 01

戊 丁 丙 乙 甲 癸 壬 辛

辰 卯 寅 丑 子 亥 戌 酉

申月은 金旺火弱한데 二土가 泄火生金하고 庚申金이 더 있으니 財多身弱이다. 火用神에 木運은 喜神이며 水가 病神에 土는 藥神이다.

壬運에 見水顯節하고 戌運에 午戌火가 用神을 도우니 工夫를 잘하고 癸運에 戊癸火 則 凶神을 合去하니 吉한데 財多身弱이기 때문에 商大를 卒業하였다. 亥運에 午亥(甲己土, 丁壬木)暗合하여 甲己土는 藥神을 도우고 丁壬木은 喜神이 되니 行政考試 財經分野에 合格하였다. 財多身弱에 坐下에 財庫가 있으니 國庫管理擔當公務員이 될 것이다. 甲運은 劈甲引火하여 大吉하다.

向後 子運은 用神의 根인 午를 冲하여 吉運이 아니고 乙運은 忌神인 庚金을 合去하여 吉하리라. 丑運은 旺金이 入墓하여 凶하겠는데 이때를 지나면 木火運은 用神을 生扶하여 吉하리라.

*. 原局에 喜神이 없어 格이 낮다.

1962年生. 官印相生格

甲 丁 戊 壬

辰 酉 申 寅

74 64 54 44 34 24 14 04

丙 乙 甲 癸 壬 辛 庚 己

辰 卯 寅 丑 子 亥 戌 酉

申月은 金旺火弱한데 坐下에 酉金이니 財旺하다. 戊土가 寅에 長生하고 辰에 根을 두고 透干하니 食傷 또한 不弱한데 申辰에 壬水가 透干하니 官旺하다. 則 克泄이 交加하여 身弱하다. 弱火를 生하는 木이 用神에 水가 喜神이며 金이 病神에 火運이 藥神이다.

初年 己酉運은 弱한 日主를 泄氣하고 病神이 得勢하여 吉運이 아니고 庚運은 甲木이 庚金을 만나 材木을 作成하니 吉하며 戌運에 寅戌火가 藥神이 되니 財多身弱이기 때문에 商大를 卒業하고 銀行에 就職하였다. 辛運은 病神을 도와 吉運은 아니지만 財星이 되고 丁卯年에 藥神이 되고 用神을 도우는 桃花年이 되니 成婚하고 二男을 두었다. 亥壬運은 官星喜神이 되어 昇進하고 得財하여 安樂家庭이다.

向後 水運은 喜神을 도와 吉할 것이다. 그러나 丑運은 病神이 得勢하여 吉運이 아닌데 이때 妻妾으로 因한 損財와 職場의 變動과

心臟疾患(심장질환)이 염려된다. 이때를 지나면 木火運(목화운)은 用神(용신)을 도우고 藥神(약신)이 되어 吉(길)하리라.

1968年生(女命). 身弱印星爲用

甲 丁 辛 戊
辰 酉 酉 申

76 66 56 46 36 26 16 06
癸 甲 乙 丙 丁 戊 己 庚
丑 寅 卯 辰 巳 午 未 申

酉月(유월)은 金旺火弱(금왕화약)한데 四金(사금)에 二土(이토)가 克泄(극설)하니 身(신)이 太弱(태약)하다. 弱火(약화)가 依支處(의지처)는 辰中(진중)의 乙木(을목)에 根(근)을 둔 甲木(갑목)뿐이다. 則(즉) 甲木用神(갑목용신)에 水運(수운)은 喜神(희신)이며 金(금)이 病神(병신)에 火運(화운)은 藥神(약신)이 된다.

初年(초년) 庚申運(경신운)은 病神(병신)이 得勢(득세)하여 寒微家(한미가)에서 生長(생장)하였다. 己運(기운)에 用神(용신)을 合去(합거)하여 病神(병신)을 生(생)하니 父先亡(부선망)하고 그로 因(인)하여 大學進學(대학진학)을 포기하였다. 未運(미운) 以後(이후) 藥神(약신)이 되어 吉(길)한데 午運(오운)에 들어 서비스업(커피숍)을 自營(자영)하여 得財(득재)하고 있다.

向後(향후) 丙運(병운)까지는 藥神(약신)이 되어 吉(길)하겠으나 辰運(진운)에는 弱火(약화)를 泄氣(설기)하여 病神(병신)을 生(생)하면 凶(흉)하다. 이때를 지나 木運(목운)은 用神(용신)을 도와 吉(길)하리라.

*. 水火가 吉神이기 때문에 커피숍이며 서비스업은 酉酉가 桃花殺이고 天乙貴人이기 때문이다.

*. 午運 辛巳年에 이르도록 未婚인 것은 沒官星이며 坐下를 포함한 地支의 酉酉가 忌神桃花와 忌神自刑에 忌神天乙貴人이기 때문이다.

1944年生. 財多身弱에 印星爲用

辛 丁 癸 甲

丑 亥 酉 申

76 66 56 46 36 26 16 06

辛 庚 己 戊 丁 丙 乙 甲

巳 辰 卯 寅 丑 子 亥 戌

丁火가 酉月에 生하여 弱한데 財星과 官星이 太過하니 身은 太弱하여 甲木에게 依支할 수 밖에 없다. 則 甲木이 用神에 水는 喜神이며 金이 病神에 火運은 藥神이다.

中學校부터 都市에서 工夫를 하게 된 것은 坐下의 亥水가 地殺인데 亥中의 甲木은 喜神印星(學問)이 되는 緣故다. 乙運에 商高를 卒業하고 銀行에 취직한 평범한 직장인이다. 子運에 母喪을 當하였다. 이는 甲木(印綬=어머니)이 浮木이 된 緣故다. 丁運에 藥神이 되어 昇進하였다. 丑運에 喪妻하였다. 이는 旺金(財=妻)이 入墓되고 坐下의 亥水가 孤辰殺인 緣故다. 寅運은 用神을 도와 吉하니 昇進하고 再婚도 하였다. 己運은 用神을 合去하여 吉運이 아니다.

向後 卯運까지는 用神을 도와 吉하지만 庚運에 用神甲木을 冲하면 凶하다. 此命에서 溫氣가 있었다면 格이 한층 높아졌으리라.

*. 健康: 日主丁火가 太弱하니 眼力不足과 殘疾이 염려된다.

1973年生. 身弱印星爲用

壬 丁 辛 癸

寅 未 酉 丑

71 61 51 41 31 21 11 01

癸 甲 乙 丙 丁 戊 己 庚

丑 寅 卯 辰 巳 午 未 申

酉月은 金旺節인데 辛金이 透干하고 壬癸水가 高透하며 丑未土가 있으니 克泄이 交加하여 身弱하다. 弱身을 生하는 寅木이 用神에 水는 喜神이며 金이 病神에 火運은 藥神이 된다.

初年 庚申運은 吉運이 아니었으나 未運 以後 南方火運은 藥神이

되어 工大 電子工學科를 卒業했다. 工大는 火가 吉神인 緣故다.

午運에 藥神이 되니 電子會社에 취직하고 辛巳年에 巳酉丑金 則 財星이 되니 成婚하였다.

向後 木火運은 身弱이지만 月上에 偏財星이 있으니 大吉할 것이다. 그러나 巳運은 巳酉丑金局이 病神을 도우고 辰運은 病神인 旺金을 生하고 官殺이 入墓하니 妻財로 因하여 辛苦하겠고, 時支寅이 空亡이니 부모님의 健康과 子息으로 因한 근심이 염려된다.

*. 健康은 弱한 丁火日主이니 心臟이고 金旺하니 大腸과 肺인데 巳辰運에 특히 조심해야 되겠다.

1973年生(女命). 財多身弱에 印星爲用

癸 丁 辛 癸

卯 丑 酉 丑

71 61 51 41 31 21 11 01

己 戊 丁 丙 乙 甲 癸 壬

巳 辰 卯 寅 丑 子 亥 戌

酉月은 金旺火弱한데 酉丑丑金에 辛金이 透干하고 雙癸가 高透하니 財星과 官星이 旺하므로 自然히 身은 弱하다. 身弱에는 印比

生扶를 기뻐하니 時支의 卯木이 用神에 水는 喜神이며 金이 病神에 火運은 藥神이다.

初年 戌運은 病神을 生하여 吉運이 아니고 癸運은 身弱에 官星運이니 健康上에 문제가 있었다. 亥運은 亥卯木이 用神을 實하게 하고 甲運은 用神을 도와 裕餘한 環境이었다.

子運에 夫星이 得勢하는데 庚辰年에 또 官星을 生하고 傷官(子星)年이 되니 壬午月에 桃花逢冲하여 成婚하였다.

向後 乙運은 用神을 도와 吉하겠으나 丑運은 入墓한 旺金에 用神인 木이 傷하면 凶하겠는데 이때 太弱한 身이 被克되면 殘疾이 常隨라고 했으니 健康이 염려된다. 丁火日主가 身弱하니 心臟病과 眼力不足이 염려된다.

이때를 지나면 丙寅丁卯 二十年間은 用神과 藥神을 도와 吉하리라.

*. 此命에서 金運은 貪財破印이라고 하는데 이때 不測之變故가 염려된다.

1950年生(女命). 身弱印星爲用

辛 丁 乙 庚

亥 卯 酉 寅

77 67 57 47 37 27 17 07

丁 戊 己 庚 辛 壬 癸 甲

丑 寅 卯 辰 巳 午 未 申

酉月은 金旺火弱한데 庚辛金이 透干하고 時支에 亥水가 있으니 財旺하고 濕하다. 印星을 用神으로 하여 弱한 日主를 生하여야 된다. 則 木이 用神에 水가 喜神이며 金이 病神에 火運이 藥神이다.

初年 甲木運은 用神을 도와 吉하고 申運은 用神을 四沖하여 吉運이 아닌데 이때 부모님에게 變故가 있었으리라. 癸運은 喜神官星이 되니 財多身弱이기 때문에 商高를 卒業하고 銀行에 勤務하게 되었다.

未運에 亥卯未木이 用神을 돕는데 乙卯年에 桃花爭沖이 되니 逢男하고 壬運 丙辰年에 官星(夫星)運과 傷官(子息星)年이 되니 成婚하였다. 丁巳年에 藥神이 되니 長男을 得하고 己未年에 亥卯未木이 用神을 도우니 次男을 得하였다. 午運은 寅午火가 藥神이 되니 夫君의 事業이 興旺하였다.

辛巳運은 辛巳酉金 則 病神이 得勢하여 凶한데 癸酉年에 또 病

神을 도우고 官逢官年이 되며 坐下를 爭冲하니 夫婦別離하였다. 이는 坐下가 冲이고 亥中의 壬水가 官星인데 亥가 (空)亡인 緣故다. 時支(子息宮)의 亥가 (空)亡이니 子息과도 別離하였다.

庚運에 들어 病神이 得勢하는데 丁丑年에 旺金이 入墓하고 濕하여 糖尿病을 얻어 辛苦하다.

向後 辰運은 水의 庫藏이 되고 旺金을 生하여 吉運이 아니다. 이 때를 지나면 木運은 地支가 重하므로 吉하리라.

1946年生. 棄命從兒格

庚	丁	戊	丙
子	丑	戌	戌

73	63	53	43	33	23	13	03
丙	乙	甲	癸	壬	辛	庚	己
午	巳	辰	卯	寅	丑	子	亥

戌月은 土旺火弱한데 四土에 子丑合化土하니 土가 太旺하다. 身이 太弱에 丙火를 用神으로 하려고 하니 土多火晦하여 能力이 不足하니 不用하고 棄命從兒格이 된다. "從格은 從하는 五行이 用神이 된다."[8] 고 했으니, 土가 用神에 火는 用神을 生하는 喜神이 되고

8) 유경진, 『명리학 용신론』, (연해명원), 2009년

木運은 用神을 克傷하는 病神에 金은 그 病을 除去하는 藥神이 된다. 다시 말하면 火는 從神을 生하여 吉하고 土運은 從神이 自旺하여 吉하며 金運은 太旺한 從神을 泄氣하여 吉하다. 印星運은 從神을 克傷하여 大忌하며 官星運은 傷官이 見官하여 凶하다.

初年 戌運 丁亥年에 亥子丑水에 傷官이 見官이면 爲禍百端하니 父先亡하였다. 이는 庚金이 父星인데 死地인 子水上에 앉은 緣故다. 子運은 傷官이 見官이면 爲禍百端이니 最高 名門學校는 失敗하고 次名門大學校 工大에 入學하였다. 工大는 火土金이 吉神인 緣故다.

辛運은 旺土를 泄氣하여 吉하고 丑運은 從神을 도와서 吉한데 丙辰年에 喜神과 用神을 도우니 成婚하였다. 丁巳年에 從神을 生하니 得男하고 壬運은 官運(子星)이 되는데 庚申年에 旺土를 泄氣하니 次男을 得하였다.

壬運은 丙火吉神에 見水顯節하여 吉하고 寅運은 寅戌火가 從神을 生하여 大吉하였다. 이때 火土金이 吉神이기 때문에 新設 大學校 建築工事를 하여 得財하였다.

癸運은 傷官이 見官이면 爲禍百端이니 母親이 得病하고 卯運은 從神인 旺土를 克하여 凶한데 甲戌年에 甲木이 또 旺土를 克하고

戌에 旺土가 入墓하니 母喪을 當하였다.

卯運에 從神을 克하여 大凶한데 丙子 丁丑年에 빚보증을 잘못서 주어서 甲運 辛巳年까지 40여億원의 損財를 當하였다. 辰運은 旺土를 冲發하니 부산에서 再起하는 中이었다. 그러나 乙運은 從神을 克하여 大忌하는데 戊子年에 傷官이 見官이면 爲禍百端하니 喉頭癌 手術을 하였다. 이는 木이 病神이고 金의 元神인 土가 丑戌刑이 된 緣故다.

1972年生(女命). 殺印相生格

乙 丁 庚 壬
巳 亥 戌 子

75 65 55 45 35 25 15 05
壬 癸 甲 乙 丙 丁 戊 己
寅 卯 辰 巳 午 未 申 酉

戌月은 土旺火弱한데 戌亥子하여 地轉西北하고 庚壬이 透干하니 財官이 旺하다. 따라서 身弱하다. 身弱에는 印比生扶를 기뻐하는데 巳火를 쓰려고 하니 巳亥冲이 되어 不用하고 乙木으로써 弱한 火를 生하여야 된다. 則 乙木이 用神에 水는 喜神이며 金이 病神에 火는 藥神이다.

初年 土金運은 病神이 得勢하여 吉運이 아니다. 殺印相生格이 貴格이라고는 하지만 初年에 吉運不逢으로 大學進學은 포기하였다. 丁運에 藥神이 되는데 火가 吉神이기 때문에 전신전화국에서 근무하게 되었다. 丁運 戊寅年에 藥神과 用神을 도우고 日支를 合하니 成婚하였다.

向後 火運동안은 藥神을 도와서 吉하겠으나 巳運은 坐下의 官星인 亥를 爭冲하면 夫婦關係에 損傷이 오겠다. 甲運은 劈甲引火하여 大吉하겠으나 辰運은 月建을 冲하여 吉運이 아니다. 이때를 지나면 水木運은 喜神과 用神을 도와서 吉하리라.

*. 丁火日主가 克泄이 交加하여 身弱하면 교활하고 내숭스러운 아부형으로 인색한 사람이 많다.

1956年生(女命). 身弱印星爲用

庚 丁 戊 丙

子 卯 戌 申

77 67 57 47 37 27 17 07

庚 辛 壬 癸 甲 乙 丙 丁

寅 卯 辰 巳 午 未 申 酉

戌月은 土旺節인데 戊土가 高透하였으니 傷官이 旺하고 申에 庚

金이 透干하였으니 財旺하며 時支에는 子水官星이다. 따라서 身弱하다. 木이 用神에 水는 喜神이며 金이 病神에 火는 藥神이다.

初年 丁運은 藥神을 도와서 吉하였고 酉運에 用神인 卯(印星=母)를 冲去하니 母喪을 當하였다. 申運 己未年에 日支와 合이 되니 成婚하고 辛酉年에 病神이 得勢하니 得女息하였다.

乙運에 用神을 도우고 未運은 卯未木이 되어 吉하였다. 甲午運은 用神과 藥神을 도와서 吉하였다.

向後 癸運은 忌神인 戊土를 合去하여 吉하겠고 巳運은 藥神을 도와서 吉하며 壬運은 丙火藥神에 見水顯節하여 吉할 것이지만 辰運은 月建인 旺土를 冲하여 吉運이 아니다. 이때를 지나서 東方木運은 用神을 도와서 吉하리라.

1982年生. 身弱比肩爲用

丁 丁 庚 壬
未 丑 戌 戌

76 66 56 46 36 26 16 06
戊 丁 丙 乙 甲 癸 壬 辛
午 巳 辰 卯 寅 丑 子 亥

戌月은 土旺火弱한데 地支에 四土이고 庚壬이 透干하였으니 克

泄이 交加하여 身弱하다. 未中의 丁火에 根을 둔 丁火로써 弱한 日主를 도와야 한다. 則 火用神에 木運이 喜神이다.

初年 亥運에는 亥未木이 喜神이 되니 工夫를 잘하였는데 壬運에 用神을 合去하니 高等學校에 進學한 후 공부에는 별관심이 없고 놀기를 좋아하는 친구들과 어울려 다닌다.

向後 水運은 用神이 傷하여 吉運이 아니다. 그러나 木火運은 喜神이 되고 用神을 도와서 吉하리라.

日時支가 相冲하니 結婚은 寅卯月生 혹은 寅·卯年生과 甲運 以後가 좋겠다. 坐下가 (空)亡이니 더욱 그러하다.

*. 雙魁罡에 丑戌에 華蓋殺이 있으니 有段者다.

1961年生(女命). 棄命從兒格

庚 丁 戊 辛

戌 丑 戌 丑

80 70 60 50 40 30 20 10

丙 乙 甲 癸 壬 辛 庚 己

午 巳 辰 卯 寅 丑 子 亥

戌月은 土旺火弱한데 地支가 全土이고 戊土가 透干하였으니 食

傷(상)이 太旺(태왕)하다. 庚辛金(경신금)이 透干(투간)하였으니 財(재) 또한 不弱(불약)하다. 弱(약)한 日主(일주)가 戌中(술중)의 丁火(정화)에 依支(의지)하려고 하니 丑戌刑(축술형)이 되어 不可(불가)하고 陰干(음간)은 從勢無情義(종세무정의)이니 太旺(태왕)한 食傷(식상)으로 從(종)하게 된다.

則(즉) 棄命從兒格(기명종아격)에 火運(화운)은 從神(종신)을 生(생)하여 吉(길)하고 土(토)는 從神(종신)이 自旺(자왕)하여 吉(길)하며 金(금)은 太旺(태왕)한 土(토)를 泄氣(설기)하여 吉(길)하다. 그러나 官(水)運(관수운)은 傷官(상관)이 見官(견관)이면 爲禍百端(위화백단)하여 凶(흉)하고 印星(木)運(인성목운)은 從神(종신)을 克傷(극상)하므로 大忌(대기)한다.

初年(초년) 戊己運(술기운)에 富家(부가)에서 生長(생장)하였다. 그러나 亥運(해운)에 傷官(상관)이 見官(견관)이면 爲禍百端(위화백단)하여 小兒痲痺患者(소아마비환자)가 되었다. 이는 過不及(과불급)이 皆病(개병)인데 四柱原局(사주원국)에 土(토)가 太多(태다)함으로 因(인)하여 胃弱(위약)한데 手足(수족)은 胃經(위경)에 屬(속)하기 때문이다.

庚運(경운)은 旺土(왕토)를 泄氣(설기)하여 吉(길)하였으나 子運(자운)은 從神(종신)과 相克(상극)하므로 彷徨期(방황기)였다. 辛丑運(신축운)은 從神(종신)을 泄氣(설기)하고 도우니 吉(길)하여 遺産相續(유산상속)을 받아 裕餘(유여)한 生活(생활)을 維持하였다.

向後(향후) 水運(수운)은 傷官(상관)이 見官(견관)하여 吉運(길운)이 아니고 木運(목운)은 從神(종신)인 土(토)를 克(극)하여 凶(흉)하겠으나 寅運(인운)은 寅戌火(인술화)가 從神(종신)을 生(생)하여 吉(길)하리라.

1942年生(女命). 調候用神

癸 丁 辛 壬

卯 卯 亥 午

71 61 51 41 31 21 11 01

癸 甲 乙 丙 丁 戊 己 庚

卯 辰 巳 午 未 申 酉 戌

亥月은 水旺火弱한데 壬癸水가 透干하였으니 官殺混雜에 官星이 旺하고 辛金이 高透하니 寒濕하다. 丁火는 弱하고 局勢가 寒濕하니 午火를 用神으로 하여 弱한 日主를 도우고 調候하여야 된다. 則 午火가 用神에 木은 喜神이며 水가 病神에 土運은 藥神이 된다.

酉運에 桃花逢冲하고 庚子年에 再 桃花逢冲하니 坐下에 吉神桃花가 있으므로 美男을 만나서 戊運에 去殺官留하여 淸한 官이 되니 成婚하였다. 申運 己酉年에 桃花逢冲하니 夫有外情으로 心理的 葛藤이 많았다. 이는 原局에 丁壬木이 多淫之合이고 卯卯가 雙桃花이며 官殺混雜이고 己酉年에 桃花逢冲하고 吉神桃花가 있으니 美人型에 三天乙貴人이 竝立하니 뭇 男性의 好感의 對象이 된 緣故다. 卯卯雙桃花가 亥와 爭合하니 三角關係에서 心理的인 葛藤이 甚했던 것이다. 丁運以後 南方火運에 用神을 도우니 吉하였다.

向後 甲運은 用神을 生하여 吉하겠으나 辰運에 旺水가 入墓하면

不吉하다.

*. 雙桃花가 있으면 항상 두 집 살림을 생각하는 경향이 많다.

*. 桃花逢冲이면 왜 바람이 날까.

. 桃花는 복사꽃이다. '봄날에 꽃이 絢爛하게 피어있는 복숭아 나무를 冲(衝)하면 복사꽃이 바람에 날리니 바람이 난다.' 라고 생각하면 記憶에 오래 남으리라.

*. 此命을 身弱에 印星爲用하여 印星이 用神에 太旺한 官星은 喜神이 아니라 오히려 病神이 되니 土는 藥神이 된다. 그리고 金이 또 病神에 火를 또 하나의 藥神으로 풀이하여도 결과는 같다.

*. 또 此命을 身弱에 比劫爲用하여 火가 用神이고 木은 喜神이며 水가 病神에 土를 藥神으로 풀이하여도 결과는 같다.

1964年生. 身弱印星爲用

辛 丁 乙 甲
亥 丑 亥 辰

75 65 55 45 35 25 15 05
癸 壬 辛 庚 己 戊 丁 丙
未 午 巳 辰 卯 寅 丑 子

亥月의 丁火는 弱한데 水가 둘에 金이 하나 土가 둘이니 克泄이

交加하여 身弱하다. 依支處는 印星뿐이다. 乙木은 生木으로 濕하고 甲木은 死木으로 濕하지 아니하다. 따라서 甲木이 用神에 辛金이 病神이고 金을 제거하는 火運은 藥神이 된다.

丙運에 丙奪丁光하여 凶한데 辛亥年에 病神을 도와 印星이 傷害되니 母喪을 當하였다. 子運은 亥子丑에 用神이 浮木되고 丁丑運은 日柱가 伏吟되니 吉運이 아니고 戊運은 弱한 身을 泄氣하여 吉運이 아니다. 寅運에 用神을 도와 吉한데 亥亥가 天門이니 出家하여 佛敎哲學을 探究하고 講義한다. 辰丑에 華蓋星이 있으니 聰明學者이고 忌神이니 僧道다. 亥亥가 驛馬이니 이곳에서 先僧을 찾아 배움을 구하고 저곳에 가서는 說法을 편다.

天乙貴人이 셋이나 있으니 正大한 人格者다. 乙에 天德星이고 甲에 月德星이 있으니 吉運을 만나면 法會에 참석자도 많으리라. 坐下는 財星의 庫藏이고 太濕無溫者는 子稀이니 俗世와는 因緣이 멀다.

卯運은 用神을 도와 吉하고 庚運은 用神을 合去·冲來하여 吉運이 아니다. 辰運은 旺水가 入墓하여 凶하지만 巳午未 南方火運은 地支가 重하므로 吉하리라.

*. 火日主가 虛弱한데 水運을 만나면 下痢不絶이라고 했으니, 여

름철에 泄瀉(설사)가 많이 난다고 했다.

華蓋星

年·日支 基準	亥卯未	寅午戌	巳酉丑	申子辰	作　　用
華蓋星	未	戌	丑	辰	凶神이나 空亡을 만나면 僧道. 聰明學者, 문장이나 예술에 능하고 지혜가 많다. 화려하고 안정되며 빛이 난다는 吉星.

1957年生(女命). 財多身弱格. 兩干支不雜格. 雙飛蝴蝶格

辛 丁 辛 丁

亥 酉 亥 酉

76 66 56 46 36 26 16 06

己 戊 丁 丙 乙 甲 癸 壬

未 午 巳 辰 卯 寅 丑 子

亥月은 水旺火弱한데 兩酉에 兩辛이 透干하였으니 財旺하고 亥月에 亥時이니 官旺하다. 財·官旺에 丁火가 太弱하니 陰干은 從勢無情義하여 從이 될듯하지만 胎元이 壬寅이고 亥中에 甲木이 있으니 從하지 아니한다. 따라서 比肩인 丁火가 用神에 木運은 喜神이며 亥水가 病神에 燥土運은 藥神이다.

初年 壬子癸丑運은 病神을 扶生하여 寒微家에서 生長하여 大學進學이 어려운 형편이었다. 甲運에 喜神이 되어 吉한데 火가 用神이기 때문에 電力會社에 入社하고 寅運에 喜神이 되니 昇進하고 乙運에 用神을 生하여 得宅하였다. 卯運에 喜神이 되어 吉하기는 하지만 亥亥卯가 爭合하여 濕木이 되니 生火하기에는 能力이 不足하고 卯酉酉金木이 爭冲에 筋骨痛이니 庚辰年에 척추수술을 하였다.

卯運에 이르도록 未婚인 것은 官星인 亥水가 孤辰이고 地支全天乙貴人이니 한 남자의 아내로서는 적합한 命造가 아니기 때문이다.

向後(향후) 丙運(병운)은 忌神(기신)인 辛金(신금)을 合去(합거)하여 吉(길)하겠으나 辰運(진운)에 弱(약)한 用神(용신)이 泄氣當(설기당)하면 吉運(길운)이 아닌데 이때 忌神(기신)인 財星(재성)이 旺(왕)해지니 父親(부친)의 健康(건강)이 염려되며 損財(손재)가 또한 염려된다. 이때를 지나면 南方火運(남방화운)은 用神(용신)을 도우고 藥神(약신)이 되어 吉(길)하리라.

*. 日主衰弱(일주쇠약)에 被克(피극)이면 殘疾(잔질)이 常隨(상수)라.

*. 水火相爭(수화상쟁)이니 膽石症(담석증)이 염려된다.

*. 火金相爭(화금상쟁)이니 血症(혈증)이 염려된다.

1957年生. 殺印相生格

壬 丁 辛 丁

寅 未 亥 酉

78 68 58 48 38 28 18 08

癸 甲 乙 丙 丁 戊 己 庚

卯 辰 巳 午 未 申 酉 戌

亥月(해월)은 水旺火弱(수왕화약)한데 壬水(임수)가 透干(투간)하였으니 官旺(관왕)하고 酉金(유금)에 根(근)을 둔 辛金(신금)이 透干(투간)하였으니 財(재) 또한 旺(왕)하다. 財·官(재관)이 旺(왕)하니 身(신)은 自然(자연)히 弱(약)하다. 年上(년상)의 丁火(정화)를 쓰려고 하니 丁辛沖(정신충)이고 酉上(유상)의 丁火(정화)이니 能力(능력)이 不足(부족)하다. 亥未木(해미목)을 쓰려고 하니 濕木(습목)이기 때문에 不(불)

用한다. 따라서 時支의 寅木으로서 旺水를 泄氣하여 生火하여야 된다. 則 寅木이 用神에 水는 喜神이며 金이 病神에 火는 藥神이다.

酉運은 財星運이 되는데 壬戌年에 丁壬合하니 成婚한 후 三男을 得하였다. 申運에 用神을 冲하여 凶한데 甲戌年에 戌과 未가 食傷刑이 되어 官星(子星)을 克傷하고 癸酉月에 藥神인 丁火를 冲去하고 酉月이 病神을 도우니 長男을 잃었다.

丁運 以後 木火運은 用神과 藥神을 도와 吉하리라. 그러나 辰運은 旺水가 入墓하고 病神을 生하므로 吉運이 아니다.

*. 子息數는 男命에는 官星으로 보고 女命에는 食傷으로 보는데 用神으로 보는 것이 더 타당하다. 此命에서는 寅(甲)木이 用神이니 셋 子息이다.

1966年生(女命). 殺印相生格

癸 丁 己 丙
卯 丑 亥 午

72 62 52 42 32 22 12 02
辛 壬 癸 甲 乙 丙 丁 戊
卯 辰 巳 午 未 申 酉 戌

亥月은 水旺火弱한데 癸水가 透干하고 二土가 泄氣하니 身弱하다. 身弱者는 印比生扶를 희망하니 印星이 用神에 官星은 喜神이며 丑中의 辛金財星이 病神에 比劫은 그 病을 除去하는 藥神이다.

初年 戊戌運은 弱火를 泄氣하여 吉運이 아니므로 寒微家에서 生長하였다. 丁運은 藥神이 되어 工夫를 잘하였으나 酉運에는 病神을 도와 凶한데 桃花逢冲으로 工夫에는 별 관심이 없었다. 申運에 官星을 生하는데 癸酉年에 桃花逢冲하여 成婚하였다. 申運 甲戌年에 用神을 도우고 食傷年이 되니 得女息하고 丁丑年에 藥神을 도우고 食神年이 되니 得男하였다.

乙運은 用神을 도와서 吉하였다. 未運은 亥卯未木局이 用神을 도와 吉하지만 한편으로는 食神이 官星을 克하고 坐下를 冲하여 凶한데 癸未年에 또 坐下를 爭冲하니 夫婦關係가 극도로 惡化되었다. 그러다가 未運末 丁亥年에 官逢官年이 되니 夫婦別離하였다.

向後 木火運은 用神과 藥神을 도와 吉하리라. 그러나 水運은 喜神이 된다고는 하지만 女命에 官逢官運이면 家庭에 근심이 많아진다.

*. 女命의 坐下는 夫宮인데 夫宮의 食傷이 官星을 克하니 夫婦別離의 문제가 발생한 것이다.

*. 坐下食傷

• 女命最忌者는 坐下食傷인데 이는 日支에 食神, 傷官이 있는 命造를 말한다. 이는 坐下가 夫宮인데 坐下의 食傷이 官星을 克하기 때문이다. 甲寅(寅中의 丙火), 乙巳, 丙戌, 丁未, 丁丑, 戊申, 己酉, 庚子, 辛亥, 壬寅, 癸卯, 甲午 日柱 등이다. 이 中에 특히 甲寅, 乙巳, 丁巳, 戊申, 辛亥日柱를 孤鸞殺이라고도 한다.

1953年生. 殺印相生格

己 丁 甲 癸
酉 未 子 巳

75 65 55 45 35 25 15 05
丙 丁 戊 己 庚 辛 壬 癸
辰 巳 午 未 申 酉 戌 亥

子月은 水旺火弱한데 癸水가 透干하고 巳酉金이 生水하며 己未土가 火를 泄氣하니 身弱하다. 未中의 乙木에 根을 둔 甲木으로 弱火를 生하여야 된다. 則 木이 用神에 水는 喜神이며 金이 病神에 火는 藥神이다.

戊運 甲寅年에 用神과 藥神을 도우니 銀行에 入社하였다. 辛運에 財星運이 되니 成婚하고 세 女息을 두었다. 庚運에 用神甲木이 庚金을 만나서 材木을 작성하고 劈甲引火하니 昇進하고 得宅하였다. 己運은 用神을 合去하여 吉運이 아닌데 庚辰年에 病神이 得勢하니 名譽退職하였다. 退職 後 婦人과 함께 不動産業을 하고 있다.

向後 南方火運은 藥神을 도와 吉하리라.

1972年生. 棄命從殺格

辛 丁 壬 壬
亥 丑 子 子

78 68 58 48 38 28 18 08
庚 己 戊 丁 丙 乙 甲 癸
申 未 午 巳 辰 卯 寅 丑

子月은 水旺火弱한데 地支에는 亥子丑 北方水가 되고 雙壬이 透干하며 辛金이 生水하니 日主는 太平洋風雨中에 一點의 燈火에 지나지 않는다. 亥中의 甲木은 浮木이 되어 不用하니 당연히 順勢하여 棄命從殺格이 된다. 金運은 從神을 生하여 吉하고 水運은 從神이 自旺하여 吉하며 木運은 從神을 泄氣하여 吉하다. 則 從神인 水가 用神에 金은 用神을 生하는 喜神이며 土運은 從神을 逆勢하는 病神이고 木運은 그 病을 除去하는 藥神이 된다. 火運은 從神인 水와 對立相克하므로 不吉하고 水의 庫藏인 辰은 旺者入墓하여 凶하다.

丙運 以後 吉運이 없으니 哀惜하다.

*. 棄命從殺格에서 印星運은 從神을 泄氣하여 吉하다고 하지만 脫此輩而忌見此輩하여 吉한 것만은 아니다.

1971年生. 從勢格. 通關用神

己 丁 庚 辛

酉 丑 子 亥

74 64 54 44 34 24 14 04

壬 癸 甲 乙 丙 丁 戊 己

辰 巳 午 未 申 酉 戌 亥

*. 從勢格[9]

日主가 依支할 比劫이나 印星이 없고 食傷과 財星과 官星이 均等하게 旺한 命造를 말한다. 이때 用神은 食傷과 官星 사이를 通關하는 財星이 用神이고 食傷은 喜神이며 比劫運이 病神에 官星은 藥神이 된다.

子月의 丁火는 無氣한데 原局에 食傷인 己丑이 있고 子丑合土하니 食傷이 一象이고 酉丑金에 根을 둔 庚辛이 透干하였으니 財星이 一象이며 亥子丑水가 있으니 官星이 一象이다. 無根한 丁火日主는 旺盛한 食傷과 財星과 官星의 勢力에 따를 수밖에 없다. 이를 從勢格이라고 한다. 則 財星이 用神에 食傷은 喜神이며 比劫運은 病神

---

9) 任鐵樵, 『滴天髓闡微』, (臺北: 武陵出版有限公司), 1999년, pp.328-329. 유경진, 『명리학 용신론』, (연해명원), 2009년, pp. 615-616

이 되고 官星(관성)은 그 病(병)을 除去(제거)하는 藥神(약신)이 된다. 印星運(인성운)은 病神(병신)인 比劫(비겁)을 生(생)하므로 凶(흉)하다.

初年(초년) 土水運(토수운)은 喜神(희신)과 藥神(약신)을 도와 吉(길)하였다. 戌運(술운)에 喜神(희신)을 도와 吉(길)한데 이때 天門(천문)인 亥(해)가 있어서 名門大(명문대) 哲學科(철학과)를 卒業(졸업)하였다. 丁運(정운)은 病神(병신)이 되어 吉運(길운)이 아니었다. 酉運(유운)에 用神(용신)을 도와서 吉(길)한데 癸未年(계미년)에 藥神(약신)과 喜神(희신)을 도우니 司法試驗(사법시험)에 合格(합격)하였다. 丙運(병운)은 病神(병신)이 되어 吉運(길운)이 아니지만 甲申·乙酉年(갑신·을유년)에 用神(용신)을 도우니 사법연수생 과정을 마쳤다. 丙運(병운)은 病神(병신)이 되어 凶(흉)한데 丙戌年(병술년)에 또 病神(병신)을 도우고 戌未刑(술미형)이 되니 변호사사무를 개시하였지만 주식투자를 잘못하여 一億(일억)원의 損失(손실)을 보았고 戊子年(무자년)에 또 주식투자로 一億(일억)원의 損失(손실)을 보았다. 戊子年(무자년)은 吉(길)한데도 불구하고 損財(손재)한 것으로 볼 때 歲運(세운)보다는 大運丙火(대운병화)의 凶(흉)한 영향을 더 받은 것 같다.

*. 丙運(병운) 末(말) 己丑年(기축년)이 되도록 未婚(미혼)인 것은 坐下(좌하)가 財星(재성)의 庫藏(고장)이고 時支(시지)가 (空)亡(공망)인 緣故(연고)다.

1966年生(女命. 日本生). 殺印相生格

癸 丁 庚 丙
卯 未 子 午

73 63 53 43 33 23 13 03
壬 癸 甲 乙 丙 丁 戊 己
辰 巳 午 未 申 酉 戌 亥

子月은 水旺火弱한데 癸水가 高透하고 庚金이 生水하니 官旺하다. 이때는 旺한 官星을 卯木으로 泄水生火하여야 한다. 則 卯未木用神에 水는 喜神이며 金이 病神에 火는 藥神이다.

初年 己運은 病神을 生하여 吉運이 아니며 亥運에 (亥)卯未(甲木)가 用神인데 乙卯年에 則 正印이 用神인데 偏印年이 되어 凶한데, 이때 時支의 卯(印星)가 (空)亡에 子卯가 刑이 된 緣故로 母喪을 當하였다. 이는 年月支가 冲이 된 緣故이기도 하다.

戌運에 午戌火와 丁運이 藥神이 되어 神學大學을 卒業하였다. 坐下에 食傷이고 子午冲으로 官星(夫星)의 根이 傷하고 時支(子星)가 (空)亡이니 夫와 子息과는 因緣이 薄하므로 僧道다. 酉運에 原局에서 子午冲인데 또 卯酉冲 則 南北과 東西가 冲이 되고 乙亥年에 地殺이 되니 韓國에 入國하여 東西南北으로 宣敎活動을 하고 다닌다.

丙運(병운)은 藥神(약신)이 되어 吉(길)하겠으나 申運(신운)은 病神(병신)을 도와서 吉運(길운)이 아니다. 이때를 지나면 南方火運(남방화운)은 藥神(약신)을 도와서 吉(길)하리라.

1957年生(女命). 身弱印星爲用

壬 丁 壬 丁

寅 卯 子 酉

76 66 56 46 36 26 16 06

庚 己 戊 丁 丙 乙 甲 癸

申 未 午 巳 辰 卯 寅 丑

子月(자월)은 水旺火弱(수왕화약)한데 雙壬(쌍임)이 高透(고투)하고 酉金(유금)이 生水(생수)하니 身弱(신약)하다. 이때는 木(목)으로써 旺水(왕수)를 泄氣(설기)하여 弱(약)한 火(화)를 生(생)하여야 된다. 卯木(묘목)을 쓰려고 하니 子卯刑(자묘형)이 되어 不用(불용)하고 寅木(인목)이 用神(용신)에 酉金(유금)이 病神(병신)에 丁火(정화)가 除金(제금)하는 藥神(약신)이 된다.

初年(초년) 癸丑運(계축운)은 官逢官運(관봉관운)이 되고 病神(병신)을 生(생)하니 寒微家(한미가)에서 生長(생장)하였다. 甲運(갑운)에 用神(용신)을 도와 吉(길)한데 이때부터 美容術(미용술)을 배워서 得財(득재)하고 寅運(인운)에 用神(용신)을 도와 成婚(성혼)하고 美容室(미용실)을 自營(자영)하고 있다. 辰運(진운)은 旺水(왕수)가 入墓(입묘)하고 庚辰年(경진년)에 病神(병신)을 扶生(부생)하여 凶(흉)한데 주식에 투자하여 大敗(대패)하였다.

向後(향후) 南方火運(남방화운)은 藥神(약신)을 도와서 吉(길)하리라.

*. 丁壬合化木格이 되지 아니하는 것은 壬水가 子水에 뿌리가 있어 木을 따르지 않기 때문이며 酉金이 木을 傷害하기 때문이기도 하다.

*. 用神인 木이 透干하였다면 格이 한층 높아졌으리라.

1959年生(女命). 身弱한 火土傷官格

庚 丁 丁 己
戊 未 丑 亥

76 66 56 46 36 26 16 06
乙 甲 癸 壬 辛 庚 己 戊
酉 申 未 午 巳 辰 卯 寅

丑月의 丁火가 地支에 三土와 天干에 己土가 있으니 泄氣가 太甚하다. 身弱한 火土傷官格에 亥未合木으로 旺土를 疏土하고 弱한 火日主를 生하여야 된다. 따라서 木이 用神이고 水는 喜神이며 木을 傷害하는 庚金은 病神이 되고 그 庚金을 除去하는 丁火는 藥神이 된다.

戊寅·己卯運은 重要한 地支가 用神을 도와서 吉하였다. 卯運에 用神을 도우고 日支를 合하여 成婚하고 一男一女를 두었다. 庚運은 病神을 도와 吉運이 아니고 辰運에 四冲이 되는데 旺土가 冲發하여

土가 太旺하니 弱火는 火晦가 된다. 이때 夫君의 行方不明이 法的 離婚事由가 되어 離婚하였다. 이는 女命最忌者는 坐下食傷이고 坐下冲이며, 女命에 魁罡逢冲이면 旣取偏房 獨守空이니 則 夫君의 拉致, 橫死, 無責任(作妾, 家出, 財産蕩盡)등으로 孤獨한 八字를 타고난 때문이다.

辰運末 甲戌年에 甲木이 用神을 도와 再婚은 하였으나 不正直한 사람을 만나 夫婦가 함께 表裏不同한 言行과 方法으로 庶民을 상대로 經濟的 損失을 입히고 다니다가 辛運에 病神을 도와 凶한데 丁丑年에 丑戌未三刑을 또 도우니 起訴中止된 상태이다. 이는 原局에 丑戌未三刑이 있으니 항상 官災口舌을 달고 다니는 八字이고 財(金)가 病神이 되는 命造이기 때문이다.

向後 巳運은 巳亥冲으로 吉運이 아니고 壬運은 藥神을 合去하여 吉運이 아니지만 午運은 午戌火가 藥神을 도와서 吉하리라.

*. 此命의 身長은 160㎝정도인데 몸무게는 100여㎏이나 되니 호흡장애가 있는데, 그것은 丁火는 心臟인데 泄氣가 太甚한 緣故다. 특히 巳大運에 健康이 要望된다.

1953年生(女命). 身弱印星爲用

壬 丁 乙 癸

寅 亥 丑 巳

72 62 52 42 32 22 12 02

癸 壬 辛 庚 己 戊 丁 丙

酉 申 未 午 巳 辰 卯 寅

丑月은 丁火의 弱地인데 亥와 丑사이에 子를 拱夾하고 巳丑金이 生水하고 壬癸가 透干하였으니 官殺이 混雜하고 太旺하니 身은 弱하다. 木을 用神으로 삼아 旺水를 泄氣하여 生火하여야 된다. 則 木이 用神에 巳丑金은 病神이고 寅中의 丙火는 藥神이 된다. 대체로 印星이 用神이면 官星은 喜神이 된다. 그러나 이 命造에서처럼 官星이 太旺하면 오히려 病이 된다. 則 水가 病神에 土는 또 하나의 藥神이 된다.

初年 丙寅·丁卯運은 用神과 藥神을 도와 富家에서 生長하였다. 丁運 戊申年에 父先亡하였다. 이는 弱火가 戊土에 泄氣되고 申金이 用神의 根을 冲한 緣故다. 卯運 庚戌年에 用神을 도우고 寅戌火가 藥神이 되니 成婚하고 二男을 두었다.

辰運에 旺水가 入墓되니 木用神은 浮木되므로 弱한 日主가 傷하는데 癸亥年에 官逢官運이 되고 또 弱火가 被傷되니 夫婦別離하였다. 이때 丁火日主가 弱하니 心臟病을 얻었다. 離婚事由는 夫君의 疑妻症이라고 했다. 이는 女命에 官星이 많으면 本人 주위에 恒常 男子들이 모여드는 形局이니 男便이 疑心을 하게 되는 때문이다.

亥中에 甲木이 어머니이고 亥中의 壬水가 男便인데 日支의 同宮에 있으니 親庭 어머니를 모시고 산다.

己運에 癸己冲去하여 去殺留官하니 吉하였다. 巳運은 藥神을 도와 吉한데 坐下의 亥水와 驛馬逢冲하니 吉地인 南方 제주도에서, 寅이 日支亥와 合木이니 이모님이 經營하는, 木이 用神이기 때문에 인테리어 會社에서 得財하였다.

巳運末 癸酉年부터 복어집을 경영하고 있으나 庚運까지는 吉運이 아니기 때문에 애로가 많다. 庚運 丁丑年부터 乙木用神을 合去하니 母親이 心臟病으로 苦生이 많다. 午運에 群比爭財하는데 庚辰年에 用神을 合去하고 旺水가 入墓하며 病神을 도우니 친구로 인하여 損財하였다.

向後 午運은 藥神을 도와서 吉하겠으나 財가 뚜렷하지 않으며 忌神이니 大財는 아니다.

*. 辛運에 用神인 乙木을 冲하고 甲申年에 用神의 根인 寅木을

冲하니 母喪을 當하였다.

*. 此命을 身弱에 比劫을 用神으로 하여 則 火用神에 木이 喜神이며 水가 病神에 土를 藥神으로 풀이하여도 결과는 같다.

1953年生. 身弱比刦爲用. (亡者)

壬 丁 乙 癸
寅 亥 丑 巳

79 69 59 49 39 29 19 09
丁 戊 己 庚 辛 壬 癸 甲
巳 午 未 申 酉 戌 亥 子

丑月은 水旺節인데 巳丑金이 生水하고 坐下에 亥水가 있고 壬癸가 透干하였으니 官이 太旺하다. 官星이 太旺할 때 食神制殺하면 弱한 民이 旺한 官에 의하여 重罰을 받게 되니 이때는 印綬로서 旺한 官을 泄氣하여 生身하여야 된다. 則 寅木에 根을 둔 乙木이 用神이고 巳丑金은 木을 傷害하는 病神이 되고 火는 病을 除去하는 藥神이 된다.

寅中의 甲木과 亥中의 甲木이 있고 乙木이 透干되어 正印과 偏印이 되니 母宮에 欠이 있다. 則 日支亥中에는 甲木(正印=母)이 있고 丑中에는 辛金(偏財=父)이 있는데 이들이 亥丑으로 準方合이 되

어 있으니 어머니가 再娶로 시집왔다. 年支에 藥神이 있으니 父母德이 많았다.

初年 甲運에 印星인 用神을 도우니 工夫를 잘 하였으나 子癸運은 太旺한 官을 도우니 彷徨期였다. 亥運 戊午年에 去殺留官하고 寅午火가 弱한 日主를 도우니 大學에 進學한 晩學徒였다. 壬運 壬戌年에 寅戌合火가 藥神이 되니 의료보험공단에 취직하였다. 壬運 末 丙寅年에 用神과 藥神을 돕고 日支와 合을 이루니 成婚하고 丁卯年에 用神과 藥神을 도우니 得男하였다. 戌運은 寅戌火가 藥神을 도우니 多福한 家庭이었다. 辛運에 들어 用神을 冲하고 壬申年에 太旺한 官星을 도와 凶한데 寅巳申三刑을 成局하고 用神의 根인 寅木을 冲하니 車 事故를 當하여 다리에 欠이 생겼다. 이는 原局에 乙巳丑曲脚殺이 作用한 까닭이다. 癸酉年에 巳酉丑에 病神이 得勢하니 退職하였다. 酉運 丁丑年에 病神인 財星金이 入墓하니 夫婦別離하였다. 그 以後 現在까지 火가 藥神이 되므로 飮食物業을 自營하였으나 吉運不逢으로 大敗하였다.

向後 庚申運은 用神을 合去하고 用神의 根을 冲하여 吉運이 아니며 寅申巳亥全備하면 行止가 不定하겠다.

*. 庚運에 用神을 合去하여 凶한데 乙酉年 庚辰月에 病神이 得

勢하니 原局에 寅巳刑이 있으므로 事故死를 當했다.

1947年生. 身弱한 火土傷官格

乙 丁 辛 丙
巳 未 丑 戌

73 63 53 43 33 23 13 03
己 戊 丁 丙 乙 甲 癸 壬
酉 申 未 午 巳 辰 卯 寅

丑月은 土旺火弱한데 丑戌未三土가 弱한 日元을 泄氣하고 辛金이 透干하였으니 身弱한 火土傷官格이다. 乙木으로 旺土를 疏土하고 弱한 日主를 生하여야 한다. 則 乙木이 用神에 水는 喜神이며 金이 病神에 火는 藥神이다.

初年 東方木運은 用神을 도와서 吉하다. 財多身弱이기 때문에 甲運에 用神을 도와 銀行에 就職하고 成婚하였다. 辰運에 旺土를 冲하여 土多火晦하니 金融事故로 辛苦하였다. 乙運은 用神을 도와 昇進하였다. 巳運에 巳丑金이 病神을 도우고 乙丑年에 病神을 生하니 喪妻하였다. 이는 財(妻)가 凶神에 群比爭財하고 坐下가 冲과 (空)亡과 三刑과 寡宿殺이 並臨한 緣故다.

丙午丁運은 藥神을 도와서 吉하였으나 向後 未運은 月建을 冲하고 刑이 되어 吉運이 아니다.

1968年生. 身弱한 火土傷官格

丙 丁 乙 戊
午 未 丑 申

71 61 51 41 31 21 11 01
癸 壬 辛 庚 己 戊 丁 丙
酉 申 未 午 巳 辰 卯 寅

丑月은 土旺寒濕한데 戊土가 透干하고 未土가 있으니 泄氣가 太甚하다. 未中乙木에 着根한 乙木으로 旺土를 疏土하고 生火하여야 된다. 則 乙木이 用神에 水는 喜神이며 金이 病神에 丙火는 制金하는 藥神이다.

初年 丙丁寅卯運은 藥神과 用神을 도와 裕餘家에서 生長하였다. 卯運末에 用神을 도와 吉한데 午가 吉神懸針星이니 醫大에 入學하였다. 戊運에 學校를 다니다가 辰運에 軍役을 畢하고 辰運末에 卒業하였다. 辰運末 戊寅年에 用神을 도와 成婚하고 己卯年에 卯未가 用神을 도우니 得男하였다. 辛巳年에 驛馬殺이 되니 美國으로 留學차 떠났다. 原局에 午未火가 會局救冲하고 있지만 巳運에 巳丑金則 病神이 得勢와 群比爭財하고 庚運에 用神을 合去하여 凶한데

이때 夫婦關係를 돈독히 하여야 되겠다. 月日支가 相冲되어 있으니 더욱 그러하다.

向後 午運은 藥神이 되어 吉하겠으나 辛運 以後는 吉運이 아니다.

◎ 戊土

1910年生. 身弱印星爲用. 陽八通. 三星 李秉喆 前會長의 造

壬 戊 戊 庚

戌 申 寅 戌

78 68 58 48 38 28 18 08

丙 乙 甲 癸 壬 辛 庚 己

戌 酉 申 未 午 巳 辰 卯

陽八通에 五行이 轉轉相生하니 大格이다.

立春節의 戊土가 木强土弱한데 日支의 申에 根을 둔 庚壬이 透干하였으니 戊戌戌土가 日主를 도우지만 身弱하고 餘寒이 있다. 따라서 寅戌火를 用神으로 하여 弱한 土를 生하여야 된다. 則 火가 用神에 木은 喜神이며 水가 病神에 土는 制水하는 藥神이 된다. 寅中의 丙火와 戌中의 丁火 則 印星에 天月德이 있으니 祖上의 積善한 蔭德이 있으리라. 火가 吉神이니 전기 가스 전자·컴퓨터 화학 등의 工業이고, 木이 吉神이니 의류 농산물 등이고 土가 吉神이니 건설 등의 기업을 설립하였던 것이다. 酉運에 用神이 死地에 들어 凶한데 丁卯年에 四冲이 全備하니 去世하였다.

1969年生(女命). 殺印相生格

癸 戊 丙 己
丑 寅 寅 酉

71 61 51 41 31 21 11 01
甲 癸 壬 辛 庚 己 戊 丁
戌 酉 申 未 午 巳 辰 卯

寅月은 木旺土弱한데 日支에 寅木이 있고 年支의 酉金이 泄氣하며 癸水가 高透하였으니 身弱하다. 丙火로써 旺木을 泄氣하여 弱한 土를 生하여야 한다. 則 丙火가 用神에 木이 喜神이며 癸水가 病神에 土는 그 病을 除去하는 藥神이다.

初年 戊辰己土運에 藥神을 도와 吉한데 火土가 吉神이니 실내인테리어를 專攻하였다. 巳運은 用神을 도와 吉하기 때문에 乙亥年 壬午月 辛卯日 丁酉時에 삼풍백화점이 붕괴되었을 때 그 지하3층에 있었으나 구출될 수 있었다. 巳運에 用神을 도와 得財하고 庚運은 病神을 生하니 事業이 不振하였다. 午運에 用神을 도와 吉한데 土가 吉神이니 不動産에 투자하여 得財하고 多福하게 살아가고 있다. 그러나 辛運은 病神을 生하고 用神을 合去하며 喜神인 官星을 克傷하여 凶한데 己丑年에 群比爭官하니 書類上으로 夫婦別離하였다. 이는 官星(夫)인 寅木이 空(亡)인 緣故다.

1947年生(女命). 殺印相生格

乙 戊 壬 丁
卯 午 寅 亥

79 69 59 49 39 29 19 09
庚 己 戊 丁 丙 乙 甲 癸
戌 酉 申 未 午 巳 辰 卯

入春後 三日에 生하여 餘寒이 있는데 寅亥合木에 乙卯時가 되니 木이 旺하다. 寒節의 木이 旺하니 戊土는 자연히 弱하고 寒하므로 寅午合化火를 用神으로 定하고 木은 喜神이며 水가 病神에 土運은 藥神이 된다. 甲運에 官(夫)運이 되는데 己酉年에 時支의 桃花를 冲하니 연애 결혼하였다. 乙運 己未年에 官逢官運이 되니 夫有外情이나 午運末까지는 門戶昌盛하였다. 午運末 甲戌年에 官殺混雜과 日支伏吟이니 紆鬱反覆하여 夫喪을 當하였다. 이는 坐下午가 空(亡)이고 寅木이 孤辰이며 暗明官이 混雜하고 官星인 木이 午에 死地가 되며 官星의 根을 合去(卯戌)한 緣故다. 丁運 乙亥年에 官星年이 되니 再婚하였다.

未運에 旺木이 入墓하면 木多火熄하여 凶한데 이때 胃病 子宮病 手足에 欠이 있기 쉽다. 戊運은 藥神이 되어 吉하고 申運은 月建을 冲하여 吉運이 아니며 酉運은 用神의 死地가 되어 危險하다.

*. 四柱原局에 暗明官이 混雜한 命造는 夫君의 疑妻症이 있기 쉽다.

1947年生. 殺印相生格

丙 戊 壬 丁
辰 午 寅 亥

71 61 51 41 31 21 11 01
甲 乙 丙 丁 戊 己 庚 辛
午 未 申 酉 戌 亥 子 丑

立春 後 三日에 生한 戊土가 餘寒이 있고 木이 旺한데 亥水와 壬水가 木을 生하니 木이 더욱 旺하다. 寅午火에 根을 둔 丙火를 써서 泄木生土하여 된다. 則 火가 用神에 木은 喜神이 되며 水가 病神에 土運은 藥神이다.

己運에 藥神이 되는데 庚戌年에 寅午戌火가 用神을 도우니 成婚하고 同年 丑月에 得男하고 土가 吉神이니 地籍公社에 就職하였다. 己運末 辛亥年에 病神을 生扶하여 用神인 火(母星)를 克傷하니 母喪을 當하였다. 土運은 藥神이 되니 吉한데 戌運 乙丑年에 得宅하였다. 酉運은 用神의 死地가 되니 糖尿病을 얻었다. 丙運 戊寅年에

用神을 도우고 喜神官星을 도우니 昇進하였다. 申運은 喜神인 官星을 冲하니 凶한데 이때 邊方으로 職場의 左遷이 있었다. 乙運에 官逢官運이면 職場에 變動이 있게 되는데 戊子年에 用神인 印星을 冲하니 退職하였다. 二男一女를 두었고 坐下에 用神의 根이 있으니 妻福이 많다.

*. 午火가 吉神懸針星이고 土가 吉神이니 땅을 測量하는 職業에 從事한다.

1948年生. 殺印相生格. 三旺格. 陽八通

壬 戊 甲 戊

戌 辰 寅 子

78 68 58 48 38 28 18 08

壬 辛 庚 己 戊 丁 丙 乙

戌 酉 申 未 午 巳 辰 卯

立春 後 八日에 태어난 戊土이니 木旺하고 土弱하며 寒한 季節이다. 辰戌에 雙戊가 透干하였으니 身旺한 듯하지만, 子辰水에 壬水가 透干하였으니 財旺하고, 木旺節인 寅에 根을 둔 甲木이 高透하였으니 官旺하고, 辰戌戊比劫이 戊土日主를 도우니 日主 또한 旺하

여 三旺格(삼왕격)이 된다. 三旺格(삼왕격)이지만 財星(재성)과 官星(관성)과 日主(일주)가 比等(비등)하게 旺(왕)하니 結局(결국)은 身弱(신약)하다. 寅戌火(인술화)를 用神(용신)으로 하여 旺木(왕목)을 泄氣(설기)하고 生土(생토)하여야 된다. 則(즉) 火(화)가 用神(용신)이고 木(목)은 喜神(희신)이며 水(수)가 病神(병신)에 土(토)는 藥神(약신)이 된다.

初年(초년) 木火運(목화운)은 喜神(희신)과 用神(용신)을 도와 吉(길)하였다. 辰運(진운)에 藥神(약신)을 도우니 吉(길)한데 偏官(편관)이 吉神(길신)이니 때문에 경찰공무원이 되고, 坐下(좌하)를 冲(충)하는데 壬子年(임자년)에 財星(재성)을 도우니 成婚(성혼)하고 甲寅年(갑인년)에 官星(관성)(子星(자성))을 도우니 得男(득남)하였다. 南方火運(남방화운)은 用神(용신)을 도와서 吉(길)한데 이때 婦人(부인)의 경제활동으로 裕餘(유여)한 가정이었다. 己大運(기대운)에 喜神官星(희신관성)을 合去(합거)하고 群(군)比爭官(비쟁관)하니 경찰간부직으로 退職(퇴직)하였다.

*. 土(토)는 胃(위)인데 辰戌冲(진술충)이니 糖尿病(당뇨병)이 있다.

*. 三旺格(삼왕격)이 富貴格(부귀격)이니 한때 100여억원 대의 財產家(재산가)였다.

2000年生. 身弱印星爲用. 調候爲用. 陽八通

壬 戊 戊 庚

戌 申 寅 辰

75 65 55 45 35 25 15 05

丙 乙 甲 癸 壬 辛 庚 己

戌 酉 申 未 午 巳 辰 卯

立春節(입춘절)에 生(생)한 戊土(무토)가 辰戌(진술)에 根(근)을 둔 戊土(무토)가 透干(투간)하여 도우고 있으나, 寅月(인월)은 木旺節(목왕절)이고, 申辰水(신진수)에 根(근)을 둔 壬水(임수)가 透干(투간)하고, 土(토)의 生(생)을 받고 申(신)에 祿(록)을 얻은 庚金(경금)이 透干(투간)하여 土(토)를 泄氣(설기)하고 있으니 身弱(신약)하고 餘寒(여한)이 있다. 따라서 寅戌火(인술화)를 써서 旺木(왕목)을 泄氣(설기)하고 土(토)를 生(생)하여야 된다. 則(즉) 火(화)가 用神(용신)에 木(목)은 喜神(희신)이며 水(수)가 病神(병신)에 土(토)는 藥神(약신)이 된다.

戌中(술중)의 丁火(정화)가 天德貴人(천덕귀인)이고 寅中(인중)의 丙火(병화)가 月德貴人(월덕귀인)이 되는데 印星(인성)이 用神(용신)이 되니 祖上(조상)의 蔭德(음덕)이 크리라.

此命(차명)은 삼성그룹창업자인 李秉喆의 命造(명조)와 한字(자)만 다르다. 則(즉) 李秉喆은 庚戌生(경술생)인데 比(비)하여 此命(차명)은 庚辰生(경진생)이라는 差異(차이)만 있을 뿐이다. 此命(차명)이 태어난 후 어느 哲學院(철학원)에 이름을 받으러 가니 李秉喆과 四柱八字(사주팔자) 中(중) 한字(자)만 다르다는 것을 알고 여기 저기 다니면서 이름을 짓다 보니 이름을 너무 많이 받아서 그 中(중)에 어느 것으로 定(정)해야 될지를 몰라 本院(본원)에 연락이 왔길래 旣存(기존)에 받은 것은 무시해버리고, 用神(용신)과 藥神(약신)을 도와주기 위해서 아래와 같이 撰名(찬명)해 주었다.

*. 姓氏(성씨)는 徐(서)씨인데 火(화)에 10劃(획)이다.

*. 正統命理學(정통명리학)으로 四柱(사주)를 判命(판명)하여 字源五行(자원오행)을 중심으로 原劃法(원획법)에 의하여 作名(작명)하였다.

① 熒(밝을 형. 火14) + 崑(산 이름 곤. 土11) =모두 35劃 吉數

② 輔(도울 보. 火14) + 均(고를 균. 土7) =모두 31劃 吉數

③ 崙(뫼 륜. 土11) + 赫(빛날 혁. 火14) =모두 35劃 吉數

*. 위 ①, ②, ③ 중 어느 이름을 擇(택)했는지는 모르겠으나 어느 것을 擇(택)하더라도 이 四柱(사주)에 걸맞으리라고 본다.

1975年生. 身旺用殺格

丙 戊 己 乙
辰 辰 卯 卯

76 66 56 46 36 26 16 06
辛 壬 癸 甲 乙 丙 丁 戊
未 申 酉 戌 亥 子 丑 寅

卯月의 戊土는 木旺하고 土弱한데 丙火가 生土하고 三土가 도우고 있으니 弱而反旺하여 身旺하다. 則 木이 用神에 辰中의 癸水가 喜神이다.

初年 火土運은 旺身을 生扶하여 吉運이 아니니 丙大運末까지 無爲徒食하였다. 丙大運末 甲申년에 申辰水가 用神인 官星을 生하니 公務員이 되었는데 水가 吉神이니 消防職으로 되었다. 乙運은 用神인 官星(子星)을 도우는데 庚寅年에 또 子星을 도우니 結婚할 計劃이다. 결혼 날자를 庚寅年 辛巳~壬午月 中 토요일과 일요일을 원했다. 그래서 用神을 도우는 己卯日과 用神을 合하면서 喜神이 되는 丁亥日과 喜神이 되면서 天乙貴人이 되는 庚子日을 택해주었다. 그러나 丁亥日은 현충일이니 時流에 따라서 可否를 결정하고 庚子日은 空(亡)이 되고 妻가 될 命造의 月建을 冲하니 쓰지 말도록 일러두었다.

向後 乙亥甲運까지는 用神을 扶生하니 吉하리라. 그러나 戌運은 旺土를 冲하여 喜神은 泥塞되고 用神은 折이 되어 凶하리라.

*. 妻가 될 命造는 庚申年 壬午月 甲戌日 甲戌時다.

1968年生(女命). 官印相生格에 一官이 獨淸

丙 戊 乙 戊

辰 子 卯 申

75 65 55 45 35 25 15 05

丁 戊 己 庚 辛 壬 癸 甲

未 申 酉 戌 亥 子 丑 寅

卯月戊土는 木旺土弱한데 乙木이 透干하였으니 一官이 獨淸하여 官旺하고 申子辰水局이니 財旺하다. 身弱에 一官이 獨淸한 女命은 財官旺運에 夫君은 出身하는데 比하여 本人은 殘疾에 辛苦하다. 官印相生格에 丙火가 用神에 木은 喜神이며 水가 病神에 土는 藥神이다. 丑運에 藥神을 도우니 某財閥二世와 成婚하였다. 壬運 以後 生官하니 身弱에 一官이 獨淸한 命造이니 夫君의 事業은 興旺하여 名利雙全하는데 本人은 늘 殘疾에 辛苦하다.

*. 土弱에 濕하니 胃酸過多症이 있기 쉽다.

1976年生. 官印相生格

乙 戊 辛 丙

卯 午 卯 辰

80 70 60 50 40 30 20 10

己 戊 丁 丙 乙 甲 癸 壬

亥 戌 酉 申 未 午 巳 辰

卯月의 戊土는 木强土弱한데 乙卯時에 辰土는 東方에 所屬되니 官旺하고 辛金이 辰土의 生을 받아 弱土를 泄氣하니 克泄이 交加하여 身弱하다. 火를 써서 旺木을 泄氣하여 弱土를 生하여야 된다. 則 火用神에 木은 喜神이며 水가 病神에 土는 弱한 日主를 도우고 制水하는 藥神이다.

壬運은 丙火吉神에 見水顯節하여 吉하고 辰運은 藥神을 도우니 工大電子工學科에 入學하였다. 癸運은 病神이 되어 軍服務로 辛苦하였다. 巳運은 用神을 도와 吉하고 甲午乙運은 喜神과 用神을 도와 吉하겠으나 未運은 旺木이 入墓하여 木多火熄하고 克土하니 吉運이 아닌데 이때 胃病과 官災가 염려된다. 丙運은 用神을 도와 吉하겠으나 申運은 申辰水가 病神을 도와 吉運이 아니니 이때 妻財로 인하여 辛苦(신고)하겠다. 丁運(정운)은 用神(용신)을 도와 吉(길)하겠으나 酉運(유운)은 月建(월건)을 冲(충)하고 用神(용신)의 死地(사지)가 되어 凶(흉)하리라.

*. 坐下(좌하)에 用神(용신)이니 妻福(처복)이 많겠고, 火土(화토)가 必要(필요)하니 火土(화토)가 旺(왕)한 女人(여인)과 成婚(성혼)하리라.

*. 電子工學(전자공학)인 것은 火(화)가 吉神(길신)이며 午火(오화)가 吉神懸針星(길신현침성)인 緣故(연고)다.

1968年生(女命). 身弱比劫爲用

乙 戊 乙 戊
卯 寅 卯 申

72 62 52 42 32 22 12 02
丁 戊 己 庚 辛 壬 癸 甲
未 申 酉 戌 亥 子 丑 寅

卯月(묘월)의 戊土(무토)는 木旺土弱(목왕토약)한데 木(목)이 다섯이고 申金(신금)이 泄氣(설기)하니 太弱(태약)한 日元(일원)은 寅(인)에 長生(장생)한 年上(년상)의 戊土(무토)에 依存(의존)할 수 밖에 없다. 則(즉) 戊土(무토)가 用神(용신)에 寅中(인중)의 丙火(병화)가 喜神(희신)이고 土(토)를 克(극)하는 木(목)이 病神(병신)에 申金(신금)은 制木(제목)하는 藥神(약신)이다.

初年(초년) 寅運(인운)에 藥神(약신)인 申金(신금)을 冲(충)하고 病神(병신)이 得勢(득세)하니 父喪(부상)을 當(당)하였다. 이는 申中(신중)의 壬水(임수)가 偏財(편재)로서 아버지인데 旺木(왕목)과 弱(약)한 申(신)이

冲하니 旺木은 冲發하고 弱申은 拔根한 緣故다. 癸運은 用神을 合去하니 吉運이 아니며 丑運은 用神을 도우니 商高를 卒業하고 戊辰年에 用神을 도와 銀行에 入社하였다. 子運 癸酉年에 桃花인 卯를 冲하니 成婚하고 女息을 얻었다. 辛運은 藥神을 도와서 吉하겠으나 亥運은 旺木의 長生地이며 寅亥合木이 되어 用神인 戊土를 克하면 凶하리라.

特히 亥運 乙酉年에 桃花逢冲하여 夫有外情이면 凶하겠고 亥運에 寅과 合이 되든지 卯卯와 爭合이 되어 官逢官運이면 鏡破釵分이니 夫婦關係를 敦篤히 하여야 되겠다.

이때를 지나면 庚戌運은 藥神과 用神을 도와 吉하고 火土金運은 喜神, 用神, 藥神을 도와 末年은 享福하겠으나 未運에 旺木이 入墓하여 用神을 克하면 危險하리라.

*. 戊逢甲克이면 手足有欠(手足은 胃經에 屬한다.)이고 土逢甲乙이면 損胃嘔土이니 健康에도 留意하여야 되겠다.

*. 兩干不雜이 아름답다.

*. 暗財가 있으나 弱하니 金融界이다. 則 남의 돈을 관리하는 八字다.

*. 地全官星이 空亡이니 孤獨을 면하기 어렵겠다.

1967年生(女命). 身旺用財格

丙 戊 癸 丁
辰 戌 卯 未

71 61 51 41 31 21 11 01
辛 庚 己 戊 丁 丙 乙 甲
亥 戌 酉 申 未 午 巳 辰

*. 戊癸合化火格[10]은 天干에는 丙丁이 있고 地支에도 寅午戌巳등으로 구성되어야 있어야 성립한다. 그러나 이 命造는 地支에 火庫인 戌은 있으나 辰戌冲으로 損傷되었고 火가 不足하므로 火로는 從할 수 없으니 戊癸合化火格은 아니고 正格이다.

卯月의 戊土는 木旺土弱하지만 丙丁이 日主를 生하고 辰戌未가 土를 도우니 弱而反旺하여 身旺하다. 女命身旺에는 官星을 用神으로 함이 定石이지만 此命은 燥熱하므로 辰中의 癸水에 根을 둔 癸水가 調候用神이다. 則 癸水가 用神이고 金運은 喜神이며 土는 制水하는 病神에 木은 그 病神을 除去하는 藥神이다.

*. 別解: 身旺한데 火가 旺身을 生하니 火가 欠이다. 欠을 除去하는 癸水를 用神으로 풀이하여도 결과는 同一하다.

此命은 日時支가 相冲하고 魁罡逢冲하니 夫婦宮에 欠이 있다. 午

---

10) 유경진, 『명리학 용신론』, (연해명원), 2009년, pp.599~602

運(운) 癸酉年(계유년)에 用神(용신)을 扶生(부생)하고 桃花逢冲(도화봉충)하여 結婚(결혼)을 하였으나 午運(오운)에 午戌火旺(오술화왕)하여 凶(흉)한데 丁丑年(정축년)에 用神(용신)인 癸水(계수)를 爭冲(쟁충)하고 丑戌未(축술미) 三刑(삼형)과 四冲(사충)이 되니 夫婦別離(부부별리)하였다. 현재 레스토랑을 經營(경영)하고 있으나 吉運(길운)이 아니다.

向後(향후) 未戊己運(미무기운)은 群比爭財(군비쟁재)하여 吉運(길운)이 아니고 申運(신운) 以後(이후) 金運(금운)은 喜神(희신)이 되어 吉(길)하겠으나 酉運(유운)만은 四冲(사충)이 되어 不測之變故(불측지변고)가 있으리라. 戌運(술운)에 辰戌冲(진술충)이 되면 旺土(왕토)가 冲發(충발)하여 癸水(계수)는 泥塞(니색)되고 藥神(약신)인 木(목)은 折(절)이 되어 凶(흉)하리라.

*. 水(수)가 吉神(길신)이기 때문에 레스토랑이다.

*. 所生女息(소생여식)이 있으나 日時支冲(일시지충)으로 子息(자식)과는 緣(연)이 薄(박)하여 別居(별거) 中(중)이다.

*. 吉神(길신) 桃花殺(도화살)이 있으니 美人型(미인형)이다. 官星(관성)이 吉神桃花星(길신도화성)이니 男便(남편)도 美男(미남)이다.

1974年生. 身弱比肩爲用

甲 戊 戊 甲
寅 寅 辰 寅

80	70	60	50	40	30	20	10
丙	乙	甲	癸	壬	辛	庚	己
子	亥	戌	酉	申	未	午	巳

① 甲(갑)이라는 사람은 殺强身强(살강신강)한 四柱(사주)다. 따라서 通關(통관)하는 火(화)가 用神(용신)이다.

② 乙(을)이라는 사람은 假從殺格(가종살격)이다. 따라서 官星(관성)이 用神(용신)이다.

③ 丙(병)이라는 사람은 戊土(무토)가 寅寅寅(인인인)에 長生(장생)하고 戊辰土(무진토)가 도우니 身旺(신왕)하고 燥熱(조열)하여 辰中(진중)의 癸水(계수)를 用神(용신)으로 쓰는 즉 身旺用財格(신왕용재격)이다.

④ 本關(본관)에서는 身弱(신약)에 比肩(비견)을 用神(용신)으로 쓰는 四柱(사주)다.

위의 甲(갑)은 三十年(삼십년) 以上(이상) 命理學(명리학)을 硏究(연구)한 現在(현재) 敎授(교수)고, 乙(을)은 命理學(명리학)을 四十年(사십년) 以上(이상) 硏究(연구)한 現在(현재) 敎授(교수)며, 丙(병)은 命理學(명리학)을 四十年(사십년) 以上(이상) 硏究(연구)하고 서울장안에서 有名稅(유명세)를 누리다가 他界(타계)했다.

季月辰(계월진)은 土旺節(토왕절)이라고는 하지만 東方(동방)의 木(목)이 旺(왕)한 季節(계절)이다. 그리고 四柱八字中(사주팔자중)에 木(목)이 다섯이고 土(토)가 셋이니 ① 殺强身强(살강신강)한 四柱(사주)가 아니고 殺强身弱(살강신약)한 四柱(사주)다. ② 陽干(양간)은 從氣不從勢(종기부종세)한데 더구나

戊辰의 比肩이 戊土日主를 도우고 있으니 從格은 더욱 아니다. ③ 이와 같은 것을 綜合的으로 살펴 볼 때 身旺한 四柱는 더더욱 아니다. 이처럼 用神을 定하기 어려운 四柱도 많으니, 그 例를 들어본 것이다.

1948年生. 身旺用財格

癸 戊 丙 戊
亥 辰 辰 子

78 68 58 48 38 28 18 08
甲 癸 壬 辛 庚 己 戊 丁
子 亥 戌 酉 申 未 午 巳

辰月은 土旺節인데 坐下의 辰土와 年上의 戊土가 도우고 月上의 丙火가 生土하니 土旺함은 不言可知다. 旺者는 用財·官하니 水가 用神이다. 則 水가 用神에 金運은 喜神이며 土가 病神에 木運은 疏土하는 藥神이 된다.

初年은 運不逢으로 寒微家에서 生長하여 未運까지는 百事가 無成이 었다. 庚運부터 金運은 用神을 生扶하여 吉하였다. 그러나 壬運은 丙火忌神에 見水顯節하니 吉運이 아니었다.

向後 戌運에 辰年이 오면 三辰과 一戌이 冲하면 旺土가 暴發하

여 用神인 水가 泥塞되므로 凶하리라. 이때를 지나면 癸亥子運은 用神을 도와서 吉하기만할 것 같으나 群比爭財가 되어 吉함이 적다.

*. 用神의 根源 則 金이 없어 格이 낮다.

*. 此命에서는 群比爭財되는 水運 보다는 生水하는 金運이 더 낫다.

*. 坐下에 用神의 庫藏이 있으니 妻福이 많다.

1968年(女命). 身旺用官格

乙 戊 丙 戊
卯 午 辰 申

75	65	55	45	35	25	15	05
戊	己	庚	辛	壬	癸	甲	乙
申	酉	戌	亥	子	丑	寅	卯

辰월은 土旺한데 丙火가 生土하고 戊土가 透干하여 扶助하고 坐下에 羊刃이 生土하니 身이 旺하다. 女命身旺에는 官星이 重하니 木이 用神이고 申辰水는 喜神이다.

初年 乙卯運에 用神을 도우니 富家에서 生長하였다. 寅運에 官星이 되니 逢男하여 成婚하고 辛未年에 傷官(子星)年이 되고 卯未合

木이 用神을 實하게 하니 得男하였다. 癸運 癸酉年에 傷官이 官의 根을 冲하니 夫婦別離하였다. 이는 官星의 根인 時支의 卯가 (空)亡이고 身旺한데 坐下에 羊刃이 있고 群比爭官이 된 緣故다.

甲戌年에 偏官年이 되니 有婦男의 도움으로 커피숍을 經營하게 되었다. 丑運 戊寅年 癸亥月에 本妻가 이 사실을 알게 되어 亡神殺이 뻗쳤다. 이는 丑運에 旺土를 도우고 戊寅年에 旺土가 長生이 되어 凶한데 申寅冲 則 傷官이 見官하여 木用神이 傷하고 申子辰에 亥가 亡神殺인 緣故다.

向後 壬運은 丙火忌神에 見水顯節하여 吉運이 아니고 子運은 身旺에 羊刃을 冲하면 凶하다. 亥運은 用神을 生하여 吉할 것이다. 그러나 辛運은 用神을 冲하고 庚戌運은 用神을 合去하고 月建을 冲하여 凶하리라.

亡神殺(年支基準)

構　　成	作　　用
亥卯未에 寅, 寅午戌에 巳, 巳酉丑에 申, 申子辰에 亥	一名 破軍殺로 모든 계획이 水泡로 돌아가고 마침내 敗家亡身

1956年生(女命). 身旺用財格

癸 戊 壬 丙

亥 辰 辰 申

79 69 59 49 39 29 19 09

甲 乙 丙 丁 戊 己 庚 辛

申 酉 戌 亥 子 丑 寅 卯

*. 原局에 申辰水와 壬亥水가 있어 則 癸水의 뿌리가 있기 때문에 戊癸合化火格으로 從하지 않는다.

立夏 四日前에 生한 戊土가 雙辰과 丙火가 扶生하니 身旺하다. 身旺用財하여 水가 用神에 金은 喜神이며 土가 病神에 木運은 藥神이 된다.

初年 辛庚運은 喜神이 되어 裕餘家에서 生長하였다. 卯運은 亥卯藥神이 되어 吉하고 寅運에 寅亥合木이 官星이고 藥神이 되어 成婚하고 一男을 두었다.

己丑運은 群比爭財가 되어 百事가 無成이었다. 이때 群比爭官이 되니 夫君의 無責任으로 辛苦하였다. 戊運에 群比爭財하고 群比爭官이 되는데 甲戌年에 官逢官運이고 坐下를 爭沖하니 夫婦別離하였다. 이는 亥中의 甲木과 辰中의 乙木이 官星인데 辰辰亥가 空亡인 緣故이며 辰亥冤嗔이 作用한 까닭이다.

子運에 들어 水가 用神이니 酒店을 自營하고 있으며 亥運까지는 地支가 重하니 用神을 도와서 吉하리라. 그러나 丙運은 病神을 生하여 凶하고 戌運은 旺土를 沖發하면 水는 泥塞되고 金은 埋金되어 凶하리라.

1967年生. 身旺用殺格

乙 戊 甲 丁

卯 辰 辰 未

80 70 60 50 40 30 20 10

丙 丁 戊 己 庚 辛 壬 癸

申 酉 戌 亥 子 丑 寅 卯

立夏 二日前 辰月은 戊土가 司令하는데 三土가 도우고 丁火가 生하니 身旺하다. 木으로서 旺土를 疏土하여야 된다. 則 木이 用神에 水는 喜神이다. 官殺混雜에 原局에 喜神인 水가 나타나지 않았으므로 格이 낮다.

初年의 水木運은 用神을 도우고 喜神이 되어 吉하였다. 建築工學을 專攻하였다. 이는 甲卯木이 懸針星인데 木이 用神이니 건축설계 혹은 인테리어이다. 辛運은 去官留殺하여 無欠이지만 丑運은 旺土를 도와서 吉運이 아니고 庚運은 火土가 忌神인데 劈甲引火하니 吉

運(운)이 아니다.

向後(향후) 子運(자운)은 喜神(희신)이 되어 吉(길)하고 亥運(해운)은 亥卯未木(해묘미목)이 用神(용신)을 도와서 吉(길)하겠으나 土運(토운)은 群比爭財(군비쟁재)하여 吉運(길운)이 아니다. 戌運(술운)은 月建(월건)인 辰土(진토)를 冲發(충발)하므로 木(목)이 折(절)하여 크게 凶(흉)하리라.

*. 辛運(신운) 庚辰年(경진년)까지 未婚(미혼)인 것은 辰中(진중)의 癸水(계수)가 妻星(처성)인데 辰辰(진진)이 寡宿(과숙)이고 自刑(자형)이며 時支(시지)의 卯(묘)가 (空)亡(공망)인 緣故(연고)다.

1979年生. 身旺用財格

癸 戊 戊 己

丑 辰 辰 未

79 69 59 49 39 29 19 09

庚 辛 壬 癸 甲 乙 丙 丁

申 酉 戌 亥 子 丑 寅 卯

*. 戊癸合化火格(무계합화화격)이 아닌 것은 原局(원국)에 火(화)가 없기 때문이며, 土曰稼穡(토왈가색)격이 아닌 것은 辰辰丑土(진진축토)의 支藏干(지장간)에 癸水(계수)가 있어서 時上癸水(시상계수)의 뿌리가 充分(충분)하기 때문이다.

辰月(진월)은 土旺(토왕)한데 土(토)가 일곱이나 되니 身(신)이 太旺(태왕)하다. 太旺(태왕)한 者(자)는 食傷(식상)으로 泄氣(설기)함이 타당하지만 原局(원국)에 食傷(식상)이 없으니 財星(재성)을 用(용)

神으로 하는 수밖에 없다. 則 水가 用神에 金運은 喜神이며 土가 病神에 木運은 藥神이 된다.

初年 丁運에 病神을 生하는데 戊辰年에 父母님의 離婚으로 祖父母 밑에서 자랐다. 이는 丁火가 祖父인 緣故다. 卯運에 藥神이 되니 어머님과 再會하였다. 丙運은 病神을 生하여 吉運이 아니니 專門學校를 卒業하고 辛巳年 現在 軍役中이다.

向後 寅乙運은 藥神이 되어 吉하겠으나 丑運은 群比爭財하니 妻財로 因하여 辛苦하겠고 健康은 胃弱과 腎臟弱이 염려된다. 이때 財星은 父星이고 未中의 丁火는 母星이니 父親과 母親의 健康도 염려된다. 이때를 지나면 水運 동안은 用神을 도와서 吉하겠으나 群比爭財로 인한 辛苦함 또한 免하기는 어려울 것이다. 戌運은 旺土를 冲發하고 三刑을 成局하여 癸水가 泥塞되니 危險하리라.

*. 此命은 坐下比劫에 群比爭財가 欠이고 丑辰辰이 寡宿이며 丑土가 (空)亡이니 妻子宮이 不吉하다.

*. 만일 假土曰稼穡格이었다면 丁運에 忌神인 癸水를 冲去하고 用神을 生하여 大吉하였을 것이다.

1945年生. 傷官生財格. 調候用神

戊 戊 辛 乙
午 寅 巳 酉

71 61 51 41 31 21 11 01
癸 甲 乙 丙 丁 戊 己 庚
酉 戌 亥 子 丑 寅 卯 辰

巳月(사월)은 戊土(무토)의 祿地(록지)이니 旺地(왕지)인데 戊午時(무오시)와 寅午合化火(인오합화화)가 扶生(부생)하니 身旺(신왕)하고 燥熱(조열)하다. 調候(조후)가 時急(시급)하니 傷官生財格(상관생재격)으로 金(금)이 用神(용신)에 濕土運(습토운)은 喜神(희신)이며 火(화)가 病神(병신)에 水運(수운)은 藥神(약신)이 된다.

泄氣(설기)하는 傷官(상관)이 用神(용신)이 되는 경우에 財星(재성)이 原局(원국)에 있어서 轉轉(전전)相生(상생)으로 泄氣(설기)가 잘 되면 文學的(문학적)인 素質(소질)을 타고나 文人學者(문인학자)도 많지만 財星(재성)이 없으면 技術家(기술가)가 많다.

卯運(묘운) 以後(이후) 丁運(정운)까지 東方木運(동방목운)은 傷官用神(상관용신)에 見官(견관)이면 爲禍百端(위화백단)이니 百事(백사)가 無成(무성)이었다. 이때 金(금)이 吉神(길신)이기 때문에 鐵工所(철공소) 從業(종업)員(원)으로 있으면서 機械製作技術(기계제작기술)을 익혔다. 丑運(축운)부터 일루미늄샷시 공장을 自營(자영)하여 致富(치부)하고 安樂(안락)한 家庭(가정)을 꾸려왔다. 이는 地支(지지)가 重(중)하며 藥神(약신)인 水(수)가 病神(병신)인 火(화)를 制(제)하니 用神(용신)인 金(금)이 生氣(생기)를 얻은 緣故(연고)다.

向後(향후) 戌運(술운)에 旺火(왕화)가 入墓(입묘)하면 凶(흉)하다.

*. 原局에 財星이 없으니 小富에 불과하다.

*. 身旺用官格이 아닌 것은, 火旺當令의 木은 生火할 염려도 있지만 巳酉金上의 虛弱한 乙木은 辛金에 被傷되니 不用하고, 寅木은 寅午火로 變하고 寅巳刑이 되니 用神으로서는 能力이 不足하여 쓸 수 없기 때문이다.

1968年生. 身旺(日主弱 印綬旺)用財格. 調候用神

丙 戊 丁 戊

辰 子 巳 申

77 67 57 47 37 27 17 07

乙 甲 癸 壬 辛 庚 己 戊

丑 子 亥 戌 酉 申 未 午

巳月은 戊土의 祿地인데 土가 셋에 火가 셋이니 身旺한 中에 旺한 印綬가 欠이다. 欠을 除去하는 子辰水가 用神이고 申金이 喜神이다.

戊午己未運에 旺神을 扶生하여 吉運이 아니니 寒微家에서 生長하였다. 그러나 火生土 土生金 金生水 則 五行이 두루 無滯하니 聰明出衆하여 工夫를 잘해서 商大를 卒業하고 水가 用神이니 貿易會社에 就職하였다. 庚運 丁丑年에 巳丑金이 生水하니 良配(辛酉日

柱女)를 만나 成婚하고 二男을 두었다.

向後 金水運은 用神과 喜神을 도와 吉하겠으나 戌運은 旺火가 入墓하고 水의 庫藏을 冲하여 凶하리라. 坐下에 用神인 財星이 있으니 妻德이 많으리라.

*. 暗財가 吉神인 命造는 暗暗裡에 得財하는 者가 많다. 則 暗財가 있는 命造는 鑛産業 전당포, 골동품상, 사채업자, 유흥업소, 종업원 소개업, 암달러업자, 공무원뇌물수수 등 暗暗裡에 商行爲를 하는 者가 많다.

*. 明財 則 財星이 天干에 透出한 命造는 透明한 商行爲를 하는 者가 대부분이다.

1962年生. 官印相生格. 四長生格

癸 戊 乙 壬
亥 申 巳 寅

79 69 59 49 39 29 19 09
癸 壬 辛 庚 己 戊 丁 丙
丑 子 亥 戌 酉 申 未 午

巳月은 戊土의 祿地가 되어 旺地이지만 申과 亥에 根을 둔 正·偏

財가 透干하고 乙木과 寅木이 克土하니 旺而反弱하다. 印星으로서 弱한 身을 生하여야 된다. 則 巳火가 用神에 木은 喜神이며 水가 病神에 土運은 藥神이다.

初年 丙午丁運에 집은 대단히 가난했다고 한다. 그러나 工夫는 잘 하여 地方名門大 法大를 卒業하고 未運까지 司法考試에 應하였으나 失敗하였다.

寅申巳亥 則 四長生格으로 身旺하고 吉運을 만났더라면 大發福하였을 것이다.

戊運에 藥神이 되니 教育公務員인 婦人을 만나 一男一女를 두었다. 戊運 庚午年에 藥神이 되고 用神을 도와 法律事務所에 근무하게 되었다. 申運은 地殺인 寅(官星=職場)을 爭冲하니 職場을 그만두고 다시 考試工夫를 하느냐 마느냐 心理的 갈등이 甚하였다. 己運에 들어 病神인 癸水를 冲去하고 藥神이 되니 심리적 안정을 되찾아가고 있다.

向後 酉運은 用神인 巳火를 合去하여 凶하겠다. 이때 巳中의 丙火가 酉에 死地가 되는데 火는 印綬(母)이니 母親의 健康에 留意하여야 되겠다. 庚運도 弱한 日主를 泄氣하여 吉運이 아니며 戌運은 寅戌火가 用神을 도와 吉하겠으나 亥運에 用神을 冲하면 危險하리라.

1935年生. 官印相生格. 準四長生格. 中和四柱가 最吉

癸 戊 辛 乙
亥 申 巳 亥

79 69 59 49 39 29 19 09
癸 甲 乙 丙 丁 戊 己 庚
酉 戌 亥 子 丑 寅 卯 辰

*.六親推理法(男命)
육 친 추 리 법 남 명

1. 親家爲主
친 가 위 주

① 戊土는 本人이다.
무 토 본 인

② 偏財(亥中壬水)는 아버지이다.
편 재 해 중 임 수

③ 偏印(巳中丙火) 則 偏財의 偏財는 할아버지이다.
편 인 사 중 병 화 즉 편 재 편 재

④ 傷官(偏印의 正財)인 辛金은 할머니이다.
상 관 편 인 정 재 신 금

ⓐ 正印(偏財의 正財)은 어머니이다.
정 인 편 재 정 재

ⓑ 傷官(正印의 偏財)인 辛金은 외할아버지이다.
상 관 정 인 편 재 신 금

ⓒ 正印(正財의 偏財)은 丈人이다.
정 인 정 재 편 재 장 인

ⓓ 食神(正印의 正財)인 申中庚金은 丈母다.
식 신 정 인 정 재 신 중 경 금 장 모

ⓔ 偏官(亥中甲木)은 아들이다.
편 관 해 중 갑 목

ⓕ 正官(乙木)은 딸이다.
정 관 을 목

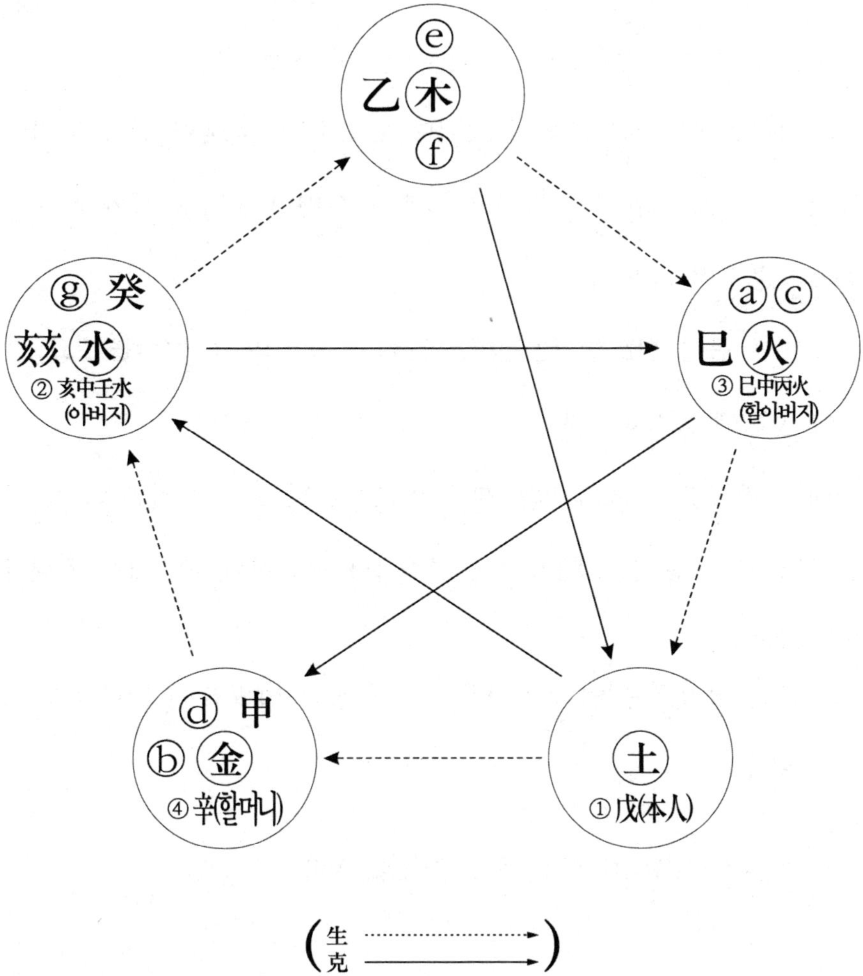

ⓖ 正財(癸水)는 妻다.

芒種六日前의 巳火는 丙火가 司令하며 戊土가 巳에 得祿하지만 三水와 二金과 一木이 있으니 克泄이 交加하여 旺而反弱이다. 依支

處는 巳火뿐이다. 則 巳火가 用神에 木은 喜神이며 水는 用神을 傷害하는 病神에 土運은 그 病神을 除去하는 藥神이다.

準四長生格이지만 身弱이 欠이다. 己土運에 藥神이 되니 法學을 專攻하여 司法試驗에 合格하고 乙運에 喜神인 正官을 도와 一人之下萬人之上이 되었다.

亥運에 들어 用神인 巳火를 三冲하니 亥中의 甲木(아들)으로 因하여 大選에 大敗하였다.

向後 甲運은 死木이 되어 生木인 乙木보다는 불이 훨씬 더 잘 타는 理致로 些少한 所願成就는 하겠으나 身弱하니 帝王과는 거리가 있는 듯하다.

戌運은 藥神이 되어 吉하겠으나 金水運은 病神을 生扶하여 吉運이 아니다.

*. 四長生格四柱에 法關係 公務員이 많다.

1955年生. 傷官生財格. 調候用神

丁 戊 辛 乙
巳 寅 巳 未

74 64 54 44 34 24 14 04
癸 甲 乙 丙 丁 戊 己 庚
酉 戌 亥 子 丑 寅 卯 辰

巳月(사월)의 戊土(무토)는 月支(월지)에서 得祿(득록)하고 日支寅(일지인)에 長生(장생)하는데 丁巳時(정사시)가 生土(생토)하고 未土(미토)가 도우니 日主(일주)가 太旺(태왕)하고 燥熱(조열)하다. 調候(조후)가 時急(시급)하니 辛金(신금)이 用神(용신)이 된다. 則(즉) 傷官生財(상관생재)하여 金(금)이 用神(용신)이고 土運(토운)은 喜神(희신)이며 火(화)가 病神(병신)에 水運(수운)은 藥神(약신)이 된다.

初年(초년) 庚辰己運(경진기운)에 用神(용신)을 扶生(부생)하니 裕餘家(유여가)에서 生長(생장)하였으나 卯運(묘운)은 傷官(상관)이 見官(견관)하여 爲禍百端(위화백단)이었다. 戊運(무운) 庚申年(경신년)에 用神(용신)을 도우는데 四柱八字(사주팔자)에 金水(금수)가 必要(필요)하니 西北(서북)쪽에 와서 消防公務員(소방공무원)이 되었다. 辛酉年(신유년)에 用神(용신)을 도우니 成婚(성혼)하고 同年末(동년말)에 得男(득남)하였다.

寅運(인운)은 傷官(상관)이 見官(견관)하여 爲禍百端(위화백단)이고 寅巳刑(인사형)이 되어 吉運(길운)이 아니고, 丁運(정운)은 病神(병신)이 得勢(득세)하여 吉運(길운)이 아니었다. 丑運(축운)은 喜神(희신)이 되어 吉(길)한데 癸酉年(계유년)에 用神(용신)을 도우고 藥神(약신)이 되어 昇進(승진)하고 丁丑年(정축년)에 巳(사)와 丑(축)이 2:2로 合(합)이 되어 用神(용신)을 도우니 得宅(득택)하였다. 丙運(병운)에 用神(용신)을 合去(합거)하여 凶(흉)한데 戊寅年(무인년)에 寅巳刑(인사형) 則(즉) 官星(관성)의 刑(형)이 되고 傷官(상관)이

見官하니 退職하였다.

庚辰年에 물이 必要한 命造이니 水産業을 하고 있다. 辛巳 壬午 癸未年을 無事히 지나면 北方水運은 藥神이 되어 吉하리라.

*. 用神의 根이 不實하니 格이 낮다.

1923年生. 假戊癸合化火格. 金大中 前大統領 造

癸 戊 戊 癸
亥 午 午 亥

83 73 63 53 43 33 23 13 03
己 庚 辛 壬 癸 甲 乙 丙 丁
酉 戌 亥 子 丑 寅 卯 辰 巳

*. 戊癸合化火格11)에서 合하는 癸水 이외 나머지가 모두 木火土로만 구성되어 있으면 眞戊癸合化火格이고, 그 나머지 中에 어느 한 字라도 癸水의 뿌리가 될 만한 金水가 있으면 假戊癸合化火格이 되는데 假化格은 眞化格에 比하여 眞實性이 떨어지므로 格이 그 만큼 낮다. 此命造는 年支와 時支에 亥水가 있어 午亥(甲己土, 丁壬木) 暗合이 되지만 癸水의 뿌리가 될 수도 있기 때문에 假戊癸合化火格

11) 유경진, 『명리학 용신론』, (연해명원), 2009년, pp.599~602

이고 그만큼 權謨術數에 能했던 것이다.

午月은 戊土의 帝旺地로서 旺地인데 年干의 癸水와 月干의 戊土가 合하여 戊癸火가 되고 日干의 戊土와 時干의 癸水가 合하여 戊癸火가 되고 年支의 亥水와 月支의 午火가 暗合하여 丁壬合木과 甲己合土를 이루고 時支의 亥水와 日支의 午火가 暗合하여 丁壬合木과 甲己合土를 이루니 戊癸合化火格이 된다. 따라서 從하는 五行則 火가 用神이 되고 用神을 生하는 木運은 喜神이며 用神을 傷害하는 水가 病神에 그 病神을 除去하는 土運은 藥神이 된다.

初年 辰(水의 庫藏)大運에 商高를 卒業하였으나 病神이 뿌리를 내려 凶하니 大學進學을 못하였다. 寅大運에 用神을 生하여 吉한데 癸卯年에 또 用神을 生하니 國會議員에 當選되었다. 丑大運에 合하는 癸水를 克傷하여 凶한데 辛亥年에 病神이 得勢하니 大選에 落選하였고, 癸丑年에 또 合하는 癸水를 克傷하니 중앙정보부에 의해 일본에서 被拉되었다. 子運에 戊癸合化火格의 中樞勢力인 月建을 爭冲하여 凶한데 庚申年 病神을 生하고 乙酉月에 用神이 死地에 드니 死刑宣告를 받았다. 辛大運에 病神이 得勢하여 凶한데 丁卯年에 小運은 吉하지만 大運의 영향으로 大選에 落選하였다. 亥大運에

病神이 得勢하여 凶한데 壬申年에 病神이 또 得勢하니 大選에 落選하였다. 庚戌大運에 地支가 더 重한데 丁丑年에 用神과 藥神을 도우니 大統領에 當選되고 戊寅年에 藥神과 喜神이 되어 大統領에 就任하였다. 戌大運에 藥神이 되는데 庚辰年에 旺火를 泄氣하니 노벨상을 受賞하였다. 己大運에 合하는 癸水를 克하여 合을 妨害하니 凶한데 己丑年에 또 合을 妨害하니 去世하였다.

*. 眞化格이었다면 戌大運이 凶하였을 텐데 假化格이었기 때문에 戌大運이 吉하였다. 왜냐하면 太旺者入墓는 凶하지만 午戌火가 用神을 도우는 것은 吉하기 때문이다.

*. 大統領에 就任後 庚大運은 吉運이 아니므로 南北關係에서 低姿勢外交를 펼친 듯하다.

*. 北方水運동안은 病神이 得勢하니 被拉 監禁 死刑宣告 大選失敗 등 波瀾 많은 生涯를 살았다.

1939年生. 身旺用財格. 調候用神

癸 戊 庚 己
亥 寅 午 卯

72 62 52 42 32 22 12 02
壬 癸 甲 乙 丙 丁 戊 己
戌 亥 子 丑 寅 卯 辰 巳

*. 身旺用財格(신왕용재격)과 食傷生財格(식상생재격)의 差異點(차이점)

1. 身旺用財格(신왕용재격)

① 身(신)이 旺(왕)하거나 太旺(태왕)하여 用官(용관)이면 逆勢(역세)하여 官(관)이 傷(상)하든지, 沒官星(몰관성)이든지, 官(관)이 無根(무근)하든지, 調候上(조후상) 官星(관성)을 쓸 수 없을 때 用財(용재)한다.

② 身旺(신왕) 中(중) 日主(일주)보다 印星(인성)이 더 旺(왕)하여 印星(인성)을 除去(제거)하고자할 때 用財(용재)한다.

위 ①과 ②에서처럼 用財(용재)하는 경우에 食傷(식상)은 喜神(희신)이 되며 比劫(비겁)이 病神(병신)에 官星(관성)은 藥神(약신)이 된다.

2. 食傷生財格(식상생재격)

身(신)이 太旺(태왕)하여 順勢(순세)함이 타당할 때는 泄氣(설기)하는 食傷(식상)이 用神(용신)이고 印星(인성)이 病神(병신)에 財星(재성)은 印星(인성)을 除去(제거)하는 藥神(약신)이 된다. 官星(관성)은 用不用(용불용)이 있다. 다시 말해서 食傷(식상)이 用神(용신)이고 比劫(비겁)이 太旺(태왕)하여 病(병)이 되는 경우에는 官星은 藥神이 되며, 印星이 病神에 財星 또한 藥神이 된다. 그러나 食傷이 用神이고 印星이 太旺하여 病이 되는 경우에는 財星은 藥神이 되고 比劫은 喜神이고, 官星은 病神인 印星을 生하는 凶神이 된다.

此命에서 戊土가 羊刃月에 태어나고 寅午火와 己土가 生扶하니 比劫보다는 印星이 더 旺盛하고 燥熱하다. 則 身旺한 中에 印星이 旺함이 欠이 되고 燥熱함이 또한 欠이다. 欠이 되는 火를 除去하는 水가 用神에 金은 喜神이며 土가 病神에 木은 藥神이 된다.

火土運은 喜神과 用神이 傷害하고 燥熱하여 凶하였다. 子運은 羊刃을 冲하였으나 火가 太旺은 아니니 無欠하였다.

向後 水運은 用神을 도와서 吉하겠으나 戌運은 旺火가 入墓하여 危險하리라.

*. 羊刃에 戊癸合이 無情之合이니 性格 한번 별나다.

*. 甲運에 火가 忌神에 劈甲引火하여 損財하였다.

1949年生. 身旺用財格

丙 戊 庚 己

辰 子 午 丑

77 67 57 47 37 27 17 07

壬 癸 甲 乙 丙 丁 戊 己

戌 亥 子 丑 寅 卯 辰 巳

解法

1. 食傷生財格

午月은 戊土의 羊刃月이고 丑辰己丙이 扶生하니 身이 太旺하다. 太旺者는 好泄精英한다.

따라서 太旺한 身을 泄氣하는 庚金이 用神이고 濕土가 喜神이며 金을 傷害하는 火는 病神이고 그 病을 除去하는 水는 藥神이다. 太旺하여 食傷이 用神이 되는 경우에 見官이면 爲禍百端이다. 則 食傷(民)이 官(官廳)에 對抗하면 刑罰을 받게 되어 凶하며 그 官星은 病神인 印星을 生하여 克用神하니 凶하다.

2. 身旺用財格

水가 用神이고 金은 喜神이며 土가 病神에 木運은 藥神이다. 이때에는 食傷生財格과는 달리 官인 木은 旺한 比劫(土)을 除去하여 오히려 吉하다.

此命은 丁運 乙卯(子息星)年에 成婚하여 丙辰年生 長男과 己未年生 次男을 두었다.

卯運에 藥神이 되어 吉한데 癸亥年에 用神을 도우니 行政事務官이 되었다. 乙運에 藥神이 되니 關稅士자격시험에 합격하고 書記官으로 昇進하였다.

向後 甲運은 喜神인 庚金을 冲하여 劈甲引火되니 凶하다. 이때를 지나면 水運동안은 富翁의 安樂이 있으리라.

*. 此命은 官星인 卯運에 吉하였으니 食傷生財格이 아니라 身旺用財格이다.

*. 子午冲을 子辰水局이 會局救冲함으로 妻의 內助가 크다.

1954年生. 食神生財格

戊 戊 庚 甲

午 申 午 午

76 66 56 46 36 26 16 06

戊 丁 丙 乙 甲 癸 壬 辛

寅 丑 子 亥 戌 酉 申 未

羊刃은 喜見七殺이지만 甲木七殺은 午火死地上에서 旺火를 生

하여 燥熱함을 도우고 庚金에 의해 被傷되고 있으니 不用한다. 羊刃이 셋이고 時上의 戊土가 도우고 있으니 身이 太旺하다. 太旺者는 好泄精英하니 申에 着根한 庚金이 用神이고 濕土는 喜神이며 金을 傷害하는 火가 病神에 水運은 制火하는 藥神이 된다. 調候上으로 보면 더욱 그렇다.

辛壬申運은 用神을 도우고 藥神이 되어 吉하였고 未運은 上下吉運으로 無欠하였다. 申運에 用神을 돕는데 身旺財弱하니 商大를 卒業하고 癸運에 藥神이 되니 成婚하고 二男을 두었다. 酉運에 用神을 도우니 公認勞務士가 되어 개인사무소를 경영하고 있다. 甲運에 庚金을 冲하여 發한 旺火(母星)가 得勢하니 母喪을 當하였다. 戌運에 旺火가 入墓하여 用神을 克하니 大腸病으로 辛苦했고 旺土를 生하여 群比爭財하니 損財가 있었다.

乙運 以後는 地支가 重하므로 吉하겠으나 寅運에 寅과 三午가 合하여 用神을 克傷하고 用神의 根인 申을 冲하면 凶하리라.

*. 陽八通이니 格이 한층 높다.

*. 大腸病은 弱한 金이 傷한 緣故다.

1952年生(女命). 身旺用財格. 調候用神

丁 戊 丙 壬
巳 戌 午 辰

75 65 55 45 35 25 15 05
戊 己 庚 辛 壬 癸 甲 乙
戌 亥 子 丑 寅 卯 辰 巳

午月은 火旺當令에 戊土의 羊刃月이다. 午戌火와 丁巳時에 丙火가 透干하니 印綬가 太旺하다. 則 身이 太旺한 中에 日主弱印綬旺에 의한 太旺이니 印綬인 火가 欠이다. 따라서 旺火를 除去하는 壬水가 用神이고 金運은 喜神이다. 敷衍하면 太旺者好泄精英이고 燥熱하므로 金水가 吉神이 된다.

辰運에 坐下의 戌을 冲하니 旺土가 冲發하여 壬水(偏財=父星)가 泥塞되니 父先亡하였다. 癸運에 用神을 도와 成婚하고 庚申(食神=子星)年에 長男을 得하고 壬戌年에 次男을 得하였다. 癸運에 用神을 도우니 得宅하고 壬運에 忌神인 丁火를 合去하니 집을 확장하였다.

寅運에 寅午戌火旺하니 損財와 心理的인 葛藤이 甚하였다. 辛運에 用神을 生하니 吉하여 성인오락실을 경영하여 得財하고 있다.

向後 丑運은 巳丑金이 生水하여 吉하겠으나 坐下를 포함하여 丑

戌刑이 되는데 이때 日柱가 干與支同이니 夫君의 건강에 유의하여야 된다. 이때를 지나면 庚運은 生水하여 吉하고 亥子運은 用神을 도와서 吉하겠으나 群比爭財가 염려된다.

*. 辛運 戊寅年에 寅午戌火局이 旺土를 生하니 壬水(시어머니)가 泥塞되어 시어머님이 別世하였다.

*. 女命 身旺日主에 干與支同은 官星이 弱해짐이 欠이고 群比爭財됨이 欠이다.

1961年生(女命). 身旺用財格

壬 戊 甲 辛

戌 子 午 丑

75 65 55 45 35 25 15 05

壬 辛 庚 己 戊 丁 丙 乙

寅 丑 子 亥 戌 酉 申 未

午月은 戊土의 帝旺地이고 午戌合火가 生土하고 丑土가 도우니 身旺하고 燥熱하다. 旺火가 欠이 되므로 水가 制火하는 用神에 金은 喜神이다. 土는 用神을 克傷하니 病神에 甲木은 病을 除去하는 藥神이다.

初年에 南海地方에서 生長하고 申運에 用神을 生하니 成婚하고 一男을 두었다. 丙申 丁酉運은 地支가 重하므로 吉하였다. 戊運에 病神이 得勢하여 凶한데 丁丑年에 丑戌刑이 되고 比劫인 丑年이 되니 夫婦가 別居하고, 本人은 水가 吉神이니 北方인 서울에 와 水産業(찻집)을 自營하고 있다.

夫婦別居는 女命羊刃殺은 夫婦宮이 不吉한데 坐下沖이 衝動질한 緣故다.

向後 戊己運은 群比爭財하여 吉運이 아니다. 이때를 지나 金水運은 時上偏財가 用神이니 大吉하리라.

*. 身 〉 七殺인 때에는 財·官運이 吉하며 制殺이나 化殺 혹은 合殺이 必要하지 않다.

1929年生(女命). 身旺用財格. 調候用神

壬 戊 辛 己

戌 寅 未 巳

73 63 53 43 33 23 13 03

己 戊 丁 丙 乙 甲 癸 壬

卯 寅 丑 子 亥 戌 酉 申

未月은 戊土의 旺地인데 寅戌半合化火가 生土하고 己巳가 扶生하니 身旺하고 燥熱하니 調候가 時急하다. 壬水가 用神에 金은 喜神이며 土가 病神에 木은 藥神이다.

壬申癸酉運은 富家에서 生하여 日本에서 풍요롭게 成長하였다. 癸運 乙酉年에 用神과 喜神을 도우고 正官年이 되니 成婚하였다. 戌運 戊戌年에 得男은 하였으나 群比爭財하니 夫君의 事業失敗로 辛苦하였다. 成婚 나이에 비하여 晩得子한 것은 四柱原局이 燥熱하기 때문이다. 乙亥運은 藥神이 되고 用神을 도와 吉하였고 丙運은 用神인 壬水(財=父星)를 冲去하고 喜神을 合去하니 父喪을 當하였다. 子運은 用神을 도와서 發財하였으나 丁大運에 用神을 合去하여 凶한데 癸亥年에 巳火를 冲하니 衰者冲之拔根하여 夫喪을 當하였다. 이는 壬戌魁罡殺이 있고 群比爭官한 緣故다. 丑運은 巳丑金이 財星用神을 生하니 新都市 開發事業에 힘입어 農地값이 騰貴하였다.

1955年生(女命). 身旺用財格. 身旺魁罡正格. 調候用神

庚 戊 癸 乙

申 戌 未 未

71 61 51 41 31 21 11 01

辛 庚 己 戊 丁 丙 乙 甲

卯 寅 丑 子 亥 戌 酉 申

未月은 土旺節인데 坐下戌과 年支의 未土가 도우니 身旺하고 燥熱하다. 身旺用財하여 癸水가 用神에 金은 喜神이며 土가 病神에 木은 藥神이다.

乙運은 藥神官星이 되는데 戊申(食神=子星)年에 逢男하고 本人意思와는 無關하게 則 性暴行을 當하여 己酉年(15歲)에 申酉戌이 用神을 生하고 食傷年이 되니 得男하였다. 酉運은 用神의 根이 實하여 多福하였다. 丙運은 病神을 生하여 用神은 傷하고, 旺土에 藥神인 官星이 折되어 凶한데 丙辰年에 坐下를 冲하여 旺土가 冲發하니 金(食傷=子星)은 埋金되고 癸水는 泥塞되며 官星인 乙木은 折되니 夫·子와 離別하였다.

戌運 癸亥年에 亥未未爭合化木하여 官星을 도우니 第二의 男을

만나 得男하였다. 丁運에 用神을 冲하여 凶한데 戊辰年에 旺土를 도우고 坐下를 冲하니 그 夫·子와 또 別離하였다.

女命에 魁罡이 있으면 夫의 拉致, 橫死, 無責任, 作妾, 家出 等이 作用하기 때문에 夫婦離別이고, 女命에 食傷이 子息이고 時支가 子息宮인데 申金이 孤辰殺과 劫殺이 함께 하기 때문에 子息과도 別離한 것이다.

亥運에 用神을 도우고 吉神水財星이 되니 旅館을 경영하여 得財하였으나 戊運은 群比爭財되니 損財하였다.

向後 子運은 用神을 도와 吉하겠으나 己丑運은 三刑成局하고 群比爭財하여 吉運이 아니다.

劫殺

殺	基準	成立	作用
劫殺	年·日支	亥卯未에 申. 寅午戌에 亥. 巳酉丑에 寅. 申子辰에 巳	一名 敗殺, 速敗, 盜難, 不意의 奪財, 破壞, 離散시키는 惡殺

1958年生. 身旺用七殺格. 身旺魁罡正格

甲 戊 己 戊
寅 戌 未 戌

76 66 56 46 36 26 16 06
丁 丙 乙 甲 癸 壬 辛 庚
卯 寅 丑 子 亥 戌 酉 申

小暑節은 火土가 旺한데 六土와 寅戌火가 生土하니 身이 太旺하다. 太旺한 者는 泄氣함이 당연하지만 泄氣할 食傷이 없으니 하는 수 없이 身旺用殺하여 木이 用神에 水運이 喜神이 된다.

初年 庚運에 用神을 冲하고 火土가 忌神에 劈甲引火하니 父先亡하였다. 申辛酉運은 傷官이 見官하여 吉運이 아니었다. 酉運 壬戌年에 土生金 金生水 水生木하여 警察公務員이 되었다. 이는 偏官이 用神이기 때문이다.

壬運은 財運이고 用神을 生하니 得宅하였다. 戌運 壬申年에 財星이고 喜神이 되니 成婚하였다. 晩婚인 것은 坐下比劫이고 無財인 緣故다. 癸亥運은 喜神이 되어 昇進하여 辛巳年 現在 警衛다.

向後 甲子乙運은 用神을 도우고 喜神이 되어 吉하겠으나 原局에 水가 없어서 格이 낮다. 丑運은 旺土가 丑戌未三刑을 成立하면 吉運이 아니다. 이때 群比爭財가 염려되는데, 損財와 妻의 健康과 本

人은 胃病이 염려된다.

*. 比劫이 太多한 者는 群比爭財하여 疑妻症이 있기 쉽다.

*. 土日主가 太旺하고 燥熱하여 胃酸缺乏症이 있다.

1979年生(女命). 土曰稼穡格[12)]

丁 戊 辛 己
巳 戊 未 未

73 63 53 43 33 23 13 03
己 戊 丁 丙 乙 甲 癸 壬
卯 寅 丑 子 亥 戌 酉 申

未月에 生한 戊土日主가 未中에 乙木이 있으나 全局이 火土이고 辛金이 天干에 있어서 乙木이 出顯하지 못하니 土曰稼穡格이다.

從神인 土가 用神이고 火는 用神을 生하는 喜神이며 未中의 乙木이 病神에 辛金은 藥神이 된다. 다시 말하면 火는 從神을 生하여 吉하고 土는 從神이 自旺하여 吉하고 金은 從神을 泄氣하여 吉하다. 그러나 木運은 旺土를 逆勢하니 大忌하고 木을 生하는 水運 역시 꺼린다.

---

12) 유경진, 『명리학 용신론』, (연해명원), 2009년, pp.588~589.

*. 女命(여명) 魁罡日柱(괴강일주)에 姉妹(자매)가 强剛(강강)하니 孤獨(고독)을 免(면)하기 어렵다.

*. 此命(차명)을 食傷生財格(식상생재격)으로 보고 太旺(태왕)한 土(토)를 泄氣(설기)하는 辛金(신금)을 用神(용신)으로 하려고 하니, 첫째 燥熱(조열)한 五土之中(오토지중)에 뿌리도 없고, 둘째 埋金(매금)되어 있으며, 셋째 丁巳火(정사화)에 損傷(손상)되어 있어서 不可(불가)하므로 土曰稼穡格(토왈가색격)임이 分明(분명)하다.

1949年生. 傷官生財格

丁 戊 辛 己

巳 辰 未 丑

80 70 60 50 40 30 20 10

癸 甲 乙 丙 丁 戊 己 庚

亥 子 丑 寅 卯 辰 巳 午

未月(미월)은 土旺節(토왕절)인데 五土(오토)에 二火(이화)가 生土(생토)하니 身(신)이 太旺(태왕)하다. 太旺者(태왕자)는 好泄精英(호설정영)하니 巳丑金(사축금)에 根(근)을 둔 辛金(신금)이 用神(용신)이고 金(금)을 傷害(상해)하는 火(화)는 病神(병신)이고 그 病(병)을 除去(제거)하는 水運(수운)은 藥神(약신)이다. 土多埋金(토다매금)되므로 土(토)가 또한 病神(병신)에 그 土(토)를 除去(제거)하는 木運(목운)이 또 하나의 藥神(약신)이 된다.

初年(초년) 未運(미운)은 土旺(토왕)하여 凶(흉)한데 丙辰小運(병진소운)에 父先亡(부선망)하였다. 이는 年月支(년월지)가 沖(충)하고 財星(재성)인 水(수)가 父星(부성)인데 旺土運(왕토운)에 水(수)가 泥塞(니색)되고 小(소)

運 丙辰이 用神을 合去한 緣故다.

庚運은 用神을 도우니 裕餘家에서 成長하였으나 午運에 用神이 傷하니 彷徨期였다. 己運 壬子年에 藥神財星이 되어 成婚하고 一男二女를 두었다.

巳運에 巳中의 庚金이 用神을 돕는데 乙卯年에 藥神이 되어 旺土를 疏土하니 辛金이 生氣를 얻어 得宅하였다. 戊運에 群比爭財하고 旺土에 埋金되니 夫婦가 離別하고 失宅하였다.

辰運에 金이 吉神이니 建築會社에서 鐵筋關係 從業員 생활을 하였다. 丁運은 病神인 印星을 도와 克用神하니 母喪을 當하였다.

卯運에 卯未木이 旺土를 疏土하니 用神이 生氣를 얻어 吉한데 癸酉年에 病神인 丁火를 冲去하고 巳酉丑金이 用神을 도우니 得宅하고 丙子年에 財星藥神이 되니 再婚하고 戊寅年에 藥神官星이 되니 전몰군경유족회 A.시 지부 유자녀 會長職을 맡고 있다.

向後 木運은 藥神이 되어 吉하리라.

*. 火土運에 凶多吉少하였고 卯運에 吉하였던 것으로 봐 土曰稼穡格이 아니라 太旺한 土日主에 泄氣하는 辛金이 用神이 되는 正格이 分明하다. 이는 辰·未土에 木氣가 있고 巳丑金이 用神의 根이 되

는 때문이기도 하다.

*. 群比爭財가 欠이다.

*. 傷官이 見官이면 爲禍百端의 例外다.

*. 寅大運에 藥神이 되어 吉한데 甲申年에 5層 빌딩을 得하였다.

*. 乙大運에 藥神이 되어 吉한데 戊子年 丙辰月에 藥神財星이 되니 財産的인 增殖이 된 建物로 옮겼다.

1946年生. 身旺用財格. 陽八通. 調候用神. 盧武鉉 前大統領 造

丙 戊 丙 丙
辰 寅 申 戌

73 63 53 43 33 23 13 03
甲 癸 壬 辛 庚 己 戊 丁
辰 卯 寅 丑 子 亥 戌 酉

申月의 戊土가 泄氣가 甚하니 弱地인데 辰戌이 도우고 寅에 長生한 三丙이 透干하여 生土하니 弱而反旺하여 身旺하다. 身旺한 中에도 印星이 旺하여 欠이 되니 印星을 除去하는 申辰水가 用神이고 金은 喜神이며 土가 病神에 木은 藥神이 된다.

初年 戊戌己大運은 病神이 得勢하여 寒微家에서 成長하였다. 戌大運은 病神이 得勢하니 商高를 卒業하고 大學進學을 할 수가 없었

다. 亥大運에 用神을 도와 吉한데 乙卯年에 官星藥神이 되니 司法考試에 合格하였다. 子水는 用神을 도와 吉하고 辛金은 用神을 生하고 忌神인 丙火를 合去해서 吉하니 子大運末 辛大運初 戊辰年에 13대 國會議員에 당선되고, 辛大運 戊辰年에 5공 청문회 스타로 활약하였다. 丑運은 病神이 得勢하니 吉運이 아닌데 이때 乙亥年에 부산시장선거에 낙선하고 丙子年에 총선에 낙선하였다. 壬寅大運은 用神과 藥神을 도와 吉한데 壬午年 壬子月에 用神을 도와 大統領에 당선되고 戊子年 初까지 재임했다. 癸運은 用神을 도와서 吉하지만 己丑年에 病神이 得勢하고 戌未刑에 用神水는 泥塞되고 喜神인 金은 埋金되며 藥神인 木은 折이 되니 去世하였다.

*. 地支에 全冲이니 psycho기질이 다분하다.

*. 이 命造를 分析해 본 結果 癸大運은 用神을 도와 吉한데도 불구하고 歲運(己丑)이 凶하면 去世할 수도 있음을 알 수 있다.

1967年生(女命). 食神生財格

丁 戊 戊 丁
巳 申 申 未

79 69 59 49 39 29 19 09
丙 乙 甲 癸 壬 辛 庚 己
辰 卯 寅 丑 子 亥 戌 酉

立秋後 四日生에 老炎이 남아 있는데 三火가 生하고 二土가 도우니 身이 太旺하여 申金을 보고 泄氣 生財하여야 한다. 則 申金이 用神에 濕土運이 喜神이며 火가 病神에 水運은 藥神이 된다.

申運 辛亥年에 二丁이 辛을 爭冲하고 巳亥冲하며 亥未木(官星)을 보니 食傷用神에 見官이면 爲禍百端이라, 이때 母喪을 當하였다. 이는 火가 印綬 則 어머니이기 때문이다.

女命에 戊申日柱 丁巳時는 坐下食神(申金)이 子息인데 巳時가 克申하므로 胞胎도 不能하고 生産하여도 子女의 養育이 不能하다고 한다. 그래서인지 辛運 丁丑年에 巳丑半合金하여 用神을 도우니 31歲에 晩婚하였으나 出産소식이 없다. 그러나 羊干不雜格이기 때문에 富家에 出嫁하였다.

向後 北方水運은 藥神이 되어 吉하겠고 甲運 以後 木運은 傷官이 見官하여 凶하리라.

*. 兌爲口(태위구)라. 金(금)이 입인데 申巳刑(신사형)이 되고 破(파)가 되며 申(신)에 劫殺(겁살)이 되어 言語障碍(언어장애)가 있다.

1964年生(女命). 身弱印星爲用. 殺印相生格

丁 戊 壬 甲

巳 午 申 辰

80 70 60 50 40 30 20 10

甲 乙 丙 丁 戊 己 庚 辛

子 丑 寅 卯 辰 巳 午 未

白露(백로) 하루前(전) 申月(신월)의 戊土(무토)는 弱地(약지)인데 申辰水(신진수)에 壬水(임수)가 透干(투간)하니 財旺(재왕)하고 水(수)의 生(생)함을 받은 甲木(갑목)이 高透(고투)하니 자연 身(신)은 弱(약)하다. 따라서 火(화)가 用神(용신)에 木(목)이 喜神(희신)이며 水(수)가 病神(병신)에 土(토)는 藥神(약신)이 된다.

初年(초년) 南方火運(남방화운)에 裕餘家(유여가)에서 生長(생장)하여 國語國文學科(국어국문학과)를 卒業(졸업)하였다. 이는 印星(인성)이 吉神(길신)인 者(자)는 教育者(교육자)에 많고 土(토)가 吉神(길신)인 者(자)는 國文學專攻者(국문학전공자)가 많은 緣故(연고)다.

庚運(경운) 丙寅年(병인년)에 官星年(관성년)이 되고 寅巳申(인사신) 三刑成局(삼형성국)하여 成婚(성혼)하고 劈甲引火(벽갑인화)하니 遺産相續(유산상속)을 많이 받았다. 午運(오운) 壬申年(임신년) 以後(이후) 夫君(부군)이 中國(중국)에 貿易業(무역업)으로 出國(출국)이 잦다고 했다. 이는 午運(오운)이 坐下伏吟(좌하복음)이고

巳申이 孤辰殺이며 辰이 寡宿殺에 甲木이 壬申年을 만나 浮木되어 바다건너 가버린 緣故다. 戊日主 丁巳時이니 無男兒에 女息이 둘이다.

向後 火土運은 用神과 藥神을 도와 吉하겠으며 辰運에 旺水가 入墓하면 凶하겠다. 卯運은 七殺의 羊刃이 되고 濕局이니 木多火熄이 염려되지만 丁火가 蓋頭되어 無欠하겠다. 寅運은 官逢官運에 月建을 冲하고 三刑을 成局하니 家內에 근심이 있겠다.

*. 女命에 寅巳申 三刑을 成局하는 때 結婚하는 이가 많은 것은 官(男便)災의 傷痕 때문인 듯하다.

*. 此命은 一官이 獨淸하였으나 官星의 根인 辰土가 申辰水로 變하여 不實함이 欠이다.

1941年生. 官印相生格

乙 戊 丙 辛
卯 午 申 巳

80 70 60 50 40 30 20 10
戊 己 庚 辛 壬 癸 甲 乙
子 丑 寅 卯 辰 巳 午 未

白露 一日前이니 庚金이 司令하는 때다. 辛金이 透出하고 乙卯時이니 年支의 巳火와 坐下羊刃에 丙火가 透干하여 土를 生하지만 身弱하다. 則 官印相生格에 火가 用神이고 木은 喜神이며 水運이 病神에 土運은 藥神이다.

午運 丁未年에 用神을 도우고 藥神이 되어 成婚하고 一男一女를 두었다. 癸運에 用神인 火 則 印星(母星)을 遮光하니 母喪을 當하였다. 巳運에 印星(學位)인 用神을 도우니 吉한데, 이때 博士學位를 받아 教授가 되고 壬運은 見水顯節하여 吉하였다. 辰運은 申辰水局하여 病神이 되니 침체기였다. 辛運은 原局에 丙火가 辛金과 合이 되어 忌神(水)이 되었던 것이 2個의 辛金과 爭合으로 合의 效力이 弱해지면서 丙火가 그 勢力을 回復하니 吉하였다.

卯運 丙子年에 內務部長官이 되었다. 이는 官印相生格에 官星이 吉神이고, 原局에 丙辛合水가 丙子年에 兩丙과 一辛이 爭合으로

合의 效力이 느슨해지니 丙火가 得勢하기도 하고 轉轉相生한 결과다.

庚運은 弱土가 泄氣되어 凶하고 寅運은 寅午火가 用神을 도와서 吉하다.

*. 妻福이 많은 것은 坐下(妻宮)에 用神이 있는 緣故다.

*. 坐下가 桃花이니 美人型 婦人이며, 官(卯)桃花이니 出世하는데 婦人의 內助가 컸으리라.

*. 此命은 兩枝桃花이다.

1959年生(女命). 財多身弱에 比劫爲用

壬 戊 壬 己
子 子 申 亥

72 62 52 42 32 22 12 02
庚 己 戊 丁 丙 乙 甲 癸
辰 卯 寅 丑 子 亥 戌 酉

申月은 土가 泄氣되니 弱地인데 地支에 亥水와 申子子爭合에 雙壬이 透干하니 財가 太旺하여 身은 太弱하다. 陽干은 從氣不從勢하니 年干의 己土를 用神으로 定하고 火運은 喜神이다.

初年 癸酉運에 用神을 泄氣하여 凶하니 寒微家에서 成長하였고 甲運에 用神인 己土를 合去하니 用神이 散土되어 父喪을 當하였다. 戊運에 旺水를 制하고 用神을 도와 成婚하였으나 乙運 癸亥年이 되어서야 女息을 얻었다. 이는 過於寒濕者도 稀孫이고 過於燥熱者도 稀孫인 緣故다.

丙運에 用神을 生하니 夫君이 스포츠센터를 경영하여 得財하였다. 子運에 들어 IMF영향으로 침체하였으나 丁運은 用神을 生하여 吉하였다.

向後 丑運은 亥子丑 北方水運이 되어 凶하겠으나 한편으로는 用神을 도우니 大敗는 아니겠다. 戊運은 用神을 도와서 吉하겠으나 寅運에 月建을 冲하고 用神을 克하면 凶하다.

*. 土薄寡信이 不美스럽고 土弱에 水多하니 胃酸過多症과 子宮虛弱이 염려되며 過於寒濕에 糖尿 또한 염려된다.

*. 『적천수천미』에서는 이와 같이 財星이 太多한 命造면 假棄命從財格으로 보고 있다. 그러나 旺水를 泄氣하는 甲大運에 父喪을 當하고 戊·丙·丁大運은 吉하였고 子大運에 凶하였던 것으로 봐 棄命從財格으로 볼 것이 아니라 正格으로 풀이함이 타당하다.

1956年生(女命). 身弱한 土金傷官格

庚 戊 丙 丙

申 辰 申 申

78 68 58 48 38 28 18 08

戊 己 庚 辛 壬 癸 甲 乙

子 丑 寅 卯 辰 巳 午 未

申月은 土를 泄氣하는데 三申에 庚金이 透干하니 食傷이 旺하고 三申과 一辰이 合水하고 金이 生水하니 財 또한 旺하다. 身弱한 土金傷官格에 喜見印綬하니 丙火가 用神에 木運은 喜神이며 水가 病神에 土는 藥神이 된다.

*. 用神이 根이 있고 喜神인 官星이 있다면 格이 한층 높을 것이다.

初年 申運에 用神의 病地가 되고 弱土가 泄氣되어 病神인 財星(父星)을 生하니 父先亡하였다. 乙運은 喜神이 되고 未運에 藥神을 도우니 工夫를 잘하였다. 甲運에 喜神이 되니 學生을 개인 지도하여 小財를 得하였다.

午運 己未年에 用神과 藥神을 도와 成婚하고 二男을 두었다. 癸運은 病神이 得勢하여 百事가 無成이었고 巳運은 用神을 도와 吉하였으며 壬運은 見水顯節하니 小財를 得하였다.

辰運들어 旺水가 入墓하여 病神이 得勢하니 夫君이 不治病으로 辛苦한 나날을 보내고 있다. 이는 坐下辰土가 空(亡)이고 沒官星이며 旺한 食傷에 官星이 被傷되는 緣故다.

向後 木運은 用神을 生하여 吉하리라.

*. 戊寅年에 三申金을 冲하니 衰者冲之拔根하여 寅中의 丙火(印星)가 傷하니 母喪을 當하였다.

*. 土薄寡信이 欠이다.

*. 戊逢水崩에 無火면 胃病이라.

*. 食傷이 太過하면 子宮外姙娠과 乳腫病이 있기 쉽다.

1944年生. 棄命從財格

壬 戊 癸 甲

子 子 酉 申

76 66 56 46 36 26 16 06

辛 庚 己 戊 丁 丙 乙 甲

巳 辰 卯 寅 丑 子 亥 戌

陽干은 從氣不從勢라고는 하지만 酉月에 生한 戊土가 壬子時와 坐下에 子水이고 癸申이 또 있으니 八字中 六字가 食傷과 財星이

며 一點의 依支處가 없으니 陽干이지만 財星에게로 從하지 아니할 수 없다. 則 棄命從財格에 從神인 水가 用神에 金은 喜神이며 從神을 克傷하는 土運은 病神이 되고 그 病을 除去하는 甲木은 藥神이 된다.

*. 棄命從財格(一名從財格)이란.

. 本身을 버리고 財星을 따른다는 의미이다. 從財한 바에는 財星을 生하는 食傷運은 吉하고, 財星運은 財星이 自旺하여 吉하고, 官運은 太旺한 財星이 泄氣하여 吉하다.

. 印綬運은 本身을 버렸는데 다시 本身을 生하는 運이기 때문에 꺼리며, 比劫運은 從神인 財星을 逆勢하는 緣故로 不吉하다. 이를 두고 命書에서는 脫此輩而忌見此輩라고 하니 즉 이곳에서 저곳으로 居處를 옮겼으면 옛 居住處가 다시 發展됨을 바랄 必要는 없는 것이고 現 居住處가 發展하여야 길한 이치이다. 棄命從殺格, 棄命從兒格, 從強格 等도 一般이다.

1955年生(女命). 身弱한 土金傷官格

庚 戊 乙 乙

申 寅 酉 未

79 69 59 49 39 29 19 09

癸 壬 辛 庚 己 戊 丁 丙

巳 辰 卯 寅 丑 子 亥 戌

酉月은 戊土를 泄氣하니 弱地인데 庚金이 申金에 得祿하고 酉金帝旺地의 도움을 받으니 食傷이 旺하다. 弱한 日元이 泄氣가 甚하니 寅中의 丙火로써 制金하고 身을 生하여야 되겠으나 寅申冲이니 能力이 不足하여 不用하고 未土가 用神에 寅中의 丙火는 喜神이다.

初年 丙戌丁運은 用神을 生扶하니 富家에서 成長하였다. 亥運에 寅亥木官星이 되니 成婚하고 戊運에 用神을 도우니 夫君이 出身하고 一男을 得하여 多福하였다. 子運에 申子水局이 되니 喜神인 丙火는 傷하고 弱한 未土는 散土되어 凶한데 壬申年에 坐下가 爭冲이 되니 夫婦別離하였다. 이는 日時支가 冲이 된 緣故다.

己運은 用神을 도와 吉하고 丑運 己卯年에 地支에 六冲이 全備하니 胃手術을 받았다. 이는 弱土가 克泄이 交加한 緣故다.

向後 庚運은 忌神인 乙木을 合去하여 吉하겠으나 寅運에 喜神이 爭冲되면 凶하리라.

*. 職業은 酒店을 經營한다. 이는 暗·明官이 混雜한 緣故다.

1954年生. 身弱한 土金傷官格

庚 戊 癸 甲

申 子 酉 午

74 64 54 44 34 24 14 04

辛 庚 己 戊 丁 丙 乙 甲

巳 辰 卯 寅 丑 子 亥 戌

酉月은 戊土의 死地가 되는데 庚金이 申에 得祿하고 酉에 帝旺地가 되니 食傷이 旺하고 癸水가 申子水와 庚酉의 生을 받으니 財 또한 旺하다. 故로 印星으로써 弱한 身을 生하고 旺한 食傷을 除去해 주어야 한다. 則 午火가 用神에 甲木은 喜神이며 水가 病神에 土運은 藥神이 된다.

初年 甲運은 劈甲引火되어 吉하고 戌運은 藥神이 되니 富家에서 成長하였다. 乙運은 喜神을 도와 用神을 生하니 吉하여 工夫를 잘 하였다. 그러나 亥運에 病神인 財星이 得勢하여 用神을 傷害하니 父喪을 當하였다. 子運 壬戌年에 藥神이 되니 用神이 生氣를 얻어 成婚하고 甲子年에 偏官年이 되니 得男하였으나 病神이 得勢하고

用神(용신)을 冲去(충거)하니 妻財(처재)로 인하여 辛苦(신고)하였다. 丁運(정운)에 用神(용신)을 도우고 病神(병신)인 癸水(계수)를 冲去(충거)하니 大學教授(대학교수)로서 造景學(조경학)을 講義(강의)하고 있다. 이때부터 盆栽園(분재원)을 開園(개원)하여 得財(득재)하고 있다. 丑運(축운)에 酉丑金(유축금)이 生水(생수)하여 凶(흉)한데 坐下財星(좌하재성)이 忌神(기신)이니 妻(처)의 家出(가출)이 있었고 이로 因(인)하여 어린 자식을 혼자 키우느라고 고생이 많았다. 戊運(무운)은 藥神(약신)이 되어 除濕(제습)하니 盆栽園(분재원)을 확장하고 妻(처)도 歸家(귀가)하여 多福(다복)한 家庭(가정)을 이루고 있다.

向後(향후) 寅運(인운)은 喜神(희신)을 도와 吉(길)하겠고 己運(기운)은 病神(병신)을 制(제)하여 吉(길)하겠다. 그러나 卯運(묘운)은 月建(월건)을 冲(충)하여 吉運(길운)이 아니다. 이때를 지나 庚運(경운)은 甲木(갑목)을 斫破(작파)하여 불을 잘 타게 하니 大吉(대길)하리라. 그러나 辰運(진운)은 旺水(왕수)가 入墓(입묘)하여 凶(흉)하다.

*. 盆栽園(분재원)은 木(목)이 吉神(길신)이고 午火(오화)가 懸針星(현침성)인 緣故(연고)다.

1964年生(女命). 身弱印星爲用. 調候用神

癸戊癸甲

亥寅酉辰

77 67 57 47 37 27 17 07

乙 丙 丁 戊 己 庚 辛 壬

丑 寅 卯 辰 巳 午 未 申

酉月은 戊土의 死地로서 泄氣가 太甚한데 三水에 甲木이 透干하였으니 身弱하고 寒濕하다. 寅中의 丙火로서 調候하고 日主를 生하여야 한다. 則 寅中의 丙火가 用神에 木은 喜神이며 水가 病神에 土는 除濕하는 藥神이다.

初年 壬申辛運은 病神을 扶生하니 寒微家에서 成長하였다. 未運에 亥未官運이 되는데 乙丑年에 喜神과 藥神을 도우니 成婚하고 丙寅年에 得女息하였다. 丁卯年에 官逢官年에 月建傷官인 酉를 沖하여 衰者冲之拔根하니 夫와 死別하였다. 이는 坐下의 寅木이 空(亡)이고, 亥中의 甲木이 夫星인데 劫殺이 된 緣故다. 庚運에 火가 用神이니 南方에 소재한, 身弱한 土日主에 亥가 天門이니 寺刹에서 생활하게 되었다. 午運까지는 寺刹內 매점을 自營하여 得財하였다. 이는 火用神에 劈甲引火하고 午火가 用神을 도운 緣故다.

向後 火土運은 用神과 藥神을 도와 吉하겠으나 卯運에 月建을

冲하면 凶하겠는데 이때 胃病과 損財와 夫君의 健康이 염려된다.

*. 身弱한 土日主에 寒濕한 者는 胃酸過多症이 있기 쉽고, 甲克이면 手足에 欠이 있기 쉽다. 手足은 胃經에 屬하기 때문이다.

*. 合多不爲奇이다.

1952年生(女命). 身弱比劫爲用

乙 戊 己 壬
卯 寅 酉 辰

77 67 57 47 37 27 17 07
辛 壬 癸 甲 乙 丙 丁 戊
丑 寅 卯 辰 巳 午 未 申

酉月은 金旺土弱한데 地支에 寅卯辰에 乙木이 透干하였으니 官旺하고 辰酉金에 壬水가 透干하니 克泄이 交加하여 身弱하다. 坐下寅에 戊土가 長生하지만 寅은 어디까지나 官星이니 不用하고 辰土에 根을 둔 己土가 弱한 身을 扶助하는 用神이고 寅中의 丙火는 喜神이다. 木이 病神에 金이 藥神이 된다.

初年 戊運은 用神을 도와 吉하고 申運에 申辰水가 忌神財星으로서 病神을 生하고 그 病神은 用神을 克傷하며 四冲이 되니 父先亡

하였다. 丁運은 喜神이 되어 吉하고 未運 乙卯年에 卯未木 則 官星(夫)이 되니 成婚하고 丙辰年에 長女를 得하고 戊午年에 次女를 得하였다.

丙午運은 喜神이 되니 夫君이 出身하여 多福한 家庭이었고 乙運은 上下吉運으로 無欠이었으나 胃病으로 辛苦하였다.

巳運은 用神을 生하여 吉하였다. 그러나 甲運은 官殺混雜에 用神인 己土를 合去하여 凶한데, 辛巳年에 坐下寅(官星)과 刑하고 正官인 乙木을 冲하며 辛卯月에 傷官이 見官하니 則 卯酉冲하니 夫君과 死別하였다. 이는 官星이 忌神이고 魁罡殺이 있는 緣故다.

向後 辰運은 用神을 도와서 吉하겠으나 濕土가 되니 效力이 不足하고 水木運은 病神을 生助하니 吉運이 아니다.

*. 女命에 忌神官星桃花가 있으니 異性關係가 염려되는데 吉運이 아닌 때 損財가 염려된다.

1949年生. 身旺用殺格

丙戊甲己
辰戌戌丑

79 69 59 49 39 29 19 09
丙 丁 戊 己 庚 辛 壬 癸
寅 卯 辰 巳 午 未 申 酉

立冬 四日前 戌月의 戊土가 土가 여섯이고 火가 하나이니 身이 太旺하다. 丑中의 癸水와 辰中의 乙木에 根을 둔 甲木이 用神이고 水는 喜神이다.

初年 癸運에 用神을 生하니 富家에서 成長하였다. 酉運에 克用神하고 酉는 印星인 丙火의 死地가 되므로 母喪을 當하였다. 壬申運에 偏官이 用神이니 法學을 專攻하고 司法試驗에 五回나 應試하였으나 失敗하고 辛運에 法務士가 되어 合同法務士 사무실에서 근무하고 있다.

申運에 申辰水가 喜神財星이 되니 成婚하고 一男一女를 두었다. 未運에 丑戌未三刑을 成局하여 克水(父星)하니 父喪을 當하였다. 庚運 戊辰年에 用神을 冲去하고 坐下와 四冲이 되니 夫婦別離하고 損財하였다. 이는 日時支가 相冲하고 辰中의 癸水와 丑中의 癸水가 妻인데 辰은 空(亡)이고, 丑은 丑戌刑이 된 緣故다.

午運(오운) 丙子年(병자년)에 주식에 투자하여 大敗(대패)하였다. 이는 午(오)는 甲木用神(갑목용신)의 死地(사지)가 되어 凶(흉)한데 丙子年(병자년)에 大運(대운)과 當年太歲(당년태세)의 相冲(상충)으로 重(중)하면 災殃(재앙)이 있고 輕(경)하면 移動損財(이동손재)하고 奔走(분주)하게 됨에 있다.

向後(향후) 辰運(진운)은 地支(지지)에 四冲(사충)이 되어 土(토)가 冲發(충발)하면 弱木(약목)이 折(절)되어 凶(흉)하리라.

*. 土曰稼穡格(토왈가색격)이라면 初年(초년) 水運(수운)에 名門法大(명문법대)에 入學(입학)하기 어려웠을 것이고, 土曰稼穡格(토왈가색격)에 甲木(갑목)이 病(병)이었다면 庚運(경운)은 病(병)을 除去(제거)하여 大吉(대길)하였을 것이고 午運(오운)은 病神甲木(병신갑목)이 死地(사지)에 들고 從神(종신)을 生(생)하여 大吉(대길)하였를 텐데 그렇지 아니하였으니 그렇지 아니하다. 本人(본인)은 丙辰時(병진시)라고 하지만 살아온 過程(과정)으로 보아 乙卯時(을묘시)의 正格(정격)이 아닌가 한다.

*. 身旺(신왕)하고 比劫多(비겁다)에 財星(재성)이 稀小(희소)한 者(자)는 群比爭財(군비쟁재)(妻(처))하여 疑妻症(의처증)이 있기 쉽다.

*. 羈絆(기반)

. 此命(차명)에서 甲己合化土(갑기합화토) 則(즉) 用神(용신)인 甲木(갑목)이 己土(기토)와 合(합)하여 忌神(기신)이 되어 있는데 이렇게 된 甲木(갑목)은 本來(본래)의 五行(오행)으로서의 사명을 망각하고 合(합)을 貪慾(탐욕)한 것인데 이를 羈絆(기반)이라고 한다. 이처럼 四柱八字中(사주팔자중)에 用神(용신) 喜神(희신) 藥神(약신)이 羈絆(기반)되면 한平生(평생) 큰일 한번 못해보고 無爲徒食(무위도식)하

게 되는 경우가 많다.

1961年生(女命). 身旺用財格

壬 戊 戊 辛

戌 子 戌 丑

76 66 56 46 36 26 16 06

丙 乙 甲 癸 壬 辛 庚 己

午 巳 辰 卯 寅 丑 子 亥

戌月은 土旺節인데 四土가 扶助하니 身旺하다. 身旺用財하여 水가 用神에 金은 喜神이며 土가 病神에 木(官)運은 藥神이다. 그러나 女命에서는 官逢官運은 吉하기만 한 것은 아니다.

初年 己運에 病神을 도우니 車 事故로 다리를 다친 적이 있다. 이는 戊戌이 戈殺이고 土多가 欠인데 己土를 또 만나니 壬水가 泥塞되어 다리(壬水는 아래다리)를 다친 것이다.

亥庚運은 用神과 喜神을 도와 吉하고, 子運부터 美容術을 배워서 丙寅年에 官年이 되니 成婚한 後 辛運부터 美容室을 自營하여 得財하였으나 丑運에 病神을 도우니 夫君은 事業을 失敗하고 本人은 胃(土)病으로 辛苦하였다. 壬運은 用神을 도와 本人事業도 發展하고 夫君의 事業 또한 興旺하였다.

向後 寅運은 官逢官運에 寅戌火가 病神을 生하니 吉運이 아니지만 癸運은 用神을 도와서 吉하리라. 卯甲運은 藥神이 되어 旺土를 疏土하면 用神水가 生氣를 얻어 吉하겠으나 官逢官運이 되어 夫婦關係는 疏遠해질 수도 있겠다. 沒官星에 魁罡殺이 있으니 더욱 그러하다. 辰運은 旺土를 冲發하여 水는 泥塞되고 喜神은 埋金되어 吉運이 아니다.

*. 此命을 食傷生財格으로 하여 辛金이 用神에 旺土에 埋金되니 土가 病神에 木運이 藥神이고, 戌中의 丁火가 또 病神에 水를 또 하나의 藥神으로 풀이하여도 結果는 같다.

1958年生. 傷官生財格

辛 戊 壬 戊
酉 辰 戌 戌

77 67 57 47 37 27 17 07
庚 己 戊 丁 丙 乙 甲 癸
午 巳 辰 卯 寅 丑 子 亥

戌月은 土旺節인데 四土가 扶助하니 身이 太旺하다. 太旺者好泄精英하니 食傷生財格으로 하여 旺土를 泄氣하는 金이 用神이고 埋

金하는 旺土는 病神에 木運이 藥神이며, 戌中의 丁火가 또 病神에 壬水는 또 하나의 藥神이 된다.

初年 水運은 藥神을 도와서 吉하였고 木運은 藥神이 되어 旺土를 疏土하니 用神인 金이 生氣를 얻어서 吉하였다. 丑丙運은 病神을 扶生하여 吉運이 아니었다. 寅運부터 藥神이 되는데 水와 金이 吉神이니 上下水道關係事業을 하고 있다. 그러나 寅運은 藥神 以外에 寅戌火의 作用도 나타나 旺土를 生하니 效力이 不足하였고 丁大運은 旺土를 生하고 用神을 克하니 現狀維持도 어렵다고 한다.

向後 卯運은 藥神이 되어 旺土를 疏土하면 用神이 生氣를 얻어 吉하겠다. 그러나 傷官이 見官하고 四冲이 되니 吉하기만 한 것은 아니다. 이때 官災와 健康이 염려되며 子息의 健康 또한 염려된다.

*. 坐下比劫에 爭冲이 夫婦宮에 欠이 되므로 丁大運 丁亥年에 財星年이 되니 晩婚을 하였다.

1958年生(女命). 魁罡格(變格=從格). 土曰稼穡格

壬 戊 壬 戊

戌 辰 戌 戌

73 63 53 43 33 23 13 03

甲 乙 丙 丁 戊 己 庚 辛

寅 卯 辰 巳 午 未 申 酉

*. 魁罡(괴강)

辰戌(진술)은 魁罡(괴강)이라고 하여 戊辰(무진) 戊戌(무술)도 모두 魁罡(괴강)이다. 그러나 魁罡(괴강) 四日(사일)을 最爲先(최위선)이라고 하여 庚辰(경진), 庚戌(경술), 壬辰(임진), 壬戌(임술) 四日(사일)만으로 定(정)하고 있다.

此命(차명)은 살아온 과정으로 보아 魁罡(괴강) 全四位從格(전사위종격)으로 볼 수밖에 없다. 則(즉) 魁罡四位(괴강사위)로 從(종)하여 從神(종신)인 土(토)가 用神(용신)에 火(화)는 用神(용신)을 生(생)하는 喜神(희신)이며 從神(종신)을 克傷(극상)하는 木運(목운)이 病神(병신)에 金(금)은 그 病(병)을 除去(제거)하는 藥神(약신)이 된다. 則(즉) 印星(인성)과 比劫(비겁)과 食傷運(식상운)은 吉(길)하고 財官(재관)은 凶(흉)하다.

初年(초년) 辛酉庚運(신유경운)에 旺土(왕토)를 泄氣(설기)하여 吉(길)하니 제주도 땅 부자 집에서 태어나 成長(성장)하였다. 申運(신운)에 申辰水(신진수)가 從神(종신)을 逆勢(역세)하여 凶(흉)한데 육지에 처음 건너와 苦生(고생)이 많았다고 한다.

己運(기운)에 逢男(봉남)한 者(자)와 同業(동업)하여 事業(사업)이 興旺(흥왕)하였다. 그러나 未運(미운)에 戌未刑(술미형)이 되어 凶(흉)한데, 乙丑(을축)·丙寅(병인)·丁卯(정묘)·戊辰(무진) 四年(사년)간 乙丑年(을축년)은 丑戌(축술)

未三刑하고, 寅·卯年은 官運이고, 戊辰年은 魁罡逢冲하여 同業者에게 모든 財産을 갈취를 당하였다고 한다.

戊運은 從神을 도와 吉한데 辛未年에 傷官(子)年이 되니 晩婚하여 癸酉年에 得女息하고 午運 己卯年에 晩子를 두었다. 이는 地支가 全空(亡)이고 沒官星에 坐下가 冲한 緣故다.

戊運 以後 事業은 스포츠센터 등을 自營하여 상당한 財力을 보유하고 있다.

向後 丙運까지는 從神을 生하여 大吉하겠으나 辰運에 魁罡逢冲하면 吉運이 아닌데 이때 胃와 子宮弱이 염려된다. 乙運 以後 官運은 從神을 逆勢하므로 吉運이 아니다.

*. 此命을 土曰稼穡格으로 풀이하여도 결과는 同一하다.

1952年生. 身弱比劫爲用

庚 戊 庚 壬

申 申 戌 辰

73 63 53 43 33 23 13 03

戊 丁 丙 乙 甲 癸 壬 辛

午 巳 辰 卯 寅 丑 子 亥

戌月(술월)은 土旺節(토왕절)이지만 四金(사금)과 壬水(임수)가 있어서 泄氣(설기)가 太甚(태심)하여 旺而反弱(왕이반약)하니 土(토)를 써서 弱(약)한 身(신)을 助力(조력)하여야 한다. 則(즉) 土用神(토용신)에 火運(화운)이 喜神(희신)이다.

身弱(신약)하지만 土生金(토생금) 金生水(금생수)로 泄氣(설기)가 잘 되니 名門大(명문대) 師範大學(사범대학)을 卒業(졸업)하고 癸運(계운)에 印星(인성)이 吉神(길신)이니 教育界(교육계)에 投身(투신)하였다. 丁巳年(정사년)에 喜神(희신)이 되니 成婚(성혼)하고 丑運(축운)에 用神(용신)을 도와 吉(길)한데 己未年(기미년)에 長男(장남)을 得(득)하고 癸亥年(계해년)에 次男(차남)을 得(득)하였다. 甲運(갑운)은 劈甲引火(벽갑인화)로 吉(길)하고 寅運(인운)은 寅戌火(인술화)가 喜神(희신)이 되어 吉(길)하였다. 乙運(을운)은 病神官星(병신관성)이 되니 변두리 學校(학교)로 전근되었다. 卯運(묘운)에 病神(병신)이 되어 凶(흉)한데 庚辰年(경진년)에 用神(용신)을 爭沖(쟁충)하고 忌神財星(기신재성)을 生(생)하니 父喪(부상)을 當(당)하였다.

向後(향후) 丙運(병운)은 喜神(희신)이 되어 吉(길)하겠고 辰運(진운)은 用神(용신)을 爭沖(쟁충)하여 凶(흉)하겠다. 이때를 지나면 南方火運(남방화운)은 用神(용신)을 生(생)하여 吉(길)하리라.

*. 陽八通이지만 身弱에 吉運이 늦은 것이 欠이다.

1944年生(女命). 官殺混雜. 身弱印星爲用. 調候用神

癸 戊 乙 甲
亥 寅 亥 申

71 61 51 41 31 21 11 01
丁 戊 己 庚 辛 壬 癸 甲
卯 辰 巳 午 未 申 酉 戌

亥月의 戊土는 弱하고 寒濕한데 時柱에 癸亥水가 있으니 財旺하고, 亥寅亥에 着根한 甲乙이 透干하였으니 官殺이 旺하다. 陽干은 從氣不從勢하니, 長生地인 寅을 依支處로 삼는다. 則 寅中의 丙火가 用神에 水가 病神이고 寅中의 戊土가 藥神이다.

壬運에 成婚하여 二男一女를 두고 辛運까지는 吉運이 아니었다. 未運에 病神인 水를 制하니 發財하고, 庚午運에 劈甲引火하니 不動産開發붐으로 地價가 暴騰하여 富者가 되었다.

巳運 辛巳年에 六冲이 全備하니 車조심하고 胃病을 조심하면 戊運은 藥神이 되어 吉할 것이다. 그러나 辰運은 旺水가 入墓하여 用神을 傷害하면 危險하리라.

*. 土薄寡信이 欠이다.

*. 未運에 木多火熄하니 母喪을 當하였다.

*. 土薄하고 過於寒濕에 胃酸過多症과 糖尿病이 염려된다.

1958年生(女命). 財多身弱에 比刦爲用

壬 戊 癸 戊

子 戌 亥 戌

73 63 53 43 33 23 13 03

乙 丙 丁 戊 己 庚 辛 壬

卯 辰 巳 午 未 申 酉 戌

亥月은 戊土의 絶地로서 土弱한데 壬子時에 癸水가 透干하였으니 財多身弱이다. 依支處는 比劫이다. 則 土用神에 戌中의 丁火는 喜神이다.

初年 金水運은 弱한 身을 泄氣하니 吉運이 아니고 庚運 壬戌年에 用神을 도우니 成婚하고 申運까지는 吉運 不逢으로 辛苦하였다. 己運에 用神을 도우니 夫君이 出身하고 本人도 職場生活로 得財하여 得宅하였다. 未運에 戌未刑이 되어 凶한데 亥未木이 克用神하니 胃病으로 辛苦하였고 損財도 많았다. 이는 戊逢水崩에 無火면 胃病인 緣故다.

向後 火土運은 用神을 生하고 도와서 吉하겠고 身弱이지만 時上에 偏財가 있으니 大吉하겠다. 그러나 辰運에 旺水가 入墓하면 危險하리라.

*. 職業은 飮食物業이다. 이는 火가 吉神인 緣故다.

1953年生(女命). 殺印相生格

甲 戊 癸 癸

寅 寅 亥 巳

75 65 55 45 35 25 15 05

辛 庚 己 戊 丁 丙 乙 甲

未 午 巳 辰 卯 寅 丑 子

亥月은 戊土의 財旺地인데 雙癸가 透干하였으니 財旺하고 寅寅亥爭合에 甲木이 透干하였으니 官旺하다. 따라서 身이 弱하니 印比로서 生扶하여야 한다. 巳火가 用神이고 燥木은 喜神이며 水는 病神에 土運은 藥神이 된다.

子運에 病神인 財星(父星)이 得勢하여 用神을 克傷하니 父先亡하였다. 이는 年月地가 相冲하였으니 父母德이 없는 緣故다. 丑運에 藥神이 되니 職場生活을 하여 小財를 得하였다. 丙運에 用神을 도우니 成婚(성혼)하고 一男一女(일남일녀)를 두었다. 寅運(인운)에 用神(용신)을 生(생)하여 吉(길)한데 一官(일관)이 獨淸(독청)한 命造(명조)이니 夫君(부군)이 出身(출신)하여 大財(대재)를 得(득)하였다. 丁運(정운)은 用神(용신)을 도와 吉(길)하였다. 그러나 卯運(묘운)은 濕木(습목)이 되는데 亥卯木(해묘목)과 三木(삼목)이 太旺(태왕)하니 木多火熄(목다화식)하고 弱身(약신)을 克(극)하니 損財(손재)를 當(당)하였다. 戊運(무운)은 藥神(약신)이 되어 病神水(병신수)를 除去(제거)하니 用神(용신)이 生氣(생기)를 얻어 안정된 생활을 하고 있다.

向後(향후) 辰己土運(진기토운)은 藥神(약신)이 되어 吉(길)하겠으나 巳運(사운)에 亥(해)를 爭冲(쟁충)하고 刑(형)이 되면 吉運(길운)이 아니다. 이때를 지나면 庚運(경운)은 劈甲引火(벽갑인화)하고 午運(오운)은 用神(용신)을 도와서 吉(길)하리라.

*. 戊土(무토)가 弱(약)하니 胃病(위병)이 염려되며 手足(수족)의 欠(흠)이 염려된다.

*. 用神(용신)이 冲(충)이 되어 있으니 格(격)이 한층 낮다.

1966年生. 財多身弱에 印星爲用

癸 戊 己 丙
亥 子 亥 午

74 64 54 44 34 24 14 04
丁 丙 乙 甲 癸 壬 辛 庚
未 午 巳 辰 卯 寅 丑 子

亥月은 戊土의 絶地이니 弱한데 癸亥時와 坐下에 子水가 있으니 財多身弱이다. 身弱하니 印比로써 生扶하여야 한다. 則 火가 用神에 木運은 喜神이며 水가 病神에 土는 藥神이다.

初年 庚辛運은 旺財를 生하여 凶하였고, 子(財=父)運은 病神이 得勢하여 用神을 冲하니 父先亡하였다. 丑運은 藥神을 도와 吉하고 壬運에 火吉神에 見水顯節하여 吉하므로 成婚하고 生必品代理店을 自營하여 得財하였고 寅運은 用神을 生하니 吉하였다.

向後 癸運은 用神이 傷하여 吉運이 아니며 卯運은 喜神이 되어 吉하겠으나 濕木이 되어 效力이 不足하다. 甲運은 用神을 生하여 吉하겠으나 辰運은 旺水가 入墓하여 用神이 傷하면 凶하리라. 이때를 지나 南方火運은 用神을 도와서 吉하리라.

*. 財多身弱은 比劫을 用神으로 하여 旺財를 制함이 定石이다.

그러나 이 命造는 比劫의 根이 없으므로 印星을 用神으로 한다.

1952年生. 身弱印星爲用. 調候用神

己戊辛壬

未辰亥辰

77 67 57 47 37 27 17 07

己 戊 丁 丙 乙 甲 癸 壬

未 午 巳 辰 卯 寅 丑 子

亥月의 戊土는 水旺土弱한데 壬水가 透干하고 辛金이 生水하며 雙辰이 또한 濕土이니 調候가 時急하다. 未中의 丁火를 用神으로 하고 木이 喜神이고 水가 病神에 燥土가 藥神이다.

初年 水運은 病神이 得勢하여 寒微家에서 成長하였다. 丑運에 法大를 卒業하였으나 丑未冲에 未中의 丁火 則 印綬(母星)가 傷하니 母先亡하였다.

丑運末 丁巳年에 用神을 도와 成婚하고 戊午年에 女息을 얻었다. 甲運에 喜神이 되니 辨理士 사무실에 취직하고 辛酉年에 得男하였다. 寅運에 寅中의 丙火가 用神을 도우고 寅亥合木이 喜神이 되니 辨理士 자격증을 취득하였다. 乙卯運은 喜神이 되어 吉하고 丙運은 用神을 도우고 調候하여 吉하다. 辰運은 水의 庫藏이 되어 吉함이

적겠으나 上下吉運(상하길운)이니 大害(대해)는 없겠다. 丁運(정운) 以後(이후) 南方火運(남방화운)은 用神(용신)을 도와 吉(길)하리라.

*. 官(관)이 吉神(길신)이니 辨理士(변리사)다.

*. 此命(차명)을 戊土(무토)가 絶地(절지)인 亥月(해월)에 태어났으나 土(토)가 다섯이니 弱而(약이) 反旺(반왕)하여 身旺用官格(신왕용관격)에 亥未木(해미목)이 用神(용신)이고 金(금)이 病神(병신)이며 火(화)를 制金(제금)하는 藥神(약신)으로 풀이하여도 결과는 같다.

1963年生. 殺印相生格

甲 戊 甲 癸

寅 戌 子 卯

75 65 55 45 35 25 15 05

丙 丁 戊 己 庚 辛 壬 癸

辰 巳 午 未 申 酉 戌 亥

子月(자월)은 水旺土弱(수왕토약)한데 癸水(계수)가 透干(투간)하니 財旺(재왕)하고 四木(사목)이 있으니 官(관) 또한 旺(왕)하다. 財星(재성)과 官星(관성)이 旺(왕)하니 자연히 身(신)은 弱(약)하고 寒濕(한습)하다. 寅戌火(인술화)로써 弱(약)한 日主(일주)를 生(생)하고 調候(조후)하여야 되겠다. 則(즉) 寅戌火(인술화)가 用神(용신)에 木(목)이 喜神(희신)이며 水(수)가 病神(병신)에 土(토)가 藥神(약신)이다.

初年(초년) 水運(수운)에는 病神(병신)을 도우니 寒微家(한미가)에서 成長(성장)하였다. 戌運(술운)에 藥(약)

神을 도와 吉한데 偏官이 吉神이니 法關係公務員 則 矯導官이 되었다.

辛運 戊辰年에 子辰水가 財星이 되니 成婚하고 己巳年에 長女를 得하고 酉運 壬申年에 次女를 得하였다. 庚運에 劈甲引火하는데 辛巳年에 用神을 도우고 驛馬殺이 되니 榮轉하였다.

向後 申運은 病神이 得勢하고 傷官이 見官하여 凶하다. 이때 職場에 變動이 있겠고 胃·肝弱이 염려된다. 이때를 지나면 火土運은 用神과 藥神을 도와서 吉하리라.

1981年生(女命). 身弱印星爲用. 調候用神

丁 戊 庚 辛
巳 子 子 酉

71 61 51 41 31 21 11 01
戊 丁 丙 乙 甲 癸 壬 辛
申 未 午 巳 辰 卯 寅 丑

子月은 水旺土弱한데 二水와 三金이 있으니 克泄이 交加하여 身弱하고 寒濕하다. 火가 用神에 木運은 喜神이며 水가 病神에 土運은 藥神이다.

初年 辛丑壬運은 病神을 生하여 寒微家에서 成長하였다. 寅運에

喜神이 되어 吉한데 辛巳年에 用神을 도와 政治外交學科에 入學하였다.

向後 木運은 喜神이 되어 吉하겠고 火運은 用神을 도와서 吉하겠다.

*. 職業論에 의하면 印星이 吉神인 命造는 敎育者가 많고, 正印이 吉神인 者는 內務行政에 많으며, 偏印이 用神이 되는 者와 火가 吉神이 되는 者로서 地殺驛馬가 同住하면 外務行政에 많다고 했다.

*. 沒官星에 戊日主 丁巳時이니 夫子因緣이 염려된다.

*. 女命에서 食傷은 子息인데 戊日主 丁巳時는, 丁巳火가 食傷則 金을 克傷하기 때문에 子息宮에 문제가 있을 확률이 매우 높다.

1945年生(女命). 身弱印星爲用. 調候用神

辛 戊 戊 乙

酉 午 子 酉

78 68 58 48 38 28 18 08

丙 乙 甲 癸 壬 辛 庚 己

申 未 午 巳 辰 卯 寅 丑

子月은 戊土가 弱하고 濕한데 辛酉時와 年支의 酉金이 泄氣하니 身弱하고 寒濕하다. 午火用神에 乙木이 喜神이며 子水가 病神에 土

가 藥神이다. 坐下 羊刃에 依支하고 있는데 子午冲이 되어 있으니 夫婦宮에 欠이 있다.

初年 己運은 藥神을 도와서 吉하고 丑運은 病神인 子水를 合去하여 吉하였다. 庚寅運은 地支가 重한데 寅運에 喜神을 도우고 坐下를 合하니 成婚하였다. 辛運은 病神을 生하여 吉運이 아니지만 地支에 卯木이 生火하니 無欠이었다. 壬運에 病神이 得勢하여 用神이 被傷되니 子宮外姙娠으로 수술을 하였다. 이는 女命에서 食傷(子息)의 泄氣가 많으면 子息이 子宮밖으로 넘쳐나는 것과 같은 理致이다.

辰運 庚午年에 夫婦가 離別을 하였다. 이는 子辰水 病神이 得勢하고, 弱身이 坐下의 羊刃에 依支하고 있는데 子午冲하고 있으며, 庚午年에 官星인 乙木을 合去하고 子午爭冲이 되며, 坐下가 空(亡)인 緣故다. 癸運은 用神이 傷하여 吉運이 아니지만 巳運 以後 南方火運은 用神을 도와서 吉하리라.

*. 坐下에 吉神桃花가 있으니 美人型이며 冲이 되어 있으니 對人關係가 염려된다.

1958年生. 身弱比肩爲用

甲 戊 甲 戊
寅 寅 子 戌

74 64 54 44 34 24 14 04
壬 辛 庚 己 戊 丁 丙 乙
申 未 午 巳 辰 卯 寅 丑

子月은 戊土의 財旺地인데 雙甲이 高透하고 雙寅이 있으니 官또한 旺하다. 財官이 旺하니 자연히 身弱하다. 身弱者는 印比로써 生扶하여야 한다. 則 土가 用神에 火는 喜神이며 木이 病神에 金運은 藥神이 된다.

初年 丑運은 用神을 도우고 丙運은 喜神이 되어 弱한 土를 生하며 寅運은 寅과 戌이 3:1로 合하여 生土하니 吉하였다. 이때 火가 吉神이니 工大를 卒業하고 丁運에 喜神이 되니 成婚하고 一男을 두었다.

卯運에 病神이 되어 用神을 克하니 百事가 無成하다가 戊運에 用神을 도우니 父母의 도움으로 카인테리어商을 自營하여 得財하였다. 辰運에 子辰水局이 忌神이 되고 用神의 根인 戌을 冲하니 弱土가 散土되어 大敗하였다. 이때 事業을 擴張하자 곧바로 IMF영향으로 大敗하였던 것이다.

向後 己巳庚午運은 用神과 喜神을 도우고 藥神이 되어 吉하겠으나 未運에 旺木이 入墓하고 戌未刑을 成局하면 凶하리라.

*. 土薄寡信이 欠이다.

*. 此命을 身弱에 印星爲用하여 寅戌火가 用神에 木多火熄하므로 旺木은 病神이 되고 金運이 藥神이며, 水가 또 病神에 土를 또 하나의 藥神으로 풀이하여도 결과는 同一하다.

1968年生. 殺印相生格

乙 戊 甲 戊
卯 午 子 申

78 68 58 48 38 28 18 08
壬 辛 庚 己 戊 丁 丙 乙
申 未 午 巳 辰 卯 寅 丑

子月은 水旺土弱한데 申子水가 되니 財旺이고 甲乙卯가 水의 生을 받으니 官旺하고 寒濕하다. 午火로서 調候하고 弱한 日主를 生하여야 된다. 則 午火가 用神에 木은 喜神이며 水가 病神에 土는 藥神이 된다. 子午沖을 申子水가 會局救冲하니 無欠하겠다. 그러나 逢凶運일 때 夫婦關係를 돈독히 하여야 된다.

初年 子運은 病神이 得勢하여 吉運이 아니고 乙運은 喜神이 되어 無欠이고 丑丙運은 藥神과 用神을 도와서 吉하였다. 寅運에 官星喜神이 되어 成婚하고 丁運에 用神을 도와 廣告業을 自營하여 得財하였다. 卯運에 喜神이 되는데 庚辰年에 申子辰水가 病神이 되지만 甲庚冲하여 劈甲引火되니 火가 吉神이기 때문에 事業處를 南方으로 擴張하여 移轉하였다.

卯運은 喜神이 되어 吉하겠으나 濕木은 勿炎으로 木多火熄이 될 염려가 있는데, 癸未年은 癸水가 病神을 도우고 卯卯未가 旺木이니 그러하고, 甲申年은 病神을 生하고 木旺하니 火熄하고, 乙酉年은 時支桃花를 爭冲하니 異性關係를 잘못하면 家庭에 근심이 있을 수 있는데 또한 傷官이 見官하니 職場에 變動數와 夫婦關係가 염려된다.

이때를 지나면 戊運은 藥神이 되어 吉하지만, 辰運은 申子辰水로 病神이 得勢하니 吉運이 아니다. 그러나 己巳庚午運은 藥神과 用神을 도와서 吉하리라.

*. 廣告·印刷業은 木이 吉神이고 卯午가 懸針星인 緣故다.

1952年生(女命). 殺印相生格. 調候用神

乙 戊 辛 辛
卯 寅 丑 卯

71 61 51 41 31 21 11 01
己 戊 丁 丙 乙 甲 癸 壬
酉 申 未 午 巳 辰 卯 寅

丑月은 土旺節이지만 雙辛이 高透하여 泄氣하고 四木이 克土하니 旺而反弱하고 寒濕하다. 寅中의 丙火로써 弱한 日主를 生하고 調候하여야 된다. 則 寅中의 丙火가 用神에 燥木이 喜神이며 丑中의 癸水가 病神에 丑中의 己土가 制濕하는 藥神이다.

甲運 甲寅年에 過不及이 皆病이라 木多火熄되니 母喪을 當하였다. 이는 寅中의 丙火가 印星으로서 어머니인 緣故다.

辰運은 寅卯辰 東方木이 旺해지는데 己未年에 卯未木이 또 더해지니 木多火熄되고 旺木이 克土하며 丑未冲하니 父喪을 當하였다. 이는 丑中의 癸水가 父星인 緣故다.

乙運은 旺木을 도와서 辛苦하고, 巳運은 用神을 도우고 巳丑金이 旺木을 斫破生火하니 吉하였다. 丙運은 弱土를 生하고 調候하여 吉하였고, 午運은 旺木을 泄氣하여 生土하고 調候하여 吉한데 火가 用神이니 南方에서 國會議員이 되었다.

向後 丁運까지는 用神을 도와서 吉하겠으나 未運은 旺木이 入墓하여 木多火熄하고 丑未沖하여 吉運이 아니다. 特히 未運 中 壬辰年은 濕潤하므로 테러 등 不測之變故가 염려된다.

*. 官印相生格은 貴格이지만 身弱하므로 一人之下 萬人之上까지는 기대해 볼 수 있겠으나 帝王格은 아닌 듯하다.

*. 未婚인 것은 官星多에 丑이 寡宿殺이고 卯卯가 雙桃花에 寅丑에 天乙貴人이 있는 緣故다. 따라서 追從하는 男性議員이 많다.

*. 丁運은 用神을 도와서 吉한데 丙戌年에 用神을 內在한 寅木을 合去하고 丑戌刑이 되니 癸巳月 己酉日 癸酉時에 被襲當한 일이 있다.

1963年生(女命). 調候用神

丁 戊 癸 壬

巳 寅 丑 寅

80 70 60 50 40 30 20 10

乙 丙 丁 戊 己 庚 辛 壬

巳 午 未 申 酉 戌 亥 子

丑月은 土旺하고 寒冷한데 癸壬水가 丑中의 癸水에 着根하여 透

干하고 兩寅木이 克土하고 巳丑金이 土를 泄氣하니 克泄이 交加하여 身弱하고 調候가 時急하다. 則 丁火가 用神이고 木은 喜神이며 水가 病神에 土運은 除濕하는 藥神이 된다.

初年 水運은 病神이 得勢하니 寒微家에서 生長하여 초등학교를 중퇴하고 子運 己未年부터 藥神이 되는데 印星이 吉神이기 때문에 3年間 託兒所를 運營하였다.

子運 庚申年(18歲)에 寅巳申 三刑을 成局하니 官災 則 近親에 의하여 性暴行을 當하였다.

辛運 壬戌年부터 亥運 己巳年까지 矯導所精神教育講師로 지내다가 亥運 己巳年에 고향을 떠나 北向인 서울로 왔다. 이는 地殺인 巳火가 驛馬殺인 亥와 相冲한 緣故다.

亥運 庚午年에 用神을 도와 成婚하고 學院을 自營하여 得財하고, 戌運에 寅戌火가 用神을 도우니 學院經營이 日新又日新하여 財興旺하고 精神教育講師 再開.

辛巳年에 자전에세이집(찔레꽃 그여자)을 펴냄. 辛巳年에 印星年이 되니 初等學校 검정고시반에 등록.

向後 己運은 病神인 癸水를 克하여 吉하겠고 酉運은 病神인 水를 生하고 火用神의 死地가 되니 凶하겠다. 이때 傷官이 見官하니

夫婦關係(부부관계)가 염려되며 子息(자식)으로 인한 근심이 있겠다. 戊運(무운)은 病神(병신)인 癸水(계수)를 合去(합거)하니 吉(길)하겠고, 申運(신운)은 寅巳申(인사신) 三刑(삼형)에 坐下寅(좌하인)을 冲(충)하면 夫君(부군)의 건강이 염려된다. 이때를 지나면 南方火運(남방화운)은 用神(용신)을 도와서 吉(길)하리라.

*. 此命(차명)은 戊日主(무일주) 丁巳時(정사시)에 時支(시지)가 (空)亡(공망)이니 所生(소생) 子女(자녀)가 없고 前妻(전처)의 子息(자식)이 둘이다.

*. 印星(인성)이 吉神(길신)인 命造(명조)는 敎育界(교육계)에 많으며 巳丑(사축)이 天乙貴人(천을귀인)에 五行(오행)이 轉轉相生(전전상생)되니 文學的(문학적) 소질이 많다.

*. 上記(상기) 내용은 此命(차명)의 자전 에세이집의 내용을 命理學的(명리학적)으로 풀이해 본 것이다.

*. 己運(기운) 甲申年(갑신년)에 寅巳申(인사신) 三刑(삼형)이 되니 母喪(모상)을 當(당)하였다.

1971年生. 傷官生財格

庚 戊 己 庚
申 午 丑 戌

71 61 51 41 31 21 11 01
丁 丙 乙 甲 癸 壬 辛 庚
酉 申 未 午 巳 辰 卯 寅

丑月은 土旺節인데 三土가 도우고 午火가 生하니 身이 太旺하다. 太旺한 者는 好泄精英하니 旺土를 泄氣하는 金이 用神에 午火가 病神에 水는 制火하는 藥神이고, 土多埋金하니 旺土 또한 病神에 木運은 또 하나의 藥神이 된다.

初年 金木水運에 用神을 도우고 藥神이 되어 吉하니 富家에서 成長하고 金(西方)이 用神이고 午申이 懸針星이니 西方인 英國에서 컴퓨터디자인學科를 卒業하였다.

向後 木運에 旺土를 疏土하면 金이 生氣를 얻어 吉하겠지만 火運은 用神을 克傷하여 吉運이 아니다. 未運은 丑戌未 刑이 되어 吉運이 아니다.

*. 이와 類似한 命造를 다음과 같이 소개한다.

戊 戊 癸 壬[13)]

午 申 丑 戌

申金用神

辛 戊 乙 戊[14)]

酉 戌 丑 辰

金用神

1944年生. 身旺用七殺格

丙 戊 丁 甲

辰 子 丑 申

76 66 56 46 36 26 16 06

乙 甲 癸 壬 辛 庚 己 戊

酉 申 未 午 巳 辰 卯 寅

*. 命理의 解法은 旺弱寒熱의 調和에 있다. 丑月은 土旺한 季節인데 時支에 辰土가 도우고 丙丁火가 生土하니 身旺하다. 身旺用殺하여 甲木이 用神에 金이 病神이고 火는 制金하는 藥神이 된다.

寅卯運은 用神을 도와 富家에서 成長하고 工夫도 잘하였다. 庚運에 劈甲引火하니 遺産받은 不動産이 都市開發에 힘입어 價格이 暴

---

13) 박재완, 『명리요강』, (서울: 신지평), 1997년, p.338.

14) 임철초, 『적천수천미』, (대북: 무릉출판유한공사), 1997년, p.227.

騰하였다. 戊土日主가 身旺한데 月支에 丑中의 癸水와 年支의 申中의 壬水가 財星이니 父母遺産이 있는 命造다. 庚運에 劈甲引火하는데 成婚하여 一男一女를 두고 敎職에 投身하였다. 敎職은 印星이 吉神인 緣故다. 辰運에 旺水가 入墓하여 忌神인 財星(父星)이 得勢하니 父喪을 當하였다. 辛運에 丙(母星)辛合去하여 凶한데 辛酉年에 丁(母星)辛沖하고 酉丑金이 生水하여 그 旺水가 克火하니 母喪을 當하였다. 巳運은 巳丑金이 生水하니 損財하고, 壬運은 見水顯節하니 昇進하였다. 午運은 坐下子水(財)를 沖하니 妻의 健康으로 辛苦하였다. 癸運은 病神이 透干하여 吉運이 아니다.

向後 未運은 月建 丑土를 沖하여 群比爭財하고 用神은 折이 되어 凶하다.

*. 此命을 調候用神으로 하여 火用神에 木을 喜神으로 풀이 하여도 결과는 같다.

*. 子息의 數

① 乾命은 官殺이 子息이다.

② 坤命은 食傷이 子息이다.

③ 用神이 子息이다.

本院(본원)에서 累試(누시)한 결과 用神(용신)이 子息(자식)임이 더 正確(정확)하다. 즉 木(목)이 用神(용신)이면 셋 혹은 여덟 子女(자녀), 火(화)가 用神(용신)이면 둘 혹은 일곱 子女(자녀), 土(토)가 用神(용신)이면 다섯 혹은 열 子女(자녀), 金(금)이 用神(용신)이면 넷 혹은 아홉 자녀, 水(수)가 用神(용신)이면 하나 혹은 여섯 子女(자녀).

그러나 現(현) 社會(사회)에서는 産兒制限(산아제한)으로 그 數(수)는 잘 맞지 않다.

*. 아들과 딸의 구분

① 用神(용신)이 陽干(양간)(支藏干(지장간) 포함)이면 아들

② 用神(용신)이 陰干(음간)(支藏干(지장간) 포함)이면 딸

*. 子息(자식)의 特出(특출) 여부

用神(용신)의 根(근)이 實(실)하고 天干(천간)에 透出(투출)하였으면 本人(본인)보다 뛰어난 자식이 있고 그렇지 아니하면 그러하지 아니하다.

1971年生(女命). 身弱印星爲用

庚 戊 辛 辛
申 戌 丑 亥

80 70 60 50 40 30 20 10
己 戊 丁 丙 乙 甲 癸 壬
酉 申 未 午 巳 辰 卯 寅

丑月은 土旺節인데 坐下에 戌土가 도우고 있으나 四金에 泄氣가 太甚하고 亥水가 있으니 旺而反弱하여 身弱하고 寒濕하다. 따라서 戌中의 丁火로써 弱한 土를 生하고 調候하여야 한다. 則 火用神에 木이 喜神이며 水가 病神에 土는 藥神이 된다.

寅運은 喜神이 되는데 木이 吉神이니 造景學을 專攻하였다. 卯運에 喜神官星이 되어 吉한데 己卯年에 坐下를 合하니 結婚하였다. 甲運은 喜神官星이 되니 夫君이 出身하고 本人도 조경설계사로서 得財하였다. 辰運은 用神을 내포하고 있는 戌土를 冲하여 吉運이 아닌데 이때 本人은 心臟弱이 염려되며 친정어마니 건강이 염려된다. 이때를 지나면 乙巳 丙午 丁運까지는 喜神이 되고 用神을 도와 吉하리라.

*. 戌中의 丁火(母星)가 用神으로서 坐下에 居하니 친정어머님을 모시고 산다.

*. 辰運 己丑年이 되도록 子息이 없는 것은 過於寒濕한 緣故다.
진운 기축년 자식 과어한습 연고

◎ 己土

1964年生(女命). 身弱比劫爲用

丁 己 丙 甲

卯 酉 寅 辰

79 69 59 49 39 29 19 09

戊 己 庚 辛 壬 癸 甲 乙

午 未 申 酉 戌 亥 子 丑

寅月(인월)의 己土(기토)가 木强土弱(목강토약)한데 地支(지지)에는 寅卯辰(인묘진) 東方木(동방목)이고 甲木(갑목)이 透干(투간)하였으니 官星(관성)이 太旺(태왕)하다. 坐下(좌하)의 酉金(유금)이 弱(약)한 土日主(토일주)를 泄氣(설기)하니 身(신)이 太弱(태약)할 것 같지만 辰土(진토)가 도우고 丙丁火(병정화)가 生土(생토)하니 太弱(태약)은 아니다. 己土(기토)가 寅中(인중)의 戊土(무토)에 뿌리를 내리려고 하나 寅卯辰(인묘진) 東方木(동방목)이니 그럴 수 없고 辰土(진토)가 通根處(통근처)다. 則(즉) 辰土(진토)가 用神(용신)에 火(화)는 喜神(희신)이며 太旺(태왕)한 木(목)은 土(토)를 傷害(상해)하므로 病神(병신)이고 金(금)은 制木(제목)하는 藥神(약신)이다.

丑運(축운)은 用神(용신)을 도우고 酉丑金(유축금)이 制木(제목)하여 吉(길)하였고, 甲運(갑운)에 死木(사목)이 되어 木生火(목생화) 火生土(화생토)하는데 土(토)가 吉神(길신)이니 國文學(국문학)을 專攻(전공)하였다. 甲運(갑운) 丙寅年(병인년)에 弱身(약신)을 生(생)하니 成婚(성혼)하고 子運(자운) 戊辰年(무진년)에 扶身(부신)하니 得男(득남)하였다.

癸運 壬申年에 夫君이 홀로 渡美해버렸다. 이는 用神인 辰土가 申辰水로 變하고 癸運과 歲運壬水가 透干하여 水旺하니 官(木=夫)이 浮木되어 즉 남편이 미국으로 건너 가버린 것이다. 이는 또한 傷官(酉와 申)이 見官(卯와 寅) 則 寅申冲 卯酉冲한 緣故이기도 하다.

그 以後 지금까지 獨守空房으로 지내고 있다. 이는 官星이 病神이고 官星의 根인 寅과 卯가 空亡이고 坐下가 冲이 된 緣故다.

亥運에는 旺木이 病인데 또 亥卯合木이 克用神하니 신경성위장장애로 辛苦했다고 한다. 이는 戊는 胃이고 己는 脾인데 木多火熄하고 旺木이 克土한 緣故다.

向後 壬運은 丙火가 喜神인데 見水顯節하여 吉하겠고 戌運은 寅戌合化火하여 用神을 生하여 吉하다. 辛運은 丙辛合水가 되지만 丁火가 있으니 無欠이고 酉運은 坐下를 爭冲하니 不吉하다. 庚運은 劈甲引火하여 大吉하겠으나 申運은 月建을 冲하여 吉運이 아니다.

*. 亥運 己卯年에 桃花爭冲하니 만난 男性으로 인하여 財的損失이 컸다고 한다.

*. 此命을 殺印相生格으로 볼 수도 있겠으나 官星이 喜神이기에는 너무 太旺하고 日主의 通根處가 優先되어야 하므로 上記와 같이 풀이하였다.

1977年生(女命). 官印相生格

甲 己 壬 丁
子 酉 寅 巳

75 65 55 45 35 25 15 05
庚 己 戊 丁 丙 乙 甲 癸
戌 酉 申 未 午 巳 辰 卯

寅月의 己土가 甲木이 得祿하니 官旺하고 子와 酉에 扶生된 壬水가 透干하였으니 財旺하다. 財·官이 旺하니 日元은 자연히 弱하다. 身弱한 者는 印星과 比劫으로 生扶하여야 하니 火가 用神에 木은 喜神이며 火를 傷害하는 水가 病神에 土運은 藥神이다.

初年 卯甲運에 喜神이 되니 물리치료사가 되었다. 이는 甲이 喜神懸針星인 緣故다. 辰運에 子辰水가 火(印星)用神을 傷害하니 母喪을 當하였다.

乙運은 官殺混雜이 되지만 成婚期인데 夏月에 出生한 者이거나 寅卯巳午年生이 配匹이다.

向後 火土運은 用神과 藥神을 도와 吉하겠으나 申運은 寅巳申三刑成局하고 申子水局에 用神이 傷하여 凶하리라.

*. 甲己合化土로 從하려면 天干地支에 火土가 盛하고 木의 根이

없어야 하며, 甲己合化土(갑기합화토)하여 從木(종목)하려면 干支(간지)에 木(목)이 盛多(성다)하고 己土(기토)의 根(근)이 없어야 한다. 此命(차명)은 그러하지 아니하므로 正格(정격)으로 풀이하여야 한다.

*. 身弱(신약)한 己土日主(기토일주)는 人情(인정)이 많으나 自己(자기) 主觀(주관)이 不足(부족)하며 胃(위)와 脾臟(비장)이 弱(약)하다.

1957年生. 官印相生格

壬 己 壬 丁

申 未 寅 酉

74 64 54 44 34 24 14 04

甲 乙 丙 丁 戊 己 庚 辛

午 未 申 酉 戌 亥 子 丑

雨水前(우수전) 三日(삼일)은 餘寒(여한)이 있는데 雙壬(쌍임)이 透干(투간)하고 申時(신시)와 酉年(유년)이니 食傷(식상)과 財官(재관)이 旺(왕)하고 寒濕(한습)하다. 丁火(정화)로서 調候(조후)하고 弱(약)한 日主(일주)를 生(생)하여야 된다. 則(즉) 丁火(정화)가 用神(용신)에 木(목)은 喜神(희신)이며 水(수)가 病神(병신)에 未土(미토)는 藥神(약신)이다. 此命(차명)은 土生金(토생금) 金生水(금생수) 水生木(수생목) 木生火(목생화) 火生土(화생토)하여 中和(중화)된 四柱(사주)다.

初年(초년) 辛丑庚子運(신축경자운)은 吉運(길운)이 아니므로 寒微家(한미가)에서 成長(성장)하였다. 己運(기운)에 藥神(약신)이 되어 成婚(성혼)하였다. 亥運(해운)에 病神(병신)인 水(수)가 得勢(득세)하니 用神(용신)

은 傷하고 寅亥木이 弱한 日主를 克하니 百事가 無成하여 辛苦하기를 이루 말할 수 없었다고 한다.

戊運 以後 藥神과 用神을 도우니 官廳都給工事를 맡아서 財를 得하고 있다. 官印相生格이니 官廳工事다.

向後 丁運은 用神을 도와서 吉하겠으나 酉運은 病神을 生하여 吉運이 아니다. 丙運은 丙奪丁光되니 吉運이 아니고 申運은 月建을 冲하여 吉運이 아니다.

*. 火土가 吉神인 命造는 土木建築에 從事하는 者가 많다.

1954年生. 官印相生格

丙 己 丙 甲

寅 亥 寅 午

78 68 58 48 38 28 18 08

甲 癸 壬 辛 庚 己 戊 丁

戌 酉 申 未 午 巳 辰 卯

立春節은 木旺 土弱한데 甲木이 透干하고 寅亥合木이 도우니 木이 太旺하고 己土日元은 弱하고 餘寒이 있다. 寅에 長生한 火로서 旺木을 泄氣하여 土를 生하여야 된다. 則 火가 用神에 燥木은 喜神

이며 水가 病神에 土運은 藥神이다.

年上甲木은 官으로서 喜神이고, 年月支 寅午에 根을 둔 丙火가 用神이니 父親이 國會議員이었다. 丙火에 月德이 있으니 祖上의 蔭德이 컸으리라.

初年 丁卯戊辰運에 用神과 喜神을 도우고 藥神이 되니 有福한 家庭에서 成長하여 建築學을 專攻하였다. 建築學은 木火土가 吉神인 緣故다. 辰運에 藥神이 되니 成婚하고 火가 用神이니 二男을 得하였다. 己運 以後 建築業을 自營하여 得財하였다. 특히 庚午大運에 劈甲引火하고 寅午火가 用神을 도우니 大吉하였다.

向後 辛運은 用神을 合去하여 吉運이 아니고 未運은 旺木이 入墓하여 吉運이 아니다. 壬運은 丙火用神에 見水顯節하여 吉하겠으나 申運 以後는 吉運이 없다.

*. 坐下는 本人宮이고 坐下亥中의 壬水가 아버지이며 寅中의 丙火가 어머니인데 나와 아버지와 어머니가 暗合되어 있으니 어머니가 後妻다.

*. 坐下에 亥中의 戊土가 比劫인데 寅中의 戊土가 또 比劫이다. 이들 亥와 寅이 合해있으니 異腹兄弟있다.

*. 亥中의 壬水가 아버지인데 巳運에 巳亥冲하니 父先亡하였다.

*. 己土日元이 虛弱하니 胃病이 염려된다.

1966年生. 殺印相生格

甲 己 庚 丙
子 未 寅 午

72 62 52 42 32 22 12 02
戊 丁 丙 乙 甲 癸 壬 辛
戌 酉 申 未 午 巳 辰 卯

寅月은 木旺土弱한데 甲木이 透干하고 庚金은 土를 泄氣生水하니 己土가 弱하다. 火로써 木을 泄氣하여 弱한 土를 生하여야 한다. 則 殺印相生格으로서 火가 用神에 木은 喜神이며 水가 病神에 土는 藥神이 된다.

巳運에 用神을 도와 吉한데 甲午가 吉神懸針星이니 산업디자인학과를 專攻하고 甲運에 喜神官星이 되니 大學敎授가 되었다. 敎職인 印星이 吉神인 緣故다.

向後 午運은 用神을 도와서 吉하고 乙運은 喜神을 도와서 吉하며 未運은 藥神을 도와서 吉하고 丙運은 用神을 도와서 吉하겠다. 申運에 月建官星을 冲하면 不吉하다. 이때 退職과 官災와 建康이 염려

된다. 酉運은 用神의 死地가 되니 危險하다.

*. 甲己合化土格이 아닌 것은 甲木이 寅과 子에 扶生되므로 土로 從하지 아니하기 때문이다.

1945年生. 殺印相生格

丙 己 己 乙

寅 卯 卯 酉

72	62	52	42	32	22	12	02
辛	壬	癸	甲	乙	丙	丁	戊
未	申	酉	戌	亥	子	丑	寅

卯月의 己土는 弱한데 寅卯卯에 乙木이 透干하였으니 官殺이 太旺하다. 寅에 뿌리를 둔 丙火를 用神으로 定하고 旺木을 泄氣하여 弱土를 生하여야 한다. 則 丙火가 用神에 燥木은 喜神이며 水運은 病神이고 土가 藥神이다.

年支의 酉와 月建卯가 相冲하고 있으니 父母德이 적다. 子運에 病神이 되어 用神이 傷하니 父喪을 當하였다. 이는 年月支冲에 無財(父星)인 緣故다. 乙運에 旺官이 再逢官하니 吉運이 아니고 亥運에 亥卯卯旺木에 木多火熄하고 弱土를 克하니 官災와 損財가 있었

다. 甲運(갑운)은 藥神(약신)을 合去(합거)하니 不吉(불길)하였고 戌運(술운)에 寅戌火(인술화)가 用神(용신)을 도우니 안정된 생활을 할 수 있었다. 그러나 癸運(계운)은 病神(병신)이 되어 吉運(길운)이 아니었다.

向後(향후) 酉運(유운)은 四冲(사충)이 되어 凶(흉)한데 특히 甲申·乙酉年(갑신 을유년)에 六冲(육충)이 되니 不測之變故(불측지변고)가 염려된다.

*. 有病無藥者(유병무약자)는 平生(평생)이 空虛也(공허야)라.

*. 一子(일자)가 特出(특출)하다.

*. 職業(직업)은 火(화)가 吉神(길신)이니 飮食物業(음식물업)에 從事(종사)한다.

*. 이 命造(명조)를 身弱(신약)에 比劫爲用(비겁위용)하여 己土(기토)가 用神(용신)에 火(화)가 喜神(희신)이며 太旺(태왕)한 木(목)이 病神(병신)에 金(금)을 藥神(약신)으로 하여 풀이하여도 결과는 같다. 그러나 庚運(경운)은 乙庚合去(을경합거)하여 吉(길)하고 辛運(신운)은 丙辛合水(병신합수)하여 凶(흉)하며 申運(신운)은 寅申冲(인신충)하여 凶(흉)하고 酉運(유운)은 卯酉冲(묘유충)하여 凶(흉)하다.

1947年生(女命). 殺印相生格

甲 己 乙 癸

戊 巳 卯 未

79 69 59 49 39 29 19 09

癸 壬 辛 庚 己 戊 丁 丙

亥 戌 酉 申 未 午 巳 辰

殺印相生格에는 官殺混雜을 꺼리지 않는다. 그러나 女命에는 官殺混雜이 賤格다. 卯月의 己土는 木旺土弱하다. 木은 卯未木에 甲乙이 透干하였으니 旺하다. 己土는 坐下의 巳火와 時支戌土에 依支할 수 밖에 없다. 巳火를 用神으로 하여 旺한 官殺을 泄氣하여 弱한 日主를 生하여야 한다. 則 巳火가 用神에 木은 喜神이며 癸水가 病神에 戊土가 藥神이다.

初年 火土運에 用神과 藥神을 도와 有福家庭에서 生長하였다. 辰運에 藥神인 戌土를 冲하니 彷徨期였다고는 하지만 上下吉運으로 無欠이었다. 丁運에 用神을 도우니 英文學을 專攻하고 巳運에 敎職에 任用되어 庚運에 劈甲引火하니 昇進하고 申運에 弱身을 泄氣하고 用神의 病地가 되며 傷官이 見官하여 退職하였다.

*. 印星이 吉神이기 때문에 敎員이었다.

*. 官殺混雜(관살혼잡)을 꺼리지 않는 경우

① 殺印通關格(살인통관격)

② 身旺殺弱(신왕살약)

③ 秋冬月(추동월)에 生(생)한 金日主(금일주)

*. 官(殺)印相生格(관살인상생격)과 財多身弱格(재다신약격)의 차이점

身弱(신약)에 官殺(관살)이 旺(왕)할 때 印星(인성)을 用神(용신)으로 하여 旺(왕)한 官殺(관살)을 泄氣(설기) 生身(생신)하는 경우에는 官(殺)印相生格(관살인상생격)이 되고, 身弱(신약)에 財星(재성)이 旺(왕)할 때 比劫(비겁)을 用神(용신)으로 하여 旺(왕)한 財星(재성)을 制止(제지)하여야 할 경우에는 財多身弱格(재다신약격)이 되는데 이때에 印星(인성)은 喜神(희신)이 된다.

1955年生(女命). 身弱比劫爲用

丁 己 己 乙

卯 丑 卯 未

73 63 53 43 33 23 13 03

丁 丙 乙 甲 癸 壬 辛 庚

亥 戌 酉 申 未 午 巳 辰

卯月(묘월)은 木旺土弱(목왕토약)한데 卯未合木(묘미합목)하고 卯時(묘시)에 乙木(을목)이 透干(투간)하였으니 木(목)은 太旺(태왕)하고 土(토)는 虛弱(허약)하다. 年支(년지)의 未土(미토)는 卯未木(묘미목)으로 變(변)하여 不用(불용)하고 丑土(축토)에 依支(의지)할 수밖에 없다. 則(즉) 土用神(토용신)에 丁火(정화)가 喜神(희신)이

며 木이 病神에 金運은 藥神이다.

初年 庚辰辛運은 藥神이 되고 用神을 도우니 裕餘家에서 成長하였다. 巳運에 地殺印星喜神이 되니 南方都市에서 고등학교를 졸업하고 壬運에 丁壬(多淫之合)木의 官星이 되니 成婚하고 二男을 得하였다. 午運에 吉神桃花가 用神을 도우니 不動産事業, 숙박업, 주유소 등을 自營하여 大財를 得하였다. 이 業種은 火土가 吉神인 緣故다.

癸運에 病神을 生하여 用神과 喜神을 克冲하여 凶한데 辛未年에 二卯와 二未가 合木이 되고 入墓된 太旺한 木이 用神을 克하고 木多에 喜神인 火는 꺼지고 官逢官運이 되니 夫婦別離하였다. 이는 官星이 凶神에 坐下가 干與支同인 緣故다.

未運에 旺木이 入墓하여 用神을 克하니 異性關係를 잘못하여 四十여億원의 損財를 當하였다. 이는 官(夫星)이 凶神인 緣故다. 甲運 들어 飮食物業을 自營하고 있다. 이는 甲己合土가 有情한 合이 되어 用神을 도우고 火가 喜神이니 飮食物業이다.

向後 申運은 病神을 暗合去하여 吉하겠으나 乙運은 病神이 得勢하여 吉運이 아니고 酉運은 六冲이 全備하여 吉運이 아니다. 이때 乙己己丑이 曲脚殺이니 車를 조심하고, 土弱하니 胃病이 염려된다.

이때를 지나면 丙運은 偏印喜神에 正印을 만나니 吉하고 戌運은 丑戌未三刑을 成局하면 吉運이 아니다. 丁運은 喜神이 되어 吉하겠으나 亥運은 亥卯卯未 旺木에 木多火熄하고 用神은 被傷되어 凶하리라.

*. 此命은 己土日主이기 때문에 人情은 많으나 土薄寡信이 欠이다.

*. 丑과 卯사이에 寅寅을 拱夾하여 太旺한 木이 喜神이 될 수는 없으므로 殺印相生格이 아니고 身弱에 比劫爲用으로 풀이 하였다.

1972年生. 殺印相生格

己 己 癸 壬
巳 未 卯 子

73 63 53 43 33 23 13 03
辛 庚 己 戊 丁 丙 乙 甲
亥 戌 酉 申 未 午 巳 辰

卯月의 己土는 木旺하고 土弱한데 卯未合木하고 子에 壬癸가 透干하였으니 財旺官旺하다. 巳火가 用神이 되어 官印相生格이 된다. 則 巳火가 用神에 木은 喜神이며 水가 病神에 土는 藥神이다.

初年 甲乙運은 喜神이 되어 吉하고 辰運은 子辰水가 病神이 되

고 財星이 入墓하니 父親의 事業失敗로 辛苦하였다. 巳運에 驛馬印星用神을 도우니 南方都市에서 經營學을 專攻하였다. 巳運 壬申年에 申子水(病神=財星=父星)가 得勢하고 申巳刑이 되니 父先亡하였다. 이는 年月支가 子卯刑인 緣故다.

丙運에 用神을 도우니 國稅廳에 취직하였다. 이는 財多身弱인 緣故다. 午運 辛巳年에 用神인 印星을 도우니 세무사자격 일차 시험에 合格하였다.

向後 丁未戊運은 用神과 藥神을 도와 吉하겠다. 그러나 申運은 申子水가 病神을 도우고 申巳刑이 되니 凶하겠는데 이때 妻財로 인하여 辛苦하겠다. 이때를 지나 己運은 藥神을 도와 吉하지만 酉運은 用神을 合去하여 吉運이 아니다.

*. 己土日主가 身弱하면 胃가 弱하다.

1960年生(女命). 身弱比刦爲用

戊 己 己 庚
辰 酉 卯 子

76 66 56 46 36 26 16 06
辛 壬 癸 甲 乙 丙 丁 戊
未 申 酉 戌 亥 子 丑 寅

卯月은 木旺土弱한데 庚金은 酉金에 羊刃이 되어 土를 泄氣하고 年支의 子水는 時支辰과 遙合하고 金의 生을 받으니 不弱하다. 則 克泄이 交加하여 日主는 弱하다. 身弱者는 印比로서 生扶하여야 함이 命理의 解法이다. 則 月上의 己土는 卯木上에 앉아 能力이 不足하여 不用하고 時支辰에 着根한 戊土가 用神에 火運은 喜神이고 木이 病神에 金은 制木하는 藥神이 된다.

初年 戊運은 用神을 도와서 吉하고 寅運은 寅中의 丙火가 喜神이 되어 吉하며 丁運은 喜神이 되고 丑運은 酉丑金이 藥神이 되어 吉하였다.

丙運에 喜神이 되어 吉한데 丙寅年에 官星年이 되며 卯木官星이 懸針星이니 韓醫師와 結婚하고 丁卯年에 官星을 도우니 得女息하였다.

子運은 官星을 生하여 夫君이 出身하였으나 乙運은 病神이 得勢

하여 凶한데 己卯年에 또 病神을 도우고 坐下를 爭冲하니 夫와 死別하였다. 이는 辰中의 乙木이 官星인데 辰이 空(亡)이고, 卯木이 官星인데 이 또한 (空)亡이며 卯酉冲이 된 緣故다.

向後 亥運은 亥卯木이 病神을 도와서 吉運이 아니다. 이때 健康으로는 胃弱과 子宮病이 염려되며 異性으로 因한 損財가 염려된다. 이때를 지나면 甲運은 藥神인 庚金이 病神인 甲木을 冲하여 吉하겠으나 戌運은 四冲이 되어 吉運이 아니다.

1934年生. 身旺用正官格

戊 己 戊 甲

辰 未 辰 戌

76 66 56 46 36 26 16 06

丙 乙 甲 癸 壬 辛 庚 己

子 亥 戌 酉 申 未 午 巳

甲木이 月上이나 時上에 있었다면 甲己合化土眞格이 되었을 텐데 戊土가 막고 있으니 身旺用正官格에 甲木이 用神이고 辰中의 癸水가 喜神이다.

辛運 癸卯年에 喜神과 用神을 도와 得子하였으나 未運까지는 吉運이 아니었다. 法學을 專攻하였으나 왜 변호사 사무실에 사무장을

하고 있을까? 그 理由는 다음과 같다.

① 己土日主에 甲木은 正官이니 行政이다. 즉 법률사무소에 근무하지만 하는 일은 代書다.

② 甲木의 根이 弱하고 喜神이 없다. 則 辰戌冲이니 저 먼데 時支辰에 着根할 수밖에 없으며 뚜렷한 喜神이 없다.

③ 高等考試에 應試할 때(未運까지)는 吉運이 없었다.

④ 土多하니 知能이 대단히 높은 것은 아니다.

戌運에는 四冲에 群比爭財가 되어 참으로 辛苦했다고 한다. 이는 冲發된 旺土에 用神甲木이 折이 된 緣故이기도하다. 이때 의뢰받은 사건은 敗訴하고 경비는 끝없이 소요되었으며 신경노이로제까지 겹쳤다고한다. 신경노이로제는 病源論에 의하면 甲木은 頭에 해당하는 緣故다.

向後 亥運까지만 일하고 丙運부터는 安貧樂道할 것을 勸告하였다.

*. 原局에 財가 不足하고 比劫이 太多하니 小財에 불과하다.

1978年生(女命). 食傷生財格

辛 己 丙 戊
未 酉 辰 午

74 64 54 44 34 24 14 04
戊 己 庚 辛 壬 癸 甲 乙
申 酉 戌 亥 子 丑 寅 卯

辰月은 土旺節인데 戊土가 透干하고 丙午가 生土하며 未時가 日主를 도우니 身이 太旺하다. 太旺者는 好泄精英하니 金으로 旺土를 泄氣함이 타당하다. 則 金이 用神에 濕土는 喜神이며 火가 病神에 水運은 制火하는 藥神이 된다.

乙卯甲運은 傷官이 見官이면 爲禍百端하여 吉運이 아니고 寅運에 寅午火가 病神을 도와 用神을 克傷하니 大學進學을 포기하고 辛金이 懸針星이니 전문학교 디자인학과를 졸업하였다.

癸運은 藥神이 되어 吉하지만 辛巳年에 巳午未方合이 病神을 도와 克用神하니 凶한데 壬辰月에 財星(父)이 入墓하니 父喪을 當하였다. 辛巳年 丙申月부터 用神을 도우니 대기업체 광고부에 근무하게 되었다.

向後 金水運은 用神을 도우고 藥神이 되어 吉하리라. 그러나 戌運은 旺土가 冲發하여 金이 埋沒되므로 吉運이 아니다.

1953年生(女命). 身旺用財格

丁 己 丙 癸
卯 丑 辰 巳

80 70 60 50 40 30 20 10
甲 癸 壬 辛 庚 己 戊 丁
子 亥 戌 酉 申 未 午 巳

辰月은 土旺節인데 丑土가 도우고 丙丁巳火가 生土하니 身이 太旺하다. 己辰丑이 이미 旺함을 띠고 있는데 丙丁巳火가 土를 生하여 旺함을 거듭 도우니 그 火가 欠이다. 欠을 除去하는 水가 用神에 巳丑金은 喜神이며 土가 病神에 卯木은 藥神이 된다.

初年 丁巳戊午己運은 旺身을 生助하니 寒微家에서 生長하였고 辛苦하였다. 未運에 卯未木이 旺土를 疏土하여 用神인 癸水가 生氣를 얻으니 自營業을 시작하였다. 庚運은 生水하여 吉하고 申運은 申辰水가 用神을 도우니 大財를 得하였다. 이는 身旺에 年上의 偏財가 作用하고 食傷生財한 緣故다.

向後 辛運은 忌神인 丙火를 合去하여 吉하겠다. 酉運은 巳酉丑金이 生財하여 吉하겠으나 官星인 卯木을 冲하니 夫君의 建康이 염려된다. 壬運은 忌神인 丁火를 合去하여 吉하겠다. 그러나 戌運은 月建辰土를 冲發하여 用神을 克傷하면 凶하리라.

1967年生. 身旺用財格

癸 己 甲 丁
酉 未 辰 未

77 67 57 47 37 27 17 07
丙 丁 戊 己 庚 辛 壬 癸
申 酉 戌 亥 子 丑 寅 卯

辰月土旺節에 土가 넷이니 身旺한데 丁火가 旺身을 生함이 欠이 된다. 欠을 除去하는 癸水가 用神이고 酉金은 喜神이며 除水하는 土가 病神에 甲木은 疏土하는 藥神이 된다.

初年 水木運은 用神과 藥神을 도와서 吉하였고 辛運에 丁辛冲으로 欠을 除去하고 用神을 生하니 獸醫學科를 卒業하고, 丑運에 酉丑金이 用神을 生하니 동물병원을 開院하였다.

向後 金水運은 喜神과 用神을 도와 吉하겠다. 그러나 戊土運은 用神을 合去하여 吉運이 아니고 戌運은 戌未刑에 辰土를 冲하여 癸水는 泥塞되고 喜神은 埋金되며 藥神을 折이 되어 危險하리라.

*. 獸醫師는 藥神인 甲木이 懸針星이고 喜神인 酉金은 닭인 緣故다.

1954年生. 殺印相生格

甲 己 戊 甲
子 亥 辰 午

78 68 58 48 38 28 18 08
丙 乙 甲 癸 壬 辛 庚 己
子 亥 戌 酉 申 未 午 巳

淸明後 八日은 辰中乙木이 司令하는데 雙甲이 高透하였으니 官旺하고 坐下에 亥水와 子辰이 合水하였으니 財旺하며 濕하다. 午火를 써서 弱한 日主를 生하고 調候하여야 된다. 則 午火用神에 木은 喜神이며 水가 病神에 戊土는 藥神이 된다.

初年 辰己運은 藥神을 도와 吉하여 富家에서 生長하였다. 巳運은 用神을 도우고 또 印星으로서 驛馬地殺이 相冲하니 中學校때부터 火가 用神이기 때문에 南方都市에서 工夫를 하여 庚運에 劈甲引火하고 午運에 用神을 도우니 法大를 卒業하였다. 法大는 官星이 吉神인 緣故다.

午運에 用神을 도와 吉한데 己未年에 藥神을 도우고 坐下를 合하니 成婚하고 庚申年에 得女息하였다. 辛運은 病神인 水를 生하여 百事가 無成이었다. 辛運 癸亥年 病神이 得勢하니 次女를 得하였다. 未運은 藥神을 도와 吉한데 己巳年에 藥神과 用神을 도와 晩子

를 得하고 建築設備業을 시작하여 得財하고 壬運은 吉運이 아니지만 甲戌年에 藥神을 도우니 得宅하였다. 壬運에 病神이 得勢하여 凶한데 IMF以後 부동산경기침체로 失職하였다.

向後 南方火運은 遙遠한데 戌運에 水의 庫藏인 月建辰土를 冲하면 危險하리라.

*. 建築設備는 火土가 吉神인 緣故다.

1952年生(女命). 身旺用財格. 調候用神

甲 己 乙 壬
戌 卯 巳 辰

80 70 60 50 40 30 20 10
丁 戊 己 庚 辛 壬 癸 甲
酉 戌 亥 子 丑 寅 卯 辰

巳月은 己土의 帝旺地이고 丙火가 司令하는데 辰戌土가 도우니 身旺하고 燥熱하여 調候가 時急하다. 辰에 着根한 壬水가 調候用神이며 金運이 喜神에 制水하는 土는 病神이 되고 木은 疏土하는 藥神이 된다.

卯運에 藥神인 官星을 돕는데 己未年에 卯卯未木 則 官星이 旺

해지니 成婚하여 己未年에 得女息하고, 壬運에 用神을 도와 吉한데 辛酉年에 喜神이 되니 得男하였다. 卯運은 藥神官星을 도우고 壬運은 藥神官星을 生하니 夫君의 事業이 번창하였다. 寅運은 寅戌火가 病神을 生하니 壬水는 泥塞되고 官星인 寅과 巳가 刑하니 夫君의 事業이 침체되어 辛苦하였다. 辛運은 用神을 生하고 丑運은 巳丑金이 用神을 生하니 夫君의 사업이 날로 번창하여 多福한 家庭이다. 丑運은 丑戌刑이 되어 凶한데, 己卯年에 혼란스러웠던 것은 女命官逢官運에 官殺混雜이 되고 巳卯天乙貴人이 混在한 緣故였다.

向後 庚運은 去殺留官하여 無欠하겠다. 이때를 지나면 水運은 地支가 重하므로 吉하리라.

*. 燥熱한 土日主가 濕運을 만나면 腋臭난다.

*. 六歲年下의 男便과 만난 것은 己土日主이니 情에 藥하고 身旺하니 母性愛作用이 컸으리라.

1962年生. 身旺用財格. 調候用神

甲 己 乙 壬

戌 巳 巳 寅

72 62 52 42 32 22 12 02

癸 壬 辛 庚 己 戊 丁 丙

丑 亥 子 戌 酉 申 未 午

*. 甲己合化土格이 아닌 것은 乙木과 寅木에 根을 둔 甲木은 土에게로 從하지 아니하기 때문이다.

立夏節은 火旺當令한데 坐下의 巳火가 生土하고 寅戌이 遙合하여 生土하니 身旺하고 燥熱하다. 身旺한 中에 印星인 火旺이 欠이 되니 火를 除去함이 時急하다. 則 壬水가 用神에 金運은 喜神이며 土는 除水하는 病神이 되며 木은 그 病을 除去하는 藥神이 된다.

初年 火土運은 病神을 生扶하니 寒微家에서 生長하였다. 申運에 喜神이 되는데 寅巳刑이 있고 官殺이 吉神이 되니 경찰공무원이 되었으나 己運에 官殺을 合沖하고 病神을 도와 克用神하니 退職하였다. 酉運에 喜神이 되어 吉한데 水가 用神이기 때문에 流通業을 自營하여 得財하였다.

向後 庚運은 去殺留官하여 無欠이고, 戌運은 病神이 得勢하여 吉運이 아니다. 이때 土旺하니 胃病이고, 雙眼無瞳은 火土가 熱乾

壬癸水이니 眼力不足이 염려되며 腎氣不足이 염려된다. 坐下가 (空)亡이고 財星의 뿌리가 虛弱하니 妻의 健康 또한 염려된다. 이때를 지나면 北方水運은 用神을 도와서 吉하리라.

*. 用神의 根이 不足하고 喜神이 없어 格이 낮다.

1958年生(女命). 甲己合化土格[15]

甲 己 丁 戊

戌 酉 巳 戌

79 69 59 49 39 29 19 09

己 庚 辛 壬 癸 甲 乙 丙

酉 戌 亥 子 丑 寅 卯 辰

巳月은 火旺節인데 四土와 二火가 있으니 火土가 太旺하다. 甲木은 着根處가 없으니 己土와 合化土하여 土를 따를 수밖에 없다. 則 從(化)神인 土가 用神에 火는 土를 生하는 喜神이 되고 木運은 從(化)神을 克傷하는 病神이 되며 金은 그 病을 除去하는 藥神이다. 다시 말하면 水木運은 從(化)神을 逆勢하여 凶하다. 그리고 庚運은 甲木을 冲하여 甲己合化土格을 妨害하므로 大忌한다.

15) 유경진, 『명리학 용신론』, (연해명원), 2009년, pp.602~605

初年 丙辰運은 從神을 生助하니 裕餘家에서 成長하였다. 乙運은 從神을 逆勢하니 大學進學을 포기하고 己未年에 從(化)神을 도우니 成婚하였다. 己土日主가 太旺하니 胚鄕이 弱하여 卯運 壬戌年이 되어서야 長女를 得하고 乙丑年에 次女를 得하고 甲運 己巳年에 長男을 得하였다.

成婚 以後 甲運까지 忌神運이며 官逢官運이 되어 辛苦한 나날을 보냈다. 寅運은 寅戌火가 從神을 生하니 得宅하였다. 癸運은 甲木이 土로 化한 이상 다시 木旺해지는 運을 만남은 凶(이를 脫此輩而忌見此輩하고 化斯神而喜見斯神이라고 한다.)하므로 己卯年에 坐下의 酉를 冲하니 夫婦別離하였다. 이는 女命에서 坐下食傷은 男便宮이 不吉한 緣故다.

向後 丑運은 從(化)神을 도우고 巳酉丑金이 旺神을 泄氣하여 吉하겠으나 壬運 以後는 吉運이 아닌데 特히 庚運은 甲木을 冲하여 甲己合化土格을 妨害하면 危險하리라.

1949年生. 甲己合化土格

甲 己 己 己

戊 酉 巳 丑

75 65 55 45 35 25 15 05

辛 壬 癸 甲 乙 丙 丁 戊

酉 戌 亥 子 丑 寅 卯 辰

巳月의 己土가 地支에 二土가 있는데 天干의 三己土가 時上의 甲木과 合化土하니 甲己合化土格이 된다. 火運은 從神을 生하여 吉하고, 土運은 從神이 自旺하여 吉하며, 金運은 旺神을 泄氣하여 吉하다. 그러나 木運은 從神을 逆勢하여 凶하고 水運도 從神을 逆勢하여 凶하다. 特히 庚運은 合하는 甲木을 冲하여 甲己合化土格을 妨害하므로 大忌한다.

初年 戊辰丁運은 從土를 扶하고 生하니 富家에서 生長하고 法大에 入學하였다. 卯運은 從神을 逆勢하니 軍役을 畢하느라고 고생이 많았다. 丙運에 從神을 生하니 경찰간부후보생시험에 합격하였다. 寅運에 寅戌火가 生土하니 昇進하였다. 乙運은 從神을 逆勢하니 父母俱沒하였다. 丑運에 從神을 도우니 警正으로 昇進하였다. 그러나 甲運은 脫此輩而忌見此輩하여 침체하고, 子運도 不吉한데 庚辰年에 合하는 甲木을 冲하니 退職하고 사슴농장을 자영하고 있다.

向後 水運은 從神을 逆勢하여 吉運이 아니다.

*. 土로 從하니 태어난 고향 則 中央(土)에서 살아가고 있다.

1961年生(女命). 身弱印星爲用

乙 己 癸 辛
亥 酉 巳 丑

77 67 57 47 37 27 17 07
辛 庚 己 戊 丁 丙 乙 甲
丑 子 亥 戌 酉 申 未 午

巳月은 己土의 帝旺地이지만 地支에 巳酉丑金에 辛金이 透干하고 癸水가 金의 生을 받아 高透하며 乙木이 癸亥의 生을 받아 透干하였으니 克泄이 交加하여 도리어 身弱이 되었다. 身弱者는 印比生扶하여야 함이 타당하다. 즉 巳火가 弱한 身을 生하고 旺한 食傷을 克하는 用神이고 木은 喜神이며 水가 病神에 丑土는 藥神이 된다.

初年 甲午運은 喜神과 用神을 도와서 吉하였다. 乙運은 官星運이지만 坐下에 食傷이니 婚期를 놓치고 未運은 巳沖이 되니 吉運이 아니었다.

丙運에 用神을 도우니 得財하였다. 申運은 病神을 生하고 用神인

巳火와 刑이 되어 凶한데 乙亥年에 用神을 爭冲하니 子宮外 姙娠으로 수술을 받았다. 女命에 食傷이 太旺하면 子宮外姙娠을 하기 쉽다. 申運 丙子年에 病神이 得勢하니 乳腫이 생겼는데 丁運 庚辰年에 또 病神을 도우고 弱한 日主를 泄氣하니 乳癌수술을 하였다.

向後 酉運은 用神의 死地가 되니 危險하다.

*. 屢試한 결과 乳腫 乳癌 등의 질병은 夫婦宮에 欠이 있는 女子命造에 자주 나타남을 알 수 있었다.

*. 乳癌手術 날자는 丁運 庚辰年 戊子月 庚戌日이다.

*. 丁運에 이르도록 未婚인 것은, 坐下에 食傷이고 亥中의 甲木이 夫星이지만 孤辰殺이며 旺한 食傷(金)에 官(木)이 損傷된 緣故다.

*. 用神이 合되었으니 格이 낮다.

1946年生(女命). 從强(印綬)格에 辛金이 病

辛 己 甲 丙
未 巳 午 戌

76 66 56 46 36 26 16 06
丙 丁 戊 己 庚 辛 壬 癸
戌 亥 子 丑 寅 卯 辰 巳

午月의 己土가 地支에 巳午未南方合하고 午戌火局에 丙火가 透干하고 甲木이 生火하니 印星이 極旺한고로 從印(印綬)格이지만 辛金이 있으니 眞從이 아니고 假從다.

則 辛金이 있으나 未土上에는 着根할 수 없을 뿐만 아니라 太旺한 火上에는 無力하므로 不用하고, 虛路無根한 甲木 또한 不用한다. 따라서 從印(印綬)格에 土運은 旺火를 泄氣하여 吉하고 火運은 旺火가 自旺하여 吉하며 木運은 旺火를 生하여 吉하다.

卯運에 從神을 生하여 吉하므로 田沓을 相續받았다. 庚運에 劈甲引火하여 從神을 도우니 吉한데 이때 都市開發에 힘입어 그 땅값이 騰貴하였다.

① 卯庚運에 大吉하였던 것으로 봐서 甲己合化土格은 아니다. 만일 甲己合化土格이었다면 卯木이 從神을 逆勢하여 凶하였을 것이고 庚運은 合하는 甲木을 冲하여 合을 妨害하므로 大凶하였을 것이다.

② 卯庚寅運에 吉하였던 것으로 보아 正格도 아니다. 만일 正格에 甲木이 用神이고 水運이 喜神이었다면, 庚運에 用神甲木을 冲한 劈甲引火가 旺火를 도왔다면 大凶하였을 것이다.

그리고 正格에 泄氣하고 調候하는 辛金이 用神이었다면, 卯運에 卯木이 旺火를 生하여 克用神하니 凶하였을 것이고, 庚寅運에 劈甲引火하고 寅午戌火가 辛金을 傷害하니 大凶하였을 것이다.

丑運은 三刑成局도 되지만 巳丑合化金이 病인 辛金을 生扶하여 吉함이 적고, 子運에 旺火를 冲하면 危險하리라(火災 등의 災害를 포함).

*. 合多不爲奇(原局에 合이 많으면 珍奇하지 못함)

四柱에 合이 많으면 우유부단한 性向이 많다. 왜냐하면 이쪽으로 合해야 될지 저쪽으로 合해야 될지 헷갈려서--

1969年生(女命). 身旺用財格. 調候用神

乙 己 庚 己
亥 未 午 酉

78 68 58 48 38 28 18 08
戊 丁 丙 乙 甲 癸 壬 辛
寅 丑 子 亥 戌 酉 申 未

午月의 己土는 火旺土旺한데 坐下의 未土가 午未合化火하고 年上에 己土가 透干하였으니 身旺하고 燥熱하다. 身旺用財하여 水가 用神에 金은 喜神이며 土가 病神에 木은 藥神이 된다.

壬申大運에 用神과 喜神을 돕는데 未土에 華蓋殺이 있고 午火가 懸針星이 되니 美術을 專攻하였다. 申運은 傷官(子星)運이 되는데 金水가 필요하니 四柱八字에 金水가 많은 男子와 結婚하였다. 申運末 丙子年에 桃花를 冲하니 姙娠하여 癸運 丙子年 庚子月에 得男하였다. 그리고 癸運 己卯年官星年에 次男을 得하였다.

酉運은 喜神이 되어 吉한데 食傷이 吉神이니 敎育事業을 하여 得財하였다. 그러나 甲官星運에 들어 火가 忌神인데 劈甲引火하니 對人關係를 잘못하여 凶하였다.

向後 戌運은 午戌火가 旺神을 生하니 吉運이 아니다. 그러나 北方水運은 地支가 重하고 用神을 도와서 吉하리라.

*. 此命의 夫君은 壬寅年 辛亥月 乙丑日 甲申時生으로서 濕하다.

*. 月支에 桃花가 있으니 그 어머니 연애결혼을 했다.

1957年生(女命). 身旺用財格. 調候用神

乙 己 丙 丁
亥 未 午 酉

77 67 57 47 37 27 17 07
甲 癸 壬 辛 庚 己 戊 丁
寅 丑 子 亥 戌 酉 申 未

午月은 火旺當令한데 丙丁火가 透干하였으니 身旺한 中에 旺한 印星이 欠이 된다. 旺한 印星을 財星을 써서 除去하고 調候하여야 한다. 則 亥水가 用神에 酉金은 喜神이며 土가 病神이 되고 木運은 藥神이 된다.

初年 丁未戊運은 旺身을 生扶하여 凶하였고 申運에 用神을 生하니 成婚하고 己運은 群比爭財하여 吉함이 적었다. 酉運에 用神을 生하니 夫君이 出身하고 本人도 身旺한 命造이므로 經濟活動을 하여 得財하고 庚運까지 事業이 번창하였다. 水가 用神이니 淨水器판

매 대리점을 經營한다. 戌運에 들어 戌未刑하고 午戌火가 喜神을 克傷하고 旺神을 도우니 群比爭財로 損財하였다.

身旺에 坐下가 干與支同인데 戌運을 만나니 比劫은 많아지고 亥中의 甲木과 未中의 乙木이 夫星인데 合이 되어 있으니 夫의 妻妾이 散亂하여 孤獨을 免하기 어렵겠다. 이때를 지나면 金水運은 喜神과 用神을 도와 吉하리라.

1955年生. 殺印相生格

乙 己 壬 乙
亥 亥 午 未

71	61	51	41	31	21	11	01
甲	乙	丙	丁	戊	己	庚	辛
戌	亥	子	丑	寅	卯	辰	巳

己土가 午月에 祿이 되니 旺地에서 태어났지만 亥亥未에 着根한 雙乙이 透干하고 壬水가 雙亥에 根을 얻어 透干하였으니 旺而反弱이다. 午火가 弱한 身을 生하는 用神에 木은 喜神이 되고 用神을 傷害하는 水가 病神에 未土는 制水하는 藥神이 된다.

初年 辛運은 乙辛沖이 되지만 喜神의 根을 傷하지는 아니하여 無欠이고 巳運은 用神을 도와서 吉하였다. 庚運은 地支가 重하여 無

欠(흠)이고 辰運(진운)은 藥神(약신)을 도와 制水(제수)하니 午火(오화)가 生氣(생기)를 얻어 吉(길)하였다.

이때 名門大醫大(명문대의대)에 入學(입학)하고 己運(기운)에 藥神(약신)을 도우니 학교성적이 우수하였다. 醫學(의학)은 午火(오화)가 懸針星(현침성)이고 亥亥(해해)가 天門(천문)인 緣故(연고)다.

卯運(묘운)은 喜神官星(희신관성)을 도우니 軍役(군역)을 畢(필)하였다. 戊運(무운)은 藥神(약신)을 도와 成婚(성혼)하고 開院(개원)하였다. 寅運(인운)은 寅午火旺(인오화왕)하여 得財(득재)하고 丁運(정운)은 用神(용신)을 도와서 吉(길)하였다. 丑運(축운)은 丑未刑(축미형)하여 吉運(길운)이 아닌데 群比爭財(군비쟁재)가 염려된다.

向後(향후) 丙運(병운)은 用神(용신)을 도와서 吉(길)하겠으나 子運(자운)은 用神(용신)을 冲(충)하여 危險(위험)하리라.

1983年生. 身旺用財格. 調候用神

戊 己 戊 癸

辰 卯 午 亥

75 65 55 45 35 25 15 05

庚 辛 壬 癸 甲 乙 丙 丁

戌 亥 子 丑 寅 卯 辰 巳

午月(오월)은 己土(기토)의 祿地(록지)이고 月上戊土(월상무토)에 戊辰時(무진시)이니 身旺(신왕)하고 燥熱(조열)하다. 身旺用財(신왕용재)하여 水(수)가 用神(용신)에 金運(금운)은 喜神(희신)이며 土(토)는 除用神(제용신)하는 病神(병신)이고 木(목)은 藥神(약신)이다..

丁巳丙運은 吉運이 아니지만 年柱가 癸亥이니 祖上의 蔭德이 크다. 辰運은 水의 庫藏이니 吉하고 東方木運은 藥神을 도와 吉하고 北方水運은 用神을 도우고 調候하여 大吉하리라.

法大가 目標라고 한다. 소원성취하리라.

*. 法學은 卯木이 藥神으로서 偏官인 緣故다.

*. 財星이 用神이고 坐下에 吉神이 있으니 妻福이 있으리라.

1948年生(女命). 身旺用官格

甲 己 己 戊

子 未 未 子

79 69 59 49 39 29 19 09

辛 壬 癸 甲 乙 丙 丁 戊

亥 子 丑 寅 卯 辰 巳 午

未月의 己土는 旺地인데 坐下에 未土이고 戊己土가 透干하였으니 身이 旺하다. 많은 比劫을 除去하는 甲木이 用神에 水는 喜神이다.

初年 火土運은 旺身을 生助하니 寒微家에서 成長하고 巳運 辛亥年에 用神을 生하고 坐下를 合하니 成婚하여 吉運不逢으로 辛苦하

였으나 辰運 以後 木水運은 用神과 喜神을 도우는 吉運이다. 乙運부터 宿泊業을 自營하여 得財하고 富裕하게 살고 있다. 宿泊業은 水가 吉神인 緣故다.

向後 丑運에 月建인 未土를 冲하여 旺土가 益發하면 子水(財星)는 泥塞되고, 用神인 甲木(夫星)은 折이 되어 凶하리라.

*. 此命에서 欠은 甲己己爭合과 姉妹强剛이면 眞房之婦에 있다.

*. 一子가 特出하다.

*. 夫君의 命造는 丙戌年 庚寅月 丙辰日 辛卯時이다.

*. 대구에서 출생하여 서울에 와서 사는 것은 水(北方)가 吉神인 緣故다.

*. 此命을 身旺用財格으로 하여 子水가 用神에 金運이 喜神이며 土가 除用神하는 病神에 甲木을 疏土하는 藥神으로 볼 수도 있겠으나 女命이므로 官星을 用神으로 定하였다.

1947年生(女命). 傷官生財格

庚 己 丁 丁
午 丑 未 亥

80 70 60 50 40 30 20 10
乙 甲 癸 壬 辛 庚 己 戊
卯 寅 丑 子 亥 戌 酉 申

小暑節에 生한 己土가 地支에 丑午가 助生하고 兩丁이 天干에 透出하여 生土하니 身이 太旺하다. 太旺한 者는 食傷을 보고 泄氣하여야 하니 庚金이 用神이고 濕土運은 喜神이며 庚金을 克傷하는 火가 病神에 亥水는 除火하는 藥神이 된다. 月日支가 冲이 되어 있으나 亥未合木으로 會局救冲하고 있으니 夫婦宮이 救出된 것이다.

初年 戊己運은 地支가 重하므로 無欠이고 酉運에 食神(子星)을 도우니 成家하여 二子를 두었다. 戌運에 丑戌未刑에 群比爭財와 群比爭官하니 損財와 夫君의 外道로 辛苦하였다. 辛運 以後 夫君의 事業이 繁昌하고 本人도 經濟活動으로 致富하여 多福한 生活을 하고 있다.

向後 丑運은 月建未土를 冲하여 旺土가 益發하면 庚金用神은 埋金되고 藥神인 亥水는 泥塞되어 凶하리라.

*. 女命에 身旺하면 經濟活動을 하는 사람이 많다.

*. 土旺燥熱한 命造에 金水가 不足하면 癌症이나 腎臟에 病이 있기 쉽다.

*. 女命 最忌者는 坐下食傷과 坐下之比劫(干與之同)이고 且忌者는 日時相冲이라고 했다. 때문에 此命은 戌運에 凶했다.

1945年生(女命). 身弱比刦爲用

乙 己 癸 乙
丑 亥 未 酉

74 64 54 44 34 24 14 04
辛 庚 己 戊 丁 丙 乙 甲
卯 寅 丑 子 亥 戌 酉 申

未月은 土旺節이지만 亥未合木에 雙乙이 透干하여 克身하고 酉丑金이 日主를 泄氣하고 酉丑과 亥水에 生扶된 癸水가 透干하였으니 旺而反弱이다. 依支處는 比肩뿐이다. 則 土가 用神에 火運은 喜神이 되고 用神을 克하는 木이 病神에 金은 制木하는 藥神이 된다.

初年 甲運에 官殺混雜되고 旺해진 病神이 用神을 克하니 母先亡하였다. 이는 未中의 丁火가 印星(母)인데 未土가 (空)亡된 緣故다. 申酉運은 病神인 木을 除去하여 吉하고 酉運(食傷)에 藥神을 도와 吉하니 成婚하고 두 子女를 두었다. 丙丁運은 喜神이 되니 夫君의

出身으로 致富하고 多福하였다.

戌運에 丑戌未三刑을 成局하니 夫君의 外道와 財的 口舌이 있었다. 이는 原局에 丑未가 比肩인데 戌運이 되니 群比爭財와 群比爭官한 緣故다.

亥運은 亥亥未爭合하여 木(官=夫星)이 旺해지니 女命에 官逢官運이면 鏡破釵分이라고 했다. 즉 집에 있는 男便과 밖에 있는 男子親舊를 두고 比較較量해서 어느 쪽을 택해야 할지 葛藤이 甚했던 것이다.

戊運에 用神을 도우고 忌神인 癸水를 合去하여 安定되었다. 子運에 病神인 木을 生하여 克土해오니 胃病으로 苦生하고 損財도 있었다. 이는 弱한 日主己土가 被克될때 胃와 胚鄉이 弱해지는 때문이다.

己運은 用神을 도와서 吉하고 丑運은 月建인 未土를 冲하여 吉運이 아니다.

*. 女命에 暗明官殺이 太多하면 男便의 疑妻症이 있기 쉽다.

*. 此命을 三伏에 生寒이라고도 볼 수 있다.

1959年生(女命). 身弱比肩爲用

壬 己 辛 己
申 亥 未 亥

78 68 58 48 38 28 18 08
己 戊 丁 丙 乙 甲 癸 壬
卯 寅 丑 子 亥 戌 酉 申

未月(미월)은 土旺節(토왕절)이지만 水(수)가 셋에 金(금)이 둘이고 亥亥未爭合化木(해해미쟁합화목)이 되니 三伏(삼복)에 生寒(생한)이고 旺而反弱(왕이반약)이다. 依支處(의지처)는 比肩(비견)뿐이다. 則(즉) 土(토)가 用神(용신)에 火運(화운)은 喜神(희신)이다.

初年(초년) 金水運(금수운)은 用神(용신)을 泄氣(설기)하여 吉運(길운)이 아니다. 甲運(갑운)은 正官(정관)이 되는데 甲己合土(갑기합토) 則(즉) 夫星(부성)과 有情(유정)한 合(합)이 되니 成婚(성혼)하였다. 戌運(술운)에 用神(용신)을 도우니 夫君(부군)이 出身(출신)하였다. 乙運(을운)은 官逢官運(관봉관운)이 되어 夫婦葛藤(부부갈등)이 甚(심)하였다.

向後(향후) 亥運(해운)에 亥(해)와 未(미)가 3:1로 合(합)이 되어 弱(약)한 用神(용신)을 克(극)하면 吉運(길운)이 아닌데 이때 夫君(부군)의 外道(외도)가 염려되며, 本人(본인)은 胃病(위병)과 胚鄕(배향)에 病(병)을 留意(유의)하여야 되겠다. 이때를 지나면 丙運(병운)은 喜神(희신)이 되어 吉(길)하리라. 子運(자운)은 用神(용신)이 散土(산토)되어 吉運(길운)이 아닌데 財(재)가 忌神(기신)에 財旺運(재왕운)이니 損財(손재)가 염려된다. 丁運(정운)은 喜神(희신)이 되어 吉(길)하겠으나 丑運(축운)은 用神(용신)의 根(근)인 未土(미토)를 冲(충)하면 凶(흉)하다.

1954年生(女命). 食神生財格. 調候用神

甲 己 辛 甲
戊 巳 未 午

72 62 52 42 32 22 12 02
癸 甲 乙 丙 丁 戊 己 庚
亥 子 丑 寅 卯 辰 巳 午

小暑節은 火旺土旺하고 燥熱한데 巳午未火와 戊土가 生助하니 身이 太旺하고 調候가 時急하다. 辛金을 보고 太旺한 身을 泄氣하여 生財하고 調候하여야 된다. 則 巳中의 庚金과 戊中의 辛金에 根을 둔 辛金이 用神에 濕土運은 喜神이며 用神을 克傷하는 火가 病神에 그 病을 除去하는 水運은 藥神이 된다.

戊運 己未年에 日支를 合하니 成婚하고 庚申年에 食傷年이 되고 用神을 도우니 得女하였다. 辰運에 喜神이 되니 夫君이 出身하였다. 그러나 丁運에 用神을 冲하니 夫君의 事業이 失敗하였다.

桃花官星인 卯運에 食傷이 見官이면 爲禍百端인데 乙亥年에 亥卯未 則 官逢官運이 되니 有夫外情으로 心理的인 葛藤이 甚했다고 한다.

丙運에 用神인 辛金을 合去하여 凶한데 丙子年은 用神을 爭合하고 旺火午를 冲하니 凶하고, 丁丑年에 用神을 冲하고 丑戌未三刑을

成局하고 月建을 冲하니 旺土에 群比爭財되고 辛金이 埋金되니 凶하였다. 이때 10여億원의 損財를 當하였다.

向後 寅運은 寅午戌火가 用神을 傷害하여 吉運이 아니다. 이때 血壓症과 신경노이로제 및 肺弱이 염려되며 損財 또한 염려된다. 坐下가 (空)亡이고 官星이 忌神에 通根處가 虛하니 夫君의 健康 또한 염려된다. 이때를 지나면 北方水運은 藥神이 되어 吉하리라.

*. 過於燥熱하여 稀孫이다.

*. 火運에 凶多吉少하였으니 甲己合化土格도 아니고 從印(印綬)格도 아니다.

*. 身旺에 官星이 忌神이고 官星의 根이 不實하니 卯運 乙亥年에 年下의 男子를 만났다.

1963年生(女命). 身弱한 土金傷官格

戊 己 庚 癸

辰 酉 申 卯

72 62 52 42 32 22 12 02

戊 丁 丙 乙 甲 癸 壬 辛

辰 卯 寅 丑 子 亥 戌 酉

申月은 金旺土弱한데 坐下酉金에 庚金과 癸水가 透干하고 卯木이 克土하니 克泄이 交加하여 身弱하다. 依支處는 比劫뿐이다. 則身弱한 土金傷官格에 土가 用神이고 火運은 喜神이다. 此命에서는 木은 病神이 되지만 濕하고 旺한 金을 藥神으로 쓸 수는 없다.

初年 金運은 用神을 泄氣하니 寒微家에서 生長하였다. 酉運에 弱한 日主를 泄氣하여 凶한데 壬子年에 申子辰水局에 用神인 土가 散土되어 연탄가스 중독으로 死境에 든 적이 있다. 戌運은 土運이 되어 吉한듯 하지만 用神의 根을 冲하고 四冲이 되니 父先亡하였다.

女命에 食傷이 旺한 者는 子宮外 姙娠을 하기 쉬운데 癸運에 用神을 合去하여 凶하고 戊辰年에 旺水가 會局入墓하니 子宮外 姙娠으로 苦生하였다.

亥運에 亥卯官星이 得勢하는데 己巳年에 用神을 扶生하고 日支를 合하니 成婚하였다. 庚午年에 食傷을 도우고 喜神이 되어 長女

를 得하고 壬申年에 次女를 得하고 甲戌年에 三女를 得하였다. 無男兒인 것은 過於寒濕하고 時支가 空(亡)인 緣故다.

甲運은 冲庚하지만 原局에 火가 없으니 劈甲引火할 能力이 不足하다.

子運에 들어 申子辰水局에 用神이 散土되어 凶한데 坐下食傷에 辰中의 乙木이 官星이고 卯木이 官星인데 이들이 空亡이니 男便의 健康이 염려된다.

南方火運은 遙遠하니 참으로 哀惜한 일이다.

*. 處女가 妊娠을 한 것은 辰中의 乙木官星(夫)과 酉金食神(子)이 坐下 則 本人宮에서 合한 緣故다.

1948年生. 身弱比刦爲用. 身弱한 土金傷官格

甲 己 庚 戊

戌 卯 申 子

76 66 56 46 36 26 16 06

戊 丁 丙 乙 甲 癸 壬 辛

辰 卯 寅 丑 子 亥 戌 酉

依支處는 比劫뿐이다. 土가 用神에 火運은 喜神이며 木이 病神에

金은 藥神이 된다. 建築業者의 命造다. 火土가 吉神이니 建築業이다.

戌運에 用神을 도우는데 西南이 吉方이니 사우디에서 잠시 得財하고 成婚하였다. 亥運까지는 吉運을 만나지 못하여 건설현장에서 從業員으로 만족하여야만 했다.

甲運에 劈甲引火하니 相續받은 땅값이 올라 財産的인 증식이 컸다. 子運은 病神을 生하고 忌神인 財星이 得勢하니 百事가 無成이었다. 乙運은 藥神인 庚金을 合去하고 病神을 도와 吉運이 아니지만 地支에 丑土가 用神을 도우니 平吉하였다. 丑運부터 火가 吉神이니 婦人과 함께 飮食物業을 自營하고 있다.

向後 丁運까지는 用神을 生하여 吉하리라. 그러나 卯運은 病神이 得勢하여 不吉하다.

*. 己土日主가 合多하니 人情만 많을 뿐 自己主觀이 뚜렷하지 못하다.

*. 甲己合化土格[16]

1. 甲日主가 從土하려면 甲木이 太弱 則 依支할 곳이 없어야 한다. 甲日主가 日主外에 干支에 甲乙壬癸寅卯와 亥子가 없으며 戊丙丁辰戌丑未가 많으며 巳午字는 무방한데 時上이나 月上에 己字

16) 유경진, 『명리학 용신론』, (연해명원), 2009년, pp.602~605.

가 一字(일자)만 있으면 甲己合化土格(갑기합화토격)이 된다.

火土金運(화토금운)은 吉(길)하고 水木運(수목운)은 凶(흉)하며 庚運(경운)은 冲甲(충갑)하여 合(합)을 妨害(방해)하므로 大忌(대기)한다.

2. 己日主(기일주)가 干支(간지)에 火土(화토)가 盛多(성다)하며 水木(수목)이 없고 時上(시상)이나 月上(월상)에 甲木(갑목)이 一字(일자)만 있으면 甲木(갑목)은 己土(기토)와 合(합)하여 土(토)를 따른다.

火土金運(화토금운)은 吉(길)하고 水木運(수목운)은 凶(흉)하며 庚運(경운)은 冲甲(충갑)하여 合(합)을 妨害(방해)하므로 大忌(대기)한다.

3. 己土日主(기토일주)가 干支(간지)에 木(목)이 많고 戊己巳午辰戌丑未(무기사오진술축미) 등이 없으며 壬癸亥子(임계해자)는 無妨(무방)한데 一點甲木(일점갑목)이 時上(시상)이나 月上(월상)에 있으면 己從化甲(기종화갑)하여 從木格(종목격)이 되며 水木火運(수목화운)은 吉(길)하고 金運(금운)은 大忌(대기)하며 特(특)히 庚運(경운)은 冲甲(충갑)하여 合(합)을 妨害(방해)하므로 凶(흉)하다.

*. 此命(차명)은 위 1, 2, 3에 해당하지 아니하므로 正格(정격)이다.

1947年生. 身旺한 土金傷官格

己 己 戊 丁

巳 巳 申 亥

74 64 54 44 34 24 14 04

庚 辛 壬 癸 甲 乙 丙 丁

子 丑 寅 卯 辰 巳 午 未

申月은 金旺節이니 己土가 泄氣를 當하여 弱하다. 그러나 己巳時에 坐下에 巳이고 戊丁이 透干하여 日主를 生助하니 弱而反旺하다. 八字中 六字가 火土이므로 身이 太旺하다. 太旺한 者는 財官을 써서 逆行하는 것 보다는 食傷을 써서 順行함이 自然의 理致이다. 이는 댐이 터졌을 때 적은 흙으로 堤防을 쌓는 것 보다는 물길을 터주어서 물이 잘 흘러가도록 함이 順理인 것과 같다. 則 申金이 用神에 濕土運은 喜神이며 用神을 傷害하는 火가 病神에 制火하는 亥水는 藥神이 된다.

南方火運은 旺身을 生하여 百事가 無成이고 巳運에 病神인 印星(母)을 도와서 凶한데 亥水를 3:1로 冲하니 母喪을 當하였다. 甲運에 忌神인 己土를 合去하여 吉하므로 金이 用神이기 때문에 카인테리어 商會를 自營하여 得財하고 있다.

向後 壬運은 病神인 丁火를 合去하여 吉하겠으나 寅運은 用神을

冲하고 五冲이 되면 危險하리라.

1959年生. 官印相生格. 身弱한 土金傷官格

甲 己 壬 己

戊 巳 申 亥

73 63 53 43 33 23 13 03

甲 乙 丙 丁 戊 己 庚 辛

子 丑 寅 卯 辰 巳 午 未

申月의 己土는 弱한데 申亥에 根을 둔 壬水가 透干하고 水의 生을 받은 甲木이 透干하였으니 身弱하다. 原局이 濕하기도 하니 坐下의 巳火가 用神이고 木은 喜神에 水가 病神에 土는 制水하는 藥神이 된다.

初年 巳午未 南方火運에 有福한 家庭이었고 午運에 用神을 도우니 軍行政將校로 출발하여 辰運에 病神이 得勢하고 四冲이 되니 退役하고 安全管理會社에 관리자로 근무하고 있다. 辰運에 病神인 財星이 得勢하고 四冲이 되니 損財하였다.

向後 丁卯丙運은 喜神과 用神을 도와 吉하겠으나 寅運은 四冲이 되고 三刑을 成局하여 吉運이 아니다.

*. 己土日主는 다정다감하고 자애로운 特性이 있으나 身弱하면 남에게 이용당할 수도 있다.

1956年生(女命). 甲己合化土格

甲 己 丙 丙
戌 巳 申 申

78 68 58 48 38 28 18 08
戊 己 庚 辛 壬 癸 甲 乙
子 丑 寅 卯 辰 巳 午 未

女命己土日主가 雙丙이 生土하고 巳戌이 生扶하니 身旺에 甲木이 用神이 될듯하다. 그러나 살아온 과정으로 보아 甲己合化土格이다. 따라서 甲木이 甲己合化土하여 從土하므로 火運은 從神을 生하여 吉하고 土運은 從神이 自旺하여 吉하며 金運은 旺神을 泄氣하여 吉하지만 庚字만은 合하는 甲木을 冲하여 大忌한다. 甲木이 從土한 이상 甲木을 生扶하는 水木運을 大忌한다.

初年 火運은 地支가 重하며 從神을 生하니 地方名門大 國語國文學科를 卒業하였다. 午桃花運에 生土하니 成婚하고 一男一女를 두었다. 癸運은 脫此輩而忌見此輩하니 夫君의 事業이 되는 일이 없었다고 한다. 이때의 辛苦했음을 이루다 말할 수가 없다고 한다. 14坪

아파트에 일곱 食口(식구)가 함께 살았다고 하니 가히 짐작할 만하다.

巳運(사운)에 從神(종신)을 生(생)하니 夫君(부군)의 事業(사업)이 번창하여 裕餘(유여)한 生活(생활)이고 和睦(화목)한 家庭(가정)이다. 壬運(임운)은 火(화)가 吉神(길신)에 見水顯節(견수현절)하여 大吉(대길)하고 辰運(진운)에 들어 辰戌朋冲(진술붕충)이 되어 戌中(술중)의 丁火(정화)와 冲發(충발)한 土(토)가 從神(종신)을 生扶(생부)하여 吉(길)하다.

向後(향후) 辛運(신운)은 旺神(왕신)을 泄氣(설기)하여 吉(길)하겠으나 卯運(묘운)은 從神(종신)을 逆勢(역세)하여 吉運(길운)이 아니고 庚運(경운)은 合(합)하는 甲木(갑목)을 冲(충)하여 合(합)을 妨害(방해)하니 不吉(불길)하다. 이때 夫君(부군)의 健康(건강)이 염려된다. 坐下(좌하)가 (空)亡(공망)이니 더욱 그러하다.

*. 甲木(갑목)이 依支處(의지처)가 없으니 土(토)에게로 從(종)한다.

1943年生(女命). 身弱한 土金傷官格. 身弱比劫爲用

乙 己 辛 癸
丑 丑 酉 未

74 64 54 44 34 24 14 04
己 戊 丁 丙 乙 甲 癸 壬
巳 辰 卯 寅 丑 子 亥 戌

酉月(유월)의 己土(기토)는 弱(약)한데 酉丑丑爭合化金(유축축쟁합화금)하고 辛金(신금)이 透干(투간)하니 泄(설)

氣가 甚한데 癸水와 乙木이 透干하니 身弱하고 濕하다. 依支處는 溫土인 未土뿐이다. 則 未土가 用神에 火運이 喜神이다.

初年 水運은 凶하고 戌運에 戌中의 丁火와 未中의 丁火가 母星인데 丑戌未三刑이 되니 母喪을 當하였다. 이는 未土가 (空)亡인 緣故다. 亥運은 忌神인 財星(父)이 得勢하여 凶한데 用神인 未土가 亥未木으로 變하여 克身하니 父亡하였다. 甲正官運에 日干과 有情한 合을 하니 成婚하고 子運 乙卯年에 官星年이 되니 得男하였다. 丑運에 丑丑丑酉合化金에 官星이 傷하고 坐下와 用神이 3:1로 冲하니 夫와 死別하였다. 이는 官星의 根인 未土가 (空)亡인 緣故이기도 하다. 丙寅丁運은 火가 吉神이니 분식점을 경영하여 得財하고 있다.

向後 卯運은 五冲이 되어 凶하리라. 이때 胃病과 胚鄕病 및 損財와 官災가 염려된다. 曲脚殺이 太多한데 土逢木克이니 手足有欠이 또한 염려된다.

1953年生. 身弱한 土金傷官格. 殺印相生格

戊 己 辛 癸

辰 卯 酉 巳

76 66 56 46 36 26 16 06

癸 甲 乙 丙 丁 戊 己 庚

丑 寅 卯 辰 巳 午 未 申

酉月은 金旺土弱한데 巳酉金에 辛金이 透干하였으니 食傷의 泄氣가 甚하다. 癸水가 金의 生을 받으니 財旺하다. 또 卯木이 克身하니 더욱 身은 弱하다. 따라서 印星으로 弱한 身을 生해주고 食傷을 制하며 比劫으로 日主를 도와주어야 한다. 則 巳火가 用神에 木은 喜神이며 水가 病神에 土는 藥神이 된다.

火가 吉神이니 工大를 卒業하고 戊運 己未年에 藥神을 도우고 日支를 合하니 成婚하고 庚申年에 病神을 生하니 女息을 得하고 壬戌年에 冲發한 土가 藥神을 도우니 得男하였다. 그 이후 南方火運에 事業(火土가 吉神이니 건축자재, 실내장식, 건축 신개축 등)이 發展하였다.

巳運에 癸水(父星)가 枯渴되는데 甲戌年에 四冲이 되고 甲木이 癸水를 泄氣하니 父亡하였다.

向後 辰運까지는 用神과 藥神을 도와서 吉하겠으나 卯運에 月建

을 爭冲하면 凶하다.

1975年生. 身弱比刦爲用

甲 己 乙 乙
戌 卯 酉 卯

78 68 58 48 38 28 18 08
丁 戊 己 庚 辛 壬 癸 甲
丑 寅 卯 辰 巳 午 未 申

酉月은 金旺節로서 土가 泄氣 當하는데 다섯 木이 克土하니 身이 太弱하다. 弱한 日主가 依支할 곳은 戌土밖에 없다. 則 戌土가 用神에 火運은 喜神이며 木이 病神에 金은 藥神이 된다.

*. 此命이 甲己合化土格이 아닌 것은 乙乙卯卯가 甲木을 도우고 있으므로 甲木은 土에게로 從하지 아니하는 緣故다.

*. 此命이 己從化甲하여 從木이 될 수 없음도 己土가 戌土의 依支處가 있기 때문이며 旺木을 逆勢하는 酉金이 있기 때문이다.

初年 甲癸運은 忌神이니 凶하고 申運은 藥神을 도와서 小吉하였다. 癸運에 專門學校 建築學科를 卒業하였다. 建築學科는 土가 吉神인 緣故다. 未運에 旺木이 入卯하여 克用神하고 戌未刑이 되니 부모님의 離婚으로 어머니와 別離하였다. 이는 戌中의 丁火와 未中

의 丁火가 印星(母)인데 刑이 된 緣故다.

向後 壬運은 病神을 生하여 吉運이 아니고 午運은 用神을 生하여 吉하며 辛巳運은 藥神과 用神을 도와서 吉하리라. 庚運은 劈甲引火하여 吉하지만 辰運은 用神을 冲하여 危險하리라.

*. 官殺混雜으로 格이 낮다.

*. 胃病과 官災조심.

*. 年月日이 相冲하니 父母와 兄弟 및 妻緣이 薄하다.

1965年生(女命). 身弱한 土金傷官格

辛 己 乙 乙

未 卯 酉 巳

76 66 56 46 36 26 16 06

癸 壬 辛 庚 己 戊 丁 丙

巳 辰 卯 寅 丑 子 亥 戌

酉月은 金旺節인데 巳酉金에 辛金이 透干하였으니 泄氣가 甚하다. 또 卯未木에 雙乙이 透干하였으니 克泄이 交加하여 身이 弱하다. 弱한 日主가 依支할 곳은 時支의 未土와 年支의 巳火인데 未土는 卯未木으로 變하고 巳火는 巳酉金으로 變하여 格이 낮다.

未土(미토)가 用神(용신)에 巳火(사화)는 喜神(희신)이며 木(목)이 病神(병신)에 金(금)은 藥神(약신)이다.

初年(초년) 丙丁戌運(병정술운)은 喜神(희신)과 用神(용신)을 도와서 吉(길)하였다. 亥運(해운)에 亥卯未木(해묘미목)이 되어 吉運(길운)이 아니었으나 英語英文學科(영어영문학과)를 卒業(졸업)하고 戊運(무운)에 用神(용신)을 도와 成婚(성혼)하였다. 英文學(영문학)을 專攻(전공)한 것은 金(금)이 吉神(길신)인 緣故(연고)이다,

子運(자운)은 病神(병신)을 生(생)하여 百事(백사)가 無成(무성)이었으나 己運(기운)에 用神(용신)을 도우니 夫君(부군)이 學院(학원)을 經營(경영)하여 得財(득재)하고 있다.

向後(향후) 丑運(축운)은 巳酉丑(사유축)하여 藥神(약신)이 되겠으나 四冲(사충)이 되고 傷官(상관)이 見官(견관)하며 群比爭官(군비쟁관)하니 吉(길)한 것만은 아니다. 따라서 이때 夫君(부군)의 健康(건강)과 夫婦關係(부부관계)를 敦篤(돈독)히 하여야 되겠다. 坐下(좌하)가 冲(충)이니 더욱 그러하다. 庚運(경운)은 病神(병신)인 乙木(을목)을 合去(합거)하여 吉(길)하겠으나 寅運(인운)은 女命(여명)에 官逢官運(관봉관운)이면 吉運(길운)이 아닌데 寅巳刑(인사형)이니 더욱 그러하다.

*. 金木(금목)이 交爭(교쟁)하니 筋骨痛(근골통)이며 土逢木(토봉목)이면 損胃嘔土(손위구토)이며 手足有欠(수족유흠)이다. 乙乙巳己(을을사기)가 曲脚殺(곡각살)이니 手足有欠(수족유흠)이 더욱 염려된다.

*. 此命(차명)을 身弱(신약)한 土金傷官格(토금상관격)에 巳火(사화)가 用神(용신)에 木(목)은 喜神(희신)이며 水運(수운)이 病神(병신)에 未土(미토)를 藥神(약신)으로 풀이할 수 없는 것은, 女命(여명)에서의 多官星(다관성)은 吉神(길신)이 될 수는 없기 때문이다.

1955年生(女命). 身弱比劫爲用

癸 己 乙 乙

酉 亥 酉 未

72 62 52 42 32 22 12 02

癸 壬 辛 庚 己 戊 丁 丙

巳 辰 卯 寅 丑 子 亥 戌

酉月의 己土가 克泄이 交加하여 身이 太弱하다. 依支處는 未土뿐이다. 則 未土가 用神에 火運은 喜神이고 木이 病神에 制木하는 金은 藥神이 된다.

初年 丙戌丁運은 弱한 身을 生扶하니 富家에서 成長하고 戊運에 用神을 도와 看護大를 卒業하였다. 戊運 庚申年에 用神을 도우고 藥神인 傷官이 되니 成婚하였다. 子運 壬戌年에 用神을 도우니 得男하고 乙丑年에는 病神이 得勢하고 用神을 冲하니 女息을 얻었다.

己運에 用神을 도우니 夫君의 出身으로 得財하였으나 丑運에 用神을 冲하니 夫君의 事業이 失敗하였다. 庚運은 病神인 乙木을 合去하여 吉한데 火가 吉神이기 때문에 飮食物業을 自營하여 得財하였다.

向後 寅運은 病神이 得勢하여 吉運이 아니다. 藥神인 辛運은 病神을 冲去하여 吉하겠으나 卯運은 亥卯未木 則 用神을 合去하여

吉運이 아니다. 이때 損財 胃病 子宮病이 염려된다.

*. 庚運 丁丑年에 癸水가 父星인데 丁癸冲하고 用神인 未土를 冲하니 父亡하였다.

1954年生. 殺印相生格

乙 己 甲 甲

亥 亥 戌 午

80 70 60 50 40 30 20 10

壬 辛 庚 己 戊 丁 丙 乙

午 巳 辰 卯 寅 丑 子 亥

戌月의 己土는 旺地이지만 地轉西北하고 二甲과 乙木이 透干하였으니 財官이 旺하므로 身弱으로 變하였다. 火를 써서 旺木을 泄氣하고 生土하여야 된다. 則 殺印相生格에 午戌火가 用神에 木이 喜神이며 水가 病神에 土는 藥神이 된다.

初年 乙亥運은 寒微한 家庭이었으나 殺印相生格이 聰明하므로 學業은 優秀하였다. 丙運에 用神을 도와 吉한데 火가 吉神이기 때문에 南方都市에서 名門大 商大를 卒業하고 企業體 企劃室에서 근무하게 되었다. 子運에 病神인 財星(父)을 도와 凶한데 用神인 午火

를 또 沖(충)하니 父喪(부상)을 當(당)하였다. 丁運(정운)에 用神(용신)을 도와 昇進(승진)하였다. 丑運(축운)에 用神(용신)의 庫藏(고장)인 戌(술)과 刑(형)이 되고 群比爭官(군비쟁관)이 되니 退職(퇴직)하였다.

戊運(무운)은 藥神(약신)을 도와 吉(길)하고 寅運(인운)은 用神(용신)을 生(생)하여 吉(길)하다.

向後(향후) 己運(기운)은 藥神(약신)을 도와 吉(길)하지만 卯運(묘운)은 官逢官運(관봉관운)에 亥亥卯濕木(해해묘습목)에 木多火熄(목다화식)하니 吉運(길운)이 아니다. 이때 損財(손재)와 胃病(위병)이 염려된다. 庚運(경운)은 劈甲引火(벽갑인화)하여 大吉(대길)하겠으나 辰運(진운)은 月建(월건)을 沖(충)하여 吉運(길운)이 아니다.

*. 土逢甲乙(토봉갑을)이면 損胃嘔吐(손위구토)에 手足有欠(수족유흠)이다.

*. 官殺混雜(관살혼잡)이니 格(격)이 한층 낮다.

1946年生. 身旺用財格. 調候用神[17)]

甲	己	戊	丙
子	巳	戌	戌

76	66	56	46	36	26	16	06
丙	乙	甲	癸	壬	辛	庚	己
午	巳	辰	卯	寅	丑	子	亥

*. 甲己合化土格(갑기합화토격)이 될 수 있는가? 없다!

---

17) 유경진, 『명리학 용신론』, (연해명원), 2009년, pp.124~126.

甲木이 己土와 合하여 土에게로 從하려면 原局에 甲木의 依支處則 甲木을 生扶할 水木이 없어야 한다. 그러나 此命에서는 子水가 甲木을 生하여 則 甲木은 依支處가 있으므로 土를 따르지 아니한다.

戌月의 己土가 旺地에서 태어났는데 三土가 도우고 二火가 生하니 身이 太旺하고 燥熱하다. 身旺에는 用財·官인데 此命에서는 用財할 것인지? 用官할 것인지? 의 문제가 된다.

用官하여 甲木을 用神으로 하면 抑扶用神으로서는 充足이 된다. 그러나 調候用神으로서는 充足이 되지 않는다. 따라서 用財하여 子水를 用神으로 하면 燥熱의 根源인 火를 抑制하는 效果(抑扶用神)와 調候하는 效果(調候用神)를 둘 다 充足할 수 있게 된다.

則 子水用神에 金運은 喜神이며 水를 克傷하는 土가 病神에 甲木은 除土하는 藥神이 된다.

戊己運은 旺土를 도우니 寒微家에서 生長하였다. 庚運에 甲木을 冲하여 火가 忌神인데 劈甲引火되니 어머니가 비명횡사를 當하였다. 이는 原局에 丙戌에 印星(母)으로서 白虎殺이 있는 緣故다.

辛運에 用神을 生하니 成婚하고 一子를 두었다. 丑運 己未年에 旺土를 도와 凶한데 丑戌未三刑이 되니 맹장수술을 하였다. 이는 原局에 戈殺(戊戌)이 있는 緣故이며, 己土日主에 旺土가 病인데 己土

는 腹(배)에 해당하는 緣故다.

壬運부터 水産業(레스토랑, 호프집 등)을 自營하여 寅運까지는 損財가 많았다. 이는 火가 忌神에 見水顯節하고 寅戌火가 旺神을 生하니 群比爭財한 緣故다.

癸運부터 用神을 도우니 事業이 번창하였다. 子水(財=妻)가 用神이니 妻의 도움이 컸다. 辰運은 旺土를 冲發하여 用神인 水는 泥塞되고 藥神인 甲木은 折이 되니 吉運이 아니다.

白虎殺

<table>
<tr><td>基　準</td><td rowspan="2">甲 乙 丙 丁 戊 壬 癸
辰 未 戌 丑 辰 戌 丑</td><td rowspan="2">비명횡사. 偏財白虎殺은 父 또는 妻妾의 凶死. 女命官星白虎殺은 夫凶死. 年(祖上), 月(父母兄弟), 日(配偶者), 時(子息).</td></tr>
<tr><td>(年,月,日,時)柱</td></tr>
</table>

戈殺

戊戌	身에 重傷(日, 時에 尤忌)

1948年生. 身旺用七殺格. 三旺格

乙 己 壬 戊
亥 丑 戌 子

72 62 52 42 32 22 12 02
庚 己 戊 丁 丙 乙 甲 癸
午 巳 辰 卯 寅 丑 子 亥

戌月의 己土가 旺한데 坐下에 丑土이고 戊土가 透出하였으니 身旺하다. 身旺한 者는 用財官인데 比劫이 많으니 比劫을 除去하는 官星을 써야 된다. 則 木이 用神에 水는 喜神이 된다.

此命의 特徵은 身旺하고 地支에 亥子丑에 壬水가 透干하였으니 財旺하며 旺財가 官을 生하고 있으니 官星 또한 旺하다. 이를 三旺格이라고 한다.

此命에서 留意할 점은 地轉西北하고 秋月 金旺節에 戌中의 辛金과 丑中의 辛金이 亥中의 甲木과 用神인 乙木을 傷하게 한다는 것이다. 則 辛金이 病神에 戌中의 丁火는 藥神이 된다.

財가 吉神에 年支에 財星이 있으니 父母遺産이 있는 命造다.

初年 北方水運에 用神을 生하니 富家에서 生長하였다. 乙運에 用神을 도우고 官星(子)이 되니 成家하였다. 丑運은 群比爭財하여 침체하였다. 그러나 丙寅丁卯運 二十年間 藥神과 用神을 도우니 不動

産事業 등으로 100여億원대의 財産을 致富하였다.

向後 戊運은 旺土를 도우고 辰運은 旺土를 冲發하여 群比爭財하므로 吉運이 아니다.

1960年生. 調候用神

戊 己 丙 庚
辰 亥 戌 子

71 61 51 41 31 21 11 01
甲 癸 壬 辛 庚 己 戊 丁
午 巳 辰 卯 寅 丑 子 亥

立冬日에 生한 己土가 戌亥子가 地轉西北하고 子辰이 遙合하여 水가 되고 庚金이 高透하였으니 寒濕하다. 戌中의 丁火에 根을 둔 丙火가 調候하는 用神에 木運이 喜神이며 水가 病神에 燥土가 除濕하는 藥神이 된다.

丑運 丙寅年에 用神을 扶生하여 警察公務員이 되었다. 이는 辰中의 乙木이 偏官에 法關係公務員이고 亥中의 甲木이 正官이니 內務行政公務員이기 때문이다. 寅運에 寅戌火가 用神을 도우니 昇進하였다.

向後 辛運은 用神을 合去하여 吉運이 아니고 卯運은 喜神이 되

어 吉하다. 壬運은 丙火用神에 見水顯節하여 吉하겠으나 辰運은 病神의 庫藏이 되고 用神의 根인 戌土를 冲하여 吉運이 아니다.

*. 妻가 日本出身이다.

*. 國際異性이 交情이 있다.

. 男命: 驛馬地殺에 財가 同臨하고 日主와 合한 者.

. 女命: 驛馬地殺에 官이 同臨하고 日主와 合한 者.

*. 辛運에 正印인 用神을 合去하니 母親의 健康이 염려된다.

辰運에 病神이 得勢하며 用神의 根을 冲하니 職場에 變動이 있으리라.

1950年生. 傷官生財格. 調候用神

戊 己 丙 庚

辰 卯 戌 寅

80 70 60 50 40 30 20 10

甲 癸 壬 辛 庚 己 戊 丁

午 巳 辰 卯 寅 丑 子 亥

戌月의 己土는 土旺節에 生하였는데 土가 넷이고 寅戌合化火와 丙火가 生土하니 身이 太旺하고 燥熱하다. 太旺한 者는 好泄精英하니 庚金을 보고 旺土를 泄氣하고 調候하여야 된다. 則 庚金이 用神에 火는 用神을 傷害하는 病神이고 水運은 除火하는 藥神이 된다. 地支에 寅卯辰 東方木이지만 寅戌合化火하여 生土하니 泄氣된 木의 影響力은 그만큼 줄어든다.

子運에 藥神이 되고 子辰水가 財(妻)星이니 成婚하고 一男을 得하였다. 己丑運은 土多埋金이고 群比爭財가 되어 百事가 無成이었다. 庚運은 用神을 도와 吉하니 텔레콤업을 경영하여 得財하였다. 寅運에 傷官이 見官하여 爲禍百端인데 丙子年에 丙火가 用神을 傷害하고 坐下와 子卯刑이 되니 夫婦別離하였다. 이로 因하여 損財도 있었다. 이는 比劫多에 逢財運하니 群比爭財로 因하여 夫婦別離하고 損財하였던 것이다.

만약 身旺用官格에 坐下의 卯木이 用神에 水運이 喜神이라면 寅運 子年에 用神을 扶生하여 吉하였을 텐데 어찌 夫婦別離之苦와 損財가 있었겠는가. 故로 傷官生財格 則 傷官用神에 官逢이면 爲禍百端으로 풀이함이 타당하다.

辛運은 病神인 丙火를 合去하여 吉하고 卯運은 傷官이 見官하여 凶하리라. 壬運은 見水顯節하여 吉運이 아니고 辰運은 月建인 戌土를 冲하여 用神이 埋金되어 凶하리라.

刑 殺

刑 殺	成 立	基 準	作 用
持勢之刑	寅刑巳, 巳刑申, 申刑寅	柱 中 과 運	刑厄, 官災口舌. 柱中 吉神으로 用일 때는 變爲權威의 吉神. 女命 三刑運에 結婚하는 이 많다. 寅巳申三刑은 수술하는 수도 많다.
無恩之刑	丑刑戌, 戌刑未, 未刑丑		
無禮之刑	子刑卯, 卯刑子		
自 刑	辰刑辰, 午刑午, 酉刑酉, 亥刑亥		

1946年生(女命). 身旺用財格

己 己 己 丙

巳 丑 亥 戌

71 61 51 41 31 21 11 01

辛 壬 癸 甲 乙 丙 丁 戊

卯 辰 巳 午 未 申 酉 戌

亥月(해월)은 水旺土弱(수왕토약)한데 原局(원국)에 五土(오토)에 二火(이화)가 있으니 弱而反旺(약이반왕)하여 身旺(신왕)하다. 身旺用財格(신왕용재격)에 亥水(해수)가 用神(용신)에 巳丑金(사축금)이 喜神(희신)이며 土(토)는 制水(제수)하는 病神(병신)에 木運(목운)은 그 病(병)을 除去(제거)하는 藥神(약신)이 된다.

初年(초년) 戊戌丁運(무술정운)에는 病神(병신)이 得勢(득세)하니 寒微家(한미가)에서 成長(성장)하였다. 戌(술)運(운)에 病神(병신)이 得勢(득세)하여 凶(흉)한데 壬辰年(임진년)에 母親(모친)이 非命橫死(비명횡사)하였다. 이는 印星(母)인 丙戌에 白虎殺이 있은데 壬年이 丙火가 忌神인데 見水顯節하고 年支의 戌과 辰年이 冲하여 旺土 則 病神이 益發한 緣故다.

丙運 己酉年에 食神年이 되고 坐下와 合하니 成婚하였다. 申運에 들어 喜神을 도우니 夫君이 出身하고 乙運은 藥神이 되어 吉하였으나 未運에 丑戌未三刑하고 四冲이 되니 吉運이 아니었다. 甲運은 藥神이 되어 病神인 旺土를 疏土하니 用神이 生氣를 얻으므로 男便의 事業이 번창하여 安樂家庭이었다. 午運은 病神을 生하여 群比爭財하니 損財하였고 癸運은 用神을 도와 得財하였다.

向後 巳運은 用神을 冲하여 吉運이 아니고 壬運은 見水顯節하여 吉運이 아니다. 辰運은 年支의 戌土를 冲하여 旺土가 益發하면 喜神인 金은 埋金되고 用神은 泥塞되어 吉運이 아니다.

1948年生. 財多身弱格에 比刦爲用

戊 己 癸 戊

辰 酉 亥 子

76 66 56 46 36 26 16 06

辛 庚 己 戊 丁 丙 乙 甲

未 午 巳 辰 卯 寅 丑 子

亥月은 水旺土弱한데 子辰이 遙合하고 癸水가 透干하였으니 財旺하다. 酉金이 弱한 日主를 泄氣하여 生水하니 財多身弱格이다. 依支處는 比劫뿐이다. 則 土가 用神에 火運은 喜神이 된다.

初年 水木運은 吉運이 아니기 때문에 寒微家에서 生長하고 배움도 부족하였다. 丙運에 喜神이 되니 成婚하고 二男을 두었다. 寅運은 寅亥木이 克用神하니 吉運이 아니고 丁運에 用神을 生하니 得財하였다. 卯運은 亥卯木이 克用神하니 百事가 無成이었고 戊運은 用神을 도와 吉하니 夫婦가 함께 火가 吉神이기 때문에 飮食物業을 自營하여 得財하였다.

辰運은 旺水가 入墓하여 凶한데 庚辰年에 子辰이 1:3으로 合하여 旺水가 되고 庚金이 生水하니 矯導所에 收監되었다가 辛巳年 甲午月에 用神을 生하니 出監하였다. 이는 辰辰辰이 自刑이 되는데 財多身弱格에 돈 욕심이 많은데다가 酉金이 兌爲口인데 忌神이니 정직하지 못한 쪽으로 말이 발달된 偉人이며 土薄寡信이니 罪名은 詐欺罪였다.

向後 火土運은 喜神이 되고 用神을 도와서 吉하리라.

1954年生. 殺印相生格

乙 己 乙 甲

亥 巳 亥 午

80 70 60 50 40 30 20 10

癸 壬 辛 庚 己 戊 丁 丙

未 午 巳 辰 卯 寅 丑 子

亥月은 水旺土弱한데 時支가 亥水이고 甲乙乙이 亥에 長生하였으니 財官이 旺하므로 身弱하다. 火를 써서 木을 泄氣하고 生土하여야 된다. 則 殺印相生格에 火가 用神에 木은 喜神이며 水가 病神에 土運은 藥神이 된다.

丑運 戊午年에 藥神이 되고 用神桃花를 도우니 成婚하고 己未年에 藥神이 되니 長女를 得하고 辛酉年에 病神을 生하니 次女를 得하였다. 戊運은 藥神이 되어 吉하고 寅運은 喜神이 되어 吉하며 己運은 藥神이 되어 吉하였으나 經濟的인 어려움은 있었다고 한다. 經濟的인 어려움은 財星이 忌神에 (空)亡인 緣故다.

坐下가 爭冲에 午火가 吉神桃花가 되니 妻와는 거리가 멀고 則婦有外情이 甚하였다고 한다. 卯運은 亥亥卯 爭合에 木多火熄하니 吉運이 아니다. 이때 卯는 災殺(一名 囚獄殺)이니 官災와 肝과 胃의 健康이 염려된다. 庚運은 劈甲引火하여 吉하겠으나 辰運은 旺水가 入墓하고 群比爭財되어 吉運이 아니다.

1960年生(女命). 殺印相生格

丙 己 丁 庚

寅 未 亥 子

77 67 57 47 37 27 17 07

己 庚 辛 壬 癸 甲 乙 丙

卯 辰 巳 午 未 申 酉 戌

地支에 亥子水가 있으니 財旺하고 寅과 亥未合木이 있으니 官旺하므로 身이 弱하다. 身弱에 印比生扶하여 火가 用神에 木은 喜神이며 水가 病神에 土는 藥神이 된다.

강원도에서 태어나 丙運은 用神을 도우고 戌運은 寅戌火가 用神을 도우니 富家에서 成長하고 공부도 잘하였다. 乙運은 喜神이 되어 吉하였으나 酉運에 用神인 火(印星=母)의 死地가 되니 母喪을 當하였다. 酉運末 丙寅年에 用神을 扶生하니 成婚하여 甲運 丁卯年에

用神을 生扶하니 得男하고 庚午年에 女息을 得하였다.

甲運에 劈甲引火하니 遺産相續을 받았다. 申運은 病神을 生하여 凶한데 用神의 根인 寅木을 冲하니 凶하고 癸運은 病神이 得勢하니 夫君의 事業이 失敗하였다. 이는 IMF로 因한 國內經濟環境이 惡化된 때문이기도 하다.

向後 南方 火運은 用神을 도와서 大吉하리라.

1968年生(女命). 財多身弱에 比刦爲用

戊 己 癸 戊

辰 丑 亥 申

73 63 53 43 33 23 13 03

乙 丙 丁 戊 己 庚 辛 壬

卯 辰 巳 午 未 申 酉 戌

亥月己土는 水旺土弱한데 亥와 丑사이에 子를 拱夾하고 申辰이 遙合하여 水가 되니 比劫은 많지만 財多身弱에 寒濕하다. 依支處는 比劫뿐이다. 則 土가 用神에 火運은 喜神이다.

火가 吉神이니 식품영양학을 전공하고 庚運은 傷官(子星)運이 되는데 甲戌年에 正官年이 되고 日干을 合하니 成婚하고 甲戌生 女息을 得하고 申運 庚辰年에 次女를 得하였다.

己大運에 用神을 돕는데 甲申年에 垈地를 구입하고 未大運 丙戌年에 用神을 도우고 喜神이 되니 得宅하였다. 그러나 未大運에 坐下를 冲하여 凶한데 己丑年에 群比爭官이 되니 夫婦別離하고 群比爭財하니 損財도 있었다.

向後 南方 火運은 用神을 生하고 調候하여 吉하리라.

*. 夫婦別離는 坐下比劫의 作用이다.

1955年生(女命). 身弱比刦爲用

甲 己 戊 乙

戌 酉 子 未

78 68 58 48 38 28 18 08

丙 乙 甲 癸 壬 辛 庚 己

申 未 午 巳 辰 卯 寅 丑

子月의 己土는 寒濕하고 弱地인데 坐下酉金이 泄氣하고 甲乙木이 透干하여 土를 克해오니 身이 弱하다. 身弱한 者는 印比生扶하여야 하니 戌中의 丁火와 未中의 丁火로 弱한 身을 生하고 保溫하여야 한다. 그러나 此命에서는 火가 地支藏干에서 透出하지 아니하였으므로 比劫으로 用神한다. 則 土가 用神에 火運은 喜神이 된다.

初年 己丑運에는 用神을 도우니 富家에서 成長하였다. 庚運에 商高를 卒業하고 甲寅年에 寅戌火가 喜神이 되니 銀行에 就職하였다. 丙辰年에 喜神이 되고 坐下를 合하니 成婚하고 同年 戊戌月에 得男하였다. 寅運에 寅戌合火가 用神을 生하니 夫君이 出身하고 戊午年에 用神을 扶生하니 得女息하고 多福하였다.

卯運은 坐下를 冲하고 官逢官運에 鏡破釵分이니 彷徨期였다. 또 旺木이 弱土를 克하니 胚鄕手術을 하였다. 壬運 또한 吉運이 아니므로 彷徨期였다. 辰運에 子辰水盛하고 用神의 根인 戌土를 冲하여 凶한데 己卯年에 四冲이 되니 大腸手術을 하고 壬午年에 四冲이 되니 무릎 關節手術을 하고 子宮의 혹 手術도 하였으며 嘔吐症도 甚하였다. 이는 土逢木克이며 手足有欠(手足은 胃經에 屬함.)이며 土逢甲乙이면 胃를 傷하기 때문이다. 大腸手術은 金을 冲한 緣故이며 子宮手術은 戌未刑이 된 緣故다.

向後 癸運은 水多土崩하여 凶하지만 巳運 以後 南方火運은 用神을 生하고 調候하여 吉하리라.

*. 土日主가 寒濕하면 胃酸過多로 口臭가 있고, 土日主가 燥熱하면 胃酸缺乏症이 있기 쉽다.

*. 此命은 官殺混雜과 坐下食傷과 土薄寡信이 흠이다.

*. 癸運 乙酉年에 食神이 見官하니 夫婦別離하였다.

1969年生(女命). 官印相生格

辛 己 丙 己
未 卯 子 酉

73 63 53 43 33 23 13 03
甲 癸 壬 辛 庚 己 戊 丁
申 未 午 巳 辰 卯 寅 丑

子月은 水旺土弱한데 酉辛金이 土를 泄氣하고 卯未木이 克土하니 身弱하고 寒濕하다. 丙火를 써서 弱한 土를 生하고 調候하여야 된다. 則 火가 用神에 木이 喜神이며 水가 病神에 土는 藥神이 된다.

初年 火土木運은 用神과 藥神과 喜神을 도우니 裕餘家에서 成長하였다. 卯運에 喜神官星(夫)運이 되는데 庚辰年에 傷官(子星)年이 되니 成婚하였다. 辛巳年은 己土日主와 같은 陰干年이니 得女하고 辰運 戊子年은 己土日主와는 다른 陽干年이니 得男하였다.

向後 辛運은 病神을 生하고 用神을 合去하여 吉運이 아니지만 火運은 用神을 도와서 吉하리라.

*. 得男하는 해와 得女하는 해를 위와 같이 분류하기도 하는데 100% 맞는 것은 아니다.

*. 月支에 桃花殺이 있으니 어머니가 戀愛結婚했다.

1966年生. 身弱에 印星爲用

癸 己 庚 丙
酉 酉 子 午

77 67 57 47 37 27 17 07
戊 丁 丙 乙 甲 癸 壬 辛
申 未 午 巳 辰 卯 寅 丑

子月은 己土의 囚地이고 雙酉에 庚金이 透干하였으니 泄氣가 太甚한데 癸水가 또 透干하였으니 身弱하다. 依支處는 印星뿐이다. 則 火가 用神에 木運은 喜神이며 水가 病神에 土運은 藥神이 된다.

初年 丑運에 酉丑金이 病神인 水를 生하고 水는 用神인 火(印星=母)를 克傷하니 母先亡하였다. 壬運은 火吉神에 見水顯節하고 寅運은 寅午火가 用神을 도우고 藥神을 生하니 名門大商大를 卒業하고 公認會計士 자격시험에 응시하고 있으나 癸運은 病神이 得勢하여 不成이고 卯運은 子午冲에 卯酉酉爭冲을 더하니 吉運이 아니었

다.

向後 甲運은 劈甲引火하니 소원을 성취하리라. 辰運은 上下가 吉運이고 子辰水가 會局救冲하니 無欠하겠다. 그 以後 南方火運은 用神을 도와 大吉하리라.

*. 原局에 喜神인 木이 있었다면 한층 더 格이 높아졌으리라.

*. 子午酉酉가 沐浴殺이니 女難이 있겠다.

1956年生(女命). 官印相生格

丙 己 庚 丙

寅 酉 子 申

71 61 51 41 31 21 11 01

壬 癸 甲 乙 丙 丁 戊 己

辰 巳 午 未 申 酉 戌 亥

子月은 己土의 囚地로서 身弱하고 寒濕한데 申子水局에 申酉에 着根한 庚金이 高透하여 泄氣生水하니 身이 太弱하고 太濕하다. 火를 써서 弱한 土를 生하고 調候하여야 된다. 則 寅木에 着根한 丙火가 用神에 寅木이 喜神이며 火를 克傷하는 水가 病神에 그 病을 除去하는 土運은 藥神이 된다.

初年 土運은 病神인 水를 除去하니 用神인 火가 生氣를 얻어 吉하였고 丁運에는 用神을 도와 成婚하고 火가 用神이니 二子를 두었다. 酉運에 弱身을 泄氣하고 用神인 火(印星=母)의 死地가 되니 母喪을 當하였다. 丙運은 用神을 도우니 夫君의 出身으로 多福한 家庭이었다. 그러나 申(傷官)運에 用神의 根인 寅木(官星)을 冲하니 夫君과 死別하였다. 이는 坐下의 酉金이 官星인 寅木을 傷害하기 때문이며 寅木은 空(亡)이 된 緣故다.

乙運부터 酒店을 自營하고 있다.

向後 南方火運은 用神을 도와 弱한 身을 生하니 吉하리라.

1954年生(女命). 殺印相生格

甲 己 丙 甲
子 酉 子 午

74 64 54 44 34 24 14 04
戊 己 庚 辛 壬 癸 甲 乙
辰 巳 午 未 申 酉 戌 亥

子月은 水旺하고 土는 弱한데 坐下의 酉金이 日主를 泄氣하고 甲子時와 年干에 甲木이 透干하였으니 克泄이 交加하여 身弱하고 寒濕하다. 火로써 弱한 日主를 生하고 調候하여야 된다. 則 火가 用

神에 木은 喜神이며 水가 病神에 土運은 藥神이 된다.

戌運에 午戌이 子午冲을 救하여 吉하고 癸運에 病神이 得勢하여 凶한데 戊午年에 病神인 癸水를 合去하고 用神을 도우니 成婚하고 己未年에 藥神이 되니 長女를 得하고 辛酉年에 食神(子星)이 되니 次女를 得하였다.

酉運은 病神을 生하고 食神이 見官(喜神)하여 凶한데 甲子年에 子와 午가 3:1로 冲하니 母喪을 當하였다. 이는 用神인 火(印星=母)가 冲을 當한 緣故다.

壬運은 見水顯節하여 得財하였으나 申運은 病神이 得勢하여 百事가 無成이었다. 辛運은 用神을 合去하여 吉運이 아니지만 辛運末 庚辰年에 劈甲引火하니 서민 아파트 하나를 겨우 얻었다.

向後 南方 火運은 用神을 도와 吉하리라.

1928年生. 甲己合化土格에 乙木이 病. 金泳三 前大統領 造

甲 己 乙 戊

戌 未 丑 辰

87 77 67 57 47 37 27 17 07

甲 癸 壬 辛 庚 己 戊 丁 丙

戌 酉 申 未 午 巳 辰 卯 寅

丑月은 土旺節인데 地支에 辰戌丑未에 年干에 戊土가 透干하였으니 土가 極旺하다. 그러하니 無根한 時上의 一點 甲木은 日主와 甲己合化土하여 極旺한 土를 따르지 아니할 수 없다. 則 甲己合化土格이다. 그러나 甲木이 依支할 微弱한 乙木이라도 있으니 眞從이 아니고 假從이다.

從神인 土가 用神에 火運은 從神을 生하는 喜神이 되고 從神을 克傷하는 乙木이 病神에 그 病을 除去하는 金運은 藥神이 된다.

戌에 天門이 있으니 哲學을 專攻하였다.

未運에 病神인 乙木이 入墓하여 吉한데 壬申年에 藥神인 申金이 病神을 除去하니 大統領에 當選되고 癸酉年에 忌神인 癸水는 戊土가 合去하고 藥神인 酉金은 旺土를 泄氣하여 病神인 乙木을 除去하니 대통령에 취임하였다. 甲戌年에는 從神을 도우니 大吉하였다. 그러나 壬運은 病神을 生하여 凶한데 乙亥·丙子年에 또 水가 病神

인 乙木을 生하니 IMF를 맞아 國內의 經濟的인 環境이 그처럼 惡化되었던 것이다.

*. 土는 中央이니 많은 政治人들이 모여들었다.

1961年生(女命). 身旺用官格

丁 己 辛 辛
卯 未 丑 丑

75 65 55 45 35 25 15 05
己 戊 丁 丙 乙 甲 癸 壬
酉 申 未 午 巳 辰 卯 寅

小寒節의 己土日主가 比肩이 셋이니 身旺하고 寒濕하다. 比肩이 많으니 身旺用官하여 木으로 旺土를 疏土하여야 된다. 則 卯木이 用神에 水運은 喜神이며 金은 木을 傷害하는 病神이 되고 丁火는 그 病을 除去하는 藥神이 된다.

卯運에 用神인 官星(夫星)을 도우니 成婚하고 一男一女를 두었다. 甲運은 用神인 官星을 도우니 夫君의 事業이 旺盛하였으나 辰運에 旺한 比肩을 도우니 群比爭財하여 事業에 失敗하였다.

乙運은 用神을 도우니 夫君의 事業이 再起하고 本人도 양품점을 경영하여 得財하였다. 그러나 乙運은 官逢官運인데 己卯年에 잘못된 異性關係 餘波로 巳運에 들어 巳丑丑金이 病神을 도우니 財的 損失이 많다고 한다.

向後 癸未年은 藥神을 冲하고 坐下를 포함하여 四冲이 되니 夫婦關係가 염려된다. 日柱가 干與支同이니 더욱 그러하다. 이때를 지나면 丙運 以後 十五年間의 火運은 藥神을 도와 吉하리라. 未運은 旺土가 冲發하여 用神인 木은 折되고 藥神은 泄氣되어 吉運이 아니다.

1952年生(女命). 身弱比肩爲用

甲 己 辛 辛

子 卯 丑 卯

71 61 51 41 31 21 11 01

己 戊 丁 丙 乙 甲 癸 壬

酉 申 未 午 巳 辰 卯 寅

丑月은 土旺節이지만 雙辛이 泄氣하고 雙卯와 甲木이 克土하고 子水財星이 있으니 旺而反弱하여 印比로써 生扶하여야 된다. 則 丑土가 用神에 火運은 喜神이며 木이 病神에 金은 藥神이 된다.

初年 水木運은 忌神이 되어 商大를 卒業하였으나 稅務士 자격시

험에는 실패하였다. 辰運에 用神을 도우니 세무사 사무실에 근무하여 巳運부터 喜神이 되니 事務長이 되었다. 丙午運도 喜神이 되어 吉하였다.

向後 丁運은 喜神이 되어 吉하겠으나 未運은 旺木이 入墓하고 用神인 月建丑土를 冲하면 凶하다.

*. 荒淫之幣

① 女命: 己卯日 甲子時는 天干은 甲己合化土하고 則 官星(男子)과 身은 有情한 合이 되고, 子는 桃花殺에 官星(甲)의 沐浴殺이 되는데 子卯刑이 되니 異性關係가 亂雜하여 性病에 걸릴 확률이 대단히 높다.

② 男命: 丙子日 辛卯時는 天干은 丙辛合水하고 則 身과 財星(女子)은 有情한 合이 되고, 卯는 沐浴殺이 되는데 子卯刑이 되니 異性關係가 亂雜하여 性病에 걸릴 확률이 대단히 높다.

1954年生. 三象格. 通關用神

甲 己 丁 甲

戌 卯 丑 午

76 66 56 46 36 26 16 06

乙 甲 癸 壬 辛 庚 己 戊

酉 申 未 午 巳 辰 卯 寅

丑月(축월)의 己土(기토)가 戌時(술시)이니 土(토)가 一象(일상)이고, 坐下卯(좌하묘)에 甲年(갑년) 甲時(갑시)이니 木(목)이 成象(성상)하고, 丁火(정화)에 午戌(오술)이 遙合化火(요합화화)하니 三象格(삼상격)이다. 相生(상생)運(운)은 吉(길)하고 相克運(상극운)은 不吉(불길)하다. 寒節中(한절중)에 木火土(목화토)이므로 木火運(목화운) 中(중) 火運(화운)이 더 吉(길)하다.

初年(초년) 寅卯運(인묘운)은 木生火(목생화), 火生土(화생토)하여 吉(길)하니 教育學(교육학)을 專攻(전공)하고 教育界(교육계)에 投身(투신)하였다. 教育學(교육학)은 印星(인성)이 吉神(길신)인 緣故(연고)다.

庚運(경운)에 火(화)가 吉神(길신)에 劈甲引火(벽갑인화)하여 吉(길)한데 이때 結婚(결혼)과 동시에 遺産(유산)을 물려받고 二男一女(이남일여)를 두었다.

辰運(진운)은 平吉(평길)하였다. 巳運(사운)에 巳丑金(사축금)이 斫木生火(작목생화)하여 吉(길)한데 戊寅(무인)年(년)에 寅午戌火局(인오술화국)이 되니 教育廳(교육청) 奬學士(장학사)가 되었다.

向後(향후) 午運(오운)은 木土(목토)사이를 通關(통관)하여 吉(길)하겠으나 癸運(계운)은 通關(통관)하는 火(화)를 傷害(상해)하므로 吉運(길운)이 아니다. 未運(미운)은 比劫(비겁)이 三刑(삼형)을 成局(성국)하니 吉運(길운)이 아니다.

1949年生. 土曰稼穡格

戊己丁己

辰未丑丑

76 66 56 46 36 26 16 06

己庚辛壬癸甲乙丙

巳午未申酉戌亥子

大抵 從格은 所從之神으로 用神한다. 土가 用神에 火는 喜神이며 木運은 克用神하는 病神이 되고 金은 制木하는 藥神이 된다. 水는 病神을 生하는 忌神이다.

此命은 土曰眞稼穡格으로 大格이지만 運路가 不順하여 大發하지 못하고 小資本으로 建築業을 하는 사람의 命造다. 火土金이 吉神이니 建築業이다.

丑丙運에 用神을 도우고 喜神이 되니 富家에서 生長하였으나 子運 以後 父의 事業失敗로 辛苦하였으며 공부도 제대로 할 수 없었다.

亥運末 癸丑年에 用神을 도우고 坐下를 冲하니 成婚하고 戌運에 三刑成局으로 些少한 難關은 있었으나 發財는 하였다. 癸酉運은 地支가 重하므로 吉하였으나 壬運은 吉運이 아니니 不動産 景氣沈滯로 敗하였다.

向後 辛運은 旺土를 泄氣하여 吉하겠으나 未運은 月建을 포함하여 四冲이 되어 凶하리라. 이때 坐下가 冲이니 婦人의 健康이 염려되며 本人은 胃病이 염려된다.

1960年生(女命). 身旺用官格

甲 己 己 庚
子 未 丑 子

77 67 57 47 37 27 17 07
辛 壬 癸 甲 乙 丙 丁 戊
巳 午 未 申 酉 戌 亥 子

*. 甲己合化土格이 아닌 것은 甲木이 雙子에 依支하여 土에게로 從하지 않기 때문이다.

丑月은 土旺節인데 四土가 되니 身旺하고 寒濕하다. 甲木으로 旺土를 疏土하여야 된다. 則 甲木이 用神에 水는 喜神이며 金이 病神에 火運은 制金하는 藥神이다.

初年 土運은 旺土를 도우니 寒微家에서 生長하였다. 丁運은 藥神이 되어 吉하고 亥運은 亥未木이 用神을 도우고 官星이 되니 成婚하고 丙運은 藥神이 되니 夫君이 出身하고 家庭이 和睦하였다. 戌運은 身旺에 坐下가 冲과 干與支同이며 丑戌未 三刑을 成局하니

夫婦別離하였다. 乙運에 病神인 庚金을 合去하니 호프집을 經營하여 得財하고 있다.

向後 酉運은 酉丑金하여 病神이 得勢하니 凶하겠고 甲運은 用神을 도와서 吉하리라. 申運은 病神이 得勢하여 凶하고 癸運은 身旺에 比肩인 己土를 冲去하여 吉하겠으나 未運은 月建丑土를 爭冲하여 旺土가 冲發하면 用神인 木이 折되므로 凶하다.

◎ 庚金

1942年生. 殺印相生格. 北韓 金正一 造

丁 庚 壬 壬

丑 子 寅 午

76 66 56 46 36 26 16 06

庚 己 戊 丁 丙 乙 甲 癸

戌 酉 申 未 午 巳 辰 卯

寅月(인월)은 庚金(경금)의 絶地(절지)가 되니 弱地(약지)인데 세 개의 水(수)가 泄氣(설기)하고 二火(이화)가 克(극)해오니 身弱(신약)하다. 依支處(의지처)는 時支(시지)의 丑土(축토)다. 則(즉) 殺印相生格(살인상생격)에 土(토)가 用神(용신)이며 火(화)는 喜神(희신)이고 木(목)이 病神(병신)에 金運(금운)은 藥神(약신)이 된다.

未運(미운)에 用神(용신)을 冲(충)하여 凶(흉)한데 甲戌年(갑술년)에 丑戌未三刑(축술미삼형)을 成局(성국)하니 父(부)(김일성)亡(망)하였다. 申運(신운)에 月建(월건)을 冲(충)하여 凶(흉)한데 丙戌年(병술년)에 官逢官(관봉관)運(운)에 丑戌刑(축술형)이 되니 미사일 발사와 핵실험으로 세계적인 이목을 끌었다. 己大運(기대운)은 用神(용신)을 도와 吉(길)한데 戊子年(무자년)에 庚金(경금)이 子(자)에서 死地(사지)가 되니 健康(건강)이 惡化(악화)되었다.

向後(향후) 酉大運(유대운)은 用神(용신)을 合去(합거)하여 凶(흉)한데 乙未年(을미년) 甲申月(갑신월)에는 用神(용신)과 月建(월건)을 포함하여 六冲(육충)이 되기 때문에 去世(거세)하리라.

*. "김정일은 1941년 2월 16일에서 태어났으나, 위의 1942년 2월 16일생으로 조작했다." 조선일보(2011. 12. 20. A18면).
따라서 거세예측이 빗나갈 수밖에 없었다.

1964年生(女命). 殺印相生格

辛 庚 丙 甲

巳 戌 寅 辰

79 69 59 49 39 29 19 09

戊 己 庚 辛 壬 癸 甲 乙

午 未 申 酉 戌 亥 子 丑

寅月庚金은 木旺金弱한데 寅戌火와 巳時에 丙火가 透干하였으니 火 또한 旺하다. 따라서 自然히 身은 弱한데 身弱한 者는 印比生扶하여야 한다. 土가 用神에 火는 喜神이며 木이 病神에 金은 藥神이 된다.

初年 乙運에 病神이 得勢하여 用神을 克하고 乙辛沖하여 藥神이 傷하는데 原局에 甲庚沖이니 金木이 交爭이면 筋骨痛이니 小兒痲痺患者가 되었다.

子運에 用神인 辰土를 合去하고 病神인 財星(父)을 生하니 父喪을 當하였다. 癸運 壬申年에 三刑을 成局하고 食神(子星)이 되니 成婚하고 癸酉年에 藥神을 도우니 得女息하였다.

癸運에 傷官이 見官하여 凶한데 甲戌年에 病神을 도와 用神인 土를 克하고 戌이 辰土를 沖하니 夫喪을 當하였다. 이는 女命에 官殺混雜이고 坐下에서 官星이 入墓한 緣故다.

亥運(해운)에 화장품 매매업을 自營(자영)하고 있으나 寅亥合木(인해합목)하여 用神(용신)을 傷害(상해)하고 四冲(사충)이 되니 吉運(길운)이 아니다.

向後(향후) 壬運(임운)은 火(화)가 吉神(길신)에 見水顯節(견수현절)하여 吉(길)하지만 戌運(술운)은 用神(용신)을 冲(충)하여 凶(흉)하겠다. 辰戌冲(진술충)은 곧 印星(인성)의 冲(충)이니 어머니 건강이 염려되며 本人(본인)은 胃病(위병)과 子宮病(자궁병)이 염려된다. 辛運(신운) 以後(이후) 己運(기운)까지는 藥神(약신)과 用神(용신)을 도와서 吉(길)하리라. 그러나 未運(미운)은 旺木(왕목)이 入墓(입묘)하여 克用神(극용신)하고 戌未刑(술미형)이 되어 凶(흉)하다.

*. 女命(여명)에서 魁罡日柱(괴강일주)는 夫婦宮(부부궁)이 不吉(불길)한 경우가 많다.

1963年生(女命). 財多身弱格

己 庚 丙 甲

卯 寅 寅 辰

72 62 52 42 32 22 12 02

戊 己 庚 辛 壬 癸 甲 乙

午 未 申 酉 戌 亥 子 丑

寅月(인월)은 庚金(경금)의 絶地(절지)인데 地支(지지)에 寅卯辰(인묘진) 東方木(동방목)에 甲木(갑목)이 透干(투간)하였으니 財多身弱(재다신약)이다. 依支處(의지처)는 印星(인성)뿐이다. 則(즉) 土用神(토용신)에 火(화)가 喜神(희신)이며 木(목)이 病神(병신)에 金運(금운)은 藥神(약신)이 된다. 原局(원국)에 金(금)이 있었다면

格이 한층 더 높아졌으리라.

初年 水木運은 病神을 生扶하여 百事가 無星이었다. 癸運 甲子年에 傷官(子星)이 되니 成婚하고 乙丑年에 用神을 도우니 得女息하였다. 癸亥運은 弱한 身을 泄氣하여 病神을 生하니 吉運이 아니었다. 壬運에 丙火 吉神에 見水顯節하니 夫君의 出身으로 得財하고 多福한 家庭이다.

戌運 己卯年에 本院에서 臨床時, 庚辰年에는 用神을 도우고 劈甲引火하여 吉할 것이니 事業을 勸한 바가 있는데 辛巳年에 찾아와 감사하다는 인사를 하고 간 일이 있다. 庚辰年 初부터 민속주점을 經營하는데 날로 번창하고 있단다.

戌運은 寅戌火가 喜神이 되어 旺木을 泄氣 生土하고 土는 生金하여 吉하겠다. 그러나 주의할 점은 時支의 忌神桃花가 한편으로는 用神인 辰土를 克하고 또 한편으로는 官이 되니 夫婦關係 및 對人關係를 잘 해야 되겠다. 그렇지 아니하면 家庭不和가 있기 쉽다. 暗·明官이 混雜한데 月·日·時支가 空亡이니 더욱 그러하다.

向後 金運은 藥神이 되어 吉하고 己運은 用神을 도와서 吉하겠으나 未運은 旺木이 入墓하여 用神을 克害하므로 凶하다.

1954年生. 身弱比刦爲用

庚 庚 丙 甲
辰 申 寅 午

71 61 51 41 31 21 11 01
甲 癸 壬 辛 庚 己 戊 丁
戌 酉 申 未 午 巳 辰 卯

寅月은 木强金弱한데 甲木이 透干하였으니 財旺하고 寅午火에 丙火가 透干하였으니 官旺하다. 財官이 旺하니 自然히 身弱한데 身弱한 者는 印比生扶하여야 한다. 時支辰을 用神으로 하려고 하니 申辰水로 變하여 不用하고 時上의 庚金으로 弱한 日主를 도와야 한다. 則 庚金이 用神이고 辰土가 喜神이다.

初年 丁卯運은 病神이 得勢하니 寒微家에서 生長하였다. 戊運以後 喜神이 되니 工夫를 잘하여 己運에 地方名門大 社會學科에 入學하여 巳運에 三刑을 成局하니 維新政權에 抗拒하다가 收監되었다. 庚運에 用神을 돕는데 丁卯年에 財星이 되어 成婚하고 戊辰年에 得宅하였다. 己巳年에 庚金의 長生地가 되고 忌神인 甲木을 合去하며 官星(子)年이 되니 得男하였다. 午運에 病神이 得勢하는데 壬申年에 坐下를 爭冲하니 喪妻하였다. 이는 坐下가 冲이 된 緣故다. 辛運은 用神을 도우고 病神인 丙火를 合去하니 小財를 得하였

다. 未運은 午未火가 病神을 도와 凶하고 壬運은 火가 病神에 見水顯節하여 吉運이 아니다.

向後 金運은 用神을 도우니 吉하리라.

*. 運動圈 學生이었던 것은 庚辰魁罡殺의 作用이다.

*. 殺印相生格이면 官星運에 吉했을 텐데, 官星運에 投獄되고 喪妻를 하는 등 凶하였으므로 身弱에 比劫을 用神으로 하고 官星을 病神으로 하여 풀이 하였다.

1968年生. 身旺用財格

甲 庚 甲 戊

申 申 寅 申

75 65 55 45 35 25 15 05

壬 辛 庚 己 戊 丁 丙 乙

戌 酉 申 未 午 巳 辰 卯

寅月庚金은 木强金弱이지만 地支의 三申에 得祿하고 戊土가 寅에 長生하여 生金하니 弱而反旺하여 身旺用財格이 된다. 則 甲木이 用神에 水運은 喜神이며 金이 病神에 寅中의 丙火가 藥神이다.

初年 寅運에 寅과 申이 1:3로 冲하여 衰者冲之拔根하니 用神甲

木(父星)의 根이 傷하여 父先亡하였다.

乙卯丙運은 用神을 도우고 藥神이 되어 平和 家庭이고 辰運에 申과 辰이 3:1로 合하여 會局救冲하니 用神이 生氣를 얻어 吉하였다. 이때 商大를 卒業하고 丁運에 藥神이 되는데 甲戌年에 用神을 도우니 수협중앙회에 취직하였다. 身旺財弱은 金融界에 屬하기 때문에 商大와 水協이다.

巳運은 藥神이 되어 吉한데 庚辰年에 甲木이 庚金을 만나 材木을 作成하고 辰은 會局救冲하여 用神이 生氣를 얻으니 得宅하였다.

辛巳年에 노동조합위원장에 출마한다고 하길래 大定數 계산을 해 보니 다음과 같았다.

總數 2060

愛我嬰女 牽引不與 冀幸高貴 反得下賤

나의 어린 딸을 사랑하여 서로 끌어당기지만 주지 않는다. 敷衍하면, 高貴해짐을 바라지만 도리어 卑賤해진다. 즉 실속 없는 虛名은 찾아온다는 뜻이다.

向後 南方火運 동안은 藥神이 되어 吉하리라. 그러나 庚과 申 交運에 金木이 交爭하니 中風이 염려된다.

*. 地支全冲이니 車조심과 自己統制 要望

1972年生. 身弱印星爲用

戊 庚 壬 壬
寅 辰 寅 子

75 65 55 45 35 25 15 05
庚 己 戊 丁 丙 乙 甲 癸
戌 酉 申 未 午 巳 辰 卯

寅月은 木强金弱한데 寅時에 三水가 泄氣하니 身弱하다. 土가 用神에 火運은 喜神이며 木이 病神에 金運은 藥神이 된다.

初年 水木運은 吉運이 아니고 辰運에 用神인 印綬運이 되고 辰에 華蓋星이 있어 藝體能에 能한지라 golf를 배워서 乙運은 病神을

도와 吉運이 아니고 巳運에 喜神이 되니 golf를 지도하고 있다.

向後 南方火運 동안은 喜神이 되어 吉하겠고 土金運은 用神을 도우고 藥神이 되어 吉하리라. 그러나 戌運에 用神의 根이고 魁罡逢冲이면 大凶하리라.

*. 財星이 病神이고 孤辰殺과 空(亡)이니 欠이 된다.

*. 印綬가 吉神인 者는 教職者에 많다.

1980年生. 身旺用財格

癸 庚 己 庚

未 辰 卯 申

80	70	60	50	40	30	20	10
丁	丙	乙	甲	癸	壬	辛	庚
亥	戌	酉	申	未	午	巳	辰

卯月庚金은 木强金弱한데 金이 셋이고 土가 셋이니 弱而反旺하여 身旺하다. 身旺用財하여 木으로써 土를 除去하여야 된다. 則 木이 用神에 水는 喜神이고 木을 傷害하는 金이 病神에 火運은 制金하는 藥神이 된다.

辰運에 病神을 生하여 凶한데 戊寅年에 喜神인 癸水를 合去하니

祖母님의 喪을 當하였다. 이는 傷官은 祖母에 해당하기 때문이다.

辛運에 病神을 도와 吉運이 아니니 大學을 포기하고 專門學校 의상디자인 學科에 入學하였다. 의상디자인은 卯木이 吉神懸針星인 緣故다. 辛巳年 현재 軍役中이다.

向後 巳運은 藥神이 되어 病神을 除去하므로 用神인 木이 生氣를 얻어 吉하겠다. 壬運은 喜神이 되어 吉하고 午運은 藥神이 되어 吉하며 癸運은 喜神이 되어 吉하리라. 그러나 酉運은 用神을 冲하므로 危險하다.

1947年生(女命). 身弱印星爲用

丁 庚 癸 丁

亥 寅 卯 亥

79 69 59 49 39 29 19 09

辛 庚 己 戊 丁 丙 乙 甲

亥 戌 酉 申 未 午 巳 辰

참으로 難解하다.

卯月의 庚金은 胎地이므로 弱한데 坐下寅은 庚金의 絶地이고 亥亥水와 癸水는 弱한 庚金을 泄氣하고 兩丁은 弱한 庚金을 克하니 身이 太弱함은 不言可知이다. 그렇다고 食傷과 財星과 官星이 均等

하게 旺(왕)하여 從勢格(종세격)[18]이 되는 것도 아니고 또 어느 한곳으로 치우쳐 있는 것도 아니니 從格(종격)도 아니며 陽干(양간)은 從氣不從勢(종기부종세)하니 從格(종격)은 더욱 아니다.

解法(해법)

庚金(경금)은 寅(인)에 絶地(절지)가 되지만 寅中(인중)에는 戊丙甲(무병갑)이 있으니 庚金(경금)의 印星(인성)인 戊土(무토)는 寅(인)에 長生(장생)이 되어 庚金(경금)을 生(생)할 能力(능력)이 있다. 則(즉) 寅木(인목)이 忌神(기신)에서 吉神(길신)으로 變(변)한다. 이와 같은 경우를 命書(명서)에서는 絶處逢生(절처봉생)이라고 한다. 甲申日(갑신일), 戊寅日(무인일), 癸丑日(계축일), 庚午日(경오일)도 一般(일반)이다. 따라서 寅中(인중)의 戊土(무토)가 用神(용신)이고 克土(극토)하는 木(목)이 病神(병신)에 制木(제목)하는 金運(금운)은 藥神(약신)이 된다.

初年(초년) 木運(목운)에는 病神(병신)을 도우니 寒微家(한미가)에서 生長(생장)하고 辰運(진운)에 用神(용신)을 도와서 成婚(성혼)하고 未運(미운)까지는 百事(백사)가 無成(무성)이었고 그동안 飮食物業(음식물업) 從業員(종업원)으로 生活(생활)하여 왔다. 戊運(무운)부터 用神(용신)을 도우니 飮食物業(음식물업)을 自營(자영)하여 得財(득재)하고 있다.

向後(향후) 申運(신운)에 用神(용신)을 內包(내포)하고 있는 寅木(인목)을 沖(충)하면 危險(위험)하겠는데 이때를 지나면 庚運(경운)까지는 用神(용신)을 도우고 藥神(약신)이 되어 末年(말년)은 享福(향복)하리라.

---

18) 유경진, 『명리학 용신론』, (연해명원), 2009년, pp.615~616

1969年生. 身旺用財格

戊 庚 丁 己
寅 戌 卯 酉

80 70 60 50 40 30 20 10
己 庚 辛 壬 癸 甲 乙 丙
未 申 酉 戌 亥 子 丑 寅

卯月이지만 庚戌日은 淸明日인데 此命은 節入時前 寅時生이고 辰時에 節入이 되니 辰月의 土旺節과 類似하다.

戊己土가 透干하고 年支에 羊刃이고 坐下에 戌土이니 身旺用財하여 木이 旺土를 疏土하는 用神이고 水運은 喜神이며 金은 木을 傷害하는 病神에 火는 藥神이 된다.

初年 丙運에 藥神을 도우는데 庚申年에 四冲이 되니 父喪을 當하였다. 이는 原局에서 月支卯木(父星)이 年支와 冲하고 財星인 寅卯가 空亡이 되어 父와는 因緣이 薄한 緣故다.

寅乙運에 用神을 도우니 工夫를 잘하여 韓醫大에 入學하고 丑運은 上下가 吉運이니 無欠하여 卒業하고 韓醫師가 되었다.

向後 木水運은 用神을 도우고 喜神이 되어 吉하리라.

*. 韓醫師는 卯木이 吉神懸針星이고 戌이 天門인 緣故다.

*. 財星이 他神과 合해 있으니 妻의 外情이 염려되고 財星이 空亡이니 大財는 아니며 財星이 他神으로 變하고 冲이 되어 있으니 妻의 健康이 염려되고 財星이 吉神桃花이니 妻는 美人일 것이며 財星이 吉神懸針星이니 妻의 職業 또한 活人方일 확률이 높다.

1954年生. 身弱印星爲用

丙 庚 丁 甲
戌 寅 卯 午

71 61 51 41 31 21 11 01
乙 甲 癸 壬 辛 庚 己 戊
亥 戌 酉 申 未 午 巳 辰

卯月은 木强金弱한데 甲木이 透干하고 寅午戌火局에 丙丁이 透干하였으니 身이 太弱하다. 太弱이지만 陽干은 從氣不從勢하니 戌中의 辛金에 着根할 수 있어 戌土가 用神에 木이 病神이고 金運은 藥神이 된다. 火多土燥하니 火가 또 病神에 水運은 또 하나의 藥神이 된다.

初年 戊辰己土運은 用神을 도와 裕餘家에서 生長하였다. 巳運에 旺火를 도와 凶하고 庚運에 火가 忌神에 劈甲引火하여 不吉한데도 불구하고 事業을 시작하여 戊午年에 不渡가 나고 그 길로 서울로 도

피하였다. 午運(오운) 동안은 출판업회사에서 從業員(종업원)으로 기술을 배웠다.

午運(오운)은 凶(흉)하지만 庚申年(경신년)에 藥神(약신)이 되고 坐下(좌하)를 冲(충)하니 成婚(성혼)하고 辛酉年(신유년)에 藥神(약신)이 되니 得男(득남)하고 癸亥年(계해년)에 藥神(약신)이 되니 次男(차남)을 得(득)하였다.

辛運(신운)에 藥神(약신)이 되고 病神(병신)인 丙火(병화)를 合去(합거)하니 出版業(출판업)으로 得財(득재)하였다. 未運(미운)에 卯未木(묘미목) 則(즉) 病神(병신)이 得勢(득세)하고 用神(용신)인 戌土(술토)와 刑(형)이 되니 事業(사업)이 敗亡(패망)하고 참담한 나날을 보냈다고 한다. 壬運(임운)은 病神(병신)인 丁火(정화)를 合去(합거)하고 申運(신운)에 藥神(약신)이 되니 事業(사업)을 再起(재기)하고 있다.

向後(향후) 酉運(유운)까지는 藥神(약신)을 도와서 吉(길)하리라.

*. 現在(현재) 申運(신운)에 坐下(좌하)를 冲(충)하니 부인의 건강이 염려되며 본인은 血壓(혈압)이 염려된다. 火金相爭(화금상쟁)이면 혈압에 이상이 있고 노이로제증세가 있기 쉽다.

1962年生(女命). 身弱印星爲用

乙 庚 癸 壬
酉 戌 卯 寅

73 63 53 43 33 23 13 03
乙 丙 丁 戊 己 庚 辛 壬
未 申 酉 戌 亥 子 丑 寅

卯月은 木强金弱한데 寅年에 乙木이 透干하였으니 財旺하다. 壬癸水가 透干하여 金을 泄氣하니 克泄이 交加하여 身弱하다. 身弱한 者는 印比生扶함이 定理이다. 身弱에 印星爲用하여 戌土가 用神에 火運은 喜神이며 木이 病神에 金은 藥神이 된다.

初年 寅運에 財星이 病神인데 財星이 得勢하니 父先亡하였다. 이는 財星이 父星인데 寅卯가 空亡이 된 緣故이기도 하다.

辛丑庚運에 藥神과 用神을 도우니 英文學科를 졸업하고 戊辰年에 用神을 도우니 土金이 旺盛한 남자와 成婚하였다. 子運에 傷官(子星)運이 되는데 己巳年에 用神을 도우고 喜神이 되니 得女息하였다.

己運에 用神인 印星을 도우니 學院을 經營하여 得財하고 丁丑年에 喜神이 되고 用神을 도우니 得宅하였다.

己運 甲戌年에 用神을 도우니 得男하였다. 亥運에 들어 亥卯木에

病神이 得勢하니 침체기에 있다.

向後 戊戌·丁酉·丙申運은 用神과 藥神을 도우고 喜神이 되어 吉하리라.

*. 亥運 己卯年에 亥卯木이 克用神하여 凶한데 庚辰年에 用神을 冲하고 群比爭財하니 주식에 투자하여 損財하고 더불어 坐下가 冲이 되니 夫婦關係가 疏遠하다.

1960年生(女命). 食神生財格

乙 庚 庚 庚

酉 寅 辰 子

79 69 59 49 39 29 19 09

壬 癸 甲 乙 丙 丁 戊 己

申 酉 戌 亥 子 丑 寅 卯

*. 乙庚合化金格이 아닌 것은 坐下의 寅木에 依支處를 둔 乙木이 金으로 從하지 아니하기 때문이다.

辰月은 土旺節인데 二庚이 透干하여 日主를 도우고 時支에 羊刃이 있으니 身이 太旺하다. 太旺한 者는 食傷을 보고 泄氣生財하여야 된다.

則 水가 用神에 土는 病神이 되고 木은 藥神이 된다. 金多水濁하

니 金이 또한 病神에 火運은 또 하나의 藥神이 된다.

初年 木運은 地支가 重하므로 吉하고 寅運은 藥神을 도우고 寅中의 丙火가 藥神官星이니 成婚하고 一男一女를 두었다.

丁運은 藥神이 되어 吉하지만 女命에서 官逢官運은 吉한 것만은 아니다. 丑運은 酉丑金이 旺한 日主를 도우니 群比爭財로 損財하였다. 丙運은 藥神이 되어 吉하지만 女命에서 官逢官運은 吉한 것만은 아니다.

向後 水木運은 用神과 藥神을 도와 吉하리라.

*. 此命을 身旺用財格으로 하여 木이 用神에 水는 喜神이며 金이 病神에 火運을 藥神으로 풀이하여도 결과는 같다.

1953年生(女命). 身弱印星爲用. 殺印相生格

甲 庚 丙 癸

申 寅 辰 巳

79 69 59 49 39 29 19 09

甲 癸 壬 辛 庚 己 戊 丁

子 亥 戌 酉 申 未 午 巳

辰月은 土旺節이지만 寅과 辰사이에 卯를 拱夾하여 寅卯辰巳 則

地聚東南인데 甲木과 丙火가 透干하였으니 財官이 旺한데 癸水가 日元을 泄氣하니 身弱하다. 申金을 쓰려고 하니 寅申冲하여 不用한다. 辰土가 生金하는 用神이고 火가 喜神이며 木이 病神에 金은 藥神이 된다.

午運에 喜神官星이 되는데 己未年에 用神을 도우니 成婚하고 辛酉年에 藥神을 도우니 得女하고 己運에 用神을 돕는데 乙丑年에 또 用神을 도우니 次女를 得하였다.

己運 以後 夫君은 放送社에 취직하고 本人도 경제활동으로 得財하여 多福한 家庭이다. 財星이 病神이지만 時上偏財이니 다소 橫財數가 있었다고 한다. 庚運에 火가 吉神에 劈甲引火하니 못사는 媤同生에게 집을 한 채 사줄 정도로 得財하였다.

申運 己卯年에 原局에서 寅(卯)辰에 着根한 甲木이 用神인 辰土를 克하고 있으니 胃가 弱하고 胚鄕이 弱한데 卯木이 또 土를 克하니 胚鄕手術을 하였다.

向後 辛酉運은 藥神이 되어 吉하겠고 壬運은 丙火가 吉神인데 見水顯節하여 吉하겠다. 그러나 戌運은 用神을 冲하여 危險하리라.

*. 得男하지 못한 것은 日時支가 冲과 刑이 된 緣故다.

*. 胃弱(위약)에 熱(열)이 많으면 口臭(구취)가 날 수도 있다.

1957年生(女命). 身旺用財格

己 庚 甲 丁

卯 午 辰 酉

73 63 53 43 33 23 13 03

壬 辛 庚 己 戊 丁 丙 乙

子 亥 戌 酉 申 未 午 巳

辰月(진월)은 土旺節(토왕절)은데 己土(기토)가 透干(투간)하여 日主(일주)를 生(생)하고 年支(년지)의 羊刃(양인)이 日主(일주)를 도우니 身旺(신왕)하다. 身旺(신왕)한 中(중) 印星(인성)이 더 旺(왕)하니 그 印星(인성)을 制(제)하여야 한다. 則(즉) 身旺用財(신왕용재)하여 甲木(갑목)이 用神(용신)이고 水運(수운)은 喜神(희신)이며 酉金(유금)이 病神(병신)에 火(화)는 그 病(병)을 除去(제거)하는 藥神(약신)이 된다.

初年(초년) 乙巳丙運(을사병운)은 用神(용신)과 藥神(약신)을 도와 吉(길)하였다. 午運(오운)에 用神(용신)인 甲木(갑목)(財星(재성)=父(부))의 死地(사지)가 되니 父先亡(부선망)하였다.

丁運(정운)부터 golf를 배워서 未運(미운)에 卯未木(묘미목)이 用神(용신)을 도우니 전국적으로 名聲(명성)을 얻은 golfer가 되었다. 戊申運(무신운)은 地支(지지)가 重(중)한데 申辰水(신진수)가 喜神(희신)이 되고 轉轉相生(전전상생)되니 golf강사로서 脚光(각광)을 받게 되었다. 己運(기운)에 들어 用神(용신)을 合去(합거)하니 침체기다.

向後(향후) 酉運(유운)은 身旺(신왕)에 羊刃(양인)이 再逢羊刃(재봉양인)하고 用神(용신)의 根(근)인 卯(묘)를 沖(충)

하면 不吉(불길)하겠는데 이때 群比爭財(군비쟁재)가 되니 損財(손재)가 염려되며 桃花逢冲(도화봉충)이니 異性關係(이성관계)를 조심하여야 되겠다.

庚運(경운)은 甲木(갑목)이 金(금)을 만나 材木(재목)을 作成(작성)하고 劈甲引丁(벽갑인정)으로 吉(길)할 것이다. 그러나 戌運(술운)은 四冲(사충)이 全備(전비)하여 吉運(길운)이 아니다.

*. 四柱(사주)에 沐浴地(목욕지)(子午卯酉(자오묘유)를 四敗局(사패국)이라고도 함.)가 많으면 酒色(주색)放蕩(방탕)할 염려가 있고 一生(일생)동안 數多(수다)한 異性(이성)을 접대하지 않으면 안 될 것이니 娼妓(창기)가 아니면 男女關係(남녀관계)를 媒介(매개)하는 사람이 되거나 孤獨(고독)한 寡婦(과부)가 되기도 한다.

如此(여차)하여 此命(차명)은 수많은 男性(남성)들에게 golf를 지도하는 강사이며 40대 중반이 되도록 獨身(독신)으로 살고 있다.

*. 兩枝桃花(양지도화)에 男命(남명)이었다면 두 집 살림을 하리라.

*. 女命(여명)이니 身旺用官格(신왕용관격)이 더 타당하지만 午運(오운)에 父亡(부망)하였으니 上記(상기)와 같이 풀이 하였다.

1958年生(女命). 身旺用財格

己 庚 丙 戊
卯 午 辰 戌

76 66 56 46 36 26 16 06
戊 己 庚 辛 壬 癸 甲 乙
申 酉 戌 亥 子 丑 寅 卯

穀雨後 三日은 戊土가 司令하는데 四土가 生金하고 있으니 日主弱印星旺에 의한 身旺이므로 財星으로 印星을 除去하여야 한다. 則卯木이 用神이고 水運은 喜神이다.

初年 乙卯甲運은 用神을 도와 吉하고 寅運에 用神을 도우고 寅午戌火가 官星이 되니 成婚하였다.

癸運은 喜神이 되어 吉하고, 丑運은 旺土를 도와 凶한데 丑戌刑이 되니 母喪을 當하였다. 이는 土는 곧 印星(母)인데 忌神이고 年月支에서 冲한 緣故다.

壬運 丙子年에 食傷이 見官星하는데 丁酉月에 六冲이 全備하니 夫喪을 當하였다. 이는 暗明官이 混雜하고 戊戌魁罡殺이 있는 緣故다. 子運은 四冲이 되어 吉運이 아니다.

向後 辛運은 群比爭財와 群比爭官하여 吉運이 아니고 亥運은 用神을 生하여 吉하겠다. 庚戌運은 旺神을 도우고 旺土를 冲發하여

用神木은 折이 되니 凶하리라.

*. 木이 用神이기 때문에 의류상을 한다.

1964年生. 身旺用財格

丙 庚 戊 甲

子 戌 辰 辰

72 62 52 42 32 22 12 02

丙 乙 甲 癸 壬 辛 庚 己

子 亥 戌 酉 申 未 午 巳

辰月은 土旺節인데 四土가 庚金을 生하니 身旺한 中에 旺한 印星이 欠이 된다. 身旺用財하여 辰土에 根을 둔 甲木으로 旺한 土를 疏土하여야 된다. 則 甲木이 用神에 子水가 喜神이다.

初年 火土運은 旺土를 生扶하여 吉運이 아니니 寒微家에서 成長하고 배움도 不足하였다.

辛運에 丙辛水가 喜神이 되는데 丁卯年에 財星年이 되고 日支를 合하니 成婚한 후 一男一女를 두었다.

未運에 旺土를 도와 凶한데 印星인 土가 戌未刑까지 되니 母喪을 當하였다.

壬運(임운)에 인테리어業(업)을 시작하였으나 火(화)가 忌神(기신)에 見水顯節(견수현절)하니 損益(손익)이 相半(상반)이었다.

向後(향후) 申運(신운)은 申子辰水(신자진수)가 喜神(희신)이 되어 吉(길)하겠고 癸運(계운)은 喜神(희신)이 되고 忌神(기신)인 戊土(무토)를 合去(합거)하니 吉(길)하겠다. 酉運(유운)은 群比爭財(군비쟁재)하여 吉運(길운)이 아니지만 甲運(갑운)은 用神(용신)을 도와 吉(길)하리라. 戌運(술운)은 辰(진)과 戌(술)이 2:2로 冲(충)하면 用神(용신)은 折(절)이 되고 喜神(희신)은 泥塞(니색)되어 危險(위험)하리라. 이때 坐下(좌하) 冲(충)이니 婦人(부인)의 건강이 염려되며 本人(본인)은 胃病(위병)이 염려된다. 이때를 지나면 北方水運(북방수운)은 喜神(희신)이 되어 吉(길)하겠다.

*. 木(목)이 用神(용신)이니 인테리어다.

*. 吉運(길운)이 아닌 동안은 自營(자영)하기 보다는 被傭(피용)되는 것이 낫다.

1937年生. 傷官制殺格. 調候用神

癸 庚 乙 丁
未 戌 巳 丑

76 66 56 46 36 26 16 06
丁 戊 己 庚 辛 壬 癸 甲
酉 戌 亥 子 丑 寅 卯 辰

立夏節(입하절)은 火旺當令(화왕당령)한데 丁火(정화)가 透干(투간)하고 乙木(을목)이 生火(생화)하며 三土(삼토)

가 있으니 火旺土燥하다. 調候가 時急하니 傷官制殺格에 癸水가 用神이고 巳丑金이 喜神이며 土는 制濕하는 病神에 乙木이 病神을 除去하는 藥神이다.

初年 木水運은 藥神과 用神을 도와 外國語를 專攻하고 辛運에 喜神을 도와 外國語敎授가 되었다.

丑運에 丑丑戌未病神이 得勢하고 三刑이 되니 母喪을 當하였다. 이는 病神인 印星이 太旺해진 緣故다.

庚子運은 喜神과 用神을 도와 吉하였다. 己運에 病神이 得勢하여 用神을 克傷하니 癸酉年에 退職하였다. 甲戌年에 病神이 得勢하니 빚보증을 잘못서 주어서 損財를 當하였다. 亥運은 亥未木이 藥神을 도우고 用神을 도와 吉하다.

向後 戊戌丁運은 病神을 扶生하여 吉運이 아니다.

*. 外國語는 金이 吉神인 緣故다.

1941年生(女命). 身弱比刦爲用

丙 庚 癸 辛
戌 午 巳 巳

75 65 55 45 35 25 15 05
辛 庚 己 戊 丁 丙 乙 甲
丑 子 亥 戌 酉 申 未 午

巳月(사월)은 庚金(경금)의 長生地(장생지)이지만 午戌合化火(오술합화화)와 兩巳(양사)에 丙火(병화)가 透干(투간)하였으니 官殺(관살)이 太旺(태왕)하다. 太旺(태왕)한 官殺(관살)이 克身(극신)하니 身(신)은 甚(심)히 太弱(태약)하다. 庚金(경금)은 陽干(양간)으로서 從氣不從勢(종기부종세)하는데 巳火(사화)에 長生(장생)이 되고 辛金(신금)이 扶身(부신)하니 從殺格(종살격)은 아니다. 弱(약)한 身(신)이 依支(의지)할 곳은 比劫(비겁)인 辛金(신금)뿐이다. 則(즉) 辛金(신금)이 用神(용신)에 濕土運(습토운)은 喜神(희신)이며 辛金(신금)을 傷害(상해)하는 火(화)는 病神(병신)이고 制火(제화)하는 癸水(계수)는 藥神(약신)이 된다.

初年(초년) 甲午乙未運(갑오을미운)은 病神(병신)을 生(생)하니 寒微家(한미가)에서 生長(생장)하였다. 未運(미운) 甲辰年(갑진년)에 喜神(희신)이 되고 日干(일간)을 沖(충)하니 成婚(성혼)하고 申運(신운)부터 用神(용신)을 도우니 夫君(부군)이 出身(출신)하여 安樂家庭(안락가정)이고 一男二女(일남이녀)를 두었다.

身弱(신약)하니 典型的(전형적)인 家庭主婦(가정주부)의 命造(명조)다. 西方運(서방운)은 地支(지지)가 重(중)하니 吉(길)하였다.

戊戌運(무술운)은 旺火(왕화)가 入墓(입묘)하고 藥神(약신)인 癸水(계수)를 合去(합거)하니 치질수술을 하고 神經衰弱(신경쇠약)도 있었으며 子女(자녀)의 학비부담이 컸다.

己運(기운) 己卯年(기묘년)에 藥神(약신)인 癸水(계수)를 冲去(충거)하고 卯木(묘목)이 生(생)한 旺火(왕화)가 用神(용신)을 克(극)하니 夫君(부군)이 退職(퇴직)하였다.

現在(현재) 亥運(해운)은 藥神(약신)을 도와 吉(길)하지만 今年(금년) 辛巳年(신사년)은 四冲(사충)이 되니 차조심이 요망되며 自己統制(자기통제)가 요망된다.

向後(향후) 丑運(축운)까지는 用神(용신)과 藥神(약신)을 도우고 喜神(희신)이 되어 吉(길)하겠지만 子運(자운)만은 子午冲(자오충)하여 旺火(왕화)가 冲發(충발)하면 吉(길)함이 적겠다.

*. 身(신)이 太弱(태약)하니 잔病(병)이 있기 쉽고, 火金相爭(화금상쟁)이니 痔疾(치질) 血壓(혈압) 精神分裂症(정신분열증)이 있기 쉽다. 原局(원국)에 喜神(희신)인 濕土(습토)가 있었다면 한층 더 貴格(귀격)이었을 것이다.

1972年生(女命). 調候用神

丁 庚 乙 壬
亥 子 巳 子

72 62 52 42 32 22 12 02
丁 戊 己 庚 辛 壬 癸 甲
酉 戌 亥 子 丑 寅 卯 辰

巳月(사월)은 庚金(경금)의 長生地(장생지)이며 火旺當令(화왕당령)하지만 水(수)가 넷이나 되어 도리어 寒濕(한습)하여 調候(조후)가 필요하다. 따라서 火(화)가 用神(용신)에 乙木(을목)은 喜神(희신)이며 水가 病神에 土運은 藥神이 된다.

卯運에 喜神을 도우니 吉한데 癸酉年에 桃花逢沖하니 成婚하였다. 壬運에 用神인 丁火를 合去하여 凶한데 甲戌年에는 喜神을 도우고 藥神이 되니 得男하였으나 乙亥年에는 用神의 根인 巳火를 沖하니 그 아들을 잃었다. 이는 用神의 根인 巳火가 (空)亡이며 時支가 病神인 緣故다.

寅運부터 喜神을 도와 吉한데 木이 吉神이기 때문에 의류상을 自營하여 得財하고 있다.

向後 辛運은 官星인 用神을 沖하여 凶한데 이때 夫婦關係가 염려되고 夫君의 건강이 또한 염려된다. 이는 坐下가 傷官이고 用神의 根인 巳火(官星)가 (空)亡이니 더욱 그러하다.

1958年生(女命). 身弱比劫爲用

辛 庚 丁 戊

巳 子 巳 戌

76 66 56 46 36 26 16 06

己 庚 辛 壬 癸 甲 乙 丙

酉 戌 亥 子 丑 寅 卯 辰

庚金이 巳月에 長生地가 되지만 火旺當令하고 巳時에 丁火가 透

干하였으니 燥熱하고 身弱하다. 戊戌土가 있으나 燥土가 되어 生金할 能力이 不足하니 依支處는 辛金뿐이다. 則 辛金이 用神에 濕土運은 喜神이며 火가 病神에 子水는 制火하는 藥神이 된다.

卯運 庚申年에 用神을 도우고 日支를 合하니 成婚하고 甲運은 官星을 生하니 夫君이 出身하였다.

寅運은 寅戌火에 得勢한 病神이 用神을 克하고 官星과 寅巳刑이 되니 夫婦別離하였다. 이는 官星의 根인 巳火가 (空)亡이고 坐下傷官인 緣故다. 이때 火金相爭이 되어 神經衰弱症勢도 甚하였다고 한다.

癸運 以後 藥神을 도우고 用神을 生하니 經營하는 美容室이 好況을 누리고 있다고 한다.

向後 庚運까지는 藥神과 用神을 도와 吉하리라. 그러나 戌運은 旺火가 入墓하여 凶하다.

1972年生. 身弱比刦爲用

辛 庚 乙 壬

巳 申 巳 子

73 63 53 43 33 23 13 03

癸 壬 辛 庚 己 戊 丁 丙

丑 子 亥 戌 酉 申 未 午

巳月의 庚金은 火旺金弱한데 巳時와 壬子水가 克泄하니 身弱하다. 依支處는 比劫뿐이다. 則 金이 用神에 土運은 喜神이며 火가 病神에 水는 藥神이 된다.

初年 火運은 病神을 도우니 寒微家에서 成長하였다. 戊運에 喜神인 印星運이 되니 大學에 進學하고 辛申이 懸針星이 되니 書藝學을 專攻하였다. 己運에 印星인 喜神이 되어 吉한데 戊子年에 印星이 되고 藥神을 도우니 印章學博士學位를 취득하였다. 印章學은 辛申이 懸針星인 緣故다.

申運에 用神을 도와 吉한데 戊寅年에 坐下를 冲하니 逢女한 후 12年 동안 사귀다가 酉運 庚寅年에 坐下를 冲하니 그녀와 別離하였다. 酉運 庚寅年(39세)이 되도록 成婚하지 못한 것은 坐下가 比劫에 財星(妻星)이 凶神인 緣故다.

向後 金土運은 用神을 도우고 喜神이 되어 吉하리라. 亥運은 官

星인 月建을 冲하니 직장에 변동이 있겠다. 그 이후 水運은 藥神이 되어 吉하리라.

*. 12年 동안 사귀다가 헤어진 女命은 다음과 같다.

1973年生(女命). 身弱比刦爲用

乙 壬 壬 癸
巳 午 戌 丑

79 69 59 49 39 29 19 09
庚 己 戊 丁 丙 乙 甲 癸
午 巳 辰 卯 寅 丑 子 亥

헤어진 原因을 命理學的으로 分析해 보면 本人 壬子生은 83세까지 吉運이지만 癸丑生 女命은 向後 吉運이 없고 官星白虎殺이 있기 때문이다.

1943年生. 傷官制殺格. 調候用神

丙 庚 戊 癸
戌 子 午 未

72 62 52 42 32 22 12 02
庚 辛 壬 癸 甲 乙 丙 丁
戌 亥 子 丑 寅 卯 辰 巳

庚金이 火旺節에 生하여 午戌火와 午未火에 丙火가 透干하였으니 용광로 속의 쇳물이다. 庚金은 火를 만나야 器物을 作成한다고는 하지만 쇳물이니 어찌 器物을 作成할 수 있겠는가. 溫度를 낮추어야 한다.

濕土가 있으면 解熱도 하고 弱한 日主를 生하는 用神이 되겠는데 戌戊未土는 燥熱하여 能力이 不足하다. 따라서 調候用神으로 食傷制殺하는 水가 用神에 金運이 喜神이 된다. 用神을 克傷하는 土가 病神에 木運은 藥神이 되지만 旺火를 生하므로 吉한 것만은 아니다.

辰運에 用神이 生氣를 얻으니 成婚하고 甲運까지는 藥神이 되어 無欠하였다. 寅運에 寅午戌旺火가 金을 克하니 大腸病으로 苦生하고 損財를 當하였다. 大腸病은 旺火에 弱한 金이 損傷된 緣故다. 癸運부터 用神을 도우니 커피전문점을 自營하여 得財하고 있다. 水가 用神이니 커피전문점이다.

向後 庚運까지는 用神을 도우고 喜神이 되어 吉하리라. 그러나 戌運은 旺火가 入墓하여 吉運이 아니다.

*. 坐下에 子水가 用神이며 吉神桃花이니 妻가 美人型이며 妻의 도움이 큰 八字이다.

1945年生(女命). 身弱劫財爲用.

戊 庚 壬 乙
寅 午 午 酉

73 63 53 43 33 23 13 03
庚 己 戊 丁 丙 乙 甲 癸
寅 丑 子 亥 戌 酉 申 未

午月의 庚金이 火旺金弱한데 寅時와 坐下에 午火가 있고 年上에 乙木이 있고 月上에 壬水가 있으니 克泄이 交加하여 身弱하고 燥熱하다. 戊土는 燥熱하여 生金할 能力이 不足하니 不用하고 依支處는 劫財뿐이다. 따라서 酉金이 用神에 濕土運은 喜神이 되고 火가 病神에 水는 그 病을 除去하는 藥神이 된다.

未運에 천연두를 앓아서 마마자국이 생겼다. 이는 原局에 寅午午旺火가 있는데 午未火가 그 火를 도우니 弱한 金이 傷한 때문이며

湯火殺(탕화살)이 있는 緣故(연고)다.

申運(신운)에 用神(용신)을 도우니 成婚(성혼)하고 一子(일자)를 두고 多福(다복)한 家庭(가정)이었다. 丙運(병운)은 病神(병신)을 도우고 女命(여명)에 官逢官運(관봉관운)이면 鏡破釵分(경파채분)이니 百事(백사)가 無成(무성)이었다. 戌運(술운)에 旺火(왕화)가 入墓(입묘)하여 凶(흉)한데 甲子年(갑자년)에 夫婦別離(부부별리)하였다. 이는 官逢官運(관봉관운)이 되고 坐下(좌하)가 忌神桃花(기신도화)이며 空(亡)(공망)인데 歲運(세운)의 子水(자수)가 坐下(좌하)를 포함한 旺火(왕화)를 爭冲(쟁충)한 緣故(연고)다. 命書(명서)에서도 "過於(과어) 燥熱(조열)이면 水激處(수격처)에 反爲凶災(반위흉재)" 라고 했다.

丁運(정운) 己巳年(기사년)에 官星(관성)이 되고 坐下(좌하)를 合(합)하니 再婚(재혼)하였다. 亥運(해운) 이후 藥神(약신)을 도우고 喜神(희신)을 도우니 夫君(부군)의 事業(사업)이 번창하여 안정된 生活(생활)을 하고 있다.

向後(향후) 子運(자운)은 旺火(왕화)를 冲(충)하고 用神(용신)의 死地(사지)가 되니 吉運(길운)이 아니다. 이때를 지나면 庚運(경운)까지는 喜神(희신)과 用神(용신)을 도와서 吉(길)하리라.

*. 此命(차명)을 食神制殺格(식신제살격)으로 풀이하여도 별반 차이는 없다. 이 경우에는 水(수)가 用神(용신)에 金(금)은 喜神(희신)이고 辰·丑土(진축토)는 酉金(유금)과 合(합)하여 金(금)으로 化(화)하여 喜神(희신)이 되고 己土(기토)는 土生金(토생금) 金生水(금생수)하므로 吉(길)하다. 그러나 戊·戌·未土(무술미토)는 病神(병신)이 된다.

*. 湯火殺

基準 / 適用	寅日生	午日生	丑日生	作　用
(年,月,時)支	巳,申三刑	午(自刑) 丑(害) 辰(隔角)	戌未三刑 午(害)	火傷, 飮毒. 男命은 銃, 破片傷이나 自身이 아니면 妻妾 愛人이 飮毒. 女命은 飮毒 黑痣, 얼굴이 얽었거나 등. 戊寅日生: 湯火殺+七殺+多逢寅=湯, 七殺 太旺으로 被害太重. 戊子日生은 湯火는 아니나 坐財身弱에 柱中寅, 巳, 申逢三刑+冲=大災

1931年生(女命). 身弱比劫爲用. 調候用神

甲 庚 甲 辛

申 戌 午 未

75 65 55 45 35 25 15 05

壬 辛 庚 己 戊 丁 丙 乙

寅 丑 子 亥 戌 酉 申 未

前職(전직) 敎職者(교직자)의 命造(명조)

用神(용신)을 찾아라. 찾으면 있다.

庚金(경금)이 不逢火氣(불봉화기)면 器物(기물)을 作成(작성)하지 못한다고 한다. 目的(목적)은 器物(기물)이지 쇳물은 아니다.

此命을 分析해보면 庚金이 午月敗地(一名 咸池殺=沐浴殺)에서 生하여 地支에 午戌合化火하고 午未合化火하는데 또 天干에 雙甲木이 生火하니 炎天에 旱災가 太甚하다. 비유하자면 용광로속의 쇳물과 같으니 어찌 器物을 작성할 수 있겠는가. 물로 식히면 된다. 調候用神으로 보든 抑扶用神으로 보든 依支處는 金뿐이다. 則 金이 用神에 濕土運은 喜神이며 火가 病神이고 水運은 藥神이 된다. 다시 말하면 財旺官旺에 無印이면 比劫이 用神이다. 이것이 此命의 用神定法의 解法이다.

申運에 用神을 도우니 敎職生活을 시작하였다. 戌運 甲寅年에 寅午戌火旺하니 夫婦反目하였다. 이는 夫(官=火)의 妻有外情(女命에서 官이 他五行과 合하고 있을 때)과 女命에 官逢官運이면 鏡破釵分이고 坐下의 戌土가 空亡이며 未申이 寡宿과 孤辰이니 原來 孤獨한 命造인데 庚戌魁罡까지 부채질한 때문이다. 己亥運은 喜神이 되고 藥神이 되어 吉하였다. 庚運은 火가 忌神에 劈甲引火하여 凶한데 이때 退職하였다. 子辛運은 藥神이 되고 用神을 도와서 吉하였다. 丑運은 喜神이지만 丑戌未三刑이 되니 吉함이 적다. 이때 土三刑이니 胃와 胚鄕病이 염려된다.

*. 印比生扶(인비생부)가 要望(요망)되는 命造(명조)는 教職者(교직자)에 많다.

1947年生(女命). 去官留殺格. 食神制殺格

戊 庚 丙 丁

寅 申 午 亥

80 70 60 50 40 30 20 10

甲 癸 壬 辛 庚 己 戊 丁

寅 丑 子 亥 戌 酉 申 未

午月(오월)은 火旺當令(화왕당령)인데 寅午(인오)가 會局救冲(회국구충)하고 丙丁(병정)이 透干(투간)하였으니 官殺混雜(관살혼잡)에 去官留殺(거관유살)하는 亥水(해수)가 用神(용신)에 申金(신금)은 喜神(희신)이다. 則(즉) 亥中(해중)의 壬水(임수)가 丁壬合木(정임합목)으로 去官(거관)하고 調候(조후)하는 用神(용신)이 된다.

天干(천간)의 戊土(무토)는 地支(지지)의 亥水(해수)와는 應(응)함이 없으므로 病神(병신)으로서의 영향력이 적으며 木(목)은 燥熱(조열)만 더할 따름이다.

初年(초년) 丁未戊運(정미무운)은 旺火(왕화)를 도우고 燥熱(조열)하여 吉運(길운)이 아니었다. 申運(신운)에 喜神(희신)을 도우니 成婚(성혼)하고 己運(기운)은 旺火(왕화)를 泄氣生金(설기생금)하니 吉(길)하며 酉(유) 庚運(경운)은 喜神(희신)을 도와서 得財(득재)하고 安樂(안락)한 家庭(가정)이었다.

戌運(술운)에 들어 寅午戌旺火(인오술왕화)가 得勢(득세)하니 夫君(부군)의 事業(사업)이 失敗(실패)하고 官(관) 逢官運(봉관운)이 되어 夫婦葛藤(부부갈등)이 甚(심)하였으나 忍者有福(인자유복)이라 하여 지혜롭게 대처한 나머지 夫婦別離(부부별리)는 免(면)하였다고 한다. 辛運(신운)부터 喜神(희신)을 도우니 夫婦共同(부부공동)으로 飮食物業(음식물업)을 自營(자영)하고 있다.

向後(향후) 北方水運(북방수운)은 用神(용신)을 도우고 調候(조후)하여 吉(길)하겠다.

*. 此命(차명)을 身弱比劫爲用(신약비겁위용)으로 풀이하여도 별반 차이는 없다.

*. 官殺混雜(관살혼잡)

官殺混雜(관살혼잡)은 賤格(천격)이니 七殺(칠살)과 正官(정관)이 함께 透出(투출)하였을 때는 七殺(칠살)을 合去(합거) 冲去(충거) 克去(극거)하면 去殺留官格(거살유관격)으로 福(복)이 되고, 正官(정관)을 合去(합거) 冲去(충거) 克去(극거)하면 去官留殺格(거관유살격)이 되어 權力(권력)이 있다.

1990年生. 身弱比肩爲用

壬 庚 壬 庚

午 午 午 午

71 61 51 41 31 21 11 01

庚 己 戊 丁 丙 乙 甲 癸

寅 丑 子 亥 戌 酉 申 未

*. 玄妙(현묘)한 四柱(사주)다.

언뜻 보기에는 兩干不雜格(양간부잡격)에 地元一氣格(지원일기격)을 兼(겸)하였으니 大格(대격)인 듯하다. 地元一氣格(지원일기격)은 天干(천간)과 地支(지지)가 通根(통근)하고 有情(유정)하여야 吉(길)한데 此命造(차명조)에서는 通根(통근)이 안 되고 있으니 그러하지 아니하다.

地全午火(지전오화)가 身(신)을 克(극)하고 있으니 身(신)이 太弱(태약)하지만 陽干(양간)은 從氣不(종기부)從勢(종세)하니 從格(종격)은 아니다. 正格(정격)으로서 身弱(신약)에 比肩爲用(비견위용)하여 年上(년상)의 庚金(경금)이 弱(약)한 日主(일주)를 도우는 用神(용신)이고 濕土運(습토운)은 喜神(희신)이며 火(화)가 病神(병신)에 壬水(임수)가 制火(제화)하는 藥神(약신)이 된다.

돐 지나 1개월간 則(즉) 辛未年(신미년) 乙未月(을미월)에 午未合火(오미합화)가 弱(약)한 用神(용신)을 克(극)하니 驚氣(경기)를 하였다. 癸運(계운)은 藥神(약신)을 도와 無欠(무흠)하였다. 未運(미운)에 午未火(오미화)가 弱(약)한 用神(용신)을 克(극)하여 凶(흉)한데, 丁丑年(정축년)은 午日生(오일생)이 湯火殺(탕화살)이 되고 丑年(축년)에 또 害(해)가 되며 戊寅年(무인년)은 寅午火(인오화)와 克藥神(극약신)·用神(용신)하고 己卯年(기묘년)에 旺火(왕화)를 生(생)하여 克用神(극용신)하니 이 3年(년) 동안 驚氣(경기)를 하였다.

甲運(갑운)에 들어 庚辰年(경진년)은 用神(용신)을 도우고 喜神(희신)이 되어 無欠(무흠)이고 辛巳年(신사년)은 用神(용신)을 도우고 庚金(경금)이 巳(사)에 長生(장생)이 되니 無欠(무흠)이다.

向後(향후) 壬午年(임오년)과 癸未年(계미년)은 病神(병신)을 도와 吉運(길운)이 아니지만 甲申年(갑신년)以後(이후)는 金(금)·水(수)·濕土運(습토운)과 年(년)은 用神(용신)과 藥神(약신)을 도우고 喜神(희신)이 되어 吉(길)하리라.

*. 精神遲滯障碍者(정신지체장애자) 一級(일급)이다.

*. 七朔(칠삭)둥이 이다.

*. 庚金(경금)이 鎔鑛爐(용광로)속의 쇳물이니 驚氣(경기)이며 火因鬼而(화인귀이) 狂症(광증)이니 精神障碍者(정신장애자)이다.

1973年生(女命). 傷官生財格

癸 庚 己 癸

未 申 未 丑

75 65 55 45 35 25 15 05

丁 丙 乙 甲 癸 壬 辛 庚

卯 寅 丑 子 亥 戌 酉 申

大暑日에 生한 庚金이 燥熱한 未土에는 着根할 수 없으나 土가 넷이고 坐下에 申金이 있으니 太旺은 太旺이되 印綬가 旺한 太旺이고 燥熱하다. 太旺한 者는 好泄精英하니 水를 보고 旺土를 散土도 하고 潤濕해주어야 된다. 則 癸水가 用神에 申金이 喜神이며 土가 病神에 木運은 藥神이 된다.

初年 金運에 喜神이 되니 富家에서 生長하고 工夫를 잘하여 身旺財弱이니 商大를 卒業하고 銀行에 入社하였다. 壬運 己卯年에 用神을 도우고 藥神이 되니 成婚하고 庚辰年에 喜神을 도우고 申辰水가 用神을 도우니 得男하였다.

向後 戌運에는 丑戌未三刑을 成局하여 凶하겠는데, 此命에서는 土는 印綬이고 곧 어머니인데 年月에 丑未冲이니 어머니 건강에 유의하여야 되겠다. 그 以後 水木運에는 用神을 도우고 藥神이 病을 다스려 大吉하리라. 그러나 丑運은 四冲이 全備하여 凶하리라.

*. 身旺財弱者(신왕재약자)와 財多身弱者(재다신약자)는 金融界(금융계)에 많다.

*. 年柱癸丑(년주계축)의 癸水(계수)가 丑中(축중)의 癸·辛(계신)에 着根(착근)하여 吉神(길신)이니 富家(부가)에서 成長(성장)했다.

*. 觀相(관상)이 계란형이다.

. 子午卯酉時生(자오묘유시생)은 턱이 뾰족한 形(형)이 많다.

. 辰戌丑未時生(진술축미시생)은 턱이 계란形(형)에 두툼하고 포용력이 있어 보인다.

. 寅申巳亥時生(인신사해시생)은 턱이 네모形(형)이고 法官(법관)등에 많다.

. 女命(여명)으로서 丑未未(축미미)에 天乙貴人(천을귀인)이 太多(태다)하고 未未(미미)의 寡宿殺(과숙살)이 欠(흠)이다.

1954年生(女命). 身弱比劫爲用

辛 庚 辛 甲

巳 午 未 午

72 62 52 42 32 22 12 02

癸 甲 乙 丙 丁 戊 己 庚

亥 子 丑 寅 卯 辰 巳 午

小暑節(소서절)은 天乾地熱(천건지열)한데 地支(지지)에 巳午未(사오미) 南方火(남방화)가 太旺(태왕)하지만 庚金陽干(경금양간)은 從氣不從勢(종기부종세)하고 巳(사)에 長生(장생)이 되며 雙辛(쌍신)이 도우니 身弱(신약)에

比劫이 用神이 된다. 則 金이 用神이고 濕土運은 喜神이 되며 火가 病神에 水運은 藥神이 된다.

巳運 壬子年에 藥神인 食傷(子星)이 되니 成婚하고 戊辰運에 喜神이 되니 夫君이 出身하고 二男一女를 두었다.

女命 身弱日主이니 典型的인 家庭主婦의 命造다. 丁卯·丙寅運은 病神을 生扶하니 門中의 宗婦로서 苦生이 많았다고 한다.

丙運에 用神을 合去하여 凶한데 己卯年에 旺火를 生하여 弱한 用神을 克하니 夫君이 失職하였다.

向後 寅運에 寅午午爭合이 病神을 도우고 乙運은 病神을 生하여 凶하겠는데 이때 神經衰弱症勢와 心臟弱과 大腸弱이 염려된다.

*. 此命이 만약 儒教가 得勢하는 宗家집 宗婦가 아니었다면 아마도 酒店을 경영하고 있지 아니하겠나하는 생각이 든다. 이는 原局에 暗官殺이 混雜하고 水가 필요하기 때문이다. 再三 幻魂動覺說이 生覺난다.

*. 乙運에 病神을 生하여 凶한데 丁亥年에 用神과 그 根을 冲하니 신경선에 바이러스 감염으로 인한 오십견이 와 苦生이 많다.

*. 丑運에 들어 月建을 冲하여 凶한데 庚寅年에 劈甲引火하여 病

神을 도우고 癸未月에 巳午未旺火가 또 病神을 도우고 丙子日에 坐下를 冲하니 夫亡하였다. 庚寅年 庚辰月 癸巳日 甲寅時가 夫君의 命造다.

1939年生. 身旺用財格

丙 庚 辛 己

戌 戌 未 卯

72 62 52 42 32 22 12 02

癸 甲 乙 丙 丁 戊 己 庚

亥 子 丑 寅 卯 辰 巳 午

小暑 四日後의 未月은 丁火가 司令하므로 火土가 旺하지만 燥熱하므로 生金을 못한다. 그러나 土가 넷이고 辛金이 도우니 身旺한 中에도 印星이 旺하여 欠이 된다. 財星으로써 印星을 除去하여야 한다. 則 木이 用神에 水運은 喜神이 되며 辛金이 病神에 火는 藥神이 된다.

金日主가 土多하면 知能이 낮은데, 初年에 吉運까지 不逢하였으니 工夫에는 별 관심이 없었다. 巳運에 官(子星)이 되는데 己亥年에 用神을 生하니 成婚하였다. 辰運에 坐下를 冲하니 旺土가 冲發하여 凶한데 己酉年에 用神을 冲하니 夫婦別離하였다. 이는 卯木(財=妻)

이 (空)亡이고 未(未中의 乙木=妻)가 寡宿인 緣故다.

卯運에 財星(妻)用神을 도우니 再婚하고 卯木이 吉神桃花가 되니 妻家의 도움을 받아 發興하였다. 乙運부터 用神을 도우니 노래방을 自營하여 得財하고 있다. 노래방은 水(서비스업)가 吉神이며 華蓋殺(藝·體能)에 庚金이 火를 만나서 가창력이 뛰어난 緣故다. 丑運은 丑戌未三刑에 木折하니 損財가 있었다.

向後 木水運은 用神을 扶生하여 吉하리라.

*. 原局에 喜神인 水가 있었다면 格이 한층 높아 졌으리라.

1951年生. 身旺用財格

己 庚 乙 辛
卯 戌 未 卯

71 61 51 41 31 21 11 01
丁 戊 己 庚 辛 壬 癸 甲
亥 子 丑 寅 卯 辰 巳 午

未月은 土旺한데 日支에 戌土와 時上의 己土가 生金하고 年上의 辛金이 日主를 도우니 身旺한 中에도 旺한 印星이 欠이 된다. 印星을 除去하는 木이 用神이고 水運은 喜神이며 辛金이 病神에 火運

은 藥神이 된다.

身旺魁罡에 戌未刑이 있으니 壬運에 喜神이 되어 삼사관학교에 入校하였다. 卯運에 用神을 도와 昇進하고 庚運은 旺한 日主를 도우고 用神인 乙木을 合去하니 침체기였다. 寅運에 寅戌火가 官逢官運이 되니 職場에 변동이 있을 運數이므로 戊寅年에 少領으로 轉役하였다.

寅運 己卯年에 財逢財運이 되니 喪妻하였다. 이는 卯木(妻)이 (空)亡이고 坐下의 戌이 忌神에 戌未刑이며 正偏財가 混雜 된 緣故다.

向後 土運은 旺土를 도와서 吉運이 아니다. 그러나 水火運은 用神을 生하고 病神인 辛金을 除去하여 吉하리라.

*. 刑이 있는 命造는 法官과 武官에 많다.

*. 原局에 喜神인 水가 있었다면 格이 한층 높아졌으리라.

1967年生(女命). 身旺用財格

戊 庚 丁 丁
寅 辰 未 未

78 68 58 48 38 28 18 08
乙 甲 癸 壬 辛 庚 己 戊
卯 寅 丑 子 亥 戌 酉 申

小暑節은 火土가 旺盛한데 雙未에 戊辰土가 生金하고 있으나 土多에 埋金이 되고 있다. 則 身旺하되 印綬가 旺한 身旺이다. 故로 旺土를 除去하여야 한다. 즉 木이 用神에 水運은 藥神이 된다.

初年 申運에 申辰水가 用神을 生하니 吉하고 酉運은 桃花가 되니 成婚하고 一男一女를 두었다.

庚運에 身旺 魁罡日柱에 比肩運이 되고 日主伏吟이니 夫君의 外情으로 獨守空房이다. 戌運에 坐下를 冲하고 戌未刑이 되니 눈물의 세월을 보내고 있던 중 辛巳年에 用神을 포함하여 寅巳刑이 되고 官逢官이 되며 辛卯月에 丁과 辛이 2:2로 冲하니 離婚하였다.

向後 辛運은 群比爭官과 群比爭財하여 吉運이 아니지만 北方水運은 喜神이 되어 吉하리라. 그러나 丑運에 旺土를 冲發하면 用神인 木이 折되어 危險하리라.

*. 女命에 魁罡逢冲이면 旣取偏房 獨守空이니 夫君의 拉致, 橫死, 作妾, 家出, 財産蕩盡으로 그는 無責任하다.

1932年生. 食神生財格. 盧泰愚 前大統領 造

丁 庚 戊 壬

丑 戌 申 申

78 68 58 48 38 28 18 08

丙 乙 甲 癸 壬 辛 庚 己

辰 卯 寅 丑 子 亥 戌 酉

申月은 庚金의 祿이 되어 旺地인데 年支의 申金이 도우고 三土가 生金하니 身이 太旺하다. 太旺者는 好泄精英하니 泄氣하는 壬水가 用神에 金이 喜神이며 土가 病神에 木運은 藥神이 된다.

申運 丁丑年에 用神인 壬水를 合去하고 病神을 도우니 父先亡하였다. 陸士를 卒業하고 水運동안은 用神을 도와 乘勝長驅하다가 丑運은 病神을 도우고 丑戌刑이 되니 丁卯年에 민주정의당 총재로 있으면서 6월 항쟁과 6.29선언을 거쳤다. 丁卯年에 藥神이 되니 用神이 生氣를 얻어 13대 대통령에 당선되고 甲運에 藥神이 되니 대통령으로서 직무를 수행하였다. 寅大運에 藥神이 되지만 月建을 冲하고 刑하니 凶한데 丙子年에 징역형을 선고받고 丁丑年에 특별사면 되었

다. 乙運은 藥神이 되지만 壬午年에 病神을 生하여 克用神하니 전립선암 수술을 하였다. 전립선은 用神인 水가 被克된 緣故다.

1947年生. 身旺用財格

己 庚 戊 丁
卯 午 申 亥

74 64 54 44 34 24 14 04
庚 辛 壬 癸 甲 乙 丙 丁
子 丑 寅 卯 辰 巳 午 未

申月庚金이 得祿하여 旺한데 丁午에 根을 둔 戊己土가 高透하여 生金하니 印旺에 의한 身旺이다. 身旺用財하여 木이 用神에 水는 喜神이며 金이 病神에 火는 藥神이 된다. 水는 喜神이지만 用不用이 있다. 則 壬水는 藥神을 合去하니 不用하고 癸水는 藥神을 冲去하여 不用하며 亥水는 卯木을 生하므로 用하지만 子水는 藥神인 午火를 冲去하니 不用한다.

初年 南方火運은 藥神을 도우니 富家에서 成長하고 火가 吉神이니 電子工學을 專攻하였다. 乙運에 用神인 財星을 도우니 成婚하고 事業을 시작하였다. 辰運은 病神을 生하니 凶한데 지나친 事業擴張의 여파로 敗하기 시작하여 癸運에 藥神인 丁火를 冲하여 凶한데 壬

申年에 病神을 도와 用神을 克傷하니 不渡를 當하였다. 卯運에 用神을 도우니 再起하였다.

向後 壬運은 藥神인 丁火를 合去하여 吉함이 적으나 寅運은 寅午火가 制金하니 用神인 木이 生氣를 얻어 吉하리라. 辛運 以後는 吉運이 없다.

*. 身旺한 庚金이 不逢火氣면 器物을 作成하지 못한다고 하였다. 이에 따라서 此命을 身旺用官하여 火가 用神에 木이 喜神이고 水가 病神에 土를 藥神으로 풀이 하여도 別般 차이는 없다. 이 경우 水는 病神이라고 하지만 吉凶이 있다. 則 壬水는 用神을 合去하여 凶하고 癸水는 丁癸冲하여 凶하며 子水는 子午冲하여 凶하지만 亥水는 水生木 木生火하여 吉하다. 그리고 土는 藥神이 되지만 여기에도 吉凶이 있다. 則 戊己辰丑土는 旺神을 生하여 凶하지만 未土는 亥卯未木이 用神을 生하여 吉하고 戌土는 戌卯火가 用神을 도와서 吉하다.

*. 午火가 吉神 懸針星이니 電子工學이다.

1959年生(女命). 身旺用官格. 調候用神

壬 庚 壬 己
午 辰 申 亥

75 65 55 45 35 25 15 05
庚 己 戊 丁 丙 乙 甲 癸
辰 卯 寅 丑 子 亥 戌 酉

申月(신월)은 庚金(경금)의 祿地(록지)이고 坐下(좌하)의 辰土(진토)와 年上(년상)의 己土(기토)가 生金(생금)하니 身(신)이 旺(왕)하다. 申辰水(신진수)에 雙壬(쌍임)이 高透(고투)하고 亥水(해수)가 있으니 局勢(국세)가 寒濕(한습)하다. 身旺用官(신왕용관)하여 午火(오화)가 用神(용신)에 木運(목운)은 喜神(희신)이며 水(수)가 病神(병신)에 土(토)는 藥神(약신)이 된다.

戌運(술운)에 藥神(약신)을 도우니 官星(관성)인 用神(용신)이 生氣(생기)를 얻어 吉(길)한데 壬戌年(임술년)에 坐下(좌하)를 冲(충)하니 成婚(성혼)하였다. 癸亥年(계해년)에 病神(병신)을 도우니 得女息(득여식)하고 乙運(을운)에 喜神(희신)이 되어 吉(길)한데 戊辰年(무진년)에 藥神(약신)을 도우니 用神(용신)이 生氣(생기)를 얻어 得男(득남)하였다.

亥運(해운)에 病神(병신)이 得勢(득세)하여 凶(흉)한데 癸酉年(계유년)에 藥神(약신)인 己土(기토)를 冲去(충거)하고 用神(용신)인 午火(오화)가 酉(유)에 死地(사지)가 되니 甲狀腺(갑상선) 手術(수술)을 하였다.

丙運(병운)에 用神(용신)인 官星(관성)을 도우니 夫君(부군)의 事業(사업)이 興旺(흥왕)하여 多福(다복)한 家庭(가정)이다. 子運(자운)은 申子辰水(신자진수)에 病神(병신)이 得勢(득세)하여 凶(흉)한데 用神(용신)인 官星(관성)(夫星(부성))을 冲(충)하니 夫君(부군)의 혈압에 이상이 왔다. 丁運(정운)은 用神(용신)을 도우니

夫君의 事業은 繁昌하였으나 戊子年 甲寅月에 四冲이 되니 교통사고를 當하였다.

向後 土運은 藥神을 도우고 木運은 用神을 生하여 吉하리라.

*. 甲狀腺: 내분비선의 하나, 喉頭의 앞 아래쪽에 있음. 喉頭: 氣管의 앞 끝의 부분 則 肺의 入口이다.

*. 火가 吉神이니 夫君과 함께 飮食物業을 경영한다.

1957年生(女命). 身旺用殺格. 調候用神

辛 庚 戊 丁

巳 午 申 酉

75 55 55 45 35 25 15 05

丙 乙 甲 癸 壬 辛 庚 己

辰 卯 寅 丑 子 亥 戌 酉

庚金이 申月에 得祿하여 旺地인데 戊土가 生金하고 辛酉가 도우니 身旺하고 濕하다.

*. 身旺者 中 羊刃이 있는 者는 七殺로 制伏하든지 七殺이 없으면 正官으로 制伏하든지 그것도 없으면 食傷으로 泄氣하여야 됨이 命理의 解法이다.

身旺用殺하여 火가 用神에 木運이 喜神이다.

初年 己酉庚運은 旺神을 生扶하니 寒微家에서 生長하였다. 戌運에 午戌火(夫星)가 用神을 도우니 成婚하고 一男一女를 두었다.

*. 女命에서 羊刃의 도움을 받아 身旺한 命造는 群比爭官하여 夫婦宮이 不吉하다.

辛運에 丁辛冲되니 男便이 得病하고, 亥運 己巳年에 亥運이 時支의 巳火를 冲함 보다는 坐下의 午火와 午亥(甲己土, 丁壬木)로 暗合去하니 時支의 巳火는 巳申水하고, 巳年은 羊刃인 酉와 合하여 比劫이 되고 歲運 己土는 旺金을 生하여 群比爭官하기도 하고 官星의 根이 없어져 버리니 男便이 死亡하였다.

亥運 庚午年에 地殺·驛馬가 逢冲하고 庚午日柱에 庚午年이니 天地伏吟하여 動止가 未定하다가 辛未年에 巳午未方合이 用神을 도우니 商業을 시작하였으나 吉運不逢으로 大財를 得하지는 못하였다.

子運 己卯年에 申子水에 火가 傷하고 子午冲하여 凶한데 歲運卯와 羊刃이 相冲하니 旺金은 冲之益發하고 衰者인 卯木은 冲之拔根하니 시어머님(丁火는 夫星, 丁火를 生하는 卯木은 시어머니)의 喪을 當하였다.

子運은 子午(官星桃花)冲하는데 己卯年에 또 桃花逢冲하니 逢男

하였으나 庚辰年에 旺身을 도와 群比爭官하니 別離하였다.

向後 癸運은 病神이 되어 凶하고 丑運은 旺金이 入墓하여 凶하리라. 이때를 지나면 木運은 用神을 生하여 吉하리라.

1954年生. 身旺用殺格

丙 庚 壬 甲

戌 申 申 午

73 63 53 43 33 23 13 03

庚 己 戊 丁 丙 乙 甲 癸

辰 卯 寅 丑 子 亥 戌 酉

申月은 庚金의 祿地이고 戌時와 坐下에 申金이니 身旺하다. 申과 戌사이에 酉를 拱夾하고 壬水가 透干하니 金寒水冷하므로 火를 보면 金暖水溫하여 吉하다. 따라서 火가 用神에 年上의 甲木은 喜神이며 水가 病神에 土는 藥神이 된다.

初年 癸酉運은 病神을 도우고 旺身을 도우니 寒微家에서 成長하였다. 甲乙運은 喜神을 도우고 戌運은 藥神을 도우니 父의 事業은 繁昌하고 本人은 工夫를 잘하여 法學을 專攻하였다.

乙運에 喜神財星(妻)을 도우니 成婚하고 亥運은 病神이 得勢하여 凶할 것 같으나 甲木이 亥에 長生이 되고 水生木 木生火하여 無欠

하였다.

丙運(병운)에 用神(용신)을 도우니 遺産(유산) 받은 땅에 7層(층) 빌딩을 新築(신축)하였다.

子運(자운)에 病神(병신)인 水(수)가 得勢(득세)하니 偏財(父星)(편재 부성)甲木(갑목)은 浮木(부목)되고 用神(용신)의 根(근)인 午火(오화)를 冲去(충거)하니 父喪(부상)을 當(당)하였다. 丁運(정운)은 用神(용신)을 도우니 不動産(부동산) 賃貸事業(임대사업)으로 得財(득재)하였다.

向後(향후) 丑戊寅運(축무인운)은 藥神(약신)과 用神(용신)을 도와서 吉(길)하겠으나 己運(기운)은 喜神(희신)인 甲木(갑목)을 合去(합거)하여 凶(흉)할 것이다. 이때 損財(손재)와 妻(처)의 健康(건강)이 염려된다. 甲木(갑목)이 午火(오화)에 死地(사지)가 되며 坐下(좌하)의 申(신)이 孤辰殺(고진살)이니 더욱 그러하다.

卯運(묘운)은 喜神(희신)인 甲木(갑목)의 帝旺地(제왕지)이니 吉(길)하겠고 庚運(경운)은 甲木(갑목)이 材木(재목)을 作成(작성)하여 生火(생화)하니 大吉(대길)하겠다. 그러나 辰運(진운)은 旺水(왕수)가 入墓(입묘)하여 克用神(극용신)하고 用神(용신)의 庫藏(고장)을 冲(충)하여 凶(흉)하리라.

*. 法學(법학)은 偏官(편관)이 吉神(길신)인 緣故(연고)다.

*. 陽八通(양팔통)에 身旺(신왕)하니 그야말로 男子(남자) 中(중) 男子四柱(남자사주)다.

*. 陽八通(양팔통): 天干(천간)은 陽干(양간)만으로 구성되고 地支(지지)에는 陽支(양지)로만 구성된 四柱(사주).

陽干(양간): 甲(갑), 丙(병), 戊(무), 庚(경), 壬(임)

陰干(음간): 乙(을), 丁(정), 己(기), 辛(신), 癸(계)

陽支: 子, 寅, 辰, 午, 申, 戌

陰支: 丑, 亥, 酉, 未, 巳, 卯

陰八通: 天干, 地支가 陰干·支만으로 구성된 四柱.

1952年生(女命). 食神生財格. 魁罡正格

庚 庚 戊 壬

辰 戌 申 辰

79 69 59 49 39 29 19 09

庚 辛 壬 癸 甲 乙 丙 丁

子 丑 寅 卯 辰 巳 午 未

申月은 庚金의 建祿地로서 旺地인데 土가 넷이고 金이 셋이니 身이 太旺하다. 太旺한 者는 好泄精英하니 食傷으로써 泄氣하여야 된다. 즉 水가 用神에 金은 喜神이며 土가 病神에 木運은 藥神이 된다.

初年 丁未運은 病神을 生扶하여 吉運이 아니고, 丙運에 官運이 되니 成婚하여 得男하고, 午運은 官逢官運이 되니 夫婦葛藤이 甚하였다.

甲運에 時上庚金이 劈甲引火하여 病神을 生하니 凶한데 甲戌年에 魁罡逢冲(辰과 戌이 2:2로 冲)으로 旺土를 冲發하여 用神인 水

(女命에는 食傷=子星)가 泥塞되니 名門大에 다니던 아들이 投身自殺하였다.

辰運에 辰과 戌이 3:1로 魁罡逢冲하는데 丁丑年에 坐下의 戌과 丑이 刑이 되니 夫婦別離하였다.

辰運에 坐下를 冲動질 하는데 戊寅年에 藥神이 되어 再婚하고 水가 吉神이니 膾집을 經營하고 있다. 男便은 身弱羊刃格이고 本人은 身旺魁罡格이니 사흘이 멀다 하고 夫婦間 爭鬪다. 결국 夫君을 폭행혐의로 형무소에 보내고 戊寅年 壬戌月에 本人은 6억원대의 사기혐의로 收監되었다. 이는 原局의 三重魁罡이 辰運에 辰戌魁罡逢冲하는데 壬戌月에 또 魁罡逢冲을 하니 刑罰災禍를 當한 것이다.

向後 水木運은 用神을 도우고 藥神이 되어 吉하리라.

*. 乾(男)命에서 身旺한 魁罡格과 魁罡으로 從하는 命造에 吉運을 만나면 大格이 많으나 女命魁罡格에 坐下가 辰戌冲이면 旣取偏房으로 孤獨한 경우가 많다.

*. 天羅地網殺이 있는 命造는 收監되는 일이 많다.

1946年生. 身旺用殺格

甲 庚 丁 丙

申 子 酉 戌

76 66 56 46 36 26 16 06

乙 甲 癸 壬 辛 庚 己 戊

巳 辰 卯 寅 丑 子 亥 戌

酉月은 庚金의 羊刃月인데 地支에 申酉戌 西方이니 身旺하고 濕하다. 此命에서는 丙·丁火가 있으나 丙火는 調候하고 丁火는 鍊金하여야 되니 官殺混雜으로 보지 아니한다. 火가 用神에 木은 喜神이 되며 水가 病神에 土는 藥神이 된다.

初年 土運은 藥神이 되어 無欠이고 亥運은 病神을 도우니 軍役을 畢하느라 고생이 많았다. 庚運에 劈甲引火하여 用神을 도우니 吉하므로 成婚하고 妻家의 도움을 받아 裕餘하였다. 子運 以後 丑運까지는 病神을 도우고 旺身을 도우니 百事가 無成이었고 無爲徒食하였다.

壬運은 火가 吉神에 見水顯節하니 주식에 투자하여 得財하고 당구장을 경영하여 생활이 안정되기 시작하였다. 寅運도 用神을 生하니 吉하였다.

向後 癸運은 病神이 得勢하니 吉함이 적겠으나 卯運은 喜神을 도

와 吉하리라. 그리고 甲運은 喜神을 도와 用神을 生하니 吉하겠으나 辰運은 申子辰에 病神이 得勢하고 用神의 根인 戌을 冲하면 위험하리라.

1976年生(女命). 身旺用殺格

己 庚 丁 丙
卯 午 酉 辰

73 63 53 43 33 23 13 03
己 庚 辛 壬 癸 甲 乙 丙
丑 寅 卯 辰 巳 午 未 申

酉月은 庚金의 羊刃月이 되어 旺地인데 己辰土가 生金하니 身旺하다. 身旺用殺하여 火가 用神에 木은 喜神이 된다.

初年 丙運은 用神을 도와 吉하였고 申運은 喜神인 卯木(財星=父星)을 合去하니 父親의 事業이 敗亡하여 辛苦하였다.

乙運은 喜神을 도우고 未運은 卯未木의 喜神이 實해지니 工夫를 잘하여 工大 電子工學科를 卒業하였다. 甲運에 財星(妻)喜神을 도우고 庚辰年에 庚이 運甲木과 劈甲引火하니 成婚하고, 東南方이 吉地이기 때문에 夫婦가 함께 대만에 가서 夫君은 貿易業을 하고 本人은 컴퓨터 그래픽에 관한 工夫를 하고 있다.

向後 午運은 用神을 도와 吉하겠으나 巳運은 巳酉 則 身旺에 羊刃이 合하면 群比爭財와 群比爭官이 염려된다. 壬運은 火用神에 見水顯節하여 吉하겠고 寅卯辰 東方運은 地支가 重하고 喜神을 도와 吉하리라.

*. 時支에 桃花가 있으니 戀愛結婚하였다.

*. 卯午酉 沐浴殺이 있으니 異性關係로 인한 가정불화가 염려된다.

*. 秋冬月에 生한 金日主는 丙火로 調候하고 丁火로 鍊金하니 官殺混雜이 害가 되지 아니한다고는 하지만 女命에는 그러하지 않을 때가 많다.

*. 電子工學은 火가 吉神인 緣故다.

1953年生. 身旺用官格

癸 庚 辛 癸

未 寅 酉 巳

80 70 60 50 40 30 20 10

癸 甲 乙 丙 丁 戊 己 庚

丑 寅 卯 辰 巳 午 未 申

酉月은 庚金의 羊刃月인데 巳酉金에 辛金이 透干하여 도우고 未

土가 生金하니 身旺하다. 身旺한 中 比劫이 旺하니 比劫을 制하는 官星이 用神이 된다. 則 火가 用神에 寅木은 喜神이고 水가 病神에 土運은 藥神이 된다.

初年 庚申運은 旺身을 도우니 吉運이 아니고 未運에 藥神이 되니 用神이 生氣를 얻어 吉한데 庚申年에 坐下를 冲動하니 成婚하고 辛酉年에 長男을 得하고 壬戌年에 또 藥神이 되니 次男을 得하였다.

南方火運은 用神을 도와서 吉하였으나 原局에서 群比爭財가 되어 大財는 아니었다.

向後 丙運은 忌神인 辛金을 合去하여 吉하고 辰運은 旺身을 生하고 用神을 泄氣하므로 凶하겠다. 이때를 지나면 木運은 用神을 生하여 吉하리라.

*. 兌(酉金)爲口인데 酉金이 忌神이기 때문에 言事가 不一致 則 二重人格者다.

*. 男命에서 群比爭財하는 者는 疑妻症이 있기 쉽다.

*. 身旺한 命造에서 羊刃을 合하면 旺해진 比劫이 群比爭財하여 凶하고, 冲하면 旺者冲之益發한 比劫이 群比爭財하여 凶하다.

. 身弱한 命造에서 依支處인 羊刃이 七殺과 合함으로서 七殺의

克傷함을 免하고 있는 中에 羊刃을 冲하면 合을 妨害하여 凶하다. 則 身弱한 日主는 依支處인 羊刃이 衰者冲之拔根하여 凶한 것이다.

. 身弱한 日主가 羊刃에 依支하고 있는데 羊刃을 冲하면 不測之變故가 일어나지만 合하면 弱한 日主가 得勢하여 吉하다.

*. 財星인 坐下의 寅과 酉가 冤嗔殺이 되는데 巳運에 寅巳刑이 되니 夫婦關係가 원만하지 못하다.

1976年生(女命). 身旺用殺格

己 庚 丁 丙

卯 寅 酉 辰

80 70 60 50 40 30 20 10

己 庚 辛 壬 癸 甲 乙 丙

丑 寅 卯 辰 巳 午 未 申

酉月은 庚金의 帝旺地인데 己辰土가 生金하니 身旺하다. 女命에는 官星이 重하므로 身旺用殺格이 된다. 則 火가 用神이고 木은 喜神이다.

初年 丙運은 用神을 도와서 吉하고 中運은 上下가 吉運으로 無欠하였다.

乙運에 喜神을 도와 用神을 生하니 독일어를 전공하고 未運에 卯

未木이 喜神인 財星을 도와 用神을 生하니 學院에서 講義를 하여 得財하고 있다. 그러나 未運은 木(財=父星)이 入墓되는데 辛巳年에 辛金은 丙辛合去하고 巳火는 寅(財=父星)巳刑이 되는데 辛卯月에 辛은 丁辛冲이 되고 卯는 酉와 冲이 되어 衰者冲之拔根하여 則 木이 傷하니 父先亡하였다.

向後 甲午運은 喜神과 用神을 도와 吉하겠으나 癸運은 傷官이 見官 則 官星이 傷하여 吉運이 아니다. 巳運은 巳酉金에 群比爭財와 群比爭官하고 坐下의 寅과 刑이 되면 卯酉冲이 되어 財와 官(夫)으로 因하여 辛苦하리라. 이와 같은 豫測은 女命에서 官逢官運이면 家內에 근심이 있게 되기 때문이다.

四柱遺傳이라고 했던가. 어머니의 命造 壬辰年 己酉月 戊寅日 乙卯時生과 거의 같은 前轍을 밟을 것 같다.

壬運은 丙火 吉神에 見水顯節하여 吉하겠으나 辰運은 旺身을 生하여 吉運이 아니다. 이때를 지나면 木運은 地支가 重하므로 吉하리라.

*. 官殺混雜에 대하여 殺輕制重局과 金日主가 秋冬月에 태어났을 때는 官殺混雜을 꺼리지 않는다고 한다. 그러나 女命에서는 官殺混雜에 再逢官이면 凶多吉少하다.

1980年生(女命). 假乙庚合化金格[19]

甲 庚 乙 庚

申 戌 酉 申

79 69 59 49 39 29 19 09

丁 戊 己 庚 辛 壬 癸 甲

丑 寅 卯 辰 巳 午 未 申

地支에 全金이니 時上의 甲木은 虛路無根하여 無用之物이다. 八字 中 六字가 金이니 乙과 庚이 1:2로 爭合이 되어 合의 效力은 적지만 月上의 乙木이 金에게로 從하지 아니할 수 없다. 則 乙庚合化金格이 되지만 爭合하고 時上에 無根한 甲木이 있으니 眞從이 아니라 假從이다. 從神인 金이 用神에 土는 喜神이 되고 戌中의 丁火는 病神이고 水運은 藥神이 된다. 木運은 病神을 生하여 不吉할뿐만 아니라 乙木이 本身을 버리고 金으로 從한 이상 다시 乙木을 도우는 運이 되어 不吉하다.

初年 甲運은 脫此輩而忌見此輩하여 父親의 事業失敗로 貧한 家庭이었다. 申癸運은 從神을 도우고 泄氣하니 聰明하므로 學業이 優秀하여 名門大 英語英文學科에 在學 中이다. 將來 抱負가 政治家라고 한다. 從格에 金旺하니 可能하다.

---

19) 유경진, 『명리학 용신론』, (연해명원), 2009년, pp. 605~607.

向後 未運은 金을 生하여 吉하겠으나 戌未刑이 되니 父母님의 健康이 염려된다. 이는 財星(父)이 入墓되고 印星이 刑이 되는 緣故다. 壬運은 從神을 泄氣하여 吉하겠으나 午運은 從神을 克傷하므로 不測之變故가 예상된다. 이때를 지나면 己運까지는 用神을 扶生하여 吉하리라. 그러나 卯運은 脫此輩而忌見此輩하여 凶하다.

*. 英文學은 金이 吉神이기 때문이다.

1963年生. 調候用神

丙 庚 壬 癸

戌 子 戌 卯

75 65 55 45 35 25 15 05

甲 乙 丙 丁 戊 己 庚 辛

寅 卯 辰 巳 午 未 申 酉

戌月은 土旺하니 金旺한 때인데 戌時와 戌과 子사이에 亥水를 拱夾하고 壬癸水가 透干하니 濕하다. 따라서 調候가 時急하니 丙火가 用神이고 卯木이 喜神이며 水가 病神에 土는 藥神이 된다.

初年 金運은 病神인 水를 生하여 寒微家에서 成長하고 가난이 恨이 되어 열심히 공부하여 醫大를 卒業하였다. 己運은 藥神을 도와

吉한데 辛未年에 卯未合木이 財星(妻)喜神이 되니 成婚하고 一男一女를 두었다.

未運에 卯未合木이 用神을 生하여 吉한데 木火가 吉神이기 때문에 대구출신으로서 東南方인 부산에서 病院을 開院하여 나날이 繁昌하고 있다.

向後 丙運까지는 土火運가 藥神과 用神을 도와서 吉하리라. 그러나 辰運은 病神인 旺水가 入墓하여 用神을 克傷하고 用神의 根인 戌土를 冲하여 凶하리라. 이때를 지나면 木運은 喜神이 되어 吉하리라.

*. 醫學은 卯가 吉神 懸針星이고 戌에 天門이 있는 緣故다.

*. 火가 吉神이니 眼科醫師다.

*. 甲辰年 庚午月 辛亥日 丙申時生이 妻다.

1977年生. 身旺用財格. 身旺魁罡正格

己 庚 庚 丁
卯 戌 戌 巳

74 64 54 44 34 24 14 04
壬 癸 甲 乙 丙 丁 戊 己
寅 卯 辰 巳 午 未 申 酉

戌月의 庚金은 土旺節에 庚戌雙魁罡과 己土가 透干하여 生金하니 身이 旺하다.

魁罡格이지만 魁罡從格은 아니므로 正格으로 풀이 하여야 한다. 身旺한 中에 旺한 印星이 欠이 되므로 印星을 制하여야 한다. 則 身旺用財하여 木이 用神에 水運은 喜神이며 金이 病神에 火는 藥神이 된다.

初年 己酉戊申運은 病神을 生扶하므로 工夫는 不振하였다. 申運에 의상디자인학과에 입학하고 군역을 필하였다. 丁運에 行政學科에 편입하였다. 丁火는 用神으로서 正官이고 正官은 文官이며 行政이기 때문이다.

丁運에 官星(子星)이 되는데 乙酉年에 桃花를 冲하니 結婚하였다. 未運에 戌未刑으로 吉함이 적은데 丁亥年에 亥卯未로 財星(妻)이 得勢하니 妻有外情이 있었다. 그로 因하여 戊子年에 用神을 生하니 得男하였다. 己丑年에 丑戌未三刑이 되니 本妻와는 離婚하였다.

向後 木火運은 用神과 藥神을 도와서 吉하리라. 그러나 辰運은 旺土를 冲發하여 用神인 木은 折되고 藥神인 火는 泄氣 되어 凶하리라.

*. 申運에 用神인 卯木(財星=父)을 合去한 乙庚金이 旺한 比劫을 도우니 群比爭財하므로 父親이 事業에 失敗하였다.

*. 未運에 用神인 卯木(父星)이 入墓하여 凶한데 戊子年에 子卯刑까지 하니 父親이 喉頭癌 수술을 하였다.

1961年生(女命). 身旺用財格

己 庚 戊 辛
卯 寅 戌 丑

75 65 55 45 35 25 15 05
丙 乙 甲 癸 壬 辛 庚 己
午 巳 辰 卯 寅 丑 子 亥

戌月은 土旺節인데 土가 넷이나 되니 埋金이 된다. 印星旺에 의한 身旺이니 財星으로써 印星을 制하여야 한다. 則 木이 用神에 水運은 喜神이다.

傷官(子星)인 子運에 用神을 生하니 成婚하고 辛丑運에는 旺身

을 扶生하여 群比爭財하니 吉運이 아니었다. 壬運에 喜神이 되어 用神을 生하니 화장품 대리점을 직영하여 得財하였다. 木이 用神이니 화장품(植物에서 抽出)이고 水가 喜神이니 流通이다.

寅運들어 寅戌火가 女命에 官逢官運이니 凶多吉少하다.

向後 癸卯甲運은 用神을 生扶하여 吉하리라. 그러나 辰運은 戌土를 冲하여 益發된 旺土에 金은 埋金되고 木은 折이 되어 凶하리라.

*. 吉神桃花가 있으니 美人이며 時支에 위치하니 연애 결혼했다.

*. 此命은 四土에 二金이니 身이 太旺하다. 따라서 原局에 水가 있었다면 太旺者好泄精英하여 水가 用神에 制水하는 土는 病神이 되고 木은 藥神이 되었을 텐데 水가 없으니 木이 用神이 된 것이다.

1954年生. 身弱印星爲用

丁 庚 甲 甲
亥 戌 戌 午

76 66 56 46 36 26 16 06
壬 辛 庚 己 戊 丁 丙 乙
午 巳 辰 卯 寅 丑 子 亥

戌月은 庚金의 印星地로서 旺地이지만 午戌火에 丁火가 透干하

고 時支亥水가 泄氣하며 雙甲이 透干하였으니 克泄而交加하여 旺而反弱이다. 身弱한 者는 印星爲用하여 戌土가 用神에 火는 喜神이고 木은 用神을 傷害하는 病神이 되며 金運은 藥神이 된다.

初年 乙亥運은 病神을 扶生하여 克用神하니 寒微家에서 生長하였다. 子運은 弱身을 泄氣하여 病神을 生하니 凶한데도 불구하고 乙卯年에 財星(妻)年이 되니 成婚하고 三女息을 두었다.

子運은 病神을 生하여 凶한데 戊午年에 大運과 歲運이 相冲하니 父喪을 當하였다. 丁運은 喜神을 도와 吉하였다. 그러나 丑運은 坐下(妻宮)戌土用神과 丑戌刑이 되니 妻의 심장판막증수술로 辛苦하였다. 이는 甲木은 妻인데 坐下(妻宮)가 火庫이고 午火(死地)上에 있고 戌月火庫上에 있으니 心臟에 異常이 있게 된 것이다. 戊運은 用神을 도와 得財하였는데 火土가 吉神이니 建築業이다. 寅運은 寅午戌이 喜神이 되어 無欠이고 己運은 病神을 合去하니 用神이 生氣를 얻어 事業이 發展하고 있다.

卯運은 病神이 得勢하여 坐下(妻宮)의 用神을 克하면 凶하겠는데 이때 妻의 건강이 염려된다. 이때를 지나면 庚運은 病神을 冲去하여 吉하겠으나 辰運은 用神을 爭冲하여 凶하리라.

*. 原局에 甲庚冲하고 燥熱하니 말을 더듬는다.

*. 甲庚冲이니 中風이 염려된다.

1977年生(女命). 身旺用財格

己 庚 庚 丁

卯 子 戌 巳

80 70 60 50 40 30 20 10

戊 丁 丙 乙 甲 癸 壬 辛

午 巳 辰 卯 寅 丑 子 亥

戌月은 土旺節인데 己土가 透干하여 生金하고 月上의 庚金이 日主를 도우니 身旺中 印星이 旺하다. 旺한 印星을 除去하는 財星이 用神이 된다. 則 木이 用神에 水는 喜神이며 戌中의 辛金이 病神에 火는 藥神이 된다.

初年 土金運은 旺身을 生扶하여 吉運이 아니었다. 亥運에 用神을 生하니 吉하여 木이 用神이기 때문에 造景學을 專攻하였다. 壬運에 丁壬合木(多淫之合)하는 데 丁丑年에 官星年이 되니 逢男하고 子運에 傷官(子星)이 되는데 甲申年에 日干인 庚金을 冲動질하고 日支를 合하니 成婚하였다. 癸運에 傷官(子星)이 되는데 丙戌年에 藥神인 官星年이 되니 得男하고 丁亥年에 用神을 生하니 得宅하였다.

木이 用神이니 조경회사에 근무한다.

向後 丑運은 旺身을 生하고 丑戌刑이 되어 吉運이 아니니다. 이때 父母님 健康과 本人은 胃와 子宮(乳포함)病이 염려되며 坐下食傷과 魁罡에 官星의 根을 合去하니 夫婦關係가 또한 염려된다. 이때를 지나면 甲寅乙卯丙運은 用神과 藥神을 도와서 吉하리라.

1915年生. 金水食神格에 喜見官星. 鄭周永 前現代會長 造

甲 庚 丁 乙

申 戌 亥 卯

83 73 63 53 43 33 23 13 03

戊 己 庚 辛 壬 癸 甲 乙 丙

寅 卯 辰 巳 午 未 申 酉 戌

亥月의 庚金은 泄氣가 甚하지만 申時에 得祿하고 坐下에 戌土가 生金하니 弱하지 않고 金寒水冷하다. 調候가 時急하니 丁火가 用神에 木은 喜神이며 水가 病神에 土는 藥神이 된다.

財多身弱은 富屋貧人이라고 하지만 實觀을 해보면 實狀은 그렇지 않는 경우가 많다. 財多身弱에 吉運을 만나지 못한 命造는 富屋貧人이지만, 吉運을 만난 命造는 富者가 많다.

此命造도 金水食神格에 喜見官星에 속하지만 旺弱을 기준으로 보면 亥卯木에 甲乙木이 透干하였으니 財多身弱에 속한다. 그러나 南方火運에 大發하여 巨富가 되었다.

1972年生. 金水傷官格에 喜見官星. 調候用神

丁 庚 辛 壬
亥 戌 亥 子

78 68 58 48 38 28 18 08
己 戊 丁 丙 乙 甲 癸 壬
未 午 巳 辰 卯 寅 丑 子

亥月 庚金이 金寒水冷한데 地支에 戌亥子하여 地轉西北하니 寒氣가 太甚하다. 丁火를 써서 溫水溫金하여야 된다. 則 丁火가 用神에 木運은 旺水를 泄氣生火하는 喜神이며 水는 用神을 傷害하는 病神이고 土는 除濕하는 藥神이 된다.

初年 水運은 病神이 得勢하여 吉運이 아니고 丑運에 藥神을 도와 專門學校 物理治療學科를 졸업하고 甲運에 喜神이 되니 物理治療師가 되었다. 物理治療師는 戌亥天門이 있는 緣故다.

向後 木運은 喜神이 되어 吉하겠으나 卯運에 亥亥卯濕木이 되면 木多火熄이고 藥神을 克할 염려가 있다. 이때 胃弱과 損財가 염려된다. 이는 過不及이 皆病인 緣故다.

辰運은 入墓한 病神이 得勢하여 克用神하고 坐下의 藥神을 冲하면 凶하겠는데 이때 婦人의 건강이 염려된다. 이는 坐下가 寡宿이고 亥中의 甲木이 財星으로서 妻인데 孤辰殺이니 더욱 그러하다. 이때를 지나면 火土運은 用神과 藥神을 도와서 吉하리라.

*. 水多金沈이니 愛酒家다.

*. 此命을 水旺에 金沈이니 旺水를 除濕하는 戌土를 用神으로 定하고 丁火가 喜神이 되겠으나 調候가 時急하고 燥木이 病神이 될 수는 없는 故로 上記와 같이 풀이하였다.

1954年生(女命). 官印相生格

庚 庚 乙 甲
辰 寅 亥 午

78 68 58 48 38 28 18 08
丁 戊 己 庚 辛 壬 癸 甲
卯 辰 巳 午 未 申 酉 戌

亥月의 庚金은 金寒水冷한데 亥水는 泄氣하여 寅亥合木에 甲乙이 透干하고 午火가 弱한 日主를 克하니 克泄이 交加하여 身弱하고 寒濕하다.

辰土는 濕土가 되어 능력이 부족하지만 弱한 日主를 生하고 除濕하는 用神이고 午火가 喜神에 旺木은 用神을 克傷하는 病神이 되고 庚金은 制木하는 藥神이 된다.

初年 甲運에 劈甲引火하여 喜神이 되고 戌運에 寅午戌火가 喜神이 되니 富家에서 生長하였다. 癸運에 病神을 生하여 凶한데 그 病神이 弱하고 濕한 土用神을 克하니 胃酸過多症이 원인이 되어 口臭로 因하여 삶에 대한 懷疑를 느꼈다고 한다.

酉運에 藥神을 도와 吉한데 土가 吉神이니 國文學科를 卒業하고 丁巳年에 喜神官星이 되니 成婚하고 戊午年에 用神과 喜神을 도우니 得女息하고 庚申年에 劈甲引火하여 喜神을 도우니 得男하였다.

壬運은 病神을 生하여 吉運이 아니고 申運에 用神을 合去하여 病神을 生하고 坐下를 冲하여 凶한데 戊辰年에 官星을 泄氣하니 夫喪을 當하였다. 이는 坐下가 絶地이고 午火官星이 空(亡)이고 用神이 또한 空(亡)에 庚辰魁罡殺이 作用한 緣故다.

辛運은 藥神이 되어 無欠이고 未運부터 印星인 用神을 扶生하니 學院講義를 하여 得財하고 있다.

向後 火土運은 喜神과 用神을 도와서 吉하리라.

*. 此命을 金水食神格에 喜見官星이 아니라 官印相生格으로 풀이한 것은, 寅과 辰사이에 卯를 拱夾하고 寅亥合木에 甲乙이 透干였으니 木이 太旺한데, 太旺한 木이 喜神이 될 수는 없기 때문이다.

1917年生. 帝王格(四長生). 調候格. 朴正熙 前大統領 造

戊 庚 辛 丁

寅 申 亥 巳

72 62 52 42 32 22 12 02

癸 甲 乙 丙 丁 戊 己 庚

卯 辰 巳 午 未 申 酉 戌

金水食神格에 喜見官星이다. 이는 秋冬月의 金은 水冷金寒하므로 火로써 調候하고 鍊金하여야 器物을 作成하는 緣故다.

四長生格이란 地支에 寅申巳亥를 모두 갖춘 四柱를 말한다. 火土는 寅에서 長生하고 水는 申에서 長生하며 金은 巳에서 長生하고 木은 亥에서 長生하기 때문에 四長生格이라고 하는데 身旺하고 吉運을 만나면 大發하므로 君王之命造라고 한다.

丁火가 巳와 寅에 根을 얻어 用神이 되는데 用神의 根이 實하다.

四長生格이 最吉한 것은 寅木은 生火하고 巳火는 生土하고 戊土는 生金하고 金은 生水하고 水는 生木하여 五行上 어느 運을 만나더라도 轉轉相生하여 별 欠없이 살아갈 수 있기 때문이다. 則 中和四柱가 되어 吉한 것이다.

用神定法: 丁火가 用神이고 寅木은 喜神이며 丁火를 克하는 亥水는 病神이고 水를 制하는 戊土는 藥神이 된다.

丙運 以後 木火가 喜神과 用神을 도와 18年間 執權하였다. 巳運에 用神의 根인 巳火와 爭冲하여 凶한데 甲寅年에 日柱를 天克地冲하니 失內助하였다.

甲運 己未年 甲戌月 丙寅日 戌時에 逝去한 것은 甲木이 藥神인 戊土를 克하고 未年이 用神의 根인 巳火를 合去하며 戌月이 喜神인 寅木을 合去하고 丙寅日에 天地에서 모두 九冲이 되고 戌時에 用神이 入墓한 緣故이다.

1959年生(女命). 身弱한 金水食神格. 官印相生格

丁 庚 乙 己

亥 子 亥 亥

78 68 58 48 38 28 18 08

癸 壬 辛 庚 己 戊 丁 丙

未 午 巳 辰 卯 寅 丑 子

亥月은 庚金이 泄氣되어 弱한데 地支에 亥水가 셋이고 子水가 있으니 水多金沈이 되어 除濕이 先要다. 己土를 써서 除濕하여야 된다. 則 己土가 用神에 丁火가 喜神이면 乙木이 病神에 金運은 藥神이 된다.

初年 子丑運은 丙丁이 蓋頭되어 無欠이고 戊運에 用神을 도와 除濕하니 官星이 生氣를 얻어 成婚하고 두 女息을 두었다. 夫君은 직장생활을 하고, 本人은 드레스집을 경영하여 得財한 돈으로 夫君名義로 得宅하였다.

寅運에 亥와 寅이 3:1로 合化木한 木病神이 土用神을 克傷하니 旺水의 제방이 터진 꼴이 되었다. 즉 旺水가 汎濫하여 丁火(官星=夫)가 傷하니 夫君이 無能力者가 되고 無爲徒食으로 보내면서 全財産인 집을 此命도 모르게 蕩盡하고 말았다. 이는 女命에서 太旺한 食傷(坐下食神 포함)에 官星(夫)이 被克되어 있으니 夫君의 無能力은 本人의 命造에서 이미 타고난 八字다.

己運에 用神을 도우니 再起하고 있다. 그러나 卯運은 三亥와 合木하여 用神을 克하므로 凶하리라.

*. 金水傷官格에 喜見官星이라고 하여 調候用神으로 官星이 用神이 되는 경우가 대부분이지만 此命에서처럼 水가 太旺하여 金沈이 되어 있을 때는 除水하는 土가 用神이 됨을 기억해 두어야 한다.

1947年生. 身弱한 金水傷官格에 喜見官星. 調候用神

甲 庚 壬 丁

申 寅 子 亥

80 70 60 50 40 30 20 10

甲 乙 丙 丁 戊 己 庚 辛

辰 巳 午 未 申 酉 戌 亥

子月은 庚金의 死地로서 弱한데 申子半合水에 壬水가 透干하니 泄氣가 太甚하다. 또 寅亥合化木에 甲木이 透干하였으니 日主庚金은 太弱하다.

陽干은 從氣不從勢라 一點의 生扶가 있어도 獨立하는 根性이 있으므로 從格은 되지 아니한다. 則 庚金은 申에 祿을 얻어 依支處가 되며 坐下寅은 絶地가 되지만 寅中의 戊土가 寅에 長生하여 生金하고 있기 때문이다.

身弱하기도 하지만 金寒水冷하므로 時急한 것은 火로서 데워주어야 한다. 이는 原鑛石은 火를 만나야 器物을 作成하는 原理와 같다. 則 寅에 着根한 丁火가 用神이고 木은 喜神이 되며 水는 病神이고 寅中의 戊土는 除濕하는 藥神이 된다.

此命에서 庚金日主가 申金에 의지하고 있지만 金運이 吉한 것만은 아니다. 敷衍하면 庚金은 劈甲引火하여 用神을 도우므로 吉하고

辛金은 用神을 冲하므로 凶하며 酉金은 用神의 死地가 되어 吉함이 없고 申金은 用神의 根을 冲하여 凶하다.

庚戌己運에 吉運으로 成婚하고 一男三女를 두었다. 特히 庚運에 劈甲引火하니 父母遺産을 상속받았다.

酉運은 上下가 吉運으로 無欠이고 戊運은 藥神이 되어 得財하였으나 申運은 坐下의 財星(妻)을 爭冲하니 夫婦別離하였다. 丁運은 用神을 도와 吉하다.

向後 南方火運은 用神을 도와서 吉하리라.

1952年生. 身弱한 金水傷官格에 印星爲用

庚 庚 壬 壬

辰 子 子 辰

76	66	56	46	36	26	16	06
庚	己	戊	丁	丙	乙	甲	癸
申	未	午	巳	辰	卯	寅	丑

子月庚金이 金寒水冷하기도 하지만 地支에 雙子와 雙辰이 合水하고 雙壬이 透干하였으니 水多金沈이다.

辰土는 濕土가 되어 除濕하기에는 能力이 不足하지만 달리 쓸 수 있는 五行이 없다. 그러므로 辰土가 旺한 食傷을 除去하고 弱身을

生하는 用神이 되고 火運은 喜神이고 木運은 克用神하는 病神에 金은 藥神이 된다.

初年 癸丑運은 水旺하니 寒微家에서 生長하고 寅運은 財星運이 되어 成婚하였다. 木運동안은 用神을 克하는 吉運이 아니기 때문에 建設現場 從業員으로 있었다. 丙運에 喜神이 되니 得財하고 得宅하였다.

辰運은 入墓한 旺水에 用神土가 崩壞되니 夫婦別離하고, 丁運은 丁壬(多淫之合)合木하고 丁火가 喜神이 되니 再婚하고, 庚辰年에 旺水入墓하니 두 번째 離婚하였다. 이는 庚子日柱는 女命에서는 坐下食傷이 되어 凶하고, 乾命에서는 坐下死地가 되니 夫婦宮이 不吉한 緣故다.

向後 火土運은 用神을 도우고 喜神이 되어 吉하리라.

*. 此命에서

① 庚日主가 地支에 申子辰三字가 있어야 井欄叉格[20]이 되겠는데 申이 없으니 井欄叉格은 아니고

② 庚辰時가 弱한 日主를 扶生하고 있으니 棄命從兒格[21]도

---

20) 서승, 『연해자평평주』, (무릉출판유한공사), 2002년, pp.135~136. 유경진,『명리학 용신론』, (연해명원), 2009년, pp.74~77.

아니다.

③ 庚日主가 重見子하니 午를 虛冲來하여 午中의 己土를 印星으로 하고, 午中의 丁火를 官星으로 하는 飛天祿馬格[22](壬子, 辛亥, 癸亥, 丙午, 丁巳日主도 一般이다.)으로 보려고 하니 子辰合이 되어 이 또한 아니다.

④ 金水傷官格에 喜見官星하여 用神없는 四柱로는 더욱 아니하다. 왜냐하면 命理學에서 用神이란 사람에게 있어서 心臟과 같은데 心臟없는 사람이 없듯이 用神없는 사주란 있을 수 없기 때문이다.

*. 用神辰土가 空(亡)이고 過於寒濕하니 一女息만을 두었다.

1954年生. 金水傷官格에 喜見官星. 調候用神

庚 庚 丙 甲
辰 申 子 午

73 63 53 43 33 23 13 03
甲 癸 壬 辛 庚 己 戊 丁
申 未 午 巳 辰 卯 寅 丑

子月庚金은 金寒水冷한데 地支에 申子辰水局이니 調候가 時急

21) 유경진, 『명리학 용신론』, (연해명원), 2009년, pp.595~596.
22) 서승, 『연해자평평주』, (무릉출판유한공사), 2002년, pp.129~130.

하다. 則 金水傷官格에 喜見官星하여 火가 用神에 生火하는 甲木은 喜神이 되고 用神을 傷害하는 水는 病神이고 土는 除濕하는 藥神이 된다.

初年 丑運에 用神을 泄氣하여 凶한데 丙午年에 用神의 根을 爭冲하고 甲木偏財(父星)가 死地인 午火에 앉아 凶한데 丙午年에 再逢死地가 되니 父先亡하였다. 이는 年月支가 相冲한 緣故이기도 하다.

戊運 以後 土木運은 藥神이 되고 喜神을 도와 吉運이니 工大電子工學科를 卒業하였다. 火가 吉神이니 輕工業이고 午火가 吉神懸針星이니 電子工學이다.

庚運에 火吉神에 劈甲引火하니 工場을 세웠다. 辰辛運은 旺水가 入墓하고 用神을 合去하니 吉運이 아니므로 凶多吉少하였다.

向後 巳運 以後 南方火運은 用神을 도우니 時上偏財에 吉하리라.

*. 井欄叉格

庚金日主가 地支에 申子辰全備할 때 申은 寅을 冲來하여 財星으로 삼고 子는 午를 冲來하여 官星으로 삼고 辰은 戌을 冲來하여 印星으로 삼는 것을 말하는데 此命은 丙午가 塡實되어 있으므로 井欄

叉格이 아니고 正格이다.

1954年生(女命). 金水傷官格에 喜見官星. 調候用神

丁 庚 丙 甲

亥 申 子 午

78 68 58 48 38 28 18 08

戊 己 庚 辛 壬 癸 甲 乙

辰 巳 午 未 申 酉 戌 亥

子月은 金寒水冷한데 申子水에 亥水가 있으니 調候가 時急하다. 則 火는 用神이고 甲木은 生火하는 喜神이며 水는 克用神하는 病神에 燥土運은 除濕하는 藥神이 된다.

初年 亥運은 病神이 得勢하여 吉運이 아니고 甲運에 喜神財星(父)을 도우니 父親의 出身으로 裕餘한 家庭이었다. 戌運에 午戌火官星이 되니 逢男하고 職場人으로서는 得財하였다.

戌運에 藥神이 되니 火官星이 生氣를 얻는데 己未年에 亥未木이 喜神을 도우니 結婚하고 戌運末 辛酉年에 得男하고 癸運은 病神이 得勢하여 吉運이 아니지만 壬戌年에 火用神에 見水顯節하고 午戌이 用神을 도우니 次男을 得하였다. 火가 用神이니 두 子息이다.

癸運 癸亥年에 病神水가 得勢하니 財星(父)인 木이 浮木되므로

父先亡하였다. 酉運은 病神을 生하여 吉運이 아니지만 弱한 日主를 도와 無欠하였다.

壬運에 火用神에 見水顯節하여 吉하였다. 이때 木火가 吉神이니 제과점을 自營하여 得財하고 壬運末 丙子年에 垈地를 得하였다. 申運에 病神을 生하고 群比爭官되어 凶한데 辛巳年에 丙火를 合去하고 巳申刑에 四冲이 되니 夫婦別離하였다.

辛運에 들어 用神을 合去하여 吉運이 아니니 現在 自營하는 水産業의 침체로 經營難에 처해있다.

向後 南方火運은 用神을 도와 吉하리라.

*. 此命을 身弱에 印比生扶로 풀이하려고 했으나 살아온 과정이 그렇지 아니하다.

*. 이 命造의 경우는 金水傷官格에 丙火로는 調候하고 丁火로는 鍊金하여야 하니 官殺混雜으로 보지 아니한다.

*. 辛運에 用神인 丙火를 合去하여 凶한데 壬午年에 用神의 根을 爭冲하니 血壓이 높아 子宮혹 수술은 못하고 血壓을 조정하고 있다. 血壓은 火金이 相爭한 緣故이고 子宮病은 土가 虛한 연고다.

*. 未運에 藥神이 되어 吉하지만 丁亥年에 病神이 得勢하여 克用神하니 악성폐렴수술을 하였다. 肺는 金이 太弱한 緣故다.

1958年生(女命). 金水傷官格에 喜見七殺.

丙 庚 甲 戊

戌 申 子 戌

71 61 51 41 31 21 11 01

丙 丁 戊 己 庚 辛 壬 癸

辰 巳 午 未 申 酉 戌 亥

子月의 庚金이 申子半合水하여 金寒水冷하니 金水傷官格에 火를 기뻐한다. 丙火가 調候하는 用神에 甲木은 用神을 生하는 喜神이고 水가 病神에 土는 藥神이 된다.

初年 癸亥運은 病神이 得勢하여 寒微家에서 生長하였다. 壬運에 丙火用神에 見水顯節하여 吉하고 戌運에 藥神을 도와 病神을 除하니 丙火(官星=夫)用神이 生氣를 얻어 成婚하였다.

辛酉運은 病神水를 生하여 吉運이 아니므로 男便의 薄俸으로 생활에 여유가 없었다. 庚運에 劈甲引火하니 得宅하였다. 申運은 病神을 生하니 百事가 無成이었다.

己運에 들어 藥神을 도우니 本人도 경제활동을 하여 得財하고 있다. 職種은 가스업체이니 이는 火가 用神인 緣故다.

向後 南方火運은 用神을 도와서 吉하리라. 그러나 辰運은 用神의 根인 戌土를 冲하여 凶하리라.

*. 己運에 喜神인 甲木을 合去하니 夫君이 失職하였다. 이는 喜神을 合去하니 官星(夫)인 丙火가 生氣를 잃었음이다.

1950年生. 身旺用財格

丙 庚 己 庚

戌 申 丑 寅

76 66 56 46 36 26 16 06

丁 丙 乙 甲 癸 壬 辛 庚

酉 申 未 午 巳 辰 卯 寅

丑月의 庚金이 土가 셋이고 金이 셋이니 身旺한 中에 印星이 旺한 身旺이다. 印星을 除去하여야 하니 身旺用財 則 寅木으로서 旺土를 疏土하여야 된다. 則 寅木이 用神에 水運이 喜神이며 金이 病神에 丙火는 藥神이다.

初年 寅卯運은 地支가 重하니 用神을 도와 富家에서 生長하였다. 卯運은 財星(妻)이 되니 成婚하였다. 壬運에 丙火가 吉神에 見水顯節하니 事業에 成功하였다. 辰運은 旺土를 도우고 四冲이 되니 吉運이 아니었고 癸運은 喜神이 되어 吉하였다.

巳運은 巳丑金이 旺身을 도우고 寅巳申三刑을 成局하니 事業上

官災가 있었고 損財도 있었다. 甲運은 劈甲引火하여 大財를 得하였다.

向後 午運은 藥神을 도와서 吉하겠으며 乙運도 用神을 도와 吉하겠으나 未運은 丑戌未 三刑이 되어 吉運이 아니다.

*. 職業은 寅木이 財星이고 用神인데 驛馬地殺이 있으니 國境을 넘나들면서, 火가 藥神이니 武器를, 暗財가 되어 있으니 仲介業을 하고 있다.

*. 原局에 丑戌刑에 寅申刑이 있으니 職業上 官災가 많다고 한다.

1951年生(女命). 身旺用財格

己 庚 辛 辛

卯 申 丑 卯

77 67 57 47 37 27 17 07

己 戊 丁 丙 乙 甲 癸 壬

酉 申 未 午 巳 辰 卯 寅

丑月 庚金이 土旺하니 金旺한데 土가 둘에 金이 넷이니 身이 太旺하다. 身旺用財하여 卯木이 用神에 水運은 喜神이며 金이 病神에 火運은 藥神이 된다.

初年 水木運에 用神을 扶生하니 富家에서 生長하였다. 卯運에 用

神을 도와서 吉한데 癸丑년에 傷官(子星)年이 되니 成婚하고 一男二女를 두었다.

甲運은 用神이 透出하여 吉하였고 辰運은 申辰水가 旺金과 弱木사이를 通關하여 無欠이고 乙運은 用神을 도와서 吉하였다.

巳運에 들어 巳丑金에 病神이 得勢하여 群比爭財하니 損財하였다. 이때 大入學院을 夫婦가 함께 經營하다가 失敗하였던 것이다. 丙運에 病神인 辛金을 合去하니 用神이 生氣를 얻어 再起하고 있다.

向後 南方火運은 藥神이 되어 吉하겠으나 女命에 官逢官運이니 吉한 것만은 아니다.

*. 原局에 喜神인 水가 없어 大財는 아니며 火氣가 없어서 格이 한층 낮다.

*. 群比爭財가 欠이다.

1931年生(女命). 身旺用財格

己 庚 辛 辛
卯 辰 丑 未

76 66 56 46 36 26 16 06
己 戊 丁 丙 乙 甲 癸 壬
酉 申 未 午 巳 辰 卯 寅

庚金은 原鑛石이니 火를 만나야 한다. 이는 原鑛石은 용광로를 만나야 器物을 作成하는 原理이다. 身旺한 中 旺한 印星이 欠이 되니 財星으로서 印星을 除去하여야 한다. 則 木이 用神에 水運은 喜神이며 木을 傷害하는 金이 病神에 火運은 그 病을 除去하는 藥神이 된다.

女命 庚金日主가 太旺한데다가 魁罡日柱에 不逢火氣이니 통제되지 않는 성격의 소유자로서 즉 性格 한번 대단한 분이었다. 심지어 子息과도 등지고 살아가는 외로운 분이었다. 太旺한 命造는 好泄精英이니 泄氣하는 食傷이 있었더라면 食傷生財格이 되었을 텐데 水가 없으니 太旺하더라도 用財할 수밖에 없다.

初年 癸運에 傷官(子星)運이 되고 庚寅年에 用神을 도우니 成婚하고 一男一女를 두었다. 辰運에 旺土를 도우니 喪夫하였다. 이는 坐下(配偶者 宮)의 辰土가 寡宿이고 丑土가 寡宿이며 未中의 丁火

가 男便(남편)인데 이것마저도 丑未冲(축미충)이 된 緣故(연고)다.

巳運(사운)에 官運(관운)이 되니 財力家(재력가)와 再婚(재혼)하여 前妻所生(전처소생) 셋을 키우는 가운데 多福(다복)했다고 한다.

丁運(정운)에 官逢官運(관봉관운)이 되어 女命(여명)에는 吉運(길운)이 아닌데 戊辰年(무진년)에 旺土(왕토)를 도우니 喪夫(상부)하고 夫君(부군)이 남겨준 집에서 혼자 살고 있다. 戊運(무운)에 들어 事業(사업)에 失敗(실패)한 本人(본인)이 所生(소생)한 아들이 집을 팔아 달라고 하는데 이는 比劫(비겁)을 生(생)하여 群比爭財(군비쟁재)한 緣故(연고)다.

向後(향후) 申運(신운)은 申辰水(신진수)가 喜神(희신)이 되어 無欠(무흠)하겠으나 酉運(유운)에 用神(용신)을 冲(충)하면 危險(위험)하리라.

1987年生. 身旺用殺格

丙 庚 辛 丙

子 辰 丑 寅

72 62 52 42 32 22 12 02

己 戊 丁 丙 乙 甲 癸 壬

酉 申 未 午 巳 辰 卯 寅

丑月(축월)의 庚金(경금)이 子辰水局(자진수국)하고 辛金(신금)이 도우니 身旺(신왕)하고 寒濕(한습)하다. 調候用神(조후용신)으로 丙火(병화)가 用神(용신)에 寅木(인목)이 喜神(희신)이다.

初年(초년) 東方木運(동방목운)은 喜神(희신)을 도와 有福(유복)한 家庭(가정)이었으니 南方火運(남방화운)은

用神을 도와 大吉하리라.

① 適性은 偏官이 用神이니 武官 혹은 法官이다.

② 運: 東方木運은 喜神을 도우고 地支가 重要하므로 吉하다. 南方火運은 用神을 도와 吉할 것이다. 年柱에 用神과 喜神이 있으니 祖上의 蔭德이 많으리라. 丑月의 庚金日主가 天德 月德 二德이 있으니 官爵高하고 少病하며 百事가 吉하리라. 丑에 天乙貴人이니 正大한 人格者가 되리라.

③ 性格: 庚辰魁罡에 身旺이고 初年부터 吉運을 만났으니 富豪家이고 五行이 轉轉相生하니 聰明大格이다.

④ 健康: 本人은 無欠이지만 辰運에 丑土正印이 寡宿이니 어머니 健康이 염려된다.

⑤ 六親: 配匹은 用神月과 喜神月에 出生者 則 봄, 여름生이 良配이고 乙(正財)運에 成婚하리라. 寅卯巳午生 中 得配爲妙라.

1966年生(女命). 身旺用財格

戊 庚 己 乙

寅 寅 丑 巳

72 62 52 42 32 22 12 02

丁 丙 乙 甲 癸 壬 辛 庚

酉 申 未 午 巳 辰 卯 寅

丑月의 庚金이 戊己土가 透干하고 巳丑金이 扶身하니 印綬가 旺한 身旺이다. 따라서 旺土가 欠이다. 旺土를 疏土해주는 木이 用神에 水運은 喜神이고 巳丑金은 木을 傷害하는 病神이며 寅中의 丙火는 藥神이 된다.

初年 寅卯運은 地支가 重하므로 有足한 家庭에서 成長하고 南方都市인 대구에서 商高를 卒業하였다. 이는 寅中의 戊土가 印星(工夫)인데 寅에 地殺이 있으니 他鄕에서 공부를 하게 된 것이고 身旺財弱하니 商高(金融)를 卒業한 것이다. 또 火가 吉神이니 南方都市로 가게 된 것이다.

壬運은 食神(子)이 되는데 己巳年에 官星年이 되니 成婚하고 庚午年에 藥神年이 되니 得男하고 辰運 壬申年에 食神年이 되니 女息을 얻었다. 이때 寅巳申三刑을 成局하니 수술하여 出産하였다.

辰運 壬申年부터 夫君이 中國에서 악세사리 공장을 경영하여 輸·

出入을 하고 있으나 吉運不逢으로 辛苦하였다. 癸運에 忌神인 戊土를 合去하니 純利益을 내고 있다. 壬申年에 坐下를 冲하니 別居하게 된 것이다.

向後 巳運부터 藥神을 도와서 除金하면 用神이 生氣를 얻어 吉하리라. 그러나 未運은 月建을 冲하고 申運은 坐下를 冲하여 吉運이 아니다.

*. 中國에서 夫君이 事業을 하게 된 것은 寅(財星)中의 丙火와 巳(官星=名譽)中의 丙火가 官(夫)星인데 寅巳가 地殺驛馬가 되니 夫君이 國境을 넘나들면서 事業을 하여 名譽도 얻고 외화를 벌어들이는 八字다.

*. 本人은 寅中의 丙火가 官星인데 空(亡)이고 年支의 巳火(官星)는 巳丑合去하였으니 孤獨을 免하기 어렵다.

*. 職業은 木이 用神이니 의류상이다.

◎ 辛金

1974年生. 官印相生格. 財多身弱

戊 辛 丙 甲

子 巳 寅 寅

79 69 59 49 39 29 19 09

甲 癸 壬 辛 庚 己 戊 丁

戌 酉 申 未 午 巳 辰 卯

寅月의 辛金은 木强金弱한데 年柱에 甲寅이고 坐下에 巳火가 있고 丙火가 透干하였으며 子時가 되니 克泄이 交加하여 身이 太弱하다. 身弱한 者는 印比生扶하여야 된다. 戊土가 用神에 火는 喜神이며 木이 病神에 巳中의 庚金은 藥神이 된다.

初年 卯運은 病神이 得勢하여 用神인 印星(工夫)을 克하니 學業이 不振하여 大學進學을 하지 못하였다.

辰運에 用神을 도와 吉한데 辛巳年에 官星(子)年이 되니 土가 필요하여 土가 많은 여성과 成婚하였다. 己運에 用神을 도와 吉한데 癸未年에 또 用神을 도우니 得男하고 甲申年에 藥神을 도우니 次男을 得하였다.

*. 財多身弱은 婦人에게 의존하는 경우가 많다. 따라서 婦人 名義

로 된 衣類판매업을 하고 있다.

*. 婦人의 命造는 乙卯年 己丑月 庚辰日 辛巳時 生인데 木이 用神이기 때문에 衣類商을 한다.

1942年生(女命). 官印相生格

戊 辛 壬 壬

戌 亥 寅 午

78 68 58 48 38 28 18 08

甲 乙 丙 丁 戊 己 庚 辛

午 未 申 酉 戌 亥 子 丑

寅月 辛金은 木强金弱한데 地支에 寅亥木과 午戌火하니 財旺하고 官旺하니 身弱하다. 身弱한 者는 印比生扶하여야 하는데 戊土로서 弱한 日主를 生하면 된다. 則 戊土가 用神에 火는 喜神이며 木이 病神에 金運은 藥神이 된다.

初年 辛丑庚運은 病神인 木을 除去하고 藥神과 用神을 도우니 用神이 得勢하여 吉하였다. 印綬가 用神인 者는 學問에 관심이 많다. 이때 名門 女大를 卒業하였다. 子運 乙巳年에 約婚者가 死亡했다. 이는 子運에 傷官이 見官 則 子午沖하여 凶한데 乙木은 病神을 도와 克用神하고 巳火는 坐下를 冲하며 坐下食傷에 寅이 孤辰이고

戌이 寡宿이며 寅이 空(亡)인 緣故다.

己運에 用神을 도와 成婚하였으나 戊運에 寅午戌火局 則 官逢官運이 되니 夫婦別離하고 損財도 많았다고 한다.

丁運은 無爲徒食하고 酉運에 藥神이 되어 病神인 木을 除去하니 用神인 土가 生氣를 얻어 민속주점을 경영하게 되었다.

向後 丙運은 火가 吉神에 見水顯節하여 吉하고 申運은 月建인 寅木을 冲하여 吉運이 아니다.

1917年生. 身弱比刦爲用

丁 辛 壬 丁

酉 卯 寅 巳

75 65 55 45 35 25 15 05

甲 乙 丙 丁 戊 己 庚 辛

午 未 申 酉 戌 亥 子 丑

寅月의 辛金이 木强金弱한데 財星인 木이 둘이고 火官星이 셋이며 傷官인 壬水가 高透하였으니 自然히 身弱하다. 身弱한 者는 印星과 比劫으로 生扶해 주기를 要하니 酉金이 用神이 되고 濕土運은 喜神이며 火가 病神에 除火하는 壬水는 藥神이 된다.

初年 北方水運은 藥神이 되어 病神을 除去하니 用神이 生氣를

얻어 富家에서 生長하고 工夫를 잘하여 己運부터 敎職에 몸담아 왔다. 敎職은 印星이 吉神인 緣故다.

乙酉年에 用神을 도우고 坐下를 冲하니 成婚하고 一子를 두었다. 戌運부터 妻有外情으로 가정불화가 잦았다. 이는 戌運에 卯가 桃花가 되는데 이 桃花가 坐下에서 冲이 된 緣故다.

酉申大運은 用神을 도우니 昇進하고 得財도 하였으나 乙運에 病神을 生하여 克用神하니 退職하였다. 未運에 巳未半合火가 病神을 도우니 持病을 얻어 辛苦하다가 午運初에 中風으로 자리에 누운 후 庚辰年 己卯月에 去世하였다. 이는 午運에 克用神하여 凶한데 더욱 旺해진 寅卯辰木이 病神을 生하여 또 克用神하고 原局에 卯酉冲인데 卯月에 爭冲이 되며 辰年에 藥神인 壬水가 入墓한 緣故다.

*. 此命을 己卯年 子月에 本院에서 상담하였는데, 병원에서는 "한 달을 넘기기 어렵다." 고 하였으나 子月과 丑月은 이상이 없고 庚辰年 己卯月이 위험하다고 한 사실이 있음.

*. 中風은 火金相爭에 金木이 交爭한 緣故다.

1968年生(女命). 身旺用財格

己 辛 甲 戊

丑 酉 寅 申

76 66 56 46 36 26 16 06

丙 丁 戊 己 庚 辛 壬 癸

午 未 申 酉 戌 亥 子 丑

寅月 辛金이 甲木이 透干하였으니 木强金弱하지만 三土가 生金하고 二金이 日主를 도우니 弱이 反旺이다. 따라서 身旺用財하여 甲木이 用神에 水運은 喜神이 되고 木을 傷害하는 金이 病神에 火運은 藥神이 된다.

初年 水運은 喜神이 되어 吉하고, 辛運 丁丑年에 官星年에 되고 坐下를 合하니 成婚하여, 亥運에 傷官(子星)運이 되는데 戊寅年에 用神을 도우니 得男하고 庚辰年에 甲木이 庚金을 만나 材木을 作成하니 次男을 得하였다.

向後 庚運은 甲木이 庚金을 만나 材木을 作成하니 吉하겠으나 甲申年에 庚金이 雙甲을 冲하고 歲運申이 用神의 根인 寅을 冲하면 凶하리라. 이때 金木이 交爭하니 筋骨痛과 偏頭痛이 염려되며 父親의 健康 또한 염려된다. 戌運 以後 土金運은 丑戌刑에 旺身을 生扶하여 吉運이 아니다.

1962年生(女命). 身弱印星爲用

甲 辛 壬 壬

午 丑 寅 寅

80 70 60 50 40 30 20 10

甲 乙 丙 丁 戊 己 庚 辛

午 未 申 酉 戌 亥 子 丑

寅月의 辛金은 胎地로서 弱한데 雙壬이 泄氣하고 三木과 午火가 있어 財·官이 旺하니 身弱한데 依支處는 坐下의 丑土뿐이다. 土가 用神에 火가 喜神이며 木이 病神에 金運은 藥神이 된다.

初年 寅大運 丙午年에 발에 火傷을 입은 일이 있다. 이는 丑日에 湯火殺이 있는데 丙午年에 丑午害가 되어서 그렇다.

辛丑 庚運에는 藥神과 用神을 도우니 富家에서 生長하였다. 工夫도 잘하여 英語英文學을 專攻하고 敎職에 投身하였다. 英語英文學은 金이 吉神인 緣故이고 敎職은 印星이 吉神인 緣故다. 子運에 桃花逢冲하는데 戊辰年에 用神을 도우니 成婚하고 己巳年에 用神과 喜神을 도우니 得男하였다.

亥運 丙子年에 退職하였다. 이는 亥運이 雙寅과 爭合하여 用神인 丑土(印星)를 克하여 凶한데 子年이 喜神官星(職場)을 冲한 緣故다.

向後 戊運은 用神을 도와 吉하겠으나 戌運은 丑戌刑이 되고 寅午

戌合化火局에 丑土는 火多土燥하니 吉運이 아니다. 이는 또한 女命에서 꺼리는 官逢官運이 되니 夫婦關係가 염려된다. 官星이 他五行과 合하므로 男便의 婦有外情이 염려된다. 寅에 孤辰이고 丑에 寡宿이며 坐下와 刑이 되니 더욱 그렇다.

*. 健康은 辛値丁而氣鬱이라고 했으니 즉 弱한 辛金이 旺火의 克을 받으면 신경노이로제, 우울증, 혈압, 肺弱 등에 留意하여야 된다.

丁酉運은 地支가 重하므로 吉하겠으나 申運은 月建을 冲하므로 吉運이 아니다. 乙運은 病神을 도와서 吉運이 아니고 未運은 用神을 冲하므로 危險하리라.

六害와 害

<table>
<tr><th>殺</th><th>基準</th><th colspan="4">成立</th><th>作用</th></tr>
<tr><td>六害</td><td>年支</td><td>巳酉丑에 子</td><td>申子辰에 卯</td><td>亥卯未에 午</td><td>寅午戌에 酉</td><td>驛馬앞자리. 긴病을 앓는다는 凶殺</td></tr>
<tr><td>害</td><td>柱中</td><td colspan="4">子未, 丑午, 寅巳, 卯辰, 酉戌, 申亥</td><td>一名 相穿(도려낸다. 찢어낸다)</td></tr>
</table>

1951年生(女命). 身旺用財格

戊 辛 辛 辛

戌 酉 卯 卯

75 65 55 45 35 25 15 05

己 戊 丁 丙 乙 甲 癸 壬

亥 戌 酉 申 未 午 巳 辰

卯月은 木旺金弱하지만 金이 넷에 土가 둘이니 弱而反旺하다. 身旺用財하여 卯木이 用神이고 水運은 喜神이며 金이 病神에 戌中의 丁火는 藥神이 된다.

初年 壬癸運은 喜神이 되어 有餘家에서 生長하였다. 巳運에 美大를 卒業하였다. 美大는 辛辛卯卯가 懸針星인 때문인데 懸針星은 설계 디자인 스케치 등에 素質을 가지고 있다.

巳運에 官星(夫)이 되고 坐下와 合하는데 甲寅年에 用神을 도우니 成婚한 後 二男兒를 두었다. 甲運에 財星用神을 도우니 得宅하였다.

午運은 午戌火가 藥神官星을 도우니 夫君은 出身하였으나 本人은 官逢官運이 되어 心亂하였다. 乙運도 用神을 도와서 吉하였다. 未運은 卯未木이 財星用神을 도우므로, 戌中의 丁火가 官星인데 戌未刑이 되니 夫君의 退職은 있었으나, 退職金의 收入은 있었다.

未運 甲戌年부터 커피숍을 자영하고 있다. 커피숍은 水가 吉神인 緣故다. 丙運은 藥神이 되어 吉하였으나 官逢官運이 되어 家庭不和는 잦았다.

向後 土金運은 群比爭財가 되어 吉運이 아니다. 特히 酉運은 四冲이 되어 不測之變故가 있으리라.

*. 金木이 交爭하니 筋骨痛이 염려된다.

*. 女命에 魁罡殺이 不美스럽다.

1964年生. 殺印相生格. 財多身弱

乙 辛 丁 甲

未 未 卯 辰

75 65 55 45 35 25 15 05

乙 甲 癸 壬 辛 庚 己 戊

亥 戌 酉 申 未 午 巳 辰

卯月은 木强金弱한데 甲乙木이 卯未木에 根을 두고 透干하였으니 財多身弱에 印星으로 生身하는 殺印相生格이 된다. 則 辰土가 用神에 丁火는 喜神이며 木이 病神에 金運은 藥神이 된다.

初年 戊辰己運에 用神을 도와 吉한데 딸 부자집 외동 아들로 태

어나 印星이 用神이니 그 어머니의 지극한 정성 아래에서 成長하였다.

庚運에 藥神이 되니 成婚하였으나 午運에 正妻 則 正財(甲木)의 死地가 되니 正妻와는 別居하고 辛運에 藥神이 되니 身旺한 魁罡格(庚戌年 己丑月 壬辰日 庚子時)生女人을 만나 同居하고 있다. 이는 身弱한 男命은 惡妻를 만날 확률이 높은데 此命도 恐妻家 生活을 免하지 못하고 있다고 한다.

向後 未運은 旺木이 入墓하여 克用神하면 불측지변고가 일어나겠다. 金運은 藥神이 되어 吉하겠으나 水運은 弱한 日主를 泄氣하여 病神을 生하니 吉運이 아니다.

*. 職業은 金이 吉神이니 알루미늄업이다.

*. 坐下에 忌神財星의 庫藏이니 原無良配다. 따라서 惡妻와 因緣이 있다.

*. 上記 壬辰日生은 有婦男을 빼앗아 살고 있으니 善人이라고는 할 수 없다.

*. 財多身弱한 乾命은 妻에게 依支하는 경우가 많다.

1958年生. 財多身弱에 印星爲用

辛 辛 乙 戊
卯 亥 卯 戌

71 61 51 41 31 21 11 01
癸 壬 辛 庚 己 戊 丁 丙
亥 戌 酉 申 未 午 巳 辰

卯月(묘월)은 木强金弱(목강금약)한데 卯亥卯爭合化木(묘해묘쟁합화목)에 乙木(을목)이 透干(투간)하였으니 財(재)旺(왕)하고 身(신)은 弱(약)하다. 印星(인성)인 土(토)를 써서 弱(약)한 日主(일주)를 生(생)하여야 한다. 則(즉) 土(토)가 用神(용신)에 火運(화운)은 喜神(희신)이 되고 木(목)이 病神(병신)에 金(금)은 藥神(약신)이다.

戊運(무운)에 用神(용신)을 도와 吉(길)한데 己未年(기미년)에 己土(기토)가 用神(용신)을 도우고 卯亥(묘해)卯未(묘미)의 財星合(재성합)이 되니 女息(여식)을 얻은 後(후)에 成婚(성혼)하였다. 戊運(무운) 辛酉年(신유년)에 用神(용신)과 藥神(약신)을 도우니 得男(득남)하였다.

己運(기운)은 用神(용신)을 도와 吉(길)하였으나 午運(오운)은 用神(용신)의 根(근)을 合(합)한 午戌火(오술화)가 弱(약)한 日主(일주)를 克(극)하니 肺機能(폐기능)이 弱(약)하여 辛苦(신고)했다고 한다. 未運(미운)은 旺木桃花財星(왕목도화재성)(妻(처)=女(여))을 合(합)해 와서 克用神(극용신)하고 戌未刑(술미형)을 成立(성립)하니 外道(외도)가 잦았고 百事(백사)가 無成(무성)이었다.

庚運(경운)에 들어 藥神(약신)을 도와 病神(병신)을 除去(제거)하니 用神(용신)이 生氣(생기)를 얻어 吉(길)하므로 오디오 매매사업을 하여 得財(득재)하고 있다고 한다.

向後(향후) 金運(금운)동안은 藥神(약신)을 도와서 吉(길)하리라.

*. 金이 吉神이기 때문에 音樂에 關한 오디오業이다.

*. 財星(妻)이 旺하고 身弱한 者는 財(妻)에게 依存하는 사람이 많은데 此命도 六年年上의 女人과 結婚하였다.

*. 時支에 桃花星이 있으니 戀愛結婚을 했다.

*. 總角이 得子한다.

① 財(妻)와 官(子)이 日支와 合한 者.

② 財(妻)와 官(子)이 合하고 그 合이 日支와 合하여 오는 者.

此命에서 卯木은 財星(妻)이고 戌中의 丁火가 官星(子)인데 戌卯가 合하고, 合한 卯가 日支의 亥와 또 合하였으니 女息을 얻은 後에 成婚했다.

1958年生. 財多身弱에 印星爲用

庚 辛 乙 戌

寅 亥 卯 戌

71 61 51 41 31 21 11 01

癸 壬 辛 庚 己 戊 丁 丙

亥 戌 酉 申 未 午 巳 辰

卯月은 金弱木强한데 亥卯木에 乙木이 透干하고 寅時가 되니 財

多身弱하다. 印星爲用하여 土가 用神에 火는 喜神이고 木이 病神에 金은 藥神이 된다.

初年 辰運에 寅卯辰財星(父)으로 病神이 得勢하여 用神을 克하고 用神의 根을 冲하니 父先亡하였다.

印星(母)이 用神이니 어머니의 지극한 정성에 힘입고 戊運에 用神을 도우니 工大를 卒業하였다. 工大는 火土가 吉神인 緣故다.

午運에 寅午戌火 則 用神의 根을 合去하여 克身하니 軍役을 畢하는데 苦生이 많았다.

己運에 用神을 도우고 病神인 乙木을 冲去하니 成婚하고 二女息을 두었다.

未運에 旺木이 入墓하여 用神을 克하고 用神의 根과 刑이 되니 夫婦別離하였다. 이는 財星(妻)多에 財逢財運하고 寅亥가 孤辰이고 戌이 寡宿이며 寅卯가 空亡인 緣故다.

庚運에 들어 藥神을 도우니 廣告會社를 自營하여 得財하고 있다.

向後 金運은 藥神이 되어 吉하리라.

*. 健康은 木强하니 肝이 弱하고 旺木이 克土하니 胃가 弱하다고 한다.

*. 廣告企劃은 戌에 華蓋星이 있고 辛卯에 懸針星이 있는 緣故

다.

1963年生(女命). 身弱印星爲用

戊 辛 乙 癸

戌 酉 卯 卯

76 66 56 46 36 26 16 06

癸 壬 辛 庚 己 戊 丁 丙

亥 戌 酉 申 未 午 巳 辰

卯月은 金弱木强한데 年上의 癸水가 金을 泄氣하여 生木하고 年支卯와 乙木이 있으니 財旺하여 身弱하다. 印星爲用하여 土가 用神에 火運은 喜神이며 木이 病神에 金은 藥神이 된다.

巳運에 官星이 되고 坐下를 合하니 成婚하고 多福하였다. 戊運은 用神을 도와 吉하였다. 午運은 用神의 根을 合去하여 克身하고 官逢官運이 되니 夫婦別離하였다. 이는 坐下(配偶者 宮)酉가 爭冲이 된 緣故다. 己運은 用神을 도우니 카페, 커피숍을 自營하고 있다.

向後 未運은 旺木이 入墓하여 用神을 克하고 用神의 根과 戌未刑을 成立하니 不測之變故가 염려되는데 이때 胃病과 子宮病이 염려되며 損財 또한 염려된다. 이때를 지나면 金運 二十年間은 藥神을 도와 病神을 除去하면 用神이 得勢하여 吉하리라. 그러나 酉運만은

四冲이 되어 吉運이 아니다.

*. 此命에서 酉金을 用神으로 不用한 것은 卯酉冲한 연고다.

1955年生(女命). 身旺用財格

丙 辛 庚 乙

申 酉 辰 未

72 62 52 42 32 22 12 02

戊 丁 丙 乙 甲 癸 壬 辛

子 亥 戌 酉 申 未 午 巳

*. 丙辛合化水格

1. 辛金日主가 時上이나 月上에 丙火가 한 개만 있고 天干에 丁(丁辛冲), 乙(乙辛冲), 壬(丙壬冲)이 없고 化神인 水를 克하는 土가 없으며 干支에 金水가 旺盛하면 辛從丙合化水하여 水로 從한다. 從神인 水가 用神이고 金은 喜神이 되며 土가 病神에 그 病을 除去하는 木은 藥神이 된다.

2. 丙火日主가 時上이나 月上에 辛金이 한 개만 있고 天干에 丁(丁辛冲), 乙(乙辛冲), 壬(壬丙冲)이 없고 化神인 水를 克하는 土가 없으며 干支에 金水가 盛多하면 丙火가 弱하므로 辛金과 合한 水를

따른다. 從神인 水가 用神이고 水를 生하는 金이 喜神에 水를 克傷하는 土가 病神에 木은 그 病을 除去하는 藥神이 된다.

此命이 丙辛合化水格이 될 수 없는 것은 從神을 克害하는 辰月의 土와 年支의 未土가 있기 때문이다. 따라서 正格으로 풀이한다.

原局에 土가 둘이고 金이 넷이니 身이 太旺하다. 太旺한 者는 好泄精英하고 辛金은 淘洗先要하니 泄氣하는 食傷 則 水가 吉神이 된다. 그러나 쓸 만한 水가 없으므로 傷官生財格은 아니다. 따라서 身旺用財하여 乙木이 用神에 水運은 喜神이 되고 金이 病神에 火는 藥神이 된다.

癸運에 喜神인 傷官(子星)運이 되니 成婚하고 二男兒를 두었다. 未運은 病神을 生하여 凶하고 甲運은 原局에 用神인 乙木이 庚金과 合하여 能力이 不足한데 이 不足한 것을 도와서 吉하였다. 이때 水가 吉神이니 宿泊業을 自營하여 得財하였다.

申運에 群比爭財하여 損財하고 群比爭官하여 側房을 지키는 身世가 잦았다. 乙運은 用神을 도와서 事業이 興하였다.

向後 酉運은 群比爭財로 凶하고 群比爭官하여 凶하겠다. 이때 夫星인 丙火의 死地가 되니 夫君의 健康이 염려된다. 丙運은 藥神이

되어 無欠하겠으나 戌運에 旺土를 冲發하면 用神인 木은 折이 되고 喜神인 水는 泥塞되어 凶하리라.

1944年生. 身旺用財格

壬 辛 戊 甲

辰 丑 辰 申

80 70 60 50 40 30 20 10

丙 乙 甲 癸 壬 辛 庚 己

子 亥 戌 酉 申 未 午 巳

辰月은 土旺節인데 四土가 生金하고 申金이 도우니 印星이 旺한 身旺으로 埋金하는 土가 欠이다. 身旺用財하여 甲木이 用神에 水는 喜神이고 申金이 病神에 火運은 藥神이 된다.

庚運에 인테리어를 배우고 午運은 藥神인 官星(子星)運이 되는데 己酉年에 桃花年이 되니 成婚하고 庚戌年에 女息을 得하고 壬子年에 喜神을 도우니 得男하였다. 辛運에 인테리어업을 自營하였다. 이때에는 轉轉相生하여 得失이 相半이었다.

未運에 事業을 확장하였으나 大敗하였다. 이는 弱한 天干의 用神이 入墓하여 凶한데 丑未冲으로 旺土가 冲發하니 水는 泥塞되고 用神인 木은 折이 된 緣故다.

壬申癸運(임신계운)은 喜神(희신)이 되니 再起(재기)하고 得財(득재)하였다. 酉運(유운)에 들어 酉丑(유축)金(금)이 旺身(왕신)을 도우니 群比爭財(군비쟁재)로 事業(사업)이 침체되었으므로 事業(사업)을 포기하였다.

庚辰年(경진년)에 甲木用神(갑목용신)을 冲去(충거)하며 三辰(삼진)이 水(수)의 庫藏(고장)이고 申(신)과 辰(진)이 1:3으로 合(합)하여 水局(수국)을 이루니 辛金(신금)은 水多金沈(수다금침)하므로 캐나다 女息(여식)집에 外遊中(외유중)이다.

向後(향후) 甲運(갑운)은 用神(용신)을 도와서 吉(길)하겠으나 戌運(술운)은 旺土(왕토)가 冲發(충발)하여 不測之變故(불측지변고)가 있겠다.

*. 인테리어는 甲木(갑목)이 用神(용신)인 緣故(연고)다.

1986年生. 印星爲用

甲 辛 壬 丙

午 卯 辰 寅

77 67 57 47 37 27 17 07

庚 己 戊 丁 丙 乙 甲 癸

子 亥 戌 酉 申 未 午 巳

辰月(진월)은 春(춘)에 木旺節(목왕절)인데 地支(지지)에 寅卯辰(인묘진)에 甲木(갑목)이 透干(투간)하고 丙(병)과 午火(오화)가 있으니 財旺官旺(재왕관왕)하여 身弱(신약)하다. 依支處(의지처)는 辰土(진토)뿐이다. 則(즉)

辰土가 用神에 火는 喜神이고 木이 病神에 金運은 藥神이 된다.

初年 辰運에 用神運이 되어 吉하지만 庚午年에 庚金이 甲木(財星=夫)을 冲하니 父親과 別離하였다. 이는 財星(父星)이 太多한 緣故다.

印星이 用神이니 어머니의 정성이 지극하다. 巳運에 巳中의 戊土가 印綬(學問)인데 印綬星에 驛馬가 있으니 早期留學을 미국으로 떠났다.

向後 甲運은 用神을 克하여 吉運이 아니지만 午運은 喜神이 되어 吉하리라. 未運은 旺木이 入墓하여 克用神하면 凶하겠는데 이때 母親의 健康이 염려되며 本人은 肝弱과 胃弱이 염려된다. 그러나 金運은 藥神이 되어 吉하리라.

1928年生. 傷官生財格. 傷官制殺格

己 辛 丙 戊

亥 丑 辰 辰

72 62 52 42 32 22 12 02

甲 癸 壬 辛 庚 己 戊 丁

子 亥 戌 酉 申 未 午 巳

辰월은 土旺節인데 土가 다섯이니 身이 태왕하다. 太旺한 者는 食

傷으로 泄氣하여야 된다. 亥水가 用神에 金運이 喜神이며 土가 病神에 亥中의 甲木은 藥神이다.

初年 己運은 病神이 得勢하여 凶한데 이때 6.25動亂으로 辛苦하였다. 未運에 醫大에 入學하여 庚運에 喜神이 되어 旺土를 泄氣 生水하니 醫師가 되었다. 醫師는 辛金이 懸針星이고 亥가 天門인 緣故다. 酉運까지는 喜神이 되고 用神을 生하니 吉하였다. 壬運은 丙火가 忌神에 見水顯節하고 戌運은 病神이 得勢하여 吉運이 아니었다. 이때 子女 敎育費 負擔이 많았다고 한다.

癸運 以後 水木運은 用神을 도우고 藥神이 되어 吉하다.

*. 官이 忌神이니 富는 있으되 貴는 적다.

*. 別解: 土가 太旺하여 辛金이 埋金되는데 月上의 丙火가 旺土를 또 生하니 欠이 된다. 傷官制殺格에 制殺하는 水가 用神에 金이 喜神이며 土가 病神에 亥中의 甲木은 藥神이 된다. 結果는 같다.

1943年生. 食神生財格

辛 辛 丙 癸
卯 酉 辰 未

79 69 59 49 39 29 19 09
戊 己 庚 辛 壬 癸 甲 乙
申 酉 戌 亥 子 丑 寅 卯

辰月은 土旺節인데 두개의 土가 生金하고 두개의 金이 도우니 身이 太旺하다. 太旺한 者는 好泄精英하고 辛金은 淘洗先要하니 泄氣하는 水가 用神이다. 土가 病神에 木은 藥神이 된다.

初年 木運은 藥神을 도와 吉한데 身旺財弱하니 商大를 卒業하고, 寅運에 藥神財星이 되니 成婚하였다.

癸運에 用神을 도우니 서비스업을 시작하였다. 丑運에 旺金이 入墓하여 群比爭財하니 事業에 失敗하고 坐下와 四冲이 되니 喪妻하였다. 이는 坐下가 冲이고 (空)亡이 된 緣故다.

壬運에 用神을 도와 吉한데 暗財이니 鑛産을 經營하여 得財와 再婚하였다. 子運에 用神을 도우니 水가 吉神이기 때문에 hotel을 경영하고, 辛運은 群比爭財가 되니 損財하고 夫婦別離하였다.

亥運은 亥卯未木이 財星(妻)藥神이 되니 三婚하고 事業도 繁昌하고 있다.

向後 金土運은 群比爭財하고 病神을 도와 吉運이 아니다. 特히 戌運은 四冲과 辰戌冲에 旺土가 冲發하면 用神은 泥塞되고 藥神은 折이 되어 吉運이 아니다.

1968年生(女命). 身弱比劫爲用

庚 辛 丁 戊
寅 巳 巳 申

72 62 52 42 32 22 12 02
己 庚 辛 壬 癸 甲 乙 丙
酉 戌 亥 子 丑 寅 卯 辰

巳月은 火旺當令한데 坐下에 巳火가 있고 丁火가 透干하였으며 寅時가 되니 身弱하고 燥熱하다. 戊土는 印星이지만 燥熱하여 生金할 能力이 不足하다. 따라서 依支處는 比劫이다. 金이 用神에 土는 喜神이 되고 火가 病神에 水運은 藥神이 된다.

初年 乙運에 父喪을 당하였다. 이는 乙木(偏財=父)이 病神을 生하고 用神인 庚金을 合去한 緣故다.

女高를 卒業하고 吉運不逢으로 大學進學은 못하고 寅運까지 行止가 未定이었다. 이는 巳申이 地殺이고 寅에 驛馬殺이 있는 緣故다.

向後 金水運은 用神을 도우고 藥神이 되어 吉하리라. 그러나 戌運에 旺火가 入墓하여 克用神하면 危險하리라.

*. 初年 丙運에 病神인 火가 得勢하니 눈동자를 다친 일이 있다. 火는 눈이다.

*. 甲運에 火가 忌神인데 甲庚冲하여 冲發한 旺火가 克用神하고 火多土燥하니 母親이 차 사고를 當하여 植物人이 되었다. 이는 甲木이 正印(母)인 戊土를 克한 緣故이기도 하다.

1975年生. 身弱比劫爲用. 調候用神

丙 辛 辛 乙

申 未 巳 卯

77 67 57 47 37 27 17 07

癸 甲 乙 丙 丁 戊 己 庚

酉 戌 亥 子 丑 寅 卯 辰

巳月은 火旺當令한데 巳火와 未土사이에 午火를 拱夾하고 丙火가 透干하였으니 官旺하고 卯未가 遙合하여 乙木이 透干하였으니 財星도 不弱하다. 弱한 日主가 依支處는 比劫뿐이다. 則 金이 用神에 濕土運은 喜神이며 火가 病神에 水運은 藥神이 된다.

初年 庚辰己運은 用神을 도우고 喜神이 되니 有餘한 家庭이었다. 己運에 用神을 生하니 專門學校에서 寫眞學을 專攻하고 卯運동안은 吉運이 아니므로 寫眞館 從業員으로 기술을 익혀서 戊運에 喜神이 되니 自營하고 있다. 寫眞業은 卯辛辛申이 懸針星인 緣故다.

向後 寅運에 用神을 冲하고 寅巳申三刑을 成局하면 凶하겠는데 이때 弱한 辛金이 旺火의 克을 받고 있으니 肺弱과 憂鬱症이 염려된다. 이때를 지나면 北方水運은 地支가 重하므로 吉하겠으나 戌運은 旺火가 入墓하여 凶하리라.

*. 丙辛合化水格이 아닌 것은 木火土가 旺하므로 水로는 從할 수 없기 때문이다.

2000年生. 傷官生財格. 傷官制殺格

壬 辛 辛 庚
辰 巳 巳 辰

75 65 55 45 35 25 15 05
己 戊 丁 丙 乙 甲 癸 壬
丑 子 亥 戌 酉 申 未 午

小滿 二日後는 火旺金弱하지만 年柱의 庚辰이 扶生하고 月上의

辛金과 辰時가 扶生하니 弱이 反旺이다. 辛金은 淘洗先要이니 傷官生財하여 水가 用神에 金은 喜神이고 土가 病神에 木運은 藥神이 된다.

*. 別解: 傷官制殺格

此命은 巳巳에 長生한 庚金을 포함하여 金이 셋이고 土가 둘이니 身旺하다. 印星이 旺하여 身旺한데 그 印星을 또 生하는 官星은 欠이 된다. 따라서 欠이 되는 官星을 除去하는 傷官을 用神으로 하여 풀이하여도 結果는 같다.

*. 龍蛇混雜이지만 兩支不雜이 아름답다.

*. 出産擇時의 變故

. 此命의 외조부님과 情에 못 이겨서 "辛巳日에 병원에서 出産 手術을 하는데 醫師가 근무하는 時間에 맞추어서 時를 擇해 달라."고 하길래, ① 壬辰時면 此命과 같아서 平生 金水運에 無難하다. ② 巳時면 癸巳時가 되어 身弱에 燥熱하고, ③ 甲午時면 身弱에 더욱 燥熱하여 辛金이 傷한다. ④ 乙未時면 時上偏財는 되겠으나 巳火와 未土사이에 午火를 拱夾하여 燥熱한데 乙辛沖으로 金木이 交爭하면 筋骨痛에 群比爭財된다. ⑤ 丙申時면 火旺한데 丙火가 또 透干하니 旺火에 辛金이 傷하고 丙辛水 申巳水하여 合多不爲奇이다. ⑥

丁酉時(정유시)면 巳巳酉爭合(사사유쟁합)으로 혼란이 오는데 丁辛冲(정신충) 則(즉) 火金相爭(화금상쟁)으로 血壓(혈압)에 異常(이상)이 있기 쉽다. 또 辛金(신금)이 火(화)의 克(극)을 받으면 憂鬱症(우울증)과 肺(폐) 機能(기능)에 異常(이상)이 오기 쉽다.

이상과 같이 판단되어 壬辰時(임진시)로 定(정)하였다. 그 결과를 밤 열時(시)경에 此命(차명)의 외조부님에게 알려주고 그날 밤에 자고 다음날 아침에 일어나니 하바신이 마비가 되었다. 한방병원 등에서 치료를 받았으나 差度(차도)가 없었다. MRI촬영을 하였으나 寫眞上(사진상)에는 아무 이상이 없다고 했다.

擇時(택시)를 해주고 40일째 아파 누워있는데 定(정)해준 時(시)에 出生(출생)했다는 소식을 듣고 난후 天機造作(천기조작)을 해주어서 하늘이 내린 天罰(천벌)이라고 痛(통)感(감)했다. 그로부터 20日(일)동안이나 宇宙(우주)께 용서를 구한 後(후)에 아픈 痛症(통증)에서 벗어날 수 있었다.

"出産擇日(출산택일)만은 해주어서는 아니 된다."는 平生(평생) 동안 지켜야할 큰 가르침을 받았다.

만일 내무부 장관이 될 사람으로 태어날 四柱(사주)를 구청장밖에 못할 四柱(사주)로 造作(조작)해 주었다면 天罰(천벌)이 내리지 않겠는가!

1952年生. 身弱比劫爲用

丙 辛 乙 壬
申 巳 巳 辰

71 61 51 41 31 21 11 01
癸 壬 辛 庚 己 戊 丁 丙
丑 子 亥 戌 酉 申 未 午

芒種(망종) 二日前(이일전) 巳月(사월)은 丙火(병화)가 司令(사령)하는데 또 丙火(병화)가 透干(투간)하고 坐下(좌하)에 巳火(사화)가 있으니 火旺(화왕)하다. 旺火(왕화)가 喜神(희신)이 될 수는 없으므로 依支處(의지처)는 土(토)가 아니라 申金(신금)이 된다. 則(즉) 申金(신금)이 用神(용신)에 土(토)는 喜神(희신)이 되고 火(화)가 病神(병신)에 壬水(임수)는 藥神(약신)이 된다.

初年(초년) 丙午(병오) 丁未(정미) 戊運(무운)은 火旺土燥(화왕토조)하여 吉運(길운)이 아니다. 申運(신운)에 用神(용신)을 도와 成婚(성혼)하고 申己酉庚運(신기유경운)에 用神(용신)과 喜神(희신)을 도우니 得財(득재)하였다. 戌運(술운)에 入墓(입묘)한 旺火(왕화)가 克用神(극용신)하고 喜神(희신)을 冲(충)하니 事業(사업)에 失敗(실패)하였다.

向後(향후) 水運(수운)은 藥神(약신)을 도와서 病神(병신)을 除去(제거)하면 用神(용신)이 生氣(생기)를 얻어서 吉(길)하리라.

*. 職業(직업)은 水(수)가 吉神(길신)이니 防水工事(방수공사)를 한다.

*. 丙辛合化水格(병신합화수격)이 아닌 것은 丙火(병화)가 巳巳火(사사화)의 뿌리가 튼실하여 水(수)를 따르지 않기 때문이다.

*. 健康은 旺火에 金이 被傷되니 기관지가 弱하다.

1944年生(女命). 身旺用財格

戊 辛 己 甲

戌 未 巳 申

71 61 51 41 31 21 11 01

辛 壬 癸 甲 乙 丙 丁 戊

酉 戌 亥 子 丑 寅 卯 辰

巳月은 火旺當令한데 天干에는 戊己土가 있고 地支에는 戌未土가 있으니 印星旺에 의한 身旺이다. 旺土를 疏土하여야 한다. 甲木이 用神이고 水運은 喜神이 되며 金이 病神에 火는 藥神이 된다.

初年 戊運은 旺土를 扶하여 吉運이 아니다. 辰運은 申辰水가 喜神이 되고 卯運은 用神을 도와서 吉하였다.

寅運에 寅巳申三刑하고 寅戌火가 夫星이 되는데 己酉年에 桃花가 되니 成婚하고 庚戌年에 甲庚冲하여 官星을 도우니 女息을 得하고 壬子年에 傷官(子星)喜神이 되니 得男하였다.

乙運은 用神을 도와서 旺土를 疏土하니 夫君과 인테리어業을 自營하여 得財하였다. 인테리어는 木이 吉神인 緣故다.

丑運에 旺土를 도우고 丑戌未三刑이 되니 凶하였는데 이때 事業

을 확장하다가 失敗하였다.

甲子癸運은 用神을 도우고 喜神이 되니 事業이 興하여 得財하고 和睦한 家庭이었다. 亥運에 들어 地殺驛馬가 逢冲하고 月建官星(夫)을 冲하니 夫君의 事業은 침체되고 夫君은 캐나다에 外遊中이다.

向後 壬運까지는 喜神이 되어 吉할 것이다. 그러나 戌運은 旺土가 入墓하여 金은 埋金되고 木은 折이 되어 吉運이 아니다.

1965年生. 食傷制殺格. 調候用神

癸 辛 壬 乙
巳 亥 午 巳

77 67 57 47 37 27 17 07
甲 乙 丙 丁 戊 己 庚 辛
戌 亥 子 丑 寅 卯 辰 巳

午月 火旺當令에 年支의 巳火와 時支의 巳火가 旺火를 도우고 乙木이 生火하니 弱한 辛金이 銷熔된다. 이때는 食傷으로서 旺火를 除去하여 弱한 日主를 救하여야 된다. 則 水가 用神에 巳中의 庚金이 喜神이 된다.

卯運에 財星이 되고 坐下를 合하니 成婚하고 二男을 두었다.

向後 戊運은 用神을 克하여 吉運이 아니고 寅運은 寅午火에 弱한 日主는 被傷되고 用神은 枯渴되어 吉運이 아니다. 이때 健康은 肺弱이고, 日時支가 相冲이니 夫婦關係가 염려된다. 丁運은 用神을 合冲하여 吉運이 아니다. 이때를 지나면 丑運 以後 北方水運은 用神을 도와서 吉하겠으나 子運은 五冲이 되고 亥運은 四冲이 되어 吉한 것만은 아니다.

*. 水가 用神이기 때문에 流通會社에 근무한다.

1953年生(女命). 傷官生財格. 傷官制殺格

己 辛 戊 癸
亥 丑 午 巳

76 66 56 46 36 26 16 06
丙 乙 甲 癸 壬 辛 庚 己
寅 丑 子 亥 戌 酉 申 未

午月은 火旺當令한데 遙合한 巳丑金이 辛金을 도우고 戊己土가 生金하니 身旺하고 戊癸火가 旺火를 도우니 燥熱하다. 辛金은 淘洗先要하니 水가 用神에 金은 喜神이 되고 土가 病神에 亥中의 甲木은 藥神이 된다.

己運에 病神을 도와 用神水를 克하니 발에 火傷을 입었다. 이는 丑日이 湯火殺인데 丑午가 害이며 癸水는 外部 四肢五體에서 발에 해당되기 때문이다.

戊戌年에 病神인 印星(母)이 得勢하니 母喪을 當하였다. 未運에 亥未木(財=父)藥神이 旺土를 克하니 父親의 事業이 繁昌하여 有餘한 家庭이었다. 庚申運에 用神을 生하니 國語國文學을 專攻하였다. 辛運에 用神을 生하여 吉한데 己未年에 坐下를 冲動하니 成婚하고 庚申年에 女息을 得하고 辛酉年에 得男하였다.

辛酉壬運은 喜神이 되고 用神을 도우니 夫君이 出身하여 多福한 家庭이었다. 戌運은 午戌火가 病神을 生하니 夫君의 事業이 沈滯되었으나 壬水가 蓋頭되어 大敗는 아니었다. 癸運부터 用神을 도우니 夫君은 事業을 再起하고 本人은 衣類商을 經營하여 得財하고 있다. 衣類商은 木이 吉神인 緣故다.

癸運 戊寅年에 用神과 藥神을 도우니 詩同人誌를 發刊하고 있다. 食傷의 根이 實하고 財星이 透干되어 있다면 五行이 轉轉相生되어 文人으로서 좀 더 빛을 볼 수 있지 않겠나 하는 생각이 든다.

向後 水木運은 用神과 藥神을 도와서 吉하겠으나 丑運에 病神이 得勢하여 克用神하면 凶하리라.

1937年生. 身弱比刦爲用

己 辛 丙 丁
亥 巳 午 丑

76 66 56 46 36 26 16 06
戊 己 庚 辛 壬 癸 甲 乙
戌 亥 子 丑 寅 卯 辰 巳

午月은 火旺當令한데 坐下에 巳火가 있고 丙丁이 透干하였으니 官殺이 旺하여 身弱하고 燥熱하다. 身弱에 通根하는 比刦爲用하여 巳丑金이 用神이 되고 土가 喜神이며 火는 用神을 傷害하는 病神에 水는 그 病을 除去하는 藥神이 된다.

巳午火 準方合이 巳亥冲을 救하는데 癸運에 藥神을 도와 去殺留官하니 成婚하고 二子를 두었다. 木運은 旺火를 生하여 克用神하고 藥神은 枯渴되니 辛苦하였다. 特히 寅運은 寅午火가 克身하니 肺弱으로 苦生이 많았다고 한다. 肺弱은 弱한 辛金이 旺火의 克을 받은 緣故다.

辛運 以後 用神과 喜神을 도우니 昇進도 하고 得財하여 和睦한 家庭이었다. 그러나 子運은 月建午를 冲하여 四冲이 되니 衰者冲之拔根하고 旺者冲之益發하여 弱水는 枯渴되고 旺火는 用神을 克傷하여 凶한데, 己卯年에 藥神을 合去하니 得勢한 病神이 用神을 傷

害하므로 退職을 當하였다.

*. 身弱에 印星은 忌神이 될 수는 없기 때문에 上記와 같이 풀이 하였다.

1964年生(女命). 不弱用官格. 一官이 獨淸

丙 辛 庚 甲
申 亥 午 辰

79 69 59 49 39 29 19 09
壬 癸 甲 乙 丙 丁 戊 己
戌 亥 子 丑 寅 卯 辰 巳

*. 丙辛合化水格이면 榮達이라고 하는데, 이는 秋冬月生이면 可能하지만 此命은 夏月生이기 때문에 丙辛合化水 則 水에게로 從할 수 없다.

午月의 辛金이 丙火가 透干하였으니 火旺하고 金은 약하지만 地支의 辰土와 申金이 生扶하고 天干에서 庚金이 도우고 胎元이 辛酉이니 弱而不弱이다.

女命은 官星의 行方이 重要한데 身이 弱하지는 않으니 午에 着根한 丙火를 충분히 감당할 수 있다. 則 火用神에 甲木은 喜神이며 水가 病神에 土는 藥神이 된다.

初年 己巳戊辰運은 藥神과 用神을 도우니 富家에서 生長하고 美術大學을 卒業하였다. 美術은 辰에 華蓋星이 있으니 藝術에 能하고, 甲辛申午가 懸針星이니 스케치 등에 타고난 素質이 있기 때문이다.

辰運末 辛未年에 藥神을 도우고 坐下亥와 亥未合木이 喜神을 도와 官星(夫)을 生하니 眼科醫師와 結婚하였다. 眼科醫師는 官星이 火(눈)이고 官星의 根인 午火와 喜神인 甲木이 懸針星이기 때문이다.

丁運에 官星이 得勢하는데 癸酉年에 食神(子)을 도우고 酉가 桃花가 되니 得男하고 丙子年에 官星(夫)과 食傷을 도우니 女息을 얻었다.

此命은 五行이 接續相生으로 中和된 四柱이며 一官이 獨淸하였으니 女命으로서는 貴命에 속한다.

身弱에 一官이 獨淸한 命造는 財官旺地에 發財하고 夫君이 榮達한다.

丁運 以後 夫君이 出身하여 眼科病院을 開院한 後 繁昌하고 있다.

向後 子運에 申子辰水가 用神을 克傷하고 用神의 根인 午火를 冲하면 凶하리라.

*. 女命에서 夫君의 出身과 得名

1. 官印相生格은 官旺地

2. 身弱에 一官이 獨淸이면 財官旺地

3. 위 1, 2외는 吉神(用神과 喜神, 藥神)地

*. 子女의 昌盛

1. 女命에서 官印相生格: 官旺地

2. 여명에서 食傷生財格: 食傷運

3. 위 1, 2외는 吉神(用神, 喜神, 藥神)地

4. 男命에서는 財官旺地와 위 3

1955年生. 傷官制殺格

戊 辛 壬 乙

戌 丑 午 未

71 61 51 41 31 21 11 01

甲 乙 丙 丁 戊 己 庚 辛

戌 亥 子 丑 寅 卯 辰 巳

芒種節은 火旺當令하다. 日主弱에 印綬가 旺하여 身旺한데 旺火가 또 旺한 印綬를 生하고 弱한 日主를 克하니 火가 欠이다. 더욱이 辛金은 淘洗先要하니 欠인 火를 除去하여야 한다. 따라서 壬水가

用神에 金運은 喜神이 되고 克水하는 土는 病神에 乙木은 그 病을 除去하는 藥神이 된다.

初年 辛庚運은 喜神이 되고 巳運은 巳丑金이 喜神이 되어 吉하였다. 辰運은 辰戌沖으로 沖發한 病神인 旺土(印綬=母)에 用神水는 被克되고 藥神인 木은 折되며 喜神인 金은 埋金되니 母喪을 當하였다. 이로 因하여 學業(印星)을 포기하였다.

己運은 病神을 도와 吉運이 아니고, 卯運은 卯未木이 藥神을 도와서 旺土를 疏土하니 用神이 生氣를 얻어 得財하였다. 이때 사우디아라비아에서 得財하였다.

戊運末 己巳年에 坐下와 合한 巳丑金이 用神을 生하니 晩婚하였다. 晩婚은 日支(配偶者 宮)가 忌神이고 刑이 된 緣故다.

寅運에 寅午戌火官星이 得勢하는데 庚午年에 官星을 도우니 得男하였다. 그러나 寅運에 寅午戌火가 病神을 生하고 丁運에 用神을 合去하니 百事가 無成하므로 알코올 중독자가 되었다.

丑運辛巳年에 巳丑金이 喜神이 되어 用神을 生하니 酒量을 줄이고 家畜을 飼育하고 있다. 家畜飼育은 木이 吉神인 緣故다. 丑運은 病神이 得勢하고 丑戌未三刑이 되니 吉運이 아니다.

向後 水木運은 用神과 藥神을 도와 吉하겠으나 子運에 四沖이

되면 吉한 것만은 아니다.

1945年生(女命). 食神制殺格. 調候用神

戊 辛 癸 乙

戌 巳 未 酉

80 70 60 50 40 30 20 10

辛 庚 己 戊 丁 丙 乙 甲

卯 寅 丑 子 亥 戌 酉 申

*. ① 日主弱 印星旺에 의한 身旺이므로 用財格으로 보아 乙木을 用神으로 定할 것인지

② 日主弱印星旺에 의한 身旺한 中에도 巳와 未사이에 午를 拱夾한 火官星이 旺한 印星을 또 生함이 欠이 되므로 그 欠(火官星)을 除去하는 癸水를 用神으로 할 것인지, 다시 말해서 食神制殺格으로 볼 것인지에 대하여 此命을 分析해보면

四柱八字의 解法은 旺弱寒熱의 調和에 있는데, 小暑 後 四日은 丁火가 司令하는데다가 戊戌時이니 日主는 弱하고 印星이 旺하여 身旺한데 巳와 未사이에 午를 拱夾한 火가 旺한 土를 또 生하고 弱한 金을 克하고 있으니 火가 欠이고 그로因하여 燥熱하다.

따라서 癸水로써 火를 除去해주면 旺한 印星을 生해주는 原因을

除去해 주면서 調候도 되니 食神制殺格에 癸水가 用神이 됨이 分明하다. 또 辛金은 淘洗先要하니 더욱 그렇다.

則 癸水가 用神에 酉金은 喜神이고 土는 除水하는 病神이며 乙木은 그 病을 除去하는 藥神이 된다.

*. 酉運에 喜神을 도우니 身旺財弱하므로 金融界에 投身하여 水運동안은 用神을 도와서 吉하였다.

向後 己運은 用神을 克하므로 凶하다.

1967年生(女命). 身弱比刦爲用. 調候用神

庚 辛 丁 丁

寅 巳 未 未

78 68 58 48 38 28 18 08

乙 甲 癸 壬 辛 庚 己 戊

卯 寅 丑 子 亥 戌 酉 申

小暑節은 火旺當令한데 巳와 未사이에 午를 拱夾하고 雙丁이 透干하였으니 官旺하고 時支의 寅은 辛金의 胎地가 되니 日元은 自然히 弱하다. 依支處는 庚金뿐이다. 則 庚金이 用神에 濕土運은 喜神이 되고 火가 病神이고 水運은 藥神이다.

初年 戊申己酉運에 喜神이 되고 用神을 도우니 工夫를 잘하여 酉

運(운)에 法大(법대)를 卒業(졸업)하고 國會事務處(국회사무처)에 근무하게 되었다. 庚運(경운)에 用神(용신)을 도와 吉(길)한데 丁丑年(정축년)에 官星(관성)이 되고 坐下(좌하)를 合(합)하니 成婚(성혼)하였다. 戌運(술운)은 旺火(왕화)가 入墓(입묘)하여 克用神(극용신)하고 戌未刑(술미형)이 되어 凶(흉)하다. 이때 官逢官運(관봉관운)이니 夫婦關係(부부관계)가 염려되고, 旺火(왕화)가 弱身(약신)을 克傷(극상)하니 神經過敏(신경과민), 肺弱(폐약), 損財(손재)가 염려된다. 이때를 지나면 北方水運(북방수운)은 藥神(약신)이 되어 吉(길)하리라.

1970年生(女命). 食神制殺格. 調候用神

甲 辛 癸 庚

午 卯 未 戌

71 61 51 41 31 21 11 01

乙 丙 丁 戊 己 庚 辛 壬

亥 子 丑 寅 卯 辰 巳 午

小暑(소서) 後(후) 三日(삼일)은 丁火(정화)가 司令(사령)하는데 午戌(오술)이 遙合化火(요합화화)하니 調候(조후)가 時急(시급)하다. 食神制殺(식신제살)하는 癸水(계수)가 用神(용신)에 庚金(경금)은 喜神(회신)이 되고 除水(제수)하는 土(토)가 病神(병신)에 卯木(묘목)은 藥神(약신)이 된다.

數學(수학)을 專攻(전공)하고 庚運(경운)에 劈甲引火(벽갑인화)한 火(화)가 官星(관성)을 도우고 甲戌年(갑술년)에 坐下(좌하)를 合(합)하니 成婚(성혼)하였다. 辰運(진운)에 用神(용신)이 辰土庫藏(진토고장)에서 生氣(생기)를 얻어 吉(길)하므로 丁丑年(정축년)에 得男(득남)하고 己卯年(기묘년)에 次男(차남)을 得(득)하였다.

卯運에 藥神인 財星을 도우니 財産을 相續받았다.

1966年生. 棄命從殺格

　　　　甲 辛 乙 丙

　　　　午 未 未 午

80 70 60 50 40 30 20 10

癸 壬 辛 庚 己 戊 丁 丙

卯 寅 丑 子 亥 戌 酉 申

小暑後 四日은 丁火가 司令하는데 午未午未準方合化火하고 丙火가 透干하였으며 甲乙木이 火를 生하니 棄命從殺格이 된다. 從神인 火가 用神이고 木은 用神을 生하는 喜神이 된다. 水運은 用神을 傷害하는 病神이 되고 土는 그 病을 除去하는 藥神이다.

丁運에 用神을 도와 英文學科를 卒業하고 酉運은 外國에서 생활하였으나 脫此輩而忌見此輩하여 吉運이 아니었다.

戊運에 旺火를 泄氣하는 印星(學位)인 藥神이 되는데 丙子年에 丙火가 用神을 도우니 美術史學碩士學位를 받았다. 美術은 未未가 華蓋星인 緣故다.

戌運에 旺火가 入墓하여 凶한데 이때 事業을 하다가 失敗하였다. 己運에 旺火를 泄氣하는 藥神印星(就業)이 되니 戊子年부터 시간강사자리를 맡았다. 그러나 丁亥·戊子年은 病神이 되어 用神을 克하고 己丑年은 丑未爭冲과 刑이 되어 이 三年間 심리적인 어려움은 많았다.

向後 亥運은 亥未合木이 用神을 生하여 吉하겠고 庚運은 劈甲引火하여 吉하리라. 그러나 子運은 用神을 冲하여 吉運이 아니다.

1966年生. 棄命從財格

乙 辛 乙 丙
未 卯 未 午

73 63 53 43 33 23 13 03
癸 壬 辛 庚 己 戊 丁 丙
卯 寅 丑 子 亥 戌 酉 申

未土는 木의 庫藏인데 地支에 卯未合化木에 雙乙木이 透干하였으니 木이 太旺하다. 그리고 年月支의 午未合化火하고 丙火가 透干하였으니 官旺하다. 日主辛金은 依支處가 없다.

陰干은 從勢無情義하니 棄印取財하여 棄命從財格이 된다. 從神인 木이 用神이고 水運은 喜神이며 金運은 病神에 火는 藥神이 된다. 다시 말하면 水運은 從神을 生하여 吉하고 木運은 從神이 自旺하여 吉하며 火運은 從神을 泄氣하여 吉하다. 그러나 金運은 逆勢

則 從神인 木을 克하므로 大忌하고 土運은 病神인 金을 生하므로 不吉하다.

1970年生(女命). 身旺用財格

庚 辛 甲 庚
寅 未 申 戌

74 64 54 44 34 24 14 04
丙 丁 戊 己 庚 辛 壬 癸
子 丑 寅 卯 辰 巳 午 未

申月은 金旺節인데 二土가 生金하고 三金이 도우니 身이 太旺하다. 身旺用財하여 木이 用神이고 水運은 喜神이 되고 金이 病神에 火運은 藥神이 된다.

午運에 藥神이 되는데 甲木이 吉神이니 인테리어학을 專攻하였다. 辛運 甲戌年에 甲木이 冲庚하여 官星인 藥神을 도우니 成婚하고, 巳運에 官星이 되는데 戊寅年에 用神을 도우니 得男하고 庚辰年에 劈甲引火한 火가 藥神官星이 되니 得女하였다.

庚運에 劈甲引火하여 官星이 되니 夫君이 留學中에 學位를 취득하였다. 辰運에 四冲이 되고 冲發한 土가 旺身을 生하여 凶한데 己丑年에 또 旺身을 생하고 印星(母)인 土가 丑戌未三刑이 되니 母親

의 디스크수술로 辛苦(신고)하였다. 庚寅年(경인년)에 用神(용신)을 도와서 吉(길)한데 食傷(식상)이 吉神(길신)이기 때문에 공부방을 경영하고 있다.

向後(향후) 土運(토운)은 旺身(왕신)을 生(생)하여 凶(흉)하겠으나 木運(목운)은 用神(용신)을 도우고 火運(화운)은 藥神(약신)이 되며 水運(수운)은 喜神(희신)이 되어 吉(길)하리라.

*. 旺金(왕금)과 弱木(약목)사이를 通關(통관)하는 水運(수운)이 最吉(최길)이고, 原局(원국)에 水(수)가 있었다면 格(격)이 한층 더 높아졌으리라.

*. 原局(원국)에 甲庚冲(갑경충)이 있으니 偏頭痛(편두통)이 있다.

1960年生(女命). 身旺用殺格

丁 辛 甲 庚

酉 巳 申 子

75 65 55 45 35 25 15 05

丙 丁 戊 己 庚 辛 壬 癸

子 丑 寅 卯 辰 巳 午 未

申月金旺節(신월금왕절)에 태어난 辛金(신금)이 年干(년간)의 庚金(경금)과 時支(시지)의 酉金(유금)이 도우니 比劫(비겁)이 많은 身旺(신왕)이다. 比劫(비겁)인 金(금)을 除(제)하는 官星(관성)인 火(화)가 用神(용신)이고 甲木(갑목)은 用神(용신)을 生(생)하는 喜神(희신)이 된다. 그리고 水(수)가 病神(병신)에 土運(토운)은 藥神(약신)이 된다.

初年 水運은 病神을 도와 克用神하니 되어 吉運이 아니기 때문에 大學進學을 하지 못했다. 午運에 桃花官星이 되니 逢男하여 辛運 乙丑年에 喜神을 도우고 坐下를 合하니 成婚하였다. 辛運 丁卯年에 用神과 喜神을 도우니 得男하고, 巳運에 官星用神을 도우는데 己巳年에 또 官星을 도우니 次男을 얻었다.

庚運에 劈甲引火하여 用神을 도우니 得宅하였다. 辰運에 申子辰水가 病神을 도와 用神官星(夫)을 克傷하여 凶한데 辛巳年에 日柱天地伏吟하고 用神인 丁火를 冲去하니 長男이 滅하고, 甲申年에 比劫을 도와 群比爭官하니 夫婦別離하였다. 離婚은 官星의 根인 巳火가 申巳刑이 되고 (空)亡이며 巳酉合去한 緣故다. 己運은 旺身을 生하고 喜神인 甲木을 合去하니 吉運이 아니었다.

向後 木運은 用神을 生하고 火運은 用神을 도와서 吉하리라. 그러나 丑運에 旺金이 入墓하면 危險하리라.

*. 原局에 甲庚冲을 하고 있으니 偏頭痛이 있다.

1957年生(女命). 傷官生財格

壬 辛 戊 丁
辰 酉 申 酉

78 68 58 48 38 28 18 08
丙 乙 甲 癸 壬 辛 庚 己
辰 卯 寅 丑 子 亥 戌 酉

申月은 辛金의 帝旺地인데 三金이 도우고 二土가 生金하니 身이 太旺하다. 太旺한 者는 食傷을 보고 泄氣함이 定理이다. 則 泄氣하는 水는 用神이고 土가 病神에 木運은 藥神이 된다. 그리고 金多水濁하니 太旺한 金이 또한 病神에 火는 그 病을 除去하는 또 하나의 藥神이 된다.

初年 己酉庚運은 病神을 生扶하여 凶하고, 戌運도 旺身을 生하여 吉運이 아니지만 戌中의 丁火가 官星을 도우니 成婚하였다. 辛運은 群比爭官이 되고 官星(夫星)인 丁火를 冲하니 夫婦反目이 있었다.

亥運 以後에 用神을 도와 水産業을 自營하고 있다. 水가 吉神이니 水産業이다.

向後 水運은 用神을 도와서 吉하겠으나 丑運에 旺金이 入墓하면 金多水濁하여 吉運이 아니다. 이때를 지나 木運은 藥神이 되어 病神

인 土를 除去하므로 用神인 水는 生氣를 얻어서 吉하리라.

*. 女命에서 身旺한 命造는 經濟活動하는 사람이 많다.

1974年生(女命). 能任財官. 調候用神

丁 辛 壬 甲
酉 卯 申 寅

74 64 54 44 34 24 14 04
甲 乙 丙 丁 戊 己 庚 辛
子 丑 寅 卯 辰 巳 午 未

申月은 辛金의 帝旺地이고 時支酉에 得祿하여 不弱하니 能히 財星과 官星을 감당할 수 있다. 또 壬水가 透干하였으니 調候가 필요하다. 則 丁火가 用神에 甲木은 喜神이며 水는 病神이 되고 燥土運은 藥神이 된다.

初年 辛運은 比劫이 病神을 生하니 吉運이 아니고, 未運은 卯未木이 喜神을 도와 用神을 生하니 吉하였다. 庚運은 火吉神에 劈甲引火하여 用神을 도우니 吉한데, 이때 父親의 事業成功으로 家興하였다.

午運에 用神을 도와서 吉하니 不動産學科를 卒業하였다. 午運에

用神인 官星(夫星)을 돕는데 丙子年에 桃花逢冲하니 逢男하였다. 己運에 喜神을 合去하니 그 男子와는 離別하였다. 이는 坐下(配偶者宮)가 冲된 緣故다.

向後 巳運은 官星을 도우고 寅巳申三刑을 成局하니 成婚하겠고 戊運은 藥神이 되어 平吉할 것이다. 그러나 辰運에 申辰水가 病神을 도와서 官星(夫)用神을 克하면 凶한데, 이때 原局에서 日時支가 冲이 되어 있으니 夫婦關係가 염려되고 地支에 四冲이 全備되어 있으니 차조심해야 되겠다. 이때를 지나면 木火運은 喜神과 用神을 도와서 吉하겠으나 丑運은 酉丑金이 生水하여 克用神하므로 凶하리라.

*. 金木이 交爭하니 筋骨痛과 偏頭痛이 염려된다.

*. 此命을 身旺用財하여 木이 用神에 金은 病神이고 丁火를 藥神으로 볼 수도 있겠으나 女命이므로 官星用神이 타당하다.

*. 土가 吉神이니 不動産學을 專攻하였다.

1961年生. 身旺用殺格

戊 辛 丙 辛

戌 巳 申 丑

73 63 53 43 33 23 13 03

戊 己 庚 辛 壬 癸 甲 乙

子 丑 寅 卯 辰 巳 午 未

申月은 辛金의 帝旺地인데 三土가 生金하고 二金이 도우고 있으니 身旺하다. 身旺用官星하여 火가 用神이고 木運은 喜神이 된다.

初年 未運에 忌神印星(母)이 三刑이 되니 母先亡하였다. 午運에 午戌이 用神을 도우니 工高를 卒業하였다. 工高는 火가 吉神인 緣故다. 癸運에 用神을 傷害하니 軍役으로 苦生이 하였다.

巳運(官星=子)에 用神을 도우니 成婚하고 一男一女를 두었다. 壬運에 火吉神에 見水顯節하여 吉한데, 이때 火가 吉神이니 飮食物業을 自營하여 得宅하였다.

辰運은 申辰水가 用神을 克傷하고 辰戌冲하니 吉運이 아니다. 이때 原局에 無財(父)인데 辰戌冲으로 辰中의 乙木(財=父)이 損傷되니 父親이 病을 얻었다.

向後 辛運은 旺身을 도우니 吉함이 적은데, 이때 損財와 夫婦關係가 염려된다. 卯運은 喜神이 되어 吉하지만 庚運은 劫財運이니 吉

함이 적다. 寅運은 用神을 生하여 吉하겠으나 寅巳申三刑을 成局하니 官災口舌과 健康이 염려된다.

1985年生. 丙辛合化水하여 從金格. 假從格

丙 辛 乙 乙

申 酉 酉 丑

74 64 54 44 34 24 14 04

丁 戊 己 庚 辛 壬 癸 甲

丑 寅 卯 辰 巳 午 未 申

酉月은 辛金이 得祿하고 酉丑金과 坐下酉에 申時가 되니 地支全金一色이다. 辛金日主가 時上의 丙火와 丙辛合化水하여 地支의 全金에 從한다. 年·月上의 乙木은 酉丑金上에 있어서 虛路無根하지만 本來의 五行을 버리고 간 丙火를 生하기 때문에 丙辛合化水하여 從金格 中에도 假從格이 된다.

金으로 從한 이상 土運은 從金을 生하여 吉하고 金運은 從神이 自旺하여 吉하며 水運은 太旺한 金을 泄氣하여 吉하다. 火運은 從神인 金을 逆勢하므로 大忌하고 木은 本神(五行)을 버리고 水로 從한 丙火를 生하므로 不吉하다.

다시 말하면 從神인 金이 用神이고 土는 用神을 生하는 喜神이며

火運은 從神을 克傷하는 病神이 되고 水運은 그 病을 除去하는 藥神이며 木은 病神인 火를 生하므로 凶神이 된다.

向後 未運은 從神을 生하여 吉하지만 한편으로는 丑未冲하니 어머니 건강이 염려된다. 이는 丑土는 印星(母)인데 (空)亡인 된 緣故다. 午(官星)運은 從金을 逆勢하여 吉運이 아닌데 이때 忌神桃花가 되니 異性으로 因한 등의 官災가 염려된다. 卯運은 從神을 冲하여 凶하다.

*. 辛申이 吉神懸針星이니 醫學이고, 酉金이 吉神이니 言論이며, 從格은 政治家에도 많다.

1954年生. 調候用神

壬 辛 癸 甲
辰 卯 酉 午

73 63 53 43 33 23 13 03
辛 庚 己 戊 丁 丙 乙 甲
巳 辰 卯 寅 丑 子 亥 戌

酉月에 生한 辛金日主가 時支는 水庫이고 壬·癸水가 透干하였으니 寒濕하다. 調候가 필요하니 午火가 用神이고 木은 喜神이며 水

는 病神에 燥土運은 藥神이 된다.

初年 甲乙運은 喜神을 도우고 戌運은 藥神이 되어 吉하였다. 亥運은 病神을 도와 克用神하니 吉運이 아니므로 大學進學을 할 수 없었고 軍役을 畢하였다.

丙運은 官星(職業)用神을 도와 吉한데, 이때 農協에 就職하였다. 子運에 桃花가 逢冲하니 成婚하였다. 그리고 子運에 病神이 得勢하여 克用神하고 災殺(一名 囚獄殺)이 되니 官災가 있었다. 官災는 坐下에 財星桃花가 있으니 賭博이 그 原因이었다.

丑運은 酉丑金이 病神을 生하여 克官星(職場)用神하고 用神이 泄氣되며 丑午害가 되니 退職하였다.

戊運에 藥神이 되니 農産物流通業을 經營하여 得財하였다. 農産物은 木이 吉神인 緣故다. 寅運은 喜神財星(妻)이 되니 事業은 吉하였으나 妻有外情으로 夫婦反目이 있던 中 乙酉年에 坐下(配偶者宮)를 爭冲하니 夫婦別離하였다. 夫婦別離는 坐下가 冲이 되고 寅運에 用神을 合去한 緣故다. 己運은 喜神財星甲木을 合去하니 苦生이 많다.

向後 卯運은 喜神財星(妻)이 되니 得財하고 再婚도 하겠으나 坐下 爭冲이 되니 妻의 健康이 염려된다. 이때를 지나면 庚運에 劈甲

引火하여 吉하리라.

1961年生(女命). 身旺用七殺格

丁 辛 丁 辛

酉 酉 酉 丑

75 65 55 45 35 25 15 05

乙 甲 癸 壬 辛 庚 己 戊

巳 辰 卯 寅 丑 子 亥 戌

酉月 辛金은 旺한데 地支에 三酉金이 도우고 丑土가 生金하며 年上에 辛金이 透干하였으니 身이 太旺하다. 身旺用殺格이 되어 丁火가 比劫을 除去하는 用神에 木運은 喜神이 된다.

初年 土運은 旺神을 生하여 吉運이 아니고 亥運에 傷官(子星)이 되는데 亥中의 甲木이 用神을 生하니 成婚하였다.

庚運에 旺身을 도와 吉運이 아니니 百事가 無成이었다. 子運에 傷官이 見官하니 則 傷官이 官星(夫)用神을 傷害하니 夫君이 家出해 버렸다. 이는 命書에 "姉妹强剛이면 眞房之婦" 라고 했으니, 群比爭官이 된 緣故다.

向後 丑運은 旺金이 入墓하여 大忌한데, 이때를 지나면 東方木運은 地支가 重하며 喜神이 되어 吉하리라.

*. 丑運에 肺·大腸과 心臟病이 염려된다. 庚是大腸 辛屬肺하고 丁火는 心臟에 해당되는 緣故다.

*. 金曰從革格이었다면 土·金·水運에 大吉하였을 텐데 살아온 과정이 그렇지 아니하니 正格이다.

1971年生. 傷官生財格

戊 辛 丁 辛

戌 丑 酉 亥

72 62 52 42 32 22 12 02

己 庚 辛 壬 癸 甲 乙 丙

丑 寅 卯 辰 巳 午 未 申

酉月은 辛金의 祿地인데 戊戌이 生金하고 酉丑金과 年上의 辛金이 日主를 도우니 身이 太旺하다. 太旺한 者는 食傷으로 泄氣하여 順勢하여야 된다. 則 水가 用神에 金多水濁하므로 金이 病神에 丁火는 藥神이 되고, 水를 傷害하는 土가 病神에 木運은 또 하나의 藥神이 된다.

初年 申運에 病神이 得勢하여 金多水濁하므로 亥中의 甲木(父星)이 損傷되므로 父母님이 離婚하였다. 甲運에 藥神이 되니 用神

이 生氣를 얻어 會計學을 專攻하였다. 午運에 藥神이 되어 吉하지만 庚辰年에 金病神과 土病神을 도우니 用神水가 生氣를 잃어 세무사자격 2차 시험에 실패하고 辛巳年에 巳酉丑金에 辛金이 病神을 도우니 또 세무사자격 2차 시험에 실패하였다. 癸運에 用神을 도와서 吉한데 壬午年에 藥神을 도우니 세무사자격시험에 合格하고 癸未年에 세무사사무실을 開業하였다.

向後 巳運은 用神을 冲하여 吉運이 아니고 壬水運은 用神을 도와서 吉하리라. 辰運은 冲發한 旺土에 用神水가 泥塞되어 吉運이 아니다.

*. 會計學과 稅務士는 身旺財弱한 緣故다.

1960年生(女命). 身旺用財格(時上偏財)

乙 辛 乙 庚
未 酉 酉 子

78 68 58 48 38 28 18 08
丁 戊 己 庚 辛 壬 癸 甲
丑 寅 卯 辰 巳 午 未 申

酉月은 金旺節인데 坐下酉金에 庚金이 透干하여 도우고 時支未

土가 生金하니 身旺하다. 身旺用財하여 未土에 着根한 乙木이 用神이고 子水는 喜神이며 金이 病神에 火運은 藥神이 된다.

未運 甲子年에 用神을 도우고 食神(子星)喜神을 도우니 成婚하고 丙寅年에 藥神이 되고 用神을 도우니 得男하고 壬運 戊辰年에 食神(子星)인 喜神을 도우니 得女하였다.

此命에서 夫君은 財庫인 未中의 丁火이니 夫君의 職業이 은행원이다. 壬運에 喜神을 도와 用神을 생하니 夫君의 昇進이 있었다.

午運에 藥神이 되어 旺金을 除去하니 用神이 生氣를 얻고 壬申年에 喜神을 도와 用神을 生하니 得宅하였다. 午運 乙亥年에 藥神이 되고 用神을 扶生하니 속셈학원을 경영하여 得財하고 있다. 教育事業은 食傷이 吉神인 緣故다. 午運末 丁丑年에 藥神이 되니 垈地를 구입하였다.

向後 巳運 乙酉年에 巳와 酉가 1:3으로 巳酉合金하면 群比爭財하고 群比爭官하니 損財와 夫君의 健康에 留意하여야 된다. 丙戌年은 未中의 丁火가 夫君인데 戌未刑이 되면 官災口舌이 오겠는데 이때도 夫君의 健康이 염려된다.

庚運은 用神을 合去하여 吉運이 아니다. 이때 乙木은 財星이니 損財가 염려된다. 그러나 辰運은 子辰水가 用神을 生하니 吉하겠다.

卯運은 酉金을 爭冲하여 冲發된 旺金에 用神이 傷害되므로 凶하다.

夫君의 健康留意는 身旺한 女命에 日柱干與支同을 大忌하는 바, 未中의 丁火가 官星(夫)인데 未土에 寡宿殺까지 있는 緣故다.

1959年生. 傷官生財格

己 辛 癸 己

丑 丑 酉 亥

73 63 53 43 33 23 13 03

乙 丙 丁 戊 己 庚 辛 壬

丑 寅 卯 辰 巳 午 未 申

酉月은 金旺節인데 四土가 生金하니 日元이 太旺하다. 太旺한 者는 好泄精英하니 水를 用神으로 하여 旺神을 泄氣하여야 한다. 즉 水가 用神에 金은 喜神이며 土가 病神에 木運은 藥神이 된다.

未運에 亥未木藥神이 되어 病神인 旺土를 疏土하니 大學을 卒業하였다. 庚運에 旺土를 泄氣生水하는데 乙丑年에 財星藥神이 되니 成婚한 後 一男一女를 두었다. 午運 辛未年에 亥未木藥神이 되니 運輸會社에 就職하여 會計業務를 보고 있다. 이는 身旺財弱은 金融界職種인 緣故다. 巳運에 巳酉丑金이 旺土를 泄氣生水하는데 戊寅年에 寅亥合木이 旺土를 除去하니 昇進하였다.

向後 戊辰運은 病神이 得勢하여 吉運이 아니며 丁運은 傷官이 見官하여 凶하고 卯運은 月建을 冲하고 用神의 死地가 되어 吉함이 적다.

*. 巳運 庚辰年에 群比爭財되는데 주식투자로 損財하였다.

*. 辰運에 用神水가 入墓하고 病神을 도와 凶한데 戊子年에 또 病神을 도우고 金의 死地가 되니 胃(土)癌手術을 하였다.

*. 壬寅年 壬寅月 戊戌日 壬戌時가 妻의 命造다.

1944年生(女命). 身旺用財格

己 辛 甲 甲

亥 亥 戌 申

72 62 52 42 32 22 12 02

丙 丁 戊 己 庚 辛 壬 癸

寅 卯 辰 巳 午 未 申 酉

戌月의 辛金이 己土가 透干하여 生金하고 年支의 申金이 도우고 있으니 身旺한데 印星이 旺하다. 印星을 除去하는 財星 則 木이 用神에 水는 喜神이고 金이 病神에 戌中의 丁火는 藥神이 된다.

未運에 未中의 丁火가 官星(夫)이 되고 坐下(夫宮)를 合하여 用

神을 도우니 成婚하고 二男을 두었다. 成家 以後 夫君이 事業을 하던 中 庚運은 木用神에 金을 만나니 材木을 作成하여 興旺하였다. 午運은 午戌合化火하여 病神을 制壓하니 用神木이 生氣를 얻어 得財하였다.

己運에 用神인 雙甲木을 雙甲己合土하여 旺土를 도와서 凶한데 戌中의 丁火(官星=夫)는 旺土에 泄氣되므로 夫君이 得病하였다. 巳運에 坐下(夫宮)를 爭冲하고 巳戌이 冤嗔殺이며 巳火官星(夫)과 申이 刑이 되어 凶한데 辛未年에 官星인 丁火를 함유하고 있는 戌과 戌未刑이 되니 夫喪을 當하였다. 이는 亥亥가 孤辰殺(申酉戌에 亥)이고, 戌이 寡宿殺(亥子丑에 戌)이며, 女命最忌者는 坐下食傷인 緣故다.

現在 辰運에 旺土를 冲發하면 用神인 甲木이 折되어 凶하겠는데, 이때를 지나면 木火運은 用神과 藥神을 도와서 末年은 吉하리라.

*. 二子가 特出하다.

*. 冤嗔殺(鬪爭, 宮合에 適用): 子未, 丑午, 寅酉, 卯申, 辰亥, 巳戌

1972年生. 身旺用官格

庚 辛 庚 壬
寅 巳 戌 子

77 67 57 47 37 27 17 07
戊 丁 丙 乙 甲 癸 壬 辛
午 巳 辰 卯 寅 丑 子 亥

寒露土旺節(한로토왕절)에 生(생)한 辛金(신금)이 雙庚(쌍경)이 도우고 있으니 身旺(신왕)한데, 많은 比劫(비겁)이 欠(흠)이 된다. 比劫(비겁)을 除去(제거)하는 官星(관성) 則(즉) 火(화)가 用神(용신)에 木(목)은 喜神(희신)이다. 用神(용신)과 喜神(희신)이 刑(형)이 되고 庚戌魁罡(경술괴강)이 있는데 初年(초년)에 吉運(길운)을 만나지 못했으니 배움도 부족한 無賴漢(무뢰한)의 命造(명조)다. 日主(일주)가 忌神懸針星(기신현침성)이니 더욱 그렇다.

初年(초년) 金水運(금수운)에 喜神(희신)과 用神(용신)을 傷害(상해)하니 寒微家(한미가)에서 生長(생장)하였다. 癸運(계운)에 用神(용신)이 傷害(상해)되어 凶(흉)한데 庚辰年(경진년)에 魁罡逢冲(괴강봉충)하여 旺身(왕신)을 生扶(생부)하고 天羅地網(천라지망)이 되니 收監(수감)되었다.

向後(향후) 丑運(축운)은 丑戌刑(축술형)이 旺身(왕신)을 生(생)하여 吉運(길운)이 아니다. 이때 官災(관재) 口舌(구설)과 健康(건강)이 염려된다. 甲運(갑운) 以後(이후) 丙運(병운)까지는 喜神(희신)과 用神(용신)을 도와서 吉(길)하리라. 그러나 辰運(진운)은 冲發(충발)한 旺土(왕토)가 旺身(왕신)을 生(생)하여 凶(흉)하리라.

*. 天羅地網殺(천라지망살)(日支基準(일지기준))

. (辰, 戌, 巳, 亥)日生人이 柱中에 辰·戌·巳·亥 中 一字만 만나도 監禁, 拉致, 亡命 등 幽閉生活을 하게 되는데 경찰, 형무관, 헌병, 사법관에 종사하면 이를 免할 수 있다.

*. 身旺한 中 日主弱 印星旺에 의한 身旺은 대개 財星이 用神이고, 比劫旺 印星弱에 의한 身旺은 대개 官星이 用神이 된다.

1973年生(女命). 傷官生財格

戊 辛 壬 癸

戌 丑 戌 丑

72 62 52 42 32 22 12 02

庚 己 戊 丁 丙 乙 甲 癸

午 巳 辰 卯 寅 丑 子 亥

戌月은 土旺節인데 다섯 土가 太旺하니 土厚埋金이 된다. 壬癸水로 散土하여 埋金된 辛金을 救하여야 된다. 則 水가 用神에 金運은 喜神이 되고 土가 病神에 木運은 藥神이 된다.

初年 水木運은 用神을 도우고 藥神이 되니 富家에서 生長하였으나 土多埋金되니 공부에는 별 관심이 없었다.

乙運에 藥神이 되어 旺土를 疏土하니 用神이 生氣를 얻어 부모의 도움으로 노래방을 경영하고 있다. 노래방은 金이 吉神인 緣故다.

丑運은 病神이 得勢하여 凶하고 丙運은 病神을 生하여 凶하지만 寅運은 病神을 除去하여 吉하다. 丁運은 用神인 壬水를 合去하여 凶하지만 卯運은 病神을 除去하여 吉하리라.

1968年生. 傷官生財格

己 辛 壬 戊

丑 酉 戌 申

77 67 57 47 37 27 17 07

庚 己 戊 丁 丙 乙 甲 癸

午 巳 辰 卯 寅 丑 子 亥

地支에 申酉戌 西(金)方이 辛金日主를 도우고 三土가 生金하니 身이 太旺하다. 太旺한 者는 食傷으로 泄氣하여 順勢하여야 된다. 則 水가 用神에 金은 旺土를 泄氣하여 生水하는 喜神이 되고 土가 病神에 木運은 藥神이 된다.

初年 水木運은 用神을 도우고 藥神이 되어 吉한데 水가 吉神이니 商大貿易學科를 卒業하고 乙運까지는 得財하였다. 그러나 丑運에 들어 病神이 得勢하니 用神水가 泥塞되어 되는 일이 없었다고 한다.

向後 丙運은 用神을 冲去하여 凶하고 寅運은 藥神이 되어 吉하겠으나 寅申冲이 되니 吉한 것만은 아니다. 丁運은 用神을 合去하여

吉運이 아니다. 卯運은 藥神이 되어 旺土를 疏土하니 用神인 水가 生氣를 얻어 吉하겠으나 坐下의 忌神桃花를 冲하니 異性關係와 妻의 健康이 염려된다.

*. 金曰從革格은 庚·辛日主가 地支에 申酉戌西方이 되던지 巳酉丑金局이 되더라도 申酉月에 生하여 대부분이 金이고 木火가 전연 없어야 成立된다. 이 경우에는 從神인 金이 用神에 土는 喜神이 되고 從神을 克害하는 火는 病神이 되고 水는 藥神이 된다. 則 土金水運은 吉하고 木火運을 大忌한다.

此命은 辛金日主가 太旺하지만 泄氣하는 傷官이 있기 때문에 金曰從革格이 아니고 傷官生財格이 된다. 이처럼 從不從의 區別은 難解하다.

1960年生. 身弱比刦爲用

甲 辛 丙 庚

午 巳 戌 子

76 66 56 46 36 26 16 06

甲 癸 壬 辛 庚 己 戊 丁

午 巳 辰 卯 寅 丑 子 亥

戌月의 辛金은 土旺節에 生하였지만 午戌火로 變하고 巳火에 丙

火(화)가 透干(투간)하였고 甲木(갑목)이 生火(생화)하니 官(관)이 旺(왕)한데, 子水(자수)가 泄氣(설기)하니 旺而反弱(왕이반약)이다. 戌土(술토)는 燥土(조토)가 되니 不用(불용)하고 依支處(의지처)는 比劫(비겁)이다. 則(즉) 庚金(경금)이 用神(용신)에 戌土(술토)가 喜神(희신)이 되고 火(화)가 病神(병신)에 子水(자수)는 除火(제화)하는 藥神(약신)이 된다.

初年(초년) 亥子運(해자운)은 藥神(약신)을 도와서 吉(길)한데 年柱(년주)에 吉神(길신)이 있으니 부모덕으로 工大(공대)를 卒業(졸업)하였다. 子運(자운)에 藥神(약신)을 도와 吉(길)한데 桃花逢冲(도화봉충)하니 成婚(성혼)하였다.

己運(기운)에 喜神(희신)을 도우니 기계부품상을 自營(자영)하여 得財(득재)하고 丑運(축운)은 巳丑金(사축금)이 用神(용신)을 도우니 吉(길)하였다. 그러나 庚運(경운)에 火病神(화병신)에 劈甲引火(벽갑인화)하여 吉運(길운)이 아닌데 庚辰年(경진년)에 三庚(삼경)이 一甲(일갑)을 冲(충)하고, 그 冲發(충발)한 旺火(왕화)가 病神(병신)을 도와 克用神(극용신)하니 大敗(대패)하였다. 이때 주식에 투자하여 失敗(실패)하였다.

向後(향후) 寅運(인운)은 寅午戌旺火(인오술왕화)가 病神(병신)을 도와 吉運(길운)이 아니지만 辛運(신운)은 病神(병신)을 合去(합거)하여 吉(길)하리라. 卯運(묘운)은 旺火(왕화)를 生(생)하여 吉運(길운)이 아니고, 壬運(임운)은 火忌神(화기신)에 見水顯節(견수현절)하여 吉運(길운)이 아니다. 辰運(진운)은 喜神(희신)을 도와서 吉(길)하겠으나 四冲(사충)이 되니 吉(길)한 것만은 아니다.

*. 金(금)이 用神(용신)이기 때문에 工大(공대)고 기계부품상이다.

1949年生(女命). 身弱한 金水傷官格

壬 辛 乙 己

辰 亥 亥 丑

77 67 57 47 37 27 17 07

癸 壬 辛 庚 己 戊 丁 丙

未 午 巳 辰 卯 寅 丑 子

亥月에 生한 辛金이 亥와 丑사이에 子水를 拱夾하고 坐下에 亥水와 壬辰時이니 水(食傷)가 太旺하다. 棄命從兒格이 될듯하지만 己丑辰印星이 生助하고 있으니 從格은 아니고 身弱한 金水傷官格이다. 土가 用神이고 火運이 喜神이며 乙木이 病神에 金運은 藥神이 된다.

女命 最忌者는 坐下食傷인데, 此命은 沒官星이기도 하니 夫婦宮이 더욱 不吉하다.

丁運에 喜神官星이 되니 成婚하였으나 丑運에 夫婦別離하였다. 이는 丑亥亥丑사이에 雙子를 拱夾하여 忌神인 水가 더욱 旺盛해지니 用神土가 散土된 緣故다.

戊運에 用神을 도우니 再婚하고 己運까지는 土는 用神을 도우고 寅中의 丙火는 喜神이 되어 得財하였다. 卯運은 亥亥卯木이 克用神하니 夫婦別離하고, 糖尿病을 얻어서 辛苦하다.

庚運은 病神을 合去하여 無欠이나 辰運은 入墓한 旺水에 土가 散土되어 凶하다.

*. 過於寒濕者는 子稀이니 二女息만 있고 男兒는 없다.

*. 糖尿는 過於寒濕에 弱한 土가 散土된 緣故다.

1967年生. 金水傷官格에 喜見七殺

癸 辛 辛 丁

巳 巳 亥 未

72 62 52 42 32 22 12 02

癸 甲 乙 丙 丁 戊 己 庚

卯 辰 巳 午 未 申 酉 戌

亥月은 金寒水冷한데 月上에 辛金이 있고 時上에 癸水가 透干하였으니 調候가 時急하다. 則 金水傷官格에 喜見官星하여 火가 用神에 亥未木이 喜神이고 水가 病神에 燥土運은 藥神이 된다.

戊運에 藥神이 되어 病神인 水를 除去하니 用神인 火가 生氣를 얻어 名門法大를 卒業하였다. 法大는 偏官이 用神인 緣故다.

申運 甲戌年에 甲木은 喜神을 도우고 戌土는 藥神이 되니 外務高等考試에 合格하고 丁運에 官星用神을 도우니 外交官이 되었다.

向後 木火運은 喜神과 用神을 도와서 吉하리라. 그러나 辰運은 旺水가 入墓하여 克用神하고, 癸運은 用神을 冲하여 吉運이 아니다.

*. 外交官은 巳火가 官星이고 亥中의 甲木은 財星인데, 財星과 官星의 驛馬地殺이 逢冲한 緣故다.

1964年生. 金水傷官格에 喜見官星

丁 辛 乙 甲
酉 酉 亥 辰

80 70 60 50 40 30 20 10
癸 壬 辛 庚 己 戊 丁 丙
未 午 巳 辰 卯 寅 丑 子

亥月은 金寒水冷한데 雙酉에 濕土辰이 있으니 寒濕하다. 調候가 時急하니 丁火가 用神에 木은 喜神이고 水가 病神에 燥土運은 藥神이 된다.

初年 子丑運은 丙丁이 蓋頭가 되어 無欠이고, 丁運에 用神을 도와 商大를 卒業하고 丑運 庚午年에 劈甲引火하여 官星(就職)用神을 도우니 銀行에 就職하였다.

丑運 辛未年에 丑未冲된 土가 藥神이 되니 丁火官星(子星)이 生

氣를 얻고 亥未木이 喜神財星(妻)을 도우니 成婚하고 丑運 壬申年에 忌神을 도우니 得女하고 戊運 甲戌年에 藥神이 되고 喜神을 도우니 得男하였다.

戊運은 除濕하니 用神이 生氣를 얻어 吉하고 寅運 己卯年에 喜神을 도와 用神을 生하니 得宅하였다.

向後 庚運까지는 藥神이 되고 喜神을 도우며 材木을 作成하여 吉하리라. 그러나 辰運은 雙酉와 雙辰이 合金하여 群比爭財하므로 吉運이 아니다.

*. 金融은 財星이 吉神인 緣故다.

*. 日時支에 桃花가 있으니 異性關係로 因한 家庭不和가 있기 쉽다.

1974年生. 財多身弱에 印星爲用

壬 辛 乙 甲
辰 未 亥 寅

74 64 54 44 34 24 14 04
癸 壬 辛 庚 己 戊 丁 丙
未 午 巳 辰 卯 寅 丑 子

亥月의 辛金은 水旺金弱하여 泄氣가 甚한데 壬水가 泄氣를 도우고 寅亥木에 甲乙木이 透干하였으니 財多身弱이다. 印星인 土를 써서 弱한 日主를 生하여야 된다. 則 土가 用神에 火運은 喜神이 되고 木이 病神에 金運은 藥神이 된다.

初年 丙丁運은 用神을 生하여 吉하였다. 子運은 病神인 財星(父)木을 生하여 克用神하니 父先亡하였다.

丑運에 印星(母)用神을 丑未冲하니 어머니의 中風患으로 辛苦하다.

戊運에 用神을 도와 數學科를 卒業하고 土가 用神이니 不動産業界에 근무하고 있다.

向後 寅運은 病神인 財星이 得勢하여 克用神히니 女人으로 因한 損財와 母親의 健康이 염려되며 本人은 胃病과 肝弱이 염려된다. 過不及은 모두 病이 되는데, 木旺은 肝弱이고 土弱은 胃弱이며, 印

綏弱은 어머니健康에 해당되기 때문이다.

己運은 病神甲木을 合去하여 吉하고, 卯運은 桃花財星이 되는데 寅運과 一般이다. 이때를 지나면 庚辰辛運은 用神을 도우고 藥神이 되어 吉하리라. 火運은 喜神이 되어 吉하겠으나 未運은 旺木이 入墓하여 吉運이 아니다.

*. 四柱에 財星(妻)이 많으니 妻의 疑夫症이 있기 쉽다. 則 惡妻에 苦悶한다.

1956年生(女命). 金水傷官格에 喜見官星

戊 辛 己 丙
子 巳 亥 申

71 61 51 41 31 21 11 01
辛 壬 癸 甲 乙 丙 丁 戊
卯 辰 巳 午 未 申 酉 戌

亥月의 辛金은 水旺節이니 泄氣가 甚하고 申子水가 水를 도우고 있으니 寒濕하므로 調候가 時急하다. 그리고 亥月의 辛金이 弱地에서 태어났지만 巳火에 뿌리를 둔 戊己土가 透干하여 生金하고 年支의 申金이 日主를 도우고 있으니 不弱하므로 能히 財星과 官星을 감당할 수 있다. 女命이니 더욱 官星이 用神이 된다.

調候用神으로 보더라도 官星이 用神이고 抑扶用神[23]으로 보아도 官星이 用神이 된다. 則 火가 用神에 木運은 喜神이 되고 水가 病神에 土는 藥神이다.

丙運에 官星이 되어 成婚하고 一男二女를 두었다.

申運에 病神을 生하여 凶한데 甲子年에 申과 子가 2:2로 合하여 得勢한 病神이 克官星(夫)用神하고 喜神甲木은 浮木되니 夫喪을 當하였다. 이는 坐下가 巳亥冲이고 巳가 (空)亡에 劫殺이며 官星의 根인 巳火와 運申이 巳申刑이 된 緣故다.

乙運에 喜神이 되는데 丙寅年에 官星(夫)用神과 喜神을 도우니 再婚하였다.

未運은 藥神을 도와 吉하고, 甲運은 克土(子宮)하는데 己卯年 丁卯月에 亥卯卯旺木에 木多火熄하고 克土하니 子宮手術을 하였다.

向後 午運은 用神을 도와서 吉하겠으나 傷官이 見官 則 克官星이며 桃花逢冲하니 夫婦關係가 염려된다. 癸巳運은 病神을 도우고 用神의 根인 巳火를 爭冲하여 吉運이 아니다. 이때를 지나면 壬運은 火用神에 見水顯節하여 吉하겠으나 辰運은 旺水가 入墓하여 克用

---

23) 유경진, 『명리학 용신론』, (연해명원), 2009년, pp.129~132.

神(신)하므로 凶(흉)하다.

*. 喜神(희신)이 原局(원국)에 透干(투간)해 있었더라면 한층 格(격)이 높을 것이다.

1941年生. 食神生財格. 李明博 大統領 造

辛 辛 庚 辛

卯 丑 子 巳

74 64 54 44 34 24 14 04

壬 癸 甲 乙 丙 丁 戊 己

辰 巳 午 未 申 酉 戌 亥

子月(자월)의 辛金(신금)은 泄氣(설기)되는 弱地(약지)이지만 巳丑金(사축금)에 辛庚辛金(신경신금)이 日主(일주)를 도우고 있으니 身(신)이 太旺(태왕)하다. 太旺(태왕)한 者(자)는 食傷(식상)으로 泄氣順勢(설기순세)하여야 한다. 따라서 子水(자수)가 用神(용신)에 金多水濁(금다수탁)하므로 金(금)이 病神(병신)에 巳火(사화)는 藥神(약신)이 된다. 그리고 子水(자수)를 克(극)하는 丑土(축토)가 病神(병신)에 卯木(묘목)은 또 하나의 藥神(약신)이 된다.

初年(초년) 戊戌大運(무술대운)은 病神(병신)인 丑土(축토)를 도우니 用神水(용신수)가 泥塞(니색)되니 寒微家(한미가)에서 成長(성장)했다. 丁運(정운)에 藥神(약신)을 도와 吉(길)한데 乙巳年(을사년)에 木藥神(목약신)과 火藥神(화약신)을 도우니 고려대학교경영학과를 졸업하고 현대건설에 입사했다.

酉運에 財星(妻)인 卯木을 冲動하는데 庚戌年에 卯木이 財星桃花가 되니 成婚하였다.

甲大運에 藥神財星木을 도와 吉한데 丙子年에 藥神官星火와 用神水를 도우니 제15대 國會議員에 당선되었다.

午運에 藥神官星(權力)을 도와서 吉한데 壬午年에 用神水를 도우고 藥神官星을 또 도우니 제32대 서울특별시장에 당선되었다.

癸運에 用神을 도와서 吉한데 丁亥年에 藥神인 火官星(權力)을 도우고 用神水를 도와 大統領에 當選되고, 戊子年에 用神을 도우니 제17대 大統領에 취임하였다.

癸運은 用神을 도와서 吉하지만 己丑年에 病神土를 도우니 用神水는 泥塞되고 藥神인 木(財星)은 折되니 300억원이 넘는 財産을 社會에 還元는 財的 損失이 있었다.

*. 癸運 戊子年 則 食傷運年에 大統領에 취임한 것을 볼 때, 官星運年에서만 權力을 얻는 것이 아니라는 것을 알 수 있다.

1935年生(女命). 身旺用財格

戊 辛 戊 乙
戌 未 子 亥

76 66 56 46 36 26 16 06
丙 乙 甲 癸 壬 辛 庚 己
申 未 午 巳 辰 卯 寅 丑

子月生 辛金이 印星(土)이 많으니 埋金이 염려된다. 旺土를 疏土하는 乙木이 用神이고 水는 喜神이다. 戌中의 辛金은 用神乙木을 傷害하는 病神이고 火는 藥神이 된다. 火官星運이 藥神이라고는 하지만, 食傷이 吉神인 경우에 火官星을 만나면 "食傷이 見官星이면 爲禍百端이라." 고하여 凶하다. 따라서 此命에서도 巳火官星運에 用神의 根이 되는 傷官인 亥水와 巳亥冲하니 凶하였고 午火運에도 子午冲하니 凶하였다. 凶한 中에도 어느 쪽으로 凶하였는지를 알려면, 女命에서 食傷은 子息이고 官星은 男便과 職業과 健康이 되는데 이들의 관계를 分析해보면 알 수 있다.

辛金은 金銀珠玉과 같으니 물(壬水: 江河之水)로 씻어 주어야 빛을 내어 제 性能을 다 발휘할 수 있다. 이를 辛金은 淘洗先要라고 한다. 命理學이 어려운 것은 다 그런 것은 아니기 때문이며, 경우에 따라서는 他五行으로 用神을 定할 때도 많다.

向後(향후) 未運(미운)은 旺土(왕토)를 도우므로 吉運(길운)이 아니다.

*. 地藏干圖表(지장간도표)

. 天干(천간)은 天元(천원)이고, 地支(지지)는 地元(지원)이며, 地支(지지)에 所藏(소장)된 天干(천간)이 人元(인원)이다. 이 셋을 天地人(천지인) 三元(삼원)이라고 한다.

. 암기하기 쉽게 배열하면 다음과 같다.

藏干 / 地支	餘 氣	中 氣	正 氣
子	壬 10日 5分		癸 20日 7分
午	丙 10日 3分半	己 9日 3分半	丁 10日 3分半
卯	甲 10日 5分半		乙 20日 6分半
酉	庚 10日 5分半		辛 20日 6分半
寅	戊 7日 2分半	丙 7日 2分半	甲 16日 2分半
申	戊己 7日 2分半	壬 7日 2分	庚 16日 6分
巳	戊 5日 1分半	庚 9日 3分半	丙 16日 5分
亥	戊 7日 2分半	甲 7日 1分	壬 16日 5分
辰	乙 9日 3分半	癸 3日 1分	戊 18日 6分
戌	辛 9日 2分	丁 3日 2分	戊 18日 6分
丑	癸 9日 3分	辛 3日 1分	己 18日 6分
未	丁 9日 3分	乙 3日 2分	己 18日 6分

*. 意味: 寅月이라면 立春부터 7日 2分半은 戊土가 主帝하고, 다음 7日 2分半은 丙火가 主帝하고, 그 다음 16日 2分半은 甲木이 主帝하여 1月間(30日)이 된다는 뜻이다.

1940年生(女命). 身弱한 金水傷官格에 印星爲用

戊 辛 戊 庚

子 亥 子 辰

79 69 59 49 39 29 19 09

庚 辛 壬 癸 甲 乙 丙 丁

辰 巳 午 未 申 酉 戌 亥

子月에 生한 辛金이 年上의 庚金이 도우고 雙戊土가 生金하고 있지만 重한 地支에 子辰水와 亥子水가 있어 泄氣가 太甚하니 身弱하다. 身弱한 金水傷官格에 印星爲用하여 土가 用神에 火運은 喜神이 되고 亥中의 甲木은 病神이고 庚金은 藥神이 된다.

丙運에 喜神官星이 되니 成婚하고 二子를 두고, 戌運에 夫婦別離하였다. 離婚은 用神의 根인 辰土를 冲하고 戌中의 丁火官星을 冲하며 坐下食傷에 沒官星인 緣故다.

乙運은 病神이 되어 吉運이 아니고 酉運은 藥神이 되어 吉하지만 群比爭財하고 甲運은 庚金을 冲하여 劈甲引火될 것 같지만 濕木은 勿炎하니 效力이 없다.

申運은 申子辰旺水에 用神土가 散土되어 凶하고 癸運은 用神을 合去하여 吉運이 아니다. 未運은 亥未合木이 弱土를 克하니 胃病으로 辛苦하였고, 壬運은 旺水를 도와 凶하다.

向後 午運은 喜神이 되어 吉하리라.

*. 女命에 忌神桃花와 沒官星과 坐下에 食傷이 있으면 대체적으로 凶하다.

*. 原局에 一點의 火가 있었다면 金水傷官格에 喜見官星하여 火用神에 木이 喜神이며 水가 病神에 土가 藥神이 된다. 此命은 火가 없으므로 藥神인 土가 用神이 된 것이다.

1964年生. 金水傷官格에 喜見官星

戊 辛 丙 甲

子 丑 子 辰

76 66 56 46 36 26 16 06

甲 癸 壬 辛 庚 己 戊 丁

申 未 午 巳 辰 卯 寅 丑

子月의 辛金이 金寒水冷한데 子時에 子辰水局이 되니 調候가 時急하다. 則 金水傷官格에 喜見官星하여 丙火가 調候하는 用神에 甲木은 喜神이고 水는 火를 克傷하는 病神에 戊土는 除濕하는 藥神이 된다.

戊寅運에 藥神과 喜神을 도우니 用神이 生氣를 얻어 吉하므로 工

大를 卒業하였다. 寅運에 喜神이 되어 吉하지만 財星(父) 空(亡)運이 되고 乙丑年에 用神이 泄氣되니 父喪을 當하고 遺産相續을 받았다.

寅運에 喜神財星이 되니 成婚하여 二子를 두고 大企業體에 근무하게 되었다. 卯運에 喜神을 도와 用神을 生하니 엔지니어링 次長으로 昇進하고 得財하였다.

庚運은 劈甲引火하여 吉하겠으나 火根이 微弱하여 效力이 不足하며 辰運은 旺水入墓하여 吉運이 아니다. 辛運은 用神을 合去하여 吉運이 아니지만 巳運은 用神을 도와 吉하겠고 壬運은 火用神에 見水顯節하여 吉하겠고 午運은 傷官이 見官하여 吉運이 아니데, 이때 職場에 變動이 있겠다.

*. 火가 用神이기 때문에 工大이고 엔지니어링이다.

1978年生. 金水傷官格에 喜見官星. 四正格

辛 辛 甲 戊
卯 酉 子 午

74 64 54 44 34 24 14 04
壬 辛 庚 己 戊 丁 丙 乙
申 未 午 巳 辰 卯 寅 丑

子月의 辛金이 金寒水冷한데 坐下의 酉金과 時上의 辛金이 도우고 年上의 戊土가 生金하니 能히 官을 감당할 수 있겠는데, 調候用神으로 보더라도 火官星이 用神이 된다.

則 金水傷官格에 喜見官星하여 午火가 用神에 木은 喜神이며 子水가 病神에 戊土는 藥神이 된다.

年月에 用神과 喜神과 藥神이 있으니 父母德으로 캐나다에 留學하여 午火가 吉神懸針星이니 컴퓨터공학을 專攻하였다.

向後 丁運은 用神을 도와서 吉하겠고 卯運은 喜神을 도와 吉하겠으나 坐下가 爭冲이 되니 夫婦關係가 염려된다. 또 戊運은 藥神이 되어서 吉하겠으나 辰運은 子辰水에 病神이 得勢하여 克用神하므로 凶하다.

己運은 喜神甲木을 合去하여 吉運이 아니고 巳運은 用神을 도우지만 巳酉金이 身을 도우니 群比爭財하여 吉한 것만은 아니다. 그러나 庚運은 劈甲引火하여 大吉하겠다. 午官星運은 月建傷官을 爭冲하는데 이때 職場에 變動이 있으리라.

*. 四正格: 地支에 子午卯酉 則 正北과 正南, 正東과 正西가 있는 命造를 말한다. 이格은 男子는 大格이 많지만 女子는 子午卯酉에 桃花殺과 沐浴殺이 全備하여 不吉하다.

1960年生. 金水傷官格에 喜見官星

己 辛 戊 庚
亥 巳 子 子

76 66 56 46 36 26 16 06
丙 乙 甲 癸 壬 辛 庚 己
申 未 午 巳 辰 卯 寅 丑

子年 子月 亥時生 辛金이 金寒水冷하니 調候가 時急하다. 坐下의 巳火가 調候하는 用神에 亥中의 甲木은 喜神이며 用神을 傷害하는 水가 病神에 土는 除濕하는 藥神이 된다.

驛馬와 地殺이 逢冲하는데 水多金沈이 되므로 寅運에 喜神을 도와 吉한 이때 마도로스가 되어 得財하였다. 卯運에 喜神을 도와 用神을 生하니 船長이 되고 得財하였으나 壬運에 病神이 得勢하여 克

用神(용신)하니 則(즉) 水火相克(수화상극)이 되어 血壓病(혈압병)을 얻었다.

向後(향후) 辰運(진운)은 旺水(왕수)가 入墓(입묘)하여 吉運(길운)이 아니고 癸運(계운)은 藥神(약신)을 合去(합거)하여 吉運(길운)이 아니다. 이때를 지나면 木火運(목화운)은 喜神(희신)과 用神(용신)을 도와 吉(길)하리라.

*. 金日主(금일주)가 水多金沈(수다금침)인 命造(명조) 알코올 중독자가 많다.

*. 마도로스인 것은 亥中(해중)의 甲木(갑목)이 財星(재성)인데 이 財星驛馬(재성역마)가 地殺(지살)과 逢冲(봉충)한 緣故(연고)다. 則(즉) 國境(국경)을 넘나들면서 得財(득재)하는 八字(팔자)다.

1947年生. 調候用神

				癸	辛	癸	丁
				巳	亥	丑	亥
77	67	57	47	37	27	17	07
乙	丙	丁	戊	己	庚	辛	壬
巳	午	未	申	酉	戌	亥	子

丑月(축월)의 辛金(신금)이 亥(해)와 丑(축)사이에 子水(자수)를 拱夾(공협)하고 雙癸(쌍계)가 透干(투간)하니 金寒水冷(금한수냉)하므로 調候(조후)가 時急(시급)하다. 丁火(정화)가 調候(조후)하는 用神(용신)에 木運(목운)은 喜神(희신)이 되고 水(수)는 病神(병신)에 土(토)는 藥神(약신)이 된다.

辛運(신운)에 用神(용신)을 冲(충)하니 父喪(부상)을 當(당)하였다. 이는 木(목)이 父星(부성)인데 坐(좌)

下亥中의 甲木은 巳亥冲이 되고 年支亥中의 甲木은 亥子丑 半方合이 되어 病神인 水로 變해버린 緣故다.

庚運까지는 群比爭官하고 病神을 扶生하여 克用神하니 百事가 無成이었다. 戌運에 藥神을 도우니 火旺한 命造의 女人과 成婚하고 二男을 두었다. 火가 用神이기 때문에 二男을 둔 것이다.

己運에 藥神을 도우니 用神이 生氣를 얻어 得宅하였다. 原局에 水多金沈하므로 平素에 愛酒家이더니 酉運에 用神의 死地가 되니 糖尿病을 얻어 苦生하고 있다.

申運에 藥神印星(母)을 泄氣하여 凶한데 戊寅年에 克印星하고 寅巳申三刑하니 母喪을 當하였다.

申運에 病神을 生하고 庚辰年에 旺水가 入墓하여 凶한데 申月에 車 사고를 내어 監禁當하고 金錢的 배상을 해주었다. 車 사고는 巳亥冲 때문이고 監禁은 天羅地網殺이 있는 緣故다.

未運은 藥神丑土를 冲하니 旺水가 氾濫하여 克用神하므로 凶한데, 戊子年에 또 克用神하니 肺癌치료를 하다가, 己丑年 癸酉月 癸亥日 辛酉時에 藥神은 丑未爭冲이 되고 病神인 水를 도우고 生하여 克用神하니 去世하였다.

*. 肺癌(폐암)은 辛金(신금)이 弱(약)한 緣故(연고)다.

1941年生. 身旺用財格

庚 辛 己 庚

寅 巳 丑 辰

71 61 51 41 31 21 11 01

丁 丙 乙 甲 癸 壬 辛 庚

酉 申 未 午 巳 辰 卯 寅

丑月土旺節(축월토왕절)의 辛金(신금)이 巳丑金(사축금)과 雙庚(쌍경)이 도우고 己辰土(기진토)가 生金(생금)하니 身(신)이 太旺(태왕)하다. 身旺(신왕)한 中(중)에 旺(왕)한 印星(인성)이 欠(흠)이 되니 印星(인성)을 除去(제거)하는 財星(재성) 則(즉) 木(목)이 用神(용신)이 되고 水運(수운)은 喜神(희신)이며 金(금)이 病神(병신)에 火(화)는 藥神(약신)이 된다.

巳火正官(사화정관)이 吉神(길신)이 되니 法學(법학)을 專攻(전공)하고 辰運(진운) 丙午年(병오년)에 藥神(약신)인 官星(관성)을 도우니 法制處(법제처)에 發令(발령)을 받아 勤務(근무)하다가 癸運(계운)에 傷官(상관)이 官星(관성)을 克(극)하니 退職(퇴직)하였다. 巳運(사운)부터 未運(미운)까지 用神(용신)과 藥神(약신)을 도와 吉(길)한데, 이때 地下金融關係事業(지하금융관계사업)을 하여 財産增殖(재산증식)을 하였다.

向後(향후) 申運(신운)에 用神(용신)을 冲(충)하면 凶(흉)하리라.

*. 金融關係(금융관계)는 身旺財弱(신왕재약)한 緣故(연고)다.

*. 살면서 官災口舌이 많았던 것은 寅巳刑이 있어서 그렇다.

*. 暗財가 原局에서 吉神인 者는 地下金融(私債)關係者가 많으며, 魁罡殺이 있는 者는 더욱 그렇다.

1968年生(女命). 身旺用財格

辛 辛 乙 戊
卯 巳 丑 申

71 61 51 41 31 21 11 01
丁 戊 己 庚 辛 壬 癸 甲
巳 午 未 申 酉 戌 亥 子

丑月의 辛金이 土旺한 旺地인데 年柱에 戊申이 生扶하고 時上의 辛金이 도우니 印星旺에 의한 身旺이다. 身旺用財하여 木이 用神에 水運은 喜神이 되고 金이 病神에 火는 藥神이 된다.

壬運에 傷官(子星)이 되는데 庚午年에 官星(夫)을 도우니 成婚한 後 一男一女를 두었다.

壬運부터 木이 用神이기 때문에 인쇄업을 하고는 있으나 病神을 도우는 金運이기 때문에 群比爭財되어 小財를 얻는데 불과하다.

向後 金運 역시 病神을 도와서 吉運이 아니고 土運은 病神을 生하여 吉運이 아니다.

*. 酉運(유운)은 坐下官星(좌하관성)과 合(합)한 巳酉丑金(사유축금)이 病神(병신)을 도와 群比爭官(군비쟁관)하여 凶(흉)한데 또 用神(용신)인 卯木(묘목)을 冲(충)하므로 大凶(대흉)하다. 이때 夫君(부군)의 健康(건강)이 염려된다. 坐下官星(좌하관성)인 巳火(사화)에 劫殺(겁살)이 있으니 더욱 그렇다.

1960年生(女命). 身旺用官格

丙 辛 己 庚
申 酉 丑 子

78 68 58 48 38 28 18 08
辛 壬 癸 甲 乙 丙 丁 戊
巳 午 未 申 酉 戌 亥 子

*. 丙辛合化水格(병신합화수격)이 아닌 것은 旺神(왕신)을 逆勢(역세)하는 己丑土(기축토)가 있는 緣故(연고)다.

丑月(축월)의 辛金(신금)이 生旺地(생왕지)인데 申·酉丑·庚金(신·유축·경금)이 身(신)을 도우고 己土(기토)가 生金(생금)하니 身旺(신왕)하고 寒濕(한습)하다.

女命(여명)이니 더욱 身旺用官星(신왕용관성)하여 時上(시상)의 丙火(병화)를 써서 많은 比劫(비겁)을 制御(제어)하고 調候(조후)하여야 된다. 則(즉) 丙火(병화)가 用神(용신)에 木運(목운)은 喜神(희신)이고 水(수)가 病神(병신)에 土(토)는 藥神(약신)이 된다.

初年(초년) 戊運(무운)은 藥神(약신)이 되어 吉(길)하고 子運(자운)은 病神(병신)이 得勢(득세)하여 克用(극용)

神하니 父母님의 離婚으로 辛苦하였다. 이는 原局에 無財星(父)이고 丑土(印星=母)가 (空)亡인 緣故다.

丁運에 法大行政學科를 卒業하고 大企業體 비서실에 근무하였다. 行政學科는 正官이 用神인 緣故다.

亥運에 病神이 得勢하여 官星(職場)을 克傷하니 凶한데 乙丑年에 旺金이 入墓하니 退社하였다.

丙寅年에 官星(夫)用神을 扶生하니 成婚하고 丁卯年에 用神을 扶生하니 得男하였다.

丙運에 官星用神을 도우니 夫君이 出身하여 得財하였다. 戌運에 藥神을 도와서 吉한데 甲戌年에 劈甲引火하여 用神을 돕고 火가 吉神이니 飮食物業을 自營하였다. 乙運은 喜神이 되어 得財하였으나 己卯年에 卯酉冲에 衰者冲之拔根 則 財星인 卯木이 被傷되니 敗業하였다. 辛巳年 現在 火가 吉神이기 때문에 韓國通信委託店에 근무하고 있으나 原局에 財星이 없으니 大財는 아니다.

向後 申酉運은 群比爭財와 爭官이 되니 吉運이 아니고, 甲運은 用神을 生하여 吉하리라.

*. 酉運은 用神인 丙火(夫星)의 死地가 되니 夫君의 健康이 염려

된다.

*. 異腹兄弟(이복형제)가 있다. 이는 日支比劫(일지비겁)이 柱中(주중)의 比劫(비겁)과 合(합)하는 緣故(연고)다.

*. 丙辛合化水(병신합화수)하여 從金格(종금격)이 아닌가도 생각해 볼 수 있겠으나 살아온 過程(과정)이 그렇지 않다.

1951年生. 食神生財格. 身旺用財格

戊 辛 辛 辛

子 酉 丑 卯

74 64 54 44 34 24 14 04

癸 甲 乙 丙 丁 戊 己 庚

巳 午 未 申 酉 戌 亥 子

丑月(축월)의 辛金(신금)이 旺地(왕지)인데 酉丑金(유축금)과 雙辛(쌍신)이 도우고 戊土(무토)가 生金(생금)하니 身(신)이 太旺(태왕)하다. 太旺(태왕)한 者(자)는 好泄精英(호설정영)하니 子水(자수)를 보고 順勢(순세)하여야 된다. 則(즉) 子水(자수)가 用神(용신)에 金多水濁(금다수탁)하는 金(금)이 病神(병신)에 火運(화운)은 藥神(약신)이 되고, 戊土(무토)는 子水(자수)를 克傷(극상)하므로 또 하나의 病神(병신)이 되고 卯木(묘목)은 土(토)를 除去(제거)하는 또 하나의 藥神(약신)이 된다.

初年(초년) 亥子運(해자운)은 地支(지지)가 重(중)하므로 旺金(왕금)을 泄氣生木(설기생목)하므로 富家(부가)에서 成長(성장)하였다. 水(수)가 用神(용신)이고 身旺財弱(신왕재약)하니 商大貿易學科(상대무역학과)를 卒業(졸업)

하고 貿易會社에 근무하게 되었다.

亥運에 亥卯木財星(妻)이 되니 成婚하고 一男을 두었다. 戊戌運은 病神을 도와 克用神하니 吉運이 아니었다. 丙·丁運은 藥神官星이 되니 職場에 變動이 있었다. 酉運은 群比爭財하여 吉運이 아니므로 職場人으로서 만족해야만 했다.

申運에 들어 貿易會社를 設立하여 自營하고 있다. 申運은 病神을 도우고 群比爭財하여 힘이 들겠으나, 向後 甲乙運은 藥神木을 도와 病神인 土를 克하면 用神水가 生氣를 얻어 吉하겠다. 그러나 未運은 四冲이 되어 吉함이 적고 午運은 用神子水를 포함하여 四冲이 되어 吉運이 아니다.

*. 木運은 群比爭財하여 吉한 것만은 아니다.

*. 身旺用財하여 木이 用神에 水는 喜神이고 金이 病神에 火運을 藥神으로 풀이하여도 결과는 同一하다.

◎ 壬 水

1969年生. 身弱印星爲用

己 壬 丙 己

酉 戌 寅 酉

74 64 54 44 34 24 14 04

戊 己 庚 辛 壬 癸 甲 乙

午 未 申 酉 戌 亥 子 丑

寅月은 木旺水弱한데 寅戌火에 丙火가 透干하였으니 財旺하고 兩己土가 火의 生을 받아 高透하였으니 官旺에 克泄이 交加하여 身弱하다. 身弱한 者는 印比生扶하여야 하니 酉金이 用神에 濕土가 喜神이며 火는 用神을 克傷하는 病神이고 水運은 除火하는 藥神이 된다.

初年 甲乙運은 病神을 生하여 吉運이 아니고 丑運은 用神을 生하여 吉하고, 子運은 藥神이 되어 吉하다. 癸運에 藥神이 되어 吉한데, 이때 金이 用神이니 重裝備로 自己業을 하여 得財하였다.

亥運에 들어 IMF영향도 있었지만 寅亥合木이 病神을 生하여 克用神하고 群比爭財도 되니 損財하였다.

向後 壬運은 丙火病神에 見水顯節하여 吉運이 아니고 戌運은 戌寅戌爭合火하여 克用神하니 吉運이 아니다. 이때를 지나면 二十年

間(간)의 金運(금운)은 用神(용신)을 도와서 吉(길)하리라.

*. 壬運(임운) 辛巳年(신사년) 丙申月(병신월)에 三刑(삼형)을 成局(성국)하니 官災(관재)를 當(당)하였다.

*. 三合(삼합)의 主(주)

三合(삼합)의 人元(인원)은 陽干(양간)으로 본다. 따라서

. 亥卯未木(해묘미목)은 甲木(갑목)이 主(주)가 된다.

. 寅午戌火(인오술화)는 丙火(병화)가 主(주)가 된다.

. 巳酉丑金(사유축금)은 庚金(경금)이 主(주)가 된다.

. 申子辰水(신자진수)는 壬水(임수)가 主(주)가 된다.

1976年生. 身弱한 水木傷官格에 印星爲用

戊 壬 庚 丙

申 寅 寅 辰

75 65 55 45 35 25 15 05

戊 丁 丙 乙 甲 癸 壬 辛

戌 酉 申 未 午 巳 辰 卯

寅月(인월)은 木强水弱(목강수약)한데 坐下寅木(좌하인목)에 丙火(병화)가 透干(투간)하였으니 財旺(재왕)하고 兩寅(양인)에 長生(장생)한 戊辰土(무진토)가 火(화)의 生(생)을 받고 있으니 官旺(관왕)하다. 財·官(재관)이 旺(왕)하므로 自然(자연)히 身弱(신약)한데 印星(인성)으로 生身(생신)하여야 된다. 金(금)이 用神(용신)에

土는 喜神이며 火가 病神에 水는 藥神이 된다.

卯運에 弱身을 泄氣生火하니 父와 母의 反目으로 和睦한 家庭은 아니었다. 이는 印星(母星)인 申金과 寅(寅中의 丙火=父星)木이 相冲한 緣故다. 辰運에 喜神을 도와서 吉한데 金이 用神이니 機械工學을 專攻하였다.

向後 癸運은 藥神이 되어 吉하겠으나 木火運은 病神이 得勢하여 吉運이 아니다. 이때 火金相爭이니 신경노이로제症이 염려되며 특히 巳運은 三刑을 成局하니 損財 損妻 및 父母님의 健康이 염려된다. 그러나 金運은 地支가 重하며 用神을 도와서 吉하리라.

*. 殺印相生格에 印星이 用神이고 官星은 喜神이며 財星은 克印星하는 病神이 되고 比劫을 藥神으로 풀이하여도 결과는 同一하다.

1973年生(女命). 祿馬同鄕格. 身弱한 水木傷官格에 比刦爲用

癸 壬 甲 癸

卯 午 寅 丑

77 67 57 47 37 27 17 07

壬 辛 庚 己 戊 丁 丙 乙

戌 酉 申 未 午 巳 辰 卯

1. 祿馬同鄕格(록마동향격)

. 壬午日柱(임오일주)를 말한다. 則(즉) 午中(오중)의 丁火(정화)는 壬日主(임일주)의 正財星(정재성)이고, 午中(오중)의 己土(기토)는 壬日主(임일주)의 正官星(정관성)이니 正財(정재)와 正官(정관)이 同宮(동궁)에 雙全(쌍전)해 있으니 貴命(귀명)이라는 뜻이다.

2. 財官雙美格(재관쌍미격)

癸巳日柱(계사일주)를 말한다. 則(즉) 巳中(사중)의 丙火(병화)는 癸日主(계일주)의 正財星(정재성)이고 巳中(사중)의 戊土(무토)는 癸日主(계일주)의 正官星(정관성)인데 正財(정재)와 正官(정관)이 同宮(동궁)에 雙全(쌍전)해 있으니 貴命(귀명)이라는 뜻이다.

위 1과 2의 格(격)에서도 다른 正格(정격)에서와 마찬가지로 '命理(명리)의 解法(해법)은 旺弱寒熱(왕약한열)의 調和(조화)에 있다.' 라는 大前提(대전제)에 根據(근거)를 두고 있다.

此命(차명)에서 春水(춘수)는 調候(조후)를 보아야 한다고 하지만, 寅月(인월) 卯時(묘시)에 甲木(갑목)이 透干(투간)하였으니 食傷(식상)이 旺(왕)하고, 寅午火(인오화)에 財旺(재왕)하며 丑土官星(축토관성)이 있으니 克泄이 交加하여 身弱하다. 身弱에 比劫爲用하여 癸水가 用神에 金運은 喜神이 된다.

辰運에 用神이 根을 얻어 吉한데 卯午가 懸針星이 되니 看護學을 專攻하고 치과병원 看護師가 되었다.

辰運에 官星(夫)을 돕는데 丙子年에 用神을 도우고 桃花逢冲하니 逢男하고 丁丑年에 日干과 合하고 官星을 도우니 成婚하였다. 戊寅年에 食神(子星)이 되니 得女息하였다.

向後 火土運은 用神을 克傷하여 吉運이 아니지만 金運은 用神을 生하여 吉하리라.

*. 原局에 喜神인 金이 透干되었더라면 格이 한층 더 높아졌으리라.

1963年生. 身弱한 水木傷官格

癸 壬 甲 癸

卯 寅 寅 卯

78 68 58 48 38 28 18 08

丙 丁 戊 己 庚 辛 壬 癸

午 未 申 酉 戌 亥 子 丑

寅月은 木旺節인데 地支에 全木이고 甲木이 透干하였으니 食傷이 太旺하다. 陽干은 從氣不從勢하니 癸水가 用神에 金運은 喜神이 된다.

初年 水運에 用神을 도우니 富家에서 成長하였다. 金水가 吉神이며 坐下寅이 地殺이 되니 西方國家에서 工夫를 하고 印星(學位取得)인 辛運에 用神을 生하니 經濟學博士學位를 받았다.

辛運 壬申年에 用神을 生扶하고 坐下를 冲하니 成婚하고 癸酉年에 用神을 生하니 得男하였다.

亥運은 兩寅과 兩卯와 合한 木에 用神이 泄氣되니 吉運이 아니고, 庚運은 甲木을 冲하여 劈甲引火되니 吉運이 아니며, 戌運은 用神을 克傷하니 吉運이 아니다. 그러나 己運은 忌神甲木을 合去하니 吉하고 酉申運은 地支가 重하며 用神을 生하여 吉하리라.

*. 亥運 戊寅年에 臨床時 國會議員이 되는 것이 꿈이라고 했다.

兩支不雜이 아름다우나 己運 以前은 吉運이 아니다.

*. 原局에 金이 있었다면 水源이 長久하여 格이 한층 더 높아졌으리라.

*. 棄命從兒格이었다면 辛運에 博士學位를 받을 수 없었을 것이다.

1976年生(女命). 身旺用財格

庚 壬 庚 丙

子 子 寅 辰

79 69 59 49 39 29 19 09

壬 癸 甲 乙 丙 丁 戊 己

午 未 申 酉 戌 亥 子 丑

寅月은 壬水가 泄氣되는 弱地이지만 雙子水와 辰土가 合水하고 雙庚金이 生水하니 弱而反旺하다. 身旺用財하여 丙火가 用神에 寅木이 喜神이며 水가 病神에 土는 藥神이 된다.

初年 土運에 藥神을 도우고 年月이 吉神이니 富家에서 成長하였다. 子運에 들어서 커피숍을 經營하고 있다. 커피숍경영은 日時支子水에 紅艶殺(虛榮, 奢侈, 外情, 女命은 妓生八字)이 있는 緣故이고, 身旺에 日時支에 羊刃이 있으니 夫婦宮이 不吉하며, 寅子子가 空

(亡)이니 일찍이 男性고객을 상대하는 水産業을 경영하게 된 것이다.

子運은 群比爭財하여 吉運이 아니고 丁運은 用神을 도와서 吉하며 亥運은 寅亥木이 喜神이 되어 吉하겠으나 傷官이 見官 則 官星을 克하면 夫婦別離之苦가 염려된다.

丙戌運은 用神을 도와서 吉하겠고 乙運은 忌神인 庚金을 合去하여 吉하겠으나 酉運은 用神의 死地가 되니 損財와 不測之變故가 염려된다. 이때를 지나면 甲運은 劈甲引火하여 大吉하지만 申運은 用神의 根이 되는 喜神인 寅木을 冲하여 危險하리라.

1948年生(女命). 身旺用七殺格

戊 壬 乙 戊

申 子 卯 子

78 68 58 48 38 28 18 08

丁 戊 己 庚 辛 壬 癸 甲

未 申 酉 戌 亥 子 丑 寅

卯月壬水는 木旺水弱하지만 申子水와 年支의 子水가 도우니 弱而反旺이다. 女命은 官星의 行方이 重要하니 虛路無根하지만 戊土官星을 쓸 수밖에 없다.

身旺用七殺格에 戊土가 用神에 火運은 喜神이 되고 木이 病神에

金運은 藥神이 된다.

丑運에 官星用神을 도와서 吉한데 癸丑年에 水가 필요한 男子와 成婚하고 甲寅年에 食神(同性=女兒)年이 되니 得女息하고 壬運 乙卯年에 傷官(異性=男兒)年이 되니 長男을 得하고 戊午年에 官星을 扶生하니 次男을 得하였다.

子運에 水旺한데 官星(夫)用神이 散土되니 夫君이 得病(척추디스크)하여 辛苦하다.

辛運은 藥神이 되어 病神을 除去하니 用神이 生氣를 얻으므로 夫君의 事業이 발전하였다.

亥運은 亥卯木이 克用神하니 子宮手術을 하였다. 자궁수술은 土가 被克된 緣故다.

庚運에 旺水를 生하여 虛路無根한 戊土가 散土되고 泄氣되니 夫君의 腎氣不足病(前立腺癌)으로 辛苦하였다.

向後 戌運은 用神을 도와서 吉하겠으나 無根한 天干의 官星用神이 入墓되니 夫君의 健康이 염려된다. 女命에 官逢官運이니 더욱 그렇다.

1944年生(女命). 身弱한 水木傷官格

丙 壬 丁 甲
午 午 卯 申

75	65	55	45	35	25	15	05
己	庚	辛	壬	癸	甲	乙	丙
未	申	酉	戌	亥	子	丑	寅

卯月은 壬水가 泄氣되는 弱地인데 甲木이 또 泄氣하고 丙丁午午財星이 많으니 依支處는 申金밖에 없다. 申金이 用神이고 濕土運은 旺火를 泄氣生金하는 喜神이며 火는 申金을 傷害하는 病神이고 水運은 藥神이 된다.

初年 木火運은 病神을 生扶하는 凶運이니 寒微家에서 成長하였다. 子運 癸丑年에 藥神이 되고 喜神官星이 되니 成家하여 乙卯年에 食傷(子星)年이 되니 女息을 얻었다. 子運末 戊午年에 坐下를 1:3으로 子午冲하여 凶한데 甲寅月에 用神을 冲하니 夫婦別離하였다. 이는 坐下가 忌神이며 空(亡)인 緣故다.

癸運 以後 水가 藥神이니 호프집을 경영하여 得財하였다. 戌運에 官星이 되니 年下의 男을 만나 財的損失이 컸다. 이는 忌神桃花의 作用인데, 忌神桃花는 異性으로 因하여 財的損失을 보게 된다.

辛運 以後 金運은 用神을 도와서 末年은 吉하겠으나 庚運은 火

忌神에 劈甲引火하여 吉함이 적겠다.

*. 丁壬合化木格이 아닌 것은 壬水가 의지할 申金이 있으므로 木으로 從하지 않기 때문이다.

*. 過於燥熱하여 稀孫이다.

1952年生(女命). 身旺用七殺格. 羊刃은 喜見七殺

庚 壬 癸 壬

戌 子 卯 辰

71 61 51 41 31 21 11 01

乙 丙 丁 戊 己 庚 辛 壬

未 申 酉 戌 亥 子 丑 寅

卯月은 壬水의 死가 되니 弱地이다. 戌과 子사이에 亥水를 拱夾하고 子辰水局에 壬癸水가 透干하여 도우고 庚金이 生水하니 弱而反旺하다. 坐下의 子水가 壬水의 羊刃인데 身旺羊刃은 七殺을 기뻐한다. 身旺에 七殺이 弱하니 財官運에 發興한다. 則 身旺用殺하여 土가 用神에 火運은 喜神이 되고 木이 病神에 金運은 藥神이 된다.

初年 壬水運은 旺身을 도우므로 吉運이 아니고 寅運에 寅戌火則 偏財가 七殺을 生하고 辛運에 藥神이 되니 父의 事業이 興旺하

였다.

丑運에 官星(夫)用神을 도우니 成婚하였다. 旺身을 生扶하는 庚子運은 夫君의 末端 公務員인 동안으로 薄俸으로 生活苦가 있었다.

己運에 官星을 도우니 夫君이 昇進하고 得男하였다. 이때부터 本人도 女命이지만 身旺命造이니 경제활동으로 得財하였다. 亥運에 亥卯合木이 克用神하니 잠시 침체되었으나 戊運에 官星을 도우니 夫君은 昇進하고 本人의 事業도 興旺하여 得財하였다. 戊運에 官星(夫)用神을 도와서 吉한데 壬申年에 女息을 얻었다. 戌運도 用神을 도와 吉하였다.

向後 丁運은 忌神인 壬水를 合去하여 吉하겠으나 酉運은 四冲이 되고 用神의 死地가 되니 凶하다. 이때 七殺은 用神인 동시에 夫君인데 死地에 드니 夫君의 健康留意要望. 坐下에 羊刃이 있으니 더욱 그렇다.

丙運은 見水顯節하여 吉하지만 申運은 申子辰旺水에 用神인 土가 散土되어 凶하리라.

*. 土가 用神이니 不動産에 투자하여 得財하였다.

1970年生(女命). 身旺用官格

庚 壬 己 庚
子 辰 卯 戌

73 63 53 43 33 23 13 03
辛 壬 癸 甲 乙 丙 丁 戊
未 申 酉 戌 亥 子 丑 寅

卯月의 壬水가 木强水弱하지만 子辰水가 扶身하고 雙庚金이 生水하니 弱而反旺하다. 女命은 官星의 行方이 重要하므로 身旺用官하여 土를 用神으로 쓸 수밖에 없다. 則 辰과 戌에 根을 둔 己土가 用神에 火運은 喜神이고 木이 病神에 金은 藥神이 된다.

丑運에 用神官星을 도와 行政學을 專攻하고 丙運에 喜神財星運이 되니 得財하였다. 行政學은 正官이 用神인 緣故다.

子運은 群比爭財되고 群比爭官되어 吉運이 아니다. 子運 辛巳年이 되도록 未婚인 것은 坐下의 辰土官星은 子辰水로 變하고 戌土官星은 戌卯火로 變하고 卯上의 己土官星은 能力이 不足한데다가 雙魁罡이 있고 傷官이 克官星한 緣故다.

向後 乙亥運은 得勢한 病神이 用神을 克하여 凶한데, 이때 胃病과 胚鄕病이 염려되며 夫君의 健康 또한 염려된다. 이때를 지나면 甲運은 劈甲引火하여 用神을 生하니 吉하고, 戌運은 用神을 도와서

吉하겠으나 女命에 官逢官運이니 吉한 것만은 아니다.

*. 原局에 三土가 있으나 卯月의 旺木에 被克되어 있으므로 虛弱한 土다. 따라서 身旺한 命造가 된다.

1971年生(女命). 身弱한 水木傷官格

壬 壬 辛 辛

寅 寅 卯 亥

76 66 56 46 36 26 16 06

己 戊 丁 丙 乙 甲 癸 壬

亥 戌 酉 申 未 午 巳 辰

卯月은 壬水의 死地가 되니 弱地인데 地支에 雙寅木과 亥卯木이 全備하니 泄氣가 太甚하다. 身弱한 水木傷官格에 旺한 木을 除去하고 弱身을 生하는 金이 用神이고 寅中의 丙火가 病神에 水는 藥神이 된다. 身弱한 水木傷官格에 官星인 土運은 用神인 辛金을 生하는 喜神이라기보다는 弱한 水를 克하여 凶할 뿐만 아니라 傷官이 見官이면 爲禍百端에 해당된다. 그러나 身旺한 水木傷官格의 命造에서는 傷官이 見官이면 爲禍百端의 例外가 된다.

初年 壬運부터 藥神이 되는데 年柱에 用神과 藥神이 있으니 부모

덕으로 피아노를 배워 巳運(사운)부터 피아노교실을 自營(자영)하고 있다. 피아노를 가르침은 印星(인성)인 金(금)이 用神(용신)인 緣故(연고)다.

向後(향후) 午運(오운)은 寅午火(인오화)가 病神(병신)을 도와 克用神(극용신)하므로 吉運(길운)이 아니고 乙運(을운)은 用神(용신)을 冲(충)하여 吉運(길운)이 아니며 未運(미운)은 旺木(왕목)이 入墓(입묘)하여 弱(약)한 身(신)을 泄氣(설기)하므로 凶(흉)하다. 그리고 丙運(병운)은 用神(용신)을 合去(합거)하여 不吉(불길)하다. 이때를 지나면 金運(금운)은 用神(용신)을 도와서 吉(길)하리라.

*. 此命(차명)은 坐下食傷(좌하식상)에 傷官(상관)이 太旺(태왕)하고, 寅寅卯(인인묘)가 空亡(공망)이며, 寅寅(인인)이 孤辰殺(고진살)에, 寅寅卯(인인묘)에 天乙貴人(천을귀인)이 過多(과다)하고, 卯(묘)에 桃花星(도화성)이 있으니 男便宮(남편궁)은 不吉(불길)하다.

1977年生. 食神制殺格

丙 壬 甲 丁

午 辰 辰 巳

71 61 51 41 31 21 11 01

丙 丁 戊 己 庚 辛 壬 癸

申 酉 戌 亥 子 丑 寅 卯

辰月(진월)은 壬水(임수)의 官旺地(관왕지)인데 坐下(좌하)에 辰土(진토)가 있으니 官星(관성)이 旺(왕)하고 四火(사화)가 있으니 財星(재성)이 旺(왕)하다. 財星(재성)과 官星(관성)이 旺(왕)하니 自然(자연)히 身(신)은

弱하다. 辰土에 根을 둔 甲木으로 旺土를 疏土하여 弱한 日主를 救하여야 된다. 則 食神制殺格에 甲木이 用神에 辰中의 癸水는 喜神이 된다.

初年 水木運은 喜神을 도우고 用神을 도와 富家에서 生長하였다. 辛運에 忌神인 丙火를 合하여 喜神을 도와 吉한데 用神甲木이 懸針星이니 의상디자인學科를 卒業하였다.

向後 丑運은 巳丑金이 旺土를 泄氣生水하여 吉하겠다. 庚運은 甲木이 庚金을 만나면 良朋이 되어 材木을 作成한다고는 하지만 劈甲引火하여 忌神인 旺火를 도우니 凶하다. 이때 忌神財星이 太旺해지므로 父母님의 健康과 妻의 健康과 損財가 염려된다.

子運은 子辰水가 喜神을 도와 吉하겠다. 己運은 用神을 合去하여 吉運이 아니고, 亥運은 喜神을 도와서 吉하겠으나 忌神인 巳火를 冲하는 가운데 巳中의 庚金이 印星이니 母親의 健康이 염려된다.

*. 坐下에 喜神이 있으니 良配를 만나리라.

*. 原局에 喜神인 水가 透干되었더라면 格이 한층 더 높으리라.

1943年生(女命). 身弱比刦爲用

丁 壬 丙 癸
未 子 辰 未

74 64 54 44 34 24 14 04
甲 癸 壬 辛 庚 己 戊 丁
子 亥 戌 酉 申 未 午 巳

穀雨 後 三日은 戊土가 主宰하는데 辰土와 兩未土에 丙·丁火까지 透干하였으니 身弱하다. 身弱에 比劫爲用하여 水가 用神에 金運은 喜神이며 土가 病神에 木運은 藥神이 된다.

初年 丁巳戊運은 病神을 生扶하니 寒微家에서 生長하였다. 午運에 弱한 身이 坐下羊刃에 依支하는데 羊刃을 冲하니 父喪을 當하였다. 이는 財星(父)이 忌神인 緣故다.

己運에 官星을 두우니 成婚하고 二子를 두었다. 未運은 病神이 得勢하여 百事가 無成이었으나 金運은 用神을 生하니 吉하여 夫君과 流通業을 自營하여 得財하였다. 壬運에 들어 丙火忌神에 見水顯節하여 吉運이 아니다.

向後 戌運은 月建을 冲하여 病神이 得勢하고 戌未刑이 되니 不測之變故가 염려된다.

*. 壬運(임운)에 丙火(병화)가 忌神(기신)에 見水顯節(견수현절)하여 凶(흉)한데 庚辰年(경진년)에 주식에 투자하여 大敗(대패)하였다.

*. 水(수)가 用神(용신)이니 流通業(유통업)이다.

1959年生. 身弱比肩爲用

壬 壬 戊 己
寅 戌 辰 亥

72 62 52 42 32 22 12 02
庚 辛 壬 癸 甲 乙 丙 丁
申 酉 戌 亥 子 丑 寅 卯

辰月(진월)은 土旺節(토왕절)인데 日支(일지)에 戌土(술토)가 있고 戊己土(무기토)가 透干(투간)하였으니 官殺混雜(관살혼잡)으로 格(격)이 낮다. 寅戌火(인술화)가 되지만 辰戌(진술)이 魁罡逢冲(괴강봉충)도 된다. 身弱(신약)에 魁罡逢冲(괴강봉충)이면 小人輩(소인배)가 많아 刑罰災禍(형벌재화)를 免(면)하기도 어렵다.

財星(재성)과 官星(관성)이 旺(왕)하여 身弱(신약)하므로 比劫(비겁)에 依支(의지)할 수 밖에 없다. 則(즉) 水(수)가 用神(용신)에 金運(금운)은 喜神(희신)이며 土(토)는 病神(병신)이 되고 木(목)은 藥神(약신)이다.

初年(초년) 丙丁運(병정운)은 病神(병신)을 生(생)하여 凶(흉)하고 卯寅乙運(묘인을운)은 藥神(약신)이 되어 吉(길)하였다. 乙運(을운) 癸亥年(계해년)에 藥神(약신)과 用神(용신)을 도와 成婚(성혼)하고 一男(일남)을 두었다.

丑運(축운) 戊辰年(무진년)에 丑戌刑(축술형)이 되고 病神(병신)이 得勢(득세)하여 用神(용신)인 水(수)를 克(극)

傷하고 坐下를 爭冲하니 夫婦別離하였다. 이는 寅이 孤辰이고 戌이 寡宿이며 辰이 空(亡)인 緣故이기도 하지만 坐下冲이 原局에 常存하는 緣故다.

甲運에 藥神을 도와 病神을 制御하니 用神이 生氣를 얻어 再婚하고 一男을 두었다. 甲運부터 職業紹介所를 自營하여 得財하고 있다. 職業紹介所는 水가 用神인 緣故다. 寅戌中의 丙·丁火는 暗財가 되니 유흥업 여종업원도 소개해 주는 職業이다.

向後 壬運까지는 用神을 도와 吉하겠으나, 戌運은 辰과 爭冲하여 冲發한 旺土에 水가 泥塞되므로 凶하리라.

1943年生(女命). 身弱比劫爲用

戊 壬 丙 癸

申 寅 辰 未

78 68 58 48 38 28 18 08

甲 癸 壬 辛 庚 己 戊 丁

子 亥 戌 酉 申 未 午 巳

辰月은 土旺水弱한데 年支에 未土가 있고 時上에 戊土가 透干하였으니 官旺하고, 丙火가 寅에 長生하여 透干하였으니 財星 또한 不弱하다. 따라서 身은 自然히 弱한데 申金을 써서 殺印相生格으로 하려고 하니 寅申冲이 되어 不用하고 申辰에 根을 둔 癸水에게 依支할 수 밖에 없다. 水가 用神에 金은 喜神이며 土가 病神에 木은 藥神이 된다.

初年 火土運은 病神을 生扶하니 百事가 無成이었다. 壬運에 이르도록 未婚인 것은 官殺混雜에 坐下에 食神이고 申이 孤辰이며 日時支가 冲이고 申이 劫殺이며 辰이 空(亡)인 緣故다. 다시 말해서 夫와 子息과는 緣이 薄한 八字다.

庚運에 들어 喜神印星을 도우니 教育事業을 시작하여 申辛運에는 成功하였다. 그러나 酉運에 들어 酉가 災殺이 되는데 戊寅年에 病神이 得勢하고 喜神申金을 爭冲하며 丁巳月에 用神인 癸水를 冲去하고 寅巳申三刑이 되니 事業上으로 拘束되었다가 癸亥月에 用神을 도우니 出監하였다.

壬運은 火忌神에 見水顯節하여 凶하고 戌運은 四冲이 되어 凶하다.

1959年生(女命). 身弱比刦爲用

壬 壬 戊 己

寅 戌 辰 亥

79 69 59 49 39 29 19 09

丙 乙 甲 癸 壬 辛 庚 己

子 亥 戌 酉 申 未 午 巳

辰月 土旺節에 四土가 克水하고 寅木이 身을 泄氣하니 克泄이 交加하여 身弱하다. 寅木으로 食神制殺하려고 하니 寅戌火로 變하여 不用하고 比劫이 依支處가 된다. 則 水가 用神에 金運은 喜神이며 除水하는 土는 病神이 되고 木은 病神을 除去하는 藥神이 된다.

初年 己巳運은 病神을 扶生하니 寒微家에서 生長하였다. 庚運에 喜神이 되니 成婚하고 午運에 病神을 生하니 夫婦別離하였다. 이는 月日支冲에 壬戌이 魁罡이고 暗明官殺이 混雜한 緣故다.

辛運에 旺土를 泄氣하여 用神을 生하니 再婚하고, 未運에 亥未木이 藥神을 도우니 無欠이며, 壬運現在 水用神을 도우니 水産業으로 得財하고 있다.

向後 金水木運은 喜神이 되고 用神과 藥神을 도와 吉하겠으나 戌運은 冲發한 旺土에 用神水는 泥塞되고 木은 折이 되어 凶하다.

1959年生. 殺印相生格

己 壬 己 己

酉 辰 巳 亥

72 62 52 42 32 22 12 02

辛 壬 癸 甲 乙 丙 丁 戊

酉 戌 亥 子 丑 寅 卯 辰

巳月은 壬水의 絶地이고 己土의 帝旺地가 되는데 辰土에 三己土가 透干하였으니 財官이 太旺하여 身은 弱하다. 金을 써서 太旺한 官星을 泄氣生水하여야 함이 命理의 解法이다. 則 殺印相生格에 酉金이 用神이고 濕土는 喜神이며 金을 傷害하는 巳火가 病神에 亥水는 그 病神을 除去하는 藥神이 된다.

丙運은 病神이 得勢하여 吉運이 아니지만 辛酉年에 辛金이 丙辛合化水하여 藥神을 도우고 酉金이 用神을 도와서 吉한데 驛馬地殺이 逢冲하고 殺印相生格에 金水가 吉神이니 鐵道廳 公務員이 되었다.

丑運에 用神을 合去하여 凶한데 戊寅年에 巳火財星(妻)과 刑이 되니 夫婦別離하였다. 이는 坐下辰과 巳(妻星)가 空亡이고 巳火財星 則 妻가 巳亥冲이 되고 孤辰殺이 있는 연고다.

向後 水運은 藥神을 도와서 吉하리라.

*. 正官이라도 類가 많으면 殺이 된다.

*. 鐵道廳 公務員인 것은 巳中의 戊土가 官星(職場)이고 巳中의 丙火가 財星(돈)인데 이 財·官에 驛馬殺이 있어 地殺과 冲된 緣故다.

1959年生(女命). 身弱印星爲用

辛 壬 己 己
丑 辰 巳 亥

79 69 59 49 39 29 19 09
丁 丙 乙 甲 癸 壬 辛 庚
丑 子 亥 戌 酉 申 未 午

巳月은 壬水의 絶地로서 身이 弱한데 雙己가 高透하고 丑時에 坐下에 辰土가 있으니 財官이 太旺하다. 따라서 身弱印星爲用하여 金이 泄土生金하는 用神이 되고 旺土는 土多埋金이 되므로 喜神이 될 수 없다. 巳火는 克用神하는 病神이고 水는 藥神이 된다.

初年 庚辛運은 用神을 도와 吉하였으나 午運에 病神을 도와 用神인 金이 被克되니 肺가 弱하여 辛苦하였으며 父喪도 當하였다. 이는 肺가 되는 辛金이 旺火의 克을 當한 緣故이고, 巳中의 丙火가 偏財則 父星인데 巳亥冲이 되어 있으니 父와는 因緣이 薄한 緣故다.

辛運 庚申年에 用神을 도우니 成婚하여 一女息을 두고, 夫君 또한 出身하여 多福하였다.

未運 壬戌年에 官星인 土가 丑戌未三刑이 되고 六冲이 全備하니 夫喪을 當하였다. 이는 官殺이 太多하고 坐下辰土官星이 空(亡)이고 丑土는 寡宿이며 巳火가 孤辰인 緣故다.

壬運부터 用神과 藥神을 도와 吉한데 水가 吉神이니 酒店을 自營하여 得財하고 오늘에 이르렀다.

向後 酉運은 用神을 도와서 吉하고 甲運은 忌神인 己土를 合去하여 吉하겠으나 戌運은 四冲이 되니 不測之變故가 豫測된다. 이때를 지나면 北方水運은 藥神을 도와서 吉하리라.

1973年生(女命). 身弱印星爲用

甲 壬 丁 癸

辰 寅 巳 丑

80 70 60 50 40 30 20 10

乙 甲 癸 壬 辛 庚 己 戊

丑 子 亥 戌 酉 申 未 午

巳月은 壬水의 絶地로서 弱한데 丁火가 透干하였으니 火旺하고 甲寅木이 泄氣하고 辰丑土가 弱身을 克하니 身弱하다. 年上의 癸水

는 丁癸冲하여 不用하고, 巳丑金이 用神에 濕土는 喜神이고 丁火가 病神에 癸水는 藥神이 된다.

初年 己運은 喜神이 되니 女命임에도 工業專門學校를 卒業하고 電子會社 서비스센터에 수리 技師로 취직하였다.

己運에 喜神官星을 도우고 丙子年에 藥神을 도우니 5歲 年上과 成婚하고 未運 丁丑年에 官星을 도우니 女息을 얻었다.

向後 庚運에 火가 病神에 劈甲引火하여 凶하겠는데, 이때 丑土(官星)가 寡宿이고 寅辰(官星)巳가 空亡이며 坐下에 食傷이니 夫婦關係가 염려된다. 또 辰土가 官星인데 甲辰이 白虎殺이니 夫君의 健康이 염려된다.

申運은 用神을 도와서 吉하지만 寅巳申三刑을 成局하니 官災口舌과 手術 등이 염려되고 坐下를 冲하니 夫婦關係가 염려된다.

辛運 以後 壬運까지는 用神과 藥神을 도와서 吉하겠으나 戌運은 女命官逢官運에 喜神인 辰土를 冲하니 吉運이 아니다.

*. 機械 技師인 것은 金이 用神이고 巳에 天乙貴人이 있으며 甲木이 懸針星인 緣故다.

1955年生. 殺印相生格

戊 壬 辛 乙
申 辰 巳 未

79 69 59 49 39 29 19 09
癸 甲 乙 丙 丁 戊 己 庚
酉 戌 亥 子 丑 寅 卯 辰

巳月은 火旺當令한데 巳와 未사이에 午를 拱夾하니 財旺하고 三土가 있으니 官旺하여 身弱하다. 金을 써서 旺土를 泄氣하여 生水하여야 된다. 則 殺印相生格에 金이 用神에 土는 喜神이고 火가 病神에 水運은 藥神이 된다.

卯運에 學士將校가 되어 將軍의 參謀로 근무하다가 寅運에 食神이 克官하고 用神을 冲하며 寅巳申三刑하니 轉役하였다.

丁運에 病神을 도와 吉運이 아닌 동안은 貿易會社에서 근무하다가 丑運에 喜神官星을 도우니 貿易會社를 自營하고 있다.

向後 北方水運은 地支가 重하며 用神을 도와서 吉하리라. 그러나 戌運은 辰戌冲發된 旺土에 用神이 埋金되어 吉運이 아니다.

*. 坐下에 喜神이 있으니 妻福이 있다.

*. 水가 吉神이니 貿易과 流通이다.

*. 身弱에 印星이 吉神이니 參謀다.

1962年生(女命). 殺印相生格. 身弱魁罡正格

辛 壬 乙 壬

丑 戌 巳 寅

76 66 56 46 36 26 16 06

丁 戊 己 庚 辛 壬 癸 甲

酉 戌 亥 子 丑 寅 卯 辰

小滿後 三日生은 丙火가 司令하는데 寅戌火에 乙木이 生火하니 財旺한데 丑戌官星이 克身하니 身弱하다. 身弱하니 印比生扶하여야 된다. 則 殺印相生格에 金이 用神이고 土는 喜神이며 火가 病神에 水는 藥神이 된다.

初年 甲運은 病神을 生하여 吉運이 아니고 辰運은 喜神을 沖하니 吉運이 아니다.

癸運에 藥神을 도와 吉한데 辛酉年에 用神을 도우니 成婚하고 壬戌年에 喜神官星을 도우니 長男을 得하고 癸亥年에 藥神을 도우니 次男을 得하였다.

壬運은 藥神을 도와서 吉한데 夫君과 함께 가구제작 판매업을 하여 得財하였다. 그러나 寅運에 病神을 生하여 克用神하니 事業不渡

로 辛苦하였다. 辛運에 들어 用神을 도와서 再起하고 있다.

向後 丑運에 坐下 戊土官星과 刑이 되는데 이때 夫君의 健康이 염려된다. 戊土가 官星(夫星)인데 壬戌이 白虎殺이니 더욱 그렇다. 이때를 지나면 水運은 藥神을 도와서 吉하고 庚運은 忌神인 乙木을 合去하여 吉하며 己運은 忌神인 乙木을 冲去하여 吉하다.

*. 壬戌魁罡日柱에 白虎殺이 있으며 巳丑이 空亡이고 巳戌冤嗔에 丑戌刑이며 巳丑에 孤辰寡宿殺이 있으니 男便宮이 不吉하다.

1948年生. 殺印相生格. 三旺格

壬 壬 戊 戊

寅 申 午 子

77 67 57 47 37 27 17 07

丙 乙 甲 癸 壬 辛 庚 己

寅 丑 子 亥 戌 酉 申 未

午月은 火旺節인데 寅午合化하니 財旺하고 雙戊土에 午火가 生土하니 殺旺하다. 年支의 子水는 日主의 羊刃인데, 申子合水와 時上의 壬水가 日主를 도우니 身이 또한 旺하지만, 財·官에 비하면 弱하다. 따라서 印比生扶하여야 한다. 申金이 用神에 濕土運이 喜神이며 火가 病神에 水는 藥神이 된다. 申子半合水와 寅午半合火가 會局救冲한다. 庚申運에 用神을 도우니 醫學을 專攻하고 辛運에 用神을 도우니 成婚하여 二子를 두고 酉運에 用神을 도우니 開院하고 發財하여 有餘한 家庭이었다.

戌運에 寅午戌 則 病神인 財星(妻)이 合하여 得勢하니 妻의 外道와 損財가 있었다. 妻의 外道는 財星(妻)이 他五行과 合去한 때문이다.

癸運 以後 水運은 藥神을 도와서 吉하지만 甲運은 病神을 生하여 凶하고 子運은 5冲이 되어 吉運이 아니다.

*. 三旺格은 身과 財星과 官星이 均等하게 旺한 命造를 말한다. 此命에서는 申子水와 時上의 壬水가 日主를 도우니 身이 旺하고, 午月 財旺節에 寅午合化火가 되니 財旺하고, 雙戊土가 午月旺火의 生을 받으니 官旺하다. 그러나 此命에서는 財星과 官星에 比하여 身이 弱한 편이므로 印比運에 발달한 것이다. 또 此命은 三旺格에 陽八通이고 吉運을 만났으니 富貴한 八字이지만 坐下와 財星이 冲을 만났으니 夫婦宮이 不吉하다.

*. 醫學은 午申에 懸針星이고, 寅申에 刑이 있는 緣故다.

1984年生. 殺印相生格

丁 壬 庚 甲
未 辰 午 子

74 64 54 44 34 24 14 04
戊 丁 丙 乙 甲 癸 壬 辛
寅 丑 子 亥 戌 酉 申 未

午月은 火旺當令한데 丁未時에 甲木이 生火하니 財旺하다. 그리고 坐下辰은 水의 庫藏이지만 官은 官이므로 身弱하다. 辰土에 生을 받은 庚金이 用神에 辰土는 喜神이 되고 午火가 病神에 子水는 藥神이 된다.

身弱日主이지만 木生火, 火生土, 土生金, 金生水로 轉轉相生되는 秀才形으로 工夫를 잘한다. 다만 年月支가 子午沖됨이 欠이겠는데 子辰水와 午未火로 會局救沖되어 無欠하겠지만 父母와의 因緣이 薄한 면도 없지 않으리라. 未運에 父母間의 不和 以外는 無欠이었다. 初年부터 吉運을 만나 本人이 바라는 外務部 公務員은 충분히 되리라고 생각한다.

*. 偏印이 吉神이고 水가 吉神인 命造는 外交業務를 보는 者가 많다. 그러나 偏印에 地殺과 혹은 驛馬가 없으니 外國에 駐在하는 外交官은 기대하기 어렵다.

*. 壬辰日主에 寅多則富하고, 辰多則貴하다고 하여 壬騎龍背格이라고 한다. 그러나 此命은 寅도 辰도 없으므로 正格이다.

1956年生. 殺印相生格. 調候用神

庚 壬 甲 丙

戊 申 午 申

71 61 51 41 31 21 11 01

壬 辛 庚 己 戊 丁 丙 乙

寅 丑 子 亥 戌 酉 申 未

小暑 三日前이니 火旺當令한데 午戌合火에 丙火가 透干하고 甲木이 生火하니 財旺하고 燥熱하며 身弱하다. 身弱印星爲用하여 金이 用神에 濕土는 喜神이며 火가 病神에 水運은 藥神이 된다.

初年 乙未丙丁運은 旺火를 도와서 凶하였다. 申運에 用神인 金을 도와 工高를 卒業하고 酉運에 桃花가 用神을 도우니 成婚하였다.

戊戌運은 燥熱함을 도와서 百事가 無成이었다. 己運에 喜神官星(職責=社長)이 되고 忌神인 甲木을 合去하니 建築設備業을 自營하여 得財하였다. 建築 中 水道配管은 金水가 吉神인 緣故다. 己運 庚辰年에 火忌神에 劈甲引火하여 病神이 得勢하니 用神이 克傷되므로 事業은 不渡나고, 辛巳年 庚寅月에 寅巳申三刑을 成局하니

建築現場에서 負傷을 當하여 辛苦하다. 그러나 亥運 以後 金水運은 用神과 藥神을 도와서 吉하리라.

*. 火金相爭이니 血壓病이 염려되는데, 庚運에 劈甲引火하여 克金하니 特히 留意要望.

1946年生(女命). 財多身弱에 印星爲用

乙 壬 甲 丙

巳 申 午 戌

77 67 57 47 37 27 17 07

丙 丁 戊 己 庚 辛 壬 癸

戌 亥 子 丑 寅 卯 辰 巳

午月壬水는 財旺하여 身의 弱地인데 午戌半合化火와 巳時에 丙火가 透干하고 甲乙木이 生火하니 財多身弱하므로 依支處는 印星이다. 則 申金이 用神에 濕土運은 喜神이 되고 火가 病神에 水運은 藥神이 된다.

初年 癸運은 藥神이 되어 克病神하니 用神이 生氣를 얻어서 吉하였다. 巳運은 病神인 財星(父)을 도우니 父先亡하였다.

壬運 丙午年에 官星을 生하니 成婚하고 辰運에 喜神官星이 되어

吉한데 丁未年에 病神을 도우니 得女息하고 己酉年에 喜神官星이 되고 用神을 도우니 得男하였다.

辰運은 喜神이 되고 辛運은 病神인 丙火를 合去하니 夫君이 出身하였다. 그러나 卯運은 弱身을 泄氣하여 病神을 生하니 吉運이 아니고, 庚運은 火가 病神인데 劈甲引火하여 病神을 도우니 凶하고, 寅運은 寅午戌火가 克用神하고 用神을 冲하니 損財와 신경노이로제 증세가 甚하였다고 한다. 이는 火金相爭이 된 緣故다.

己運에는 喜神이 되어 用神이 生氣를 얻으니 家庭이 安樂하고 健康도 回復되었다. 丑運은 巳丑金이 用神을 도와서 吉하겠으나 丑戌刑이 염려된다.

向後 戊子·丁亥運은 地支가 重하므로 吉하리라.

*. 身弱에 克泄이 交加하면 殘疾이 常存이라고 했다.

*. 坐下에 用神이 있으니 男便福이 많다.

1966年生. 財多身弱에 印星爲用

辛 壬 甲 丙

丑 寅 午 午

79 69 59 49 39 29 19 09

壬 辛 庚 己 戊 丁 丙 乙

寅 丑 子 亥 戌 酉 申 未

午月은 火旺水弱한데 寅午午爭合에 丙火가 透干하고 甲木이 生火하니 財星이 旺하고 身이 弱하다. 依支處는 印星이다. 따라서 辛金이 用神이고 丑土는 喜神이며 火가 病神에 水運은 藥神이 된다.

初年 乙未丙運은 病神을 生扶하여 吉運이 아니다. 申運에 用神을 도우고 坐下를 冲動하여 成婚하고 두 女息을 두었다. 無男인 것은 過於燥熱한 緣故다.

申運부터 用神을 도우니 대기업체제품상표제작을 하여 得財하고 있다. 商標製作은 辛金이 吉神懸針星인 緣故다.

丁運에 用神을 冲하여 凶한데 丙子年에 子午冲이 되니 손가락을 다쳤다.

酉運에 酉丑金이 用神을 도와서 吉한데 辛巳年에 巳酉丑金과 辛金이 印星(文書)인 用神을 도우니 得宅하였다.

向後 戊運은 燥土가 되어 生金할 能力은 不足하고 戌運은 寅午

戌火가 用神을 克하여 凶하겠는데, 이때 肺弱, 노이로제증세, 血壓등의 健康에 留意하여야 된다. 이때를 지나면 己亥運은 喜神을 도우고 藥神이 되어 吉할 것이다. 그러나 庚運은 火病神에 劈甲引火하여 凶하고 子運은 旺火를 冲하여 吉運이 아니다.

特히 戌·庚·子運은 健康뿐만 아니라 損財도 염려된다.

1946年生(女命). 身弱比肩爲用

戊 壬 乙 丙
申 辰 未 戌

73 63 53 43 33 23 13 03
丁 戊 己 庚 辛 壬 癸 甲
亥 子 丑 寅 卯 辰 巳 午

小暑節은 火土가 旺한데 丙戊가 透出하고 辰戌土가 있으니 財旺하고 官殺이 太旺하며 燥熱하다. 申辰水로 弱身을 도우고 調候하여야 된다. 則 申辰水가 用神에 金이 喜神이고 土가 病神에 木은 藥神이 된다.

初年 午運에 午戌火가 病神을 生하여 克用神하니 眼力不足으로 辛苦하였다. 癸運은 病神인 戊土를 合去하여 吉하였다. 巳運에 忌神인 財星(父)을 도와 病神을 生하니 父先亡하였다. 이는 父星인 財

星丙戌(성병술)이 忌神(기신)이고 白虎殺(백호살)이며 年月支(년월지)에 刑(형)이 있는 緣故(연고)다.

壬運(임운) 己酉年(기유년)에 喜神桃花(희신도화)가 되니 成家(성가)하고 一子(일자)를 두었다. 辰運(진운)은 水(수)의 庫藏(고장)이 되지만 官逢官運(관봉관운)이 되니 夫婦葛藤(부부갈등)이 甚(심)하였다.

辛運(신운)은 忌神(기신)인 丙火(병화)를 合去(합거)하여 吉(길)하고, 卯運(묘운)은 藥神(약신)을 도와 克土(극토)하니 弱水(약수)가 生氣(생기)를 얻어 吉(길)하며, 庚運(경운)은 旺土(왕토)를 泄氣生水(설기생수)하니 吉(길)하다. 寅運(인운)은 寅戌火(인술화)가 病神(병신)을 生(생)하니 用神(용신)인 水(수)가 泥塞(니색)되므로 膀胱病(방광병)과 眼球乾燥症(안구건조증)으로 辛苦(신고)하다.

向後(향후) 丑運(축운)은 丑戌未三刑(축술미삼형)이 되니 本人(본인)뿐만 아니라 夫君(부군)의 健康(건강)도 염려된다. 丙戌(병술)이 白虎殺(백호살)이니 더욱 그렇다. 이때를 지나면 亥子運(해자운)은 地支(지지)가 重(중)하며 用神(용신)을 도와서 吉(길)하리라.

*. 命書(명서)에 雙眼無瞳(쌍안무동)은 火土(화토)가 熱乾壬癸水(열건임계수)요, 壬膀胱(임방광) 癸腎臟(계신장)이라고 했다.

1951年生(女命). 身弱比刦爲用. 調候用神

癸 壬 乙 辛

卯 戌 未 卯

76 66 56 46 36 26 16 06

癸 壬 辛 庚 己 戊 丁 丙

卯 寅 丑 子 亥 戌 酉 申

小暑節은 天乾地熱한데 坐下에 戌土가 克水하고 三木이 泄氣하여 生火하니 身弱하고 燥熱하여 調候가 時急하다. 時上의 癸水가 用神에 辛金은 喜神이고 除水하는 土가 病神에 木은 疏土하는 藥神이다.

初年 申酉運은 地支가 重하고 喜神이 되어 吉하였다. 酉運에 喜神을 도우고 桃花逢冲하는데 癸丑年에 用神을 도우고 官星이 되니 成婚하였다.

酉運 乙卯年에 喜神을 도우고 傷官(子星)藥神이 되니 得男하였다. 戊戌己運은 病神이 得勢하니 百事가 無成이었으며 夫君의 薄俸으로 어려운 生活을 하였다.

亥運은 用神을 도와 吉한데 水가 필요한 命造이므로 北方인 인천에 와서 숙박업을 自營하여 생활의 餘裕를 가지게 되었다고 한다. 水가 吉神이니 宿泊業 즉 서비스업을 하게 된 것이다.

向後 子辛運은 用神과 喜神을 도와서 吉하겠다. 그러나 丑運은 丑戌未三刑을 成局하여 官災口舌이 있겠는데, 이때 健康과 夫君의 健康도 염려된다. 이는 太弱하니 本人의 健康이고, 魁罡日柱에 坐下를 포함하여 三刑이 되고 未土에 (空)亡과 寡宿殺이 있으며 壬戌에 白虎殺이 있으니 夫君의 健康이다.

*. 身弱한 女命에서 坐下(配偶者 宮)를 포함하여 官星三刑이 成立할 때 夫君의 健康에 異常이 발생하는 경우가 많다.

*. 過於寒濕者도 稀孫이고 過於燥熱者도 稀孫이다.

1971年生(女命). 身旺用財格

壬 壬 乙 辛

寅 子 未 亥

75 65 55 45 35 25 15 05

癸 壬 辛 庚 己 戊 丁 丙

卯 寅 丑 子 亥 戌 酉 申

大暑後 三日은 己土가 司令하여 土旺水弱하지만 三水가 도우고 辛金이 未土를 泄氣生水하니 三伏에 生寒이다. 따라서 弱而反旺하여 身旺用財格이 된다.

女命은 官星의 行方이 重要하므로 身旺用官格에 未土를 用神으로 하려고 하니 亥未木으로 變하여 不用하고, 身旺用財格에 寅中의 丙火가 用神에 木은 喜神이고 水가 病神에 土는 藥神이 된다.

初年 土火運에 藥神과 用神을 도와 裕餘家에서 成長하였다. 申運에 寅木을 冲하니 寅中의 丙火 즉 父星이 傷하므로 父親의 得病으로 辛苦하였다. 丁運은 財星(父)用神을 도우니 父親의 事業發展으로 安樂한 家庭이었다. 酉運에 用神인 財星의 死地가 되니 父先亡하였다

辛未年에 전문학교 조리학과를 졸업하고 土가 吉神이니 不動産會社에 취직하여 戊運은 藥神을 도와 得財하였다. 조리학과는 火가 吉神인 緣故다.

戊運에 官星藥神이 되어 逢男하였으나 別離하고 戌運 辛巳年에 이르도록 未婚인 것은 坐下에 比劫이고, 時支寅木은 空(亡)이며, 未土官星은 亥未木으로 變하여 沒官星이 된 緣故다.

向後 土運은 藥神을 도와서 吉하리라.

1960年生. 身旺用官格

癸 壬 癸 庚

卯 子 未 子

75 65 55 45 35 25 15 05

辛 庚 己 戊 丁 丙 乙 甲

卯 寅 丑 子 亥 戌 酉 申

小暑節은 火炎土燥하며 火土가 旺하고 水弱하지만 네 개의 水가 도우고 庚金이 生水하니 弱而反旺하다. 身旺用官하여 未土가 用神에 火運이 喜神이다.

丙戌運은 建設會社의 從業員이었으며 丙運에 喜神財星이 되니 成婚하고 一女息을 두었다. 無男인 것은 時支가 (空)亡이고 日時支가 刑이 된 緣故다.

丁運에 用神을 生하는데 이때 建設會社를 自營하여 得財하였다. 亥運에 들어 亥卯未木이 克用神하니 事業이 침체되었다.

向後 戊運은 用神을 도와서 吉하겠으나 子運은 群比爭財하여 吉運이 아니다. 己運은 用神을 도와서 吉하겠으나 丑運은 用神을 冲去하여 吉運이 아니다.

*. 建設會社는 火土가 吉神인 緣故다.

*. 此命(차명)과 같은 命造(명조)를 三伏(삼복)에 生寒(생한)이라고 한다.

1936年生(女命). 財多身弱에 比刦爲用

丙 壬 乙 丙

午 寅 未 子

74 64 54 44 34 24 14 04

丁 戊 己 庚 辛 壬 癸 甲

亥 子 丑 寅 卯 辰 巳 午

小暑節(소서절)은 火炎土燥(화염토조)하고 水弱(수약)한데 寅午半合化火(인오반합화화)에 兩丙(양병)이 高透(고투)하고 乙木(을목)이 生火(생화)하니 財官(재관)이 太旺(태왕)하고 身(신)은 太弱(태약)하다. 陽干(양간)은 從氣不從勢(종기부종세)하므로 子水(자수)에 依存(의존)하는 財多身弱(재다신약)이 된다. 則(즉) 子水(자수)가 用神(용신)에 金運(금운)은 喜神(희신)이 된다.

初年(초년) 甲午運(갑오운)은 旺財(왕재)를 生(생)하니 寒微家(한미가)에서 生長(생장)하였다. 癸運(계운)은 用神(용신)을 도우니 父親(부친)이 出身(출신)하여 吉(길)하였다. 그러나 巳運(사운)은 地殺(지살)이 되는데 巳午未忌神財星(사오미기신재성)이 得勢(득세)하고 坐下(좌하)에 驛馬殺(역마살)이 있으니 돈을 목적으로 因(인)한 家出小女(가출소녀)가 되었다. 이때 忌神財星(기신재성)(父(부))이 得勢(득세)하니 父先亡(부선망)하였다. 暗官殺(암관살)이 混雜(혼잡)하니 貞潔(정결)한 命造(명조)는 아니었다.

壬運(임운)에 弱(약)한 日主(일주)를 도우니 官星(관성)(男(남))들 가운데서 得財(득재)하였다. 辰運(진운)에 用神水(용신수)가 生氣(생기)를 얻고 官運(관운)이 되니 아들이 없는 老郎(노랑)의 後妻(후처)

가 되어 得男하였다. 이는 壬癸日主는 鴨養鷄子인 緣故다.

辛運에 用神을 生하는데 水가 吉神이니 酒店을 自營하다가 癸丑年에 官星이 되니 第 三의 老郎에게 再嫁하였다. 이는 坐下食傷에 暗官殺이 混雜한 緣故다.

卯運에 傷官이 見官하니 夫婦爭鬪로 歲月을 보내다가 庚運에 用神을 生하니 安樂한 家庭이 되었다. 寅運에 寅寅午爭合化火하니 白內障病 手術을 하였다. 이는 雙眼無瞳은 火土가 熱乾壬癸水인 緣故다. 己運 以後 弱水日主이니 膀胱腎臟이 弱하여 자고 나면 얼굴과 手足이 붇는다.

丑運에 四冲이 되어 凶한데, 이때 母喪을 當하고, 肝病을 얻어서 戊運 癸未年 己未月 壬辰日 子時에 用神水가 泥塞되니 肝硬化로 去世하였다. 이는 乙木이 肝인데 旺火에 泄氣 된 緣故다.

*. 財多身弱에 吉運을 만나지 못하면 富屋貧人임에도 불구하고 偏財星이 午火羊刃에 앉아있으니 金錢에 대해서는 善惡의 區分을 못한다.

1945年生(女命). 身旺用財格

丙 壬 甲 乙
午 子 申 酉

80 70 60 50 40 30 20 10
壬 辛 庚 己 戊 丁 丙 乙
辰 卯 寅 丑 子 亥 戌 酉

申月은 壬水의 長生地이고 坐下羊刃에 酉金이 生水하니 身이 旺하다. 旺者는 대체적으로 財星과 官星을 쓰는데 官星이 없으니 偏財星인 丙火를 用神으로 하고 乙木은 喜神이며 水가 病神에 燥土運은 藥神이 된다.

戌運에 藥神官星(夫)이 되는데 土가 必要하므로 土가 旺하여 水가 必要한 者와 成婚하였다. 丁運에 財星用神을 도우니 夫婦共同으로 목욕탕을 경영하여 亥子運은 群比爭財하여 凶한 듯하였으나 丁戊가 蓋頭되어 無欠하고 己運까지 時上偏財의 作用으로 財産家가 되었다. 沐浴湯은 土旺하여 水가 필요한 夫君의 命造에 따른 것이다.

向後 丑運은 酉丑金이 生水하고 用神인 火가 泄氣되어 吉함이 적겠는데, 이때를 지나면 庚寅運에 劈甲引火하여 用神을 도우고 寅午合이 用神을 도와서 吉하리라.

*. 火土가 必要한 者는 火土가 많은 者를 만나고, 時上偏財가 吉神인 者는 偏財星을 가진 者를 만나며, 身旺한 者는 身弱한 者를 만나서 사는 경우가 많다. 따라서 夫婦는 같은 크기의 그릇으로서 서로에 대해서는 補完財役割을 하는 관계라고 볼 수 있다. 命書에도 "夫妻因緣宿世來"라고 했다.

1959年生(女命). 身旺用殺格

甲 壬 壬 己

辰 辰 申 亥

71 61 51 41 31 21 11 01

庚 己 戊 丁 丙 乙 甲 癸

辰 卯 寅 丑 子 亥 戌 酉

申月은 壬水의 長生地인데 申辰辰爭合化水하고 亥水에 壬水가 透干하여 日元을 도우고 있으니 身旺한 魁罡日柱다. 女命身旺이니 用官星하여 土가 用神에 火運은 喜神이 된다. 그리고 木이 病神에 金은 藥神이다.

戌運에 官星(夫)用神을 도우니 逢男하였으나 魁罡逢冲이 되니 成婚하지 못하고 丁運에 이르도록 未婚으로 살아왔다. 이는 女命에 魁罡日柱는 夫婦宮이 不吉한데다가 日·時支가 空(亡)이니 夫子宮이 더욱 不吉한 緣故다.

丁運에 臨床時 비디오 가게를 自營하고 있었는데 七歲年下의 男子와 교제하고 있다고 했다. 丁運에 逢男한 것은 丁壬多淫之合한 緣故이고 비디오 가게는 火가 吉神인 緣故다.

向後 丁·丑·戊運은 用神을 生扶하니 本人의 事業이 번창하겠으며 官旺運이니 夫君도 出身하리라.

寅運은 寅亥合木이 官星을 克하고 卯運은 亥卯木이 官星을 克하니 夫婦關係가 염려되며 官災口舌과 夫君의 健康이 또한 염려된다. 夫君의 健康은 官星의 根인 辰土가 空(亡)이고 魁罡日柱에 甲辰에 白虎殺이 있으니 더욱 그렇다.

*. 身旺한 女命에 官星이 實하지 못할 때 年下의 男子를 選好하는 이가 많다. 이는 身旺하면 自己主觀的이므로 말 잘 듣는 年下의 男子를 選好하기 때문이다.

1979年生. 身旺用官格

辛 壬 壬 己
丑 申 申 未

79 69 59 49 39 29 19 09
甲 乙 丙 丁 戊 己 庚 辛
子 丑 寅 卯 辰 巳 午 未

申月은 壬水의 長生地이고 三金과 壬水가 生扶하니 身旺하다. 身旺用官하여 土가 用神에 火運은 喜神이다.

年柱의 官星이 用神이니 父親이 公務員이다. 庚運 戊寅年에 用神을 도와 法大 行政學科에 入學하였다. 己卯年에 軍入隊하여 服務中이다.

午運 以後 火土運은 喜神이 되고 用神을 도와서 吉하리라. 卯運에 卯未木傷官이 見(克)官하면 凶하겠는데 이때 職場의 變動이 있으리라. 이때를 지나면 丙運은 用神을 生하여 吉하리라.

*. 原局에 火가 있으면 格이 한층 높아진다.

*. 正官이 用神이니 行政學科다.

1954年生. 身旺用財格

辛 壬 壬 甲
丑 戌 申 午

72 62 52 42 32 22 12 02
庚 己 戊 丁 丙 乙 甲 癸
辰 卯 寅 丑 子 亥 戌 酉

申月은 壬水의 長生地인데 辛金과 壬水가 高透하여 生扶하니 身旺하고 寒濕하다. 身旺用財하여 調候用神으로 午火를 쓴다. 則 午火가 用神에 甲木은 喜神이며 水가 病神에 土는 藥神이 된다.

初年 癸運에 病神을 도우니 寒微家에서 生長하고, 酉運은 財星(夫)用神의 死地가 되니 父先亡하였다.

甲運은 喜神이 되어 吉하고 戌運은 藥神偏官으로서 暗官이 되니 軍部의 特務機關(諜報活動)에 근무하게 되었다. 乙運은 喜神을 도우니 昇進하여 吉하였으나, 亥運은 病神을 도우니 業務上 애로사항이 많았다고 한다.

丙運은 用神인 財星(妻)을 도우니 成婚하고 得男하고 得宅하고 昇進도 하였다.

子運은 病神이 得勢하고 用神을 冲하니 業務上 참으로 辛苦하였다고 한다. 그 辛苦하였음을 軍機密事項이므로 구체적으로는 밝힐 수 없다고 한다.

丁運은 用神인 財星을 도와서 官星을 生하니 得宅하고 昇進도 하였다. 丑·戊運은 藥神官星을 도우니 吉한데 己丑年에 官逢官運이 되니 轉役하였다.

1971年生. 身旺用財格. 祿馬同鄕格

辛 壬 丙 辛
丑 午 申 亥

76 66 56 46 36 26 16 06
戊 己 庚 辛 壬 癸 甲 乙
子 丑 寅 卯 辰 巳 午 未

申月은 壬水의 長生地인데 雙辛이 生水하고 亥水가 日主를 도우고 있으니 身旺하고 濕하다. 身旺用財하여 火가 用神에 木運은 喜神이고 水가 病神에 土는 藥神이 된다.

申運 辛亥年에 得勢한 病神水와 用神火가 相爭하여 凶한데 三辛이 丙火(父星)를 合去하니, 태어나서 보니 이미 아버지를 돌아가시고 없었다. 則 申運은 丙火의 病地이고 辛亥年의 辛과 原局의 辛辛이 丙火를 合去하며 亥年이 用神의 根인 午火(財星=父星)를 午亥(甲己, 丁壬)暗合去하니 遺腹子로 태어난 것이다.

初年 乙未甲午運은 喜神이 되고 用神을 도와 裕餘한 家庭이었

다. 午運에 午火가 用神이며 懸針星이 되니 工大 電子工學科를 卒業하고, 癸運은 病神이 得勢하니 軍役을 畢하였다.

巳運은 用神을 도와서 吉한데 電算職公務員시험 준비 중이다. 火가 用神이니 電算職이고 身旺財弱하니 財政關係職이 되겠다.

向後 壬運은 火用神에 見水顯節하여 吉하겠고 辰運은 旺水가 入墓하여 凶하다.

辛運은 三辛이 丙火를 合去하여 凶하겠는데 이때 妻財로 因하여 辛苦하겠다. 이때를 지나면 木運은 地支가 重하므로 吉하리라.

*. 水火相爭이니 膽石症이 염려된다.

1963年生. 身旺用財格

丙 壬 辛 癸

午 戌 酉 卯

73 63 53 43 33 23 13 03

癸 甲 乙 丙 丁 戊 己 庚

丑 寅 卯 辰 巳 午 未 申

酉月은 金旺節이니 水旺한데 辛金과 癸水가 生扶하니 身旺하다. 身旺用財하여 火가 用神에 木은 喜神이며 水가 病神에 土는 藥神

이 된다. 時上偏財가 用神이니 더욱 吉하지만 喜神인 卯木이 冲되어 있으니 格이 한층 낮다.

初年 申運에 病神이 得勢하여 財星(父)用神을 克傷하니 父先亡하였다. 이는 原局에서 年月支가 冲된 緣故다.

己運부터 藥神을 도와서 吉한데 火가 用神이니 工大를 卒業하고 午運부터 財星火用神을 도우니 카인테리어業을 自營하여 得財하고 있다.

向後 火運은 用神을 도와서 吉하겠다. 그러나 辰運은 坐下財星의 庫藏을 포함하여 四冲이 되어 凶하겠는데, 이때 夫婦關係와 職場의 變動과 損財가 염려된다. 이때를 지나면 木運은 喜神을 도와서 用神을 生하므로 吉하리라.

1949年生. 身旺用財格. 調候用神

庚 壬 癸 己

戌 寅 酉 丑

71 61 51 41 31 21 11 01

乙 丙 丁 戊 己 庚 辛 壬

丑 寅 卯 辰 巳 午 未 申

酉金月은 壬水를 生하는데 酉丑金이 生水하고 庚金과 癸水가 日

主를 生扶하니 身旺하고 濕하다. 身旺用財하여 寅戌火가 調候도 되는 用神이다. 則 寅戌火가 用神에 木은 喜神이고 用神을 傷害하는 水가 病神에 土는 藥神이 된다.

初年 壬申辛運은 病神을 助生하니 寒微家에서 生長하여 工夫를 제대로 할 수 없었다. 身旺하고 運不逢에 庚戌魁罡殺이 있어 性格이 荒暴한데 未運에 丑戌未三刑하니 官災가 있었다.

午運에 用神인 財星(妻)을 도우니 成婚하고 二子를 두었다. 坐下가 吉神이니 良配를 만나서 夫婦가 함께 떡방아간을 經營하여 戊運까지는 用神과 藥神을 도와서 得財하고 家庭이 和睦하였다. 그러나 辰運에 用神의 庫藏을 冲하니 주식에 투자하여 損財하였다. 丁運은 用神을 도우니 事業을 확장하여 再起하고 있다.

向後 乙運까지는 喜神을 도우고 用神을 도와 末年은 多福하리라.

*. 떡방아간은 木火가 吉神인 緣故다.

魁罡殺

基準	魁罡殺	作　用
柱中	庚辰, 庚戌, 壬辰, 壬戌, 戊戌 (戊辰 포함 可)	他人制壓. 大富豪가 되거나 聰明, 殺傷, 荒暴 등 극단으로 흐른다. 女命에서 日時魁罡逢冲이면 偏房, 獨守空房과 夫君의 拉致, 横死, 無責任, 家出, 財蕩盡이 있다.

1968年生(女命). 身旺用財格

壬 壬 辛 戊

寅 午 酉 申

71 61 51 41 31 21 11 01

癸 甲 乙 丙 丁 戊 己 庚

丑 寅 卯 辰 巳 午 未 申

酉月은 金旺節인데 年支에 申金이고 時干의 壬水와 月上에 辛金이 高透하였으니 身旺한 中에 印星이 旺한 身旺이다. 則 旺한 印星이 欠이다. 印星을 除去하는 午火가 用神에 木은 喜神이며 水가 病神에 土는 藥神이 된다.

初年 庚申運은 旺한 印星(母)을 도와서 吉運이 아닌데 申運에 喜神인 寅木을 冲하여 母喪을 當하였다.

己運 以後 病神을 除去하니 財星(父)用神이 生氣를 얻어 父親의 事業이 興하여 裕餘한 家庭이었다.

戊運은 藥神官星이 되어 吉한데 己巳年에 官星을 生扶하니 成婚하고 庚午年에 得男하고 辛未年에 得女息하였다.

午運 丁丑年에 用神과 藥神을 도우니 得宅하였다. 丁運도 用神을 도와서 吉하다.

向後 火運은 用神을 도와서 吉하고 木運은 喜神을 도와서 吉하겠

으나 辰運에는 旺水가 入墓하여 群比爭財하므로 凶하다. 이때를 지나면 木運은 喜神을 도와서 吉하리라.

1954年生(女命). 身旺用財格. 調候用神

甲 壬 癸 甲

辰 申 酉 午

72 62 52 42 32 22 12 02

乙 丙 丁 戊 己 庚 辛 壬

丑 寅 卯 辰 巳 午 未 申

酉月의 旺金이 生水하고 申辰水와 癸水가 도우니 印星旺에 의한 身旺이다. 印星을 制御하는 財星인 火가 用神에 木은 喜神이며 水가 病神에 土는 藥神이 된다.

初年 壬申辛運은 旺水를 扶生하여 吉運이 아니고 未運은 藥神官星(夫)運이 되는데 乙卯年에 桃花逢冲하니 成婚하였다.

庚運은 劈甲引火하여 吉하고 午己運은 用神을 도우고 藥神이 되어 財力은 裕餘하지만 小生이 없다. 이는 女命에 ① 食傷이 子息인데 子息자리인 時支의 辰은 空(亡)이고 時柱甲辰은 白虎殺이며 年上의 食神인 甲木은 午火 則 死地上에 있는 緣故이며, ② 用神이 子息이 되기도 하는데 午火用神은 辰午酉(亥)가 自刑이 된 緣故다.

巳運에 巳酉金이 旺身을 生하고 坐下의 申과 刑이 되어 凶한데 甲戌年에 官星인 辰土를 冲하고 用神인 午火를 合去하니 夫婦別離하였다.

戊運은 官星(夫)이 되니 喪妻한 老郎과 再婚하였다. 辰運은 旺水가 入墓하여 凶한데 水多土崩하니 夫君의 健康이 염려되며 群比爭財가 염려된다. 이때를 지나면 木火運은 喜神과 用神을 도와 吉하리라.

*. 辰土가 官星(夫)인데 空(亡)이고 甲辰에 白虎殺이 있으니 夫君의 健康이 염려되는 것이다.

1971年生(女命). 食神生財格

壬 壬 丁 辛

寅 子 酉 亥

75 65 55 45 35 25 15 05

乙 甲 癸 壬 辛 庚 己 戊

巳 辰 卯 寅 丑 子 亥 戌

酉月의 旺金과 年上의 辛金이 壬水日主를 生하고 三水가 日主를 도우니 身이 太旺하다. 太旺한 者는 泄氣하여야 함이 定石이다. 따라서 旺水를 泄氣하는 寅木이 用神에 木을 傷害하는 金은 病神이고 그 金을 除去하는 丁火가 藥神이다. 水多木浮하므로 水 또한 病神이 되고 水를 除하는 土運은 또 하나의 藥神이 된다.

初年 戊戌己運은 藥神이 되어 有福한 家庭에서 成長하고 木이 用神이니 造景學을 專攻하였다.

亥運은 吉運이 아니지만 丙子年에 桃花年이 되니 成婚하고 庚運 己卯傷官(子星)年에 用神을 도우니 得女息하였다. 子運은 吉運이 아니지만 壬午年에 藥神財星을 도우니 父母님의 도움으로 得宅하였다. 子運에 群比爭財하여 凶한데 癸未年에 藥神인 丁火財星을 冲하고 官逢官運이 되니 損財하였다.

辛運에 藥神인 丁火財星을 冲하여 凶한데 丙戌年에 官逢官運이 되고 用神을 合去하며 藥神인 丁火에 대하여 丙奪丁光되니 離婚하였다. 이때 慰藉料條로 損財하였다.

辛運 己丑年에 官星年이 되니 逢男하였다. 丑運 現在 食神이 用神이니 敎育事業과 關聯되므로 學院에서 영어강의를 하고 있다.

向後 木運은 地支가 重하며 用神을 도와서 吉하리라.

*. 夫婦宮이 不吉한 것은 忌神桃花에 坐下比劫으로 群比爭官하는데 官星이 虛弱한 緣故다.

1931年生. 身弱比劫爲用. 羊刃合殺格

辛 壬 戊 辛
丑 子 戌 未

75 65 55 45 35 25 15 05
庚 辛 壬 癸 甲 乙 丙 丁
寅 卯 辰 巳 午 未 申 酉

*. 羊刃格(양인격)에서

1. 羊刃(양인)<七殺(칠살)인 때

. 羊刃(양인)이 合殺(합살)하든지, 食傷(식상)으로 制殺(제살)하든지, 印星(인성)으로 化殺(화살)하여야 吉(길)하다.

2. 羊刃(양인)>七殺(칠살)인 때

. 合殺(합살), 制殺(제살), 化殺(화살)을 不要(불요)

此命(차명)은 戌月土旺節(술월토왕절)에 土(토)가 넷이고 金(금)이 둘이며 水(수)가 둘이니 日主(일주)에 比(비)하여 七殺(칠살)이 旺(왕)하다. 따라서 위의 1에 해당한다.

. 制殺(제살)하려고 하니 食傷(식상)이 없다.

. 辛金(신금)을 用神(용신)으로 하여 化殺(화살)하려고 하니 土多(토다)에 辛金(신금)이 埋金(매금)되므로 不用(불용)한다.

. 그러므로 坐下(좌하)의 羊刃(양인) 則(즉) 子中癸水(자중계수)로서 旺(왕)한 七殺(칠살)(戊土(무토))을 合(합)

殺하는 것이 가장 적당한 解法이다.

則 子水用神에 辛金이 喜神이며 土는 除水하는 病神에 木運은 疏土하는 藥神이 된다.

申運에 喜神을 도와 吉한데 辛金이 吉神懸針星이니 의료기 제작 제조업을 自營하여 乙運은 藥神이 되어 吉하였다. 未運은 身弱에 官星三刑이 되니 官災를 當하였다. 午運은 用神인 羊刃을 冲하니 不渡가 나고, 이로 因하여 官災와 健康을 잃어 辛苦하였음을 이루 말할 수 없었다고 한다. 癸巳壬運은 用神과 喜神을 도와서 吉하였다.

辰運은 用神을 子辰合去하고 辰戌冲發된 旺土에 用神水는 泥塞되고 喜神金이 埋金되니 또 事業이 不渡가 나서 辛苦했다. 辛運에 들어 用神을 生하니 復舊되고 있다고 한다.

向後 卯庚運은 藥神이 되고 喜神을 도와서 吉하리라.

*. 懸針星: 甲申卯午辛

. 日時가 尤重하고 砲手, 活人方, 醫藥, 機械製圖 等에 能하다.

1946年生(女命). 食神制殺格

甲 壬 戊 丙
辰 午 戌 戌

79 69 59 49 39 29 19 09
庚 辛 壬 癸 甲 乙 丙 丁
寅 卯 辰 巳 午 未 申 酉

戌月은 土旺節인데 土가 넷이고 火가 둘이니 財·官이 太旺하므로 身은 太弱하다. 陽干은 從氣不從勢하기도 하지만, 辰中의 癸水에 通根한 甲木이 있으니 棄命從殺格은 아니다. 따라서 食神制殺格에 甲木으로 旺한 土를 疏土하여 弱한 日主를 救하여야 된다. 則 甲木이 用神에 辰中의 癸水는 喜神이 된다.

申運에 申辰水가 喜神이 되어 成婚하고 一男을 두었다. 乙運에 用神을 도우니 夫君이 出身하였다. 未運에 天干의 弱한 甲木用神이 入墓하여 吉運이 아닌데 官逢官運이 되고 官刑이 되니 喪夫하였다. 이는 坐下가 空(亡)이고 官星이 太多한 緣故다.

甲運에 食傷(子)이 되고 用神을 도우니 再婚하였으나 午運에 旺土를 生하여 克身하고 甲木用神의 死地가 되니 夫婦別離하였다.

癸運은 用神을 生하는데 水가 喜神이니 水產業을 自營하여 得宅하였다. 巳運에 들어 IMF영향도 있지만 旺土를 生하여 吉運이 아니고, 壬運은 丙火忌神에 見水顯節하여 吉運이 아니며, 辰運은 冲發된 旺土에 水는 泥塞되고 甲木은 折이 되어 凶하다.

*. 此命을 身弱比劫爲用하여 辰中의 癸水가 用神에 金運은 喜神이고 土가 病神에 甲木을 藥神으로 풀이함이 더 論理的이라는 생각이 든다.

*. 健康: 壬癸日主가 太弱하면 膀胱과 腎臟이 弱하고, 火土가 熱乾壬癸水면 眼力이 不足하며, 過於燥熱하므로 稀孫이다.

*. 女命에 官星이 太多하면 貴格이 아닌 경우가 많으나 殺印相生格이 되면 오히려 貴格이 되는 수도 있다.

1943年生. 身弱比刦爲用

乙 壬 壬 癸

巳 寅 戌 未

71 61 51 41 31 21 11 01

甲 乙 丙 丁 戊 己 庚 辛

寅 卯 辰 巳 午 未 申 酉

戌月의 壬水가 地支에 寅戌合化火와 巳未가 있으니 火土가 旺하여 身이 弱하다.

乙寅木이 克官하고 있으니 棄命從殺格도 아니고 木火土가 均等하게 旺하지도 않으니 從勢格도 아니다. 따라서 陽干은 從氣不從勢하니 身弱한 正格에 比劫이 依支處가 된다. 則 水가 用神에 金運은 喜神이고 土가 病神에 木은 藥神이 된다.

初年 金運은 喜神이 되어 用神을 生하니 富家에서 生長하여 教育大學을 卒業하고, 辰運에 退職할 때까지 吉運을 만나지 못하여 補職없는 平教師 出身의 命造다.

辰運에 火庫(戌)를 冲하니 冲發된 火土에 用神水가 泥塞되어 退職하였다.

末年 木運은 病神인 土를 除去하여 用神水가 生氣를 얻으니 享福하리라. 二男이 特出하다.

*. 午運은 寅午戌合化火財星(妻財)이 病神을 生하니 妻財로 因하여 辛苦하였다고 한다.

*. 印星이 吉神이니 教職이다.

命書에, "有病得藥者는 旺相之命이요, 無病無藥者는 庸劣之命이요, 有病無藥者는 平生이 空虛也라." 고 했다.

1955年生(女命). 身弱比劫爲用. 身弱魁罡正格

庚 壬 丙 乙
子 戌 戌 未

74 64 54 44 34 24 14 04
甲 癸 壬 辛 庚 己 戊 丁
午 巳 辰 卯 寅 丑 子 亥

戌月의 壬水가 坐下에 戌이고 丙火가 透干하며 乙未生이니 克泄이 交加하여 身弱하다.

庚金을 用神으로 하여 殺印相生格으로 하려고 하니 死地인 子上上에 있고 旺土에 埋金이 되니 能力이 不足하여 不用하고, 身弱하므로 依支處는 時支羊刃이다.

則 子水用神에 庚金은 喜神이고 克用神하는 土가 病神이고 乙木은 疏土하는 藥神이 된다.

初年 亥子運은 地支가 重하므로 富家에서 成長하여 家庭學科를 卒業하고 己運에 官星(夫)運이 되니 成婚하고 一男을 두었다. 丑運은 丑戌未忌神官星이 三刑을 成局하니 官災가 있었고 官逢官運이므로 夫婦가 別居에 이르기 直前이었다.

庚運에 喜神을 도와 用神을 生하니 夫君이 出身하여 得財하고 和睦한 家庭이었다. 그러나 寅運에 寅戌戌爭合하여 火土가 旺盛하니

喜神金은 傷하고 用神은 泥塞되는데 丁丑年에 丑戌未三刑을 成局하고 官逢官運이 되니 夫婦別離하였다. 이는 魁罡日柱에 戌未官星刑이고 未中의 己土가 正男便인데, 여기에 寡宿殺이 있는 緣故다.

辛運에 偏印이 喜神인데 正印運이 오니 吉하므로 의류수선업을 시작하였다. 衣類는 木이 吉神인 緣故다.

向後 卯運은 藥神을 도와 旺土를 疏土하므로 用神이 生氣를 얻어 吉하리라. 그러나 壬運은 丙火忌神에 見水顯節하여 吉運이 아니고 辰運은 用神을 合去하고 旺土를 沖發하여 吉運이 아니다.

1973年生. 身弱比劫爲用

丙 壬 壬 癸

午 午 戌 丑

72 62 52 42 32 22 12 02

甲 乙 丙 丁 戊 己 庚 辛

寅 卯 辰 巳 午 未 申 酉

戌月의 壬水는 土旺水弱한데 年支에 丑土가 있고 坐下와 時柱에 三火가 있으니 財星과 官星이 旺하여 身弱하다. 丑中의 癸水에 뿌리를 둔 水가 用神이고 金運은 喜神이 되며 土가 病神에 木運은 藥神이다.

初年 辛酉·庚申金運은 喜神이 되어 用神을 生하니 富裕한 家庭에서 成長하였다.

午運 現在 丑戌에 華蓋殺이 있고 印星이 吉神이니 골프 강의를 하고 있다. 向後 木運이 될 때까지는 吉運이 없으니 哀惜한 일이다.

1959年生. 身旺用官格

己 壬 乙 己
酉 子 亥 亥

76 66 56 46 36 26 16 06
丁 戊 己 庚 辛 壬 癸 甲
卯 辰 巳 午 未 申 酉 戌

亥月에 壬水가 得祿하고 酉金이 生水하며 坐下의 羊刃과 年支의 亥水가 도우니 身旺하다. 身旺한 中에도 比劫이 많으니 官星으로서 比劫을 除去하여야 된다. 즉 身旺用官하여 土가 用神에 火運은 喜神이고 木이 病神에 金은 藥神이 된다.

酉運에 藥神을 도와서 吉한데 壬戌年에 用神인 官星을 도우니 地方行政公務員이 되었다. 正官이 用神이니 行政이고 用神이 虛路無根하니 末端이다.

壬運 丙寅年에 丙火가 喜神財星(妻)이 되고 見水顯節하니 成婚

하여 戊辰年에 官星(子星)이 되는데 過於寒濕하니 晩子를 두었다.

辛運에 藥神을 도와 克病神하니 用神이 生氣를 얻어 昇進하고, 未運 己卯年에 亥卯未病神이 得勢하여 克用神하니 妻의 賭博癖이 事由가 되어 夫婦別離하였다. 이는 坐下가 忌神比劫에 無財星(妻)인 緣故다.

向後 庚運은 病神을 合去하여 吉하겠으나 午運은 身旺에 羊刃을 冲하는데 이때 旺水가 冲之益發하여 用神이 散土되므로 凶하다. 이때를 지나면 火土運은 用神을 生扶하여 吉하겠으나 辰土運만은 旺水가 入墓하여 吉運이 아니다.

*. 辛巳年 現職級은 行政事務官이다.

1957年生(女命). 身旺用財格. 調候用神

甲 壬 辛 丁

辰 辰 亥 酉

77 67 57 47 37 27 17 07

己 戊 丁 丙 乙 甲 癸 壬

未 午 巳 辰 卯 寅 丑 子

壬騎龍背格(壬水가 龍 則 辰을 타고 있다고 하여 된 格)

1. 壬騎龍背格에 辰多 則 貴란?

. 壬辰日柱가 地支에 辰이 많으면 辰은 戌을 冲來하여 戌中의 戊土가 官星으로서 用神이 된다. 이때 戌中의 戊土가 用神이 되려면 身旺하여야 한다. 官星이 吉神이니 貴하다는 뜻이다.

2. 壬騎龍背格에 寅多 則 富란?

. 壬辰日柱가 地支에 寅이 많으면 辰이 冲來해온 戌土와 寅이 寅戌合化火하여 身旺한 경우에 吉神財星으로서 作用하기 때문에 富하다는 것이다.

3. 위 1과 2의 경우에 虛冲되어 오는 戌中의 戊土를 官星으로 쓰고, 戌中의 丁火를 財星으로 쓰기 때문에, 原局에 戌土와 戊土와 丁火가 나타나 있으면 破格이 된다.

此命은 亥月의 壬水가 辛酉金이 生水하고 日·時支에 辰土가 있어서 壬騎龍背格인 듯하지만 丁火가 塡實되어 破格이 되므로 正格으로 봄이 妥當하다.

則 身旺用財格에 調候하는 丁火가 用神에 甲木은 喜神이며 亥水가 病神에 土는 除濕하는 藥神이 된다.

初年 水運에 病神을 도와 凶함에도 用神인 財星이 年柱(祖上)에 있으므로 富家에서 生長하고 土가 吉神이기 때문에 國文學을 專攻

하였다.

丑運에 官星(夫)이 되는데 忌神桃花인 酉金과 合하여 病神水를 生하니 凶한데, 辛酉年에 用神인 丁火를 冲하고 또 水를 生하니 첫 사랑이 死亡하였다.

甲運에 喜神이 되어 吉한데 乙丑年에 官星이 되이 成婚하고 丙寅年에 忌神인 辛金을 合去하고 用神을 生하니 生男하고 戊辰年에 藥神官星이 되니 次男을 득하였다. 木運은 用神을 生하므로 吉하였다.

向後 丙運은 忌神인 辛金을 合去하여 吉하겠으나 辰運은 旺水가 入墓하고 官逢官運이 되어 凶하겠는데, 이때 夫君의 健康이 염려된다.

夫君의 健康이 염려되는 것은 亥水가 孤辰이고, 辰土官星이 空(亡)이며, 女命魁罡日柱에 甲辰이 白虎殺이 되기 때문이다. 이때를 지나면 火·土運은 用神과 藥神을 도와서 吉하리라.

*. 身旺에 官星이 空(亡)되는 등으로 不實하니 年下의 男便이다.

1939年生. 身旺用官格

己 壬 乙 己
酉 申 亥 卯

78 68 58 48 38 28 18 08
丁 戊 己 庚 辛 壬 癸 甲
卯 辰 巳 午 未 申 酉 戌

亥月의 壬水가 水旺節에 태어나 申酉金이 生水하니 身旺하다. 身旺한 中 比劫이 印星보다 더 旺하므로 官星으로 比劫을 制御하여야 한다. 身旺用官하여 土가 用神에 火運은 喜神이며 木이 病神에 金運은 藥神이 된다.

戌運에 用神官星을 도우니 工高 電氣科를 卒業하고 중소기업체에 電氣 담당기사로 취직하였다. 壬運 丁未年에 喜神財星이 되니 成婚하고 一子를 두었다. 申運까지는 중소기업체에 근무하다가 辛運에 病神인 乙木을 冲하자 昇進 後 退職하여 未運에 개인사업을 하다가 실패하였다. 事業失敗는 亥卯未旺木이 克用神한 緣故다.

庚運에 病神乙木을 合去하니 경력관리직으로 취직하였다. 午運은 用神을 生하여 吉하고 己運은 用神을 도와서 吉하였다.

向後 巳戊運은 用神을 生扶하여 吉하겠으나 辰運은 旺水入墓하여 凶하다.

*. 火가 用神이니 電氣이다.

*. 用神의 根이 不實하고 喜神이 없어 格이 낮다.

1958年生(女命). 身旺用七殺格. 羊刃은 喜見七殺

癸 壬 癸 戊

卯 子 亥 戌

78 68 58 48 38 28 18 08

乙 丙 丁 戊 己 庚 辛 壬

卯 辰 巳 午 未 申 酉 戌

亥月은 水旺한데 水가 다섯이니 身旺한 中 많은 比劫이 欠이다. 身旺用七殺하여 比劫을 制御하여야 한다. 則 土가 用神에 火는 喜神이다. 年柱의 官星이 用神이니 官祿있는 집안의 子孫이다.

酉運에 桃花逢冲하여 成婚하고, 庚申運은 旺身을 生하여 吉運이 아니고, 日時支가 刑이 되고 時支(子)가 (空)亡이 되어 있으니 申運 甲戌年에 官星인 用神을 도우니 晩子를 얻었다.

己運에 들어 衣類商을 自營하여 得財하고 있다. 未運은 亥卯未木이 克用神하여 吉運이 아닌데, 이때 坐下 比劫과 身旺에 群比爭官하고, 戊戌에 官星(夫)白虎殺이며, 官星의 根인 戌에 寡宿殺고, 또

戌未官星刑이 되니 夫君의 健康에 留意要望.

이때를 지나면 火土運 二十五年동안은 用神을 生扶하여 吉하리라. 그러나 辰運은 旺水가 入墓하고 用神의 根을 冲하여 危險하다.

*. 原局에 水旺하니 얼굴이 검다.

*. 戌亥天門이 있어 信仰心이 깊다.

1951年生(女命). 身旺用財格. 調候用神

壬 壬 己 辛

寅 戌 亥 卯

77 67 57 47 37 27 17 07

丁 丙 乙 甲 癸 壬 辛 庚

未 午 巳 辰 卯 寅 丑 子

壬水가 亥月에 得祿하고 辛金이 生水하고 時上의 壬水가 日主를 도우고 있으니 身旺하다. 身旺用財하여 寅戌火가 用神이고 木은 喜神이며 金이 病神에 土는 藥神이 된다.

初年 庚子辛運은 吉運不逢으로 寒微家에서 生長하여 丑運에 藥神官星(夫)을 도우니 成婚하고 二男兒를 두었다.

寅運은 用神을 生하니 夫君이 경공업공장을 經營하여 得財하고

安樂한 家庭이었다.

癸運은 官星(夫)藥神인 己土를 冲去하니 用神이 生氣를 잃으므로 夫君의 事業이 침체되었다.

卯運부터 喜神을 도와 吉한데 本人도 身旺하니 不動産事業으로 得財하고 있다.

向後 辰運은 旺水가 入墓하여 群比爭財와 爭官하고 坐下官星魁罡을 逢冲하니 大凶하겠는데, 이때 夫君의 健康이 염려된다.

또 用神火의 庫藏을 冲하니 損財도 염려되며, 특히 甲申年에는 四冲이 되고 藥神인 己土를 合去하므로 凶하리라. 이때를 지나면 南方火運은 用神을 도와서 吉하리라.

*. 喜神桃花가 卯에 있으니 美色이 아름답다.

*. 魁罡逢冲(此命에서 辰運)

. 女命에서 日時支魁罡逢冲이면 旣取偏房獨守空이요, 夫君의 拉致, 橫死, 無責任(作妾, 家出, 財産蕩盡) 등이 일어난다.

*. 魁罡格

1. 魁罡正格(旺弱寒熱 基準)

① 身旺魁罡格

. 財·官運(재관운)을 만나면 發福(발복)하지만 逢刑冲(봉형충)이면 곤장을 맞게 된다.

② 身弱魁罡格(신약괴강격)

. 一位魁罡(일위괴강)에 逢冲(봉충)이면 小人輩(소인배)가 되며 刑罰(형벌) 災禍(재화)가 일어난다.

. 財官(재관)을 만나면 禍殃(화앙)이 일어난다.

. 逢刑冲(봉형충)이면 곤장을 맞는다.

2. 魁罡從格(괴강종격)

魁罡(괴강)을 다시 만나는 것과 身旺(신왕)함을 크게 기뻐하고 그의 性格(성격)은 聰明(총명)하고 果斷性(과단성)이 있으나 財·官運(재관운)을 만나면 禍殃(화앙)이 일어나고 逢刑冲(봉형충)이면 곤장을 맞는다.

예) 1

庚 庚 庚 庚

辰 辰 辰 辰

此命(차명)은 土金兩象格(토금양상격)에 土金水運(토금수운)이 吉(길)하고 木火運(목화운)은 凶(흉)하다.

예) 2

庚 庚 庚 乙

辰 辰 辰 巳

此命(차명)은 乙庚合化金格(을경합화금격)이며 土金水運(토금수운)은 吉(길)하고 木火運(목화운)은 凶(흉)하다. 庚金(경금)이 巳(사)에 長生地(장생지)가 되지만 巳火(사화)는 從神(종신)인 金(금)을 傷害(상해)하는 病神(병신)이 되므로 假化格(가화격)이 된다.

*. 魁罡從格(위 例示 1과 2등)에서 財·官運을 만나면 凶하게 되는 理由

1. 辰巳는 五陽 六陽之地로서 陽이 極盛하다.

   戌亥는 五陰 六陰之地로서 陰이 極盛하다.

2. 庚辰, 壬辰(戊辰 포함)은 陽이 極盛한 殺이고,

   庚戌, 壬戌, 戊戌은 陰이 極盛한 殺이다.

3. 太旺者(여기에서는 陰陽이 極盛한 殺)가 克削하는 運을 만나면 當然히 吉한데, 或凶 或死하는 수가 있음은 比喩컨대 暴漢을 急히 制壓하면 反撥이 있음과 같다.

4. 위 1, 2, 3과 같은 事由로 魁罡格中에 魁罡從格은 逢財·官運이 凶하고, 身旺한 魁罡正格은 財·官運을 만나면 發福한다.

1976年生. 身旺用財格. 調候用神

丁 壬 庚 丙

未 寅 子 辰

77 67 57 47 37 27 17 07

戊 丁 丙 乙 甲 癸 壬 辛

申 未 午 巳 辰 卯 寅 丑

子月은 壬水의 羊刃月이니 旺地인데 子辰水가 도우고 庚金이 生

水하니 身旺하고 寒濕하다. 身旺用財 및 調候用神으로 火가 用神이며 木은 喜神이고 水가 病神에 土는 藥神이 된다.

壬運에 火用神에 見水顯節하여 吉하고 寅運에 喜神을 도와 用神을 生하니 吉한데 身旺財弱하니 經營學을 專攻하였다. 癸運은 病神을 도와 凶하지만 上下가 吉運으로 平吉하였다. 卯運初에 喜神을 도와 吉한데 丁亥年에 日柱의 干支를 合하니, 土가 必要한 命造이므로 土曰稼穡格(戊午年 壬戌月 戊辰日 丙辰時)과 成婚하였다. 卯運 庚寅年 現在 木火가 吉神이니 식품자재업을 經營하고 있다.

向後 甲運은 劈甲引火하여 吉하겠으나 辰運은 旺水入墓하여 吉運이 아니다. 이때를 지나면 南方火運은 用神을 도와서 吉하리라.

Ⅰ. 月建의 重要性[24]

四柱八字 中 月建(季節)의 重要性을 왜 그렇게 강조하고 있을까.

1. 天干은 輕하고 地支는 重하기 때문에 地支가 天干보다 더 重要함은 익히 알고 있을 것이다.

2. 地支 中에서도 月建은 집에 비유하면 주춧돌이고 기둥과도 같다. 왜 그런지 分析해보자.

24) 유경진, 『명리학 용신론』, (연해명원), 2009년, pp.92~96.

命理學은 自然氣象의 變化가 特定命造에게 特定時點에 어떠한 영향을 미쳐오는가를 糾明하는 學問이라고 할 수 있다. 그러면 自然氣象 中 다른 조건은 모두 일정하다고 가정하고 氣溫의 變化만을 獨立變數로 놓을 때, 그 氣溫의 變化가 年, 月, 日, 時에 따라서 四柱에 각각 어느 정도의 影響을 미치고 있는지를 알아보기로 한다. 그리고 또 하나의 조건은 氣溫間의 비교는 年度別 月別 日別 時刻別의 加重値를 적용하지 아니하고 單純比較를 原則으로 하여 單純化하였다.

2008年 12月 22日(陰, 戊子年 11月 25日) 서울의 最低 溫度가 -10℃, 最高 溫度가 -2℃ 라고 한다.[25]

① 年支를 비교하면, 昨年(丁亥年) 12月 22日의 氣溫도 今年(戊子年) 12月 22日의 溫度와 별 差異가 없다. 즉 기온차이로 본다면 年支에 의한 변화는 그 영향력이 微微함을 알 수 있다.

② 日支를 비교하면, 어제와 오늘의 氣溫差異 또한 微微함을 알 수 있다.

③ 時支를 비교하면, 2008年 12月 22日 子時서부터 亥時까지 最低氣溫이 -10℃이고 最高氣溫이 -2℃이니 時間의 變化에 따라 氣溫의 差異는 8℃정도에 불과함을 알 수 있다.

---

25) 조선일보, 2008년 12월 22일, A1면.

④ 月支를 比較하면, 冬月의 最低氣溫이 -20℃정도이고 夏節의 最高氣溫은 35℃정도이다. 무려 50℃以上의 기온차이가 난다. 그러므로 四柱八字中에서 月支의 비중이 가장 크다.

이 때문에 命理書마다 月建의 重要性을 그처럼 강조하고 있다. 따라서 우리는 月建이 내포하고 있는 五行이 어느 六神에 속하는가에 따라서 正格의 格局이 定해지고, 强弱과 寒熱을 區分하는데도 基準이 됨을 알 수 있다.

Ⅱ. 羊刃이란?

十二胞胎法에서 말하는 帝旺을 말한다. 사람의 연령에 비유하면 가장 血氣가 旺盛한 30~40대에 비유할 수 있다.

陰日干은 羊刃의 應함이 없으며, 甲木은 卯, 丙·戊는 午, 庚金은 酉, 壬水는 子가 羊刃이 된다. 羊刃의 影響力을 크기순으로 나열하면 月支羊刃 時支羊刃 日支羊刃 年支羊刃 順이다.

1978年生(女命). 羊刃格에 喜見七殺. 身旺用殺格

辛 壬 甲 戊

丑 申 子 午

80 70 60 50 40 30 20 10

丙 丁 戊 己 庚 辛 壬 癸

辰 巳 午 未 申 酉 戌 亥

子月은 壬水의 羊刃月인데 辛申金이 生水하니 身旺하고 寒濕하다. 身旺한 羊刃格에 喜見七殺하여 戊土를 써서 旺한 羊刃을 制御하여야 된다. 則 戊土가 用神에 午火는 喜神이고 甲木이 病神에 辛金은 藥神이 된다.

初年은 水運으로 吉運이 아니지만 用神과 喜神이 年柱에 있으니 祖上의 蔭德으로 壬運에 丑土는 用神을 도우는 소(牛)이고, 午火는 喜神으로서 말이며, 甲辛申午가 懸針星이 되니 獸醫學을 專攻하였다.

向後 戌運은 用神을 도와서 吉하겠고 金運은 藥神을 도와서 平吉하겠으며 庚運은 劈甲刃火하여 大吉하겠다.

己運 以後 火土運은 用神과 喜神을 도와서 吉하리라. 그러나 辰運은 旺水入墓하여 吉運이 아니다.

酉運은 財星(父)의 死地가 되니 父親의 건강과 損財가 염려된다.

*. 身弱에 羊刃<七殺인 경우에는, 羊刃으로 合殺하든지 印星으로 化殺하든지 傷食으로 制殺하여야 길하다. 왜냐하면 旺한 七殺에 弱한 日主가 傷하지 않기 위해서는 旺한 七殺과 타협하든지 旺한 七殺을 制御하여야 하기 때문이다.

*. 身强에 羊刃>七殺인 경우에는, 羊刃으로 合殺하거나 印星으로 化殺하거나 傷食으로 制殺할 필요가 없다. 왜냐하면 旺한 日主가 弱한 七殺에 의해서 傷할리는 없으므로 타협 혹은 制御할 필요가 없기 때문이다. 이때는 오히려 財星과 官星으로 弱한 七殺을 生扶하여야 길하다.

1946年生. 身旺用財格. 調候用神

癸 壬 庚 丙

卯 午 子 戌

71 61 51 41 31 21 11 01

戊 丁 丙 乙 甲 癸 壬 辛

申 未 午 巳 辰 卯 寅 丑

子月은 壬水의 羊刃月이니 旺地인데 庚金이 生水하고 癸水가 도우고 있으니 身旺하고 寒濕하다. 身旺用財하는 調候用神이다. 則 火가 用神에 木은 喜神이며 水가 病神에 土는 藥神이 된다.

年柱에 用神과 藥神이 있으니 富家에서 生長하여 壬運에 丙火(偏財=父星)吉神에 見水顯節하니 父親의 事業(生活用 플라스틱 製品製造)이 興旺하여 裕餘한 家庭이었다.

此命도 火가 用神이니 工大를 卒業하고 癸運은 病神이 得勢하니 軍服務로 辛苦하였다. 卯運은 喜神桃花運이 되는데 坐下에 吉神이니 良配를 만나 成婚하고 三子女를 두었다.

甲運은 火用神에 庚金을 冲하여 財星用神이 生氣를 얻으니 父親의 事業을 물려받고 自營하여 發財하였다.

辰運은 旺水入墓하여 群比爭財하는데 坐下(配偶者宮)를 포함하여 四冲이 되니 喪妻하고 事業도 침체하였다. 喪妻는 月·日支가 冲이고 坐下가 空(亡)인 緣故다.

乙運 以後 喜神과 用神을 도우니 事業을 再起하여 興旺하고 再婚도 하였다.

向後 午運은 月建羊刃을 冲하여 凶하겠는데 이때를 지나면 戊運까지는 用神과 藥神을 도와 末年은 多福하리라.

*. 火金相爭이니 血壓病이 염려된다.

*. 身旺한데 羊刃을 ① 三合하면 群比爭財하여 凶하고, ② 冲하면

旺者冲之益發한 旺身에 群比爭財하여 凶하다. 則 身旺한 命造에서는 羊刃을 合함과 冲을 모두 꺼린다.

*. 身弱한 日主가 羊刃에 依支하는데 羊刃을 ① 冲하면 衰者冲之拔根하여 凶하고, ② 合하면 弱한 身을 도와서 吉하다.

1962年生(女命). 壬騎龍背格. 天元一氣格. 食神生財格

壬 壬 壬 壬

寅 辰 子 寅

75 65 55 45 35 25 15 05

甲 乙 丙 丁 戊 己 庚 辛

辰 巳 午 未 申 酉 戌 亥

1. 壬騎龍背格

壬辰日柱가 戌土를 冲來하여 寅多 則 富란 寅과 戌이 合化火하여 壬水의 財星이 되므로 富命이 되고, 辰多 則 貴란 辰이 戌을 冲來하여 戌中의 戊土가 壬水의 官星이 되므로 貴命이 됨을 말한다.

此命에서는 辰土가 子水와 合이 되어 虛冲에 妨害가 되므로 壬騎龍背格이 아니라 太旺한 正格으로 보아 食神生財格이 된다. 木이 用神이고 金運은 病神이고 火는 藥神이 된다. 그리고 水多木浮하므로 水가 病神에 土는 藥神이 되는데 女命에 官逢官運은 吉한 것만은 아니다.

2. 天元一氣格

子月에 生한 壬水가 子辰水에 天干의 四字가 모두 壬水이므로 身이 太旺하여 食神生財하여야 한다. 木이 用神이고 金運은 病神이고 火는 藥神이 된다. 그리고 水多木浮하므로 水가 病神에 土는 藥神이 되는데 女命에 官逢官運은 吉한 것만은 아니다.

3. 羊刃格

羊刃은 喜見七殺이라고 하지만 辰土는 子辰水로 變해버렸으니 不用한다. 官을 쓸 수 없는 경우에는 太旺한 身을 泄氣하는 食傷이 用神이 된다. 木이 用神이고 金運은 病神이고 火는 藥神이 된다. 그리고 水多木浮하므로 水가 病神에 土는 藥神이 되는데 女命에 官逢官運은 吉한 것만은 아니다.

初年 辛亥庚運은 病神水를 生扶하니 寒微家에서 生長하였다. 戌運에 官星(夫)이 되고 坐下를 冲하니 成婚하고 二男兒를 두었다.

己運은 除濕하여 吉하고, 酉運은 旺水를 生하여 失敗하고, 戊運은 旺水를 除去하니 得宅은 하였으나 官逢官運이 되어 夫婦葛藤은 甚하였다고 한다.

申運은 申子辰水가 病神을 도우고 用神을 冲去하므로 吉運이 아니다. 이때를 지나면 男方火運은 藥神財星이 되어서 吉하겠지만 群比爭財가 염려된다.

1962年生(女命). 身旺用財格. 祿馬同鄕格

乙 壬 壬 壬
巳 午 子 寅

71 61 51 41 31 21 11 01
甲 乙 丙 丁 戊 己 庚 辛
辰 巳 午 未 申 酉 戌 亥

子月은 壬水의 羊刃月로서 旺地인데 年上의 壬水와 月上의 壬水가 도우니 身旺하고 寒濕하다. 羊刃은 喜見七殺이지만 七殺이 없다. 따라서 羊刃格이든 身旺用財格이든 祿馬同鄕格이든 身旺用財하여 火가 用神에 乙木은 喜神이며 水는 火를 傷害하는 病神이고 土運은 藥神이 된다.

初年 辛運은 喜神을 冲하여 吉運이 아니고 亥運은 寅亥合木이 喜神을 도와 用神을 生하니 吉하였다. 庚運은 喜神을 合去하니 吉運이 아니었다.

戌運에 藥神官星이 되는데 身旺財弱하므로 商大에 入學하였다. 己運은 官星(夫)運이므로 졸업 후 법관계공무원과 成婚하였다.

酉運은 用神의 死地가 되어 凶한데 壬申年에 寅巳申三刑이 되고 四冲이 되니 산부인과적 수술을 하였다.

戊運은 官逢官運이 되므로 逢男하여 심리적 갈등이 甚하였다고 한다. 申運은 四冲과 寅巳申三刑과 申子旺水에 群比爭財되므로 財的損失이 있었고 부부갈등이 甚하였다고 한다.

向後 壬午年은 坐下가 爭冲이 되니 부부관계가 염려되지만 丁運以後 南方火運은 用神을 도와서 吉하리라.

*. 巳午半方合이 子午冲을 救한다고는 하지만, 累試한 결과 子午冲의 영향력은 여전히 常存한다.

1941年生. 身旺用財格. 調候用神. 三星會長 **李健熙 造**

辛 壬 辛 辛

亥 戌 丑 巳

71 61 51 41 31 21 11 01

癸 甲 乙 丙 丁 戊 己 庚

巳 午 未 申 酉 戌 亥 子

小寒 後 三日은 癸水가 司令하므로 水旺하고 寒濕한 때다. 여기에 三辛이 生水하고 時支의 亥水가 도우고 있으니 身旺하고 寒濕하

다. 身旺用財 則 調候用神으로 巳火가 用神에 木運은 喜神이 되며 水가 病神에 土는 藥神이 된다. 年支(祖上)에 財星用神이 있으니 부모님의 財産이 있는 命造다. 火가 用神이기 때문에 電子會社를 經營한다.

申運에 旺金을 도와서 生水하니 旺한 水에 財星(父星)用神이 被克되어 凶한데, 丁卯年에 三辛과 丁火(財星=父星)가 冲하고 亥水와 巳火(父)가 冲하니 父喪을 當하고, 丁卯年이 用神을 扶生하니 삼성그룹會長에 취임하였다.

未大運에 丑戌未官星이 三刑(健康, 官災口舌)이 되는데 己卯年에 肺癌治療를 받았다. 肺癌은 旺한 忌神辛金이 原因이다.

甲午運은 喜神이 되고 用神을 도우니 電子쪽으로는 日本을 앞서는 企業으로 가꾸었다.

向後 癸運은 病神을 도와서 吉運이 아니다.

1954年生. 身弱印星爲用

丙 壬 丁 甲

午 午 丑 午

75 65 55 45 35 25 15 05

乙 甲 癸 壬 辛 庚 己 戊

酉 申 未 午 巳 辰 卯 寅

丑月은 水旺節인데 아무리 原局에 克泄이 交加하여 身이 太弱하다고는 하지만 壬水는 陽干이고, 丑月生이며 胎元이 戊辰이니 從格은 아니다. 依支處는 丑中의 辛金과 癸水이다. 則 辛金이 用神에 濕土는 喜神이 되고 火가 病神에 水는 藥神이 된다.

初年 寅運에 午火湯火殺이 있어서 火傷을 입었다. 己運에는 忌神인 甲木을 合去하고 喜神이 되어 工夫를 하였으나 卯運은 病神을 生하여 克用神하니 工夫를 中途에 그만두었다. 庚運은 火病神에 劈甲刃火하여 吉運이 아니지만 地支에 辰土가 있으니 無欠이었다. 庚申年에 用神을 도우니 成婚하고 壬戌年에 官星(子)年이 되니 得男하고 癸亥年에 藥神을 도우니 得女息하였다.

辛運에 用神을 도우고 病神인 丙火를 合去하니 金이 用神이기 때문에 鑛山에서 得財하고 飮食物業도 兼하였다.

巳運에 들에 病神인 火를 도우고 用神을 內包하고 있는 丑土를

合去하여 凶한데, 巳丑金과 旺火가 相爭하니 精神分裂症患者가 되었다. 丁丑年에 財逢財年이 되니 離婚當하였다.

向後 壬運은 火가 病神에 見水顯節하여 吉運이 아니고 午運은 病神을 도와서 吉運이 아니다.

1953年生(女命). 身旺用財格. 調候用神

辛 壬 乙 癸
亥 申 丑 巳

77 67 57 47 37 27 17 07
癸 壬 辛 庚 己 戊 丁 丙
酉 申 未 午 巳 辰 卯 寅

丑月은 天寒地凍한데 辛申金이 生水하고 癸亥水가 日主를 도우니 身旺하고 寒濕하다. 調候가 時急하므로 身旺用財하여 巳火가 用神에 乙木은 喜神이며 水가 病神에 土는 藥神이 된다.

初年 木火運은 喜神과 用神을 도우니 裕餘家에서 生長하였다. 丁運에 用神을 도와서 吉한데 癸丑年에 官星(夫)年이 되어 成婚하고 甲寅年에 喜神食傷(子)年이 되니 得男하고 卯運에 喜神이 되어 吉한데 丙辰年에 官星年이 되니 次男을 得하였다.

戊運에 藥神官星을 도우니 夫君이 出身하고 本人도 身强한 命造

이기 때문에 미용기술을 익혀 經濟活動(경제활동)을 시작하였다.

辰運(진운)에 旺水(왕수)가 入墓(입묘)하여 病神(병신)이 得勢(득세)하니 群比爭財(군비쟁재)하고 官星(관성)(夫(부))인 土(토)는 散土(산토)되니 夫婦反目(부부반목)이 있었다. 이는 姉妹(자매)가 强剛(강강)이면 眞房之婦(진방지부)인 緣故(연고)다.

己巳運(기사운)은 藥神(약신)과 用神(용신)을 도와서 吉(길)하고, 庚運(경운)은 旺水(왕수)를 生(생)하고 喜神(희신)을 合去(합거)하니 吉運(길운)이 아닌데도 불구하고 壬午年(임오년)에 財星用神(재성용신)을 도우니 得宅(득택)하였고, 午運(오운)은 用神(용신)을 도와서 吉(길)하리라.

1959年生. 身旺用財格. 調候用神

壬 壬 丁 己
寅 子 丑 亥

77 67 57 47 37 27 17 07
己 庚 辛 壬 癸 甲 乙 丙
巳 午 未 申 酉 戌 亥 子

丑月(축월)의 壬水(임수)가 地支(지지)에 亥子丑(해자축)하고 壬水(임수)가 透干(투간)하여 도우니 身强(신강)하고 寒濕(한습)하다. 調候(조후)가 時急(시급)하니 身旺用財格(신왕용재격)이다. 則(즉) 丁火(정화)가 用神(용신)에 寅木(인목)은 喜神(희신)이며 水(수)가 病神(병신)에 土(토)는 藥神(약신)이 된다.

乙運(을운)에 喜神(희신)을 도와 用神(용신)을 生(생)하니 建築學(건축학)을 專攻(전공)하고 亥運(해운)에 病神(병신)을 도와 用神(용신)을 克傷(극상)하니 軍服務(군복무)로 힘이 들었다. 亥運(해운) 乙丑年(을축년)

에 喜神과 藥神官星(子)을 도와 成婚하고 甲運 丙寅年에 用神을 生扶하니 得男하고 戊辰年에 官星(子)藥神을 도우니 次男을 得하였다.

甲運 丙寅年에 用神을 生扶하니 建築設計士가 되어 戌運까지 得財하였다.

癸運 以後 IMF下에 建築景氣沈滯로 타격이 甚하다. 酉運은 酉丑金이 生水하고 藥神의 根인 丑土를 合去하며 用神丁火(妻)의 死地가 되니 吉運이 아니다. 坐下羊刃에 身强한 命造는 夫婦宮이 不吉하다. 따라서 이때 妻의 健康과 損財가 염려되며 本人은 心藏病이 염려된다.

壬運은 用神을 合去하고 申運은 喜神을 冲去하며 辛運은 用神을 冲去하여 吉運이 아니다.

*. 土가 吉神이니 不動産이고 火가 吉神이니 輕工業인데 이 둘을 합하면 建築關係職業이다.

1937年生(女命). 身旺用財格. 調候用神

甲 壬 癸 丁
辰 子 丑 丑

75 65 55 45 35 25 15 05
辛 庚 己 戊 丁 丙 乙 甲
酉 申 未 午 巳 辰 卯 寅

丑月水旺節의 壬水가 天寒地凍한데 子辰水와 癸水가 透干하여 日主를 도우고 있으니 身旺하고 寒濕하다. 調候가 時急하니 身旺用財 則 丁火가 用神에 木은 喜神이며 火를 傷害하는 水가 病神에 土는 藥神이 된다.

年柱에 財星用神과 官星藥神이 있으며 年月支에 金輿星이 있으니 名門家 後孫이다.

初年 木運은 喜神을 도와 用神을 生하니 名門學校를 卒業하고 丙運에 用神을 도우고 官星을 生하는데 官星이 藥神이니 法曹人과 成婚하였다.

辰運은 旺水가 入墓하여 침체기였으나, 丁運 以後 午運까지 財星運은 官星을 生하고 官星運은 官(夫)을 도우니, 夫君이 乘勝長驅하여 己運에는 一人之下萬人之上의 總理에 이르렀다.

未運에는 藥神官星인 丑丑土를 爭冲하여 凶한데 丁丑年에 未土

와 丑丑丑土가 1:3으로 冲하니 夫君이 大選에 出馬하여 失敗하였다. 이는 女命에 官逢官運이면 不吉한 緣故이기도 하다.

庚運은 甲木이 庚金을 만나 材木을 作成하고 劈甲引火하여 吉할 것 같으나 불씨가 不足하니 能力이 不足하다. 申運 以後는 吉運이 아니다.

*. 原局에 用神의 根이 되는 火가 없음이 欠이다. 만약 原局에 劈甲引火가 일어날 불씨가 있었다면 庚運 壬午年에는 夫君이 大選에 當選되었을 것이다.

金輿星

日干基準 / 星	甲	乙	丙	丁	戊	己	庚	辛	壬	癸	作　　用
金　　輿	辰	巳	未	申	未	申	戌	亥	丑	寅	溫厚, 柔順, 蔭德. 男子는 發明의 재간과 妻의 도움을 받는다. 皇族의 四柱에 많다.

◎ 癸水

1964年生. 身弱比劫爲用

己 癸 丙 甲

未 巳 寅 辰

77 67 57 47 37 27 17 07

甲 癸 壬 辛 庚 己 戊 丁

戌 酉 申 未 午 巳 辰 卯

참으로 難解하다!

任鐵樵는 『滴天髓闡微』에서 此命과 같이 食傷과 財星과 官星이 均等하게 旺하고 癸水日主가 太弱하므로 假從勢格[26]으로 分流하고 있다. 따라서 食傷과 官星과 財星運이 吉하다고 풀이하고 있다.

그러나 살아온 과정을 보면 從勢格이 아니고 身弱에 比劫이 用神이다. 則 辰中의 癸水가 用神에 巳中의 庚金은 喜神이다.

辰運에 辰中의 癸水가 用神을 도우니 韓醫學을 專攻하였다. 巳運에 吉運이 아닌데도 불구하고 빚을 얻어서 韓醫院을 열었다. 庚運은 火가 忌神에 劈甲引火여 吉運이 아니고 午運 역시 吉運이 아니므로 庚寅年에 決算을 한 결과 病院을 처분하여 빚 찬치를 하게 되었다.

---

26) 임철초, 『적천수천미』, (대북: 무릉출판유한공사), 1999년, pp.328~329.

만일 從勢格이라면 火土運이 吉하였는데 어찌 빚 찬치를 하겠는가.

1962年生(女命). 身弱比劫爲用

甲 癸 壬 壬

寅 巳 寅 寅

77 67 57 47 37 27 17 07

甲 乙 丙 丁 戊 己 庚 辛

午 未 申 酉 戌 亥 子 丑

寅月은 木强水弱한데 木이 넷이고 巳火가 있으니 身이 太弱하다. 棄命從兒格이 될 것 같지만 巳中의 庚金이 生水하고 雙壬水가 도우니 從格이 아니고 正格이다. 則 身弱에 比劫爲用하여 壬水가 用神에 巳中의 庚金은 喜神이다.

初年 辛丑運은 喜神이 되어 吉하였다. 庚運은 甲木을 冲하여 劈甲引火하니 用神이 枯渴되어 凶한데 庚申年에 再劈甲引火하고 三寅과 申이 冲하고 寅巳申三刑을 成局하니 父先亡하였다. 이로 因하여 학업을 포기하고 子運에 用神을 도와 吉한데 미용기술을 익혀서 得財하였다.

己運에 官(夫)運이 되고 忌神인 甲木을 合去하니 吉하여 成婚하

였다. 亥運은 用神을 도우는 吉運이니 미용실을 自營하여 得財는 하였으나 乙亥年에 坐下를 爭冲하니 夫婦別離하였다. 이는 坐下(夫婦宮)가 刑하고 爭冲하며 (空)亡이고 太旺한 食傷이 官星을 傷害한 緣故다. 戊運은 用神을 克하여 吉運이 아니었다.

向後 戌丁運은 忌神이 되어 凶多吉少하겠으나 이때를 지나면 金運은 喜神을 도와서 吉하겠다.

*. 水가 用神이니 서비스업이다.

*. 만약 棄命從兒格이라면 庚運에 劈甲引火된 火가 旺木을 泄氣하여 吉하였을 것이지만, 正格에 火가 凶神이었기 때문에 凶하였던 것이다.

1975年生(女命). 棄命從兒格. 戊癸合化火하여 從木格

乙 癸 戊 乙

卯 巳 寅 卯

76 66 56 46 36 26 16 06
丙 乙 甲 癸 壬 辛 庚 己
戌 酉 申 未 午 巳 辰 卯

寅月은 木旺節인데 木이 다섯이 있는 가운데 卯와 巳사이에 辰을

拱夾하여 食傷인 木方合이 되니 陰柔하고 無根한 癸水가 食傷으로 從하지 아니할 수가 없다. 則 棄命從兒格에 從神인 木이 用神에 水運은 生用神하는 喜神이며 巳中의 庚金이 病神에 火는 藥神이 된다. 官(土)運은 病神인 金을 生할뿐만 아니라 傷官이 見官하여 凶하다.

庚運은 從神을 合去하여 凶한데 壬申年에 月建用神을 冲하고 寅巳申三刑을 成局하니 父先亡하였다. 이는 巳中의 丙火(父星)와 寅中의 丙火가 傷한 緣故다.

辰運에 寅卯辰木方木하니 物理治療學을 專攻하고 戊寅年에 用神을 도우니 病院에 物理治療師로 근무하게 되었다.

向後 辛運은 從神을 克하여 吉運이 아니지만, 巳運 以後 南方火運은 旺木이 泄氣되어 吉하고 水運은 從神을 生하여 吉하며 木運은 從神이 自旺하여 吉할 것이다. 그러나 金運은 從神을 逆勢하여 凶하고, 未運은 旺木이 入墓하여 凶하다.

*. 物理治療師는 卯卯에 懸針星이고 寅巳에 刑이 있는 緣故다.

*. 棄命從兒格에 不見官星이면 猶爲淸潔하여 貴格이 되었을 텐데 戊土가 透干하여 格이 낮아졌다.

*. 戊癸合化火格이 될 수 없음은 原局에 從神이 될 火가 太不足

한 緣故다.

*. 戊癸合化火하여 從木格으로 풀이하여도 결과는 同一하다.

1954年生(女命). 棄命從兒格

乙 癸 丙 甲

卯 卯 寅 午

74 64 54 44 34 24 14 04

戊 己 庚 辛 壬 癸 甲 乙

午 未 申 酉 戌 亥 子 丑

*. 棄命從兒格

日主가 太弱하고 食傷이 方合이 되든지 三合局이 되고 印星이나 官星이 없으면 棄命從兒格이 된다. 比劫運은 食傷을 生하여 吉하고 食傷은 自旺하여 吉하며 財星은 旺한 食傷을 泄氣하여 吉하다. 食傷을 克하는 印星運을 大忌한다. 官星運은 食傷으로 從한 以上 傷官이 見官이면 爲禍百端으로 凶하고 印綬를 生하므로 凶하다. 則 從神인 食傷이 用神이고 比劫은 喜神이 되며 印星運은 克用神하는 病神에 財星은 그 病神을 克制하는 藥神이 된다.

初年 水木運은 用神을 生扶하므로 富家에서 成長하였다. 癸運에 喜神이 되어 用神을 生하고 戊午年에 正官(夫)年이 되어 成婚하였

다. 己未年에 傷官이 見官하고 旺木이 入墓하니 長女를 得하고, 辛酉年에 用神을 克하니 次女를 두고, 亥運 丙寅年에 亥水는 從神을 生하여 吉하고 丙火는 旺木을 泄氣하여 吉하며 寅木은 用神을 도우니 得男하였다.

壬運에 火吉神에 見水顯節하여 吉하므로 得宅하고 夫君도 出身하였다. 戌運은 寅午戌火가 旺神을 泄氣하니 夫君이 昇進하였다. 그러나 女命에 傷官이 不見官星이면 猶爲淸潔하지만 官運은 不吉한데, 戌土官星이 他神과 寅午戌合去하니 夫君의 外道로 獨守空房이다. 이는 坐下食傷에 沒官星하고 太旺한 傷官이 克官星(夫)한 緣故다.

辛運에 丙辛合水(食傷을 克하지는 아니하였다.)하고 庚辰年에 劈甲引火하니 東方에 있는 큰 집으로 이사했다.

向後 酉運은 用神을 沖하여 凶하리라. 이때를 지나면 庚運은 劈甲引火하여 吉하지만 申運에 月建寅木을 沖하면 凶하리라.

*. 酉運에 用神을 沖하여 凶한데 壬午年에 酒店을 自營하다가 一億원의 損財를 보았다.

1968年生(女命). 身弱한 水木傷官格. 殺印相生格

甲 癸 甲 戊

寅 丑 寅 申

73 63 53 43 33 23 13 03

丙 丁 戊 己 庚 辛 壬 癸

午 未 申 酉 戌 亥 子 丑

寅月은 木强水弱한데 四木이 泄氣하고 二土가 克神하니 身弱하다. 則 身弱한 水木傷官格에 申金이 用神이고 土는 喜神이며 寅中의 丙火가 病神에 水運은 藥神이 된다.

*. 用神은 不可損傷인데 寅申沖이 되어 있으니 格이 낮다.

*. 立春後 八日生으로 寅中의 丙火가 主宰하니 調候는 해결된 셈이다.

初年 癸丑運은 日柱伏吟인데 丁巳(父)年에 用神을 克傷하고 寅(寅中의 丙火가 財星=父)木을 포함하여 寅巳申三刑이 되니 父先亡하였다. 이는 寅中의 丙火가 父星인데 空(亡)이고, 年月이 相沖된 緣故이기도 하다.

壬子運은 藥神이 되어 日主를 도우는데 戊辰年에 喜神官星(夫)을 도우니 成婚하였다. 辛運은 申中의 庚金 則 正印이 用神에 偏印運이 되어 凶한데, 庚午年에 火가 病神인데 劈甲引火하고, 寅寅午火

가 用神을 傷害하니 夫君과 死別하였다. 이는

① 癸丑日柱가 白虎殺이니 丑中의 己土가 官星(夫君)으로서 傷하게 되어 있고

② 旺木이 克土하여 官星이 衰한 中에 辛運이 官星을 泄氣한 때문이며

③ 庚午年에 旺火가 用神을 克傷한 緣故이고

④ 丑은 湯火殺이 되는데 午年에 丑午害가 된 緣故다.

*. 위 ②에 의하여 死因은 腹上死다.

亥運에 水가 吉神이니 酒店을 自營하고 있다.

向後 庚戌運은 劈甲引火와 寅戌火가 病神이 되니 吉運이 아닌데, 戌이 坐下의 丑과 刑이 되니 官災와 健康이 염려된다. 이때를 지나면 酉申運은 地支가 重하고 用神을 도와서 吉하리라.

1967年生. 身弱한 水木傷官格에 比刦爲用

乙 癸 壬 丁
卯 丑 寅 未

75 65 55 45 35 25 15 05
甲 乙 丙 丁 戊 己 庚 辛
午 未 申 酉 戌 亥 子 丑

寅月은 木强水弱한데 乙卯時에 丁火가 透干하고 丑未官星이 있으니 克泄이 交加하여 身弱한 水木傷官格이다. 依支處는 比劫이다. 壬水가 用神에 丑中의 辛金은 喜神이 된다.

初年 金水運에 喜神이 되고 用神을 도우니 裕餘家에서 成長하였다. 子運에 用神을 도와서 吉한데 卯木이 懸針星에 天乙貴人이 竝立하고 丑未에 華蓋星이 있으니 美大를 卒業하였다. 己運은 用神을 制御하니 無名 藝術人이었다.

亥運에 들어 用神을 도와 吉한데 庚辰年에 用神을 生하니 作品展을 가졌다.

向後 戊戌丁運은 用神을 克하고 合去하여 吉運이 아니다. 이때를 지나면 金運은 地支가 重하며 喜神이 되어 吉하리라.

*. 癸水가 克泄이 交加하니 腎氣가 不足한데 戊運 辛巳年 寅·卯月에 太泄氣를 도우니 入院한 일이 있다.

*. 棄命從兒格이 되려면 食傷이 三合이 되던지 方合이 되고 身이 太弱하며 官星이 없어야 된다. 이 命造는 그렇지 아니하므로 正格이다.

1981年生. 身旺用財格

壬 癸 辛 辛
子 巳 卯 酉

74 64 54 44 34 24 14 04
癸 甲 乙 丙 丁 戊 己 庚
未 申 酉 戌 亥 子 丑 寅

卯月은 木强水弱하지만 三金이 生水하고 二水가 도우고 있으니 弱而反旺하다. 身旺用財하여 巳火가 用神에 卯木이 喜神이며 水가 病神에 土運은 除濕하는 藥神이 된다.

己運에 藥神이 되어 吉한데 卯木이 吉神懸針星이 되니 産業디자인學科에 入學하였다.

丑運에 巳酉丑金으로 用神을 合去하니 凶한데 庚辰年에 旺身을 生扶하고 旺한 金을 도우니 痔漏手術을 하였다.

向後 火土運은 用神을 도우고 藥神이 되어 吉할 것이다. 그러나 水運은 得勢한 病神에 用神은 傷하고 喜神木은 浮木되어 凶하다.

*. 痔漏(치루)는 大腸病(대장병)에 屬(속)한다.

1947年生(女命). 身弱한 水木傷官格에 比刦爲用

乙 癸 癸 丁
卯 巳 卯 亥

78 68 58 48 38 28 18 08
辛 庚 己 戊 丁 丙 乙 甲
亥 戌 酉 申 未 午 巳 辰

卯月(묘월)의 癸水(계수)가 乙卯時(을묘시)에 巳火(사화)와 丁火(정화)가 있으니 泄氣(설기)가 太甚(태심)하여 身弱(신약)하다. 依支處(의지처)는 比劫(비겁)이다. 則(즉) 水(수)가 用神(용신)에 巳中(사중)의 庚金(경금)은 喜神(희신)이다.

巳運(사운)에 逢男(봉남)하였으나 後妻(후처)이기 때문에 女息(여식) 하나를 두고 丙運(병운)에 別離(별리)하였다. 이는 命書(명서)에 이르기를 壬癸日主(임계일주)는 鴨養鷄子(압양계자)라 老郎(노랑)을 만나는 八字(팔자)이며 後妻(후처)의 八字(팔자)인 緣故(연고)다. 피아노 學院(학원)을 경영한다.

申運(신운)부터 用神(용신)을 生(생)하는 吉運(길운)이므로 擴張經營(확장경영)하라고 일러주었더니 院生(원생)들이 더 增加(증가)하더라고 한다.

向後(향후) 戌運(술운)은 用神水(용신수)가 泥塞(니색)되므로 吉運(길운)이 아니다.

癸水(계수)는 雨露之水(우로지수)이니 不離庚辛(불리경신)인데 金(금)이 透干(투간)하여 用神(용신)의 根(근)이

實하였더라면 한층 格이 더 높아졌을 것이다.

*. 女命에 天乙貴人이 하나만 있으면 좋으나, 此命에서는 地支全天乙貴人이니 貴命이라고는 할 수 없다. 그래서 獨身이다.

天乙貴人

<table>
<tr><td rowspan="3">天乙貴人</td><td rowspan="3">日干基準
年干補助</td><td>甲</td><td>乙</td><td>丙</td><td>丁</td><td>戊</td><td>己</td><td>庚</td><td>辛</td><td>壬</td><td>癸</td></tr>
<tr><td>丑</td><td>子</td><td>亥</td><td>亥</td><td>丑</td><td>子</td><td>丑</td><td>寅</td><td>巳</td><td>巳</td></tr>
<tr><td>未</td><td>申</td><td>酉</td><td>酉</td><td>未</td><td>申</td><td>未</td><td>午</td><td>卯</td><td>卯</td></tr>
<tr><td>作　　用</td><td colspan="11">文星兼, 貴人聰明, 知慧. 貴人生旺이면 正大한 人格者. 合을 選好. 厄難除消</td></tr>
</table>

1945年生. 身弱한 水木傷官格. 殺印相生格

甲 癸 己 乙

寅 卯 卯 酉

80 70 60 50 40 30 20 10

辛 壬 癸 甲 乙 丙 丁 戊

未 申 酉 戌 亥 子 丑 寅

卯月은 木强水弱한데 木이 다섯이나 되니 泄氣가 太甚하여 身弱한 水木傷官格이 된다. 酉金을 써서 旺木을 제거하고 弱한 水를 生하여야 한다. 則 酉金이 用神에 土는 喜神이고 寅中의 丙火가 病神에 水運은 藥神이 된다.

初年 戊土運은 燥土가 되어 生金할 能力이 不足하고 弱한 日主를 制御하니 寒微家에서 成長하였다.

寅運에 弱한 日主를 泄氣하고 寅中의 丙火가 用神을 克傷하니 凶한데 己亥年에 己土는 癸水를 克하고 亥水는 寅亥合木하여 日主의 泄氣가 太甚하니 父先亡하였다. 이는 年月支冲이 作用한 緣故다.

丁運은 病神이 透干하여 用神을 傷害하니 辛苦하였다. 丑運에 들어 喜神을 도와 用神인 金을 生하고 그 金은 旺木을 除하고 弱水를 生하니 吉하였다. 이때 水가 吉神이기 때문에 造船會社의 部品 納品業體를 設立하여 北方水運동안은 藥神이 되어 成功하였다.

丑運은 喜神官星(子)을 도와 吉한데 癸丑年에 水旺한 女人과 成婚하여 丙運은 病神을 도와서 凶할 듯하지만 地支에 子水가 있어서 無欠하였다. 甲寅年에 得女息하고 乙卯年에 長男을 得하고 戊午年에 次男을 得하였다.

그러나 子運은 藥神이 되어 吉하지만 子卯刑이 되고 原局에 卯酉冲 則 金木이 交爭하는데 庚申年에 寅申冲으로 또 金木이 交爭하니 디스크(筋骨痛)로 辛苦하기도 하였다.

亥運은 藥神이 되어 吉하였으나, 甲運에 들어 太旺한 食傷을 도와 日主가 泄氣되니 腎氣(癸水)不足으로 凶한데, 丁丑年에 丁火病神이 透干하고 酉丑으로 用神을 合去하니 前立腺癌으로 辛苦하다.

向後 戌運은 寅戌火 則 病神이 得勢하여 用神을 克傷하니 吉運이 아니다.

1973年生(女命). 殺印相生格. 身弱한 水木傷官格

丁 癸 乙 癸
巳 丑 卯 丑

76 66 56 46 36 26 16 06
癸 壬 辛 庚 己 戊 丁 丙
亥 戌 酉 申 未 午 巳 辰

卯月은 木强水弱한데 乙木이 透干하여 泄氣를 도우고 丁巳時에 雙丑이 있으니 克泄이 交加하여 身弱하다. 印星爲用하여 巳丑金이 用神에 土는 喜神이 되고 火가 病神에 癸水는 藥神이 된다.

丁運에 藥神인 癸水를 冲去하니 用神인 金 則 印星(母)이 傷하여 母喪을 當하였다. 以後 大學進學을 포기하고 巳運에 美容技術을 익히고 있다.

戊運에 正官(夫)이 되니 成婚은 하겠으나 午運은 病神을 도와서 克用神하므로 吉運이 아니다.

己運은 官逢官運에 鏡破釵分이니 夫婦葛藤이 있겠다. 未運은 官逢官運에 坐下를 冲하니 夫婦反目이 있겠으나 이때를 지나면 金水運은 用神과 藥神을 도와서 吉하리라.

*. 丑土가 官星(夫)인데 白虎殺이 있으니 未運에 夫君의 健康이 염려되고, 他神인 巳火와 合을 이루고 있으니 夫君의 外道가 염려된다.

1967年生(女命). 身弱한 水木傷官格. 殺印相生格

庚 癸 癸 丁

申 未 卯 未

76 66 56 46 36 26 16 06

辛 庚 己 戊 丁 丙 乙 甲

亥 戌 酉 申 未 午 巳 辰

卯月은 木强水弱한데 卯未未木에 丁火가 透干하니 食傷과 財星이 旺하다. 則 身弱한 水木傷官格에 印星爲用하여 金이 用神에 土는 喜神이고 火가 病神에 癸水는 藥神이 된다.

初年 甲運은 庚金을 冲하니 冲發한 旺火가 病神을 도와 凶하고 辰運은 喜神을 도와서 用神을 生하니 吉하였다.

乙運은 用神을 合去하여 吉運이 아닌데, 丙寅年 癸巳月에 寅巳申三刑{官(夫)災}을 成立하여 逢男하였으나 有婦男이었다. 이는 坐下에 未中의 己土가 偏官(不正之合)이 되어 偏房살이 하는 八字인 緣故다. 午運에 이르도록 成家하지 못하고 水가 吉神이니 茶房從業員으로 일하고 있다.

向後 西方運이 되어서야 用神을 도와서 吉하리라.

*. 原無良君(女命)

1. 日干과 坐下의 官星이 暗(秘密)合한 者

. 乙巳, 辛巳, 癸巳, 丁亥, 己亥

則 乙巳日柱는 乙木日干이 巳中의 庚金(官星)과 乙庚合金으로 暗(秘密)合이 되어 있다. 他日柱도 一般이다.

2. 坐下가 偏官인 日柱

. 甲申(申中의 庚金), 戊寅(寅中의 甲木), 己卯(卯中의 乙木), 壬戌(戌中의 戊土), 辛未(未中의 丁火), 己未(未中의 乙木), 癸未(未中의 己土)

*. 原無良配(男命)

1. 坐下에 偏財를 둔 日柱

. 乙未(未中의 己土), 辛未(未中의 乙木), 癸未(未中의 丁火)

1962年生(女命). 身弱比劫爲用

壬 癸 甲 壬

子 卯 辰 寅

80 70 60 50 40 30 20 10

丙 丁 戊 己 庚 辛 壬 癸

申 酉 戌 亥 子 丑 寅 卯

立夏 一日前 辰月은 巳月에 닿아있는데 地支는 寅卯辰 東方木에 甲木이 透干하여 日主를 泄氣하고 있으니 身弱하다. 身弱에 比劫爲用하여 水가 用神이고 金運은 喜神이 된다. 原局에 金이 있었다면 水源이 長久하여 格이 한층 더 높아졌을 것이다.

壬運에 미용기술을 배워서 辛運부터 喜神이 되니 自營하고 있다. 壬運에 5歲 年上의 男子와 成婚하고 二子를 두었다.

丑運에는 官逢官運이 되니 夫婦葛藤이 甚했다고 한다. 相談時 “이렇게 사는 것보다는 男便과 몇 年 헤어져 살아 보는 것이 어떠냐?” 고 묻길래 모든 것이 本人의 四柱八字 때문인데, 丑運만 지나면 夫婦葛藤이 解消될 것이니 참고 사는 수밖에 없다고 설득했던 일이 기억난다.

向後 水金運은 用神을 도우고 喜神이 되어 吉하겠고, 己運은 官逢官運이니 家庭에 근심이 있겠다. 戊運 以後는 用神을 制止하여 吉運이 아니다. 特히 戌運은 冲發된 旺土에 用神水가 泥塞되어 危險하리라.

*. 土運은 用神을 克하여 凶한데 坐下食傷에 甲辰이 白虎殺이고 辰土官星이 空(亡)이니 夫君의 健康이 염려된다.

1950年生. 身弱印星爲用. 官印相生格

甲 癸 庚 庚
寅 巳 辰 寅

73 63 53 43 33 23 13 03
戊 丁 丙 乙 甲 癸 壬 辛
子 亥 戌 酉 申 未 午 巳

辰月은 土旺節인데 三木이 泄氣하고 巳火가 對峙하고 있으니 克泄이 交加하여 身弱하다. 依支處는 印星인 金이다. 官印相生하여 金이 用神에 土는 喜神이고 火가 病神에 辰中의 癸水는 藥神이 된다.

初年 巳午運은 病神을 도우지만 金水가 蓋頭되어 無欠이고, 午運

에 寅午火가 克用神하니 軍役을 畢하느라고 辛苦하였다.

癸運에 藥神을 도와 吉한데 壬子年에 藥神을 또 도우니 成婚하고, 甲寅年에 弱身을 泄氣하니 得女息하고, 未運에 喜神官星(子)을 돕는데 丁巳年에 長男을 得하고 庚申年에 用神을 도우니 次男을 得하였다.

癸運 壬子年에 藥神을 도와 吉한데 水가 吉神이니 農村의 水利組合에 취직하였다.

申運에 印星用神을 도우니 昇進하고 酉運은 用神의 帝旺地가 되어 吉하지만 喜神官星(職場)을 辰酉合去하고 己卯年에 卯酉冲하고 甲戌月에 辰戌冲과 火가 病神인데 甲庚冲한 旺火가 用神을 傷害하니 退職하였다. 丙運은 病神을 도와서 克用神하니 吉運이 아니고, 戌運은 喜神인 辰土를 冲하니 凶한데 庚寅年에 弱한 癸水를 泄氣하고 劈甲引火한 旺火가 克用神하며 癸未月에 克身하고 丙子日에 用神인 庚金의 死地가 되니 去世하였다.

*. 弱한 癸水日主가 戌運에 喜神인 辰土를 冲하니 凶한데 丁亥年에 坐下財星(妻)를 冲하니 妻가 得病하였다.

*. 本人은 心臟痲痺가 死因이었다. 心臟痲痺가 온 것은 丁火는 心臟에 屬하는데 戌運에 寅寅戌旺火가 辰土를 만나 冲하니 火의 庫

藏이 爆發한 緣故다.

1958年生. 身弱印星爲用

庚 癸 丙 戊
申 酉 辰 戌

74 64 54 44 34 24 14 04
甲 癸 壬 辛 庚 己 戊 丁
子 亥 戌 酉 申 未 午 巳

穀雨後 六日은 戊土가 司令하는데 年柱에 戊戌土가 土를 도우니 官旺하고, 丙火가 透干하였으니 身弱한데 依支處는 印星이다. 則金이 用神에 火는 病神이 되고 水는 藥神이다.

初年 火土運은 寒微家에서 生長하였다. 戊運에 土多埋金이 되는데, 壬子年에 印星(母)인 庚金用神이 死地가 되니 母先亡하고, 乙卯年에 用神인 庚金을 合去하고 酉金을 冲去하니 父喪을 當하였다. 이는 戌中의 辛金이 母星이고 辰中의 乙木이 父星인데 年月支에서 相冲한 緣故다.

午運 庚申年에 印星(文書)用神을 도우니 農協에 就職하고 未運까지는 官逢官運이 되니 凶多吉少하였다. 庚運 以後 用神을 도우니 高速으로 昇進하여 申運 庚辰年에 退職時는 專務理事였다.

庚辰年의 退職은 官星(職場)을 冲한 緣故이며 旺土가 冲發하니 用神인 金은 埋金되고 日主는 泥塞된 緣故다.

向後 辛酉運은 用神을 도와서 吉하겠다. 그러나 壬運은 火가 忌神에 見水顯節하여 凶하고, 戌運은 月建을 冲하여 冲發된 旺土에 用神은 埋金되고 弱한 水는 泥塞되어 凶하리라. 이때를 지나면 水運은 藥神이 되어 吉하리라.

1973年生. 身弱比刦爲用

丁 癸 丙 癸
巳 未 辰 丑

74 64 54 44 34 24 14 04
戊 己 庚 辛 壬 癸 甲 乙
申 酉 戌 亥 子 丑 寅 卯

辰月은 土旺水弱한데 丑未土가 土를 도우고 丁巳時에 丙火가 透干하였으니 財星과 官星이 旺하다. 따라서 自然히 日元은 弱한데 依支處는 比劫이다. 則 癸水가 用神에 巳丑金이 喜神이며 土가 病神에 木運은 藥神이 된다.

癸運은 用神을 도와 吉한데 身弱財旺하니 經營學을 專攻하고 庚辰年에 印星喜神이 되니 공기업체에 취직하고 印星이 吉神이니 企

劃部署에 勤務한다.

丑運에 坐下를 冲動하는데 壬午年에 財星(妻)桃花가 되니 成婚하여, 甲申年에 喜神이 되어 用神을 生하니 得男하고, 壬運 丁亥年에 用神을 도우니 次男을 得하였다.

向後 水金運은 用神을 도우고 生하여 吉하리라. 그러나 戌運은 月建官星을 冲하고 四冲이 되니 凶하다.

*. 財星(妻)이 暗·明으로 混雜하니 婦人의 疑夫症이 있다.

1956年生. 殺印相生格

甲 癸 壬 丙

寅 丑 辰 申

77 67 57 47 37 27 17 07

庚 己 戊 丁 丙 乙 甲 癸

子 亥 戌 酉 申 未 午 巳

辰月은 土旺水弱한데 甲寅時가 弱水를 泄氣하고 丙火가 透干하였으니 身弱하다. 身弱에 印星爲用하여 殺印相生格이 된다. 則 金이 用神에 土는 喜神이고 火가 病神에 水는 藥神이 된다.

初年 癸運은 藥神을 도와 吉하므로 富家에서 生長하였다. 年月에

用神과 喜神과 藥神이 있고 壬水가 月上에서 天德과 月德이 되니 祖上의 蔭德이 있었으리라.

甲運은 弱水를 泄氣하여 吉運이 아니고, 午運은 寅午火가 忌神財星(父)을 도우니 父喪을 當하였다. 午運에 財星(妻)桃花가 되는데 辛酉年에 桃花印星이 用神을 도우니 成婚한 後 二女息을 두었다.

乙運은 弱水를 泄氣하여 吉運이 아니고 未運은 坐下의 丑土를 冲하여 凶한데 庚午年에 火가 忌神에 劈甲引火하고 寅午火에 財逢財星(妻)이 되니 夫婦別離하였다. 이는 財星(妻)이 病神이고 丙火는 病地에 앉아있으며, 財星의 根이 寅中의 丙火에 있는데 寅이 空이고 孤辰殺이 竝臨한 緣故다.

丙運 또한 吉運이 아니고, 申運에 들어 用神을 도우니 流通業을 自營하여 得財하고 있다. 流通業은 水가 吉神인 緣故다.

向後 戊運까지는 地支가 重하고 用神을 扶生하여 吉하리라. 그러나 戌運은 巳冲이 되어 凶하다.

1939年生(女命). 身弱比刦爲用

癸 癸 己 己
亥 亥 巳 卯

74 64 54 44 34 24 14 04
丁 丙 乙 甲 癸 壬 辛 庚
丑 子 亥 戌 酉 申 未 午

實觀이 實力向上의 지름길이다. 兩干不雜에 地支에 通根하여 언뜻 보기에는 格이 높아 보이나 그렇지 않다. 女命에는 官星(夫)의 行方부터 찾아라. 年上의 己土는 卯木上에 있으니 被克되어 無用之物이고 月上의 己土는 巳火上에 앉아 夫君이 實한 것 같지만 日月이 相冲한데 어찌 別離之苦가 없겠는가.

身强할 것 같지만 小滿 後 四日은 丙火가 司令하고 兩己土가 月建인 巳火에 帝旺地가 되어 透干하였으니 水가 넷이지만 身弱하다. 따라서 比劫이 用神에 印星運은 喜神이고 官星이 病神에 食傷은 藥神이 된다.

壬運에 用神을 도우니 成婚하여 一男 一女를 둔 후 20年間 吉運을 만났으나 貧한 것은 財星(巳火)이 巳亥亥爭冲이 되고 群比爭財된 緣故다.

癸運에 用神을 도우고 群比爭官이 되니 夫君이 서남아시아 건설

현장에서 得財하는 동안은 別離하였다. 酉運에 歸國하여 事業으로 得財하였다. 그러나 戌運은 官逢官運에 用神을 克傷하니 凶한데 戊辰年에 再逢官하니 丁巳月에 夫喪을 當하였다. 이는 用神인 癸水를 戊癸合化去하고 辰戌冲과 亥亥巳巳가 冲한 緣故이기도 하다.

乙運은 藥神食傷(子)을 도우니 子息이 有望職場에 勤務하게 되어 多福하다.

向後 北方水運은 地支가 重하므로 吉하리라.

*. 女息이 소아마비환자인데 이는 用神(子星)이 冲된 緣故다.

*. 用神定法: 天干의 病은 天干의 藥으로 治療하고 地支의 病은 地支의 藥으로 治療한다. 따라서 天干의 旺土를 地支의 卯木으로 除去할 것이 아니라, 弱한 日主를 도우는 比劫으로 用神한다.

*. 食神制殺格으로 卯木이 用神이었다면 酉運에 凶하였을 텐데 吉하였던 것으로 보아 比劫이 用神이다.

1947年生(女命). 財多身弱格에 比刦爲用

丙 癸 乙 丁
辰 卯 巳 亥

75 65 55 45 35 25 15 05
癸 壬 辛 庚 己 戊 丁 丙
丑 子 亥 戌 酉 申 未 午

巳月의 癸水는 火旺水弱한데 丙丁이 巳火에 뿌리를 두고 高透하고 乙木이 卯木에 通根하고 透干하여 弱水를 泄氣하니 身이 弱하다. 年支의 亥水가 巳亥冲으로 傷했으나 그 이외는 依支處가 없으니 亥水를 用神으로 쓸 수밖에 없다. 用神이 傷해 있으니 格이 낮은데 동네 주부들을 상대로 하여 미용실을 경영하는 命造다.

亥水가 用神에 金運이 喜神이다. 辰土는 亥水를 克하는 病神이라기보다는 水의 庫藏으로서 旺火를 解熱해주는 吉神이다. 그리고 卯木은 旺火를 生하므로 藥神으로 쓰지 아니한다.

初年 火運은 寒微家에서 成長하고 丁未運에 用神이 亥卯未 木으로 合去하여 旺火를 扶生하니 早失父母하고 離鄕之客이 되었다. 이는 巳中의 庚金이 어머니이고 巳中의 丙火가 아버지인데 年月支에서 巳亥冲이 되어 있으니 父母는 물론이고 故鄕과도 緣이 薄한 緣故다.

戊運에 正官(夫)이 되니 成婚하고 二子를 두었다. 그리고 미용기술을 배워서 申運부터 用神을 도우니 自營하고 있다. 己運에는 官逢官運이 되니 夫婦別離하였다. 이는 坐下가 食神에 辰巳가 空亡이고 巳에 孤辰殺인 緣故다. 酉庚運은 用神을 生하니 吉하였다.

向後 戌運은 四冲이 되어 凶한데 이때 特히 健康과 官災가 염려된다. 이때를 지나면 水運은 用神을 도와서 吉하리라.

孤辰·寡宿殺

<table>
<tr><td>年·日支基準 / 殺</td><td>寅</td><td>卯</td><td>辰</td><td>巳</td><td>午</td><td>未</td><td>申</td><td>酉</td><td>戌</td><td>亥</td><td>子</td><td>丑</td><td>作　用</td></tr>
<tr><td>孤　　辰</td><td>巳</td><td>巳</td><td>巳</td><td>申</td><td>申</td><td>申</td><td>亥</td><td>亥</td><td>亥</td><td>寅</td><td>寅</td><td>寅</td><td rowspan="3">男忌孤 則 孤辰은 妻를 克傷. 女忌寡 則 寡宿은 克夫之命</td></tr>
<tr><td>寡　　宿</td><td>丑</td><td>丑</td><td>丑</td><td>辰</td><td>辰</td><td>辰</td><td>未</td><td>未</td><td>未</td><td>戌</td><td>戌</td><td>戌</td></tr>
<tr><td colspan="13">應用: 前孤 後寡 則 寅卯辰에 巳가 孤辰
寅卯辰에 丑이 寡宿</td></tr>
</table>

1970年生(女命). 身弱印星爲用

丁 癸 辛 庚
巳 丑 巳 戌

79 69 59 49 39 29 19 09
癸 甲 乙 丙 丁 戊 己 庚
酉 戌 亥 子 丑 寅 卯 辰

巳月은 火旺當令하니 火旺水弱한데 丁巳時와 年支에 火庫이고 坐下에 丑土이니 地支全 財星과 官星이니 身弱하다. 依支處는 印星이다. 則 金이 用神에 土는 喜神이고 火가 病神에 水運은 藥神이 된다.

初年 庚運은 用神을 도와 吉하고 辰運에 喜神을 도와 火生土 土生金 金生水하니 裕餘家에서 成長하여 己運에는 喜神官星을 도우니 美術大學을 卒業하였다. 이는 丑과 戌에 華蓋星이 있으니 藝術에 能한 緣故이고, 巳巳丑에 天乙貴人이 있어 창의력이 뛰어난 때문이며, 辛에 吉神懸針星이 있으니 스케치에 타고난 素質이 있는 緣故다.

卯運에 戌卯合化火하여 得勢한 病神火에 印星(母)인 金이 損傷되니 親母와는 別離하였다. 戊運에 喜神官星(夫)이 되는데 庚辰年에 用神과 官星을 도우니 成婚하였다.

向後 寅運과 丁運은 病神을 生扶하여 凶하겠으나 丑運 以後 北

方水運은 藥神을 도와서 吉하리라.

1957年生. 身弱印星爲用

甲 癸 乙 丁

寅 未 巳 酉

72 62 52 42 32 22 12 02

丁 戊 己 庚 辛 壬 癸 甲

酉 戌 亥 子 丑 寅 卯 辰

巳月은 火旺水弱한데 三木이 弱水를 泄氣하고 丁火와 未土가 弱水를 除克하니 日元이 身弱하다. 依支處는 酉金밖에 없다. 則 身弱印星爲用하여 酉金이 生水하는 用神이고 濕土運은 旺火를 泄氣生金하는 喜神이며, 用神을 傷害하는 火는 病神이 되고 水運은 그 病神을 除去하는 藥神이다.

初年 卯運에 用神인 印星(母)酉金을 冲하니 母喪을 當하였다. 壬運은 病神인 丁火를 合去하여 吉한데 軍에 入隊하여 寅運은 弱水가 泄氣되므로 苦生하였으나, 辛運에 印星(昇進)用神을 도우니 昇進하고, 丑運에 喜神官星이 되니 昇進하고 得財하였다.

結婚은 壬運에 丁壬合木이 多淫之合이 되는데 庚申年에 用神을 도우니 成婚한 後 二女息을 두었다. 過於燥熱하니 得男하지는 못했다.

庚運에 들어 火가 病神에 劈甲引火하니 凶한데 戊寅年에 弱身을 克하고 泄氣하며 官星(職場)을 克하니 육군상사로 轉役하였다.

己卯年은 用神을 冲하여 吉運이 아닌데, 同業으로 事業을 시작한 構成員間에 意見上의 갈등이 많았다.

庚辰年에 甲木을 再冲하여 劈甲引火하니 갈등이 증폭하여 凶한데 辛巳月에 寅巳巳刑이 되니 염산(HCL)을 흡입하여 辛苦하다가 그로 인하여 己丑月에 寅巳刑에 丑未刑이 되니 식도염수술을 받았다. 이는 金은 大腸이고 肺(기관지)인데 旺火에 의하여 被克된 緣故다.

向後 水運은 藥神이 되어 吉하겠으나 燥土運은 弱水가 被克되어 吉運이 아니다.

1935年生. 身弱印星爲用. 中和四柱

乙 癸 辛 乙

卯 丑 巳 亥

80 70 60 50 40 30 20 10

癸 甲 乙 丙 丁 戊 己 庚

酉 戌 亥 子 丑 寅 卯 辰

夏月生 土金水木이므로 金水運이 吉하다. 則 金이 用神에 濕土

는 喜神이고 火가 病神에 水는 藥神이 된다.

初年 庚辰運에 用神과 喜神을 도우니 地方 中小都市의 富家에서 成長하였으나 大學進學은 못하였다. 寅卯運은 病神인 火를 生하여 克用神하니 百事가 無成이었다.

丁運에 丁(父)辛(母)冲하여 凶한데 丁巳年에 丁丁辛冲하고 巳巳亥冲하니 父母俱沒하였다.

丑運에 喜神을 도와 用神을 生하니 부모님의 事業體(綜合病院, 大形藥局, 不動産賃貸業, 學校 等)을 물려받은 後 나날이 財興旺하여 亥運에 이르러서는 천억원대의 富豪가 되었다.

向後 戌運은 丑戌刑하고 火庫가 되어 金水를 克傷하니 吉運이 아니다.

*. 丙運때 病神을 도와 用神을 克傷하니 糖尿病을 얻었다.

*. 時支가 (空)亡이니 精神疾患者인 아들이 있다.

*. 土가 吉神이니 不動産事業을 하고, 辛에 吉神懸針星이 있으니 病院과 藥局을 經營한다.

*. 中和四柱라고 함은, 四柱原局에 木火土金水 五行을 모두 구비한 四柱를 말한다. 이 경우에는 어떤 五行의 運이 오더라도 木生火 火生土 土生金 金生水 水生木으로 轉轉相生되어 무탈하게 넘어간

다. 따라서 中和四柱(중화사주)가 最吉(최길)이라고 하는 이도 있다.

1935年生(女命). 身弱印星爲用

甲 癸 壬 乙

寅 酉 午 亥

74 64 54 44 34 24 14 04

庚 己 戊 丁 丙 乙 甲 癸

寅 丑 子 亥 戌 酉 申 未

夏至後(하지후) 四日生(사일생)이니 火旺當令(화왕당령)하므로 水弱(수약)한데 甲寅乙木(갑인을목)이 또 泄氣(설기)하니 身弱(신약)하므로 印比生扶(인비생부)하여야 한다. 酉金(유금)이 用神(용신)에 濕土運(습토운)은 喜神(희신)이 되고 火(화)가 病神(병신)에 水(수)는 藥神(약신)이 된다.

戌運(술운)에 夫君(부군)과 死別(사별)하였다. 이는 官逢官運(관봉관운)에 寅午戌旺火(인오술왕화)가 用神(용신)을 克傷(극상)하고 坐下(좌하)가 (空)亡(공망)에 沒官星(몰관성)인 緣故(연고)다.

丁運(정운) 以後(이후) 子運(자운)까지는 天干(천간)과 地支(지지)가 喜忌相半(희기상반)이지만 地支(지지)가 重(중)하므로 無欠(무흠)이었고, 己運(기운) 己卯年(기묘년)에 官星(관성)이 되고 用神(용신)을 冲(충)하니 腎臟病(신장병)을 얻었다. 丑運(축운)은 用神(용신)을 合去(합거)하니 凶(흉)하므로 腎臟病(신장병)으로 苦生(고생)하였다. 庚運(경운)에 火(화)가 病神(병신)에 劈甲引火(벽갑인화)하여 凶(흉)한데 庚寅年(경인년) 辛巳月(신사월)에 또 病神(병신)을 生(생)하여 克用神(극용신)하고 藥神(약신)인 亥水(해수)를 冲去(충거)하니 去世(거세)하였다.

*. 此命造는 大邱에 살았던 분으로 漢學에 造詣가 깊었다. 이는 印星이 用神이니 學問과 관련된 緣故다.

*. 己卯年에 得病한 것은 用神인 酉金을 相冲한 緣故이며 癸水日主가 虛弱하니 腎臟病이다.

*. 病源論

1. 身體內部

甲膽, 乙肝, 丙小腸, 丁心臟, 戊胃, 己脾臟, 庚大腸, 辛肺, 壬膀胱, 癸腎臟

2. 外部四肢五體

甲頭, 乙頂, 丙肩, 丁心腹, 戊脇, 己腹, 庚배꼽, 辛다리(허벅다리), 壬은 아래다리, 癸는 발이다.

3. 地支

子는 腹神經痛, 丑은 胃腹病, 寅은 어깨나 四肢, 卯는 손, 辰은 등과 가슴, 巳는 얼굴과 이, 午는 心臟과 腹部, 未는 脾臟과 胸部, 申은 咳嗽(수), 酉는 肝과 肺, 戌은 등과 肺, 亥는 頭와 肝

4. 發病: 주로 偏枯한 命造에 凶한 運이 오면 發病하기 쉽다. 則過不及이 皆病이다.

1957年生(女命). 財多身弱에 印星爲用

庚	癸	丙	丁
申	酉	午	酉

73	63	53	43	33	23	13	03
甲	癸	壬	辛	庚	己	戊	丁
寅	丑	子	亥	戌	酉	申	未

夏至後 八日 則 丁火가 司令하는 때에 生하였으니 天乾地熱한데 丙·丁火가 高透하였으니 火旺水弱하다. 印星으로서 弱한 日主를 도와야 한다. 則 財多身弱에 印星인 金이 用神에 濕土運은 喜神이고 火가 病神에 水運은 除火하는 藥神이 된다.

初年 火運과 燥土運은 病神을 도와 燥熱하니 寒微家에서 成長하였다. 申運에 用神을 도와 吉한데 丙辰年에 喜神官星이 되니 藥師와 成婚하고, 戊午年에 官星이 되고 病神桃花를 도우니 女息을 得하였다. 己運에 喜神官星이 되어 旺火를 泄氣 生金하여 吉한데 庚申年에 次女를 得하였다.

酉庚運은 用神을 도우니 夫君의 藥局經營이 나날이 發展하였다. 그러나 戌運에 들어 官逢官運이 되고 午戌火가 病神을 도와서 克用神하니 凶한데 丁丑年에 丑戌刑이 되고 病神을 도우며 官逢官年이 되니 夫婦別離하였다. 이는 沒官星하고 酉酉가 天乙貴人이고 午가

桃花殺이며 午酉酉에 沐浴殺이 太多한 緣故다.

向後 辛運부터 北方水運동안은 藥神이 되어 吉하리라.

*. 旺弱區分이 難解한 命造이나 살아온 과정으로 보아 財多身弱이다. 身弱이니 己未時가 아닌가 한다.

1962年生(女命). 財多身弱에 比劫爲用. 調候用神

丙 癸 丙 壬

辰 巳 午 寅

76 66 56 46 36 26 16 06

戊 己 庚 辛 壬 癸 甲 乙

戌 亥 子 丑 寅 卯 辰 巳

午月은 火旺當令한데 火가 넷이고 木이 하나이며 辰時가 되니 克泄이 太甚하여 身은 太弱하다. 財多身弱한데 胎元이 丁酉가 되니 酉金의 生을 받고 辰中의 癸水의 도움을 받은 壬水가 弱身을 도우는 用神이 된다. 則 水가 用神에 金은 喜神이 된다.

初年 乙巳甲運은 旺火를 生하니 寒微家에서 成長하였다. 辰運에 用神의 庫藏이 되니 用神이 生氣를 얻고 官星運이 되니 成婚하고 一男을 두었다.

癸運은 用神을 도우니 夫君이 出身하였으나 卯運에 旺火를 生하니 事業에 失敗하였다. 壬運은 火가 忌神에 見水顯節하여 吉運이 아닌데 不動産仲介業을 하며 苦戰中이다.

向後 寅運은 旺火를 生하여 吉運이 아닌데, 이때 旺火(財星)를 生하니 損財가 염려되고, 壬癸日主에 火土가 太旺하면 眼力이 不足하며 癸水가 太弱하면 腎氣가 不足하니 健康이 염려되고, 巳午가 空亡이니 夫婦關係가 염려된다. 이때를 지나면 金水運은 用神을 生扶하여 吉하리라.

*. 此命이 棄命從財格 인듯하지만 살아온 과정으로 보아 財多身弱이다.

1966年生(女命). 戊癸合化火格

戊 癸 甲 丙
午 丑 午 午

76 66 56 46 36 26 16 06
丙 丁 戊 己 庚 辛 壬 癸
戌 亥 子 丑 寅 卯 辰 巳

*. 戊癸合化火格

1. 癸水日主가 時上이나 月上에 戊土가 一字만 있고 全局이 丙丁寅午戌巳 等으로 構成되고 壬癸亥子와 庚辛申酉가 없으면 癸水가 戊土와 合하여 戊癸合化火格이 된다. 化格에는 化神이 用神이므로 火가 用神이고 用神을 生하는 木은 喜神이며 用神을 傷害하는 水運은 病神이고 水를 除去하는 土는 藥神이 된다. 己子는 合하는 癸水를 克하므로 크게 꺼린다.

2. 戊土日主가 時上이나 月上에 癸水가 一字만 있고 全局이 丙丁寅午戌巳 等으로 構成되고 壬癸亥子와 庚辛申酉가 없으면 戊癸合化火格이 된다. 木運은 從神인 火를 生하므로 吉하고 火運은 從神이 自旺하여 吉하고 土運은 從神을 泄氣하여 吉하다. 己字는 癸水를 克하여 合을 妨害하므로 凶하다.

辛運 甲戌年에 食傷(子)과 官星(夫)을 도우니 醫師와 結婚하고 甲戌年 末에 長女를 得하고, 卯運 戊寅年에 喜神을 도와 生用神하니 得男하였다. 醫師와 結婚한 것은 午中의 己土가 官星(夫)인데 三午가 化格의 本神이 되고 吉神懸針星인 緣故다.

男便과 다섯 살 차이가 나는 것은 壬癸日主의 特性上 鴨養鷄子이니 그렇고, 吉神桃花가 셋이나 되니 눈에 띄는 美人이다.

向後 庚運은 喜神인 甲木이 庚金을 만나면 材木을 作成하고 劈

甲引火하여 用神을 도우니 吉할 것이고, 寅運은 化神을 生하니 吉하며, 丑戊土運은 旺神을 泄氣하고 除水하는 藥神이 되어 大吉하리라. 그러나 己運은 合하는 癸水를 克傷하여 合을 妨害하므로 大忌하고, 子運은 化神을 逆勢하므로 凶하다.

1947年生. 財多身弱에 比劫爲用

丁 癸 丙 丁
巳 未 午 亥

79 69 59 49 39 29 19 09
戊 己 庚 辛 壬 癸 甲 乙
戌 亥 子 丑 寅 卯 辰 巳

午月은 火旺當令한데 地支에 巳午未南方火와 丙丁丁火가 透干하였으니 火가 太旺하므로 身은 太弱하다. 則 財多身弱에 亥水가 弱한 日主를 도우는 用神이고 金運은 喜神이다.

初年 午運에 旺火가 得勢하니 日主는 더욱 太弱한데 甲寅小運에 弱한 癸水를 泄氣生火하고 用神을 寅亥合去하여 凶한데 己丑年에 病神인 土를 도와 克用神하고 曲脚殺을 도우니 小兒痲痺患者가 되었다. 이는 外部四肢五體에서 癸水는 足에 해당하는 緣故다.

乙巳甲運은 辛苦하였으나 金이 喜神이니 시계수리공이 되었다.

辰運은 用神의 庫藏이 되고 旺火를 泄氣生金하며 金生水하여 吉한데 癸丑年에 用神을 도우고 官星(子)을 도우니 成婚하였다. 甲寅年에 長女를 得하고 癸運 丁巳年에 次女를 得하고 己未年에 得男하였다. 辰運과 癸運은 得財하고 多福한 家庭이었다.

卯運은 亥卯木 則 用神을 合去하여 旺火를 生하니 凶하였고, 壬運은 丙火가 忌神에 見水顯節하여 凶한데 戊辰年에 用神水가 泥塞되니 夫婦別離하였다. 이는 午未가 空亡이고 財星(妻)이 太多한 緣故다.

寅運은 用神인 亥水를 合하여 旺火를 生하여 凶한데 水火가 相克하니 水火既濟不能으로 血壓病을 얻었다.

辛運은 喜神이 되어 吉하였으나 丑運에 들어 巳丑金과 旺火가 相克하니 血壓으로 因하여 전신마비증세로 入院中이다.

向後 庚運은 用神을 生하여 吉하겠으나 子運은 沖發된 旺火에 用神이 泥塞되므로 危險하다.

*. 曲脚殺(基準: 柱中)

. 乙己巳丑이며 手足에 有欠

1957年生(女命). 身弱印星爲用

丙 癸 丁 丁

辰 未 未 酉

80 70 60 50 40 30 20 10

乙 甲 癸 壬 辛 庚 己 戊

卯 寅 丑 子 亥 戌 酉 申

未月은 火土가 旺한 季節인데 丙丁丁이 透干하고 坐下에 未土가 있으니 癸水日主는 自然히 弱하다. 依支處는 酉金이다. 則 酉金이 用神에 辰土는 喜神이며 火가 病神에 辰中의 癸水는 藥神이 된다.

用神이 年支에 있으니 將軍의 딸로서 父母德이 컸다. 己運에 喜神官星을 도우니 社會學科를 卒業하고 탤런트 출신으로 戊午年에 官星(夫)이 되고 桃花年이 되니 成婚하고 二女息을 두었다. 탤런트는 金이 用神이고 辰未에 華蓋星이 있는 緣故다.

酉運은 用神을 도와 吉하지만 壬戌年에 喜神官星(夫)을 冲하니 夫君이 정신분열증환자가 되었다. 이는 女命坐下에 偏官이 있으니 原無良君인 緣故다.

甲子年에 子辰으로 官星을 合去하니 離婚하고, 庚運에 用神을 도와서 吉한데 己巳年에 喜神官星을 도우고 坐下와 合을 이루니 再婚하고 當年 亥月에 得女息하고 戌運 甲戌年에 得女息하였다. 그 以

後 辛亥壬運은 用神과 藥神을 도우니 安樂한 家庭이었다.

向後 癸水運은 藥神을 도와서 吉하리라. 그러나 丑運은 官逢官運에 月建의 旺土를 冲하여 凶하리라.

*. 金이 用神이니 子息이 넷이다.

1954年生. 身旺用財格

壬 癸 辛 甲

子 酉 未 午

78 68 58 48 38 28 18 08

己 戊 丁 丙 乙 甲 癸 壬

卯 寅 丑 子 亥 戌 酉 申

小暑後 八日生은 丁火가 司令하고 年支에 午火가 있지만 金이 둘이고 水가 셋이니 弱이 反旺이고 三伏에 生寒이다. 身旺用財格에 調候하는 午火가 用神에 甲木은 喜神이며 水는 傷火하는 病神에 未土는 除濕하는 藥神이 된다.

初年 金水運은 病神이 得勢하니 吉運이 아닌 이때는 新都市가 되기前으로 土와 木이 吉神이니 農業에 從事하고 있었다.

甲運은 喜神이 되어 吉한데 이때 年支에 財星用神이 있으니 부모님의 農地(농지)를 물려받았다. 戌運(술운)에 들어 病神(병신)을 除去(제거)하여 用神(용신)이 生氣(생기)를 얻으니 政府(정부)의 新都市(신도시) 政策(정책)에 힘입어 地價(지가)가 폭등하였다. 乙亥運(을해운)은 喜神(희신)이 되지만 濕木(습목)이 되어 효력이 적었다.

向後(향후) 丙運(병운)은 用神(용신)을 도와서 吉(길)하겠으나 子運(자운)은 用神(용신)을 冲(충)하여 吉運(길운)이 아니다. 이때 財星用神(재성용신)을 冲(충)하고 比劫(비겁)을 도우니 群比爭財(군비쟁재)가 염려된다. 丁運(정운)은 用神(용신)을 도와서 吉(길)하고 丑運(축운)은 酉丑金(유축금)이 病神(병신)을 生(생)하고 四冲(사충)이 되어 凶(흉)하다.

1954年生(女命). 身弱比劫爲用. 調候用神

壬 癸 辛 甚
子 未 未 午

76 66 56 46 36 26 16 06
癸 甲 乙 丙 丁 戊 己 庚
亥 子 丑 寅 卯 辰 巳 午

大暑後(대서후) 三日生(삼일생)으로 年支(년지)에 午火(오화)와 坐下(좌하)에 未土(미토)가 있으니 天乾地熱(천건지열)하다. 辛金(신금)을 用神(용신)으로 쓰려고 하니 午未(오미)에는 着根(착근)하지 못하므로 不用(불용)한다. 故(고)로 水(수)가 用神(용신)에 金(금)은 喜神(희신)이 된다. 用神(용신)을 除克(제극)하는 土(토)가 病神(병신)에 木(목)은 疏土(소토)하는 藥神(약신)이 된다.

初年(초년) 火土運(화토운)에는 病神(병신)을 扶生(부생)하니 寒微家(한미가)에서 成長(성장)하였다. 辰運(진운)

에 官星(夫)이 되는데 丁卯年에 坐下를 合하고 子星을 도우니 成婚하였다.

丁運에 用神인 壬水를 合去하고 喜神인 辛金을 冲去하여 凶한데 이때 夫君이 자동차 사고로 辛苦하였다.

卯運은 藥神을 도우니 夫君이 인테리어관련제품 생산공장을 경영하여 得財하였으나 丙火運은 喜神인 辛金을 合去하고 旺火가 透干되니 事業이 침체기에 있다.

向後 寅運은 寅午合化火하여 喜神을 克하니 吉運이 아니고, 丑運은 冲發된 旺土에 用神인 水가 泥塞되어 凶하다. 이때를 지나면 北方水運은 用神을 도와서 吉하리라.

*. 實觀結果 女命의 壬癸日主는 80%程度는 4세 이상 많은 사람과 結婚하고, 10%程度는 1~3세 많은 사람과 結婚하며, 10%程度는 年下의 男子와 結婚해서 살고 있음을 알 수 있었다.

*. 坐下에 偏官이고 官星이 病神이니 晩婚하였다.

1964年生(女命). 身弱印星爲用. 殺印相生格

丁 癸 辛 甲

巳 酉 未 辰

75 65 55 45 35 25 15 05

癸 甲 乙 丙 丁 戊 己 庚

亥 子 丑 寅 卯 辰 巳 午

未月은 土旺水弱한데 甲木은 生火하고 丁巳時와 年支에 辰土가 있으니 身弱하다. 依支處는 印星뿐이다. 則 金이 用神에 辰土는 喜神이고 火가 病神에 水運은 藥神이 된다.

火가 病神인데 庚運에 劈甲引火하고 午運에 病神을 도우니 寒微家에서 生長하였다. 巳運 乙丑年에 坐下를 合하고 喜神官星(夫)을 도우니 成婚하였다. 戊運은 官逢官運이 되니 夫婦葛藤이 甚하였다. 辰運은 水의 庫藏으로서 弱身이 生氣를 얻고 喜神을 도와 吉하므로 經濟活動을 하여 得財하였다.

丁運은 病神을 도와서 吉運이 아니고 卯運은 用神의 根인 酉金을 冲하여 凶하다. 이때 酉金은 印星이니 母親의 健康이고, 坐下이니 夫君의 健康이 염려된다.

丙運은 吉神인 辛金을 合去하여 凶하고 寅運은 弱神을 泄氣하여 凶하다. 丑運은 用神을 合去하고 月建官星을 冲하며 官逢官運이 되

어 凶(흉)하다.

*. 此命(차명)은 癸水日主(계수일주)로서 26歲(세) 年上(년상)의 男便(남편)과 살고 있다. 속아서 結婚(결혼)을 했단다.

*. 卯運(묘운)에 桃花逢冲(도화봉충)하니 對人關係(대인관계) 則(즉) 異性關係(이성관계)가 염려된다.

1956年生. 身弱印星爲用. 調候用神

壬 癸 乙 丙

戌 巳 未 申

75 65 55 45 35 25 15 05

癸 壬 辛 庚 己 戊 丁 丙

卯 寅 丑 子 亥 戌 酉 申

未月(미월)은 土旺節(토왕절)인데 巳火(사화)와 未土(미토)사이에 午火(오화)를 拱夾(공협)하고 丙火(병화)가 透干(투간)하였으니 財旺(재왕)하고 戌時(술시)가 官星(관성)을 도우니 官旺(관왕)하다. 財星(재성)과 官星(관성)이 旺(왕)하니 身(신)은 自然(자연)히 弱(약)하다.

身弱(신약)하니 印比(인비)로써 生扶(생부)하여야 되겠는데 壬水(임수)는 戌土上(술토상)에서 無根(무근)하므로 不用(불용)하고 年支(년지)의 申金(신금)으로써 弱(약)한 日主(일주)를 生(생)하여야 된다. 則(즉) 身弱(신약)에 印星爲用(인성위용)하여 申金(신금)이 用神(용신)에 濕土運(습토운)은 喜神(희신)이고 火(화)는 用神(용신)을 克傷(극상)하는 病神(병신)이며 壬水(임수)는 그 病(병)을 除去(제거)하는 藥神(약신)이 된다.

初年 丙申 丁酉運은 地支가 重하고 用神을 도와서 吉한데, 用神이 年支에 있으니 부모님 德으로 英文學을 專攻하였다. 酉運에 印星(敎育)用神을 도우니 敎職에 投身하고 坐下를 合하니 成婚도 하였다.

戊運은 藥身을 克傷하니 辛苦하고, 戌運은 官星刑이 되니 官災를 當하고 退職하였다. 亥運에 들어 藥神을 도와서 吉한데 英文飜譯業을 하여 安定된 生活을 누리고 있다.

向後 金水運은 用神과 藥神을 도와서 吉하리라. 丑運은 巳丑金이 用神을 도와서 吉하겠으나 丑戌未三刑을 成立하니 官災와 健康이 염려된다. 壬運은 火病神에 見水顯節하여 吉運이 아니고 寅運은 用神을 冲하고 三刑이 成立하여 危險하다.

*. 英文學은 語學인데 金이 用神인 緣故이며 印星이 用神이니 敎職이다.

1954年生(女命). 身弱比刦爲用

己 癸 壬 甲

未 丑 申 午

76 66 56 46 36 26 16 06

甲 乙 丙 丁 戊 己 庚 辛

子 丑 寅 卯 辰 巳 午 未

申月癸水는 金旺하니 水旺하지만 甲木이 泄氣하고 午火에 土가 셋이니 旺而反弱이다.

身弱에 比劫爲用하여 壬水가 用神에 申金이 喜神이고 土가 病神에 木은 藥神이 된다.

初年 辛運은 喜神을 도와 用神을 生하니 多福한 家庭에서 자랐다. 未運은 病神을 도와서 凶한데 丁未年에 用神을 合去하고 丑未爭冲이 되니 土多에 埋金(印星=母)이 되고 丑中의 辛金(母)이 被冲되니 母先亡하였다.

庚運에 藥神인 甲木을 冲하니 忌神火가 冲發하여 凶한데, 庚戌年에 再冲甲한 火와 午戌火에 得勢한 財星(父)火가 病神을 生하니 父喪을 當하였다.

午運은 病神을 生하여 凶한데, 이때 동생들을 키우느라고 苦生이 많았다고 한다. 己運은 病神을 도우니 吉運이 아니고, 巳運에 坐下

와 合(합)한 巳丑金(사축금)이 用神(용신)을 生(생)하니 成家(성가)하였다. 그러나 戊運(무운)에 病神(병신)을 도우고 官逢官運(관봉관운)이 되니 夫婦別離(부부별리)하였다.

壬申·癸酉年(임신 계유년)에 用神(용신)과 喜神(희신)을 도와 吉(길)한데 木(목)이 藥神(약신)이기 때문에 화장품상을 경영하여 得財(득재)하였다.

辰運(진운)은 申辰水(신진수)가 用神(용신)을 도와서 吉(길)하였으나 群比爭財(군비쟁재)로 損財(손재)가 있었다. 丁運(정운)은 用神(용신)을 合去(합거)하여 凶(흉)한데 己卯年(기묘년)에 喜神(희신)마저 合去(합거)하니 傷害(상해)를 입었다. 庚辰年(경진년)에 水(수)가 用神(용신)이기 때문에 水産業(수산업)을 시작하였다.

向後(향후) 卯運(묘운)은 藥神(약신)을 도와서 吉(길)하리라.

*. 坐下(좌하)가 偏官(편관)에 日時支(일시지)가 沖(충)이니 夫子宮(부자궁)이 不吉(불길)하다.

*. 살아온 과정으로 보아 官星(관성)이 喜神(희신)이 되는 殺印相生格(살인상생격)이 아니라, 身弱(신약)에 比劫爲用(비겁위용)이 分明(분명)하다.

1960年生. 身旺用財格. 財官雙美格. 調候用神

壬 癸 甲 庚

子 巳 申 子

72 62 52 42 32 22 12 02

壬 辛 庚 己 戊 丁 丙 乙

辰 卯 寅 丑 子 亥 戌 酉

申月 金旺節의 癸水는 自然히 旺한데 雙子와 壬水가 도우고 庚金이 生水하니 身이 太旺하다. 調候用神으로 身旺用財하여 坐下의 巳火가 用神에 木은 喜神이고 水가 病神에 土運은 藥神이 된다.

酉運은 巳火(父星)用神을 合去하기도 하고 巳火의 死地가 되니 父喪을 當하였다. 丙戌丁運에 用神을 도우고 藥神이 되니 商高를 卒業하고 身旺財弱하니 銀行에 入社하였다.

亥運에 坐下를 冲動하는데 丙寅年에 財星(妻)用神을 扶生하니 成婚하였다. 亥運 戊辰年에 用神을 冲하고 旺水가 入墓하니 金融事故로 他地方으로 左遷된 일이 있었다. 이는 坐下의 巳火가 地殺인데 亥運이 驛馬가 되니 地殺驛馬가 逢冲한 緣故이기도 하다.

戊運 甲戌年에 藥神이 되니 用神이 生氣를 얻는데 甲木이 庚金을 冲하여 劈甲引火되니 주식에 투자하여 得財하고 우리社株가 急騰하여 財産增殖이 있었고 代理로 昇進하였다. 子運 庚辰年에 旺水

가 入墓(입묘)하여 用神(용신)이 被克(피극)되니 名退(명퇴)하였다.

向後(향후) 己運(기운)은 喜神(희신)인 甲木(갑목)을 合去(합거)하여 吉運(길운)이 아니고 丑運(축운)은 用神(용신)을 合去(합거)하여 吉運(길운)이 아니다. 庚運(경운)은 劈甲引火(벽갑인화)하여 吉(길)하고 寅運(인운)은 寅巳申三刑(인사신삼형)이 成局(성국)하니 官災口舌(관재구설)과 健康(건강)은 염려되지만 用神(용신)을 生(생)하여 吉(길)하리라. 辛運(신운)은 病神(병신)을 生(생)하여 吉運(길운)이 아니지만 卯運(묘운)은 喜神(희신)이 되어 吉(길)하리라.

*. 財官雙美格(재관쌍미격)

. 癸巳日柱(계사일주)이니 巳中(사중)의 丙火(병화)는 財星(재성)이고 巳中(사중)의 戊土(무토)는 官星(관성)이니 則(즉) 財星(재성)과 官星(관성)이 坐下(좌하)에서 雙全(쌍전)되어 있으므로 吉(길)하다는 말이다. 이格(격)도 역시 命理解法(명리해법)의 大原則(대원칙)인 旺弱寒熱(왕약한열)에 따라서 身强(신강)하면 財(재)·官運(관운)에 발달하고 身弱(신약)이면 印(인)·比運(비운)에 발달하는 貴命(귀명)이다.

*. 此命(차명)은 太旺(태왕)하므로 食神生財格(식신생재격)에 泄氣(설기)하는 甲木(갑목)이 用神(용신)에 金(금)이 病神(병신)이고 火(화)는 藥神(약신)이며 水多木浮(수다목부)하므로 水(수)가 病神(병신)에 土運(토운)을 또 하나의 藥神(약신)으로 풀이하여도 결과는 같다.

1961年生. 身旺用財格

丙 癸 丙 辛
辰 卯 申 丑

80	70	60	50	40	30	20	10
戊	己	庚	辛	壬	癸	甲	乙
子	丑	寅	卯	辰	巳	午	未

申月은 金旺節인데 辛金이 透干하였으니 印星인 金이 旺하다. 丑은 金의 庫藏으로서 生金하고 辰土는 水의 庫藏으로서 申辰水가 되어 日元을 도우니 身旺하고 濕하다.

身旺用財하여 火가 用神에 木은 喜神이고 水는 用神을 傷害하는 病神에 土는 藥神이 된다.

初年 乙未甲運은 喜神을 도와서 用神을 生하니 裕餘家에서 成長하여 獸醫學을 專攻하였다. 午運에 財星用神을 도우니 成婚하고 동물병원을 開院하였다. 獸醫學은 喜神인 卯木은 토끼이고 懸針星이며, 丑土는 藥神에 소(牛)이기 때문이다.

癸運은 群比爭財하여 辛苦한데, 이때 근처에 다른 동물병원이 생겼으므로 경쟁차 병원을 擴張하는 경비부담이 많았다고 한다. 그러나 巳運은 用神을 도와서 吉하였다.

向後 壬運은 火用神에 見水顯節하여 吉하리라. 그러나 辰運은 水

의 庫藏이니 群比爭財가 염려되고, 辛運은 用神을 合去하니 吉運이 아니다. 이때 妻와 父의 건강이 염려된다. 財星은 父와 妻이기 때문이다. 이때를 지나면 木運은 喜神을 도와서 吉하고 金運은 病神을 生하여 凶하다.

1970年生(女命). 身旺用財格. 調候用神

戊 癸 甲 庚

午 酉 申 戌

75 65 55 45 35 25 15 05

丙 丁 戊 己 庚 辛 壬 癸

子 丑 寅 卯 辰 巳 午 未

申月의 癸水는 金이 旺한 季節이니 水旺한데 地支에 申酉戌金方合과 天干의 庚金이 生水하니 身旺한 中에도 印星인 많은 金이 欠이 되고 濕하다. 欠이 되는 金을 除去하는 火가 곧 調候하는 用神이고 甲木은 喜神이며 水運이 病神에 土는 藥神이 된다.

初年 南方火運에 用神을 도우니 吉한데 午運에 정보통신부 공무원이 되었다. 정보통신부 공무원인 것은 用神인 火는 電氣·通信에 해당되고 戊土正官은 藥神이 되는 緣故다.

辛運은 旺金을 도와 凶한데 이때 주식에 투자하여 損財를 보았다.

巳運은 用神을 도와서 吉하였고 庚運은 火用神에 劈甲引火하니 得財하였다.

向後 辰運은 旺水入墓하고 火·土庫藏을 冲하여 吉運이 아니다. 이때를 지나면 土運은 藥神을 도와서 吉하고 木運은 喜神을 도와서 吉하리라. 그러나 寅運은 用神을 合去하고 月建인 申金을 冲하여 吉運이 아니다.

1963年生. 食神生財格

壬 癸 庚 癸

子 卯 申 卯

77 67 57 47 37 27 17 07

壬 癸 甲 乙 丙 丁 戊 己

子 丑 寅 卯 辰 巳 午 未

申月은 金旺節인데 庚金이 透干하여 生水하고 壬子時에 癸水가 日主를 도우고 있으니 身이 太旺하다. 太旺한 者는 好泄精英하니 食神을 보고 旺水를 泄氣하여야 한다. 則 食神生財格에 木이 用神이고 金은 用神을 傷害하는 病神이고 火運은 그 病을 除去하는 藥神이다. 그리고 旺水에 依하여 用神인 木이 浮木되므로 水는 또 病神이 되고 이때 土運은 또 하나의 藥神이 되는데, 이런 경우를 傷官

이 見官이면 爲禍百端의 例外가 된다고 한다.

初年 火土運은 藥神이 되고 除濕하는 運이 되는데 用神이 年支에 있으니 富家에서 成長하였다. 午運은 藥神 懸針星이 되고 卯木이 懸針星이 되는데 火가 吉神이 되니 電子工學科를 卒業하고, 用神木이 浮木되니 전자제품 貿易商을 경영하고 있다.

丁運은 藥神財星(妻)이 되는데 庚午年에 財星을 도우고 桃花逢冲하니 成婚하고 二子를 두었다. 巳財星(妻)運은 申과 巳申刑이 되는데 丁丑年에 妻의 婦人科的 手術로 辛苦하였다.

巳運은 藥神財星이 되는데 戊寅年에 除濕하고 用神을 도우고, 丙運은 藥神財星이 되고 己卯年에 除濕하고 用神을 도와서 吉한데. 이 兩年間 貿易을 하여 拾여億원을 得財하였다고 한다. 原局이 無財이기 때문에 財産管理는 婦人이 한다고 한다.

向後 辰運은 旺水入墓하니 用神인 木이 浮木되어 凶한데, 이때 群比爭財로 損財가 염려되고 忌神桃花가 있으니 對人關係가 염려된다. 이때를 지나면 木運은 用神을 도와서 吉하리라.

1922年生. 身旺用七殺格

辛 癸 己 壬
酉 未 酉 戌

79 69 59 49 39 29 19 09
丁 丙 乙 甲 癸 壬 辛 庚
巳 辰 卯 寅 丑 子 亥 戌

癸水가 酉月에 태어나 地支에 雙酉와 天干에 辛壬이 生扶하니 身旺하다. 身旺用殺하여 土가 用神이고 火運은 喜神이다.

辛運 壬午年부터 경찰공무원으로 근무하다가 寅運에 退職하였다. 偏官이 吉神이니 武官이고 地支에 戌未刑이 있으니 法關係 公務員이다.

乙卯運에 胃病으로 辛苦하였음은 卯未木局에 乙木이 透干하여 土(胃)를 克한 緣故다.

丙運 以後에 女息집에서 夫婦가 사위와 함께 안락하게 살고 있다. 이는 女息은 陰官殺인 未土이고, 사위는 官星의 官星인 乙木이며, 妻는 未中의 丁火인데, 이 三人이 坐下에서 日干과 有情한 合을 이루고 있는 緣故다.

辰運末 庚辰年 庚辰月에 辰과 戌이 3:1로 沖하니 女息집을 떠나 아들집으로 옮겼다. 辰運末 庚辰年에 用神의 根을 沖하니 癡呆患者

가 되고, 巳運 丙戌年 癸丑月에 用神인 土가 入墓하고 丑戌未三刑이 되니 去世하였다.

1969年生(女命). 財官雙美格. 時上偏財格. 兩支不雜格

丁 癸 癸 己
巳 巳 酉 酉

78 68 58 48 38 28 18 08
辛 庚 己 戊 丁 丙 乙 甲
巳 辰 卯 寅 丑 子 亥 戌

酉月은 金旺節인데 雙巳와 雙酉가 巳酉半合化金하여 生水하니 身旺하다. 身旺用財하여 火가 用神에 木運은 喜神이고 水가 病神에 土는 藥神이 된다.

初年 甲木運은 喜神을 되어 用神을 生하니 吉하고, 戌運은 藥神을 도와 病神을 除去하니 用神이 生氣를 얻어서 吉하며, 乙運은 喜神이 되어 吉하다. 身旺財弱하니 商大를 卒業하였다.

亥運은 用神의 根을 爭沖하여 凶한데 乙亥年에 巳亥가 2:2로 沖하니 財星은 父星이 되므로 父先亡하였다. 亥運동안은 病神을 도와 克用神하니 百事가 無成이었고, 群比爭財가 되니 兄弟로 因한 損財가 많았다고 한다.

丙運은 用神을 도와 吉한데 이때 飮食物業을 自營하여 特財를 得하였다. 이는 火가 用神이고 時上偏財의 作用이 컸던 것이다.

向後 子運은 群比爭財가 되어 凶하겠고 丁運은 用神을 도와서 吉하리라. 丑運은 用神의 根을 合去하니 凶한데 이때 忌神印星(母)이 太旺해지니 母親의 健康이 염려된다. 또 水昇下降이 不能하니 結石症도 염려된다. 이때를 지나 戊寅·己卯運은 喜神과 藥神을 도와서 吉하리라.

1958年生(女命). 身旺用財格

丙 癸 辛 戊

辰 卯 酉 戌

75 65 55 45 35 25 15 05

癸 甲 乙 丙 丁 戊 己 庚

丑 寅 卯 辰 巳 午 未 申

酉月은 金旺節인데 辛金이 透干하고 準方合이 된 酉戌金이 生水하고 時支의 辰土는 水의 庫藏이 되니 身旺하고 濕하다. 身旺用財하여 火가 用神에 木은 喜神이고 土는 除水하는 藥神이 된다.

初年 庚申運은 旺身을 生하니 寒微家에서 成長하였다. 身旺財弱하니 商高를 卒業하고 未運에 卯未木이 喜神을 도와 財星用神을

生하니 得財하였다.

戊運에 藥神官星(夫)이 되니 成婚하고 二男兒를 얻었다. 戊午運은 藥神官星을 扶生하니 夫君이 出身하였다.

丁運은 用神을 도와서 吉運이나 丙子年에 坐下의 卯와 刑이 되고 子辰水에 病神이 得勢하여 克用神하니 夫君과 死別하였다. 이는 女命 最忌者는 坐下食傷인데 卯酉冲과 辰戌(魁罡逢冲이면 旣取偏房獨守空)冲 則 地支全冲이니 타고난 八字이다.

巳運에 들어 巳酉金이 生水하는 凶運이니 두 아들을 데리고 가정도우미를 하면서 어렵게 살아가고 있다고 한다.

向後 丙運은 用神을 도와서 吉하겠으나 辰運은 火의 庫藏인 戌土를 冲하여 吉運이 아니다. 이때를 지나면 木運은 用神을 生하여 吉하리라.

*. 此命을 實觀하면서 美人薄命이란 말은 意味있는 말이라는 생각이 들었다. 坐下에 喜神桃花가 있이니 美人이다.

*. 天干과 地支의 作用力

. 丁運은 吉運인데도 불구하고 夫와 死別한 것은 丁運때는 丁運이 70%에 地支巳運이 30%가 作用하고, 巳運때는 天干의 丁火運이

30%에 地支巳運이 70%가 作用하는 緣故다. 따라서 此命에서는 丁運末 丙子年에 巳運(巳酉金은 病神인 水를 生하는 忌神)의 영향을 받아 夫君과 死別한 것이다.

1971年生. 身旺用財格. 調候用神

癸 癸 丁 辛
丑 丑 酉 亥

76 66 56 46 36 26 16 06
己 庚 辛 壬 癸 甲 乙 丙
丑 寅 卯 辰 巳 午 未 申

酉月은 金旺節인데 酉丑丑金과 透干한 辛金이 生水하고 癸亥水가 日元을 도우고 있으니 身旺하고 寒濕하다. 身旺用財하여 調候하는 丁火가 用神이고 木運은 喜神이며 水가 病神에 土는 藥神이 된다.

初年 酉運에 旺金을 도우니 氣管支喘息으로 苦生한 일이 있었다고 한다. 丙運은 丙奪丁光하여 吉運이 아니고 申運 또한 病神水를 生하여 吉運이 아니었다.

乙運은 用神을 生하여 吉하였고 未運은 亥未木이 用神을 生하여 吉하였다. 이때 火가 用神이기 때문에 工大情報通信學科를 卒業하였다.

甲運에 用神을 生하니 吉한데 庚辰年에 官星(子星)이 되고 劈甲引火하여 財星(妻)인 火를 生하니 成婚하였다.

向後 午運은 用神을 도와서 吉하겠으나 財星桃花가 되니 對人關係가 염려된다.

*. 氣管支喘息은 金旺한 緣故다.

1964年生. 身旺用財格. 病藥用神

丙 癸 癸 甲

辰 酉 酉 辰

76 66 56 46 36 26 16 06

辛 庚 己 戊 丁 丙 乙 甲

巳 辰 卯 寅 丑 子 亥 戌

酉月은 金旺한데 地支에 辰과 酉가 2:2로 合하여 金이 되니 月上에 癸水가 透干해 있다고는 하지만 身旺한 中에도 印星이 旺한 身旺으로 印星인 金이 病이 된다. 金多水濁하니 더욱 金이 病이 된다. 病이 되는 金을 除去하는 丙火가 用神에 甲木은 喜神이고 用神을 克傷하는 癸水가 病神에 土는 藥神이 된다.

金多水濁(금다수탁)이 되니 工夫(공부)에는 애초부터 흥미가 없었다. 雙辰(쌍진)에 華蓋星(화개성)이 있으니 乙運(을운)부터 band를 배워서 亥運(해운)에는 病神(병신)이 得勢(득세)하니 빛을 보지 못하다가, 丙運(병운)에는 用神(용신)을 도우니 밤무대에서 bandmaster로서 잠시 빛을 보고 得財(득재)하였다. 이때 財星(妻)運(재성처운)이 되니 成婚(성혼)하고 二男(이남)을 두었다.

子運(자운)은 病神(병신)이 得勢(득세)하여 用神(용신)인 財星(재성)이 傷(상)하니 損財(손재)하고, 甲木(갑목)이 旺(왕)한 金上(금상)에서 被傷(피상)되어 있으니 肝病(간병)을 얻었다. 子運末(자운말) 己卯年(기묘년) 卯月(묘월)에 卯(묘)와 酉(유)가 2:2로 冲(충)하니 차 사고를 당하였다.

丁運(정운)에 들어 用神(용신)을 도와서 吉(길)한데 辛巳年(신사년) 庚寅月(경인월)에 用神(용신)을 扶生(부생)하니 得宅(득택)은 하였으나, 癸巳月(계사월)에 巳(사)와 酉(유)가 2:2로 合(합)하고 辛年(신년)이 用神(용신)인 丙火財星(妻)(병화재성처)을 合去(합거)하니 夫婦別離(부부별리)하였다. 이는 財逢財運(재봉재운)이 되고 坐下(좌하)가 忌神(기신)에 酉酉自刑(유유자형)이며 財星(妻)(재성처)이 虛路無根(허로무근)한 緣故(연고)다.

向後(향후) 丑運(축운)은 旺金(왕금)이 入墓(입묘)하여 凶(흉)하겠는데 得勢(득세)한 金(금)에 甲木(갑목)이 被傷(피상)되니 肝病(간병)이 特(특)히 염려된다. 이때를 지나면 土木運(토목운)은 藥神(약신)이 되고 喜神(희신)이 되어 吉(길)하리라.

1939年生(女命). 身弱印星爲用

庚 癸 甲 己

申 卯 戌 卯

72 62 52 42 32 22 12 02

壬 辛 庚 己 戊 丁 丙 乙

午 巳 辰 卯 寅 丑 子 亥

大家에도 여러 가지가 있다. 特히 癸水日主가 身弱하고 無情乖悖한 경우에는 잔머리의 大家가 많다. 놀라울 정도다.

此命을 만났을 때 酉時生인지 申時生인지 模糊하여 推定해 보았다. 坐下에 食神인 卯木이 있으니 酉時이면 卯酉冲으로 夫婦宮에 문제가 있음이 분명한데, 없다고 하니 庚申時生으로 보았고 또 父先亡하였다고 하니 庚申時로 定하였다.

庚運에 火가 忌神인데 冲甲하여 劈甲引火하니 大凶하였다. 이때 夫君의 退職金을 빚보증에 섰다가 다 날려버렸다고 했다. 辛運 初에 本院에 왔다.

命書에 "正印(庚金) 用神에 偏印(辛金)運이 오면 凶하다." 고 하니, 用神을 도우는 吉運이지만 文書上에 瑕疵가 있을 수 있으니 조심하고, 빚보증을 잘못서서 날린 재산을 吉運이 왔을 때 노력하면 받을 수 있으니 努力해 보라고 했다.

*. 用神定法(용신정법)

戌月(술월)은 土旺水弱(토왕수약)한데 己土(기토)가 透干(투간)하였으니 官旺(관왕)하고, 三木(삼목)이 日主(일주)를 泄氣(설기)하니 克泄(극설)이 交加(교가)하여 身弱(신약)하다. 身弱(신약)에 印星爲用(인성위용)하여 金(금)이 用神(용신)에 濕土運(습토운)은 喜神(희신)이 되고 戌中(술중)의 丁火(정화)가 病神(병신)에 水運(수운)은 藥神(약신)이 된다.

*. 父先亡(부선망), 母先亡(모선망)

. 父先亡(부선망): 年月日時柱(연월일시주)에서 日辰(일진)을 除外(제외)하고 陽干支(양간지)가 많으면 父先亡(부선망)하고, 또 時支(시지)에 子寅辰午申戌(자인진오신술) 則(즉) 陽時(양시)에 태어났으면 父先亡(부선망)한다고 하는데 實觀(실관)결과 그렇지 않는 경우도 있다.

. 母先亡(모선망): 日辰(일진)을 除外(제외)한 年月時柱(년월시주)에서 陰干支(음간지)가 많으면 母先亡(모선망)하고, 또 丑亥酉未巳卯(축해유미사묘) 則(즉) 陰時(음시)에 태어났으면 母先亡(모선망)한다고 한다. 그러나 그렇지 않는 경우도 많다.

1963年生. 身弱比劫爲用

丁 癸 壬 癸

巳 卯 戌 卯

76	66	56	46	36	26	16	06
甲	乙	丙	丁	戊	己	庚	辛
寅	卯	辰	巳	午	未	申	酉

戌月(술월)의 癸水(계수)는 土旺水弱(토왕수약)한데 兩卯(양묘)가 弱水(약수)를 泄氣(설기)하고 丁巳時(정사시)가 되니 克泄(극설)이 交加(교가)하여 身弱(신약)하다. 身弱(신약)한 者(자)는 印比(인비)로써 生扶(생부)하여야 한다.

戌中辛金(술중신금)의 生(생)을 받는 水(수)가 用神(용신)에 金運(금운)은 喜神(희신)이 되고 戌土(술토)는 除水(제수)하는 病神(병신)에 木(목)은 除土(제토)하는 藥神(약신)이 된다.

初年(초년) 戌運(술운) 甲辰年(갑진년)에 辰戌冲(진술충)으로 旺土(왕토)가 冲發(충발)하니 用神(용신)인 水(수)는 泥塞(니색)되고 偏財(父星)(편재부성)는 土多火晦(토다화회)되니 父先亡(부선망)하였다. 이는 財星(父)(재성부)이 忌神(기신)이고 巳火(父)(사화부)에 孤辰(고진)이고 (空)亡(공망)이 된 緣故(연고)다.

乙巳年(을사년)에 財星(재성)을 도우니 義父(의부)를 만났다. 이는 戌中(술중)의 丁火(정화)가 父星(부성)이고 戌中(술중)의 辛金(신금)은 母星(모성)인데 坐下(좌하)의 卯(묘)와 有情(유정)한 合(합)을 이룬 緣故(연고)다.

辛酉庚申運(신유경신운)은 用神(용신)을 生(생)하여 吉(길)한데, 繞幸(요행)히 義父(의부)가 富者(부자)여서 裕餘(유여)한 가운데에서 成長(성장)하였다.

己運은 病神을 도우니 百事가 無成이었다. 이때 卯卯가 吉神懸針星이기 때문에 봉재재단기술을 익혀서 未運은 卯未藥神이 되니 得財하였다.

未運 癸酉年에 用神을 扶生하여 吉한데 坐下를 冲動하니 成婚하고 甲戌年에 藥神을 도우고 官星(子)을 도우니 得男하였다.

戊運은 病神이 得勢하여 凶한데 戊寅年에 寅巳刑하고 寅戌火가 巳中의 庚金을 傷害하니 肺가 弱하여 病院에 入院한 일이 있다.

午運 以後 火運은 病神을 生하여 用神을 克하므로 吉運이 아니다.

*. 癸水가 弱하니 腎氣不足과 眼力不足이 염려된다.

1957年生(女命). 身强用財格. 調候用神

丙 癸 庚 丁

辰 酉 戌 酉

74 64 54 44 34 24 14 04

戊 丁 丙 乙 甲 癸 壬 辛

午 巳 辰 卯 寅 丑 子 亥

戌月은 土旺節이지만 辰酉金과 年支의 酉金과 月上의 庚金이 生水하니 身强하고 濕하다. 身强用財하여 調候하는 火가 用神에 木運

은 喜神이고 水가 病神에 土는 藥神이 된다.

初年 金水運은 忌神이 得勢하니 寒微家에서 成長하고 子運 己未年에 藥神官星(夫)을 도우니 成婚하고 庚申年에 得男하였다.

癸丑運 10年 동안은 旺水를 도우고 酉丑金이 生水하여 用神을 克傷하니 貧困함을 免하기 어려웠다. 그러나 甲運에 들어 庚金이 甲木을 만나 劈甲引火하여 用神을 도우니 大吉하였다. 이때 부모님으로부터 遺産相續을 받고 飮食物業을 自營하여 得財하였다. 寅運도 用神을 生하니 吉하였다.

向後 乙卯丙運까지는 用神을 生扶하여 吉하겠으나 辰運은 辰酉 辰酉自刑에 旺水를 生하고 用神의 根이 되는 戌土를 冲하여 吉運이 아니다. 이때를 지나면 南方火運은 一子가 特出하니 末年이 享福하리라.

*. 身強은 身弱과 對(짝)가 되고, 身旺은 身衰와 짝이 된다. 다시 말하면 身旺한 四柱라고 표현할 경우에는 身衰한 四柱라고 하여야 하고, 身強한 四柱라고 표현할 경우에는 身弱한 四柱라고 하여야 한다.

1969年生. 身强用殺格

壬 癸 甲 己
子 酉 戌 酉

76 66 56 46 36 26 16 06
丙 丁 戊 己 庚 辛 壬 癸
寅 卯 辰 巳 午 未 申 酉

戌月은 土旺節이지만 兩酉金과 壬子水가 日元을 生扶하니 身强하다. 身强用殺하여 土가 用神에 火運은 喜神이 된다.

初年 金水運은 强身을 生扶하여 吉運이 아니었다. 未運에 들어 用神을 도우니 생필품대리점을 自營하고 있다.

向後 未運 동안은 戌未刑이 되어 吉함이 적겠으나, 庚運은 劈甲引火하여 用神을 生하므로 吉하겠고, 戊運까지 火土運은 用神을 生扶하여 吉하리라. 辰運은 用神을 冲하여 大凶하다.

*. 過於寒濕하여 稀孫이 염려되고, 戌中의 丁火가 財星(妻)인데 空(亡)이니 午運에는 用神을 合去하고 財星桃花가 되니 夫婦關係가 염려된다.

1974年生. 身弱比劫爲用

丙 癸 甲 甲

辰 卯 戌 寅

74 64 54 44 34 24 14 04

壬 辛 庚 己 戊 丁 丙 乙

午 巳 辰 卯 寅 丑 子 亥

戌月은 土旺水弱한데 四木이 弱水를 泄氣하고 丙火가 透干하여 克泄而交加하니 身은 太弱하다. 依支處는 辰中의 癸水뿐이다. 水가 用神에 金運은 喜神이 된다. 太多한 木이 藥神이 될 수는 없다.

辰戌에 華蓋殺이 있으니 藝·體能系에 能하다.

初年 水運에는 用神을 도우니 吉하여 子運까지는 有望한 농구선수로 活躍했다.

丁運에 病神을 生하니 침체되었다가 丑運은 丑戌刑이 되어 吉運이 아니지만 甲申年과 乙酉年에 用神을 生하니 잠시 빛을 보았다. 乙酉年에 用神을 生하고 桃花를 冲하니 結婚하였다.

丙戌年에 病神을 生하고 用神인 癸水를 함유한 辰土를 冲하니 농구선수로서는 隱退를 當하고 官星年이 되니 得男은 하였다. 戊運에는 用神을 克하여 凶한데 己丑年에 丑戌官刑이 되니 職場에서 解雇되었다.

己丑年(기축년)부터 농구교실을 自營(자영)하고 있지만 金水運(금수운)은 遙遠(요원)하니 哀惜(애석)한 일이다.

*. 從勢格(종세격)[27]이 되는듯하지만 살아온 과정으로 보아 身弱(신약)에 比劫爲用(비겁위용)임이 分明(분명)하다.

1923年生. 傷官生財格. 前朝鮮日報 方一榮會長 造

甲 癸 癸 癸

寅 巳 亥 亥

73 63 53 43 33 23 13 03

乙 丙 丁 戊 己 庚 辛 壬

卯 辰 巳 午 未 申 酉 戌

亥月(해월)은 水旺節(수왕절)인데 四水(사수)가 日元(일원)을 도우고 있으니 身(신)이 太旺(태왕)하다. 太旺(태왕)한 者(자)는 泄氣(설기)하는 食傷(식상)이 用神(용신)이다. 則(즉) 木(목)이 用神(용신)에 水多木浮(수다목부)하므로 水(수)는 喜神(희신)이 될 수 없고 오히려 病(병)이 된다. 水(수)를 除去(제거)하는 土(토)運(운)은 藥神(약신)이 된다. 用神(용신)인 木(목)을 傷害(상해)하는 金運(금운)은 또 病神(병신)이 되고 巳火(사화)는 그 病(병)을 除去(제거)하는 또 하나의 藥神(약신)이 된다.

木·火(목화)가 吉神(길신)이기 때문에 新聞(신문)이고 電波通信(전파통신)이다. 傷官生財格(상관생재격)이

27) 유경진, 『명리학 용신론』, (연해명원), 2009년, pp.615~616.

니 事業家로서 南方火運동안은 大吉하였다. 辰運은 旺水가 入墓하니 健康에 異常이 왔다. 卯大運은 用神을 도와서 吉하지만 癸未年에 用神이 入墓하니 去世하였다.

1957年生(女命). 身旺用財格

辛 癸 辛 丁
酉 巳 亥 酉

77 67 57 47 37 27 17 07
己 戊 丁 丙 乙 甲 癸 壬
未 午 巳 辰 卯 寅 丑 子

亥月은 癸水의 帝旺地인데 四金이 生水하니 身强한 中에 日主는 弱하고 印星이 旺한 身强이니 旺한 印星이 欠이 된다. 除金하는 火가 用神이다. 則 身强用財하여 火가 用神에 木은 喜神이고 傷火하는 亥水는 病神이고 燥土運은 藥神이 된다.

初年 水運은 群比爭財하므로 寒微家에서 成長하였다. 丑運에 官星이 되는데 壬戌年에 藥神官星年이 되니 火가 필요하므로 火旺한 男子와 成婚하였다. 甲運은 喜神傷官(子)이 되어 吉한데 癸亥年에 得男하고, 寅運에 喜神食傷(子)運이 되어 吉한데 庚午年에 用神을 도우니 得女息하였다.

乙卯運에 用神을 生하여 吉한데 身强한 命造에 火가 用神이니 飮食物業을 自營하고 있다.

向後 丙運은 忌神인 辛金을 合去하여 吉하겠으나 辰運은 旺水가 入墓하여 群比爭財하니 吉運이 아니다. 이때 坐下가 冲에 (空)亡이니 夫君의 健康이 염려된다. 이때를 지나면 火土運은 用神과 藥神을 도와서 吉하리라.

*. 原局에 喜神인 木이 없어 格이 낮고, 女命에 天乙貴人이 太多하니 貴가 不足하다.

1972年生. 食神生財格

乙 癸 辛 壬
卯 亥 亥 子

73 63 53 43 33 23 13 03
己 戊 丁 丙 乙 甲 癸 壬
未 午 巳 辰 卯 寅 丑 子

亥月의 癸水가 다섯 水와 辛金이 扶生하니 身이 太强하다. 太强한 者는 食傷을 보고 泄氣하여야 한다. 則 木이 用神에 浮木이 되는 旺水는 喜神이 되지 못하고 오히려 病이 되는데 이때 土運은 除水하는 藥神이 된다. 이와 같은 경우를 傷官이 見官이면 爲禍百端의 例外가 된다고 한다. 木을 傷害하는 金이 또 病神에 火運은 또 하나의 藥神이 된다.

初年 北方水運은 旺水를 도우니 用神인 木이 浮木되므로 寒微家에서 成長하였다. 甲運 以後 실내인테리어업(木手)을 自營하여 得財하고 있다.

向後 丙運까지는 用神을 도우고 藥神이 되어 吉하겠으나 辰運은 旺水가 入墓하여 凶하리라. 이때를 지나면 火土運은 藥神이 되어 吉하겠으나 午運에 用神이 死地에 들면 凶하리라.

*. 실내인테리어는 木이 用神인 緣故다.

*. 過於寒濕하니 稀孫이고 酒量은 말술이겠다.

1963年生(女命). 食神生財格

壬 癸 癸 癸
子 酉 亥 卯

74 64 54 44 34 24 14 04
辛 庚 己 戊 丁 丙 乙 甲
未 午 巳 辰 卯 寅 丑 子

亥月은 癸水의 帝旺地인데 壬子時에 雙癸가 高透하여 日主를 도우고 酉金이 生水하니 身이 太旺하다. 太旺한 者는 食傷을 보고 順勢함이 命理의 解法이다.

則 太旺한 水를 泄氣하는 亥卯木이 用神에 太旺한 水는 浮木이 되므로 喜神이 될 수 없고 오히려 病神이 된다. 따라서 土運은 傷官이 見官이면 爲禍百端의 例外로서 藥神이 된다.

木을 傷害하는 酉金은 또 病神이 되고 火運은 그 病을 除去하는 또 하나의 藥神이 된다.

初年 子丑北方水運은 用神이 浮木하여 寒微家에서 成長하였다. 丙運부터 藥神이 되니 用神이 生氣를 얻는데 이때부터 꽃집을 自營하여 得財하고 있다. 卯運에 이르도록 未婚인 것은 沒官星이고 過於寒濕에 日時支가 忌神이며 沐浴殺이 太多한 緣故다.

向後 卯運은 用神을 도와서 吉하겠고 戊運은 除濕하는 吉運이 되

지만 辰運은 旺水가 入墓하여 用神이 浮木되므로 吉運이 아니다. 이때 過不及이 皆病이니 糖尿, 膀胱, 腎臟病이 염려되며 忌神桃花가 常存하니 對人關係가 염려된다. 이때를 지나면 南方火運은 藥神이 되어 吉하리라.

*. 木이 用神이니 꽃집이다.

*. 年支에 卯木이 아니고 金水中의 하나라면 水曰潤下格이다.

1955年生. 身旺用財格. 調候用神

庚 癸 丁 乙

申 酉 亥 未

71 61 51 41 31 21 11 01

己 庚 辛 壬 癸 甲 乙 丙

卯 辰 巳 午 未 申 酉 戌

亥月은 水旺節인데 申酉와 庚金이 生水하니 身强하고 寒濕하다. 身强用財하여 調候하는 丁火가 用神이다. 則 丁火가 用神에 木은 喜神이며 水가 病神에 燥土는 藥神이 된다.

初年 丙戌乙運은 用神과 藥神과 喜神을 도우니 裕餘家에서 成長하였다. 月上의 偏財가 用神이고 父星이니 아버지가 稅務士다.

酉運에 忌神印星이 自刑이 되고 病神을 生하여 用神이 被傷되니 大學進學을 포기하였다. 甲運에 喜神을 도우고 劈甲引火하여 財星(妻)을 도우니 成婚하고 己未年에 藥神官星(子)을 도우니 長女를 得하고 申運 甲子年에 次女를 得하였다.

癸運에 用神인 財星(妻)을 冲하니 夫婦別離하였다. 未運 庚午年에 官星(子)藥神을 도우고 財星用神을 도우니 再婚하였다. 未運 甲戌年에 藥神官星(子)을 도우고 喜神을 도우니 得男하였다.

壬運은 群比爭財하고 用神을 合去하니 발전이 없었고 午運은 用神을 도와서 吉하였다.

向後 辛運 以後는 凶多吉少하다.

*. 職業은 土가 藥神이고 木이 喜神이니 農場을 自營하고 있다.

*. 過於寒濕하니 晩子이다.

1962年生(女命). 傷官生財格

庚 癸 辛 壬

申 丑 亥 寅

71 61 51 41 31 21 11 01

癸 甲 乙 丙 丁 戊 己 庚

卯 辰 巳 午 未 申 酉 戌

亥月의 癸水가 亥와 丑사이에 子水를 拱夾하여 壬水가 透干하고 三金이 生水하니 身이 太旺하다. 太旺한 者는 泄氣함을 기뻐하니 寅木이 旺水를 泄氣하는 用神이 된다. 則 寅木이 用神에 旺水는 浮木되므로 喜神이 될 수 없고 오히려 病神이며 丑土는 除水하는 藥神이 된다. 이와 같은 경우를 傷官이 見官이면 爲禍百端의 例外라고 한다. 그리고 木을 傷害하는 金은 또 病神에 火는 金을 除去하는 藥神이 된다.

過不及이 皆病이다. 丁運은 藥神이 되어 無欠하였다. 未運에 들어 用神이 入墓하고 除濕하던 藥神인 丑土를 沖하니 즉 댐이 터지는 형국이 되니 膀胱腎臟에 得病하여 病院에서도 포기한 상태다.

*. 이는 壬膀胱 癸腎臟인데 水가 太旺한 緣故며 旺水를 泄氣하는 出口 則 寅木이 空(亡)되고 丑土가 亥子丑水로 變한 때문이다.

*. 年支의 寅木이 金水中의 하나였다면 水曰潤下格이다.

1963年生. 身旺用財格. 財官雙美格. 調候用神

丙 癸 甲 癸

辰 巳 子 卯

73 63 53 43 33 23 13 03

丙 丁 戊 己 庚 辛 壬 癸

辰 巳 午 未 申 酉 戌 亥

子月은 水旺節인데 子辰水와 癸水가 日主를 도우고 있으니 身旺하고 寒濕하다. 身旺用財하여 調候하는 丙火가 用神에 木은 喜神이고 水는 傷火하는 病神에 土는 除水하는 藥神이 된다.

初年 亥運은 病神이 得勢하고 用神의 根인 巳火를 冲하니 衰者冲之拔根 則 火(父星)의 뿌리가 뽑히니 父先亡하였다.

壬運은 丙火用神에 見水顯節하니 工夫를 잘하였다. 戌運은 藥神이 되어 吉한데 月上에 吉神이 있으니 兄의 도움으로 身旺財弱하니 商大를 卒業하였다.

辛運은 吉運이 아니지만 丁卯年에 財星(妻)用神과 喜神을 도우니 火土가 旺한 女人과 同居하여 戊辰年에 官星(子)年이 되니 得子하였다. 이는 坐下巳中의 丙火가 財星(妻)이고, 巳中의 戊土가 官星

(子)인데 이들이 坐下同宮에 臨한 緣故다. 酉運 辛未年에 卯未木이 財星用神을 生하니 結婚式을 하였다.

庚運에 劈甲引火하여 財星用神을 도우니 兄의 도움으로 事業을 시작하였으나 申運에 들어 申子辰病神이 得勢하니 百事가 無成이고 事業은 침체되어 있다. 坐下 財星(妻)이 用神이니 妻의 收入으로 生活하고 있다.

向後 己運부터 南方火土運은 用神과 藥神을 도와서 吉하리라.

1956年生. 身旺用財格. 調候用神

甲 癸 庚 丙
寅 亥 子 申

75 65 55 45 35 25 15 05
戊 丁 丙 乙 甲 癸 壬 辛
申 未 午 巳 辰 卯 寅 丑

子月 水旺節에 申子水와 亥水가 日主를 도우고 庚金이 生水하니 身强하고 寒濕하다. 調候가 時急하니 身强用財하여야 한다. 則 丙火가 用神에 木은 喜神이며 水는 傷火하는 病神에 土運은 藥神이 된다.

壬運은 丙火用神에 見水顯節하여 吉하고 寅運은 喜神이 되어 吉

한데 火가 用神이니 工大를 卒業하고 電子會社에 근무하게 되었다.

癸運 壬戌年에 見水顯節하고 寅戌이 火財星(妻)用神을 도우니 成婚하고 癸亥年에 長男을 得하고 卯運 乙丑年에 喜神을 도우고 藥神官星(子)이 되니 次男을 得하였다.

卯甲運은 喜神을 도우고 劈甲引火하니 昇進하고 得宅하였다. 辰運에 旺水入墓하고 病神이 得勢하여 群比爭財하니 損財하고 夫婦葛藤도 甚하였다. 乙運은 喜神을 도와 吉하다.

向後 巳運은 三刑이 成立하고 坐下를 冲하니 坐下比劫이므로 夫婦關係가 염려되고 弱火가 拔根하니 眼力不足이 염려된다. 이때를 지나면 火土運은 用神을 도우고 藥神이 되니 吉하리라.

*. 巳運에 四冲이 되니 自己統制와 車조심 要望.

1962年生(女命). 傷官生財格

癸 癸 壬 壬
丑 未 子 寅

72 62 52 42 32 22 12 02
甲 乙 丙 丁 戊 己 庚 辛
辰 巳 午 未 申 酉 戌 亥

子月은 癸水의 祿地인데 原局에 水가 다섯이니 水가 太旺하다. 女命에는 官星의 行方을 찾으라고 하지만 官星은 丑未沖되어 있으니 不用하고 太旺한 者는 好泄精英하니 寅木이 旺水를 泄氣하는 用神이 된다. 傷官生財하여 寅木이 用神에 丑中의 辛金은 病神이 되고 火運은 除金하는 藥神이다. 太旺한 水는 浮木이 되므로 喜神이 될 수 없고 오히려 病神이 되며 土는 除水하는 또 하나의 藥神이 된다. 이 경우는 傷官이 見官이면 爲禍百端의 例外가 된다.

戌運에 官星(夫)藥神이 되는데 壬戌年에 官星三刑이 成立하니 成婚하였다. 己運에 藥神官星을 도우니 一男一女를 두고 夫君도 出神하였다. 그러나 酉運은 酉丑金病神이 得勢하여 旺水를 生하고 克用神하니 凶한데, 이와 같은 경우를 命書에서는 "破了傷官이면 損壽元"이라고 한다. 則 寅木用神은 克傷되고 坐下의 未土官星(夫)은 酉丑金에 泄氣되어 虛弱해진데다가 또 旺水에 散土되고 辛未年에 또 克用神하고 官星을 爭冲이 하니 夫君이 잠자다가 去世하였다.

이는 坐下(配偶者宮)가 冲과 子未害와 冤嗔과 偏官이 臨한 緣故다. 戊運은 除水하는 藥神을 도우니 吉하다. 申運은 用神을 冲하고 申子水가 太旺한 水를 도와 用神이 浮木되니 凶하다. 이때를 지나면 南方火運은 藥神이 되어 吉하리라.

1956年生(女命). 傷官生財格. 身旺用財格

甲 癸 庚 丙

寅 酉 子 申

79 69 59 49 39 29 19 09

壬 癸 甲 乙 丙 丁 戊 己

辰 巳 午 未 申 酉 戌 亥

子月은 水旺節인데 申子水가 日主를 도우고 庚酉金이 生水하니 身이 太旺하다. 太旺한 者는 好泄精英하여 木이 旺水를 泄氣하는 用神이다.

1. 傷官生財하여 木이 用神에 金은 用神을 傷害하는 病神이고 丙火는 그 病을 除去하는 藥神이 된다. 傷官用神에 官逢이면 爲禍百端이라고 하지만 此命에서처럼 冬節에 生하여 比劫이 旺할 경우에는 官星으로 比劫을 除去해주어야 한다. 則 傷官이 見官이면 爲禍百端

의 例外가 된다.

2. 身旺用財하여 丙火는 抑扶[28] 및 調候하는 用神이고 木은 喜神이며 火를 傷害하는 水는 病神이고 土運은 除濕하는 藥神으로 풀이하여도 된다.

土가 吉神이 되니 國語國文學을 專攻하고 食傷이 吉神이 되니 敎職者다. 戌運 己未年에 藥神官星(夫)이 되니 成婚하고 丁運까지 本人은 교직생활을 하여 得財하고 夫君은 하는 事業이 旺盛하였다.

酉運에 病神이 得勢하여 克用神하니 退職하고, 丙運에 藥神을 돕는데 土가 吉神이니 不動産仲介業을 自營하여 得財하였다.

申運은 用神의 根인 寅木을 冲하여 凶하지만 己卯年은 用神을 도와서 吉하고, 庚辰年은 劈甲引火는 하지만 旺水가 入墓하니 凶多吉少하고, 辛巳年은 寅巳申三刑을 成局하니 官災와 口舌과 健康과 損財에 留意하여야 된다.

壬午年은 藥神을 도우고 火吉神에 見水顯節하여 吉하겠으나 四冲이 되니 吉한 것만은 아니다. 甲申年은 用神을 冲하여 凶하다.

이때를 지나면 乙運 以後 二十年동안의 木火運은 用神과 藥神을 도와서 吉하리라.

---

28) 유경진, 『명리학 용신론』, (연해명원), 2009년, pp.129~132.

1953年生. 身强用財格. 財官雙美格. 調候用神

甲 癸 甲 癸
寅 巳 子 巳

71 61 51 41 31 21 11 01
丙 丁 戊 己 庚 辛 壬 癸
辰 巳 午 未 申 酉 戌 亥

子月은 水旺節인데 年上에 癸水가 透干하여 도우니 身旺寒濕하다. 身旺用財하여 巳火가 調候하는 用神에 木은 喜神이고 水가 病神에 土運은 藥神이 된다.

初年 癸亥壬水運은 病神이 得勢하여 寒微家에서 成長하였다. 戌運에 藥神이 되어 病神을 制御하니 用神이 生氣를 얻으므로 工夫를 잘하여 名門法大에 지원하였으나 失敗하고 工大에 合格하였다. 이는 癸水는 雨路之水로 不離庚辛인데 金이 없고 原局에 吉神官星이 없으니 法大가 아니고, 火가 用神이기 때문에 工大다.

酉運 壬戌年에 官星(子)年이 되는데 坐下가 用神이니 良配를 만나 成婚하고 庚運에 劈甲引火하니 大企業에 就職하고 得宅하였다.

申運은 寅巳申三刑을 成局하고 申子水에 病神이 得勢하니 退職하고 中小企業 電子會社로 옮겼다. 己運에 官星藥神이 되니 집의

평수를 늘리고 未運에 官星藥神이 되니 昇進하였다.

向後 南方火運은 用神을 도와서 吉하리라.

*. 日時支에 刑이 되니 申運 壬申年에 晩子를 두었다.

*. 兩干不雜이 아름답지만 透出된 印星과 官星이 없으니 格이 낮다.

*. 未運 辛巳年에 寅巳三重刑이 되어 寅中의 丙火와 巳火(父星)가 傷하니 父喪을 當하였다.

*. 戊運은 藥神官星이 되어 吉한데 丙戌年에 用神을 도우고 藥神이 되니 産業勳章을 받았다.

*. 戊運은 藥神이 되어 吉하지만 甲申年에 寅巳申三刑이 되니 심장혈관 확장수술을 받았다. 이는 火는 心臟인데 刑이 된 緣故다.

1931年生. 從印格[29]. 全斗煥 前大統領 造

丙癸辛辛

辰酉丑未

83 73 63 53 43 33 23 13 03

壬 癸 甲 乙 丙 丁 戊 己 庚

辰 巳 午 未 申 酉 戌 亥 子

難解하다!

1. 通常

丑月은 水旺節인데 辰酉金과 辛辛金이 生水하니 身强한 四柱中에서도 印星이 旺하니 印星을 除去하는 財星을 抑扶用神 혹은 調候用神으로 쓴다. 則 丙火가 用神에 木運을 喜神으로 쓴다.

2. 그러나 이 命造의 경우는 申運 辛酉年에 大統領이 되었으니 金이 吉神임이 틀림없다. 따라서 從印格에 印星인 金이 用神에 金을 生해주는 土는 喜神이 되고 金을 克傷하는 丙火가 病神에 水는 藥神이 된다.

申運 辛酉年에 從神인 用神을 도우니 吉하여 大統領이 되고, 乙運에는 脫此輩而忌見此輩 則 病神인 丙火가 뿌리를 얻어 克用神하니 凶하므로 民主化運動의 熱氣에 나라가 暴風前夜였고, 丁卯年에

29) 유경진, 『명리학 용신론』, (연해명원), 2009년, pp.167~169.

또 病神을 扶生하니 6,29선언이 탄생되었다. 未運에는 用神을 生하니 平平하였고, 甲運에는 病神이 得勢하여 克用神하니 凶한데 丙子年에 用神인 金이 死地에 드니 刑을 받고 丁丑年에 喜神을 도와 生用神하니 特別赦免을 받았다.

*. 作名: 1의 경우처럼 丙火를 用神으로 잘못 判命하여 撰名하였음을 알 수 있다. 則 弱한 丙火를 도와주기 위하여 火에 속하는 字만을 썼다.

全(土6) 斗(火4) 煥(火13)

*. 數理에서도 吉한 劃數만으로 配列하지 못했음을 알 수 있다.

6+4=10(凶數)

4+13=17(吉數)

6+13=19(凶數)

6+4+13=23(吉數)

1966年生(女命). 傷官制殺格

甲 癸 己 乙
寅 未 丑 巳

74 64 54 44 34 24 14 04
丁 丙 乙 甲 癸 壬 辛 庚
酉 申 未 午 巳 辰 卯 寅

丑月水旺節의 癸水가 旺地에 태어났지만 己土가 透干하고 坐下에 未土가 있으니 土旺하며, 乙巳年柱에 甲寅時가 되니 克泄이 交加하여 身弱하고 寒濕하다. 비록 巳丑合金이 生水하지만 癸水는 旺土에 泥塞되어 있으므로 木을 써서 旺土를 疏土하여야 된다. 則 傷官制殺하여 木이 用神에 水는 喜神이 되고 金이 病神에 火는 藥神이 된다.

初年 庚運에 用神인 甲木이 材木을 作成하고 寅卯運에 用神을 도우니 富家에서 成長하였다.

漢文學을 專攻하고 壬運에 喜神이 되어 吉한데 庚午年에 用神인 木이 材木을 作成하고 藥神인 巳火를 도와 克病神하니 用神이 生氣를 얻어 漢文先生으로 임용되어 後生을 지도하고 있다. 敎職은 食傷이 吉神인 緣故다. 坐下에 忌神偏官이고 冲이 되어 있으니 癸運에 이르도록 未婚이다.

向後 巳運부터 乙運까지는 用神과 藥神을 도와서 吉하리라.

癸水日主이니 老郞을 만나기 쉬운데 未運은 坐下가 爭冲이 되니 夫君의 健康이 염려되며 申運은 用神의 根을 冲하여 凶하리라. 四冲이 全備하고 三刑을 成局하니 더욱 그렇다.

*. 巳丑이 會局하여 丑未冲을 救한다고는 하지만 實觀해본 결과 坐下의 冲은 夫婦宮이 대부분 不吉하였다.

1953年生. 身旺用財格

癸 癸 乙 癸

丑 亥 丑 巳

71 61 51 41 31 21 11 01

丁 戊 己 庚 辛 壬 癸 甲

巳 午 未 申 酉 戌 亥 子

丑月의 癸水가 亥水와 丑土사이에 子水를 拱夾한 四水가 日元을 도우고 巳丑金이 生水하니 水曰潤下格같지만 살아온 과정으로 보아 身旺用財格이다. 則 年支의 巳火가 用神에 乙木은 喜神이고 水가 病神에 土는 藥神이 된다.

年支에 財星用神이 있으니 부모님의 財力으로 高等學校부터 坐下

가 地殺이고 巳中의 庚金이 印星(工夫)인데, 巳火가 驛馬가 되어 地殺·驛馬가 冲이 되니 他鄕에서 工夫를 하였다.

乙木이 喜神이니 葉煙草學科를 卒業하고 戌運 戊午年에 官星(職場)藥神과 用神을 도우니 담배인삼공사에 취직하였다.

己未年에 官星(子星)이 되고 坐下를 合하니 成婚하였다. 戌運 壬戌年에 官星(子)을 도우니 女息을 得하고, 辛運 乙未年에 次女를 得하고 酉運 己巳年에 晩子를 두었다.

申運 戊寅年에 用神인 巳火(妻)와 三刑을 成局하니 夫婦別離하였다. 이는 坐下比劫에 群比爭財한 緣故다. 己卯年에 用神財星(妻)를 生하니 再婚하였다.

申運에 用神과 申巳刑이 되는데 己卯年 丁丑月에 巳와 丑이 1:3으로 合去하니 車사고를 當하고 庚辰年에 喜神인 乙木을 合去하고 旺水入墓하니 辛苦하였다.

向後 己運 以後 南方火運은 用神과 藥神을 도와서 吉하리라.

*. 坐下의 亥水劫財가 丑中의 癸水比劫과 準方合하니 異腹兄弟가 있다.

*. 丑中의 辛金이 印星(母)인데 巳中의 丙火(父)와 合이 되어 있으니 母親이 再娶로 시집왔다.(巳中의 庚金이 印星인데 巳中의 丙

火 則 印星의 官星(印星의 夫)이 同宮에 있음으로도 추측할 수 있다.)

*. 群比爭財가 欠이다.

*. 巳中의 庚金이 正印이고 丑丑中에 辛辛金이 偏印이니 三母 밑에서 자랐다. 正印과 用神이 同宮에 있으니 그 어머니 정성이 지극하였다.

*. 辛巳年에 用神을 도우니 次男을 얻었다.

*. 申運에 申巳刑이 되어 凶한데 辛巳年에 巳火用神과 丑이 2:2로 合去하니 名退하였다.

*. 申運에 劫殺이 되고 申巳刑하는데 癸未年에 五冲이 되니 도둑에 의한 損財가 있었다.

1968年生(女命). 調候用神

甲 癸 乙 戊

寅 卯 丑 申

78 68 58 48 38 28 18 08

丁 戊 己 庚 辛 壬 癸 甲

巳 午 未 申 酉 戌 亥 子

丑月의 癸水가 戊土透干하고 四木이 있으니 泄氣가 太甚하다. 비록 申金이 除木하고 生水하지만 寒水凍木이니 無用之物이다. 調候用神으로 寅中의 丙火를 用神으로 쓴다. 則 寅中의 丙火가 用神에 木이 喜神이며 丑中의 癸水와 申中의 壬水가 病神에 戊土는 除濕하는 藥神이 된다.

癸運 己巳年에 官星과 用神을 도우고 三刑을 成局하니 火土가 많은 男子를 만나 庚午年에 劈甲引火와 午火가 用神을 도우니 成婚하였다.

亥運에 亥卯木이 食傷(子星)을 돕고 辛未年에 亥卯未木이 克藥神하니 得女息하고 乙亥年에 用神을 生하니 得男하였다.

戌運은 藥神을 도와서 吉하겠으나 丑戌刑이 되니 夫君의 健康이 염려된다. 坐下食傷에 寅卯가 空亡이고 官星의 根인 丑土가 寡宿殺이니 더욱 그렇다.

向後 金運은 旺木을 斫破生火하여 無欠이겠고 庚運은 劈甲引火하여 吉하겠다. 그러나 申運은 用神이 있는 寅木을 冲하여 凶하다. 이때를 지나면 火土運은 用神과 藥神을 도와서 吉하리라.

*. 酉運은 四冲에 桃花逢冲하니 對人關係와 夫君과 本人의 健康이 염려된다.

造化元鑰[30]
조 화 원 약

十二月癸水
십 이 월 계 수

或見木局洩癸, 無金, 殘疾之人, 有金, 雖難讀書, 必多靈變,
혹 견 목 국 설 계 무 금 잔 질 지 인 유 금 수 난 독 서 필 다 영 변
可以創立成家, 亦以丙火爲用.
가 이 창 립 성 가 역 이 병 화 위 용

(혹 목국을 만나 계수가 설기되는데 금이 없으면 잔질이 있는 사람이고, 금이 있으면 비록 독서하기는 어렵지만 반드시 신통하게 변하여 성가할 수는 있지만, 역시 병화를 용신으로 삼는다.)

支成木局, 洩水太過, 以金爲救, 水木傷官失令, 人雖聰明, 不
지 성 목 국 설 수 태 과 이 금 위 구 수 목 상 관 실 령 인 수 총 명 불
能成名, 仍以丙火調和氣候爲用, 無丙, 寒水凍木, 雖有金制木,
능 성 명 잉 이 병 화 조 화 기 후 위 용 무 병 한 수 동 목 수 유 금 제 목
無所用之. 凡冬月用丙, 須丙火得地方妙, 不然, 卽重重丙火出
무 소 용 지 범 동 월 용 병 수 병 화 득 지 방 묘 불 연 즉 중 중 병 화 출
干, 安能輕許富貴哉.
간 안 능 경 허 부 귀 재

(지지에 목국을 이루어 설기가 태과하면 금으로써 구하게 되는데 수목상관에 실령하면 사람은 비록 총명하지만 이름을 이룰 수 없다. 그래서 병화로써 기후를 조화하는 용신으로 삼는다. 병화가 없으면 물은 차고 나무는 얼기 때문에 비록 금이 목을 제하여도 소용이 없다. 무릇 동월은 병화를 쓰는데 모름지기 병화가 지지를 얻어야 비로소 묘하다. 그렇지 않더라도 병화가 거듭 천간에 투출하였다면 어찌 부귀하지 않겠는가.)

---

30) 徐樂五, 『造化元鑰』, (五洲出版社), 1970년, pp.637~639.

1972年生(女命). 身强用殺格

癸 癸 癸 壬
丑 丑 丑 子

74 64 54 44 34 24 14 04
乙 丙 丁 戊 己 庚 辛 壬
巳 午 未 申 酉 戌 亥 子

丑月은 水旺한 中에도 土旺한 季節인데 四比劫이 日主를 도우고 있으니 身强하다. 身强用殺하여 土가 用神에 火運은 喜神이 된다.

初年 金水運은 忌神을 도우는 凶運이기 때문에 大學進學은 어려웠고 專門學校에서 火가 吉神이니 전산사무자동화학을 專攻하였다.

亥運 甲戌年에 官星(夫)年이 되니 逢男하여 乙亥年에 食神(子)年이 되니 結婚하고 得男하였다.

戌運에 用神을 도와서 吉한데 壬午財星年에 用神을 生하니 得宅하고 己運 丙戌年에 用神을 扶生하니 財産的인 增殖이 있었다. 己運 己丑年에 官逢官運이 되니 轉職하였다.

向後 酉運은 用神인 官星을 合去하니 吉運이 아닌데 이때 夫君의 健康이 염려된다. 群比爭官하고 坐下에 偏官이며 官星이 死地에 드니 더욱 그렇다. 戊運은 用神을 도와서 吉하겠으나 官逢官運이니 吉한 것만은 아니다. 申運은 申子水가 旺神을 도와서 凶하다. 그 以

後 南方火運은 用神을 도와서 吉할 것이다.

1951年生(女命). 食神生財格

庚 癸 辛 辛

申 丑 丑 卯

80 70 60 50 40 30 20 10

己 戊 丁 丙 乙 甲 癸 壬

酉 申 未 午 巳 辰 卯 寅

水旺한 丑月의 癸水가 四金이 生水하니 身이 太旺하다. 食神生財하여 太旺한 水를 木으로 泄氣하여야 한다. 則 木이 用神에 水는 喜神이 되고 金이 炳神에 火運은 藥神이 된다.

寅運에 用神을 도우니 成婚하고 癸運에 群比爭官하니 夫婦別離하였다. 卯運에 用神을 돕고 子星이 되니 再婚하였다.

卯木이 用神이고 卯辛辛申이 懸針星이니 의상실을 自營하여 得財하였다.

甲運은 用神을 도와서 吉하였으나 辰運에 官逢官運이 되니 夫婦別離하였다.

乙運에 用神을 도우니 三婚하고 得財하였으나 巳運에 巳丑金病神이 得勢하여 克用神하니 事業을 失敗하여 辛苦하다고 한다.

辛巳年에 또 離婚할까 하는데 丙運 以後 南方火運은 藥神이 되어 吉하리라.

*. 三婚까지 한 것은 坐下偏官에 丑土官星(夫)에는 寡宿殺이 있고 申中의 戊己官殺은 劫殺이 있는 緣故다.

*. 用神이 (空)亡이고 原局에 財星이 없으니 格이 낮고 大財는 아니다.

第 四 編

吉神凶殺의 總括

1. 日干基準

吉神凶殺	吉凶	적용 범위 (日干基準)	甲	乙	丙	丁	戊	己	庚	辛	壬	癸	作 用
正祿星 (建祿)	吉	地 支 全	寅	卯	巳	午	巳	午	申	酉	亥	子	養命의根源. 爵祿, 富. 凶神祿凶 吉神祿吉
沐 浴	凶	地 支 全	子		卯		卯		午		酉		一名咸池殺. 酒色放蕩우려. 敗神
金 輿 (日干正祿前三位)	吉	地 支 全	辰	巳	未	申	未	申	戌	亥	丑	寅	溫厚,柔順, 蔭德. 男은發明의才幹과妻의도움받다.
文昌星	吉	地 支 全	巳	午	申	酉	申	酉	亥	子	寅	卯	凶變爲吉. 文藝優人. 祿前四位. 지혜·총명. 文彩가있는風流客.
暗 祿	吉	地 支 全	亥	戌	申	未	申	未	巳	辰	寅	丑	怜悧·福祿. 正祿의六合
官貴學官	吉	地 支 全	巳	巳	申	申	亥	亥	寅	寅	申	申	日干官星의長生宮. 官職進出, 昇進빠름

羊　刃	凶	地支全	卯		午		午		酉		子		祿前一位.權力과刑主宰.君子威權.小人技術과殺伐從事.男命은克(妻,父,財).女命은(克,奪)夫.刑罰殺로서荒暴,性急.平生장애가많으나,간혹烈士,怪傑등을배출하는수도있다.軍으로는성공하지만대개困厄하다.
文曲貴人	吉	地支全	亥	子	寅	卯	寅	卯	巳	午	申	酉	正祿後四位.死後에 名聲이 더 높이評價.
夾　祿	吉	地支全	丑卯	寅辰	辰午	巳未	辰午	巳未	未酉	申戌	戌子	亥丑	正祿을껴안다.親戚,友人,他人의財物惠澤有
太極貴人	吉	年支	子午	子午	卯酉	卯酉	辰戌丑	辰戌丑	寅亥	寅亥	申巳	申巳	福氣集中+貴格加臨=封侯萬戶

							未	未					
天廚貴人	吉	月支	巳中丙	午中丁	巳中戊	午中己	申中庚	酉中辛	亥中壬	子中癸	寅中甲	卯中乙	一生衣祿풍부. 日干對月支,暗藏의食神
落井關殺	凶	(日時)支	巳	子	申	戌	卯	巳	子	申	戌	卯	우물, 인분통, 맨홀, 웅덩이,강물에 빠져봄. 殺旺하면溺死
截路空亡	凶	壬·癸時	壬申癸酉	壬午癸未	壬辰癸巳	壬寅癸卯	壬子癸丑	壬申癸酉	壬午癸未	壬辰癸巳	壬寅癸卯	壬子癸丑	每事難關에 逢着하여 中斷키쉽다.
旺　刃	凶	月支	卯	寅	午	巳	午	巳	酉	申	子	亥	生殺之權, 司法官
紅 艷 殺	凶	地　支全	午	午	寅	未	辰	辰	戌	酉	子	申	一名簪花殺. 虛榮·奢侈, 外情.女命은 妓生八字
飛　刃	凶	地　支全	酉	戌	子	丑	子	丑	卯	辰	午	未	羊刃의冲. 羊刃과비슷하나 힘이 약하고싫증이잦다.지속성이 없어 모험을즐기다가파산하는수가많다.
學堂貴人	吉	月·時支	亥	午	寅	酉	寅	酉	巳	子	申	卯	日干의長生. 聰明師儒
天乙貴人	吉	地　支	丑	子	亥	亥	丑	子	丑	寅	巳	巳	文星兼.貴人

日·年干基準		全	未	申	酉	酉	未	申	未	午	卯	卯	聰明.智慧.貴人生旺者는正大한人格者.合選好,厄難除消

2. 地支基準

神殺	吉凶	적용범위	地支基準	寅	卯	辰	巳	午	未	申	酉	戌	亥	子	丑	作用
天德貴人	吉	地支	月支	丁	申	壬	辛	亥	甲	癸	寅	丙	乙	巳	庚	用神이면尤吉.官爵高,少病.二德이면惡殺不犯.造作上官.百事吉.慈善心.吉祥.祐人多凶減
月德貴人	吉	地支	月支	丙	甲	壬	庚	丙	甲	壬	庚	丙	甲	壬	庚	
天醫星	吉	地支	月支	丑	寅	卯	辰	巳	午	未	申	酉	戌	亥	子	醫師.宗教家.看護員.藥師.一名

															活人星
皇恩大赦	吉	日·時支	月支	戌	丑	寅	巳	酉	卯	子	午	亥	辰	申	未	重罪에서 赦免
紅鸞星	吉	日時支	月支	丑	子	亥	戌	酉	申	未	午	巳	辰	卯	寅	濃血之厄이免하여지고,吉祥事連出
斷橋關殺	凶	日時支	月支	寅	卯	申	丑	戌	酉	辰	巳	午	未	亥	子	넘어지거나떨어져서팔다리를傷하기쉽다.(刑殺=소아마비 가능)
天喜神	吉	日時支	月支	未	午	巳	辰	卯	寅	丑	子	亥	戌	酉	申	目前凶事變爲歡喜
急脚殺	凶	日時支	月支	亥子	亥子	亥子	卯未	卯未	卯未	寅戌	寅戌	寅戌	丑辰	丑辰	丑辰	소아마비,落傷,折骨,傷齒,神經痛등疾厄
進神	吉	日柱	月支	甲子日	甲子日	甲子日	甲午日	甲午日	甲午日	己卯日	己卯日	己卯日	己酉日	己酉日	己酉日	每事가障碍없이잘 進行
天轉	凶	日柱	月支	乙卯	乙卯	乙卯	丙午	丙午	丙午	辛酉	辛酉	辛酉	壬子	壬子	壬子	天轉으로서一定한業에從事키어렵고

																(此,彼)業轉換하게 됨
地轉	凶	日柱	月支	辛卯	辛卯	辛卯	戊午	戊午	戊午	癸酉	癸酉	癸酉	丙子	丙子	丙子	事事多迷.朝成暮破.虛費徒力.不意의 地變으로 失敗轉變
孤辰	凶	地支	年日支	巳	巳	巳	申	申	申	亥	亥	亥	寅	寅	寅	男忌孤,女忌寡.貴人+孤寡=榮貴 孤寡雙神이 官印을 帶同=佛道頭領 孤妻克傷,寡克夫, 孤+空亡+有氣=僧
寡宿	凶	地支	年日支	丑	丑	丑	辰	辰	辰	未	未	未	戌	戌	戌	
天喜星	吉	日支	月支	戌	亥	子	丑	寅	卯	辰	巳	午	未	申	酉	疾病주관
鬼門關殺	凶	年日時支	日支	未	申	亥	戌	丑	寅	卯	子	巳	辰	酉	午	日時支에는 夫婦變態的性質.女命官星鬼門

																關은夫가精神異常神經衰弱
天赦	吉	日柱	月支	戊寅日			甲午日			戊申日			甲子日			大病이나大災難에逢着하였다가도곧赦免되어福貴를얻음
三災	凶		年支	7년+12	3년+12	11년+12	7년+12	3년+1	11년+12	7년+12	3년+1	11년+12	7년+12	3년+1	11년+12	(水,火,風)災.兵亂.疾疫,饑饉
斧劈殺	凶	日時支	月支	酉	巳	丑	酉	巳	丑	酉	巳	丑	酉	巳	丑	도끼로 쪼개다싶이 하여 破財. 財物分散多.
喪門(日支後二位)	凶	地支	日支	子	丑	寅	卯	辰	巳	午	未	申	酉	戌	亥	妻宮不利.喪中에 있는 妻를언거나데릴사위가 된다.喪門은親喪數를,弔客은家人의不寧을
弔客(日支	凶	地支	日支	辰	巳	午	未	申	酉	戌	亥	子	丑	寅	卯	

前二位)																뜻함. 大運이나 年運에 만나도 不幸할 危險이 있다.

3. 柱·支基準

神殺	吉凶	적용범위	柱·支基準	成立												作用
交祿	吉	年·日·時柱	日柱	甲申	庚寅	乙酉	辛卯	癸巳	丙子	癸巳	戊子	壬午	丁亥	壬午	己亥	交易互換(交換)(正祿의 相對位) 去來의大利
				庚寅	甲申	辛卯	乙酉	丙子	癸巳	戊子	癸巳	丁亥	壬午	己亥	壬午	
湯火殺	凶	年·月·時支	日支	寅日生		午日生		丑日生		火傷, 飮毒, 男命은 銃,破片傷이나 自身이 아니면 妻妾, 愛人이 飮毒 女命은 飮毒, 黑痣, 얼굴이 얽었거나 등 戊寅日生: 湯火殺+ 七殺+ 多逢寅=湯,七殺太旺으로 被害太						
				巳申=三刑		午(自刑). 丑(相		(戌·未)刑. 午(害)								

					穿=六害). 辰(隔角)		重. 戊子日生은 湯火는 아니나 坐財身弱에 柱中寅, 巳, 申逢三刑+冲=大災
陰陽差錯	凶		日時柱	丙 丁 戊 辛 壬 癸 丙 丁 戊 辛 壬 癸 子 丑 寅 卯 辰 巳 午 未 申 酉 戌 亥			日柱有이면 外三寸無 or 있어도孤獨. 時柱에 있으면 妻男無 or有孤獨. 女命에는 夫家兄弟零落아니면 夫의 氣가 多.
梟神	凶		日柱	甲 乙 丙 丁 戊 己 庚 庚 辛 辛 壬 癸 子 亥 寅 卯 午 巳 辰 戌 未 丑 申 酉			坐下偏印은 早母別離 or (前庶)母. 偏印은 生母아님
白虎殺	凶	柱中		甲乙丙丁戊壬癸 辰未戌丑辰戌丑			見血光(비명횡사,객사). 偏財白虎殺은 父 or妻妾의 凶死. 女命에서 官星白虎殺은 夫凶死. {年(조상), 月(父·兄弟), 日(배우자), 時(子)}非命橫死

孤鸞殺	凶		日柱	甲乙丁戊辛 寅巳巳申亥	女命에 이 殺이 있으면 男便의 作妾·別離등으로 獨守空房. 四柱에 財官이 잘 均配되어 있으면 無妨
三刑	吉凶	地支		寅巳申(持勢),丑戌未(無恩),子卯(無禮),辰午酉亥(自)	刑厄, 官災口舌. 柱中吉神으로 用일때는 變爲權威의 吉神. 女命은 三刑運에 成婚
懸針星	吉凶	柱中		甲申卯午辛	日·時重. 砲手, 醫藥, 活人方, 技術業, 殺伐
曲脚殺	凶	柱中		乙己巳丑	手足傷害
戈殺	凶	柱中		戊戌	身에 傷害. 日·時尤忌
隔角殺	凶		日時支	日時支가 一字씩 隔한것	刑罰
冤嗔	凶	地支		子未,丑午,寅酉,卯申,辰亥,巳戌	鬪爭.宮合에適用
冲		地支		子午,卯酉,辰戌,丑未,寅申,巳亥	月支冲大忌
破	凶	地支		子酉,卯午,申巳,寅亥,辰丑,戌未	破散
天羅地網		地支	日支	辰,戌,巳,亥日 生人이 逢辰戌巳亥中 一字以上	감금,납치,망명등幽閉生活.경찰,형무,헌병,사법관종사요
害	凶	地支		子未,丑午,寅巳,卯辰,酉戌,申亥	一名相穿(도려낸다.찢어낸다)(六害와는 別個)
魁罡		柱中		庚辰,庚戌,壬辰,壬戌,戊戌,戊辰	他人制壓. 大富豪가 되거나 聰明, 殺傷, 荒暴등 극단으로 흐른다. 女命日時

				魁罡逢冲이면 旣取偏房獨守空. 女命魁罡이면 夫 拉致 or 橫死, 無責任(作妾, 家出, 財蕩盡)
八十一數理運勢		吉	1,3,5,6,7,11,13,15,16,18,21(女凶),23(女凶),24,25,29,30,31,32,33(女凶),35,37,39(女凶),41,45,47,48,52,57,61,63,65,67,68,71,81	
		凶	2,4,9,10,12,14,19,20,22,27,28,30,34,36,38,40,42,43,44,46,53,54,56,59,60,62,64,66,69,70,72,73,74,76,77,78,79	
		平	7,8,14,17,26,27,38,42,43,49,50,51,55,58,73,75,80	

4. 十二星

十二星	吉凶	基準	巳酉丑	申子辰	亥卯未	寅午戌	作用
劫殺(絶)	凶	年日支	寅	巳	申	亥	一名敗殺. 盜難. 不意의奪財. 破壞. 離散시키는 惡殺
災殺		年支	卯	午	酉	子	一名囚獄殺. 訟事, 拉致, 監禁, 捕虜 등 身上의 拘束. 경찰관, 형무관, 사법관 장악職이 적당
天殺	凶	年支	辰	未	戌	丑	不意의 天災(旱, 水災 등)
地殺		年	巳	申	亥	寅	地變, 踏地로서 他(道, 國)에 遠行있

		日支					게 됨.
年　殺 (桃花)		年日支	午	酉	子	卯	驛馬와 合하면 虛浪放蕩客. 女命바람氣運, 美態가主. 喜忌에 따라 變. 一名 桃花殺로서 女色亂有. 月在면 後妻所生. 日·時在면 戀愛. 時在면 花柳界
月 殺	凶	年支	未	戌	丑	辰	一名枯焦殺로서 枯渴된다는 殺인데 擇日法에도 이날만은 避한다. 이날은 種子를 심어도 나지 않고 鷄卵을 안기면 부화하지 않는다.
亡神殺	凶	年支	申	亥	寅	巳	一名 破軍殺로 모든 계획이 水泡로 돌아가고 마침내 敗家亡身
將 星	吉	年日支	酉	子	卯	午	文武兼全. 官祿있고 膽大하다. 三合中位이므로 日柱에 있으면 中心이 있어 邪에 유혹됨이 없다.
攀 鞍		年支	戌	丑	辰	未	말안장(馬裝見)으로 將星, 攀鞍, 驛馬가 具備된 者는 出世한다.
驛 馬		年日支	亥	寅	巳	申	貴人權, 平人奔波, 空亡을 꺼린다. 吉神이면 비약적인 발전. 凶神이면 事事奔走. 他鄕살이, 海外出入.
六 害	凶	年支	子	卯	午	酉	驛馬앞자리. 긴병을 앓는다는 凶殺(久病). (害와는 別個)
華 蓋	吉	年日支	丑	辰	未	戌	凶神逢이면 僧道. 聰明學者. 문장이나 예술에 능하고 지혜가 많다. 화려하고 안정되며 빛이 난다는 吉星. 空亡을 値하면 僧道.

5. 六甲空亡

旬中	(年, 日)柱 對(年, 月, 日, 時)支										空亡
甲子	甲子	乙丑	丙寅	丁卯	戊辰	己巳	庚午	辛未	壬申	癸酉	戌亥
甲戌	甲戌	乙亥	丙子	丁丑	戊寅	己卯	庚辰	辛巳	壬午	癸未	申酉
甲申	甲申	乙酉	丙戌	丁亥	戊子	己丑	庚寅	辛卯	壬辰	癸巳	午未
甲午	甲午	乙未	丙申	丁酉	戊戌	己亥	庚子	辛丑	壬寅	癸卯	辰巳
甲辰	甲辰	乙巳	丙午	丁未	戊申	己酉	庚戌	辛亥	壬子	癸丑	寅卯
甲寅	甲寅	乙卯	丙辰	丁巳	戊午	己未	庚申	辛酉	壬戌	癸亥	子丑

우리나라 각 지방의 南中(正午) 時刻表와 時間의 變更

우리나라 각 지방의 南中(正午) 時刻表

子午線 / 부근지역 / 12支時	東經 126.5°	東經 127°	東經 127.5°	東經 128°	東經 128.5°	東經 129°	東經 129.5°
부근지역	인천, 김포, 당진, 서산, 대천, 서천, 군산, 영광, 목포, 제주, 서귀포	서울, 과천, 안양, 수원, 송탄, 평택, 천안, 온양, 공주, 강경, 전주, 이리, 광주, 화순	가평, 양평, 중평, 여주, 이천, 청주, 대전, 진안, 장수, 남원, 구례, 순천	춘천, 홍천, 횡성, 원주, 충주, 점촌, 상주, 김천, 진주, 삼천포	속초, 양양, 정선, 영월, 영주, 군위, 대구, 마산, 창원, 진해, 거제	강릉, 동해, 삼척, 태백, 청송, 영천, 경주, 김해, 부산	울진, 영덕, 포항, 울산
子	전날 23:34~ 01:34	전날 23:32~ 01:32	전날 23:30~ 01:30	전날 23:28~ 01:28	전날 23:26~ 01:26	전날 23:24~ 01:24	전날 23:22~ 01:22
丑	01:34~ 03:34	01:32~ 03:32	01:30~ 03:30	01:28~ 03:28	01:26~ 03:26	01:24~ 03:24	01:22~ 03:22
寅	03:34~ 05:34	03:32~ 05:32	03:30~ 05:30	03:28~ 05:28	03:26~ 05:26	03:24~ 05:24	03:22~ 05:22
卯	05:34~ 07:34	05:32~ 07:32	05:30~ 07:30	05:28~ 07:28	05:26~ 07:26	05:24~ 07:24	05:22~ 07:22
辰	07:34~ 09:34	07:32~ 09:32	07:30~ 09:30	07:28~ 09:28	07:26· 09:26	07:24~ 09;24	07:22~ 09:22
巳	09:34~ 11:34	09:32~ 11:32	09:30~ 11:30	09:28~ 11:28	09:26~ 11:26	09:24~ 11:24	09:22~ 11:22
午	11:34~ 13:34	11:32~ 13:32	11:30~ 13:30	11:28~ 13:28	11:26~ 13:26	11:24~ 13:24	11:22~ 13:22

未	13:34~ 15:34	13:32~ 15:32	13:30~ 15:30	13:28~ 15:28	13:26~ 15:26	13:24~ 15:24	13:22~ 15:22
申	15:34~ 17:34	15:32~ 17:32	15:30~ 17:30	15:28~ 17:28	15:26~ 17:26	15:24~ 17:24	15:22~ 17:22
酉	17:34~ 19:34	17:32~ 19:32	17:30~ 19:30	17:28~ 19:28	17:26~ 19:26	17:24~ 19:24	17:22~ 19:22
戌	19:34~ 21:34	19:32~ 21:32	19:30~ 21:30	19:28~ 21:28	19:26~ 21:26	19:24~ 21:24	19:22~ 21:22
亥	21:34~ 23:34	21:32~ 23:32	21:30~ 23:30	21:28~ 23:28	21:26~ 23:26	21:24~ 23:24	21:22~ 23:22

時間의 變更

<table>
<tr><th rowspan="2">區分
標準時
子午線</th><th colspan="3">自</th><th colspan="3">至</th></tr>
<tr><th>陽</th><th>(陰)</th><th>時刻</th><th>陽</th><th>(陰)</th><th>時刻</th></tr>
<tr><td>東 經
135°</td><td>1910</td><td>(7月25日)</td><td></td><td>54. 3. 20</td><td>(2月16日)</td><td>亥時</td></tr>
<tr><td>東 經
127.5°</td><td>54. 3. 21</td><td>(2月17日)</td><td>子時</td><td>61. 8. 9</td><td>(6月28日)</td><td>亥時</td></tr>
<tr><td>東 經
135°</td><td>61. 8. 10</td><td>(6月29日)</td><td>子時</td><td></td><td>현 재</td><td></td></tr>
</table>

時縮(서머타임)

區分 / 年度	自			至		
	陽	(陰)	時刻	陽	(陰)	時刻
1948年 (戊子)	5月 31日	(4月 23日)	子時	9月 12日	(8月 10日)	亥時
1949年 (己丑)	4月 1日	(3月 3日)	子時	9月 23日	(8月 2日)	亥時
1950年 (庚寅)	4月 1日	(2月 14日)	子時	9月 23日	(8月 12日)	亥時
1951年 (辛卯)	5月 6日	(4月 1日)	子時	9月 8日	(8月 8日)	亥時
1955年 (乙未)	4月 6日	(3月 14日)	子時	9月 21日	(8月 6日)	亥時
1956年 (丙申)	5月 20日	(4月 11日)	子時	9月 29日	(8月 25日)	亥時
1957年 (丁酉)	5月 5日	(4月 6日)	子時	9月 21日	(8月 28日)	亥時
1958年 (戊戌)	5月 4日	(3月 16日)	子時	9月 20日	(8月 8日)	亥時
1959年 (己亥)	5月 4日	(3月 27日)	子時	9月 19日	(8月 17日)	亥時
1960年 (庚子)	5月 14日	(4月 6日)	子時	9月 17日	(7月 27日)	亥時
1987年 (丁卯)	5月 10日	(4月 13日)	丑時	10月11日	(8月 19日)	子時
1988年 (戊辰)	5月 8日	(3月 23日)	丑時	10月 9日	(8月 29日)	子時

索　　引

ㄱ

ㄴ

ㄷ

ㄹ

ㅁ

ㅂ

ㅅ

ㅇ

ㅈ

ㅊ

ㅋ

ㅌ

ㅍ

ㅎ

參考文獻

Ⅰ. 單行本

1. 韓國書

金東奎 譯, 『滴天髓闡微』, (서울: 明文堂), 2002.

金倍成,『命理大經』, (서울: 命運堂), 2004.

金于齋 編著, 『滴天髓精解』, (서울: 明文堂), 1992.

金于齋, 『八字大典』, (서울: 明文堂), 1994.

金顯錫 編者, 『大運萬歲曆』, (서울: 東洋書籍), 2001.

南宮祥 編著, 『韓國四柱學寶鑑』, (서울: 易學社), 2001.

박영창·김도희 편저, 『四柱學講義』, (서울: 삼하출판사), 2007.

朴永昌·金倍成 編著者, 『滴天髓講讀(上)』, (서울: 名運堂), 2005.

朴一宇 編著, 『三命通會』, (서울: 明文堂), 1997.

朴在玩, 『陶溪實觀』, (서울: 너른 터), 1993.

朴在玩, 『命理辭典』, (서울: 너른터), 1993.

朴在玩, 『命理要綱』, (서울: 신지평), 1997.

박홍식 편저, 『사주명리학 핵심』, (서울: 삼한출판사), 2004.

白靈觀, 『四柱精說』, (서울: 明文堂), 1993.

서우선, 『변화를 이용하는 지혜』, (서울: 문학아카데미), 1999.

申修勳, 『命理講論』, (서울: 서지원), 2005.

申六泉, 『四柱鑑定法秘訣集』, (大邱: 甲乙堂), 1998.

沈載烈 講述, 『淵海子平精解』, (서울: 明文堂), 1995.

沈載烈 編著, 『命理正宗精解』, (서울: 明文堂), 1997.

沈鍾哲 譯解, 『滴天髓闡微』, (서울: 大地文化社), 2005.

沈孝瞻, 徐樂吾 評註,『子平眞詮評註』, 朴永昌 譯, (서울:청학), 2006.

梁元碩, 『명리학개론』, (서울: 대유학당), 2002.
嚴泰汶, 『窮通寶鑑』, (서울: 易學圖書館), 2003.
芮光海 譯, 『窮通寶鑑 1, 2』, (서울: 指南), 2003.
芮光海 譯, 『滴天髓闡微 上,下』, (서울: 指南), 1999.
劉庚辰, 『四柱用神定法論』, (서울: 淵海命苑), 2002.
劉庚辰, 『命理學 用神論』, (성남: 淵海命苑), 2009.
殷南根, 『오행의 새로운 이해』, (서울: 법인문화사), 2000.
李慕圓·朴英昌·金榮河, 『命理學槪論』, (서울: 여백미디어), 2004.
李舞鶴, 『舞鶴命理要言』, (서울: 삼하), 2003.
李舞鶴, 『命理正門』, (서울: 東洋哲學硏究所), 1964.
李舞鶴 編譯, 『滴天髓補註』, (서울: 삼하), 2001.
李錫暎, 『四柱捷徑』 제1책~제6책, (서울: 韓國易學敎育學院), 1996.
이선종, 『적천수천미용신분석』, 서울: 장서원, 2005.
李善鍾 譯解, 『적천수천미 해설강의 上. 下』, (서울: 장서원), 2003.
이은성, 『曆法의 原理分析』, (서울: 정음사), 1985.
李汀璨, 『蘭臺妙選』, (全州: 東邦易理學院), 1999.
정성희, 『조선시대 우주관과 역법의 이해』, (서울: 지식산업사), 2005.
鐘義明, 『四柱와 韓醫學』, (서울: 驪江出版社), 1995.
陳素菴, 韋千里 編著, 『精選命理約言』, 李容俊 編譯, (서울: 청학출판사), 2007.
崔國峰 編著, 『稽疑神訣』, (서울: 錦元出版社), 1987.
崔鳳秀·權伯哲 講述, 『窮通寶鑑精解』, (서울: 明文堂), 1992.

阿部熹作(泰山), 鄭民鉉 譯, 『四柱推命學』 제1책~제23책, (서울: 三元文化社), 1998.
韓東錫, 『宇宙變化의 原理』, (서울: 행림출판), 1996.
韓重洙·柳方鉉, 『生活易學』, (서울: 明文堂), 2006.
和泉宗章, 『鬼谷子算命學 天中殺』, (부산: 陽地書籍), 1983.

2. 中國書

高景炎, 『命理精華』, (台北: 華聯出版社), 1969.
郭璞 撰, 「玉照定眞經」, 『四庫術數類叢書 七』 所收, (上海: 古籍), 1995.
鬼谷子 撰, 李虛中 注, 「李虛中命書」, 『四庫術數類叢書 七』 所收, (上海: 古籍), 1995.
董仲舒, 『春秋繁露』, 南基顯 解釋, (서울: 자유문고), 2005.
羅桂成, 『唐宋陰陽五行論集』, (台北: 文源書局有限公司), 1988.
藍傳盛, 『玉井奧訣評註』, (台北: 武陵出版有限公司), 2005.
萬民英, 『三命通會』, (臺北: 武陵出版有限公司), 2003.
白惠文 編著, 『命學秘解』, (台中: 瑞成書局), 1976.
徐樂吾, 『子平粹言』, (台北: 武陵出版有限公司), 1998.
徐樂吾 註, 『窮通寶鑑』, (臺北: 武陵出版有限公司), 2004.
徐樂吾 補註, 『滴天髓補註』, (臺北: 武陵出版有限公司), 1999.
徐樂吾 評註, 『滴天髓徵義』, (臺北: 武陵出版有限公司), 2002.
徐樂吾 評註, 『造化元鑰』, (台北: 五洲出版社), 1970.
徐升, 『新注淵海子平論命集』, (臺南: 世一文化事業股份有限公司), 2003.

徐升 編著, 『淵海子平評註』, (臺北: 武陵出版有限公司), 2002.
徐子平 撰, 「珞琭子三命消息賦註」『四庫術數類叢書七』所收, (上海: 古籍出版社), 1995.
釋曇瑩 撰, 「珞琭子賦註」『四庫術數類叢書七』所收, (上海: 古籍出版社), 1995.
沈孝瞻, 徐樂吾 評註, 『子平眞詮評註』, (臺北: 武陵出版有限公司), 2002.
梁湘潤 編輯著, 『淵海喜忌隨筆』, (臺北: 行卯出版社), 1997.
梁湘潤, 『李虛中命書』, (臺灣: 武陵出版社), 1985.
言如山, 『八字命理之奧秘』, (臺北: 瑞成書局), 1984, pp.205-206
尤達人遺, 『知命四十年』, (上海: 印書館), 1991.
袁樹珊, 『命理探原』, (台北: 武陵出版有限公司0, 1996.
袁天綱, 『袁天綱五星三命指南 』, 著者는 袁天綱으로 推測할 뿐. 發行年度 未詳.
韋千里, 『命學講義』, (台北: 武陵出版有限公司), 1998.
韋千里, 『呱呱集』, (上海: 印刷書館), 1992.
李鐵筆 評註, 『窮通寶鑑評註』, (台北: 益群書店股份有限公司), 2005.
李鐵筆 評註, 『子平眞詮評註』, (台北:益群書店印行), 1998.
一行, 『一行禪師天元賦注解』, (인터넷 daum: 一行禪師天元賦注解), 2008.
任鐵樵 增註, 袁樹珊 選輯, 『滴天髓闡微』, (臺北: 武陵出版有限公司), 1999.
張楠, 『標點命理正宗』, (臺北: 武陵出版有限公司), 2001.
陳素菴, 韋千里 選輯, 『精選命理約言』, (上海: 韋氏命苑), 1935.

何雨野, 『八字易象與哲學思維』, (北京: 中國社會), 2004.

3. 日本書

阿部泰山, 『阿部泰山全集』23책, (日本: 京都書院)
井上聰, 『古代中國陰陽五行硏究』,(東京:株式會社翰林書房), 1996.
板井祖山, 『四柱推命學入門』, (日本: 白川書院), 1965.

Ⅱ. 論文類

1 韓國

고영택, 「中國 古典 命理書에 대한 哲學的 理解(中和之氣 中心으로)」, (해군대학 교수, 새한철학회 철학논총 제43집), 2005.
金一權, 「古代 中國과 韓國의 天文思想 硏究」, (서울大學校 大學院 博士論文), 1999.
박경숙·박민용, 「신경회로망을 이용한 용신(用神)선택 알고리즘」, (제 5회 한국정신과학 학술대회 논문집, 한국정신과학학회), 1996. 10.
박주현, 「사주학에서의 심리구조」, (제4회 한국 정신과학 학술대회논문집, 한국정신과학학회), 1996. 4.
성철재, 「명리학(命理學) 바로보기」, (제13회 한국정신과학학회 2000년도 추계학술대회 논문집, 한국정신과학학회), 2000.
沈揆喆, 「命理學의 淵源과 理論體系에 관한 硏究」, (博士學位論文,

韓國精神文化硏究院, 韓國學大學院), 2003.
鄭國鎔, 「性格特性의 豫測을 위한 四柱命理學에 관한 硏究」, (東義大學校 大學院 博士論文), 2004.

2 中國

張新智, 「子平學之理論硏究」, (博士論文, 國立政治大學中國文學硏究所), 2002.

Ⅲ. 기타

『朝鮮日報』, 2008년 12월 22일, A1면

四柱用神 및 通變論

초판 1쇄 발행 2011년 3월 18일
저　자: 유 경 진
발행인: 유 경 진
발행처: 도서출판 역림관
전　화: 02-586-0456
Mobile: 010-2351-0456
Fax: 02-3471-0456
E-mail: chwyhmw@hanmail.net
www.saju2002.com
서울시 서초구 서초동 1328-11. 대우도씨에 빛 2차 717호

등록년월일: 2002년 01월 19일
등록번호: 110-90-63846

정가 65,000원

ISBN 978-89-952869-2-0